CAESAR

CAESAR

GAIUS JULIUS CAESAR SÄMTLICHE WERKE

DER GALLISCHE KRIEG

DER BÜRGERKRIEG
mit den Berichten vom
ALEXANDRINISCHEN,
AFRIKANISCHEN
und
SPANISCHEN KRIEG,

FRAGMENTE

MAGNUS VERLAG

ISBN 3-88400-004-7

GAIUS JULIUS CAESAR
SÄMTLICHE WERKE

DER GALLISCHE KRIEG

Nach der Übersetzung
und mit den Kommentaren
von Karl Blümel

ERSTES BUCH

Das Jahr 58 v. Chr.

Ethnographische und geographische Beschreibung
Galliens

1. Gallien[1] in seiner Gesamtheit zerfällt in drei Teile: den einen bewohnen die Belgier, den andern die Aquitanier, den dritten die Stämme, die in ihrer eigenen Sprache Kelten, in der unsrigen aber Gallier heißen. Diese alle sind nach Sprache, Einrichtungen und Gesetzen untereinander verschieden. Die Gallier scheidet von den Aquitaniern der Fluß Garumna (Garonne), von den Belgiern die Matrona (Marne) und Sequana (Seine). Die Tapfersten von allen sind die Belgier. Die Ursache dafür liegt darin, daß sie von der Verfeinerung und Bildung der Provinz[2] am weitesten entfernt sind und mit Kaufleuten, welche Luxusartikel einführen, nur selten in Berührung kommen, sodann daß sie in der Nachbarschaft der Germanen des jenseitigen Rheinufers wohnen und fortwährend mit ihnen Krieg führen. Aus demselben Grund übertreffen auch die Helvetier alle übrigen Gallier an Tapferkeit, weil sie sich fast tagtäglich mit den Germanen im Kampfe messen, indem sie diese entweder von ihrem Gebiet abwehren oder selbst in Feindesland Krieg führen. Der eine Teil des Gebietes dieser Völkerschaften, den, wie oben erwähnt, die Gallier innehaben, beginnt bei dem Fluß Rhodanus (der Rhone), wird von der Garumna, dem Ozean und dem Gebiet der Belgier eingeschlossen und berührt auch mit dem Land der Sequaner und Helvetier den Rheinstrom; er dehnt sich in nördlicher Richtung aus. Belgien reicht von den äußersten Grenzen

7

Galliens bis zum Niederrhein und hat nordöstliche Lage. Aquitanien erstreckt sich von der Garumna bis zum Gebirge der Pyrenäen und dem Teil des Ozeans, der Hispanien bespült; es hat eine nordwestliche Lage.[3]

I. Der Feldzug gegen die Helvetier

Umtriebe und Tod des Orgetorix

2. Bei den Helvetiern war Orgetorix[4] weitaus der Angesehenste und Reichste. Dieser brachte, von Begierde nach der Alleinherrschaft verleitet, im Konsulatsjahr des Marcus Messala und Marcus Piso[5] unter dem Adel eine geheime Verbindung zustande und bewog dann das Volk zu einer allgemeinen Auswanderung. Da sie an Tapferkeit alle überträfen (stellte er ihnen vor), sei es für sie ein leichtes, sich der Herrschaft über ganz Gallien zu bemächtigen. Dazu überredete er sie um so leichter, als die Helvetier allenthalben durch die natürliche Beschaffenheit ihres Landes eingeengt werden: auf der einen Seite durch den breiten und tiefen Rheinstrom, der das helvetische Gebiet von den Germanen trennt, auf der andern durch das hohe Juragebirge, das sich zwischen den Sequanern[6] und Helvetiern hinzieht, auf der dritten durch den Lemansee (Genfer See) und den Rhodanus, der unsere Provinz von den Helvetiern scheidet. So kam es, daß sie ihre Streifzüge nicht nach Wunsch ausdehnen und nur mit Mühe ihre Nachbarn mit Krieg überziehen konnten. Darüber empfand das kriegslustige Volk großes Mißvergnügen. Im Verhältnis zu ihrer Bevölkerungszahl sowie zu ihrem Kriegsruhm und ihrer Tapferkeit schien ihnen ihr Gebiet, das sich 240 Meilen[7] in die Länge, 180 Meilen in die Breite erstreckte, zu eng.

3. Durch diese Gründe bewogen und durch das Ansehen des Orgetorix bestimmt, beschlossen sie, die zur Auswanderung nötigen Vorkehrungen zu treffen, eine möglichst große Zahl von Zugtieren und Transportwagen zusammen-

zukaufen, soviel Land sie nur irgend könnten zu bestellen, damit auf dem Zug Getreide in ausreichender Menge vorhanden wäre, und mit den benachbarten Staaten Frieden und Freundschaft aufs neue zu befestigen. Dies alles zu besorgen, glaubten sie, würde ein Zeitraum von zwei Jahren genügen; auf das dritte[8] setzten sie den Aufbruch durch einen Volksbeschluß fest. Zur Ausführung der ganzen Angelegenheit wurde Orgetorix gewählt. Dieser übernahm für seine Person die Gesandtschaft zu den Nachbarstaaten. Auf der hierzu unternommenen Reise überredete er den Sequaner Casticus, den Sohn des Catamantaloedes, dessen Vater bei den Sequanern viele Jahre unumschränkter Herrscher[9] gewesen und vom Senat des römischen Volkes mit dem Titel eines »Freundes« geehrt worden war, die Alleinherrschaft in seinem Stamm, die sein Vater zuvor innegehabt hatte, an sich zu reißen. Auch den Häduer[10] Dumnorix, den Brudes des Divitiacus, welcher damals die erste Stelle in seinem Volke einnahm und ganz besonders in der Gunst der Gemeinen stand, wußte er zu diesem Unternehmen zu bereden und gab ihm seine Tochter zur Ehe. Es sei eine Kleinigkeit, bewies er ihnen, ihr Vorhaben durchzuführen, da er selbst nahe daran sei, den Oberbefehl über sein Volk zu erhalten; dann seien die Helvetier zweifellos der mächtigste Stamm in ganz Gallien. Zugleich versicherte er ihnen, er wolle ihnen mit seinen Hilfsmitteln und seinem Heer zur Königswürde verhelfen. Diese Rede hatte Erfolg: sie gaben sich gegenseitig ein eidliches Versprechen und hofften, wenn sie nur erst in ihrem Volke Herrscher geworden wären, durch die drei mächtigsten und stärksten Völkerschaften sich ganz Gallien unterwerfen zu können.

4. Dieser Plan wurde den Helvetiern durch eine Anzeige verraten. Nach ihren Rechtsgebräuchen[11] zwangen sie den Orgetorix, sich in Fesseln geschlagen zu verantworten. Für den Fall der Verurteilung mußte ihn die Strafe des Feuertodes treffen. An dem zu seiner Verteidigung bestimmten Tag ließ Orgetorix alle seine Leibeigenen, etwa 10 000

Menschen, von allen Seiten zur Gerichtsverhandlung zusammenkommen und berief auch alle seine Hörigen und Schuldner, die sehr zahlreich waren, an denselben Ort. Durch diese entzog er sich der Verantwortung. Als nun die Bürgerschaft, hierüber erbittert, mit Waffen ihr Recht geltend zu machen suchte und die Behörden die Landbevölkerung in Menge aufboten — da starb Orgetorix. Die Vermutung liegt nahe, daß er, wie die Helvetier meinen, sich selbst den Tod gegeben hat.[12]

Die Helvetier versuchen durch die Provinz in Gallien einzufallen; da Caesar sie daran hindert, ziehen sie durchs Land der Sequaner

5. Nichtsdestoweniger versuchten die Helvetier auch nach seinem Tod den nun einmal gefaßten Beschluß der Auswanderung durchzuführen. Sobald sie also die nötigen Vorbereitungen getroffen zu haben glaubten, zündeten sie alle ihre Städte, etwa zwölf an der Zahl, sowie ihre Dörfer, gegen 400, und alle Einzelgehöfte an und verbrannten alles Getreide, außer dem, was sie mit sich führen wollten, damit sie, jeder Hoffnung auf Rückkehr in ihr Vaterland beraubt, sich desto bereitwilliger allen Gefahren unterzögen. Auch wurde ein jeder aufgefordert, sich Mehl auf drei Monate aus der Heimat mitzunehmen.[13] Ihre Nachbarn, die Rauriker, Tulinger und Latoviker[14], überredeten sie ebenfalls dazu, ihre Städte und Dörfer niederzubrennen und zugleich mit ihnen auszuziehen. Auch die Bojer[15], die jenseits des Rheins gewohnt hatten, nachher aber ins norische Gebiet[16] eingefallen waren und Noreja belagert hatten, nahmen sie als Begleiter und Bundesgenossen zu sich auf.
6. Es gab überhaupt nur zwei Wege, auf denen sie aus ihrer Heimat fortziehen konnten: der eine durch das Gebiet der Sequaner, ein beschwerlicher Paß zwischen dem Juragebirge und dem Rhodanus, wo kaum ein Wagen hinter dem andern vorwärts kam; überdies wurde er von einem hohen

Gebirge beherrscht, so daß schon eine kleine Schar imstande war, ihn abzusperren; der andere durch unsere Provinz, um vieles bequemer und gangbarer, weil der Rhodanus, welcher zwischen den Helvetiern und den jüngst unterworfenen Allobrogern[17] hindurchströmt, an mehreren Stellen passierbare Furten hat. Die äußerste Grenzstadt der Allobroger, die dem Land der Helvetier am nächsten liegt, ist Genava (Genf). Von dieser Stadt führt eine Brücke zu den Helvetiern hinüber. Da sich nun die Allobroger der Römerherrschaft noch nicht willig gefügt zu haben schienen, so glaubten die Helvetier, sie in Güte bestimmen, andernfalls sie mit Gewalt nötigen zu können, ihnen den Durchzug durch ihr Gebiet zu gestatten. Nachdem alle Vorbereitungen zum Ausmarsch getroffen waren, bestimmten sie einen Tag, an dem sich alle am Ufer des Rhodanus versammeln sollten; es war dies der 28. März im Konsulatsjahr des Lucius Piso und Aulus Gabinius.[18]

7. Als Caesar von der Absicht der Helvetier, durch unsere Provinz zu marschieren, benachrichtigt wurde, beschleunigte er seinen Aufbruch von Rom, eilte in forcierten Tagemärschen ins jenseitige Gallien und kam in die Gegend von Genava. Der ganzen Provinz befahl er, eine möglichst große Zahl von Truppen zu stellen (es befand sich nämlich im jenseitigen Gallien eine einzige Legion[19]), und ließ die Brücke bei Genava abbrechen. Sobald die Helvetier seine Ankunft erfahren hatten, schickten sie die Angesehensten ihres Volkes als Gesandte zu ihm; an der Spitze dieser Gesandtschaft standen Nammejus und Verucloetius. Diese mußten erklären, sie seien willens, ohne Feindseligkeit durch die Provinz zu marschieren, weil sie einen anderen Weg nicht hätten; sie bäten, daß sie dies mit seiner Erlaubnis tun dürften. Da es aber Caesar gar wohl im Gedächtnis behielt, daß die Helvetier den Konsul Lucius Cassius getötet[20], dessen Heer aber geschlagen und unter das Joch[21] geschickt hatten, so glaubte er schon deshalb ihnen seine Einwilligung versagen zu müssen. Auch hielt er es nicht

für wahrscheinlich, daß Leute von so feindseliger Gesinnung jegliche Unbill und Gewalttätigkeit vermeiden würden, wenn ihnen einmal die Möglichkeit des Durchzuges durch die Provinz gegeben wäre. Um jedoch bis zur Vereinigung der geforderten Truppen Zeit zu gewinnen, antwortete er den Gesandten, er wolle sich Bedenkzeit nehmen; sie möchten mit ihrem Ansuchen am 13. April wiederkommen.

8. Unterdessen ließ Caesar mit Hilfe der einen Legion[22], die er bei sich hatte, und der Soldaten, die aus der Provinz eingetroffen waren, vom Lemansee, der in dem Rhodanus seinen Abfluß hat, bis zum Jura, dem Grenzgebirge der Sequaner und Helvetier, in einer Länge von 19 Meilen einen Wall von 16 Fuß Höhe und einen Graben ziehen.[23] Nach Vollendung dieses Werkes stellte er an verschiedenen Punkten Posten auf und legte Bastionen an, um den Feind, wenn er wider seinen Willen den Übergang wagen sollte, desto leichter zurückzuschlagen. Sobald nun der mit den Gesandten vereinbarte Tag gekommen war und diese sich wieder bei ihm einfanden, erteilte er ihnen den Bescheid, er könne nach Brauch und Herkommen des römischen Volkes niemandem den Durchzug durch die Provinz gestatten. Zugleich eröffnete er ihnen, er werde sie abzuwehren wissen, wenn sie Gewalt anwenden wollten. Die Helvetier, in ihrer Hoffnung getäuscht, versuchten auf zusammengekoppelten Schiffen und einer Anzahl hierzu erbauter Flöße, zum Teil auch durch die Furten des Rhodanus, dort, wo der Fluß die geringste Tiefe hatte, bisweilen bei Tage, öfters in der Nacht durchzubrechen; durch die Festigkeit der Verschanzung, den Widerstand und die Geschosse ihrer Soldaten zurückgeworfen, standen sie jedoch von ihrem Vorhaben wieder ab.

9. Es blieb somit nur der eine Weg durch das Gebiet der Sequaner übrig, auf dem sie aber ohne deren Einwilligung wegen des Engpasses nicht marschieren konnten. Da es ihnen nicht gelang, diesen Volksstamm durch eigene Bemühung

zu überreden, schickten sie Gesandte zum Häduer Dumnorix, um durch dessen Vermittlung die Erlaubnis von den
Sequanern zu erhalten. Dumnorix hatte durch seine Beliebtheit und Freigiebigkeit großen Einfluß bei den Sequanern, er war aber auch mit den Helvetiern befreundet, weil
er aus diesem Volk die Tochter des Orgetorix geheiratet
hatte. Auch sann er, von Herrschsucht getrieben, auf einen
Umsturz der gegenwärtigen Verhältnisse und suchte sich
daher möglichst viele Völkerschaften durch Gefälligkeiten
zu verbinden. So nahm er denn die Sache in seine Hand, bestimmte die Sequaner dazu, den Helvetiern den Durchzug
durch ihr Gebiet zu gestatten, und brachte es dahin, daß
beide Völker einander Geiseln stellten, womit die Sequaner den Helvetiern freien Durchmarsch verbürgten, die
Helvetier aber sich verpflichteten, ohne Gewalttätigkeit
und Unfug durchziehen zu wollen.

Caesars Vorkehrungen und Sieg über die Tiguriner am Arar

10. Da erhielt Caesar die Nachricht, daß die Helvetier die
Absicht hätten, durch das Land der Sequaner und Häduer
ins Gebiet der Santonen[24] einzuwandern; dieses ist nicht
mehr weit entfernt vom Gebiet der Tolosaten[25], welcher
Stamm schon zur Provinz gehört. Er erkannte, daß in diesem Fall der Provinz große Gefahr drohen würde, wenn sie
eine so kriegerische und den Römern feindlich gesinnte
Völkerschaft in einer ganz offenen und getreidereichen Gegend zu Nachbarn erhielte. Aus diesem Grund übertrug er
die Aufsicht über die angelegten Verschanzungen seinem
Legaten Titus Labienus; er selbst eilte in starken Tagesmärschen nach Italien, hob dort zwei Legionen[26] aus, zog
drei andere[27] aus ihrem Winterlager bei Aquileja[28] heran
und beeilte sich, mit diesen fünf Legionen auf dem kürze-
sten Wege über die Alpen ins jenseitige Gallien zu gelangen[29]. Hier suchten die Ceutronen, Grajoceler und Caturi-

ger,[30], welche die Gebirgshöhen besetzt hatten, das Heer am Durchzug zu hindern. Sie wurden jedoch in mehreren Treffen geschlagen, und Caesar gelangte von Ocelum[31], dem äußersten Punkt der diesseitigen Provinz, in sieben Tagen ins Land der Vocontier[32] in der jenseitigen Provinz. Von hier führte er sein Heer ins Gebiet der Allobroger, danach in das der Segusiaver[33]; dies ist der erste Stamm, welcher außerhalb der Provinz jenseits des Rhodanus wohnt.

11. Die Helvetier hatten ihre Scharen bereits durch den Engpaß und das Gebiet der Sequaner geführt, waren ins Land der Häduer gekommen und verheerten nun deren Felder. Die Häduer, unvermögend, sich und ihre Habe gegen sie zu verteidigen, schickten Gesandte an Caesar und baten um Hilfe. Sie hatten sich jederzeit um das römische Volk so große Verdienste erworben, daß man wahrlich nicht ruhig zusehen sollte, wenn beinahe vor den Augen unseres Heeres ihre Äcker verwüstet, ihre Kinder in die Sklaverei geführt, ihre Städte erobert würden. Zu derselben Zeit benachrichtigten die Ambarrer[34], die Freunde und Stammverwandten der Häduer, den Caesar, daß ihre Felder geplündert wären und sie kaum von den Städten den Ansturm der Feinde abhalten könnten. Auch die Allobroger, welche jenseits des Rhodanus Dörfer und Niederlassungen hatten, nahmen zu Caesar ihre Zuflucht und zeigten ihm an, es sei ihnen außer dem bloßen Grund und Boden nichts übriggeblieben. Daraufhin faßte Caesar den Beschluß, nicht erst zu warten, bis die Helvetier Hab und Gut seiner Bundesgenossen völlig vernichtet hätten und ins Land der Santonen gekommen wären.

12. Durch das Gebiet der Häduer und Sequaner strömt der Arar[35], der sich mit einem so unglaublich langsamen Gefälle in den Rhodanus ergießt, daß man mit den Augen die Richtung seines Laufes nicht erkennen kann. Über diesen setzten die Helvetier mit Flößen und zusammengebundenen Kähnen.[36] Als nun Caesar durch seine Kundschafter erfuhr, daß drei Viertel der helvetischen Scharen den Fluß be-

reits überschritten hätten, ungefähr der vierte Teil sich
aber noch auf dem diesseitigen Ufer befände, brach er während der dritten Nachtwache[37] mit drei Legionen aus dem
Lager auf und gelangte zu dem Teil, der noch nicht über
den Fluß gegangen war. Diese nun griff er an, da sie kampfunfähig und ahnungslos waren, und hieb einen großen Teil
nieder; die übrigen suchten ihr Heil in der Flucht und verbargen sich in den nächsten Wäldern. Es waren dies die Bewohner des Tigurinergaues[38]; denn das ganze helvetische
Volk ist in vier Gaue geteilt. Gerade dieser Stamm hatte
zur Zeit unserer Väter seine Heimat verlassen, den Konsul
Lucius Cassius getötet und dessen Heer unter das Joch geschickt. So sollte denn, sei es durch Zufall oder nach dem
Ratschluß der unsterblichen Götter, gerade jener Teil des
helvetischen Volkes, der den Römern einst eine so empfindli-
che Niederlage beigebracht hatte, zuerst dafür seine Strafe
empfangen. Dabei rächte Caesar eine Unbill, die nicht allein den Staat, sondern auch seine Person berührte, da die
Tiguriner den Legaten[39] Lucius Piso, den Großvater seines
Schwiegervaters Lucius Piso, in derselben Schlacht, wo
Cassius fiel, getötet hatten.

Gesandtschaft der Helvetier, Caesars Antwort

13. Nach diesem Treffen ließ Caesar eine Brücke über den
Arar schlagen, um die übrigen Scharen der Helvetier einzu-
holen, und führte so das Heer hinüber. Seine plötzliche Ankunft machte die Helvetier bestürzt, da sie sahen, daß der
Übergang über den Fluß, den sie selbst mit Mühe und Not
in zwanzig Tagen bewerkstelligt hatten, von ihm an einem
Tage ausgeführt worden war. Sie schickten daher eine Gesandtschaft an ihn, an deren Spitze jener Divico stand, der
im Cassianischen Krieg Anführer der Helvetier gewesen
war.[40] Dieser verhandelte mit Caesar: Wenn das römische
Volk mit den Helvetiern Frieden schlösse, seien sie bereit,
in jenes Land zu ziehen und sich dort dauernd niederzulas-

sen, wohin sie Caesar versetzen und wo er sie ansiedeln wolle; beharre er aber auf der Fortsetzung des Krieges, so möge er der früheren Niederlage des römischen Volkes und der altererbten Tapferkeit der Helvetier gedenken. Wenn er unversehens einen ihrer Stämme angegriffen habe, während die übrigen, welche den Fluß bereits überschritten, den Ihrigen keine Hilfe hätten bringen können, so solle er deshalb weder so sehr auf seine Tapferkeit pochen, noch sie selbst geringschätzen. Sie seien es von ihren Vätern und Vorfahren her so gewöhnt worden, lieber in der Tapferkeit ihre Stärke zu suchen, als sich auf List und Hinterhalt zu verlassen. Er solle sich daher in acht nehmen; gar leicht könnte ihr jetziger Lagerplatz von der Niederlage des römischen Volkes und der Vernichtung des Heeres seinen Namen erhalten und so die Kunde davon auf die Nachwelt bringen.
14. Caesar erteilte ihnen folgende Antwort: Gerade deshalb habe er keine Veranlassung zur Anschlüssigkeit, weil er die von den helvetischen Gesandten erwähnten Vorfälle gar wohl im Gedächtnis behielte, und um so mehr sei er darüber empört, weil sie das römische Volk ohne Verschulden getroffen hätten. Denn wäre sich dieses nur irgendeines Unrechtes bewußt gewesen, so hätte es leicht auf seiner Hut sein können. Ebendeswegen sei es hintergangen worden, weil es sich keiner strafwürdigen Handlung schuldig fühlte, ohne Grund aber keine Besorgnis hegen wollte. Gesetzt aber, er wolle jene alte Schmach vergessen, könne er denn auch die Erinnerung an ihre neuen Unbilden, an ihren Versuch, wider seinen Willen den Durchzug durch die Provinz zu erzwingen, sowie an ihre Feindseligkeiten gegen die Häduer, Allobroger und Ambarrer aus dem Gedächtnis austilgen? Daß sie sich aber ihres Sieges in so überhebender Weise rühmten und sich wunderten, mit ihren Ungerechtigkeiten so lange ungestraft durchgekommen zu sein, dies beweise dieselbe Gesinnung. Die unsterblichen Götter pflegten denjenigen Menschen, welche sie für ihre Ruchlosigkeit strafen wollen, bisweilen größe-

res Glück und längere Straflosigkeit zu gewähren, damit sie den jähen Wechsel ihres Schicksals desto schwerer empfänden. Trotz alledem sei er bereit, mit ihnen Frieden zu schließen, wenn sie ihm durch Stellung von Geiseln die Erfüllung ihrer Versprechen verbürgen und wenn sie den Häduern für die an ihnen und ihren Bundesgenossen verübten Gewalttätigkeiten sowie auch den Allobrogern Genugtuung leisten wollten. Divico antwortete: Die Helvetier hätten von ihren Vorfahren die Gewohnheit übernommen, Geiseln zu nehmen, nicht aber zu geben; dies könne ihnen das römische Volk selbst bezeugen. Nach dieser Antwort entfernte er sich.

Caesars Reiterei wird von den Helvetiern in die Flucht geschlagen

15. Am folgenden Tage brachen sie von dort auf. Dasselbe tat Caesar und schickte die gesamte Reiterei, etwa 4000 Mann, die er aus der ganzen Provinz, den Häduern und ihren Bundesgenossen aufgeboten hatte[41], voraus, um durch sie die Marschrichtung des Feindes zu erfahren. Diese Reiter nun setzten der feindlichen Nachhut allzu hitzig zu und ließen sich auf ungünstigem Terrain mit der Reiterei der Helvetier in einen Kampf ein, wobei einige wenige von den Unsrigen fielen. Durch dieses Treffen wurden die Helvetier übermütig gemacht — hatten sie doch mit nur 500 Reitern eine so große Zahl von Reitern in die Flucht geschlagen! — und begannen nunmehr mit größerer Keckheit dann und wann standzuhalten und die Unsrigen durch Angriffe zu reizen. Caesar hielt die Seinen vom Kampf zurück und begnügte sich für den Augenblick, den Feind an Raubzügen, Furagierungen und Plünderungen zu hindern. So marschierte man etwa fünfzehn Tage lang derart, daß der Abstand zwischen der Nachhut der Feinde und unserer Vorhut niemals mehr als fünf bis sechs Meilen betrug.

17

Treulosigkeit des Häduers Dumnorix; auf Fürbitte seines
Bruders Divitiacus wird ihm von Caesar verziehen

16. Unterdessen forderte Caesar Tag für Tag von den Häduern das Getreide, das sie ihm auf Kosten des Gemeinwesens zu liefern versprochen hatten. Denn da Gallien, wie
oben erwähnt, eine nördliche Lage hat, war der kalten Jahreszeit wegen nicht allein das Getreide auf den Feldern
noch nicht reif, sondern es war nicht einmal eine ausreichende Menge Futter vorhanden.[42] Das Getreide aber, das
er auf dem Arar zu Schiff hatte nachführen lassen, nützte
ihm deshalb wenig, weil die Helvetier auf ihrem Zuge vom
Arar abgebogen waren[43] und er sich nicht von ihnen entfernen wollte. Von einem Tage zum andern verzögerten die
Häduer die Lieferung des Getreides. »Es wird schon eingeliefert, zusammengebracht, ist schon da«, sagten sie immer. Sowie Caesar merkte, daß man ihn zu lange hinhalte
und daß schon der Tag bevorstehe, an welchem den Soldaten ihre Getreiderationen zugemessen werden mußten[44],
ließ er die Edlen der Häduer, deren er eine große Zahl in seinem Lager hatte, zu sich kommen, unter ihnen auch den
Divitiacus und den Liscus. Letzterer war damals das Staatsoberhaupt, welches bei den Häduern Vergobretus[45] heißt,
Jahr für Jahr neu gewählt wird und das Recht über Leben
und Tod der Untergebenen hat. Dieser Versammlung gegenüber erhob Caesar ernste Anschuldigungen, daß man ihn
in einer so dringlichen Lage und bei einer so großen Nähe
der Feinde nicht unterstütze, obwohl Lebensmittel weder
gekauft noch vom Felde genommen werden könnten. Noch
viel mehr beklagte er sich deshalb darüber, daß sie ihn im
Stich gelassen hätten, weil er sich doch hauptsächlich auf
ihre Bitten hin zum Krieg entschlossen habe.

17. Jetzt erst ließ sich Liscus durch die Rede Caesars bewegen, das offen zu erklären, was er früher verschwiegen hatte: Es gäbe gewisse Leute, deren Ansehen bei den Gemeinen sehr viel gelte und die ohne öffentliches Amt mehr
Macht hätten als die Obrigkeiten selbst. Diese suchten die

Volksmenge durch aufrührerische und böswillige Reden von der Lieferung des schuldigen Getreides abzubringen. Könnten die Häduer selbst, so sagten diese, die Führerschaft Galliens nicht behaupten, so wäre es doch immer noch besser, sich die Herrschaft der Gallier als die der Römer gefallen zu lassen. Es sei kein Zweifel, daß die Römer, wenn sie nur einmal mit den Helvetiern fertig wären, zugleich mit den übrigen Galliern auch den Häduern ihre Freiheit rauben würden. Von diesen Leuten würden auch unsere Beschlüsse sowie alle Vorfälle im Lager den Feinden hinterbracht, und doch sei er nicht imstande, sie in Schranken zu halten; ja, er sehe sogar ein, welcher Gefahr er sich aussetze, da er notgedrungen dem Caesar diese Mitteilung gemacht habe, und nur aus diesem Grunde habe er so lange geschwiegen.

18. Caesar merkte, daß diese Rede des Liscus auf Dumnorix, den Bruder des Diviacus, abzielte; da er jedoch in Gegenwart mehrerer Zeugen eine ausführliche Erörterung vermeiden wollte, entließ er alsbald die Versammlung. Nur den Liscus behielt er zurück und fragte ihn unter vier Augen nach dem, was er vor den anderen erklärt hatte. Darauf sprach sich Liscus mit größerer Freimütigkeit und Kühnheit aus. Caesar zog nun auch bei anderen insgeheim Erkundigungen ein und fand alles bestätigt. Wirklich sei jener Dumnorix der Anstifter, ein Mann von kühnem Unternehmungsgeist, beim Volk seiner Freigebigkeit wegen sehr beliebt, auf einen Umsturz der Verfassung sinnend. Schon mehrere Jahre habe er die Zölle und die übrigen Staatsgefälle der Häduer um eine Spottsumme in Pacht, weil nach seinem Gebot niemand anderer ihn zu überbieten wage. Dadurch habe er sein Vermögen gemehrt und sich hinreichende Mittel zu seiner Freigebigkeit geschaffen. Auch unterhalte er auf eigene Kosten eine große Reiterei, die er immer in seiner Nähe habe, und nicht allein in seiner Heimat, sondern auch bei den benachbarten Staaten vermöge er ungewöhnlich viel. Um diese Machtstellung zu sichern, habe

er seine Mutter ins Land der Bituriger an einen überaus mächtigen Fürsten verheiratet; sein eigenes Weib sei eine Helvetierin, seine Halbschwester von mütterlicher Seite und seine übrigen nächsten weiblichen Verwandten habe er in andere Staaten vermählt. Den Helvetiern sei er schon wegen dieser Verschwägerung geneigt und gewogen, Caesar und die Römer hingegen hasse er überdies aus persönlichen Gründen, da durch ihre Ankunft seine eigene Macht vermindert worden sei, sein Bruder Divitiacus aber seine vorherige einflußreiche und angesehene Stellung wiedererlangt habe. Sollte die Römer ein Unglück treffen, so sei für ihn die größte Hoffnung gekommen, sich mit Hilfe der Helvetier des Königtums zu bemächtigen; unter der Oberherrschaft der Römer hingegen müsse er nicht nur auf die Herrschaft, sondern auch auf die Behauptung seines gegenwärtigen Einflusses Verzicht leisten. Caesar erfuhr auch bei seinen Nachforschungen, daß in dem unglücklichen Reitertreffen, welches vor einigen Tagen stattgefunden hatte, Dumnorix mit seinen Reitern zuerst geflohen war und so durch diese Flucht auch die übrige Reiterei in Verwirrung brachte; er befehligte nämlich damals die Hilfsreiterei, welche die Häduer für Caesar gestellt hatten.

19. Zu diesen durch Erkundigung gewonnenen Verdachtsgründen kamen noch unleugbare Tatsachen: er hatte den Helvetiern den Durchzug durchs Land der Sequaner verschafft, die gegenseitige Stellung von Geiseln vermittelt und hatte dies alles nicht nur ohne Caesars und seines Stammes Befehl, sondern sogar ohne ihr Mitwissen ausgeführt; dann war er von der Obrigkeit der Häduer selbst angeklagt worden. Somit glaubte Caesar hinlänglichen Grund zu haben, um entweder selbst gegen ihn einzuschreiten oder dies durch die Bürgerschaft des Dumnorix tun zu lassen. Alledem stand nur ein Hindernis entgegen: Er kannte des Bruders Divitiacus tüchtige Gesinnung gegen das römische Volk, dessen Ergebenheit gegen seine eigene Person sowie seine seltene Treue, Gerechtigkeit und maßvolle

Haltung. So mußte er denn fürchten, den Divitiacus durch die Hinrichtung seines Bruders zu verletzen. Ehe er daher einen entscheidenden Beschluß faßte, ließ er den Divitiacus zu sich berufen und besprach sich nach Entfernung der gewöhnlichen Dolmetscher mit ihm durch die Vermittlung seines Vertrauten, des Gajus Valerius Procillus, eines vornehmen Mannes aus der Provinz, dem er in jeder Beziehung das größte Vertrauen entgegenbrachte. Hierbei gab er ihm die Äußerungen zu bedenken, die in der Gegenwart des Divitiacus über Dumnorix in der Versammlung der Gallier gefallen waren, und teilte ihm mit, was ein jeder ihm gegenüber unter vier Augen über denselben ausgesagt hatte. Zuletzt bat er ihn inständigst, daß er, ohne ihn im Herzen zu kränken, nach Einleitung einer Untersuchung entweder selbst das Urteil fällen oder die Häduer dazu auffordern dürfe.

20. Da brach Divitiacus in Tränen aus, umfaßte den Caesar und begann ihn zu bitten, er möge gegen seinen Bruder keine allzu harte Maßregel treffen; er wisse, daß alles wahr sei, und niemand empfände darüber größeren Schmerz als er; sei doch sein Bruder nur durch ihn zu Ansehen gekommen, da er selbst durch seine Beliebtheit zu Hause und im übrigen Gallien sehr viel, jener als junger Mensch sehr wenig vermocht hätte. Diese Macht und diese Mittel verwende jener nicht nur zur Verminderung seines Einflusses, sondern beinahe zu seinem gänzlichen Verderben. Dennoch müsse er (Divitiacus) sich durch die Liebe zu seinem Bruder und die öffentliche Meinung bestimmen lassen. Denn wenn jener von Caesar eine harte Strafe erleiden sollte, so würde jedermann glauben, es sei dies mit seiner eigenen Zustimmung geschehen, da er selbst Caesars Freundschaft in solchem Grade besäße; infolgedessen würden sich die Herzen von ganz Gallien von ihm abwenden. Als er mit beredten Worten unter Tränen den Caesar darum bat, ergriff dieser seine Rechte, tröstete ihn und forderte ihn auf, nicht weiter zu flehen; zugleich versicherte er ihn, er stehe bei

21

ihm in solcher Gunst, daß er seinem Bruder die Unbill wider den Staat wie den ihm selbst bereiteten Verdruß auf seinen Wunsch und seine Fürbitte verzeihen wolle. Sodann ließ er den Dumnorix zu sich kommen, hielt ihm in Gegenwart seines Bruders vor, was er an ihm mißbillige, und setzte ihm auseinander, was er selbst wisse und worüber sich seine Landsleute beklagten; auch ermahnte er ihn, in Zukunft jede Veranlassung zu einem Verdacht zu vermeiden; das Vergangene wolle er ihm seinem Bruder Divitiacus zuliebe nachsehen. Hierauf stellte er den Dumnorix unter Aufsicht, um von allen seinen Unternehmungen und seinem Umgang Kunde zu erhalten.

Mißgeschick des Considius

21. An demselben Tag erfuhr Caesar durch Kundschafter, der Feind habe acht Meilen von seinem eigenen Lager am Fuße eines Berges haltgemacht; er sandte daher Leute aus, welche auskundschaften sollten, wie der Berg beschaffen und wie es mit seiner Ersteigbarkeit auf allen Seiten bestellt sei. Man brachte ihm die Meldung zurück, er sei leicht zu ersteigen. Deshalb gab er noch während der dritten Nachtwache seinem ersten Legaten Titus Labienus den Auftrag, mit zwei Legionen unter Führung der Leute, die den Weg kannten, den obersten Kamm des Berges zu besetzen; zugleich teilte er ihm seinen Plan mit. Er selbst eilte um die vierte Nachtwache auf dem Weg, den der Feind genommen hatte, diesem nach und ließ die ganze Reiterei den Vortrab bilden. Publius Considius, der für einen sehr erfahrenen Kriegsmann galt und im Heere des Lucius Sulla, nachher in dem des Marcus Crassus[46] gedient hatte, wurde mit Spähern vorausgeschickt.

22. Mit Tagesanbruch hatte Labienus bereits den Berggipfel besetzt, während Caesar selbst nur noch anderthalb Meilen vom Lager der Feinde entfernt war, ohne daß diese (wie er später von den Gefangenen erfuhr) von seiner oder von des

Labienus Annäherung eine Ahnung hatten. Da kam Considius in vollem Galopp zu ihm herangesprengt und meldete, der Berg, den Labienus hätte besetzen sollen, sei in den Händen der Feinde; dies habe er an den Rüstungen und Abzeichen der Gallier erkannt. Caesar zog sich mit seinen Truppen auf den nächsten Hügel zurück und stellte sie in Schlachtordnung auf. Labienus hatte von Caesar den Auftrag erhalten, sich nicht früher in ein Gefecht einzulassen, als bis er seine Truppen in der Nähe des feindlichen Lagers erblickt hätte, damit von allen Seiten gleichzeitig ein Angriff auf die Feinde unternommen würde. So wartete er nach Besetzung der Anhöhe auf die Unsrigen und enthielt sich des Kampfes. Endlich, da es schon spät am Tage war, erfuhr Caesar durch seine Kundschafter, die Seinigen hielten den Berg besetzt, die Helvetier hätten ihr Lager abgebrochen und Considius habe in seiner Furcht Wahnvorstellungen gehabt und demgemäß berichtet. An diesem Tag folgte Caesar den Feinden im gewöhnlichen Abstand und schlug drei Meilen von ihrem Lager das seinige auf.

Niederlage und Flucht der Helvetier

23. Tags darauf beschloß Caesar für die Verproviantierung Sorge zu tragen, da er schon in zwei Tagen den Soldaten ihr Getreide zumessen mußte und von Bibracte[47], der weitaus größten und wohlhabendsten Stadt der Häduer, nur noch 18 Meilen entfernt war; er bog daher auf seinem Marsch von den Helvetiern ab und beeilte sich, nach Bibracte zu kommen. Dies wurde durch entlaufene Sklaven des Lucius Ämilius, eines Decurionen[48] der gallischen Reiterei, den Feinden hinterbracht. Sei es nun, daß die Helvetier meinten, die Römer zögen sich aus Furcht vor ihnen zurück, besonders da sie tags zuvor trotz ihres höheren Standortes sich in keinen Kampf eingelassen hatten, oder daß sie sich Hoffnung machten, denselben die Zufuhr von Lebensmitteln abschneiden zu können, kurz, sie gaben ihren Plan

auf, änderten die Richtung ihres Zuges und begannen die Nachhut der Unsrigen zu verfolgen und zu reizen.

24. Sowie Caesar dieses bemerkte, führte er sein Fußvolk auf den nächsten Hügel und schickte die Reiterei ab, um den Angriff der Feinde abzuwehren. Er selbst stellte inzwischen auf der halben Höhe des Hügels seine vier alten Legionen in drei Treffen auf[49]; ganz oben auf dem Gipfel dagegen ließ er die zwei Legionen, die er jüngst im diesseitigen Gallien ausgehoben hatte, sowie alle Hilfstruppen[50] Stellung nehmen und so den ganzen Berg mit Soldaten besetzen; sämtliches Gepäck[51] mußte unterdessen auf einen Platz zusammengetragen und dieser von den Truppen, die in der obersten Schlachtreihe aufgestellt waren, verschanzt werden. Inzwischen waren auch die Helvetier mit allen ihren Wagen gefolgt und brachten ihren Troß an einem Ort zusammen. Sie selbst warfen in gedrängten Haufen unsere Reiterei zurück und rückten dann in dichtgeschlossener Schlachtlinie[52] bis zu unserem ersten Treffen vor.

25. Caesar ließ zuerst sein eigenes Pferd, dann die aller übrigen[53] aus dem Blickfeld entfernen, um die Gefahr für alle gleichzumachen und ihnen die Hoffnung auf Flucht zu nehmen. Sodann sprach er den Seinigen Mut zu und begann den Kampf. Da die Soldaten ihre Wurfspeere[54] von der Höhe herabschleuderten, durchbrachen sie leicht die Schlachtlinie der Feinde. Sowie diese gesprengt war, zogen sie ihre Schwerter und gingen zum Angriff über. Den Galliern geriet ein Umstand beim Kampf zum großen Nachteil; denn, da oft mehrere Schilde derselben durch die Wucht eines Wurfspeeres durchbohrt und aneinander geheftet wurden, so konnten sie diesen, wenn sich das Eisen umgebogen hatte, weder herausziehen noch auch wegen der Behinderung der linken Hand mit Bequemlichkeit kämpfen. Viele zogen es daher vor, nachdem sie lange den Arm geschüttelt hatten, den Schild wegzuwerfen und mit unbedecktem Körper zu fechten. Durch Wunden erschöpft, fingen sie endlich an, zu weichen und sich auf einen Berg

24

zurückzuziehen, der nur etwa 1000 Schritte entfernt war. Als sie den Berg besetzt hatten und die Unsrigen nachrückten, waren die Bojer und Tulinger, die in der Stärke von ungefähr 15 000 Mann den Zug der Feinde schlossen und ihren Rücken deckten, unseren Leuten während des Marsches in die unbedeckte Flanke[55] gefallen und überflügelten sie. Kaum sahen dies die Helvetier, welche sich auf den Berg zurückgezogen hatten, als sie wieder vorrückten und die Schlacht erneuerten. Die Römer machten durch eine Schwenkung Front nach beiden Seiten, so daß das erste und zweite Treffen den schon besiegten und geworfenen Helvetiern Widerstand leisteten, das dritte den Angriff der neu erschienenen Truppen aushielt.

26. So wurde lange und unentschieden in einer Doppelschlacht gestritten. Als aber die Feinde den Ansturm der Unsrigen nicht mehr länger aushalten konnten, zogen sich die einen nunmehr vollends auf den Berg zurück, die anderen begaben sich geordnet zu dem Troß und zu den Wagen. Denn in dieser ganzen Schlacht konnte niemand einen Feind eigentlich fliehen sehen, obwohl der Kampf von der siebten Stunde[56] bis gegen Abend dauerte. Es wurde noch bis tief in die Nacht hinein beim Troß gekämpft. Die Feinde hatten nämlich ihre Wagen als Verschanzung zusammengefahren[57] und empfingen nun von diesem höher gelegenen Standort aus die Unsrigen bei ihrer Ankunft mit Geschossen, während einige zwischen den Wagen und Rädern ihre Wurfspeere und Lanzen von unten her schleuderten und unsere Leute verwundeten. Erst nach langem Kampfe bemächtigten sich die Unseren des Trosses und des Lagers. Hier wurde die Tochter des Orgetorix und einer seiner Söhne gefangengenommen. Nach dieser Schlacht waren noch ungefähr 130 000 Mann Feinde übrig; diese marschierten die ganze Nacht ohne Unterlaß weiter und gelangten, ohne in den folgenden Nächten irgendeine längere Rast zu halten, am vierten Tage ins Gebiet der Lingonen.[58] Denn die Unsrigen hatten ihnen nicht folgen können, da sie durch

die Sorge für die Verwundeten und die Beerdigung der Gefallenen drei Tage lang aufgehalten waren.[59] Jedoch schickte Caesar Boten mit einem schriftlichen Befehl an die Lingonen, sie sollten die Helvetier weder mit Getreide noch mit irgendeiner anderen Sache unterstützen; täten sie dies, so würde er sie ebenso behandeln wie die Helvetier. Er selbst begann nach Verlauf von drei Tagen diesen mit allen seinen Truppen nachzurücken.[60]

Die Reste der Helvetier kehren in ihre Heimat zurück

27. Der Mangel an allen Bedürfnissen bewog die Helvetier, Gesandte an Caesar zu schicken, um ihre Unterwerfung anzutragen. Sie trafen ihn auf dem Marsch, warfen sich ihm zu Füßen und baten mit demütigen Worten unter Tränen um Frieden. Caesar befahl ihnen, an ihrem jetzigen Lagerplatz seine Ankunft zu erwarten; sie leisteten Folge. Als Caesar dorthin gekommen war, forderte er von ihnen Stellung von Geiseln sowie Auslieferung der Waffen und der zu ihnen übergelaufenen Sklaven. Als es inzwischen, da man alles dies aufsuchte und zusammenbrachte, Nacht geworden war, zogen ungefähr 6 000 Mann aus dem sogenannten Verbigenergau[61] bei Einbruch der Dunkelheit aus dem Lager der Helvetier fort und suchten den Rhein und das Gebiet der Germanen zu erreichen. Dies taten sie entweder aus Furcht, nach Auslieferung der Waffen mit dem Tode bestraft zu werden, oder sie ließen sich durch die Aussicht auf Rettung dazu verleiten, indem sie meinten, bei einer so großen Menge von Gefangenen könne ihre Flucht entweder vorderhand verborgen oder ganz unbemerkt bleiben.

28. Sowie Caesar dies erfuhr, ließ er an die, durch deren Gebiet sie gezogen waren, den Befehl ergehen, jene aufzusuchen und zu ihm zurückzubringen, wenn sie nicht selbst in seinen Augen als Mitschuldige erscheinen wollten. Die Ausgelieferten behandelte er als Feinde, die Unterwerfung aller übrigen nahm er an, nachdem sie ihm Geiseln, Waffen

26

und Überläufer übergeben hatten. Den Helvetiern, Tulin-
gern und Latovicern befahl er, in ihr Gebiet, aus dem sie
ausgezogen waren, zurückzukehren; weil sie aber nach
Einbuße aller ihrer Fruchtvorräte daher nichts zu essen hatten, trug er den Allobrogern auf, ihnen das nötige Getreide
zu liefern; die Städte und Dörfer, die sie eingeäschert hatten, mußten sie selbst wieder aufbauen. Diese Verfügung
traf er hauptsächlich aus dem Grund, weil er nicht wollte,
daß die von den Helvetiern verlassene Gegend unbewohnt
bliebe, damit nicht der Güte des Bodens wegen die Germanen des jenseitigen Rheinufers aus ihrem Lande in Gebiet
der Helvetier einwanderten und so die Nachbarn der Provinz Gallien, und zwar der Allobroger würden. Den Häduern gestattete Caesar auf ihre Bitte, die Bojer, die als
Leute von seltener Tapferkeit bekannt waren, in ihrem
Lande anzusiedeln. Die Häduer gaben ihnen also Länderei-
en und gewährten ihnen später dieselbe rechtliche und bürgerliche Stellung, die sie selbst hatten.

Zahl der Helvetier vor und nach dem Kriege

29. Im Lager der Helvetier fanden sich Tafeln, die mit griechischen Buchstaben[62] beschrieben waren; man überbrachte sie dem Caesar. Auf ihnen war unter Angabe der Namen
eine Berechnung niedergelegt über die Zahl der Ausgewan-
derten, sowohl der Waffenfähigen wie auch gesondert davon der Kinder, Greise und Weiber. Die Summe belief sich
im ganzen auf 263 000 Helvetier, 36 000 Tulinger, 14 000
Latovicer, 23 000 Rauriker und 32 000 Bojer; darunter befanden sich gegen 92 000 Waffenfähige. Alles in allem waren es gegen 368 000 Köpfe. Die Anzahl derer, die in ihre
Heimat zurückkehrten, betrug nach der von Caesar befohlenen Zählung 110 000.[63]

II. Der Feldzug gegen Ariovist

Die Gallier beklagen sich über den Germanenkönig
Ariovist bei Caesar

30. Nach Beendigung des helvetischen Krieges kamen beinahe von ganz Gallien die Häuptlinge der Staaten als Abgesandte zu Caesar, um ihm ihre Glückwünsche darzubringen. Wenn er auch die Helvetier für ihre alten Unbilden gegen das römische Volk in diesem Kriege bestraft habe, so sähen sie doch ein, daß dieser Ausgang dem Lande Gallien nicht geringeren Vorteil brächte als dem römischen Volke; denn die Helvetier hätten trotz der überaus glücklichen Lage ihres Staates nur in der Absicht ihre Wohnsitze verlassen, um ganz Gallien mit Krieg zu überziehen, dasselbe zu unterwerfen und sich dann aus allen Gegenden diejenige zum Wohnsitze zu erwählen, die ihnen als die beste und fruchtbarste im ganzen gallischen Lande erscheinen würde, sowie um sich die übrigen Staaten abgabepflichtig zu machen. Zugleich baten die Gesandten, einen allgemeinen Landtag für ganz Gallien mit Caesars Erlaubnis anberaumen zu dürfen; sie hätten einige Wünsche, die sie ihm einem gemeinsamen Beschluß zufolge vortragen wollten. Nachdem ihnen dies gestattet war, setzten sie einen Tag für die Versammlung fest und verpflichteten sich untereinander durch einen Eid, niemand solle etwas verlautbaren außer denen, die man durch einen gemeinschaftlichen Beschluß damit beauftragen würde.

31. Nachdem dieser Landtag auseinandergegangen war, kehrten dieselben Häuptlinge der gallischen Staaten, welche zuvor bei Caesar gewesen waren, zu ihm zurück und baten um die Erlaubnis, über ihr eigenes und das allgemeine Wohl im geheimen mit ihm verhandeln zu dürfen. Als ihnen diese Bitte gewährt wurde, warfen sie sich allesamt unter Tränen dem Caesar zu Füßen und erklärten: Ihr ganzes Streben und Bemühen sei nicht minder darauf gerich-

tet, daß ihre Mitteilungen geheim blieben, als daß sie ihre
Wünsche erreichten; denn würde die Sache kund, so müßten sie offenbar auf die schrecklichsten Martern gefaßt
sein. Dann führte in ihrem Namen der Häduer Divitiacus
das Wort: Ganz Gallien sei in zwei Parteien gespalten: an
der Spitze der einen ständen die Häduer, an der Spitze der
anderen die Arverner.[64] Nach einem erbitterten und lang-
jährigen Kampf um die Oberherrschaft sei es dahin gekommen, daß die Arverner und Sequaner die Germanen[65] in
Sold genommen hätten. Anfangs seien von diesen ungefähr
15 000 Mann über den Rhein gekommen; nachdem aber die
rohen und wilden Gesellen an den Fluren, der Lebensart
und dem Wohlstand der Gallier Gefallen gefunden hätten,
wären sie in immer größerer Zahl herübergezogen. Nun
ständen schon gegen 120 000 Mann in Gallien. Mit diesen
hätten die Häduer und deren Schutzgenossen zu wiederholten Malen gekämpft, sie wären aber mit schwerem Verlust
geschlagen worden und hätten ihren ganzen Adel, ihren
obersten Rat und die gesamte Reiterei eingebüßt. Durch
diese unglücklichen Kämpfe gebrochen, seien die Häduer,
welche sowohl durch eigene Tapferkeit wie auch durch
Gastfreundschaft und gutes Einvernehmen mit dem römischen Volke zuvor die größte Macht in ganz Gallien gehabt
hätten, gezwungen worden, den Sequanern die vornehmsten Männer ihres Volkes als Geiseln zu stellen und sich
für den ganzen Staat eidlich zu verpflichten, weder die Geiseln zurückzuverlangen noch das römische Volk um Hilfe
anzuflehen, noch gegen die Botmäßigkeit und Oberhoheit
der Germanen zu irgendeiner Zeit sich aufzulehnen. Er sei
der einzige aus dem ganzen Stamm der Häduer, der sich
nicht dazu hätte nötigen lassen, den Eid zu schwören oder
seine Kinder als Geiseln herzugeben. Deswegen sei er aus
seinem Vaterland geflohen und nach Rom zum Senate gekommen, um Hilfe zu suchen, da er allein weder durch einen Eid noch durch Geiseln gebunden wäre. Indessen sei es
den siegreichen Sequanern noch schlimmer ergangen als

den besiegten Häduern; Ariovist[66] nämlich, der König der
Germanen, habe sich in ihrem Lande niedergelassen, den
dritten Teil des Sequanergebietes, des vorzüglichsten in
ganz Gallien, in Beschlag genommen, und nun verlange er
von den Sequanern, daß sie ihm auch das zweite Drittel ab-
treten sollten, da vor wenigen Monaten 24 000 Haruder[67]
zu ihm gestoßen seien, denen Felder und Wohnsitze angewiesen werden müßten. In wenigen Jahren würden alle
Gallier aus ihrem Lande vertrieben werden und alle Germanen über den Rhein kommen. Denn weder könne dem
gallischen Boden der germanische gleichgestellt noch die
gallische Lebensweise mit der germanischen verglichen
werden. Ariovist aber führe seit dem großen Sieg, den er
über die Truppen der Gallier bei Admagetobriga[68] erfochten
habe, ein stolzes und grausames Regiment, verlange die
Kinder des höchsten Adels als Geiseln und übe gegen diese
jegliche Härte und Grausamkeit, sobald irgend etwas nicht
nach seinem Wink und Willen geschehe. Er sei ein wilder,
jähzorniger und leidenschaftlicher Mensch; sie könnten
seine Herrschaft nicht mehr länger ertragen. Fänden sie bei
Caesar und dem römischen Volk keine Hilfe, so müßten alle Gallier dasselbe tun, was die Helvetier getan hätten,
nämlich auswandern, sich nach einer anderen Heimat und
anderen Wohnsitzen, fern von den Germanen, umsehen
und ihr Glück versuchen, wie es sich auch immer gestalten
möge. Wenn diese Unterredung dem Ariovist zu Ohren käme, so würde er ohne Zweifel an allen in seiner Gewalt befindlichen Geiseln die grausamste Todesstrafe vollziehen
lassen. Caesar könne entweder durch sein und seines Heeres Ansehen oder durch den Ruhm seines jüngst gewonnenen Sieges oder durch den Namen des römischen Volkes
verhindern, daß eine noch größere Menge Germanen über
den Rhein herübergeführt würde; ja er könne ganz Gallien
gegen die Unbilden Ariovists schützen.

32. Nach dieser Rede des Divitiacus begannen alle Anwesenden unter Weinen und Jammern den Caesar um Hilfe zu

bitten. Caesar bemerkte, daß einzig und allein die Sequaner sich nicht so benahmen wie die übrigen, sondern trau-
rig gesenkten Hauptes die Erde anstarrten. Voll Verwunde-
rung fragte er sie nach der Ursache ihres Verhaltens. Die
Sequaner gaben keine Antwort, sondern verharrten in ihrer
stummen Traurigkeit. Als er trotz wiederholter Fragen
auch nicht ein einziges Wort aus ihnen herausbringen
konnte, antwortete wieder der Häduer Divitiacus: Das Los
der Sequaner sei deshalb noch bedauernswerter und
schrecklicher als das der übrigen, weil sie allein nicht einmal im geheimen sich zu beschweren oder Hilfe zu suchen
wagten und vor der Grausamkeit Ariovists in seiner Abwesenheit gerade so zitterten, als wenn er persönlich zugegen
wäre. Den übrigen bliebe doch wenigstens die Möglichkeit
der Flucht, die Sequaner aber, die den Ariovist in ihr eigenes Land aufgenommen hätten und deren Städte insgesamt
in seinen Händen wären, müßten jegliche Mißhandlung
über sich ergehen lassen.

Caesar schickt umsonst Gesandte an Ariovist

33. Nach dieser Mitteilung hielt Caesar an die Gallier eine
ermutigende Ansprache und versicherte, daß er sich ihrer
Sache annehmen wolle. Er hoffe zuversichtlich, Ariovist
werde sich durch die ihm seinerseits erwiesenen Dienste[69]
sowie durch sein Ansehen bestimmen lassen, seinen Gewalttätigkeiten ein Ende zu machen. Mit dieser Rede entließ er die Versammlung. Außer jenen Mitteilungen bewogen ihn noch viele andere Ursachen, die Sache in Erwägung
zu ziehen und in Angriff zu nehmen. Vor allem wirkte bei
ihm ein Umstand; er sah, wie die Häduer, die der römische
Senat zu wiederholten Malen als Brüder und Blutsver-
wandte anerkannt hatte, von den Germanen in Knechtschaft und Botmäßigkeit gehalten wurden, und erfuhr, daß
Ariovist und die Sequaner Geiseln von ihnen in Gewahrsam hatten. Dies war nach seiner Meinung bei der Welt-

herrschaft des römischen Volkes die größte Schmach für
ihn und für seinen Staat. Ferner erblickte er darin eine Gefahr für das römische Volk, wenn sich die Germanen allmählich daran gewöhnten, über den Rhein zu ziehen, und
ihre gewaltigen Scharen nach Gallien kämen. Sodann,
glaubte er, würden sich diese rohen Barbaren mit der Eroberung von ganz Gallien nicht begnügen, sondern nach
dem Beispiel der Kimbern und Teutonen[70] sogar in die Provinz vordringen und von da nach Italien einfallen, zumal da
das Sequanerland von unserer Provinz nur durch den Rhodanus geschieden sei. Dieser Gefahr meinte er unverzüglich vorbeugen zu müssen. Ariovist hatte übrigens so viel
Hochmut und Dünkel angenommen, daß er schier uner-
träglich erschien.
34. Caesar beschloß daher, an Ariovist Gesandte zu
schicken mit der Aufforderung, er möge einen in der Mitte
zwischen beiden gelegenen Ort zu einer Unterredung bestimmen; er wolle sich mit ihm über Staatsangelegenheiten und andere Fragen, die für beide von größter Wichtigkeit wären, besprechen. Dieser Gesandtschaft gab Ariovist
zur Antwort: Wenn er den Caesar gebraucht hätte, würde
er sich zu ihm begeben haben; wenn jener von ihm etwas
wolle, so müsse jener zu ihm kommen. Überdies wage er es
nicht, ohne ein Heer in jene Gebiete Galliens zu gehen,
welche Caesar in seiner Gewalt habe, noch könne er ein
solches ohne große Verproviantierungskosten und viel
Umstände an einem Punkte zusammenziehen. Im übrigen
müsse er sich wundern, was denn in seinem nach Kriegsrecht unterworfenen Gallien Caesar oder überhaupt das römische Volk zu schaffen habe.
35. Nachdem diese Antwort dem Caesar überbracht war,
schickte er wiederum Gesandte an ihn mit folgenden Aufträgen: Damit also vergelte Ariovist die besondere Gunst,
die er von seiten Caesars und des römischen Volkes erfahren habe; unter Caesars Konsulate[71] sei er vom Senat mit
dem Titel eines Königs und Freundes ausgezeichnet wor-

den, und nun wolle er seine Einladung zu einer Unterredung nicht annehmen und weigere sich, über gemeinsame Angelegenheiten Rat zu halten und Erkundigungen einzuziehen. So stelle er denn an ihn diese Forderungen: Erstens solle er keine weiteren Scharen über den Rhein nach Gallien führen; zweitens solle er den Häduern ihre Geiseln wieder zurückgeben und auch den Sequanern gestatten, die Geiseln, welche sie von den Häduern in Händen hätten, mit seiner Bewilligung freigeben zu dürfen; endlich solle er die Häduer nicht durch Unbilden reizen und weder sie noch ihre Bundesgenossen mit Krieg überziehen. Käme er diesen Forderungen nach, so würde Caesar und das römische Volk stets in Frieden und Freundschaft mit ihm leben; im entgegengesetzten Falle dürfe er zufolge der Bestimmung des Senatsbeschlusses aus dem Konsulatsjahr des Marcus Messala und Marcus Piso[72], daß der jedesmalige Statthalter der gallischen Provinz, soweit er es ohne Nachteil für den Staat tun könne, die Häduer und die anderen Bundesgenossen des römischen Volkes beschützen müsse, die Mißhandlungen der Häduer nicht ungeahndet lassen.
36. Darauf antwortete Ariovist: Es sei Kriegsrecht, daß die Sieger mit den Besiegten nach ihrem Belieben schalten dürften. So pflege auch das römische Volk die Besiegten nicht nach der Vorschrift eines anderen, sondern nach eigenem Gutdünken zu beherrschen. Wenn er dem römischen Volk nicht vorschreibe, wie es von seinem Rechte Gebrauch machen solle, so dürfe es auch ihn nicht in der Ausübung seines Rechtes hindern. Die Häduer seien ihm zinspflichtig geworden, da sie das Kriegsglück versucht hätten, doch in offener Schlacht ihm unterlegen wären. Caesar begehe ein großes Unrecht, wenn er durch seine Ankunft ihm seine Einkünfte schmälere. Den Häduern werde er die Geiseln nicht zurückgeben, er werde aber weder sie noch ihre Bundesgenossen widerrechtlich mit Krieg überziehen, wenn sie den vereinbarten Bedingungen Genüge leisteten und Jahr für Jahr ihren Tribut entrichteten. Täten Sie dies

nicht, so würde ihnen ihr Name »Brüder des römischen Volkes« gar wenig nützen. Wenn ihm Caesar ankündige, er werde die Mißhandlungen der Häduer nicht ungeahndet lassen, so bemerke er, daß noch niemand ohne sein eigenes Verderben mit ihm gestritten habe. Caesar möge nur an ihn herankommen, wenn er Lust habe; er werde erfahren, was die unüberwindlichen Germanen, die waffengeübtesten Leute, die seit vierzehn Jahren[73] unter kein Dach gekommen wären, mit ihrer Tapferkeit vermöchten.

Caesar zieht gegen Ariovist zu Felde und erobert Vesontio

37. Zu derselben Zeit, als dieser Bescheid dem Caesar überbracht wurde, kamen auch Gesandte von den Häduern und Treverern[74]; die Häduer beschwerten sich darüber, daß die erst vor kurzem nach Gallien verpflanzten Haruder ihr Gebiet verwüsteten; nicht einmal durch Stellung von Geiseln hätten sie sich Frieden von Ariovist erkaufen können. Die Treverer aber meldeten, daß die hundert Stämme der Sueben[75] sich am Rheinufer gelagert hätten[76] mit der Absicht, den Strom zu übersetzen; an ihrer Spitze ständen zwei Brüder, Nasua und Cimberius. Caesar, durch diese Nachrichten in heftige Unruhe versetzt, glaubte eiligst handeln zu müssen, damit nicht die neue Schar der Sueben sich mit den alten Truppen des Ariovist vereinigen könnte und ihm dadurch der Widerstand erschwert würde. Er regelte daher möglichst rasch die Verpflegung und rückte in Eilmärschen[77] dem Ariovist entgegen.

38. Nachdem er einen Weg von drei Tagen zurückgelegt hatte, erhielt er die Nachricht, Ariovist sei mit allen seinen Truppen aufgebrochen, um Vesontio[78], die größte Stadt der Sequaner, zu besetzen; bereits drei Tagemärsche weit sei er über sein Gebiet hinaus vorgerückt. Dies glaubte Caesar um jeden Preis verhüten zu müssen. Denn allen Kriegsbedarf konnte man sich in dieser Stadt auf die leichteste Art

verschaffen; sodann war sie durch ihre natürliche Lage so geschützt, daß sie in hohem Grade Gelegenheit bot, den Krieg in die Länge zu ziehen. Der Fluß Dubis (Doubs) nämlich umschließt fast die ganze Stadt, wie wenn er mit einem Zirkel um sie gezogen wäre. Der noch übrige Zugang von nicht mehr als 1600 Fuß Breite wird da, wo der Fluß fehlt, von einem ziemlich hohen Berg eingenommen, in der Art, daß der Fuß des Berges auf beiden Seiten vom Ufer des Flusses berührt wird. Dieser Berg wird von einer Mauer umgeben, die ihn zur Festung macht und ihn mit der Stadt verbindet. Hierher eilte Caesar in starken Tages- und Nachtmärschen, nahm die Stadt und legte in sie eine Besatzung.

Furcht der römischen Soldaten vor den Germanen.
Caesars ermutigende Ansprache

39. Während Caesar des Proviantes und des sonstigen Kriegsbedarfes halber einige Tage bei Vesontio verweilte, ergriff infolge der Erkundigungen der Unsrigen und des Geredes der Gallier und der Kaufleute plötzlich ein so großer Schrecken das ganze Heer, daß Kopf und Herz aller in nicht geringem Grade verwirrt und beunruhigt wurde. Es rühmten nämlich jene die Germanen als Leute von riesigem Körperbau, unglaublicher Tapferkeit und Gewandtheit im Gebrauch der Waffen; gar oft wären sie mit ihnen zusammengetroffen, hätten aber nicht einmal ihre Miene und den stechenden Blick ihrer Augen ertragen können. Diese Furcht begann zunächst bei den Kriegstribunen[79], den Präfekten[80] und den übrigen, welche nur aus Freundschaft dem Caesar aus Rom gefolgt waren, ohne viel Erfahrung im Kriegswesen zu besitzen. Von diesen brachte der eine den, der andere jenen Grund vor, der ihn angeblich zur Abreise nötige, um so von Caesar die Bewilligung zum Urlaub zu erhalten. Nur wenige blieben aus Ehrgefühl zurück, um den Verdacht der Feigheit zu vermeiden; allein sie konnten weder ihre Mienen beherrschen, noch zuzeiten ihre Tränen zu-

rückhalten. In den Zelten[81] versteckt beklagten sie entweder ihr Los oder jammerten mit ihren Vertrauten über die
gemeinsame Gefahr. Allenthalben im ganzen Lager wurden
Testamente gemacht. Das Gejammer und die Zaghaftigkeit
dieser Leute setzte allmählich auch Männer von prakti-
scher Kriegserfahrung, Soldaten, Centurionen[82] und Oberste der Reiterei, in Schrecken. Manche von diesen, die für
weniger furchtsam gelten wollten, sagten, sie fürchteten
nicht den Feind, sondern die Engpässe und die ausgedehnten Waldungen, die noch zwischen ihnen und Ariovist lä-
gen, oder sie gaben der Besorgnis Ausdruck, daß eine regelmäßige Zufuhr der Lebensmittel nicht leicht möglich sein
werde. Einige meldeten dem Caesar sogar, wenn er Befehl
zum Aufbruch und Abmarsch gebe, so würden ihm die Soldaten den Gehorsam verweigern und aus Furcht nicht vorrücken.

40. Als Caesar dies bemerkt hatte, berief er seine Versammlung, in welcher die Centurionen jeden Ranges erscheinen mußten; diesen machte er heftige Vorwürfe, fürs
erste, weil sie es für ihre Sache hielten, nach der Richtung
oder dem Zweck ihres Zuges zu fragen oder darüber nach-
zudenken. Ariovist habe sich doch in Caesars Konsulatsjahr[83] eifrigst um die Freundschaft des römischen Volkes
beworben; warum also sollte jemand meinen, daß er so ohne Grund seine Pflicht vergessen werde. Er für seine Person
sei fest überzeugt, Ariovist werde weder seine noch des römischen Volkes Gunst zurückstoßen wollen, wenn er nur
erst deren Forderungen vernommen und die Billigkeit ihrer
Vorschläge eingesehen hätte. Wenn er aber aus Wut und
Verblendung ihnen wirklich den Krieg erklärte, wovor sollten sie sich dann fürchten? Oder warum wollten sie in ihre
eigene Tapferkeit oder in die Pflichttreue ihres Feldherrn
kein Vertrauen setzen? Man habe sich ja schon zur Zeit unserer Väter mit diesem Feind gemessen, als bei der Niederwerfung der Cimbern und Teutonen durch Gajus Marius
sich das Heer offenbar nicht geringeren Ruhm erwarb als

der Feldherr selbst; man habe sich ferner jüngst in Italien mit ihm gemessen bei dem Aufstand der Sklaven[84], denen doch die von uns erlernte Kriegsübung und Kriegszucht einigermaßen zustatten kam. Das sei ein Beweis dafür, welch großen Vorteil feste Entschlossenheit gewähre; denn endlich habe man dieselben Sklaven, da sie in Waffen standen und Sieger waren, überwunden, die man eine Zeitlang, als sie unbewaffnet waren, ohne Grund gefürchtet habe. Endlich sei dies der gleiche Feind, den die Helvetier nicht allein in ihrem Gebiet, sondern auch in Feindesland in häufigen Kämpfen meist besiegt hätten, dieselben Helvetier, die unserem Heere nicht gewachsen waren. Wenn aber auf einige die Niederlage und die Flucht der Gallier Eindruck machen sollte, so könnten diese bei näherer Untersuchung finden, daß die Gallier durch den langwierigen Krieg ermüdet waren, Ariovist aber, nachdem er sich viele Monate im Lager und zwischen Sümpfen eingeschlossen hatte und einem Kampf ausgewichen war, den an einer Schlacht verzweifelnden und zerstreuten Feind plötzlich überrumpelt und mehr durch schlaue Berechnung als durch Tapferkeit besiegt habe. Durch eine solche Kriegsführung, die gegenüber wilden und unerfahrenen Leuten am Platz gewesen sei, werde wohl Ariovist selbst nicht hoffen, unsere Heere hintergehen zu können. Diejenigen, welche ihre eigene Furcht dadurch zu verbergen suchten, daß sie Besorgnisse wegen der Verpflegung und der Engpässe vorschützten, handelten vermessen, da sie entweder an der Pflichterfüllung ihres Feldherrn zu verzweifeln oder ihm Vorwürfe zu machen schienen. Das sei seine Sorge; das Getreide müßten die Sequaner, Leucer[85] und Lingonen liefern; schon sei das Korn auf den Feldern reif; über den Marsch würden sie in kurzer Zeit selbst urteilen können. Das Gerede, sie wollten ihm den Gehorsam verweigern und nicht ins Feld rücken, lasse ihn ganz gleichgültig; denn er wisse wohl, alle Feldherren, denen ihr Heer den Gehorsam verweigert habe, hätten entweder ihre Sache schlecht geführt und kein

Glück gehabt oder seien durch Aufdeckung irgendeiner Schandtat der Habsucht überwiesen worden. Seine Uneigennützigkeit sei durch sein ganzes Leben, sein Glück durch den Krieg mit den Helvetiern erprobt. Er werde daher, was er länger hätte hinausschieben wollen, sogleich vornehmen und in der nächsten Nacht nach der vierten Nachtwache das Lager abbrechen, um sich sobald als möglich zu überzeugen, ob bei ihnen Scham und Pflichtgefühl oder Furcht mehr vermöchte. Sollte ihm auch sonst niemand folgen, so werde er dennoch allein mit der zehnten Legion, in die er keinen Zweifel setze, aufbrechen, und diese werde auch in Zukunft seine Leibgarde[86] bilden. (Dieser Legion war nämlich Caesar ganz besonders zugetan, und er setzte auch in sie ihrer Tapferkeit wegen das größte Vertrauen.)

41. Infolge dieser Rede wurden alle in wunderbarer Weise umgestimmt, und es ergriff sie die größte Begeisterung und Lust zum Kampf. Vor allem ließ ihm die zehnte Legion durch ihre Kriegstribunen Dank sagen, daß er ein so günstiges Urteil über sie ausgesprochen hätte; zugleich erklärte sie, daß sie sofort zum Kampf bereit wäre. Hierauf besprachen sich auch die übrigen Legionen mit den Kriegstribunen und den Centurionen ersten Ranges, wie sie Caesar zufriedenstellen könnten. Sie versicherten, sie wären nie unschlüssig oder furchtsam gewesen; auch hätten sie nie geglaubt, daß ihnen ein Urteil über die oberste Leitung des Krieges zuständle, sondern daß dies Sache des Feldherrn sei. Caesar nahm ihre Rechtfertigung an und ließ durch Divitiacus, dem er vor allen anderen am meisten vertraute, einen solchen Weg auskundschaften, um das Heer durch offene Gegend, freilich auf einem Umweg von mehr als 50 Meilen, zu führen; sodann brach er um die vierte Nachtwache auf, wie er früher erklärt hatte. Nachdem er sieben Tage unausgesetzt vorwärts marschiert war, erhielt er von seinen Kundschaftern die Nachricht, daß die Truppen des Ariovist 24 Meilen von den Unsrigen entfernt wären.

Eine Unterredung zwischen Caesar und Ariovist wird durch den Angriff der Germanen aufgehoben

42. Auf die Nachricht von Caesars Ankunft schickte Ariovist Gesandte an ihn mit der Erklärung: Gegen die in betreff einer Unterredung gestellten Forderungen habe er für seine Person nichts mehr einzuwenden, da Caesar näher gerückt sei; auch glaube er nun dies ohne Gefahr tun zu können. Caesar wies den Vorschlag nicht zurück und meinte schon, daß Ariovist wieder zur Vernunft käme, da er sich aus freien Stücken zu dem erbot, was er ihm früher trotz seiner Bitte verweigert hatte; daher ward er auch von großer Hoffnung erfüllt, jener werde mit Rücksicht auf die so bedeutenden Freundschaftsbeweise, die er von Caesar und dem römischen Volke empfangen hätte, von seinem Starrsinn ablassen, wenn er nur erst seine Forderungen vernommen hätte. Der fünfte Tag darauf wurde für die Unterredung festgesetzt. Während inzwischen öfters hinüber und herüber Gesandte geschickt wurden, verlangte Ariovist, Caesar solle kein Fußvolk zur Unterredung beiziehen. Er befürchte, hinterlistigerweise von ihm in eine Falle gelockt zu werden. Beide sollten mit ihrem berittenen Gefolge erscheinen; andernfalls werde er überhaupt nicht kommen. Da nun Caesar weder wollte, daß durch diesen Vorwand die Unterredung zunichte würde, noch die Sicherheit seiner Person der gallischen Reiterei anzuvertrauen wagte, hielt er es für das Angemessenste, den gallischen Reitern alle Pferde zu nehmen und mit diesen die Soldaten der zehnten Legion, auf die er sich unbedingt verlassen konnte, beritten zu machen, um so im Falle der Not eine möglichst ergebene Bedeckung zu haben. Bei dieser Gelegenheit machte ein Soldat der zehnten Legion die witzige Bemerkung: Caesar tue mehr, als er versprochen; er habe versprochen, die zehnte Legion zu seiner Leibwache zu erheben; jetzt mache er sie sogar zu Rittern.

43. Es war dort eine große Ebene, auf welcher sich ein ziemlich hoher Erdhügel erhob; dieser Ort war vom Lager

des Ariovist und des Caesar fast gleich weit entfernt. Dahin kamen sie der Vereinbarung gemäß zur Besprechung. Caesar ließ die beritten gemachte Legion 200 Schritt vom Hügel entfernt haltmachen; ebenso stellten sich die Reiter Ariovists in gleichem Abstand auf. Ariovist verlangte, die Unterredung solle zu Pferde gehalten werden und jeder sollte noch zehn Begleiter beiziehen. Sobald sie hier zusammengekommen waren, erwähnte Caesar im Eingange seiner Rede die Beweise des Wohlwollens, welche Ariovist von ihm und dem Senate erhalten hätte. Er habe vom Senate den Titel »König«, den Titel »Freund« bekommen, und es seien ihm Geschenke im reichsten Maße geschickt worden, welche Auszeichnung, wie er erklärte, nur wenigen zuteil geworden wäre und in der Regel nur als Belohnung großer Dienste verliehen würde. Ariovist habe ohne eine Berechtigung oder einen gegründeten Anspruch darauf diese Auszeichnungen nur seiner und des Senates Huld und Freigebigkeit zu danken. Zugleich machte ihn Caesar aufmerksam, welch alte und rechtmäßige Gründe einer Verbindung sie mit den Häduern vereinigten, wie viele und wie ehrenvolle Senatsbeschlüsse in bezug auf diese gefaßt worden wären, wie endlich die Häduer zu jeder Zeit den Vorrang in ganz Gallien behauptet hätten, auch schon vor ihrer Bewerbung um unsere Freundschaft. Es sei Gepflogenheit der Römer, danach zu streben, daß ihre Bundesgenossen und Freunde nicht nur nichts von dem Ihrigen verlieren, sondern an Einfluß, Ansehen und Ehre zunehmen sollten. Daß ihnen aber das entrissen werde, was sie schon vor ihrer Freundschaft mit dem römischen Volk besessen hätten, wer könnte dies dulden? Hierauf forderte er von ihm dasselbe, was er schon früher durch seine Gesandten ihm hatte mitteilen lassen. Er solle weder die Häduer noch deren Bundesgenossen mit Krieg überziehen, die Geiseln zurückgeben, und wenn er wirklich nicht einen Teil der Germanen nach Hause zurückschicken könne, so solle er wenigstens fernerhin keine über den Rhein ziehen lassen.

44. Ariovist antwortete auf die Forderung Caesars nur we-
niges, viel Rühmens aber machte er aus seinen eigenen
Vorzügen: Er habe den Rhein nicht aus eigenem Antrieb
überschritten, sondern auf Bitten und Einladung der Gallier. Nicht ohne große Aussicht auf lohnenden Gewinn habe er Heimat und Verwandte verlassen. Seine Wohnsitze in
Gallien seien ihm von den Galliern selbst eingeräumt worden, die Geiseln hätten sie ihm freiwillig gestellt, den Tribut lasse er sich nach Kriegsrecht zahlen, wie ihn doch die
Sieger den Besiegten aufzuerlegen pflegten. Nicht er habe
die Gallier, sondern die Gallier hätten ihn mit Krieg überzogen. Alle Stämme Galliens seien gekommen, ihn zu bekriegen, und seien gegen ihn im Felde gestanden; jedoch
habe er alle ihre Truppen in einer einzigen Schlacht geschlagen und überwunden. Wollten sie einen zweiten Versuch wagen, so sei er zum zweiten Male zu einer Schlacht
bereit; wollten sie aber Frieden haben, so sei es unbillig,
ihm den Tribut zu verweigern, den sie ihm doch nach ihrem eigenen Willen bisher gezahlt hätten. Die Freundschaft des römischen Volkes müsse ihm zur Ehre und zum
Schutze, nicht zum Nachteil gereichen; in dieser Hoffnung
habe er darum angesucht. Wenn ihm durch das römische
Volk der Tribut vorenthalten und die Untertanen entzogen
würden, so wolle er auf die Freundschaft des römischen
Volkes ebenso gerne Verzicht leisten, als er sie früher gesucht habe. Was den Umstand betreffe, daß er eine Menge
Germanen nach Gallien herüberführe, so tue er dies zu seiner eigenen Sicherheit, nicht um die Gallier zu bekriegen.
Dafür liefere den Beweis, daß er nur auf deren Bitten hin erschienen sei und keinen Angriffs-, sondern lediglich einen
Verteidigungskrieg geführt habe. Er sei früher nach Gallien
gekommen als das römische Volk; niemals vor dieser Zeit
habe ein Heer des römischen Volkes die Grenzen der Provinz Gallien überschritten. Was wolle denn Caesar von
ihm? Warum käme er in seine Besitzungen? Dies Gallien
sei seine Provinz, wie jenes unsere Provinz. Wie man es

ihm nicht gestatten dürfte, wenn er in unser Gebiet einfalle, ebenso sei es von uns unbillig, ihn in seinem Recht zu stören. Wenn Caesar bemerke, daß der Senat die Häduer Brüder genannt habe, so sei er kein solcher Barbar und auch nicht so unkundig der Verhältnisse, um nicht zu wissen, daß weder im letzten Krieg mit den Allobrogern[87] die Häduer den Römern Hilfe gebracht noch die Häduer selbst in ihren Fehden mit ihm und den Sequanern die Unterstützung des römischen Volkes genossen hätten. Er müsse daher argwöhnen, daß Caesar, da er ein Heer in Gallien habe, dieses zu seiner Unterdrückung halte und jene Freundschaft nur als Vorwand gebrauche. Wenn er also nicht abziehe und sein Heer aus diesen Gegenden fortführe, so werde er ihn nicht als Freund, sondern als Feind ansehen. Ja, er würde vielen Vornehmen und Großen des römischen Volkes einen Gefallen erweisen, wenn er Caesar ums Leben brächte; dies hätten sie selbst ihm durch ihre Boten kundgetan; mit Caesars Tod könne er sich die Gunst und Freundschaft aller dieser Männer erkaufen. Wenn Caesar dagegen abzöge und den ungestörten Besitz Galliens ihm selbst überließe, so werde er es ihm mit einer großen Belohnung vergelten und ihm alle Kriege, deren Führung er wünschen sollte, ohne dessen geringste Anstrengung und Gefahr ausfechten.

45. Caesar erörterte ausführlich, warum er sein Vorhaben nicht fallenlassen könne; weder seine noch des römischen Volkes Gewohnheit gestatte es, so wohlverdiente Bundesgenossen im Stiche zu lassen. Auch könne er nicht zugeben, daß Ariovist mehr Recht auf Gallien habe als das römische Volk. Durch Krieg seien die Arverner und Rutener von Quintus Fabius Maximus überwunden worden[88], aber das römische Volk habe ihnen verziehen und sie weder in die abhängige Stellung einer römischen Provinz gebracht noch ihnen einen Tribut auferlegt. Sollte also das Alter der Ansprüche den Ausschlag geben, so sei die Herrschaft des römischen Volkes in Gallien am meisten berechtigt; wolle

man aber die Entscheidung des Senats in Betracht ziehen, so müsse Gallien frei sein, weil der Senat diesem Lande auch nach dessen Unterwerfung die eigene Verfassung gelassen habe.

46. Während dies in der Unterredung verhandelt wurde, erhielt Caesar die Meldung, daß die Reiter Ariovists näher gegen den Hügel vorrückten, auf die Unsrigen heransprengten und Steine und Geschosse auf sie schleuderten. Caesar brach das Gespräch ab, zog sich zu den Seinigen zurück und befahl diesen, den Angriff der Feinde auch nicht mit einem Geschoß zu erwidern. Denn obwohl er überzeugt war, seine auserlesene Legion werde sich ohne irgendeine Gefahr mit der Reiterei in ein Treffen einlassen können, glaubte er dennoch keine Veranlassung geben zu dürfen, daß man nach Besiegung der Feinde sagen könnte, sie seien von ihm, da sie seinem Worte trauten, bei der Unterredung umzingelt worden. Sobald es unter den Soldaten allgemein bekannt wurde, mit welcher Anmaßung Ariovist bei der Unterredung den Römern den Aufenthalt in Gallien streitig gemacht habe, wie seine Reiter auf die Unsrigen einen Angriff gemacht hätten und durch diesen Umstand die Unterredung abgebrochen worden sei, ergriff das Heer eine noch viel größere Begeisterung und Kampfbegierde.

Ariovist wirft Caesars Gesandte ins Gefängnis —
Niederlage und Flucht der Germanen

47. Zwei Tage darauf schickte Ariovist Gesandte an Caesar: Er wünsche aufs neue mit ihm die Angelegenheiten zu besprechen, über welche zwischen ihnen die Unterhandlung zwar eingeleitet, aber nicht beendigt worden wäre. Er möge daher entweder wieder einen Tag zur Unterredung bestimmen oder, wenn er dies nicht wolle, einen seiner Leute an ihn schicken. Dem Caesar schien kein Grund zu einer Unterredung vorzuliegen, besonders weil tags vorher die Germanen sich nicht zurückhalten ließen, auf die Uns-

rigen Geschosse zu schleudern. Einen seiner Leute als Be-
vollmächtigten an ihn zu senden und ihn den wilden Menschen preiszugeben, schien ihm mit großer Gefahr verbunden. So hielt er es denn für das Passendste, den Gajus Valerius Procillus an ihn abzusenden, den Sohn des Gajus Valerius Caburus, einen Mann von großer Tüchtigkeit und ed-
ler Bildung, dessen Vater von Gajus Valerius Flaccus[89] mit
dem Bürgerrecht beschenkt worden war. Diesen wählte er
sowohl wegen seiner Vertrautheit mit der gallischen Sprache, die Ariovist bei seinem langen Aufenthalt in Gallien
bereits geläufig sprach, wie auch, weil die Germanen keine
Veranlassung haben konnten, sich an ihm zu vergehen.
Mit ihm schickte er auch den Marcus Metius, einen Gastfreund des Ariovist. Diesen nun trug er auf, den Bescheid
des Ariovist zur Kenntnis zu nehmen und ihm zu berichten. Kaum erblickte sie Ariovist bei sich im Lager, als er in
Gegenwart seines Heeres laut aufschrie, weshalb sie zu
ihm kämen, etwa um zu spionieren? Er ließ sie gar nicht zu
Worte kommen und in Ketten legen.

48. Noch an demselben Tage rückte Ariovist vor und lagerte sich sechs Meilen von Caesar entfernt am Fuße eines
Berges. Am nächsten Tage führte er seine Truppen an Caesars Lager vorbei und schlug zwei Meilen oberhalb sein Lager auf, in der Absicht, Caesar vom Getreide und dem sonstigen Bedarf, der ihm aus dem Lande der Sequaner und Häduer geliefert werden sollte, abzuschneiden. Von diesem
Tage an führte Caesar fünf Tage hintereinander seine Truppen vor das Lager und hielt sie in Schlachtreihe aufgestellt,
damit dem Ariovist, wenn er sich in ein Treffen einlassen
wolle, die Gelegenheit hierzu nicht fehle. Ariovist hielt jedoch an allen diesen Tagen sein Fußvolk im Lager zurück,
versuchte sich aber täglich in einem Reitergefecht. Die
Kampfart, in welcher die Germanen eine besondere Übung
hatten, war folgende. Es waren 6 000 Reiter und ebensoviel
äußerst behende und tapfere Fußsoldaten. Jeder Reiter hatte sich nämlich aus der ganzen Menge einen Mann zu sei-

nem Beistand auserlesen; mit diesen gingen sie in den Kampf, zu ihnen zogen sich die Reiter zurück. Die Fußsoldaten eilten zu Hilfe, wenn es irgendwo hart herging, und wenn ein Reiter schwer verwundet vom Pferde stürzte, so nahmen sie ihn in ihre Mitte. Mußte man irgendwohin weiter vorrücken oder sich schnell zurückziehen, so entwickelten sie infolge ihrer Übung eine solche Geschwindigkeit, daß sie sich an den Mähnen der Pferde festhielten und ebenso schnell liefen wie die Pferde selbst.[90]

49. Als Caesar merkte, daß Ariovist nicht aus seinem Lager ausrückte, wählte er, um nicht länger von der Zufuhr abgeschnitten zu werden, jenseits des Ortes, wo sich die Germanen gelagert hatten, ungefähr 600 Schritte von demselben entfernt, einen günstigen Lagerplatz und marschierte in einer dreifachen Schlachtreihe dorthin. Die erste und zweite Schlachtlinie ließ er unter den Waffen stehen, die dritte das Lager schlagen. Dieser Punkt war, wie gesagt, vom Feind etwa 600 Schritte entfernt. Dahin schickte Ariovist ungefähr 16 000 Mann leichter Truppen mit der gesamten Reiterei, damit diese die Unsrigen in Schrecken setzen und an der Verschanzung verhindern sollten. Nichtsdestoweniger gab Caesar gemäß der früher getroffenen Maßregel den Befehl, daß die beiden ersten Treffen den Feind abwehren, das dritte hingegen die Schanzarbeit vollenden solle. Als das Lager befestigt war, ließ er daselbst zwei Legionen und einen Teil der Hilfstruppen; die vier übrigen führte er in das größere Lager zurück.

50. Am nächsten Tage führte Caesar nach seiner Gewohnheit aus beiden Lagern die Truppen heraus, stellte sie in geringer Entfernung vom größeren Lager in Schlachtordnung auf und bot den Feinden ein Treffen an. Als er aber erkannt hatte, daß sie auch jetzt nicht vorrückten, führte er ungefähr um Mittag das Heer ins Lager zurück. Nun erst entsandte Ariovist einen Teil seiner Truppen zum Angriff auf das kleinere Lager. Dort wurde bis zum Abend auf beiden Seiten heftig gekämpft. Mit Sonnenuntergang führte Ario-

vist seine Truppen nach großen Verlusten auf beiden Seiten
ins Lager zurück. Caesar erkundigte sich bei den Gefangenen, weshalb Ariovist keine entscheidende Schlacht liefere, und erfuhr folgenden Grund. Bei den Germanen sei es
Brauch, daß ihre Frauen durch Lose[91] und Weissagungen[92]
entschieden, ob es vorteilhaft sei, ein Treffen zu liefern
oder nicht; diese nun verkündeten, es sei nicht der Wille
der Götter, daß die Germanen siegten, wenn sie sich vor
Neumond in eine Schlacht einließen.
51. Tags darauf ließ Caesar in beiden Lagern so viel Besatzung zurück, als ihm ausreichend zu sein schien. Sämtliche Hilfstruppen stellte er im Angesicht der Feinde vor
dem kleineren Lager auf, um sich ihrer zum Scheine zu bedienen, weil er im Verhältnis zu der Anzahl der Feinde an
Legionssoldaten nicht stark genug war. Er selbst rückte in
dreifacher Schlachtlinie gegen das feindliche Lager vor. Da
endlich führten die Germanen notgedrungen ihre Truppen
aus dem Lager heraus und stellten sie nach Völkerschaften
in gleichen Zwischenräumen auf: Haruder, Marcomannen,
Tribocer, Vangionen, Nemeter, Sedusier[93] und Sueben; zugleich umschlossen sie ihre ganze Schlachtordnung mit
Wagen und Karren, damit ihnen keine Hoffnung auf Flucht
übrigbliebe. Dorthin brachten sie ihre Weiber, welche die
in die Schlacht ziehenden Männer unter Händeringen und
Tränen anflehten, sie nicht in die Knechtschaft der Römer
fallen zu lassen.
52. Caesar übertrug das Kommando der einzelnen Legionen
seinen Legaten und dem Quästor[94], damit ein jeder diese
als Zeugen seiner Tapferkeit hätte; er selbst begann auf
dem rechten Flügel das Treffen, weil er bemerkt hatte, daß
dieser Teil der Feinde am schwächsten war. So hitzig griffen die Unsrigen auf das gegebene Signal[95] den Feind an,
und so plötzlich und geschwind stürzten die Feinde ihnen
entgegen, daß keine Zeit blieb, die Wurfspeere auf sie zu
schleudern. Man warf diese also weg und kämpfte Mann
gegen Mann mit den Schwertern. Allein die Germanen bil-

deten nach ihrer Gewohnheit schnell eine Phalanx und fingen so die Hiebe der Schwerter auf. Doch fanden sich mehrere unter unseren Soldaten, welche auf die Phalangen lossprangen, die Schilde mit ihren Händen voneinanderrissen und von oben herab die Feinde verwundeten. Als nun die Schlachtlinie der Feinde auf dem linken Flügel geworfen und in die Flucht geschlagen war, setzten sie auf dem rechten Flügel mit ihrer Übermacht den Unsrigen um so heftiger zu. Dies bemerkte der junge Publius Crassus[96], der Anführer der Reiterei, da er minder in Anspruch genommen war als die am Gefecht Beteiligten, und schickte daher die dritte Schlachtlinie den Unsrigen in ihrer Not zu Hilfe.

53. So wurde das Treffen wiederhergestellt; alle Feinde ergriffen die Flucht und ließen nicht eher davon ab, als bis sie zum Rheinstrom, ungefähr fünf Meilen vom Schlachtfelde entfernt, gekommen waren.[97] Nur sehr wenige versuchten hier im Vertrauen auf ihre Kräfte hinüberzuschwimmen, oder sie fanden Rettung auf zufällig vorgefundenen Kähnen; unter diesen befand sich auch Ariovist, der ein am Ufer angebundenes Schiffchen erreichte und auf diesem entfloh.[98] Alle übrigen wurden von unserer Reiterei eingeholt und niedergemacht. Ariovist hatte zwei Frauen[99], eine Suebin von Geburt, die er aus der Heimat mit sich geführt hatte, und eine aus Noricum, die Schwester des Königs Voccio, die er in Gallien geheiratet hatte, wohin sie ihm von ihrem Bruder geschickt worden war; beide kamen auf dieser Flucht ums Leben. Er hatte auch zwei Töchter, von denen die eine getötet, die andere gefangen wurde. Gajus Valerius Procillus, den seine Wächter auf der Flucht in dreifachen Ketten fortschleppten, fiel dem Caesar selbst in die Hände, als dieser die Feinde mit der Reiterei verfolgte. Und dieser Umstand bereitete dem Caesar keine geringere Freude als der Sieg selbst, da er den angesehensten Mann in der Provinz Gallien, seinen Vertrauten und Gastfreund, den Händen der Feinde entrissen und sich zurückgegeben sah, und da das Schicksal die große Freude und den Sieges-

jubel nicht durch das Mißgeschick des Freundes getrübt hatte. Procillus erzählte, es sei in seiner Gegenwart dreimal das Los gezogen worden, ob man ihn sofort dem Feuertode übergeben oder auf spätere Zeit aufheben sollte. Durch die Gunst der Lose sei er gerettet worden. Auch Marcus Metius wurde aufgefunden und zu Caesar geführt.

54. Als die Kunde von dieser Schlacht über den Rhein gedrungen war, zogen sich die Sueben, die bereits an dessen Ufern angelangt waren, allmählich nach Hause zurück. Die Ubier, welche zunächst am Rhein wohnen, setzten jenen, da sie in Unordnung gerieten, nach und hieben einen großen Teil derselben nieder. — So hatte Cäsar in einem einzigen Sommer zwei sehr bedeutende Kriege zu Ende gebracht und ließ daher etwas früher, als es die Jahreszeit verlangte, sein Heer bei den Sequanern das Winterlager beziehen; den Oberbefehl übergab er dem Labienus. Er selbst begab sich ins diesseitige Gallien, um Gerichtstage zu halten.[100]

ZWEITES BUCH

Das Jahr 57 v. Chr.

I. Der Feldzug gegen die Belgier

Verschwörung der belgischen Stämme mit Ausnahme der Remer, deren Stadt Bibrax von jenen belagert und von Caesar befreit wird

1. Während sich Caesar, wie wir oben erzählt haben, im diesseitigen Gallien befand, kamen ihm nicht nur mancherlei Gerüchte zu Ohren, sondern er wurde auch schriftlich von Labienus benachrichtigt, daß alle Belgier, die, wie früher erwähnt wurde, den dritten Teil Galliens ausmachen, eine Verschwörung gegen das römische Volk eingingen und sich gegenseitig Geiseln stellten. Die Gründe dafür seien folgende: Erstens fürchteten sie, unser Heer möchte nach der Niederwerfung ganz Galliens auch gegen sie ins Feld geführt werden; sodann würden sie von einigen Galliern aufgewiegelt; diese ertrügen es nämlich zum Teil ebenso ungern, daß ein Heer des römischen Volkes in Gallien überwintere und sich einniste, wie sie sich einem längeren Aufenthalte der Germanen in Gallien widersetzt hätten; teils auch strebten sie nur aus Unbeständigkeit und Leichtsinn nach Staatsveränderungen. Einige endlich dächten auf Unruhen, weil in Gallien die Mächtigeren und überhaupt diejenigen, welche Mittel hätten, Leute in Sold zu nehmen, sich allenthalben zu Herren aufwürfen, und diese unter unserer Herrschaft ihr Vorhaben nicht so leicht ausführen könnten.

2. Durch diese Nachrichten und Briefe bewogen, hob Caesar im diesseitigen Gallien zwei neue Legionen aus[101] und

49

schickte den Legaten Quintus Pedius, der sie nach Beginn des Sommers ins jenseitige Gallien führen sollte.[102] Er selbst begab sich zum Heer, sobald grünes Futter hinreichend vorhanden war, und gab den Senonen[103] und den übrigen Galliern, welche den Belgiern benachbart waren, den Auftrag, über alles, was bei diesen vorginge, Erkundigungen einzuziehen und ihm hierüber Bericht zu erstatten. Diese meldeten alle einstimmig, es würden Mannschaften ausgehoben und die Truppen an einem Punkt zusammengezogen. Da glaubte er denn ohne Zaudern auf sie losgehen zu müssen. Nachdem er für die Verpflegung gesorgt hatte, brach er auf und gelangte in ungefähr 15 Tagen an die belgische Grenze.

3. Als er unversehens und über alle Erwartung schnell dahin gekommen war, schickten die Remer[104], die unter den Belgiern zunächst an Gallien wohnen, die Ersten ihres Staates, den Iccius und den Andocumborius, als Gesandte an ihn. Diese sollten erklären: Sie ergäben sich mit all ihrer Habe der Großmut und Gewalt des römischen Volkes; sie seien weder mit den übrigen Galliern im Einverständnis gewesen, noch hätten sie sich gegen das römische Volk verschworen; vielmehr seien sie bereit, Geiseln zu stellen, Gehorsam zu leisten, ihn in ihre Städte aufzunehmen und mit Getreide und sonstigem Bedarf zu unterstützen; die übrigen Belgier ständen insgesamt unter Waffen, die Germanen diesseits des Rheines hätten sich mit ihnen verbündet, und so groß sei die allgemeine Erbitterung, daß nicht einmal die Suessionen, ihre Brüder und Stammverwandten, die nach gleichem Recht und gleichen Gesetzen lebten, ja deren Regierung und Verwaltung mit der ihrigen völlig gleich wäre, sich hätten abschrecken lassen, mit jenen gemeinsame Sache zu machen.

4. Als er sie fragte, welche und wie mächtige Staaten unter Waffen ständen und wie groß deren Streitkräfte wären, erfuhr er folgendes: Die meisten Belgier stammten von den Germanen[105], seien vor alters über den Rhein gezogen, hät-

ten sich wegen der Fruchtbarkeit des Bodens daselbst niedergelassen und die Gallier, die damaligen Bewohner dieser
Gegenden, verdrängt; sie seien die einzigen, welche zur
Zeit unserer Väter die Teutonen und Cimbern in ihr Gebiet
nicht hätten eindringen lassen, als diese ganz Gallien verheerten; daher komme es, daß sie sich in der Erinnerung an
jene Ereignisse in Sachen des Krieges ein großes Ansehen
beilegten und sich viel einbildeten. Von ihrer Anzahl behaupteten die Remer aufs genaueste unterrichtet zu sein,
deshalb, weil sie, durch gemeinsame Abstammung und
verwandtschaftliche Beziehungen mit ihnen verbunden,
erfahren hätten, wieviel Truppen jeder Kanton auf der allgemeinen Versammlung der Belgier für diesen Krieg versprochen habe. Die größte Macht unter ihnen durch Tapferkeit, Einfluß und Kopfzahl hätten die Bellovacer[106]; diese könnten 100 000 Bewaffnete stellen, hätten aus dieser
Zahl 60 000 Auserlesene versprochen und nähmen die
Oberleitung des ganzen Krieges für sich in Anspruch. Die
Nachbarn der Remer seien die Suessionen[107]; diese besäßen
ein sehr ausgedehntes und fruchtbares Gebiet. Bei ihnen
sei noch zu unserer Zeit Divitiacus König gewesen, der
größte Gewalthaber in ganz Gallien, dessen Herrschaft sich
über einen großen Teil nicht nur dieser Landstriche, sondern auch Britanniens erstreckt habe. Jetzt sei Galba ihr
König, dem man wegen seiner Gerechtigkeit und Umsicht
mit Einwilligung aller die oberste Leitung des ganzen Krieges übertrage; die Suessionen besäßen zwölf Städte und
versprächen 50 000 Bewaffnete; ebensoviel die Nervier[108],
die unter ihnen selbst für den wildesten Stamm gälten und
am weitesten entfernt wohnten; 15 000 die Atrebaten, die
Ambianer 10 000, die Moriner 25 000, die Menapier 7 000,
die Caleten 10 000, die Veliocasser und Viromanduer ebensoviel, die Aduatucer[109] 19 000; die Condrusen, Eburonen,
Cäröser und Pämaner, die unter dem gemeinsamen Namen
der Germanen begriffen würden, schätzten sie auf etwa
40 000 Mann.

5. Caesar ermahnte die Remer und entließ sie mit freundlichen Worten; dann beschied er ihren Rat vor sich und verlangte die Kinder ihrer Vornehmen als Geiseln. Alles dies wurde von ihnen pünktlich auf den Tag getan. Er selbst redete dem Häduer Divitiacus eindringlich zu und stellte ihm vor, wie sehr es im Interesse des Staates und ihres gemeinsamen Wohles gelegen sei, die Vereinigung der feindlichen Scharen zu hindern, um nicht gleichzeitig mit einer solchen Überzahl den Kampf aufnehmen zu müssen. Dies könne geschehen, wenn die Häduer ihre Truppen in das Gebiet der Bellovacer führten und deren Ländereien zu verwüsten anfingen. Mit diesen Aufträgen entließ er ihn. Als er aber sah, daß sämtliche Streitkräfte der Belgier sich an einem Punkte vereinigt hatten und gegen ihn vorrückten, und er überdies durch ausgesandte Kundschafter und durch die Remer erfuhr, daß jene nicht mehr weit entfernt wären, so führte er in aller Eile sein Heer über den Fluß Axona (Aisne), der das äußerste Grenzland der Remer durchströmt, und schlug daselbst sein Lager auf.[110] Diese Stellung schützte durch das Flußufer die eine Seite des Lagers, sicherte ihm auch den Rücken vor den Feinden und bewirkte, daß die Zufuhr von den Remern und den übrigen Völkerschaften ohne Gefahr zu ihm gebracht werden konnte. Über diesen Fluß führte eine Brücke; dorthin legte er eine Besatzung und ließ auf der anderen Seite des Flusses den Legaten Quintus Titurius Sabinus mit sechs Kohorten zurück; das Lager selbst wurde auf seinen Befehl mit einem Wall von zwölf Fuß Höhe und einem achtzehn Fuß breiten Graben befestigt.

6. Von diesem Lager war die Stadt der Remer Bibrax[111] acht Meilen entfernt. Auf dieselbe unternahmen die Belgier unmittelbar vom Marsche aus mit großem Ungestüm einen Angriff. Nur mit Mühe hielt sie sich diesen Tag. Die Belagerungsweise der Gallier und Belgier ist ein und dieselbe. Dichte Scharen werden im ganzen Umkreis der Mauer aufgestellt; dann beginnt man gegen dieselbe von allen Seiten

Steine zu schleudern. Ist sie nun von Verteidigern entblößt, so bildet man ein Schilddach[112], rückt gegen die Tore
vor und untergräbt die Mauer. Dies war damals leicht möglich; denn da von so vielen Leuten Steine und Geschosse
geworfen wurden, vermochte auch nicht ein Mann auf der
Mauer standzuhalten. Endlich machte die Nacht der Belagerung ein Ende. Der damalige Befehlshaber der Stadt war
der Remer Iccius, ein Mann von hohem Adel und großem
Ansehen bei seinen Landsleuten, zugleich einer von der
Friedensgesandtschaft, die zu Caesar gekommen war; dieser schickte jetzt an Caesar die Botschaft: Wenn ihm keine
Hilfe gesandt würde, so könne er sich nicht mehr länger
halten.

7. Dahin schickte Caesar bald nach Mitternacht unter Führung derer, die als Boten von Iccius gekommen waren, Numidier[113], kretische Bogenschützen und balearische
Schleuderer[114] den Städtern zu Hilfe; durch ihre Ankunft
wuchs einerseits den Remern mit der Hoffnung auf erfolgreiche Verteidigung auch den Mut zum Widerstand, anderseits schwand aus demselben Grunde den Feinden die Hoffnung, die Stadt einzunehmen. Sie verweilten daher nur
noch kurze Zeit vor der Stadt, verwüsteten die Äcker der
Remer und steckten alle Weiler und Gebäude, die sie erreichen konnten, in Brand; dann rückten sie mit allen ihren
Truppen gegen das Lager Caesars und schlugen in einer
Entfernung von nicht ganz zwei Meilen ihr Lager auf. Dieses Lager hatte, wie sich aus dem Rauch und den Wachtfeu-
ern erkennen ließ, eine Ausdehnung von mehr als acht
Meilen in die Breite[115].

8. Caesar beschloß, anfangs wegen der Überzahl der Feinde
und seiner außerordentlichen Meinung von ihrer Tapferkeit von einem entscheidenden Treffen abzusehen; doch
stellte er tagtäglich durch Reitergefechte die Tapferkeit des
Feindes und den Mut der Unsrigen auf die Probe und überzeugte sich bald, daß die Unsrigen nicht den kürzeren zogen. Zugleich war der Platz vor seinem Lager für die Auf-

stellung einer Schlachtreihe günstig und geeignet. Der Hügel nämlich, auf dem das Lager aufgeschlagen war, stieg sanft aus der Ebene empor und breitete sich vorne nur so weit aus, daß ein in Schlachtordnung aufgestelltes Heer darauf Platz finden konnte. Rechts und links hatte er steile Abhänge; in der Front hingegen verlief er mit einer sanften Abdachung allmählich in die Ebene. Daher zog Caesar zu beiden Seiten dieses Hügels Quergräben von ungefähr 400 Schritt Länge und legte an den Enden dieser Gräben Redouten an, die er mit Wurfmaschinen[116] besetzte, damit nicht nach Aufstellung der Schlachtreihe die an Zahl weit überlegenen Feinde durch einen Flankenangriff seine Leute umgehen könnten. Hierauf ließ er die zwei jüngst ausgehobenen Legionen im Lager zurück, um sie im Notfall als Reserve verwenden zu können; die sechs übrigen stellte er vor dem Lager in Schlachtordnung auf. Ebenso hatten die Feinde ihre Truppen aus dem Lager geführt und aufgestellt.

9. Zwischen unserem und dem feindlichen Heer lag ein Sumpf von mäßiger Ausdehnung. Die Feinde warteten, ob diesen die Unsrigen übersetzen würden; diese hingegen standen schlagfertig unter Waffen, um jene, wenn sie den Übergang zuerst wagen sollten und kampfunfähig wären, anzugreifen. Unterdessen kam es auf dem Raum zwischen beiden Schlachtreihen zu einem Reitergefecht. Da nun keine Partei zuerst übersetzen wollte und das Reitergefecht für die Unsrigen günstig ausgefallen war, führte Caesar die Seinigen ins Lager zurück. Die Feinde eilten sofort aus ihrer Stellung an den Fluß Axona, der, wie gesagt, im Rücken unseres Lagers floß. Als sie dort einige seichte Stellen gefunden hatten, versuchten sie einen Teil ihrer Truppen hinüberzuführen, in der Absicht, womöglich den Brückenkopf, der unter dem Kommando des Legaten Titurius stand, zu stürmen und die Brücke abzubrechen oder, wenn das nicht ginge, wenigstens die Äcker der Remer zu verwüsten, die uns zur Kriegsführung von großem Nutzen waren, und den Unsrigen die Zufuhr abzuschneiden.

10. Sobald Caesar von Titurius Meldung erhielt, führte er die ganze Reiterei und die leichtbewaffneten Numidier nebst den Schleuderern und Bogenschützen über die Brücke und ging auf die Feinde los. Dort kam es zu einem hitzigen Kampf. Die Unsrigen griffen die Feinde, da sich diese nicht wehren konnten, im Fluß an und machten einen großen Teil von ihnen nieder. Die übrigen, welche über die Leiber der Gefallenen hinweg heldenmütig den Übergang zu erzwingen suchten, warfen sie durch einen Hagel von Geschossen zurück; die vordersten, die über den Fluß gekommen waren, wurden von der Reiterei umzingelt und getötet. Nunmehr erkannten die Feinde, daß sie sich in der doppelten Hoffnung, die Stadt erobern und den Fluß überschreiten zu können, getäuscht hatten; zugleich kamen sie zur Überzeugung, daß die Unsrigen auf minder günstigem Terrain sich zu keinem Treffen verleiten ließen. Da ihnen überdies der Proviant auszugehen begann, beriefen sie einen Kriegsrat und faßten folgenden Beschluß: Ein jeder solle in seine Heimat zurückkehren, alle aber sollten zur Verteidigung des Stammes, in dessen Gebiet die Römer zuerst ihr Heer führen würden, von allen Seiten zusammenkommen, da es doch besser sei, auf eigenem als auf fremdem Gebiete den Entscheidungskampf zu führen und sich der Getreidevorräte des eigenen Landes zu bedienen. Zu diesem Beschluß bewog sie, abgesehen von den übrigen Gründen, auch der Umstand, daß sie die Nachricht erhalten hatten, Divitiacus und die Häduer näherten sich dem Gebiete der Bellovacer; letztere konnten nicht überredet werden, noch länger zu warten und ihr Land ohne Hilfe zu lassen.

Die Suessionen, Bellovacer und Ambianer unterwerfen sich

11. Diesem Beschluß zufolge brachen sie um die zweite Nachtwache mit großem Lärm und Getöse, ohne bestimm-

55

te Ordnung und Führung, aus dem Lager auf; da ein jeder an der Spitze marschieren und zuerst nach Hause kommen wollte, bewirkten sie, daß ihr Abzug einer Flucht ganz ähnlich schien. Caesar erfuhr dies zwar sofort durch seine Späher, fürchtete jedoch eine Kriegslist, da er die Ursache ihres Abzuges noch nicht durchschaut hatte, und hielt daher das Fußvolk samt der Reiterei im Lager zurück. Mit Tagesanbruch, als die Sache durch seine Erkundungstruppen bestätigt worden war, schickte Caesar die ganze Reiterei voraus, damit sie den Nachtrab der Feinde aufhielte. An ihre Spitze stellte er die Legaten Quintus Pedius und Lucius Aurunculejus Cotta. Ihnen sollte der Legat Titus Labienus mit drei Legionen nachfolgen. Sie griffen den Nachtrab an, verfolgten ihn viele Meilen weit und hieben eine große Menge auf der Flucht nieder. Während nämlich die Nachhut, auf die man stieß, standhielt und sich tapfer dem Ansturm unserer Soldaten widersetzte, suchten die vorderen, sowie sie das Geschrei vernommen hatten, mit aufgelösten Reihen insgesamt ihr Heil in der Flucht, da sie außer Gefahr zu sein glaubten und durch keinen Zwang und keinen Befehl zusammengehalten wurden. So machten denn die Unsrigen ohne jede Gefahr eine so große Anzahl derselben nieder, als ihnen die Dauer des Tages gestattete; gegen Sonnenuntergang standen sie von weiterer Verfolgung ab und zogen sich befehlsgemäß wieder ins Lager zurück.

12. Gleich am folgenden Tage, bevor sich noch die Feinde von dem Schrecken und der Flucht erholen konnten, führte Caesar das Heer ins Gebiet der Suessionen, der nächsten Nachbarn der Remer, und zog nach einem starken Marsch[117] gegen die Stadt Noviodunum.[118] Da er hörte, daß diese Stadt von Verteidigern entblößt sei, suchte er sie gleich vom Marsche aus zu belagern, konnte sie jedoch wegen der Breite des Grabens und der Höhe der Mauer trotz der geringen Anzahl ihrer Verteidiger nicht erobern. Er ließ daher das Lager verschanzen[119], fing an, Sturmlauben[120] vorzurücken und alle sonstigen Anstalten zur Belagerung

zu treffen. Unterdessen sammelte sich die ganze Masse der Suessionen von der Flucht und warf sich in der folgenden Nacht in die Stadt. Rasch wurden die Sturmlauben gegen die Stadt vorgerückt, ein Damm[121] aufgeworfen und Türme[122] errichtet. Auf die Gallier machte die Größe der Belagerungswerke, da sie dergleichen zuvor weder gesehen noch davon gehört hatten sowie die Schnelligkeit der Römer einen derartigen Eindruck, daß sie Gesandte an Caesar schickten, um über die Unterwerfung zu verhandeln; auf die Fürbitte der Remer erreichten sie es, daß sie begnadigt wurden.

13. Nachdem Caesar die Ersten ihres Staates, sogar die zwei Söhne des Königs Galba, sich als Geiseln hatte stellen lassen und alle Waffen aus der Stadt ausgeliefert worden waren, nahm er die Unterwerfung der Suessionen an und führte sein Heer gegen die Bellovacer. Diese hatten sich mit ihrer ganzen Habe in die Stadt Bratuspantium[123] geflüchtet. Da nun Caesar mit seinem Heere etwa fünf Meilen von derselben entfernt war, kamen alle älteren Leute aus der Stadt heraus, fingen an, ihre Hände gegen Caesar auszustrecken, und suchten ihm durch Zuruf verständlich zu machen, daß sie sich in seinen Schutz und seine Macht begäben und nicht willens wären, gegen das römische Volk die Waffen zu ergreifen. Als er hierauf an die Stadt herangerückt war und daselbst sein Lager aufschlug, baten ebenso Kinder und Weiber von der Mauer herab in ihrer Art mit ausgestreckten Händen die Römer um Frieden.

14. Für sie legte Fürbitte ein Divitiacus, welcher nach dem Abzuge der Belgier die Truppen der Häduer entlassen hatte und zu Caesar zurückgekehrt war: Die Bellovacer hätten zu jeder Zeit dem Staat der Häduer Treue und Freundschaft bewiesen; ihre Häuptlinge jedoch hätten ihnen eingeredet, die Häduer seien von Caesar geknechtet worden und müßten sich jede Art unwürdiger und erniedrigender Behandlung gefallen lassen; so wären jene aufgereizt worden, sich von den Häduern loszusagen und das römische Volk mit

Krieg zu überziehen. Die Urheber dieses Entschlusses seien nach Britannien geflohen, da sie erkannten, welch großes Unheil sie über ihren Staat gebracht hätten. Nicht allein die Bellovacer, sondern auch als deren Fürsprecher die Häduer bäten ihn, er möchte die ihm eigene Gnade und Milde gegen sie walten lassen. Dadurch werde er das Ansehen der Häduer bei allen Belgiern vergrößern, durch deren Unterstützung und Macht sich die Häduer, wenn es zu einem Kriege käme, zu behaupten pflegten. ·

15. Caesar erklärte hierauf, er wolle sie, um den Divitiacus und die Häduer zu ehren, in seinen Schutz aufnehmen und begnadigen; da jedoch dieser Stamm unter den Belgiern ein bedeutendes Ansehen besaß und sich auch durch eine große Volkszahl auszeichnete, verlangte er 600 Geiseln. Nachdem ihm diese gestellt und alle Waffen aus der Stadt zusammengebracht waren, gelangte er von da in das Gebiet der Ambianer, die sich mit all ihrer Habe auf der Stelle unterwarfen. An ihr Gebiet grenzten die Nervier. Über deren Charakter und Sitte erfuhr Cäsar auf seine Erkundigungen folgendes: Kaufleute hätten zu ihnen keinen Zutritt; sie duldeten auch nicht die Einfuhr von Wein und sonstigen Gegenständen des Wohllebens, weil sie glaubten, daß durch solche Dinge der Mut erschlaffe und die Tapferkeit erlahme. Sie seien ein wildes Volk von großer Tapferkeit; auch schmähten und schimpften sie auf die übrigen Belgier, die sich dem römischen Volke ergeben und sich der von den Vätern ererbten Tapferkeit entäußert hätten. Ihr Entschluß stehe fest, weder Gesandte zu schicken, noch irgendeine Friedensbedingung annehmen zu wollen.

Die Nervierschlacht

16. Als Caesar drei Tage lang durch ihr Gebiet gezogen war, erfuhr er von den Gefangenen, daß der Fluß Sabis[124] von seinem Lager nur noch zehn Meilen weit entfernt sei; jenseits dieses Flusses hätten sich alle Nervier gelagert und erwarteten hier die Ankunft der Römer. Bei ihnen ständen

auch die Atrebaten und Viromanduer, welche beide Stämme sie überredet hatten, gemeinsam mit ihnen den Krieg zu wagen; überdies erwarteten sie die Truppen der Aduatuker, die sich bereits auf dem Marsch befänden. Die Weiber und alle, die wegen ihres Alters kampfunfähig schienen, hätten sie rasch an einem Punkt zusammengebracht, der wegen der Sümpfe für ein Heer unzugänglich sei.

17. Auf diese Nachricht schickte Caesar Kundschafter und Centurionen voraus, die einen geeigneten Lagerplatz aufsuchen sollten.[125] Von den unterworfenen Belgiern und den übrigen Galliern machte eine ziemliche Anzahl in Cäsars Gefolge den Marsch mit; einige von ihnen beobachteten die während dieser Tage eingehaltene Marschordnung unseres Heeres[126], gingen in der Nacht, wie man später von den Gefangenen erfuhr, zu den Nerviern über und entdeckten ihnen, daß zwischen je zwei Legionen ein zahlreicher Troß marschiere; es sei ein leichtes, die erste Legion, ehe sie sich ihres Gepäckes entledigt hätte, bei ihrer Ankunft im Lager, während die übrigen Legionen noch zurück wären, anzugreifen; sei dann diese geschlagen und ihr Gepäck erbeutet, so würden es die übrigen gar nicht wagen, ihnen standzuhalten. Der Ratschlag derer, welche die Sache vorbrachten, wurde noch durch folgenden Umstand empfohlen. Die Nervier waren von alters her an Reiterei schwach, und noch bis auf den heutigen Tag legen sie auf dieselbe keinen Wert, sondern ihre ganze Stärke beruht auf dem Fußvolk; daher hatten sie, um räuberische Einfälle der Reiterei ihrer Nachbarn leichter aufzuhalten, junge Bäume eingeschnitten und umgebogen, aus denen daher an den Seiten zahlreiche Äste hervorsprossen, und auch Brombeergebüsche und Dornsträucher dazwischen angepflanzt. So gewährten diese Zäune wie eine Mauer Schutz, da man in sie nicht nur nicht eindringen, sondern nicht einmal hindurchsehen konnte.[127] Da nun hierdurch auch der Marsch unseres Heeres aufgehalten wurde, so glaubten die Nervier jenen Plan nicht unbeachtet lassen zu dürfen.

18. Die natürliche Beschaffenheit des Ortes, den die Unsrigen zum Lager ausgesucht hatten, war folgende. Ein Hügel senkte sich in gleichmäßiger Abdachung von der Höhe herab bis an den Fluß Sabis, den wir oben erwähnt haben. Demselben gegenüber stieg auf dem andern Ufer des Flusses mit gleicher Neigung ein zweiter Hügel empor, der an seinem Fuß in einer Breite von 200 Schritt kahl, in seinem oberen Teile jedoch bewaldet war, so daß man nicht leicht in das Innere blicken konnte. Innerhalb dieser Waldungen hielten sich die Feinde versteckt; auf dem freien Terrain längs des Flusses ließen sich nur einige Reiterposten sehen. Die Tiefe des Flusses betrug ungefähr drei Fuß.

19. Caesar schickte die Reiterei voraus und folgte mit dem Hauptheer nach. Die Art der Marschordnung gestaltete sich jedoch anders, als die Belgier den Nerviern hinterbracht hatten. Weil er sich nämlich dem Feinde nähert, führte Caesar nach seiner Gewohnheit sechs Legionen ohne Gepäck voraus; hinter diesen hatte er dem Troß des ganzen Heeres seine Stelle angewiesen; dann schlossen die beiden vor kurzem erst ausgehobenen Legionen den ganzen Zug und dienten zugleich dem Troß zur Bedeckung. Unsere Reiter setzten mit den Schleuderern und Bogenschützen über den Fluß und begannen mit der feindlichen Reiterei ein Treffen. Die Feinde zogen sich zu wiederholten Malen in die Wälder zu den Ihrigen zurück, dann brachen sie wieder aus dem Walde gegen die Unsrigen hervor; die Unsrigen hingegen wagten den Fliehenden nur so weit nachzusetzen, als das offene Terrain in seiner ganzen Ausdehnung reichte. Inzwischen begannen die sechs Legionen, die zuerst angekommen waren, das Lager abzumessen[128] und zu verschanzen. Sobald die Feinde, welche sich in den Wäldern verborgen hielten, das erste Gepäck erblickten (es war dies nämlich der von ihnen verabredete Zeitpunkt für den Beginn der Schlacht), da brachen sie plötzlich, da sie sich schon innerhalb der Wälder in Schlachtordnung aufgestellt und sich gegenseitig ermutigt hatten, mit allen ihren Truppen in

größter Eile hervor und griffen unsere Reiter an. Nachdem sie diese ohne Mühe geworfen und in Unordnung gebracht hatten, rannten sie mit unglaublicher Schnelligkeit an den Fluß, so daß die Feinde beinahe zu derselben Zeit an den Wäldern und im Fluß und schon in unserer nächsten Nähe zu sein schienen. Mit ebenderselben Schnelligkeit stürmten sie den gegenüberliegenden Hügel hinauf zu unserem Lager und gegen diejenigen, die mit der Schanzarbeit beschäftigt waren.

20. Jetzt hätte Caesar alles in einem Augenblick tun sollen; er mußte die Fahne aufstecken[129] als Zeichen, die Waffen zu ergreifen; das Trompetensignal[130] geben lassen, die Soldaten von der Schanzarbeit abberufen, diejenigen, welche sich etwas weiter entfernt hatten, um Materialien für den Dammbau zu beschaffen, herbeiholen lassen; die Schlachtreihe mußte aufgestellt, die Soldaten angefeuert und das Zeichen zum Angriff gegeben werden. Einen großen Teil von alledem machten die Kürze der Zeit und das schnelle Vorrücken der Feinde unmöglich. In dieser mißlichen Lage boten zwei Umstände Abhilfe; einmal die Kenntnis und Erfahrung der Soldaten, weil diese, in den früheren Gefechten geübt, ebensogut selbst wußten, was sie zu tun hatten, als es ihnen andere hätten beibringen können; sodann, daß Caesar den einzelnen Legaten befohlen hatte, die Schanzarbeit und ihre Legionen nicht früher zu verlassen, als bis das Lager befestigt wäre. Diese warteten bei der Nähe und Schnelligkeit der Feinde nicht erst auf Caesars Befehl, sondern ordneten auf eigene Hand an, was ihnen zweckmäßig schien.

21. Caesar gab die nötigsten Verhaltungsbefehle und eilte dann, die Soldaten anzufeuern, wohin ihn der Zufall gerade führte; so traf er auf die zehnte Legion. Er hielt an die Soldaten keine längere Rede und ermahnte sie nur, sie sollten ihrer altbewährten Tapferkeit eingedenk sein, den Mut nicht sinken lassen und dem Ansturm der Feinde entschlossen standhalten. Da die Feinde nur noch einen Lan-

zenwurf weit entfernt waren, so gab er das Zeichen zum Beginn der Schlacht. Hierauf eilte er zu dem anderen Flügel, um auch hier die Soldaten zu ermahnen, traf sie aber bereits im Kampfe. Die Zeit war so kurz und die Feinde so kampfbereit, daß nicht allein die Zeit fehlte, die Abzeichen aufzustecken, sondern auch die Helme aufzusetzen und die Überzüge von den Schilden herunterzureißen. Jeder blieb bei der Abteilung stehen, auf die er von der Schanzarbeit weg zufällig gestoßen war und deren Feldzeichen er zuerst erblickt hatte, um nicht durch das Aufsuchen der Seinigen die Zeit zum Kampf zu verlieren.

22. Endlich war das Heer in Schlachtordnung aufgestellt, freilich mehr, wie es die Beschaffenheit des Ortes, die Abdachung des Hügels und der Drang der Umstände erforderten, als nach den Grundsätzen und Regeln der Kriegskunst. Die Legionen, voneinander getrennt, leisteten, die eine da, die andere dort, den Feinden Widerstand. Überdies wurde durch die oben erwähnten dichten Hecken, welche dazwischen lagen, der freie Überblick genommen, und so konnte man weder Reserven an bestimmten Orten in Bereitschaft halten noch an jedem Punke die nötigen Vorkehrungen treffen, noch war eine einheitliche Leitung aller Befehle möglich. Bei einer so großen Ungunst der Verhältnisse wechselte denn auch das Kriegsglück in vielfacher Weise.

23. Die Soldaten der neunten und zehnten Legion, welche auf dem linken Flügel der Schlachtreihe standen, trieben, sobald sie ihre Wurfspeere geschleudert hatten, die durch den Lauf und die Müdigkeit erschöpften und durch Wunden entkräfteten Atrebaten (denn ihnen war diese Stellung zugefallen) unaufhaltsam von dem höheren Standort aus in den Fluß hinein, setzten ihnen, da sie den Übergang versuchten, mit den Schwertern in der Hand nach und machten eine große Menge von ihnen, ohne daß sich diese wehren konnten, nieder. Ja sie trugen kein Bedenken, selbst den Fluß zu überschreiten; da sie sich aber in eine ungünstige Stellung vorgewagt hatten, setzten sich die Feinde

wieder zur Wehr, wurden jedoch nach erneutem Kampfe in die Flucht geschlagen. Ebenso hatten auf einer anderen Seite zwei einzelne Legionen, die elfte und die achte, die Viromanduer, mit denen sie ins Handgemenge geraten waren, von der Höhe herabgeschlagen und kämpften nun hart an den Ufern des Flusses. Weil aber beinahe das ganze Lager auf der Front und der linken Flanke entblößt war, während auf dem rechten Flügel die zwölfte Legion und in geringer Entfernung von ihr die siebente Stand gefaßt hatten, so rückten die Nervier insgesamt in festgeschlossener Ordnung unter Anführung ihres Oberfeldherrn Boduognatus gegen diesen Punkt und schickten sich an, teils die Legionen auf der unbedeckten Flanke zu umgehen, teils die Höhe, auf der das Lager stand, zu gewinnen.

24. Zu derselben Zeit wollten sich unsere Reiter und die ihnen beigegebenen leichtbewaffneten Fußsoldaten, die, wie oben erwähnt, durch den ersten Angriff der Feinde zurückgeworfen worden waren, ins Lager zurückziehen; dabei kamen sie den Feinden gerade entgegen und ergriffen aufs neue nach einer anderen Richtung hin die Flucht. Die Troßknechte, welche vom Hintertor des Lagers[131], also vom Kamm des Hügels herab den siegreichen Übergang der Unsrigen über den Fluß beobachtet hatten, waren aus dem Lager gezogen, um Beute zu machen; als sie sich aber umsahen und die Feinde in unserem Lager erblickten, warfen sie sich über Hals und Kopf in die Flucht. Zugleich erhob sich bei denen, die mit dem Gepäck ankamen, Lärm und Getöse, und sie stoben in der Verwirrung nach allen Seiten auseinander. Alle diese Vorgänge verfehlten nicht ihre Wirkung auf die Reiter der Treverer, die bei den Galliern im Ruf einer außerordentlichen Tapferkeit stehen und von ihrem Stamme an Caesar als Hilfstruppen geschickt worden waren. Als sie nämlich sahen, wie eine Menge Feinde unser Lager überfüllte, wie die Legionen in Gefahr schwebten und beinahe eingeschlossen gehalten wurden, wie Troßknechte, Reiter, Schleuderer und Numider zerstreut und

versprengt nach alle Richtungen hin entflohen, da verzweifelten sie an unserer Sache und machten sich schleunig auf den Weg in ihre Heimat; sie brachten ihren Landsleuten die Nachricht, die Römer seien geworfen und überwunden, ihr Lager und ihr Gepäck sei in die Hände der Feinde gefallen.

25. Caesar hatte sich gleich nach seiner aufmunternden Ansprache an die zehnte Legion auf den rechten Flügel begeben. Hier fand er die Seinigen in arger Bedrängnis. Die Soldaten der zwölften Legion hatten·die Feldzeichen[132] an einem Orte vereinigt und waren derart zusammengedrängt, daß sie sich selbst beim Kämpfen hinderten. Von der vierten Kohorte waren alle Centurionen niedergemacht, der Fähnrich gefallen, die Fahne verloren; die Centurionen der übrigen Kohorten waren teils verwundet, teils tot, und auch der tapfere erste Hauptmann Publius Sextius Baculus war durch viele schwere Wunden erschöpft, so daß er sich nicht mehr aufrecht halten konnte. Die übrigen verloren bereits den Mut, und einige in den hintersten Gliedern verließen ihren Posten, entfernten sich vom Kampfplatz und zogen sich aus der Schußweite zurück; die Feinde hingegen ließen nicht ab, in der Front den Hügel herauf vorzurücken und auf beiden Seiten anzugreifen. Caesar sah, daß die Sache schlecht stand und daß keine Reserve da war, die zu Hilfe hätte geschickt werden können; da nahm er einem gemeinen Soldaten aus der hinteren Reihe den Schild ab, weil er selbst ohne Schild dahin gekommen war, trat in die vorderste Linie, rief die Centurionen einzeln bei ihrem Namen, feuerte die übrigen Soldaten an und befahl ihnen, anzugreifen und die Manipeln zu lockern, damit sie ihre Schwerter leichter gebrauchen könnten. Sein Erscheinen erfüllte die Soldaten mit Hoffnung und neuem Mute. Jeder wollte im Angesicht des Feldherrn auch in der äußersten Gefahr seine Pflicht erfüllen, und so wurde der Ansturm der Feinde ein wenig gehemmt.

26. Als nun Caesar sah, daß die siebente Legion, welche nahe dabei stand, gleichfalls vom Feind bedrängt wurde, gab

er den Kriegstribunen die Weisung, daß die Legionen allmählich näher zusammenrücken und mit veränderter
Frontstellung die Feinde angreifen sollten. Hierdurch dienten sie einander als Deckung und brauchten sich nicht zu
fürchten, im Rücken vom Feind umgangen zu werden; so
fingen sie an, kühneren Widerstand zu leisten und tapferer
zu kämpfen. Unterdessen waren die Soldaten der zwei Legionen, die als Nachhut dem Gepäck zur Bedeckung beigegeben worden waren, auf die Kunde von der Schlacht im
Sturmschritt herbeigeeilt und wurden auf der Höhe des Hügels von den Feinden erblickt; auch hatte sich Labienus des
feindlichen Lagers bemächtigt und von der Anhöhe die Vorgänge in unserem Lager erblickt; daher sandte er die zehnte
Legion den Unsrigen zu Hilfe. Als die Soldaten aus der
Flucht der Reiter und Troßknechte erkannt hatten, wie die
Sache stünde und in welch großer Gefahr Lager, Legionen
und Feldherr schwebten, stürmten sie eiligst herbei.
27. Mit ihrem Eintreffen vollzog sich ein gänzlicher Umschwung. Sogar diejenigen von unseren Leuten, welche,
von Wunden erschöpft, zusammengesunken waren, erneuerten, auf ihre Schilde gestützt, den Kampf; die Troßknechte hatten kaum die Bestürzung der Feinde wahrgenommen,
als sie sich waffenlos den Bewaffneten entgegenstürzten;
die Reiterei vor allem kämpfte, um die Schmach ihrer Niederlage durch Beweise von Tapferkeit auszutilgen, an allen
Punkten und suchte es den Legionssoldaten zuvorzutun.
Aber auch die Feinde bewiesen trotz der geringen Aussicht
auf Rettung eine außerordentliche Tapferkeit; denn sobald
die Vordermänner gefallen waren, traten die zunächst stehenden Krieger auf die Leiber der Gebliebenen und kämpften von dort herab. Als auch sie niedergemacht waren und
die Leichen sich häuften, warfen die Überlebenden wie von
einem Hügel herab ihre Geschosse auf die Unsrigen und
schleuderten die aufgefangenen Wurfspeere zurück. Man
mußte in der Tat anerkennen, daß Leute von solcher Tapferkeit es nicht umsonst gewagt hatten, über einen so brei-

ten Fluß zu setzen, das hohe Ufer zu erklimmen, auf ein so ungünstiges Gelände vorzurücken — Schwierigkeiten, welche ihr hoher Mut leicht überwunden hatte.

28. In dieser Schlacht[133] war der Stamm und der Name der Nervier fast gänzlich ausgetilgt worden. Als daher die Greise, welche man nach unserer Erzählung samt den Kindern und Weibern in den Seelachen und Sümpfen verborgen hatte[134], die Nachricht von der Schlacht erhielten, erkannten sie, daß es für die Sieger kein Hindernis mehr, für die Besiegten keinen Schutz gäbe, schickten mit Einwilligung der Überlebenden Gesandte an Caesar und unterwarfen sich ihm. Bei der Schilderung des Unglücks ihres Staates erzählten sie, daß die Zahl ihrer Ältesten von 600 auf 3, die der waffenfähigen Männer von 60.000 auf kaum 500 zusammengeschmolzen sei. Damit es offenkundig würde, wie Caesar gegen Unglückliche und Schutzflehende Mitleid übe, sorgte er erstlich für ihre Erhaltung, ließ ihnen den ungestörten Besitz ihres Gebietes und ihrer Städte und trug ihren Nachbarn auf, sie sollten sich und die Ihrigen von der Beleidigung und Mißhandlung der Nervier fernhalten.[135]

Unterwerfung der Aduatucer

29. Die Aduatucer, von denen wir oben berichtet haben, zogen mit ihrer ganzen Streitmacht den Nerviern zu Hilfe, kehrten jedoch auf die Kunde von dieser Schlacht noch während ihres Marsches in ihre Heimat zurück; hierauf gaben sie alle ihre Städte und Burgen preis und brachten ihre ganze Habe in eine Stadt zusammen, die von Natur außerordentlich fest war[136]. Dieselbe hatte nämlich auf allen Seiten im Umkreis sehr hohe Felsen und schroffe Wände; nur auf einer einzigen Seite blieb ein sanft ansteigender Zugang von nicht mehr als 200 Fuß Breite übrig. Diesen Punkt hatten sie mit einer äußerst hohen Doppelmauer befestigt und brachten sodann Steine von großem Gewicht und vorne zugespitzte Balken auf die Mauer. Sie selbst waren Abkömm-

linge der Cimbern und Teutonen; als diese nämlich gegen
unsere Provinz und gegen Italien aufbrachen, legten sie das
Gepäck, das sie nicht mit sich führen und tragen konnten,
auf dem diesseitigen Rheinufer ab und ließen zugleich eine
Wache aus den Ihrigen und eine Bedeckung von 6.000
Mann zurück.[137] Diese wurden nach Vernichtung der anderen viele Jahre von ihren Nachbarn beunruhigt; da sie aber
bald selbst angriffen, bald einen Angriff abwehrten, so kam
nach allseitiger Übereinkunft ein Friede zustande, und sie
wählten sich jene Gegend zum Wohnsitz.

30. Gleich bei der Ankunft unseres Heeres machten sie
häufige Ausfälle aus der Stadt und versuchten sich in kleinen Gefechten mit den Unsrigen; nachher aber, da sie Caesar mit einem Walle von 15 Meilen Umfang und vielen Redouten einschloß[138], hielten sie sich ruhig in der Stadt. Als
sie aber sahen, daß Sturmlauben vorgeschoben, ein Damm
aufgeschüttet und ein Turm in der Ferne erbaut wurde,
lachten sie anfangs darüber von der Mauer herab und spotteten mit lautem Geschrei, daß ein so großes Werk in so
weiter Entfernung errichtet würde; mit welchen Händen
oder welchen Kräften sie als Leute von so winziger Statur
sich zutrauten, einen Turm von so großer Last in Bewegung zu setzen? Bei der Größe ihres Körperbaues dient
nämlich unsere eigene kleine Gestalt den Galliern meist
nur zum Spott.

31. Sobald sie aber sahen, daß sich der Turm bewegte und
gegen die Mauer heranrückte, wurden sie durch die wunderbare und ungewöhnliche Erscheinung dermaßen betroffen, daß sie Gesandte in Betreff des Friedens an Caesar
schickten, die sich in folgender Weise aussprachen: Sie sei-
en überzeugt, daß die Römer nicht ohne göttlichen Beistand Krieg führten, da sie Maschinen von solcher Höhe
mit solcher Geschwindigkeit vorwärts zu bewegen imstande wären; daher seien sie bereit, sich mit all ihrer Habe unserer Macht zu unterwerfen. Nur eine dringende Bitte
möchten sie an ihn stellen: Wenn er vielleicht gemäß sei-

ner Milde und Gnade, die sie selbst von anderen rühmen hörten, beschlossen hätte, die Aduatucer zu schonen, so möge er sie nicht ihrer Waffen berauben. Fast alle Nachbarn seien ihnen feindlich gesinnt und auf ihre Tapferkeit eifersüchtig; müßten sie nun ihre Waffen ausliefern, so könnten sie sich gegen jene nicht verteidigen. Sollten sie also in diese Lage kommen, so zögen sie es vor, lieber irgendwelche Behandlung vom römischen Volk zu erdulden, als von denen zu Tode gemartert zu werden, unter welchen sie zu herrschen gewohnt wären.

32. Darauf antwortete Caesar: Mehr weil er es so gewohnt sei, als weil sie es verdient hätten, werde er ihrem Stamme Schonung angedeihen lassen, wenn sie sich ergäben, bevor noch der Sturmbock die Mauer berührt hätte; von Unterwerfung könne aber nur unter der Bedingung die Rede sein, daß sie ihre Waffen auslieferten. Was er bei den Nerviern getan habe, werde er auch bei ihnen tun und ihren Nachbarvölkern verbieten, den Untertanen des römischen Volkes irgendeine Unbill zuzufügen. Als die Gesandten diesen Bescheid den Ihrigen überbracht hatten, erklärten sich diese bereit, den Befehlen zu gehorchen. Hierauf warfen sie eine große Menge Waffen von der Mauer in den Graben vor der Stadt, so daß die Haufen der Waffen beinahe bis an den obersten Rand der Mauer und des Angriffsdammes reichten. Dessenungeachtet war, wie es sich später herausstellte, ungefähr der dritte Teil verheimlicht und in der Stadt zurückbehalten worden. Dann öffneten sie die Tore und hielten an diesem Tage Frieden.

33. Gegen Abend ließ Caesar die Tore schließen und die Soldaten aus der Stadt gehen, damit die Einwohner von denselben zur Nachtzeit keine Unbill zu erleiden hätten. Die Aduatucer hatten schon früher, wie es sich nachher zeigte, ihren Plan geschmiedet, in dem Glauben, die Unsrigen würden nach erfolgter Übergabe ihre Wachtposten zurückziehen oder sie doch mit weniger Sorgfalt besetzt halten. Sie ergriffen daher teils die zurückbehaltenen und ver-

heimlichten Waffen, teils Schilde aus Baumrinde und ge-
flochtenen Reisern, die sie in aller Eile, wie es die Kürze der
Zeit erforderte, mit Fellen überzogen hatten; dann machten sie plötzlich um die dritte Nachtwache auf der Seite,
wo sie unsere Befestigungen am leichtesten zu ersteigen
dachten, mit ihrer ganzen Streitmacht aus der Stadt einen
Ausfall. Schnell wurde, wie Caesar im voraus angeordnet
hatte, ein Feuersignal gegeben[139], aus den nächsten Redouten eilten Truppen herbei, und die Feinde kämpften mit
solcher Hartnäckigkeit, wie es sich nur immer von tapferen Männern erwarten läßt, in der letzten Aussicht auf Rettung, in ungünstiger Stellung gegen Leute, die vom Wall
und von den Türmen herab ihre Geschosse schleudern
konnten, indem auf der Tapferkeit allein ihre ganze Hoffnung auf Rettung beruhte. Nachdem gegen 4.000 Mann
niedergemacht worden waren, wurden die übrigen in die
Stadt zurückgeworfen. Am folgenden Tage wurden die Tore erbrochen, ohne daß jemand Widerstand leistete, und
unsere Soldaten hineingelassen; Caesar ließ sämtliche Einwohner mit ihrer Habe verkaufen. Die Käufer gaben ihm
die Kopfzahl auf 53.000 an.[140]

34. Zu derselben Zeit erhielt er von Crassus, den er mit einer Legion gegen die Veneter, Veneller, Osismer, Coriosoliten, Esubier, Aulercer und Reloner[141] (sämtlich Seestaaten an der Küste des Ozeans) geschickt hatte, die Nachricht, daß alle diese Völkerschaften unter die Botmäßigkeit
und Herrschaft des römischen Volkes gebracht worden
seien.

*Caesar verteilt das Heer in die Winterquartiere und reist
nach Italien*

35. So war denn durch diese Taten ganz Gallien zur Ruhe
gebracht worden, und es verbreitete sich eine so hohe Meinung von diesem Krieg bei den Barbaren, daß sogar die Völkerschaften jenseits des Rheines Gesandte an Caesar

schickten mit dem Versprechen, Geiseln zu stellen und seinen Befehlen Gehorsam zu leisten. Weil jedoch Caesar nach Italien und Illyrien eilte, so befahl er diesen Gesandtschaften, zu Beginn des nächsten Sommers wiederzukommen. Er selbst ließ die Legionen im Gebiete der Carnuten, Anden, Turonen[142] und der anderen Völkerstämme, die in der Nachbarschaft des letzten Kriegsschauplatzes wohnten, die Winterquartiere beziehen und reiste nach Italien ab. Wegen dieser Ereignisse wurde infolge des von Caesar erstatteten Berichtes ein fünfzehntägiges Dankfest[143] beschlossen, eine Ehre, die vor dieser Zeit noch keinem widerfahren war.

DRITTES BUCH

I. Die Kämpfe mit den Alpenvölkern

Erfolge des Servius Galba

1. Als Cäsar nach Italien reiste, schickte er den Servius
Galba mit der zwölften Legion und einem Teil der Reiterei
in das Gebiet der Nantuaten, Veragrer und Seduner[144], das
sich von den Grenzen der Allobroger, dem Lemansee und
dem Rhodanus bis zum Kamm der Alpen erstreckt. Der
Grund dieser Sendung war, daß er den Paß über die Alpen[145], den die Kaufleute gewöhnlich nur mit großer Gefahr und unter Erlegung hoher Zölle passieren konnten, offen haben wollte. Dem Galba gab er die Vollmacht, wenn
er es für nötig hielte, die Legion in diesen Gegenden in die
Winterquartiere zu legen. Galba lieferte einige glückliche
Gefechte und nahm mehrere Festungen ein. Als die Feinde
daher von allen Seiten an ihn Gesandte schickten, Geiseln
stellten und sich unterwarfen, beschloß er, zwei Kohorten
im Gebiete der Nantuaten zu stationieren und selbst mit
den übrigen Kohorten seiner Legion in einem Flecken der
Veragrer, Namens Octodurus[146], zu überwintern. Dieser
Flecken liegt in einem Tal, an das sich eine nicht gerade
große Ebene anlehnt, und wird rings von überaus hohen
Bergen eingeschlossen. Er wird durch einen Fluß in zwei
Teile geteilt; den einen Teil der Ortschaft überließ Galba
den Galliern, den anderen leeren, den diese räumen mußten, bestimmte er den Kohorten zum Winterquartier. Diesen Ort ließ er mit Wall und Graben befestigen.

71

2. Als mehrere Tage in den Winterquartieren vergangen waren, und Galba befohlen hatte, Getreidelieferungen dahin zu bringen, erhielt er plötzlich von den Kundschaftern die Nachricht, die Gallier seien insgesamt aus dem Teil des Fleckens, den er ihnen eingeräumt hatte, zur Nachtzeit abgezogen, und die Berge, welche das Tal beherrschten, wären von einer sehr großen Menge Seduner und Veragrer besetzt. Aus mehreren Gründen war es dazu gekommen, daß die Gallier plötzlich den Entschluß faßten, den Krieg zu erneuern und die Legionen zu überfallen. Fürs erste sahen sie auf die eine Legion wegen ihrer geringen Stärke mit Verachtung herab, zumal sie nach Abgang zweier Kohorten und mehrerer einzelner Abteilungen, die man zur Herbeischaffung der Lebensmittel ausgeschickt hatte, nicht einmal vollzählig war; dann glaubten sie auch, die Römer könnten wegen der Ungunst der Örtlichkeit, wenn sie selbst von den Anhöhen in das Tal hinabstürzten und Geschosse schleuderten, nicht einmal ihren ersten Ansturm aushalten. Hinzu kam noch ihr Schmerz darüber, daß man ihnen ihre Kinder als Geiseln von der Seite gerissen hatte, und die feste Überzeugung, die Römer wollten nicht nur der Straßen wegen, sondern vielmehr zu dauerndem Besitz die Höhen der Alpen beherrschen und diese Gegenden mit der benachbarten Provinz vereinigen.

3. Auf diese Nachrichten hin berief Galba schnell einen Kriegsrat und begann einen jeden um seine Meinung zu fragen. Denn weder die Anlage des Winterlagers und die Verschanzungen waren vollständig beendet, noch war für das Getreide und die übrige Zufuhr hinlänglich gesorgt worden, da er nach erfolgter Unterwerfung und Auslieferung der Geiseln nicht mehr an die Möglichkeit von Feindseligkeiten gedacht hatte. Ganz wider Erwarten war eine so große und überraschende Gefahr hereingebrochen; fast alle Anhöhen sah man bereits von einer Menge Bewaffneter besetzt, und da die Pässe gesperrt waren, konnte man weder Hilfe erwarten, noch auf Zufuhr von Lebensmitteln rech-

nen. So wurden denn in jenem Kriegsrat, da man schon an der Rettung verzweifelte, sogar einige Stimmen dahin abgegeben, man solle das Gepäck im Stich lassen, einen Ausfall machen und auf denselben Wegen, auf denen man hierher gekommen sei, sein Heil suchen. Die Mehrheit jedoch beschloß, diese Maßregel für den äußersten Fall aufzusparen, unterdessen aber den Verlauf der Sache abzuwarten und das Lager zu verteidigen.

4. Nach Verlauf einer kurzen Frist, so daß kaum Zeit blieb, die beschlossenen Maßregeln anzuordnen und zu besorgen, stürmten die Feinde auf ein gegebenes Zeichen von allen Seiten herab und schleuderten Steine und Wurfspieße gegen den Wall. Die Unsrigen leisteten anfangs bei frischen Kräften tapferen Widerstand und taten von ihrem höheren Standpunkte aus auch nicht einen Fehlschuß. Sooft nur immer ein von Verteidigern entblößter Teil des Lagers in Gefahr zu schweben schien, eilten sie dorthin und brachten Hilfe. Bald aber gerieten sie dadurch in Nachteil, daß die Feinde, wenn sie durch die lange Dauer des Kampfes ermüdeten, sich aus dem Treffen zurückzogen und andere mit ungeschwächten Kräften an ihre Stelle traten, während dies den Unsrigen bei ihrer geringen Anzahl völlig unmöglich war; denn bei ihnen war nicht nur den Ermüdeten keine Möglichkeit geboten, vom Kampfplatz abzutreten, sondern nicht einmal die Verwundeten konnten den Ort, wo sie standen, verlassen und sich erholen.

5. Schon mehr als sechs Stunden währte der Kampf ohne Unterbrechung; den Unsrigen gingen nicht nur die Kräfte, sondern auch die Geschosse aus; die Feinde stürmten immer heftiger an und begannen bei der großen Ermattung unserer Truppen den Wall niederzureißen und die Gräben vollzufüllen. Als die Gefahr bereits aufs höchste gestiegen war, eilten jener Primipilus Publius Sextius Baculus, der, wie erwähnt[147], in der Nervierschlacht mehrfach schwere Wunden empfangen hatte, und mit ihm der Kriegstribun Gaius Volusenus, ein Mann von großer Einsicht und Tap-

73

ferkeit, zu Galba und machten ihm deutlich, es gäbe nur dann Hoffnung auf Rettung, wenn sie einen Ausfall machten und so das letzte Mittel versuchten. Galba ließ daher die Centurionen berufen und in Eile den Soldaten bekanntmachen, sie sollten den Kampf ein wenig einstellen, lediglich die von den Feinden geworfenen Geschosse auffangen und sich von der Anstrengung erholen; nachher aber sollten sie auf ein gegebenes Zeichen aus dem Lager ausfallen und die Hoffnung auf Rettung allein auf ihre Tapferkeit setzen.

6. Die Soldaten folgten dem Befehl, machten plötzlich aus allen Toren einen Ausfall und ließen den Feinden weder die Möglichkeit, zu erkennen, was vorging, noch sich zu sammeln. So wechselte das Glück; die Feinde, die sich schon Hoffnung gemacht hatten, das Lager einzunehmen, wurden von allen Seiten umzingelt und niedergemacht; von über 30.000 Mann[148] (in dieser Stärke waren nämlich die Barbaren nach zuverlässiger Nachricht vor dem Lager erschienen) wurde mehr als ein Drittel getötet; der Rest warf sich erschreckt in die Flucht und vermochte nicht einmal auf den Anhöhen standzuhalten. Nachdem so alle Truppen der Feinde versprengt waren und die Waffen verloren hatten, zogen sich die Unsrigen ins Lager und in ihre Verschanzungen zurück. Galba aber trug nach diesem Treffen Bedenken, das Glück öfters zu versuchen; auch erinnerte er sich, daß die Verhältnisse, die er angetroffen hatte, mit der Absicht, in der er in die Winterquartiere gekommen war, keineswegs übereinstimmten; besonders aber war für ihn der Mangel an Getreide und sonstigem Bedarf entscheidend. So ließ er denn am nächsten Tage alle Gebäude der Ortschaft in Brand stecken und trat den Rückmarsch in die Provinz an. Ohne daß ihm ein Feind in den Weg trat oder den Marsch verzögerte, führte er seine Legion ohne Verlust ins Gebiet der Nantuaten und von da in das der Allobroger, wo er Winterquartiere bezog.

II. Der Aufstand der Seestaaten

B. Das Jahr 56 v. Chr.

Caesar besiegt die aremorischen Stämme, besonders die Veneter, in einer Seeschlacht

7. Nach diesen Vorfällen hatte Caesar allen Grund, Gallien für beruhigt zu halten; die Belgier waren überwunden, die Germanen vertrieben, das Alpenvolk der Seduner besiegt. So reiste er mit Beginn des Winters nach Illyrien[149], weil er auch diese Völker besuchen und ihr Land kennenlernen wollte. Da brach plötzlich der Krieg in Gallien aus. Die Veranlassung dazu war folgende: Der junge Publius Crassus hatte mit der siebenten Legion nächst dem Ozean im Gebiete der Anden Winterquartiere bezogen. Da in diesen Gegenden Mangel an Getreide herrschte, schickte er mehrere Präfekten und Kriegstribunen zu den benachbarten Stämmen, um Getreide herbeizuschaffen; unter ihnen wurde Titus Terrasidius zu den Esubiern gesandt, Marcus Trebius Gallus zu den Coriosoliten, Quintus Velanius mit Titus Silius zu den Venetern.

8. Die letztere Völkerschaft genießt weitaus das größte Ansehen in dem ganzen dortigen Küstengebiet; die Veneter haben nämlich die meisten Schiffe, mit denen sie regelmäßige Fahrten nach Britannien unternehmen, und sind an Kenntnis und Übung im Seewesen allen anderen überlegen. Da überdies das Meer an ihrer Küste ungemein stürmisch und wild ist und sie selbst sich ausschließlich im Besitze der wenigen dort befindlichen Seehäfen behaupten, so sind ihnen fast alle Seefahrer, welche jenes Meer zu befahren pflegen, zinspflichtig. Diese Veneter machten den Anfang mit der Festhaltung des Silius und Velanius in dem Glauben, sie würden durch dieselben ihre Geiseln zurückerhalten, die sie dem Crassus gestellt hatten.[150] Durch ihr maßgebendes Beispiel verleitet (wie denn die Gallier im-

mer zu schnellen und übereilten Entschließungen geneigt
sind), hielten die Nachbarn in derselben Absicht den Trebius und den Terrasidius zurück, schickten in Eile Gesandte
umher und verbanden sich durch ihre Fürsten eidlich untereinander, daß sie in allem nur nach gemeinsamem Beschluß handeln und zusammen jedwede Wendung des Ge-
schickes ertragen wollten. Zugleich wiegelten sie die übrigen Stämme auf, sie sollten lieber an der von den Vorfahren
überkommenen Freiheit festhalten, als die Knechtschaft
der Römer ertragen. Nachdem sie die Bewohner der ganzen
Meeresküste in kurzer Zeit auf ihre Seite gebracht hatten,
schickten sie im Namen aller eine Gesandtschaft an Publius Crassus mit der Erklärung: Wenn er die Seinigen wieder
erhalten wolle, so möge er ihnen ihre Geiseln zurückschicken.

9. Cäsar wurde hiervon durch Crassus benachrichtigt; da er
selbst zu weit entfernt war, so gab er Befehl, einstweilen
auf dem Fluß Liger (Loire), der sich in den Ozean ergießt,
Kriegsschiffe[151] zu bauen, Ruderknechte aus der Provinz
kommen zu lassen, Matrosen und Steuermänner anzuwer-
ben. Schnell wurden seine Aufträge ausgeführt, und sobald
es ihm die Jahreszeit erlaubte, eilte er selbst zum Heer. Die
Veneter wie auch die übrigen Völkerschaften erhielten bald
Kunde von Caesars Ankunft; zugleich kamen sie zur Einsicht, welch schweren Verbrechens sie sich schuldig gemacht hätten, indem Gesandte (ein Name, der bei allen
Völkern stets für heilig und unverletzlich gegolten hätte)
von ihnen festgenommen und gefesselt worden waren. Sie
begannen daher, gemäß der Größe der Gefahr, sich zum
Kriege zu rüsten, besonders alles, was zum Kriegsbedarf gehört, vorzubereiten, und das mit um so größerer Hoffnung,
weil sie sich von der natürlichen Beschaffenheit der Gegend viel versprachen. Sie wußten, daß die Straßen auf dem
Lande von Seelachen durchschnitten, die Schiffahrt aber
wegen der Unkenntnis der Gegend und der geringen Anzahl
von Häfen erschwert sei; auch hofften sie, unsere Heere

würden aus Mangel an Getreide sich nicht länger in ihrem Lande halten können; und gesetzt auch, daß alles gegen ihre Erwartung ausfiele, so bliebe ihnen noch immer die Übermacht zur See, während sich die Römer weder eine Flotte beschaffen könnten, noch von den Untiefen, Häfen und Inseln des Kriegsschauplatzes Kenntnis hätten. Auch wußten jene gar wohl, daß es sich mit der Schiffahrt in einem Binnenmeer ganz anders verhielte als in dem unermeßlichen und unbegrenzten Ozean. Als sie so ihre Maßregeln getroffen hatten, befestigten sie ihre Städte, schafften das Getreide vom Land in dieselben und zogen so viele Schiffe, als sie nur konnten, nach Venetien zusammen[152], wo Cäsar, wie man wußte, den Krieg eröffnen würde. Zu Bundesgenossen für diesen Krieg gewannen sie die Osismer, Lexovier, Namneten, Ambiliaten, Moriner, Diablinten[153] und Menapier; aus Britannien, das diesen Ländern gegenüberliegt, ließen sie Hilfstruppen kommen.

10. Die oben erwähnten Schwierigkeiten der Kriegführung waren in der Tat vorhanden, aber dennoch bestimmten den Cäsar viele Umstände, diesen Krieg zu beginnen: die beleidigende Festnahme römischer Ritter, die nach der Unterwerfung ausgebrochene Empörung, der Abfall trotz der Stellung von Geiseln, die Verschwörung so vieler Stämme, besonders aber die Besorgnis, die übrigen Völkerschaften könnten meinen, sie dürften das Nämliche tun, wenn dieser Landstrich unbestraft bliebe. Weil er daher wußte, daß die Gallier zu Unruhen geneigt wären, und sich leicht zu Empörungen verleiten ließen (wie denn überhaupt alle Menschen das Streben nach Freiheit und einen eingewurzelten Haß gegen die Skalverei hätten), so fand er es angemessen, sein Heer zu verteilen und in verschiedene Gegenden zu verlegen, damit sich nicht noch mehr Völkerschaften in den Bund der Empörer aufnehmen ließen.

11. Daher schickte er den Legaten Titus Labienus mit der Reiterei ins Land der Treverer, die ganz nahe am Rhein wohnen; er gab ihm den Auftrag, sich zu den Remern und

den übrigen Belgiern zu begeben und sie in Unterwürfigkeit zu erhalten; die Germanen, welche, wie man sagte, von den Belgiern zu Hilfe gerufen waren, sollte er hindern, wenn sie gewaltsamerweise mit Schiffen den Fluß zu übersetzen versuchten. Dem Publius Crassus befahl er, mit zwölf Legionskohorten und einer starken Reiterabteilung nach Aquitanien zu marschieren, damit von diesen Völkerschaften keine Hilfstruppen nach Gallien geschickt würden und sich so große Stämme nicht verbinden könnten. Den Legaten Quintus Titurius Sabinus sandte er mit drei Legionen in das Gebiet der Veneller, Coriosoliten und Lexovier, damit durch seine Bemühung deren Kriegsmacht auseinandergehalten würde. Den jungen Decimus Brutus[154] stellte er an die Spitze der Flotte und der gallischen Schiffe, die er aus dem Land der Pictonen und Santonen[155] und den übrigen unterworfenen Gegenden hatte zusammenkommen lassen, und befahl ihm, sobald als möglich gegen die Veneter zu segeln. Er selbst brach gegen sie mit dem Landheer auf.

12. Ihre Städte waren in der Regel auf den äußersten Spitzen von Landzungen und Vorgebirgen erbaut; ihre Lage war daher dergestalt, daß man ihnen weder von der Landseite her beikommen konnte, sooft die Flut von der hohen See herandrängte, was in einem Zeitraume von 24 Stunden regelmäßig zweimal der Fall ist, noch von der Seeseite, weil die Schiffe beim Wiedereintritt der Ebbe auf den Untiefen Schaden litten. So wurde denn in zweifacher Hinsicht eine Belagerung der Städte verhindert; wenn es aber einmal zufällig gelang, das Meer durch Wall und Steindämme abzuhalten und diese bis zur Höhe der Stadtmauern zu errichten, und die Städter nunmehr, durch die Größe des Belagerungswerkes überwunden, an ihrer Lage zu verzweifeln anfingen, da erschien plötzlich eine Menge Schiffe, an denen sie großen Überfluß hatten, auf denen sie ihre ganze Habe fortschafften und sich in die nächsten Städte zurückzogen; dort verteidigten sie sich von neuem unter denselben gün-

stigen Ortsverhältnissen. Diese Maßregeln setzten sie einen großen Teil des Sommers über um so leichter fort, als unsere Schiffe von Stürmen zurückgehalten wurden und die Schiffahrt auf dem weiten und offenen Meer, bei den hohen Fluten, bei der Seltenheit und dem fast völligen Mangel an Häfen äußerst schwierig war.

13. Ihre Schiffe waren nämlich auf folgende Weise gebaut und ausgerüstet. Die Kiele waren um ein Bedeutendes flacher als bei unseren Schiffen, um desto leichter Untiefen und Ebbe aushalten zu können; das Vorderdeck war von beträchtlicher Höhe, ebenso das Hinterdeck, ganz der Gewalt der Fluten und Stürme entsprechend; ferner waren die Schiffe ganz und gar aus Eichenholz gezimmert, um jeder Widerwärtigkeit und jedem Ungemach Trotz zu bieten; die Bodenrippen waren aus fußhohen Balken mittels eiserner Nägel von der Dicke eines Daumens zusammengefügt; die Anker waren nicht mit Tauen, sondern mit eisernen Ketten befestigt; statt der Segel dienten Felle und dünn gearbeitetes Alaunleder, sei es nun aus Mangel an Leinwand und Unkenntnis ihres Gebrauches, sei es, was wahrscheinlicher ist, deshalb, weil sie meinten, mit leinenen Segeln sei es nicht recht möglich, die gewaltigen Stürme des Ozeans und die gewaltigen Windstöße auszuhalten und solche Kolosse von Schiffen bequem zu lenken. Ein Zusammentreffen unserer Flotte mit diesen Schiffen mußte von der Art sein, daß sie einzig und allein durch ihre Beweglichkeit und Ruderkraft im Vorteile war; in allem anderen waren die gallischen Schiffe in Anbetracht der Örtlichkeit und gegen die Gewalt der Stürme passender und geeigneter eingerichtet. Die unsrigen konnten ihnen nämlich weder mit dem Schnabel einen Schaden zufügen (so fest waren sie gebaut), noch konnte man sie wegen ihrer Höhe leicht beschießen und aus demselben Grunde nur schwer entern. Dazu kam noch, daß, sobald der Wind zu toben angefangen und sie sich vor denselben gelegt hatten, sie sowohl den Sturm ziemlich leicht aushielten, ohne besondere Gefahr

auf den Untiefen auflaufen durften und, von der Ebbe überrascht, sich vor Felsen und Klippen nicht zu fürchten
brauchten; unsere Schiffe hingegen mußten sich vor dem
Eintreten aller derartigen Fälle in acht nehmen.

14. Als Caesar mehrere Städte weggenommen hatte und dabei zur Einsicht gekommen war, daß so große Mühe vergeblich aufgewendet würde und dem Feinde weder die
Flucht aus den eroberten Städten abgeschnitten noch ein
Schaden zugefügt werden könne, beschloß er, die Flotte abzuwarten. Sobald diese eintraf und von den Feinden erblickt wurde, liefen ungefähr 220 feindliche Schiffe, völlig
kampfbereit und mit jeder Art von Schiffsgeräten aufs beste
ausgerüstet, aus dem Hafen aus und nahmen den unsrigen
gegenüber Stellung. Weder Brutus, der Befehlshaber der
Flotte, noch Kriegstribunen und Centurionen, unter deren
Kommando die einzelnen Schiffe standen, waren sich klar
darüber, was sie tun oder auf welche Art sie den Kampf beginnen sollten. Daß sie mit dem Schiffsschnabel nichts
ausrichten könnten, hatten sie in Erfahrung gebracht; waren aber auch Türme[156] errichtet, so ragten dennoch die hohen Hinterteile der feindlichen Schiffe darüber empor, so
daß man sie vom tieferen Standpunkt aus nicht leicht beschießen konnte, während die von den Galliern geschleuderten Geschosse desto wirksamer trafen. Nur eine von
den Unsrigen schon im voraus in Bereitschaft gesetzte Vor-
richtung erwies sich als äußerst zweckmäßig, nämlich Si-
cheln, die, vorne zugespitzt, an langen Stangen aufgesteckt
und befestigt waren, an Gestalt ähnlich den Mauersicheln.[157] Wenn mit diesen die Taue, welche die Segelstangen an die Mastbäume befestigten, ergriffen und angezogen
worden waren, so ruderte man rasch vorwärts und zerriß
sie auf diese Weise. Waren sie durchschnitten, so fielen die
Segelstangen notwendig herunter; da aber bei den gallischen Schiffen die ganze Hoffnung auf den Segeln und dem
Takelwerk beruhte, so wurde daher mit dessen Vernichtung augenblicklich die ganze Verwendbarkeit der Schiffe

zunichte gemacht. Der übrige Kampf beruhte auf der persönlichen Tapferkeit, in der unsere Soldaten leicht die Oberhand hatten, um so mehr, als das Treffen im Angesicht Caesars und des ganzen Heeres[158] geliefert wurde, so daß keine
einigermaßen kühne Tat unbemerkt bleiben konnte; denn
alle Hügel und Anhöhen, von denen man eine nahe Aussicht
aufs Meer hatte, wurden vom Heer besetzt.

15. Sobald also, wie gesagt, die Rahen heruntergerissen waren, nahmen je zwei oder drei Schiffe ein gallisches in die
Mitte und suchten mit aller Gewalt, es zu entern und zu
besteigen. Als die Feinde dies merkten und nach dem Verlust mehrerer Schiffe keine Abhilfe dagegen finden konnten, suchten sie sich durch die Flucht zu retten. Und schon
hatten sie ihre Schiffe nach der Seite gewendet, wohin der
Wind trieb, als plötzlich eine solche Ruhe und Windstille
eintrat, daß sie nicht von der Stelle kommen konnten. Dieser Umstand kam überaus gelegen, der Sache ein Ende zu
machen; denn die Unsrigen verfolgten und eroberten ein
Schiff nach dem anderen, so daß nur sehr wenige aus der
ganzen Menge bei Einbruch der Nacht das Land erreichten,
da der Kampf etwa von der vierten Stunde[159] bis Sonnenuntergang gedauert hatte.

16. Durch diese Schlacht war der Krieg mit den Venetern
und dem ganzen Küstenland beendigt; denn nicht nur die
ganze junge Mannschaft wie auch alle älteren Leute von etwas Einsicht oder Ansehen waren daselbst zusammengekommen, sondern sie hatten auch, was überall an Schiffen
vorhanden war, an diesem einen Orte vereinigt. Nach deren Verlust wußten die Übriggebliebenen weder, wohin sie
sich zurückziehen, noch, auf welche Weise sie ihre Städte
verteidigen könnten. So ergaben sie sich denn mit Hab und
Gut dem Caesar. Dieser beschloß, gegen sie mit um so größerer Strenge zu verfahren, damit für die Zukunft das Recht
der Gesandten von den Barbaren desto gewissenhafter beobachtet würde. Er ließ daher alle Mitglieder des Rates hinrichten und die übrigen als Sklaven verkaufen.[160]

Gleichzeitiger Sieg des Sabinus über die Veneller

17. Während dieser Vorgänge im Lande der Veneter gelangte Quintus Titurius Sabinus mit den Truppen, die er von Caesar erhalten hatte, ins Gebiet der Veneller. An deren Spitze stand Viridovix, der zugleich den Oberbefehl über alle diejenigen Völkerschaften führte, welche abgefallen waren, und aus denselben ein Heer und andere große Streitkräfte zusammengebracht hatte. In diesen wenigen Tagen hatten auch die Aulercer, Eburovicer und Lexovier die Mitglieder ihres Rates, weil sie ihre Einwilligung zum Kriege verweigerten, ermordet, die Tore verschlossen und sich mit Viridovix vereinigt. Überdies war eine große Menge Gesindel und Räuber von allen Seiten aus Gallien zusammengekommen, welche die Hoffnung auf Beute und die Lust am Kriegsleben vom Ackerbau und von ihrer täglichen Beschäftigung abrief. Sabinus hielt sich in einem in jeder Hinsicht günstigen Orte im Lager, während sich Viridovix ihm gegenüber in einer Entfernung von nur zwei Meilen gelagert hatte, Tag für Tag seine Truppen aufmarschieren ließ und Gelegenheit zu einer Schlacht gab, so daß Sabinus bereits nicht nur bei den Feinden ein Gegenstand der Verachtung wurde, sondern auch durch die Sticheleien unserer Soldaten nicht wenig mitgenommen wurde; ja, er erregte so sehr den Anschein von Furcht, daß die Feinde bereits bis zum Wall des Lagers heranzukommen wagten. Sabinus aber handelte deshalb so, weil er glaubte, ein Legat dürfe sich gegen eine solche feindliche Macht, zumal in Abwesenheit des Oberfeldherrn, in keinen Kampf einlassen, außer auf günstigem Gelände oder wenn sich sonst ein Vorteil böte.

18. Als er nun die Feinde in ihrer Meinung von seiner Furcht bestärkt hatte, suchte er sich aus den Galliern, die sich als Hilfstruppen in seiner Nähe befanden, einen geschickten und schlauen Burschen aus. Durch bedeutende Belohnungen und Versprechungen wußte er denselben zu bewegen, zu den Feinden überzugehen, und setzte ihm sei-

ne Absicht auseinander. Dieser nun kam wie ein Überläufer zu den Galliern, schilderte die Furcht der Römer und
führte aus, in welch mißliche Lage selbst Caesar von den
Venetern gebracht worden sei; höchstwahrscheinlich würde Sabinus in der nächsten Nacht mit dem Heer heimlich
aus dem Lager ausrücken und dem Caesar zu Hilfe eilen.
Sobald man dies gehört hatte, schrien alle mit einer Stimme: man dürfe diese Gelegenheit, einen glücklichen Schlag
zu führen, nicht unbenutzt lassen, man müsse das Lager
angreifen. Viele Umstände veranlaßten die Gallier zu diesem Entschlusse: das Zaudern des Sabinus an den vorhergehenden Tagen, die bestimmte Mitteilung des Überläufers,
der Mangel an Lebensmitteln, für welche von ihnen nicht
genug gesorgt worden war, die Hoffnung auf glücklichen
Ausgang des venetischen Krieges sowie der Umstand, daß
die Menschen immer gerne das glauben, was sie wollen.
Durch diese Gründe bestimmt, entließen sie den Viridovix
und ihre übrigen Anführer nicht früher aus dem Kriegsrat,
als bis diese gestattet hatten, die Waffen zu ergreifen und
gegen das Lager zu ziehen. Kaum war ihnen die Erlaubnis
gegeben, so rückten sie freudig, als hätten sie den Sieg
schon in Händen, beladen mit Reisigbündeln und Strauchwerk, um die Gräben der Römer auszufüllen, gegen das Lager vor.

19. Das Lager stand auf einer Anhöhe, deren allmähliche
Erhebung vom Fuße an ungefähr 1.000 Schritt betrug.[161]
Hierher stürmten sie in vollem Laufe, um den Römern
möglichst wenig Zeit zu lassen, sich zu sammeln und zu
bewaffnen; und so kamen sie denn atemlos oben an. Sabinus hatte unterdessen die Seinigen ermutigt und gab ihnen
nun das ersehnte Zeichen zum Angriff. Während die Feinde
wegen der Lasten, die sie trugen, kampfunfähig waren, ließ
er plötzlich aus zwei Toren einen Ausfall machen. Die günstige Stellung, das Ungeschick und die Mattigkeit der Feinde, die Tapferkeit der Soldaten und die in früheren Schlachten erworbene Übung brachten es mit sich, daß die Gallier

nicht einmal den ersten Angriff der Unsrigen aushielten und sogleich die Flucht ergriffen. Unsere Soldaten verfolgten die kampfunfähigen Feinde mit frischen Kräften und hieben eine große Zahl von ihnen nieder; die Reiterei setzte den übrigen nach und ließ nur wenige übrig, die auf der Flucht entkommen waren. So wurden gleichzeitig Sabinus von der Seeschlacht und Caesar von dem Siege des Sabinus benachrichtigt. Dem letzteren unterwarfen sich bald darauf alle kurz zuvor abgefallenen Völkerschaften. Denn wie die Gallier gar schnell bereit und geneigt sind, Kriege anzufangen, ebenso ist ihr Sinn unmännlich und kraftlos, wo es gilt, Widerwärtigkeiten zu ertragen.[162]

III. Feldzug des Crassus in Aquitanien

Sieg über die Sontiaten

20. Fast zu derselben Zeit war Publius Crassus in Aquitanien angekommen, das, wie früher erwähnt, sowohl nach seiner Ausdehnung wie nach der Einwohnerzahl den dritten Teil Galliens ausmachen dürfte. Er wußte gar wohl, daß er in den Gegenden Krieg führen müsse, wo vor wenigen Jahren der Legat Lucius Valerius Präconinus mit seinem Heer geschlagen und getötet worden war und aus denen der Proconsul Lucius Mallius mit Verlust des Gepäckes hatte fliehen müssen.[163] Er glaubte also, daß hier die größte Vorsicht notwendig sei. Daher sorgte er zuerst für die Verproviantierung, brachte Hilfstruppen und Reiterei zusammen und entbot überdies viele tapfere Männer aus Tolosa (Toulouse) und Narbo, welche Städte zur gallischen Provinz gehören und diesen Gegenden benachbart sind, persönlich zu sich; dann erst führte er das Heer ins Gebiet der Sontiaten.[164] Auf die Nachricht von seiner Ankunft griffen die Sontiaten mit ihrer vereinigten Streitmacht und ihrer Reiterei, worin ihre Hauptstärke bestand, auf dem Marsch unseren Zug an und lieferten zuerst ein Reitertref-

84

fen. Als hierauf ihre Reiterei geworfen war und von den Unsrigen verfolgt wurde, ließen sie ihre Fußtruppen hervorbrechen, die sie in einem Talkessel im Hinterhalt aufgestellt hatten; diese griffen die getrennte Linie der Unsrigen an und stellten so das Gefecht wieder her.

21. Es kam zu einem langen und hitzigen Kampf, da die Sontiaten im Vertrauen auf ihre früheren Siege glaubten, von ihrer Tapferkeit allein hinge das Heil von ganz Aquitanien ab, die Unsrigen aber einen Beweis liefern wollten, was sie ohne den Oberfeldherrn und die übrigen Legionen unter der Anführung eines ganz jungen Mannes leisten könnten. Endlich mußten die Feinde, von Wunden erschöpft, die Flucht ergreifen. Nachdem eine große Zahl von ihnen niedergemacht war, begann Crassus auf seinem Marsch die Stadt der Sontiaten zu belagern. Da die Einwohner tapferen Widerstand leisteten, ließ er Schutzdächer und Türme vorrücken. Jene versuchten bald einen Ausfall, bald führten sie Minengänge an den Wall und die Schutzdächer; denn hierin haben die Aquitanier weitaus die größte Fertigkeit, da sich bei ihnen an vielen Orten Erzgruben befinden. Sobald sie aber zu der Überzeugung kamen, daß bei der Wachsamkeit der Unsrigen mit diesen Mitteln nichts auszurichten sei, schickten sie Gesandte an Crassus und trugen ihm ihre Unterwerfung an. Dies erlangten sie denn auch und lieferten auf seinen Befehl die Waffen aus.

22. Während nun die Aufmerksamkeit aller unserer Leute auf diesen Vorgang gerichtet war, versuchte Adiatunnus, der feindliche Oberbefehlshaber, an der Spitze von 600 Getreuen, welche in jener Sprache »Soldurier« [165] heißen, auf der anderen Seite der Stadt einen Ausfall zu machen. Mit den Solduriern hat es folgende Bewandtnis: sie pflegen mit demjenigen, dem sie sich in Freundschaft ergeben haben, alle Freuden des Lebens zu genießen, wenn jenem aber gewaltsamerweise ein Unglück zustößt, entweder dasselbe Schicksal mit ihm zu teilen oder sich selbst den Tod zu geben. Und bis jetzt hat man seit Menschengedenken noch

keinen gefunden, der nach dem Tode des Mannes, dem er sich verbunden hatte, zu sterben sich geweigert hätte. Mit diesen also versuchte Adiatunnus einen Ausfall zu machen. Da erhob sich Geschrei auf dieser Seite der Verschanzungen, die Soldaten liefen zu den Waffen zusammen, es kam daselbst zu einem heftigen Kampf, und Adiatunnus wurde in die Stadt zurückgetrieben; doch erlangte er von Crassus dieselben Bedingungen der Unterwerfung wie die übrigen.

23. Nach Empfang der Waffen und der Geiseln marschierte Crassus ins Gebiet der Vokaten und der Tarusaten.[166] Nunmehr wurden die Gallier von Furcht erfüllt, da sie vernahmen, daß eine durch Natur und Kunst befestigte Stadt wenige Tage nach seiner Ankunft erobert worden war. Sie schickten daher nach allen Richtungen Gesandte aus, verbanden sich eidlich untereinander, stellten sich gegenseitig Geiseln und begannen Truppen auszurüsten. Sogar an die Völkerschaften des diesseitigen Spaniens[167], welche an Aquitanien grenzen, schickten sie Gesandte und erbaten sich von dort Hilfstruppen und Anführer. Nach deren Ankunft begannen sie den Krieg mit großem Nachdruck und großen Streitkräften. Zu Anführern aber wurden diejenigen gewählt, welche die ganze Zeit über unter Quintus Sertorius[168] gedient hatten und deshalb im Ruf einer großen Kenntnis des Kriegswesens standen. Diese begannen ganz nach Art der Römer geeignete Punkte zu besetzen, ihre Lager zu befestigen und den Unsrigen die Zufuhr abzuschneiden. Crassus sah wohl, daß sich seine Truppen wegen ihrer geringen Zahl nicht leicht zerteilen ließen, die Feinde hingegen Streifzüge unternehmen, Straßen besetzen und im Lager noch hinlängliche Bedeckung zurücklassen könnten, daß aus demselben Grunde die Beschaffung von Getreide und sonstiger Zufuhr für ihn ungemein schwierig würde, sowie daß sich die Zahl der Feinde von Tag zu Tag vermehre. Daher glaubte er, eine Entscheidungsschlacht wagen zu müssen. Diesen Entschluß brachte er vor den Kriegsrat und

bestimmte, da er alle damit einverstanden sah, den nächsten Tag zur Schlacht.

24. Bei Tagesanbruch führte er sein ganzes Heer vor das Lager, stellte es in zwei Treffen auf und nahm die Hilfstruppen in die Mitte[169]; so wartete er ab, was für einen Entschluß die Feinde fassen würden. Diese hegten zwar im
Hinblick auf ihre große Menge und ihren alten Kriegsruhm
einerseits, auf die geringe Zahl der Unsrigen andererseits
die Überzeugung, sie würden sich ohne Gefahr schlagen
können; doch hielten sie es für noch sicherer, die Wege zu
besetzen, die Zufuhr abzuschneiden und sich so ohne jede
Wunde des Sieges bemächtigen zu können. Wenn nämlich
die Römer aus Mangel an Lebensmitteln den Rückzug an-
träten, dachten sie daran, sie auf dem Marsch anzugreifen,
wo diese kampfunfähig wären und unter der Last ihres Gepäckes geringere Zuversicht hegten. Da dieser Entschluß
die Billigung der Anführer fand, so hielten sie sich trotz dem
Aufmarsch der römischen Truppen ruhig in ihrem Lager.
Durch dieses Zaudern und den Anschein von Furcht hatten
die Feinde die Kampflust unserer Soldaten erhöht, und von
allen Seiten wurden Stimmen laut, man dürfe den Angriff
auf das Lager nicht mehr länger verzögern. Crassus, der den
Plan des Feindes durchschaut hatte, ermunterte daher die
Seinigen und rückte unter allgemeiner Begeisterung gegen
das feindliche Lager.

25. Dort füllte ein Teil die Gräben aus, ein anderer vertrieb
durch einen Hagel von Geschossen die Verteidiger vom
Wall und von den Befestigungen; auch die Hilfstruppen,
welche Crassus sich nicht getraute ins Gefecht zu ziehen,
schafften Steine und Geschosse herbei, trugen zur Errich-
tung eines Walles Rasenstücke zusammen und erregten so
den völligen Anschein, als ob sie sich am Kampf beteiligten. In gleicher Weise wurde von den Feinden standhaft
und ohne Furcht gekämpft, und ihre Geschosse, vom höheren Standpunkt aus geschleudert, verfehlten nicht ihre
Wirkung. Unterdessen waren die Reiter um das feindliche

Lager herumgeritten und überbrachten nun dem Crassus die Nachricht, daß das Lager am Hintertor durchaus nicht mit der gleichen Sorgfalt befestigt sei und ein Angriff leicht gelingen könnte.

26. Crassus forderte die Reiterobersten auf, ihre Soldaten durch große Belohnungen und Versprechungen anzufeuern, und eröffnete ihnen sein Vorhaben. Sie führten daher dem Befehl gemäß die Kohorten, welche als Besatzung im Lager zurückgeblieben und noch bei frischen Kräften waren, heraus und machten einen großen Umweg, um nicht vom feindlichen Lager aus bemerkt zu werden. So gelangten sie, während aller Augen und Gedanken auf die Schlacht gerichtet waren, schnell an die oben erwähnten Verschanzungen. Diese rissen sie nieder und standen früher im Lager der Feinde, als diese sie sehen oder überhaupt nur bemerken konnten, was vorgehe. Als aber nun die Unsrigen von dieser Seite her das Kriegsgeschrei vernahmen, begannen sie mit erneuten Kräften, wie dies bei der Hoffnung auf Sieg in der Regel der Fall ist, heftiger anzugreifen. Die Feinde, rings eingeschlossen, gaben alles verloren, suchten über die Verschanzungen hinabzuspringen und in der Flucht ihre Rettung zu suchen. Die Reiterei setzte ihnen auf dem ganz offenen Terrain nach und zog sich erst spät in der Nacht ins Lager zurück. Von 50.000 Mann, welche jedenfalls aus Aquitanien und Cantabrien[170] zusammengekommen waren, blieb kaum der vierte Teil am Leben.

27. Auf die Kunde von dieser Schlacht unterwarf sich der größte Teil von Aquitanien dem Crassus und schickte unaufgefordert Geiseln; es unterwarfen sich nämlich die Tarbeller, Bigerrioner, Precianer, Vocaten, Tarusaten, Elusaten, Gaten, Auscer, Garumner, Sibuzaten[171] und Cocosaten; nur einige wenige Völkerschaften, die am entferntesten wohnten, versäumten dies zu tun im Vertrauen auf die Jahreszeit, da der Winter vor der Türe stand.

IV. Caesars Zug gegen die Moriner und Menapier

28. Fast um dieselbe Zeit führte Caesar, obgleich der Sommer schon vorüber war[172], sein Heer gegen die Moriner und Menapier. Diese beiden Völkerschaften allein standen nämlich nach der Unterwerfung von ganz Gallien noch in Waffen und hatten überhaupt noch nie Friedensgesandte an ihn geschickt. Er glaubte, diesen Krieg rasch beendigen zu können. Allein die Feinde begannen denselben auf eine ganz andere Weise zu führen als die übrigen Gallier. Weil sie nämlich sahen, daß selbst die größten Völker, wenn sie in offener Schlacht gekämpft hatten, geschlagen und besiegt worden waren, so zogen sie sich mit all ihrer Habe in die ausgedehnten Waldungen und Sümpfe zurück, die ihr Land bedeckten. Caesar erreichte den Anfang dieser Wälder und traf Anstalten, ein festes Lager zu schlagen, ohne daß sich ein Feind hätte blicken lassen. Während aber die Unsrigen bei der Arbeit zerstreut waren, brachen sie plötzlich aus allen Teilen des Waldes hervor und machten auf die Unsrigen einen Angriff. Die Römer griffen rasch zu den Waffen, schlugen die Feinde in die Wälder zurück und machten viele von ihnen nieder; sie verloren aber auch einige wenige von den Ihrigen, weil sie den Feind zu weit in die unwegsamen Gegenden verfolgten.

29. Die darauffolgenden Tage ließ Caesar die Wälder niederhauen, das ganze gefällte Holz, die Baumkronen gegen den Feind gerichtet, aufschichten und auf beiden Seiten wie einen Wall auftürmen, damit nicht etwa unsere Soldaten waffenlos und unversehens in der Flanke angegriffen werden könnten. Mit unglaublicher Schnelligkeit war man in wenigen Tagen mit einer großen Strecke fertig geworden, und die Römer bekamen bereits das Vieh und den hintersten Teil des Gepäckes der Feinde in ihre Hände, während die Gallier selbst sich in dichtere Wälder zurückzogen. Da

trat plötzlich so schlechte Witterung ein, daß man notwendigerweise die Arbeit einstellen mußte und die Soldaten infolge der andauernden Regengüsse es unter den Zelten
nicht mehr länger aushalten konnten. Caesar verwüstete
daher alle Felder des Feindes und steckte seine Ortschaften
und Gehöfte in Brand; dann führte er sein Heer zurück und
legte es bei den Aulercern und Lexoviern und den übrigen
Völkerschaften, die zuletzt Krieg angefangen hatten, in die
Winterquartiere.

VIERTES BUCH

Das Jahr 55 v. Chr.

I. Die Heerfahrt der Usipeter und Tencterer

Die Usipeter und Tencterer fallen in Gallien ein und bedrängen die Menapier, Eburonen und Condrusen. Teils werden sie von Caesar besiegt, teils ziehen sie sich über den Rhein zu den Sugambrern zurück

1. In dem darauffolgenden Winter, im Konsulatsjahr des Gaius Pompeius und Marcus Crassus, zogen die Usipeter und die Tencterer[173], zwei germanische Völkerschaften, mit einer großen Menschenmenge über den Rhein, nicht weit von der Gegend, wo sich dieser Fluß in das Meer ergießt[174]. Die Ursache ihres Überganges war, daß sie von den Sueben mehrere Jahre lang beunruhigt, mit Krieg überzogen und an der Bestellung ihrer Äcker verhindert worden waren.

Der Stamm der Sueben ist weitaus der größte und kriegerischeste von allen Germanen. Sie sollen hundert Gaue innehaben[175] und schicken aus jedem von diesen alljährlich tausend Bewaffnete außer Landes in den Krieg. Die übrigen, welche in der Heimat geblieben sind, beschaffen für sich und jene den Unterhalt. Dafür stehen sie das nächste Jahr unter Waffen, während die anderen zu Hause verbleiben. So wird denn weder der Ackerbau noch die Kenntnis und Übung des Krieges vernachlässigt. Übrigens gibt es bei ihnen kein privates, abgegrenztes Grundeigentum; auch dürfen sie nicht länger als ein Jahr des Ackerbaues halber an einem Platze bleiben. Sie leben sowohl vom Getreide als auch größtenteils von der Milch und dem Fleische ihrer

91

Herden und sind überdies eifrige Jäger. Die Jagd, verbunden mit der kräftigen Nahrung, der täglichen Übung in den Waffen und der ungezwungenen Lebensweise, da sie, von Jugend auf an keinen Gehorsam und an keine Zucht gewöhnt, durchaus nach ihrem freien Willen handeln, alles das mehrt ihre Kräfte und schafft Menschen von so erstaunlicher Körpergröße. In ihrer Abhärtung haben sie es so weit gebracht, daß sie in den Flüssen baden[176] und selbst in den kältesten Gegenden keine andere Kleidung tragen als kleine Felle, die einen großen Teil des Körpers unbedeckt lassen.

2. Kaufleuten gestatten sie den Zutritt in ihr Land, mehr deshalb, um Abnehmer für ihre Kriegsbeute zu haben, als weil sie nach irgendeinem Einfuhrartikel Verlangen trügen. Ja nicht einmal ausländischer Pferde, an denen doch die Gallier eine ganz besondere Freude haben und die sie sich um teures Geld anschaffen, bedienen sich die Germanen, sondern sie sorgen dafür, daß ihre kleine und häßliche, einheimische Rasse durch tägliche Übung an die größten Anstrengungen gewöhnt werde. In Reitergefechten springen sie oft von den Pferden herab und kämpfen zu Fuß. Die Pferde aber sind so dressiert, daß sie auf derselben Stelle stehenbleiben; daher können sich die Reiter, wenn es nötig ist, schnell zu ihnen zurückziehen. Nichts gilt in ihren Augen für schimpflicher und weichlicher, als sich des Sattels zu bedienen. Daher wagen sie es auch, in noch so geringer Anzahl jede beliebige Schar von Reitern auf gesattelten Pferden anzugreifen. Die Einfuhr von Wein ist bei ihnen ganz und gar verboten, weil sie der Ansicht sind, der Mensch werde dadurch verweichlicht und kraftlos, Strapazen zu ertragen.[177]

3. Sie glauben, daß es für den Staat sehr rühmlich sei, wenn ihr ganzes Gebiet von Einöden umgeben wäre; denn das beweise, daß eine große Menge von Völkerschaften ihrer Macht nicht standhalten könnte. So soll denn auf der einen Seite des Suebenlandes[178] ein Gebiet von ungefähr 600 Mei-

len verödet daliegen. Auf der anderen Seite wohnen ihre Nachbarn, die Ubier[179], die nach germanischen Begriffen ein großes und blühendes Volk waren und die auch etwas kultivierter sind als ihre übrigen Stammesgenossen, deshalb, weil sie unmittelbar an den Rhein grenzen, in häufigem Verkehr mit Kaufleuten stehen und sich wegen der Nachbarschaft an die gallischen Sitten gewöhnt haben. Mit diesen versuchten sich die Sueben in vielen Kriegen; sie konnten die Ubier wegen der Größe und Bedeutung ihres Staates zwar nicht aus ihrem Gebiete vertreiben, doch machten sie sich dieselben wenigstens zinsbar und verringerten und schwächten ihr Ansehen.

4. In derselben Lage befanden sich die obenerwähnten Usipeter und Tencterer. Mehrere Jahre hatten sie dem Andrang der Sueben Trotz geboten; schließlich jedoch waren sie aus ihrer Heimat vertrieben worden, schweiften drei Jahre lang in verschiedenen Gegenden Germaniens umher und gelangten an den Rhein, in die Landstriche, welche die Menapier bewohnten, die auf beiden Ufern des Flusses Felder, Gehöfte und Dörfer besaßen. Durch die Ankunft einer so großen Volksmenge in Schrecken gesetzt, wanderten die Menapier aus den Gehöften jenseits des Flusses aus, stellten diesseits des Rheines Posten auf und hinderten die Germanen am Übergang. Diese versuchten alles, sie konnten aber weder den Übergang erzwingen aus Mangel an Schiffen, noch auch wegen der Wachen der Menapier heimlich übersetzen. Daher taten sie so, als wollten sie in ihre Wohnsitze und Gegenden zurückkehren, schwenkten aber nach einem Marsch von drei Tagen wieder um, legten diesen Weg mit ihrer Reiterei in einer Nacht zurück und überfielen unversehens und unvermutet die Menapier, welche, von dem Abzug der Germanen durch Kundschafter benachrichtigt, sorglos über den Rhein in ihre Ortschaften zurückgezogen waren. Nachdem die Germanen diese niedergemacht und ihre Schiffe weggenommen hatten, überschritten sie den Strom[180], bevor noch der Teil der Menapier dies-

seits des Rheines Kunde erhalten konnte; dann besetzten
sie deren Gehöfte und nährten sich den Rest des Winters
über von deren Vorräten.

5. Sobald Caesar von diesen Vorgängen benachrichtigt wurde, glaubte er, sich auf die Gallier durchaus nicht verlassen
zu dürfen; denn er fürchtete ihre Unzuverlässigkeit, da dieses Volk im Fassen von Beschlüssen wankelmütig ist und
überhaupt gerne auf Umsturz sinnt. Es ist dies nämlich bei
den Galliern eine ganz gewöhnliche Sitte, Reisende auch
gegen ihren Willen anzuhalten und einen jeden von ihnen
auszufragen, was er über dies und jenes gehört oder erfahren habe; so drängt sich das Volk in den Städten um die
Kaufleute und nötigt sie, laut zu erzählen, aus welchen Gegenden sie kommen und was sie dort erfahren haben. Auf
Grund solcher Nachrichten und Gerüchte lassen sie sich
oft verleiten, in den wichtigsten Angelegenheiten Entschlüsse zu fassen, die sie auf der Stelle wieder bereuen
müssen, da sie unsicherem Gerede Gehör schenken und
die meisten ihnen zu Gefallen Lügen erdichten.

6. Weil Caesar diese Gewohnheit kannte, begab er sich, um
den Krieg im Keime zu ersticken, früher als gewöhnlich
zum Heer. Bei seiner Ankunft überzeugte er sich, daß das,
was er geargwohnt hatte, bereits geschehen war; einige
Völkerschaften hatten schon Gesandte zu den Germanen
geschickt und sie eingeladen, vom Rhein weg mehr ins
Land zu rücken; sie könnten der Erfüllung aller ihrer Wünsche gewärtig sein. Durch die Aussicht hierauf verleitet,
dehnten die Germanen ihre Streifzüge weiter aus und waren bereits ins Gebiet der Eburonen und Condrusen[181], der
Schutzgenossen der Treverer, gekommen. Caesar berief
deshalb die Fürsten jener Gallier zu sich, hielt es aber für
gut, seine Wahrnehmungen zu verheimlichen; hingegen
sprach er ihnen mit freundlichen Worten Mut ein, verlangte von ihnen Reiterei und beschloß, den Krieg gegen die
Germanen zu beginnen.

7. Nachdem Caesar die Verpflegung geregelt und Reiter

ausgewählt hatte, trat er den Marsch in die Gegenden an, wo sich die Germanen den Nachrichten zufolge befanden.[182] Als er von dort nur noch wenige Tagesmärsche entfernt war, kamen Gesandte von ihnen, welche folgende Erklärung abgaben: Die Germanen wollten keineswegs den Krieg gegen das römische Volk beginnen; würden sie aber angegriffen, so seien sie zum Kampf bereit. Denn die Germanen hätten von ihren Vorfahren die Sitte überkommen, jedem, der sie mit Krieg überzöge, Widerstand zu leisten, zu Bitten aber niemals ihre Zuflucht zu nehmen. Nur so viel wollten sie erklären, sie seien gegen ihren Willen gekommen, da man sie aus ihrer Heimat vertrieben habe; wollten die Römer in gütlichem Einvernehmen mit ihnen stehen, so könnten sie denselben nützliche Freunde werden. Sie möchten ihnen in diesem Falle Ländereien anweisen oder sie im Besitz derjenigen lassen, die sie durch Waffengewalt erobert hätten. Sie stünden nur den Sueben nach, denen nicht einmal die unsterblichen Götter gewachsen seien. Sonst gäbe es auf Erden niemanden, den sie nicht überwinden könnten.

8. Hierauf antwortete ihnen Caesar, wie es ihm angemessen schien, und schloß mit folgenden Worten: Von Freundschaft zwischen ihm und ihnen könne keine Rede sein, solange sie in Gallien blieben. Es sei auch nicht billig, daß Leute ein fremdes Gebiet in Besitz nähmen, die ihr eigenes nicht hätten verteidigen können. Ferner gäbe es in Gallien keine herrenlosen Landstrecken, die man, zumal einer so großen Masse, ohne Rechtsverletzung anweisen könnte. Doch solle es ihnen gestattet sein, wenn sie wollten, sich im Gebiete der Ubier anzusiedeln, von denen sich gerade Gesandte bei ihm befänden, um sich sowohl über die Unbilden der Sueben zu beklagen, als auch um ihn um Hilfe zu bitten. Er werde den Ubiern die nötigen Befehle erteilen.

9. Die Gesandten sagten, sie wollten dies den Ihrigen mitteilen und, wenn sie die Sache erwogen hätten, nach drei Tagen zu Caesar zurückkehren; zugleich baten sie ihn, in-

zwischen nicht weiter gegen sie vorzurücken. Caesar erklärte, daß er sich nicht einmal darauf einlassen könne. Er hatte nämlich erfahren, daß ein großer Teil der Reiterei von den Germanen vor wenigen Tagen ins Gebiet der Ambivariten[183] über die Maas geschickt worden war, um Beute zu machen und Lebensmittel zu beschaffen. Er glaubte daher, sie wollten auf diese Reiter warten und suchten lediglich darum einen Aufschub.

10. Die Mosa (Maas) entspringt auf dem Bosegus-Gebirge[184], das im Gebiete der Lingonen liegt, nimmt dann einen Arm des Rheines auf, welcher Vacalus (Waal) heißt[185], bildet mit diesem die Insel der Bataver[186] und ergießt sich nicht weiter als 80 Meilen vom Rhein entfernt in den Ozean. Der Rhein aber entspringt im Lande der Lepontier, welche die Alpen bewohnen, und fließt auf einer weiten Strecke in raschem Lauf durch das Gebiet der Nantuaten, Helvetier, Sequaner, Mediomatriker[187], Triboker[188] und Treverer; unfern des Ozeans teilt er sich in mehrere Arme und bildet viele große Inseln, deren Mehrzahl von wilden und barbarischen Völkerschaften bewohnt wird, welche zum Teil der Sage nach von Fischen und Vogeleiern leben; endlich ergießt er sich mit vielen Mündungen ins Meer.

11. Als Caesar nur noch zwölf Meilen vom Feind entfernt war, kehrten die Gesandten verabredetermaßen zu ihm zurück; sie trafen ihn auf dem Marsch und baten ihn inständig, nicht weiter vorzurücken. Da sie dies nicht erreichen konnten, ersuchten sie ihn, er möge zu den Reitern, welche den Vortrab bildeten, Boten vorausschicken und sie vom Kampf abhalten; auch möge er ihnen selbst gestatten, Gesandte an die Ubier zu senden; wenn deren Häuptlinge und Älteste (so erklärten sie) ihnen eidlichen Schutz gewährten, so wollten sie sich der Bedingung fügen, die ihnen Caesar vorlegen würde. Zu alledem möge er ihnen drei Tage Zeit geben. Caesar war überzeugt, daß alles das immer nur wieder darauf hinausliefe, drei Tage Zeit zu gewinnen,

bis die abwesenden Reiter der Germanen zurückgekehrt wären. Dennoch versprach er ihnen, an diesem Tage nicht weiter als vier Meilen vorzurücken, um keinen Wassermangel zu haben. Dort sollten sie sich am folgenden Tage in möglichst großer Anzahl einfinden, damit er über ihre Forderungen entscheiden könne. Unterdessen schickte er an die Befehlshaber, welche mit der ganzen Reiterei die Vorhut bildeten, Boten mit dem Auftrage, sie sollten den Feind nicht angreifen, und wenn sie selbst angegriffen würden, sich so lange defensiv halten, bis er selbst mit der Hauptmacht näher herangerückt wäre.

12. Unsere Reiterei war 5.000 Mann stark, während die Feinde nicht mehr als 800 Reiter zur Stelle hatten, weil diejenigen, welche, um zu furagieren, über die Maas gezogen, noch nicht zurückgekommen waren; trotzdem machten die feindlichen Reiter auf die Unsrigen einen Angriff[189], sobald sie derselben ansichtig wurden, und brachten sie um so leichter in Verwirrung, als sich die Unsrigen völlig sicher wähnten, weil die germanischen Gesandten kurz vorher Caesar verlassen und für diesen Tag um Waffenstillstand gebeten hatten. Da sich nun die Römer wieder zur Wehr setzten, sprangen die Feinde ihrer Kampfesweise gemäß von ihren Pferden herab, stachen die Pferde der Unsrigen von unten nieder, brachten dadurch mehrere von diesen zu Fall, schlugen die übrigen in die Flucht und jagten sie in solcher Verwirrung vor sich her, daß sie nicht eher von der Flucht abließen, als bis sie unseren Zug erblickten. In diesem Treffen fielen von unseren Reitern vierundsiebzig Mann, unter ihnen der so tapfere Aquitanier Piso, ein Mann von sehr vornehmer Geburt, dessen Großvater in seinem Stamme die königliche Herrschaft innegehabt und von unserem Senate den Titel eines Freundes erhalten hatte. Da dieser seinem von den Feinden umringten Bruder Hilfe brachte, entriß er jenen zwar der Gefahr, er selbst aber stürzte mit seinem verwundeten Pferde zu Boden und leistete so lange als möglich überaus tapferen Widerstand;

allein er wurde von allen Seiten umzingelt und fiel, nachdem er viele Wunden empfangen hatte. Sobald dies sein Bruder, der schon aus dem Treffen gewichen war, sah, sprengte er mit verhängten Zügeln in die Feinde und wurde niedergehauen.

13. Nach diesem Treffen glaubte Caesar, weder Gesandte anhören noch Vorschläge annehmen zu dürfen von Leuten, welche auf betrügerische und hinterlistige Art zuerst um Frieden gebeten, dann aber ohne Ursache den Krieg angefangen hätten. Zu warten aber, bis sich die Streitkräfte der Feinde durch die Rückkehr ihrer Reiterei vermehren würden, hielt er für die größte Torheit. Auch kannte er den Wankelmut der Gallier und wußte, welch großes Ansehen sich die Feinde bei ihnen schon durch dieses einzige Treffen erworben hätten. Daher glaubte er, ihnen zu neuen Plänen keine Zeit lassen zu dürfen. Nachdem er diesen Entschluß gefaßt hatte, verständigte er die Legaten und den Quästor von seiner Absicht, keinen Tag für eine Entscheidungsschlacht ungenutzt vorübergehen zu lassen. Da ereignete sich eine überaus vorteilhafte Begebenheit. Am folgenden Tag nämlich in der Frühe kamen die Germanen mit gleicher Treulosigkeit und Verstellung in großer Zahl unter Begleitung aller ihrer Fürsten und Ältesten zu ihm ins Lager, teils, wie sie vorgaben, um sich zu rechtfertigen, daß sie gegen die Verabredung und gegen ihr eigenes Ansuchen den Tag zuvor ein Treffen begonnen hätten, teils um womöglich durch List und Trug einen Waffenstillstand zu erwirken. Caesar freute sich, daß ihm diese in die Hände gefallen waren, und befahl, sie ohne weiteres gefangenzunehmen.[190] Er selbst führte alle Truppen aus dem Lager und ließ die Reiterei den Nachtrab bilden, da er glaubte, sie sei durch das letzte Trefen noch zu verschreckt.

14. Nachdem er drei Treffen formiert und einen Weg von acht Meilen schnell zurückgelegt hatte, gelangte er früher zum feindlichen Lager, als die Germanen merken konnten, was vorging. Auf jegliche Weise wurde diesen Furcht einge-

jagt, durch die Schnelligkeit unserer Ankunft wie durch das Ausbleiben der Ihrigen; auch blieb ihnen weder die Zeit, einen Kriegsrat zu halten, noch die Waffen zu ergreifen. In ihrer Bestürzung wußten sie nicht, ob es besser sei, ihre Truppen gegen den Feind zu führen oder das Lager zu verteidigen oder ihr Heil in der Flucht zu suchen. Da sich ihre Furcht durch Geschrei und Zusammenlaufen kundtat, brachen unsere Soldaten, über die Treulosigkeit des gestrigen Tages erbittert, in das Lager ein. Daselbst leisteten diejenigen, welche schnell zu den Waffen greifen konnten, den Unsrigen ein Weilchen Widerstand und fochten zwischen den Karren und dem Gepäck. Hingegen begann die übrige Masse von Kindern und Weibern (sie waren nämlich mit allen den Ihrigen ausgewandert und über den Rhein gezogen) allerorten zu fliehen; zu ihrer Verfolgung schickte Caesar die Reiterei aus.

15. Als die Germanen das Geschrei hinter ihrem Rücken hörten und sahen, wie die Ihrigen niedergehauen wurden, warfen sie ihre Waffen weg, ließen ihre Feldzeichen im Stiche und stürzten sich aus dem Lager heraus. An dem Zusammenfluß der Maas und des Rheines angekommen, mußten sie die Hoffnung auf weitere Flucht aufgeben, und so wurde ein großer Teil niedergemacht[191]. Der Rest stürzte sich in den Fluß und fand hier, von Angst, Mattigkeit und der heftigen Strömung überwältigt, seinen Tod. Die Unsrigen hatten nicht einen Mann verloren[192], und nur sehr wenige von ihnen waren verwundet worden. So zogen sie sich ins Lager zurück, aus einem Krieg, den man sehr gefürchtet hatte, weil sich die Anzahl der Feinde auf 430 000 Köpfe belaufen hatte. Caesar gab denen, die er im Lager zurückgehalten hatte, die Erlaubnis fortzugehen. Allein jene fürchteten die Strafen und Martern der Gallier, deren Fluren sie verwüstet hatten, und erklärten daher, bei ihm bleiben zu wollen. Caesar gewährte ihnen die Freiheit.

II. Caesars erster Übergang über den Rhein

*Caesar schlägt eine Brücke über den Rhein, verwüstet
das Gebiet der Sugambrer, schützt die Ubier gegen die
Sueben und kehrt nach Gallien zurück*

16. Nach Beendigung des Krieges gegen die Germanen hielt
es Caesar aus vielen Gründen für nötig, den Rhein zu überschreiten. Der gewichtigste von allen war der, daß er die
Germanen ihrer eigenen Sicherheit wegen in Besorgnis setzen wollte, weil er sah, daß sich dieses Volk so leicht zu
Einfällen nach Gallien verleiten ließ; sie sollten erfahren,
daß ein Heer des römischen Volkes Macht und Mut genug
habe, über den Rhein zu gehen. Hierzu kam noch, daß jene
Reiterabteilung der Usipeter und Tencterer, die, wie oben
erwähnt, der Beute und der Lebensmittel wegen über die
Maas gegangen und in der Schlacht nicht zugegen war, sich
nach der Flucht der Ihrigen über den Rhein ins Gebiet der
Sugambrer[193] zurückgezogen und sich mit denselben vereinigt hatte. Als nun Caesar Boten zu diesen schickte und die
Auslieferung jener Leute begehrte, die ihn und Gallien bekriegt hätten, erhielt er folgende Antwort: Die Herrschaft
des römischen Volkes höre am Rhein auf. Wenn er es nicht
für billig hielte, daß wider seinen Willen Germanen nach
Gallien herüberzögen, warum fordere er dann, daß irgend
etwas jenseits des Rheines unter seiner Herrschaft und
Amtsgewalt stehen solle? Überdies baten ihn die Ubier, die
allein von den »Überrheinischen« Gesandte an Caesar geschickt, Freundschaft mit ihm geschlossen und Geiseln gestellt hatten, dringend um Hilfeleistung, weil sie von den
Sueben arg bedrängt würden. Sollte er aber durch Staatsgeschäfte daran verhindert sein, so möge er wenigstens sein
Heer über den Rhein führen; dies würde ihnen genügen zur
Hilfe und Hoffnung für die Zukunft. So groß sei der Name
und Ruhm seines Heeres nach der Besiegung des Ariovist,
besonders aber nach dem letzten Treffen selbst bei den ent-

ferntesten germanischen Völkerschaften, daß schon das Ansehen und die Freundschaft des römischen Volkes ihnen Sicherheit gewähren würde. Zum Transport des Heeres versprachen sie eine große Menge von Schiffen.

17. Aus den obenerwähnten Gründen hatte Caesar beschlossen, über den Rhein zu gehen. Allein auf Schiffen überzusetzen schien ihm weder sicher genug, noch meinte er, daß dies seiner und des römischen Volkes Würde angemessen sei. Obgleich sich ihm daher wegen der Breite, des starken Gefälles und der Tiefe des Stromes für den Brückenbau sehr große Schwierigkeiten entgegenstellten, so glaubte er doch, er müsse darauf bestehen oder dürfe sonst das Heer gar nicht hinüberführen. Den Bau der Brücke ordnete er folgendermaßen an. Je zwei anderthalb Fuß dicke Pfähle, welche am unteren Ende scharf zugespitzt und nach der Tiefe des Flusses abgemessen waren, ließ er in einem Abstand von zwei Fuß miteinander verbinden. Nachdem er diese mit Maschinen in den Fluß hinabgelassen, festgestoßen und mit Rammen hineingetrieben hatte (und zwar nicht nach Art eines gewöhnlichen Pfostens in lotrechter Richtung, sondern vorwärts gebeugt und schräg, so daß sie sich nach der Strömung neigten), ließ er diesen gegenüber stromabwärts in einer Entfernung von vierzig Fuß je zwei andere Balken einschlagen, welche auf dieselbe Weise verbunden, jedoch gegen die Gewalt und den Andrang der Strömung gerichtet waren. Diese Paare von Tragbalken wurden durch oben eingelassene, zwei Fuß dicke Querbalken (so viel nämlich betrug der Abstand der zwei verbundenen Joche) auseinandergehalten, indem sich an den äußersten Enden je zwei Klammern befanden. Dadurch, daß die Joche auseinandergehalten und nach entgegengesetzter Richtung festgehalten wurden, bekam der Bau eine solche Festigkeit und Beschaffenheit, daß die Balken desto fester sich ineinanderfügten, je stärker die Gewalt des Stromes sich heranwälzte. Die Querbalken wurden durch daraufgelegte Langhölzer verbunden, dann mit Stan-

101

gen und Flechtwerk bedeckt. Überdies wurden stromabwärts Pfähle schräg eingeschlagen, welche wie ein Mauerbrecher angelegt und mit dem ganzen Bau verbunden den
Andrang des Flusses hemmen sollten, endlich noch andere
oberhalb der Brücke in mäßiger Entfernung, damit, wenn
der Feind Baumstämme oder Schiffe zur Zerstörung des
Werkes heruntertreiben ließe, die Gewalt dieser Massen
durch den Schutz der Balken gebrochen würde und sie der
Brücke nicht schaden könnten.[194]

18. Zehn Tage später, als man begonnen hatte, das Bauholz
herbeizuschaffen, war das ganze Werk vollendet, und das
Heer wurde hinübergeführt. Caesar ließ an den beiden Enden der Brücke eine starke Besatzung zurück und brach ins
Gebiet der Sugambrer auf. Unterdessen kamen von mehreren Völkerschaften Gesandte zu ihm. Da sie ihn um Frieden und Freundschaft baten, gab er ihnen freundlichen Bescheid und befahl ihnen, Geiseln zu ihm zu bringen. Die
Sugambrer hingegen hatten sich schon zur Zeit, als man
den Brückenbau begann, zur Flucht angeschickt und auf
Anraten derer, die sie aus dem Stamme der Usipeter und
Tencterer bei sich aufgenommen hatten, ihr Land verlassen, alle ihre Habe fortgeschafft und sich in Einöden und
Wäldern versteckt.

19. Caesar verweilte wenige Tage in ihrem Gebiete, ließ alle ihre Ortschaften und Gehöfte in Brand stecken, das Getreide abmähen und zog sich dann ins Gebiet der Ubier zurück. Diesen sagte er seine Hilfe zu, falls sie von den Sueben bedrängt würden. Bei dieser Gelegenheit erfuhr er von
ihnen folgendes: Nachdem den Sueben durch ihre Kundschafter von dem Brückenbau Nachricht zugekommen wäre, hätten sie nach ihrer Gewohnheit eine Versammlung
abgehalten und nach allen Richtungen Boten ausgesandt,
sie sollten ihre Städte verlassen, Kinder, Weiber und ihre
Habe in den Wäldern in Sicherheit bringen; die ganze waffenfähige Mannschaft sollte an einem Orte zusammenkommen. Hierzu habe man fast den Mittelpunkt aller der

Gegenden ausgewählt, die von den Sueben bewohnt würden.[195] Hier hätten sie beschlossen, die Ankunft der Römer zu erwarten und die Entscheidungsschlacht zu schlagen. Dies brachte Caesar in Erfahrung, er glaubte aber, für den Ruhm und den Vorteil der Römer genug getan zu haben, da alles das vollbracht war, um dessen willen er das Heer hinüberzuführen beschlossen hatte: den Germanen hatte er Furcht eingejagt, die Sugambrer bestraft, die Ubier von ihrer Bedrängnis befreit. So zog er sich denn, nachdem er im ganzen achtzehn Tage jenseits des Rheines verweilt hatte, nach Gallien zurück und ließ die Brücke abbrechen.

III. Caesars erste Expedition nach Britannien

Volusenus erforscht die britannische Küste. Die Moriner unterwerfen sich. Caesars Überfahrt nach Britannien

20. Obgleich der Sommer sich zu Ende neigte und in diesen Gegenden, da Gallien gegen Norden liegt, der Winter zeitig eintritt, entschloß sich Cäsar dennoch zu einem Zug nach Britannien. Er wußte nämlich, daß fast in allen gallischen Kriegen von dorther unseren Feinden Hilfstruppen gesandt worden waren. Für den Fall übrigens, daß die Jahreszeit einen Feldzug nicht möglich machen sollte, glaubte er doch einen großen Nutzen davon zu haben, wenn er nur auf der Insel landen, den Menschenschlag genau kennenlernen, die Gegenden, Häfen und Landungsorte besichtigen könnte, lauter Dinge, die den Galliern fast unbekannt waren. Denn außer Kaufleuten kommt nicht so leicht jemand dahin, und auch diesen ist nichts bekannt außer der Meeresküste und denjenigen Gegenden, welche Gallien gegenüber liegen. Daher konnte er, obwohl er Kaufleute von allen Seiten zu sich berief, weder erfahren, wie groß die Insel sei, noch welche und wie große Volksstämme sie bewohnten, noch was für eine Kriegführung sie hätten oder welche Ver-

fassung bei ihnen bestünde, noch welche Häfen für die Aufnahme einer größeren Schiffsmenge sich eigneten.

21. Um nun vor Beginn des Unternehmens Erkundigungen einzuziehen, schickte er den Gaius Volusenus, den er hierzu für geeignet hielt, mit einem Kriegsschiff voraus. Diesem erteilte er den Auftrag, sich über alles genau zu unterrichten und dann alsbald zurückzukehren. Er selbst zog mit allen Truppen in das Land der Moriner, von wo man die kürzeste Überfahrt nach Britannien hatte. Hierher ließ er von allen Seiten aus den benachbarten Gegenden Schiffe kommen und dazu jene Flotte stoßen, die er den vorigen Sommer zum Krieg gegen die Veneter erbaut hatte. Unterdessen wurde sein Vorhaben erkannt und durch Kaufleute den Britanniern hinterbracht. Es kamen daher von mehreren Volksstämmen der Insel Gesandte zu ihm mit der Erklärung, sie wollten Geiseln stellen und die Oberherrschaft des römischen Volkes anerkennen. Nachdem Caesar sie angehört hatte, machte er ihnen freundliche Zusagen und ermahnte sie, ihrer Gesinnung treu zu bleiben. Hierauf schickte er sie in ihre Heimat zurück und gab ihnen als Begleiter einen gewissen Commius mit, den er zum König der überwundenen Atrebaten eingesetzt hatte, einen Mann, dessen Tapferkeit und Einsicht er zu schätzen wußte, von dessen Treue er überzeugt war und der in jenen Gegenden ein großes Ansehen besaß. Diesem trug er auf, sich mit möglichst vielen Völkerschaften in Berührung zu setzen, diese zu freiwilliger Unterwerfung unter die Römerherrschaft aufzufordern und ihnen zu melden, daß Caesar selbst bald dahin kommen werde. Volusenus erforschte alle Gegenden, soweit es ihm, der es nicht wagte, aus dem Schiffe zu steigen und sich den Barbaren anzuvertrauen, eben möglich war. Am fünften Tage kehrte er zu Caesar zurück und erstattete ihm über seine Erkundigungen Bericht.

22. Während sich Caesar in diesen Gegenden aufhielt, um Schiffe zusammenzubringen, kamen von einem großen Teil der Moriner Gesandte zu ihm, um sich wegen ihres

früheren Verhaltens zu entschuldigen, da sie als Barbaren und unbekannt mit unseren Bräuchen das römische Volk bekriegt hätten. Dabei versprachen sie, in Zukunft seinen Befehlen nachzukommen. Caesar hielt dies für ein sehr günstiges Ereignis, da er weder einen Feind im Rücken lassen wollte noch der vorgerückten Jahreszeit wegen einen Krieg anfangen konnte und er auch nicht der Ansicht war, daß die Beschäftigung mit solchen Kleinigkeiten dem britischen Feldzuge vorzuziehen sei. Er forderte also von ihnen eine große Anzahl von Geiseln, nach deren Empfang er ihre Unterwerfung annahm. Nachdem er inzwischen ungefähr achtzig Transportschiffe[196] zusammengebracht und vereinigt hatte, welche Anzahl er für den Transport zweier Legionen für hinlänglich erachtete, stellte er, was er außerdem noch an Kriegsschiffen hatte, unter das Kommando des Quästors, der Legaten und der Präfekten. Hierzu kamen noch achtzehn weitere Lastschiffe, welche acht Meilen von diesem Ort durch widrigen Wind zurückgehalten wurden, so daß sie nicht in denselben Hafen einlaufen konnten; diese bestimmte er für die Reiter. Den Rest des Heeres ließ er durch die Legaten Quintus Titurius Sabinus und Lucius Aurunculeius Cotta ins Land der Menopier und in diejenigen Gaue der Moriner führen, aus welchen keine Gesandten zu ihm gekommen waren. Der Legat Publius Sulpicius Rufus sollte mit einer hinlänglich großen Besatzung den Hafen behaupten.

23. Nachdem er diese Anordnungen getroffen hatte und günstiges Wetter zur Schiffahrt eingetreten war, lichtete er ungefähr um die dritte Nachtwache die Anker.[197] Die Reiter aber erhielten Befehl, in den ferner gelegenen Hafen zu ziehen, sich einzuschiffen und nachzukommen. Während diese etwas saumselig dem Befehl nachkamen, erreichte er selbst ungefähr um die vierte Stunde des Tages mit den ersten Schiffen Britannien[198] und sah dort auf allen Anhöhen bewaffnete Truppen der Feinde aufgestellt. Dieser Ort hatte eine solche Beschaffenheit, und das Meer war derart von

steil abfallenden Bergen begrenzt, daß man das Ufer von
den Höhen herab beschießen konnte. Caesar hielt diesen
Ort zu einer Landung für keineswegs geeignet. So wartete
er denn bis zur neunten Stunde vor Anker auf die Ankunft
der übrigen Schiffe. Unterdessen berief er die Legaten und
Kriegstribunen, teilte ihnen die Berichte des Volusenus
und seine eigenen Pläne mit und forderte sie auf, alle seine
Befehle auf den Wink und zur rechten Zeit zu vollziehen,
wie ja die Regeln der Kriegskunst überhaupt, am meisten
aber die des Seekrieges es erforderten, da dieser eine schnelle und unstete Bewegung mit sich bringe. Als er diese entlassen hatte und zu gleicher Zeit Wind und Fluten günstig
wurden, gab er das Zeichen zum Aufbruch, ließ die Anker
lichten, segelte ungefähr sieben Meilen weiter und ließ die
Flotte an einem offenen und flachen Gestade anlegen.

Sieg über die Britannier

24. Als aber die Barbaren den Plan der Römer durchschaut
hatten, schickten sie die Reiterei und die Wagenkämpfer,
welcher Waffengattung sie sich im Treffen meist zu bedienen pflegen, voraus, folgten mit den übrigen Truppen nach
und hinderten die Unsrigen an der Landung. Die Lage war
aus folgenden Gründen sehr mißlich. Unsere Schiffe konnten wegen ihrer Größe nur auf hoher See vor Anker gehen,
die Soldaten aber mußten, obgleich sie die Örtlichkeit
nicht kannten, im freien Gebrauch ihrer Hände behindert
waren und von der großen und schweren Last der Waffen
gedrückt wurden, zugleich von den Schiffen herabspringen,
in den Fluten festen Fuß fassen und mit den Feinden kämpfen, während jene entweder vom trockenen Lande aus oder
nur wenig ins Wasser vorschreitend, am ganzen Körper un-
behindert und mit der Örtlichkeit wohlvertraut, kühn ihre
Geschosse schleuderten und mit ihren wohlgeschulten
Pferden heransprengten. Die Unsrigen wurden durch alle
diese Umstände erschreckt und waren überhaupt mit die-

ser Kampfweise ganz unbekannt. Sie zeigten daher auch nicht denselben fröhlichen Mut und Kampfeseifer, den sie bei Landgefechten zu entwickeln pflegten.

25. Als Caesar dies bemerkte, ließ er die Kriegsschiffe, deren Bauart den Feinden ungewöhnlich vorkam und deren Bewegung ziemlich rasch war, von den Lastschiffen ein wenig entfernen und vorwärts rudern. Dann mußten sie sich an der ungedeckten Flanke des Feindes aufstellen und von hier aus mit Schleudern, Pfeilen und schwerem Geschütz die feindlichen Truppen aus ihrer Stellung verdrängen und zurücktreiben. Dies brachte den Unsrigen großen Vorteil. Denn die Gestalt der Schiffe, ihr Ruderschlag und die ungewöhnliche Art der Geschütze machten auf die Barbaren einen derartigen Eindruck, daß sie haltmachten und, wenn auch nur wenig, zurückwichen. Als aber unsere Soldaten dennoch zögerten, besonders wegen der Tiefe des Meeres, flehte der Adlerträger der zehnten Legion die Götter an, daß sein Vorhaben der Legion zum Heil gereichen möge, und rief: »Springt hinab, Kameraden, wenn ihr nicht den Adler den Feinden preisgeben wollt. Ich wenigstens werde meine Pflicht gegen den Staat und den Feldherrn erfüllen.« Kaum hatte er dies mit lauter Stimme gerufen, als er über Bord sprang und den Adler mitten in die Feinde hineintrug. Da forderten sich die Unsrigen wechselseitig auf, eine so große Schmach nicht auf sich zu laden, und sprangen alle aus dem Schiff. Als dies die anderen Soldaten auf den nächsten Schiffen sahen, folgten sie ihrem Beispiel und rückten gegen die Feinde an.

26. Von beiden Seiten wurde heftig gekämpft. Jedoch gerieten die Unsrigen in große Verwirrung, da sie weder in Reih und Glied bleiben noch fest auftreten, noch den Fahnen folgen konnten und der eine von diesem, der andere von jenem Schiffe sich zu den Feldzeichen stellte, auf die er gerade stieß. Dagegen gaben die Feinde, welche alle Untiefen kannten, sobald sie vom Ufer aus einige Leute vereinzelt aus den Schiffen steigen sahen, ihren Pferden die Sporen

und griffen jene in ihrer behinderten Lage an. Viele umringten wenige, während andere von der unbedeckten Seite auf die Masse schossen. Als Caesar dies bemerkte, ließ er die Boote der Kriegsschiffe wie auch die Avisoschiffe[199] mit Soldaten bemannen und schickte sie denen zu Hilfe, deren Bedrängnis er gesehen hatte. Sowie die Römer auf dem Trockenen festen Fuß gefaßt und alle ihre Leute sich angeschlossen hatten, machten sie einen Angriff auf die Feinde und schlugen sie in die Flucht. Man konnte sie jedoch nicht allzuweit verfolgen, weil die Reiter ihren Kurs nicht hatten einhalten und die Insel nicht hatten erreichen können. Dies war das einzige, was dem Caesar zu seinem vorigen Glück fehlte.

27. Kaum hatten sich die in der Schlacht besiegten Feinde von der Flucht gesammelt, als sie sofort des Friedens wegen Gesandte an Caesar schickten und versprachen, Geiseln zu stellen und sich seinen Befehlen zu unterwerfen. Zugleich mit diesen Gesandten kam der Atrebate Commius, der, wie oben erwähnt, von Caesar nach Britannien vorausgeschickt worden war. Gleich nach seiner Landung hatten sie ihn, da er ihnen wie ein Abgeordneter die Aufträge Caesars überbrachte, ergriffen und in Fesseln gelegt. Jetzt, nach dem Treffen, schickten sie ihn zurück, ersuchten um Frieden, schoben die Schuld an jenem Vergehen auf den Pöbel und baten wegen dessen Unverstandes um Verzeihung. Caesar machte ihnen Vorwürfe, daß die vorher aus freien Stücken Gesandte auf das Festland geschickt und ihn um Frieden gebeten, jetzt aber ohne Ursache Feindseligkeiten begonnen hätten. Dennoch verzieh er ihnen ihre Torheit und forderte Geiseln. Von diesen stellten sie einen Teil gleich, den anderen aber versprachen sie ihm in wenigen Tagen stellen zu wollen, da sie ihn aus entfernteren Gegenden herbeischaffen müßten. Unterdessen ließen sie ihre Leute in die Heimat zurückgehen. Nach und nach kamen von allen Seiten Häuptlinge herbei und empfahlen sich und ihre Staaten dem Wohlwollen Caesars.

Ein Sturm schädigt die römische Flotte

28. Da somit der Friede gesichert war, segelten am vierten Tage nach der Ankunft in Britannien die obenerwähnten achtzehn Schiffe, welche die Reiter an Bord hatten, bei sanftem Winde aus dem oberen Hafen ab. Als sich diese der britannischen Küste näherten und vom Lager aus erblickt wurden, erhob sich plötzlich ein so heftiger Sturm, daß keines von ihnen seinen Kurs einhalten konnte, sondern die einen an den Ort ihrer Abfahrt zurückgetrieben, die anderen an den unteren Teil der Insel, welcher mehr nach Westen liegt[200], unter großer Gefahr verschlagen wurden. Da diese trotz des Auswerfens der Anker von der Flut bedeckt wurden, fuhren sie notgedrungen bei Anbruch der Nacht auf die hohe See hinaus und steuerten nach dem Festland.

29. In derselben Nacht trat Vollmond ein[201], ein Zeitpunkt, der im Ozean gewöhnlich Springfluten im Gefolge hat, wovon unsere Leute nichts wußten.[202] Deshalb wurden zu ein und derselben Zeit die Kriegsschiffe, auf denen Cäsar sein Heer hatte übersetzen lassen und die er dann aufs Trockene geschafft hatte, von der Flut angefüllt, und auch die Lastschiffe, die vor Anker lagen, wurden durch den Sturm beschädigt, während den Unsrigen weder die Möglichkeit geboten war, ihren Dienst zu tun, noch sonst Hilfe zu bringen. Mehrere Schiffe scheiterten, die übrigen verloren das Takelwerk, die Anker und die sonstige Ausrüstung und waren somit zum Auslaufen unbrauchbar. Hierdurch geriet das ganze Heer, wie es ja notwendig kommen mußte, in große Bestürzung. Man hatte keine anderen Schiffe zur Rückfahrt, dann fehlte es völlig an dem zur Ausbesserung der Flotte erforderlichen Material. Auch hatte man in diesen Gegenden für den Winter keine Getreidevorräte beschafft, weil es für alle eine ausgemachte Sache war, daß man den Winter in Gallien zubringen müsse.

Die Britannier erheben sich neuerdings. Caesar besiegt
sie, befiehlt ihnen, Geiseln zu stellen, und kehrt nach
Gallien zurück

30. Als dies die britischen Häuptlinge, die nach dem Treffen zu Caesar gekommen waren, erfahren hatten, hielten sie untereinander eine Besprechung. Sie sahen ein, daß es den Römern an Reitern, Schiffen und Getreide fehle, und konnten auch die geringe Anzahl unserer Soldaten aus dem kleinen Umfange des Lagers erkennen, das um so kleiner war, weil Caesar die Legionen ohne Gepäck herübergeführt hatte. Sie hielten es daher für das beste, Widerstand zu leisten, die Unsrigen vom Getreide und der sonstigen Zufuhr abzuschneiden und den Krieg in den Winter hineinzuziehen. Denn wäre dieses Heer besiegt oder ihm doch die Rückkehr unmöglich gemacht, so glaubten sie sicher, daß für die Zukunft niemand mehr in kriegerischer Absicht nach Britannien übersetzen würde. Nunmehr verbanden sie sich durch einen Eid, begannen sich allmählich aus dem Lager zu entfernen und die Ihrigen in aller Stille vom Lande einzuberufen.

31. Obgleich Caesar von ihren Absichten noch nichts erfahren hatte, so ließ ihn das Schicksal der Flotte sowie der Umstand, daß sie die Stellung von Geiseln unterlassen hatten, das vermuten, was wirklich geschah. Daher setzte er für alle Fälle Hilfsmittel in Bereitschaft. So ließ er täglich von den Feldern Getreide ins Lager zusammenbringen, benützte das Holz und Erz der am meisten beschädigten Schiffe zur Ausbesserung der übrigen und befahl, was sonst noch dazu nötig war, vom Festland herbeizuschaffen. Da von den Soldaten mit dem größten Eifer gearbeitet wurde, brachte er es auf diese Weise dahin, daß man nach einem Verlust von zwölf Schiffen auf den übrigen bequem die Seefahrt unternehmen konnte.

32. Während dieser Arbeiten wurde wie gewöhnlich eine Legion, und zwar diesmal die siebente, nach Lebensmitteln

ausgeschickt. Bis zu dieser Zeit lag nicht der geringste Anlaß vor, einen Krieg zu befürchten, da ein Teil der Einwohner auf ihren Ländereien blieb, ein anderer sogar häufig ins
Lager kam. Plötzlich meldeten die Wachposten vor den Toren des Lagers dem Caesar, daß man eine ganz ungewöhnlich große Staubwolke in der Richtung sehe, welche die Legion eingeschlagen habe. Caesar ahnte den wahren Sachverhalt, daß nämlich von den Barbaren eine neue Erhebung
beschlossen worden sei. Er befahl daher, daß die Kohorten,
welche die Wache hatten, mit ihm nach der angegebenen
Richtung hin marschieren, zwei von den zurückbleibenden
Kohorten an deren Stelle die Wache beziehen, die anderen
aber zu den Waffen greifen und ihm auf dem Fuße folgen
sollten. Als er vom Lager ziemlich weit vorgerückt war,
sah er, daß seine Leute arg bedrängt wurden und nur mit
Mühe standhielten und, da die Legion dicht beisammen
stand, von allen Seiten beschossen würden. Da nämlich
das Getreide in den übrigen Gegenden bereits abgemäht
und nur noch in einer stehengeblieben war, so hatten die
Feinde vermutet, daß unsere Leute dahin kommen würden, und hatten sich während der Nacht in den Wäldern
verborgen. Sobald die Römer sich zerstreut, die Waffen abgelegt hatten und mit dem Abmähen beschäftigt waren,
machten die Feinde plötzlich auf sie einen Angriff, hieben
einige wenige von ihnen nieder und brachten die übrigen,
da sie nicht in Reih und Glied standen, in Verwirrung. Zugleich umringten sie diese mit der Reiterei und den Streitwagen.

33. Die Art, von den Streitwagen herab zu kämpfen, ist folgende. Zuerst stürmen sie nach allen Richtungen umher,
schleudern ihre Geschosse und bringen meist schon durch
den Schrecken vor den Pferden und das Gerassel der Räder
die feindlichen Reihen in Verwirrung. Sobald sie sich dann
zwischen die Reiterhaufen gedrängt haben, springen sie
von ihren Wagen herab und kämpfen zu Fuß. Unterdessen
ziehen sich die Wagenlenker allmählich aus dem Gefechte

zurück und stellen die Wagen so auf, daß die Kämpfer sich ganz leicht zu den Ihrigen zurückziehen können, wenn sie von feindlicher Übermacht bedrängt werden. So vereinigen sie in ihren Treffen die leichte Beweglichkeit der Reiterei und das feste Standhalten der Fußsoldaten und bringen es durch tägliche Übung und Gewöhnung so weit, daß sie auf einer abschüssigen und steilen Fläche die Pferde in vollem Galopp anhalten, schnell lenken und umwenden, auf der Deichsel hin und her laufen, auf dem Joch stehenbleiben und sich mit der größten Schnelligkeit in den Wagen zurückziehen können[203].

34. Als unter diesen Umständen die Unsrigen über die ungewöhnliche Kampfesweise verblüfft waren, brachte ihnen Caesar im wichtigsten Augenblick Hilfe. Denn bei seinem Erscheinen machten die Feinde halt, und die Unsrigen erholten sich von ihrer Bestürzung. Dennoch hielt Caesar den gegenwärtigen Augenblick nicht für günstig, um die Feinde anzugreifen und sich in ein Treffen einzulassen. Er blieb daher in seiner Stellung und führte die Legion nach Verlauf einer kurzen Zeit ins Lager zurück. Während dies vorging und die Unsrigen insgesamt damit beschäftigt waren, zogen sich die Feinde, die sich noch auf den Feldern befanden, zurück. Es trat nun mehrere Tage hintereinander stürmisches Wetter ein, das die Unsrigen ans Lager fesselte und den Feind vom Kampf abhielt. Unterdessen schickten die Barbaren Boten nach allen Richtungen aus, ließen ihre Leute von der geringen Anzahl unserer Soldaten in Kenntnis setzen und machten ihnen klar, was für eine günstige Gelegenheit sich darböte, Beute zu machen und sich für immer zu befreien, wenn sie die Römer aus dem Lager vertrieben. Hierdurch brachten sie schnell eine große Menge Fußvolk und Reiterei zusammen und rückten gegen unser Lager vor.

35. Caesar wußte wohl, daß die Feinde, wenn er sie erst einmal geschlagen hatte, wie an den vorigen Tagen durch ihre Schnelligkeit der Gefahr entgehen würden. Dennoch

stellte er die Legionen vor dem Lager in Schlachtordnung auf, nachdem er noch ungefähr dreißig Reiter an sich gezogen hatte, die mit dem obenerwähnten Atrebaten Commius auf die Insel gelangt waren. Als nun die Schlacht begonnen hatte, konnten die Feinde den Anprall unserer Soldaten nicht mehr länger aushalten und ergriffen die Flucht. Unsere Leute setzten ihnen so weit nach, als es ihnen ihre Füße und Kräfte gestatteten, hieben mehrere von ihnen nieder, steckten hierauf weit und breit alle Gehöfte in Brand und zogen sich ins Lager zurück.

36. An demselben Tage kamen von den Feinden Gesandte zu Caesar, die um Frieden bitten wollten. Caesar befahl ihnen, noch einmal soviel Geiseln zu stellen, als er vorher verlangt hatte, und diese aufs Festland zu bringen. Da nämlich die Zeit der Tagundnachtgleiche[204] nahe bevorstand, so hielt er es nicht für gut, sich mit seinen gebrechlichen Schiffen bei der Überfahrt den Winterstürmen auszusetzen. Deshalb ließ er, sobald er günstigen Wind bekommen hatte, gleich nach Mitternacht die Anker lichten.[205] Alle Schiffe gelangten unbeschädigt ans Festland. Nur zwei Lastschiffe konnten nicht dieselben Häfen erreichen wie die übrigen, sondern wurden etwas weiter nach abwärts getrieben.

IV. Die Bestrafung der Moriner und Menapier

37. Als nun die Soldaten, ungefähr dreihundert Mann, ausgeschifft waren und eilig ins Lager marschierten, wurden sie in der Hoffnung auf Beute von den Morinern umzingelt, die Caesar bei seiner Abreise nach Britannien als Freunde zurückgelassen hatte. Diese befahlen den Unsrigen, die Waffen zu strecken, wenn ihnen ihr Leben lieb wäre. Anfangs waren der Feinde nur wenige. Als aber die Römer ein Karree[206] bildeten und Widerstand leisteten, erschienen auf das Kampfgeschrei der Feinde in aller Eile ungefähr sechs-

tausend Mann. Sobald Caesar hiervon Nachricht erhielt, schickte er die ganze Reiterei aus dem Lager seinen Leuten zu Hilfe. Unterdessen hielten unsere Soldaten dem Ansturm der Feinde stand, kämpften länger als vier Stunden mit der größten Tapferkeit und hieben mehrere nieder, während sie selbst nur wenige Verwundete hatten. Sobald sich jedoch unsere Reiterei sehen ließ, warfen die Feinde ihre Waffen weg, ergriffen die Flucht, und ein großer Teil von ihnen wurde niedergemacht.

38. Am nächsten Tag schickte Caesar den Legaten Titus Labienus mit den aus Britannien zurückgeführten Legionen gegen die Moriner, die sich erhoben hatten. Da diese wegen der Trockenheit der Sümpfe keinen Zufluchtsort fanden (denn dahin hatten sie sich im vorigen Jahre zurückgezogen), fielen sie beinahe alle dem Labienus in die Hände.[207] Die Legaten Quintus Titurius und Lucius Cotta hingegen, die mit ihren Legionen ins Gebiet der Menapier gezogen waren, verheerten alle Felder, mähten das Getreide ab und steckten die Gehöfte in Brand. Dann kehrten sie wieder zu Caesar zurück, weil sich die Menapier insgesamt in den dichtesten Wäldern versteckt hatten. Caesar ließ alle Legionen im Lande der Belgier Winterquartiere beziehen. Dahin schickten im ganzen nur zwei britannische Völkerschaften die geforderten Geiseln; die übrigen unterließen es. Nach diesen Kriegstaten wurde vom Senat auf Caesars Berichte hin ein zwanzigtägiges Dankfest beschlossen.

FÜNFTES BUCH

Das Jahr 54 v. Chr.

I. Caesars zweite Expedition nach Britannien

*Caesar läßt in Gallien eine Flotte bauen; Bestrafung der
Pirusten in Illyrien*

1. Im Konsulatsjahr des Lucius Domitius und Appius Claudius[208] reiste Caesar nach seiner jährlichen Gewohnheit
aus dem Winterlager nach Italien. Den Legaten, welchen er
den Befehl über die Legionen gegeben hatte, trug er auf, im
Laufe des Winters möglichst viele Schiffe bauen und die alten ausbessern zu lassen. Deren Bauart und Gestalt bestimmte er selbst. Um sie nämlich schneller laden und ans
Land ziehen zu können, ließ er sie etwas niedriger bauen,
als man sie in unserem Meere gewöhnlich hat, und zwar
hauptsächlich aus dem Grund, weil er bemerkt hatte, daß
dort wegen des häufigen Wechsels der Strömungen die Wellen nicht so groß würden.[209] Um aber größere Lasten und
besonders eine Menge Zugvieh transportieren zu können,
sollten sie auch etwas breiter werden, als man sie in den
übrigen Meeren hat. Auch befahl er, daß sie alle als Ruderschiffe gebaut werden sollten, wozu ihre Niedrigkeit viel
beitrug. Das Material[210] zur völligen Ausrüstung der Schiffe
ließ er aus Spanien herbeischaffen. Er selbst reiste, nachdem er die Gerichtstage im diesseitigen Gallien abgehalten
hatte, nach Illyrien, weil er Kunde erhielt, daß die Pirusten[211] den benachbarten Teil der Provinz durch Einfälle
verheerten. Als er dahin gekommen war, forderte er von
den Völkerschaften die Stellung von Soldaten und be-

stimmte den Ort, wo sie zusammenkommen sollten. Auf die Nachricht davon schickten die Pirusten Gesandte zu ihm, welche ihm vorstellen sollten, nichts von dem Vorgefallenen sei vom Staat ausgegangen. Auch erklärten sie sich bereit, auf jede Weise den zugefügten Schaden zu vergüten. Caesar hörte ihre Rede an, forderte Geiseln und befahl ihnen, dieselben bis zu einem bestimmten Termin zu stellen. Unterließen sie dies, so drohte er, ihren Stamm bekriegen zu wollen. Als jene, wie Caesar befohlen, auf den bestimmten Tag herbeigebracht waren, ernannte er Schiedsrichter unter den einzelnen Völkerschaften, die den Schaden abschätzen und die Entschädigungssumme festsetzen sollten.

Caesar schlichtet die Streitigkeiten der Treverer. Der Häduer Dumnorix wird auf seinen Befehl getötet

2. Nach Erledigung dieser Angelegenheiten und Beendigung der Gerichtstage kehrte Caesar in das diesseitige Gallien zurück und reiste von da zum Heer. Als er dorthin gekommen war, besuchte er alle Winterlager und fand ungeachtet des äußersten Mangels an allen Dingen durch den ausnehmenden Eifer seiner Soldaten ungefähr sechshundert Schiffe von der obenerwähnten Bauart und achtundzwanzig Kriegsschiffe vollends ausgerüstet, so daß nur wenig daran fehlte, sie in einigen Tagen vom Stapel laufen zu lassen. Caesar erklärte den Soldaten und den Schiffsbaumeistern seine Zufriedenheit, gab ihnen weitere Aufträge und bestimmte zum gemeinschaftlichen Versammlungsort den Hafen Itius[212]. Er hatte nämlich erfahren, daß von hier die Überfahrt nach Britannien äußerst bequem sei, da die Entfernung dieser Insel vom Festland nur ungefähr dreißig Meilen betrüge. Hierfür ließ er so viele Soldaten zurück, als nötig schien. Er selbst brach mit vier Legionen ohne Gepäck und achthundert Reitern ins Gebiet der Treverer auf, da diese weder die angesetzten Versammlungen besuchten

noch seinen Befehlen gehorchten und, wie man sich berichtete, die überrheinischen Germanen aufwiegelten.

3. Dieser Stamm besitzt weitaus die beste Reiterei in ganz Gallien, hat aber ein bedeutendes Fußvolk. Wie wir oben erzählt haben[213], grenzt er an den Rhein. In diesem Staat stritten damals zwei Männer um den Vorrang: Indutiomarus und Cingetorix. Der letztere begab sich, sowie die Ankunft Caesars und seiner Legionen bekannt wurde, zu demselben und versicherte ihm, er werde mit seinem ganzen Anhang in der Pflichttreue ausharren und niemals die Freundschaft mit dem römischen Volke aufgeben; zugleich setzte er ihn von den Vorgängen bei den Treverern in Kenntnis. Indutiomarus hingegen traf Anstalten, Fußvolk und Reiterei zusammenzuziehen und sich zum Krieg zu rüsten. Alle diejenigen, welche altershalber den Feldzug nicht mitmachen konnten, hatte er im Arduennenwalde verbergen lassen, der sich in ungeheurer Ausdehnung mitten durch das Gebiet der Treverer vom Rheinstrom bis in das Land der Remer erstreckt. Nachdem aber einige Häuptlinge aus diesem Stamm, teils durch ihre Freundschaft mit Cingetorix bestimmt, teils durch die Ankunft unseres Heeres in Schrecken gesetzt, zu Caesar gekommen waren und ihm in betreff ihrer privaten Angelegenheiten einige Bitten vorgelegt hatten, da sie für den Staat doch nichts tun könnten, so fürchtete Indutiomarus, er möchte von allen verlassen werden. Er schickte daher Gesandte an Caesar mit der Erklärung: er habe nur deshalb sich von den Seinigen nicht entfernen und nicht zu ihm kommen wollen, um desto leichter die Bürgerschaft im Gehorsam zu erhalten, damit nicht das Volk in Abwesenheit des ganzen Adels aus Unklugheit einen Fehler beginge. So sei der Staat in seiner Gewalt, und er wolle, wenn Caesar es erlaube, zu ihm ins Lager kommen und sein und seiner Mitbürger Schicksal seinem Schutz anvertrauen.

4. Caesar sah zwar ein, aus welchem Grunde Indutiomarus solche Reden führte und was ihn von dem gefaßten Ent-

schluß abschreckte. Doch wollte er nicht den Sommer bei den Treverern zubringen, nachdem er alle Vorbereitungen zum britannischen Feldzug getroffen hatte, und befahl daher, daß Indutiomarus mit zweihundert Geiseln vor ihm erscheinen sollte. Als diese gebracht waren, unter ihnen der Sohn und alle Verwandten des Indutiomarus, die Caesar ausdrücklich gefordert hatte, tröstete er jenen und ermahnte ihn, in seiner treuen Gesinnung zu verharren. Dessen ungeachtet versammelte er noch die Häuptlinge der Treverer bei sich und suchte sie einzeln für Cingetorix zu gewinnen. Denn er sah ein, Cingetorix habe dies verdient; andererseits aber war es auch nach seiner Meinung von großer Bedeutung, daß derjenige Mann bei seinen Mitbürgern in möglichst hohem Ansehen stünde, von dessen vorzüglicher Anhänglichkeit er sich überzeugt hatte. Dieses Verfahren verdroß den Indutiomarus sehr, weil dadurch sein Einfluß unter seinen Landsleuten verringert wurde. So wurde er, der schon zuvor einen Groll gegen uns hegte, durch diese Kränkung noch um so mehr erbittert.

5. Nach Ordnung dieser Angelegenheiten gelangte Caesar mit seinen Legionen zum Hafen Itius. Dort erfuhr er, daß sechzig Schiffe, die im Gebiet der Melder[214] gebaut waren, vom Sturm verschlagen ihren Kurs nicht hätten halten können und wieder dahin zurückgekehrt wären, von wo sie ausgelaufen seien. Die übrigen Schiffe traf er segelfertig und vollkommen ausgerüstet an. Auch die Reiterei von ganz Gallien kam dort zusammen, viertausend Mann stark, ebenso die Häuptlinge aller Stämme. Er hatte nämlich beschlossen, nur wenige von diesen, von deren Treue er überzeugt war, in Gallien zurückzulassen, die übrigen aber als Geiseln mit sich zu führen, weil er für die Zeit seiner Abwesenheit einen Aufstand in Gallien befürchtete.

6. Unter diesen befand sich auch der Häduer Dumnorix, von dem wir schon oben berichtet haben.[215] Caesar hatte beschlossen, diesen vor allen anderen bei sich zu behalten, weil er seinen unruhigen Geist, seine Herrschbegierde, sei-

nen stolzen Mut und sein großes Ansehen unter den Galliern kannte. Hinzu kam noch, daß Dumnorix in einer Versammlung der Häduer gesagt hatte, Caesar werde ihm die Königswürde in seinem Staate übertragen. Diese Äußerung kränkte zwar die Häduer, doch wagten sie nicht, Gesandte an Caesar zu schicken, um Einspruch zu erheben und sich aufs Bitten zu verlegen. Diesen Vorfall hatte Caesar von seinen Gastfreunden erfahren. Dumnorix gab sich anfangs Mühe, durch alle möglichen Bitten zu erreichen, daß er in Gallien zurückbleiben dürfe, teils weil er, an Seereisen nicht gewöhnt, sich vor dem Meere fürchtete, teils weil ihn religiöse Bedenken abhielten. Als er aber sah, daß ihm dies hartnäckig verweigert wurde, und er somit jede Hoffnung auf Erfüllung seiner Bitte aufgeben mußte, begann er die gallischen Häuptlinge aufzuwiegeln, sie einzeln beiseite zu rufen und zu ermahnen, daß sie auf dem Festlande zurückbleiben sollten. Auch suchte er ihnen Furcht einzujagen. Nicht ohne Grund würde Gallien seines ganzen Adels beraubt. Es sei die Absicht Caesars, alle diejenigen, welche im Angesichte Galliens zu töten er sich nicht getraute, nach Britannien überzuführen und dort zu ermorden. Den Zurückbleibenden gab er sein Wort, verlangte aber auch von ihnen die eidliche Versicherung, in gemeinsamer Beratung alles das zu verhandeln, was ihrer Ansicht nach das Wohl Galliens fördern würde. Diese Vorschläge wurden von mehreren dem Caesar überbracht.

7. Caesar erhielt hierüber von mehreren Seiten Nachricht und beschloß, den Dumnorix auf alle mögliche Weise in Schranken halten und abschrecken zu müssen, weil er selbst dem Staat der Häduer eine so große Bedeutung beilegte. Da er die Torheit jenes Mannes schon zu weit gehen sah, hielt er es für seine Pflicht, Sorge zu tragen, daß er weder seiner Person noch dem Staat irgendwie schaden könnte. Während er daher fünfundzwanzig Tage an jenem Ort verweilte, weil der Coruswind[216], der in diesen Gegenden einen großen Teil des Jahres zu wehen pflegt, der Schiffahrt

hinderlich war, gab er sich Mühe, den Dumnorix bei seiner Pflicht zu erhalten und dessen ungeachtet alle seine Pläne zu erfahren. Endlich trat günstiger Wind ein, und nun gab er seinen Soldaten und Reitern Befehl, die Schiffe zu besteigen. Da aller Gedanken hierauf gerichtet waren, begann Dumnorix ohne Wissen Caesars mit der Reiterei der Häduer aus dem Lager nach Hause zu ziehen. Auf diese Nachricht hin stellte Caesar die Abfahrt ein, setzte alles andere beiseite und schickte eine große Reiterabteilung zu seiner Verfolgung, mit dem Befehl, ihn zurückzubringen; wenn er sich aber zur Wehr setzte und den Gehorsam verweigerte, so sollten sie ihn niederhauen. Denn er glaubte, daß dieser Mensch in seiner Abwesenheit erst recht keine Vernunft annehmen werde, der in seiner Gegenwart seine Befehle nicht geachtet hätte. Jener begann auch wirklich, als er zurückgerufen wurde, Widerstand zu leisten, sich zu verteidigen und die Treue der Seinigen anzurufen, indem er wiederholt laut ausrief, er sei ein freier Mann und Bürger eines freien Staates. Unsere Leute aber umzingelten ihn dem Befehl gemäß und hieben ihn nieder. Die Reiter der Häduer aber kehrten insgesamt zu Cäsar zurück.

Zweite Überfahrt nach Britannien

8. Nach diesen Vorgängen ließ Caesar den Labienus mit drei Legionen und zweitausend Reitern auf dem Festland zurück. Hier sollte er die Häfen bewachen, für Lebensmittel sorgen, die Ereignisse in Gallien beobachten und nach Zeit und Umständen die nötigen Maßregeln ergreifen. Er selbst lichtete mit fünf Legionen und ebenso vielen Reitern, als er auf dem Festland gelassen hatte, gegen Sonnenuntergang die Anker und stach mit einem leichten Südwestwind in die See. Als sich dieser um Mitternacht legte, konnte er seinen Kurs nicht einhalten, sondern wurde durch die Strömung weiter fortgetrieben und erblickte bei Tagesanbruch Britannien links hinter sich liegend. Dann

folgte er von neuem der veränderten Strömung und nahm die Kraft der Ruder zu Hilfe, um den Teil der Insel zu gewinnen, wo er im vorigen Sommer den besten Landungsplatz ermittelt hatte.[217] Bei dieser Gelegenheit bewiesen die Soldaten eine lobenswerte Ausdauer, da sie mit ihren schwer beladenen Lastschiffen durch ununterbrochene Anstrengung im Rudern den Kriegsschiffen fast gleichkamen. Die ganze Flotte näherte sich der Küste Britanniens ungefähr um die Mittagszeit. Es ließ sich aber dort kein Feind blicken. Wie Caesar nachher von den Gefangenen erfuhr, waren hier starke Streitkräfte zusammengekommen; sie hatten sich jedoch, durch unsere große Flotte in Schrecken versetzt, von der Küste zurückgezogen und hinter den Anhöhen versteckt. Es kamen nämlich mit den vorjährigen Schiffen und denen, welche einzelne zu ihrem Privatgebrauch hatten bauen lassen, auf einmal mehr als achthundert Segel in Sicht.

9. Caesar setzte sein Heer ans Land und wählte einen geeigneten Lagerplatz aus. Sowie er von den Gefangenen erfuhr, wo die feindlichen Truppen Stellung genommen hatten, ließ er zehn Kohorten und dreihundert Reiter am Meer zur Deckung der Schiffe zurück und brach um die dritte Nachtwache gegen die Feinde auf. Der Flotte wegen war er um so weniger besorgt, als er sie an dem sanft ansteigenden und offenen Gestade vor Anker zurückließ. Das Kommando über die Bedeckungsmannschaft der Schiffe übertrug er dem Quintus Atrius. Er selbst hatte noch während der Nacht einen Weg von ungefähr zwölf Meilen zurückgelegt, als er die feindlichen Truppen erblickte. Diese waren mit der Reiterei und den Streitwagen an einen Fluß gerückt und begannen nun die Unsrigen von der Anhöhe aus am Marsch zu hindern und das Treffen einzuleiten. Von unserer Reiterei zurückgeschlagen, versteckten sie sich in den Wäldern und suchten dazu einen durch Natur und Kunst ausgezeichnet befestigten Ort aus, den sie dem Anschein nach schon früher für den Fall eines einheimischen Krieges in

Bereitschaft gesetzt hatten; denn alle Zugänge waren durch dichte Verhaue verrammmelt. Sie selbst machten vereinzelt aus den Wäldern Ausfälle und suchten den Unsrigen das Eindringen in ihre Verschanzungen zu verwehren. Allein die Soldaten der siebenten Legion bildeten ein Schilddach, führten einen Damm an die Verschanzungen heran, nahmen den Platz und trieben den Feind aus den Wäldern, wobei von ihnen selbst nur wenige verwundet wurden. Caesar verbot jedoch, die fliehenden Feinde weiter zu verfolgen, teils weil er das Terrain nicht kannte, teils weil schon ein großer Teil des Tages verstrichen war und er für die Verschanzung des Lagers Zeit gewinnen wollte.[218]

10. Am folgenden Tag frühmorgens schickte er Fußvolk und Reiterei in drei getrennten Abteilungen zu einem Streifzug aus, um den Feind auf der Flucht zu verfolgen. Als diese schon einen ziemlichen Marsch gemacht hatten und bereits die feindlichen Nachzügler erblickten, kamen Reiter von Quintus Atrius zu Caesar mit der Meldung, daß durch einen in der vorigen Nacht ausgebrochenen furchtbaren Sturm fast alle Schiffe beschädigt und gestrandet wären, weil weder die Anker und Taue ausgehalten noch die Matrosen und Steuermänner die Gewalt des Sturmes hätten ertragen können. So habe man durch den hierbei erfolgten Zusammenstoß der Schiffe großen Schaden gelitten.

11. Auf diese Nachricht hin ließ Caesar die Legionen und die Reiterei zurückrufen und haltmachen, während er selbst zu den Schiffen zurückkehrte. Hier sah er mit eigenen Augen so ziemlich dasselbe, was er durch Boten und Briefe erfahren hatte, nämlich daß nach einem Verlust von etwa vierzig Schiffen die übrigen, wenngleich mit großer Mühe, sich allem Anschein nach ausbessern ließen. Daher suchte er aus den Legionen die Handwerker[219] aus und ließ andere vom Festland kommen. Auch dem Labienus schrieb er, er solle mit Hilfe der unter seinem Befehle stehenden Legionen möglichst viele Schiffe segelfertig machen. Er selbst hielt es für das zweckmäßigste, wenn es auch viel

Mühe und Arbeit erforderte, sämtliche Schiffe ans Land zu
ziehen und sie mit dem Lager in einer einzigen Umwallung
zu vereinigen. Zu dieser Arbeit brauchte er ungefähr zehn
Tage, obgleich die Soldaten sogar die Nachtzeit ohne Unterbrechung zur Arbeit benutzten. Als nun die Schiffe ans
Land gezogen und das Lager bestens verschanzt war, ließ er
dieselben Truppen wie früher zur Bedeckung der Schiffe
zurück. Er selbst begab sich wieder an den Ort, den er verlassen hatte. Als er dorthin gelangte, waren bereits von allen Seiten größere Truppenmassen der Britannier an diesem Punkt zusammengekommen. Den Oberbefehl und die
ganze Leitung des Krieges hatten sie durch gemeinschaftlichen Beschluß dem Cassivellaunus übertragen; dessen Gebiet wird gegen die Seestaaten abgegrenzt durch einen
Fluß, welcher Tamesis (Themse) heißt, ungefähr achtzig
Meilen landeinwärts. Cassivellaunus hatte vor dieser Zeit
mit den übrigen Völkerschaften beständig im Krieg gelegen, aber, durch unsere Ankunft bewogen, hatten ihm die
Britannier die Oberleitung des ganzen Krieges anvertraut.

Beschreibung Britanniens

12. Der innere Teil Britanniens wird von Leuten bewohnt,
welche, wie sie selbst von sich behaupten, Ureinwohner
der Insel sind, das Küstenland hingegen von solchen, die
der Beute und des Krieges wegen aus Belgien herüberzogen.
Diese führen fast alle noch die Namen derjenigen Völkerschaften, als deren Abkömmlinge sie dahin gekommen
sind. Nach Beendigung des Krieges blieben sie im Lande
und fingen an, Ackerbau zu treiben. Die Bevölkerungszahl
ist außerordentlich groß; überall sieht man Gehöfte, die
den gallischen ähnlich sind, auch gibt es Vieh im Überfluß.
Statt der gewöhnlichen Münzen gebrauchen sie Erz- oder
Goldmünzen[220] oder genau abgewogene Eisenbarren. Im
Binnenlande wird Zinn[221] gefunden, im Küstenland Eisen,
dieses jedoch in geringer Ausbeute; Erz lassen sie sich aus

der Fremde kommen. Es gibt in Britannien alle Holzarten wie in Gallien, außer der Buche und der Tanne. Hasen, Hühner und Gänse zu essen, hält man für unerlaubt; doch hegt man diese Tiere aus Liebhaberei und zum Vergnügen. Die Fröste sind weniger streng, und daher ist das Klima milder als in Gallien.[222]

13. Die Insel ist ihrer Gestalt nach ein Dreieck, dessen eine Seite Gallien gegenüberliegt.[223] Der eine Winkel an dieser Seite bei Cantium (Kent), wo fast alle Schiffe aus Gallien landen, liegt gegen Osten, der andere, untere gegen Süden. Diese Seite hat eine Länge von ungefähr fünfhundert Meilen. Die andere Seite liegt gegen Spanien und gegen Westen. In dieser Richtung liegt Hibernien (Irland), wie man annimmt, halb so groß als Britannien. Die Überfahrt dahin dauert ebensolange wie die von Gallien nach Britannien. Mitten auf der Fahrt liegt eine Insel, Namens Mona[224]. Überdies sollen noch mehrere kleinere Inseln jener Küste Britanniens gegenüberliegen, auf welchen nach dem Bericht einiger Schriftsteller zur Zeit der Wintersonnenwende dreißig Tage lang ununterbrochen Nacht ist.[225] Wir brachten davon trotz unserer Erkundigungen nichts in Erfahrung, nur sahen wir aus genauen Messungen mit der Wasseruhr[226], daß die Nächte kürzer sind als auf dem Festland. Die Länge dieser Seite beträgt nach der Schätzung jener Schriftsteller siebenhundert Meilen. Die dritte Seite erstreckt sich gegen Norden, und ihr liegt kein Land gegenüber. Doch ist ihr Winkel zum größten Teil gegen Germanien gerichtet. Ihre Länge wird auf achthundert Meilen geschätzt. Somit beträgt der Umfang der ganzen Insel zweitausend Meilen.

14. Unter allen Einwohnern sind die von Cantium, welche Gegend ganz an der Seeküste liegt, weitaus die gebildetsten. Sie unterscheiden sich in ihrer Lebensart nicht viel von den Galliern. Die Bewohner des Binnenlandes säen meist kein Getreide, sondern leben von Milch und Fleisch und kleiden sich in Felle. Alle Britannier bemalen sich mit

einer blaugrünen Farbe, die aus der Waidpflanze hergestellt wird[227], und sehen daher in der Schlacht um so furchtbarer aus. Das Haupthaar lassen sie lang wachsen, sind aber sonst am ganzen Körper geschoren, ausgenommen am Kopfe und an der Oberlippe. Je zehn oder zwölf haben gemeinschaftliche Weiber, besonders Brüder mit Brüdern und Väter mit den Söhnen. Ihre Sprößlinge aber werden für die Kinder derer gehalten, denen die Mutter als Jungfrau zuerst zugeführt wurde.

Sieg über Cassivellaunus, Unterwerfung der Trinobanten und einiger anderer Völker

15. Die Reiter und Wagenkämpfer der Feinde gerieten mit unserer Reiterei auf dem Marsch in ein heftiges Gefecht. Doch behielten die Unsrigen allenthalben die Oberhand und schlugen jene in die Wälder und auf die Hügel zurück. Hierbei machten sie zwar eine Anzahl Feinde nieder, verloren aber auch selbst einige der Ihrigen, da sie zu hitzig nachsetzten. Kaum waren jedoch unsere Leute, nach einer kurzen Zwischenzeit, sorglos mit der Verschanzung des Lagers beschäftigt, stürzten die Britannier plötzlich aus den Wäldern hervor, machten auf die vor dem Lager aufgestellten Wachtposten einen Angriff und kämpften aus allen Kräften. Caesar schickte den Seinigen zwei Kohorten, und zwar die ersten Kohorten zweier Legionen, zu Hilfe. Obwohl nun diese in sehr geringem Abstande voneinander Stellung genommen hatten, gerieten die Unsrigen dennoch durch die ungewohnte Kampfweise so sehr in Verwirrung, daß die Feinde mit der größten Kühnheit mitten durch sie hindurchbrachen und sich dann unverletzt wieder zurückzogen. An diesem Tag fiel der Kriegstribun Quintus Laberius Durus. Erst nachdem noch mehr Kohorten zu Hilfe geschickt waren, wurden die Feinde zurückgedrängt.

16. Da das Gefecht im Angesicht aller und vor unserem Lager geliefert wurde, erkannte man aus der ganzen Art des

Kampfes, daß unser Fußvolk wegen der schweren Bewaffnung einem derartigen Feind gegenüber nicht gut zu brauchen sei, da es weder die Zurückweichenden verfolgen konnte noch wagen durfte, die Feldzeichen zu verlassen. Aber auch die Reiter kämpften nur mit großer Gefahr, weil die Feinde meist sogar absichtlich zurückwichen, sobald sie aber die Unsrigen ein wenig von den Legionen weggelockt hatten, von ihren Streitwagen herabsprangen und nun als Fußgänger die Reiterei in einen ungleichen Kampf zogen, während die gewöhnliche Art des Reitergefechtes für die Zurückweichenden wie für die Verfolger eine gleiche, ja dieselbe Gefahr brachte. Hinzu kam noch, daß die Britannier niemals in geschlossenen Haufen, sondern einzeln und in großen Zwischenräumen kämpften und gut verteilte Truppenabteilungen aufgestellt hatten; auch lösten sie sich gegenseitig nacheinander ab, und stets trat kräftige und frische Mannschaft an die Stelle der Ermüdeten.

17. Am folgenden Tag nahmen die Feinde weit vom römischen Lager auf den Anhöhen Stellung, zeigten sich nur selten und reizten unsere Reiterei schon weniger als am Vortage zum Gefecht. Allein um die Mittagszeit, als Caesar drei Legionen und die ganze Reiterei unter dem Befehl des Legaten Gaius Trebonius zum Futtersammeln ausgeschickt hatte, stürzten sie plötzlich von allen Seiten auf die Furagierenden los, wenn sich diese irgendwo von den Feldzeichen und Legionen entfernten. Die Unsrigen griffen sie heftig an, warfen sie zurück und hörten nicht auf, sie zu verfolgen, bis die Reiter im Vertrauen auf die Unterstützung der Legionen, die ihren Rücken deckten, die Feinde vollständig über den Haufen warfen, eine große Zahl von ihnen niedermachten und den übrigen keine Zeit ließen, sich zu sammeln, festen Fuß zu fassen und von den Streitwagen herabzuspringen. Unmittelbar nach dieser Flucht gingen die Hilfstruppen, die von allen Seiten zusammengekommen waren, auseinander. Von dieser Zeit an kämpften

die Feinde niemals mehr mit allen ihren Streitkräften gegen uns.

18. Caesar durchschaute ihren Plan und führte sein Heer bis an den Tamesisfluß ins Gebiet des Cassivellaunus[228]. Der Tamesis kann nur an einem einzigen Orte, und auch da nicht ohne Schwierigkeit, durchwatet werden.[229] Bei seiner Ankunft fand Caesar große Truppenmassen der Feinde am anderen Flußufer in Schlachtordnung aufgestellt. Das Ufer aber war mit eingeschlagenen spitzigen Pfählen verschanzt, und auch im Strom selbst waren ebensolche Pfähle eingerammt, die vom Wasser bedeckt wurden. Als dies Caesar von den Gefangenen und Überläufern erfahren hatte, schickte er die Reiterei voraus und ließ die Legionen alsbald nachfolgen. Die Soldaten aber drangen mit solcher Schnelligkeit und solchem Ungestüm vor, obgleich sie nur mit dem Kopf aus dem Wasser hervorragten, daß die Feinde den Angriff der Legionen und der Reiterei nicht aushalten konnten, das Ufer aufgaben und sich zur Flucht wandten.

19. Cassivellaunus hatte, wie oben bemerkt, alle Hoffnung auf eine entscheidende Schlacht aufgegeben. Er entließ daher den größten Teil seiner Truppen, behielt nur ungefähr viertausend Wagenstreiter zurück, beobachtete unsere Märsche, hielt sich etwas abseits von der Straße und verbarg sich an schwer zugänglichen und waldigen Orten. In den Gegenden, durch welche wir seinen Erkundigungen zufolge marschieren würden, trieb er Vieh und Menschen vom offenen Land in die Waldungen. Wenn unsere Reiterei, um Beute zu machen und zu plündern, sich zu dreist über die Ländereien ergossen hatte, so schickte er auf allen Wegen und Fußpfaden seine Wagenkämpfer aus den Wäldern heraus, begann zur großen Gefahr unserer Reiterei ein Gefecht und schreckte diese dadurch vom weiteren Herumstreifen ab. Es blieb nichts anderes übrig, als daß Caesar seine Reiter sich nicht mehr allzuweit vom Zug der Legionen entfernen ließ. Man mußte sich daher damit begnügen, daß die Legionssoldaten, eifrig tätig und schnell vorwärts

marschierend, den Feinden durch Verwüstung der Felder und durch Brandstiftungen so viel Schaden zufügten, als sie nur konnten.

20. Fast die mächtigste Völkerschaft in jenen Gegenden sind die Trinobanten[230]. Aus diesem Stamm hatte sich der junge Mandubracius in den Schutz Caesars begeben und war zu ihm aufs Festland nach Gallien gekommen, da sein Vater, ehedem König dieses Volksstammes, von Cassivellaunus ermordet, er selbst aber durch die Flucht dem Tod entgangen war. Diese Trinobanten nun schickten Gesandte an Caesar und versprachen, sich ihm unterwerfen und seinen Befehlen nachkommen zu wollen. Zugleich baten sie, er möge den Mandubracius gegen die Gewalttätigkeit des Cassivellaunus in Schutz nehmen und ihn in seine Heimat schicken, damit er an ihre Spitze träte und die Regierung übernähme. Caesar befahl ihnen, vierzig Geiseln zu stellen und Getreide fürs Heer zu liefern; dann schickte er ihnen den Mandubracius. Jene vollzogen schnell seine Befehle und schickten die verlangte Zahl Geiseln und das Getreide.

21. Da Caesar die Trinobanten in Schutz genommen und gegen jede Unbill seiner Soldaten sichergestellt hatte, schickten auch die Cenimagner, Segontiaker, Ancaliten, Bibrocer und Casser Gesandte und unterwarfen sich ihm. Durch sie erfuhr er, daß nicht weit von seinem jetzigen Aufenthalt die Stadt des Cassivellaunus[231] liege, durch Waldungen und Sümpfe geschützt. Dort habe man eine ziemlich große Anzahl von Menschen und Vieh untergebracht. Unter einer Stadt verstehen aber die Britannier unzugängliche Wälder, die sie mit Wall und Graben verschanzt haben, der gewöhnliche Zufluchtsort zum Schutz vor einem feindlichen Einfall. Dahin marschierte er mit den Legionen und fand den Ort trefflich durch Natur und Menschenhand befestigt. Dessenungeachtet traf er Anstalten, denselben von zwei Seiten aus zu bestürmen. Die Feinde wehrten sich eine kurze Weile, konnten aber den

Angriff unserer Soldaten nicht aushalten und flüchteten sich auf einer anderen Seite aus der Stadt. Es fand sich dort eine große Menge Vieh. Von den Feinden wurden viele auf der Flucht teils ergriffen, teils niedergemacht.

22. Während dieses hier vorging, schickte Cassivellaunus Boten in die Landschaft von Cantium, die, wie oben erwähnt, am Meer liegt und von vier Königen, Cingetorix, Carvilius, Taximagulus und Segovar, beherrscht wird. Diesen befahl er, alle ihre Streitkräfte zu sammeln und dann unser Schiffslager unvermutet zu überfallen und zu stürmen. Als sie nun vor das Lager gerückt waren, machten die Unsrigen einen Ausfall, hieben eine große Anzahl nieder und nahmen sogar den berühmten Heerführer Lugotorix gefangen, während sie selbst ohne Verlust ins Lager zurückkehrten. Auf die Nachricht von diesem Treffen schickte Cassivellaunus, nachdem er so viele Verluste erlitten hatte und sein Gebiet verheert worden war, besonders auch durch den Abfall der anderen Stämme bewogen, durch Vermittlung des Atrebaten Commius Gesandte an Caesar, um sich zu unterwerfen. Cäsar hatte aus Furcht vor plötzlichen Empörungen der Gallier beschlossen, auf dem Festland zu überwintern. Da überdies der Sommer sich seinem Ende zuneigte und er einsah, daß auch dieser Rest durch Zaudern leicht verlorengehen könne, so verlangte er Geiseln und bestimmte den Tribut, den Britannien Jahr für Jahr dem römischen Volke entrichten sollte.[232] Dem Cassivellaunus aber befahl er mit allem Nachdruck, sich weder an Mandubracius noch an den Trinobanten zu vergehen.

Rückkehr nach Gallien

23. Nachdem er die Geiseln erhalten hatte, ging er mit seinem Heer an das Meer zurück, wo er die Schiffe ausgebessert fand. Er ließ sie ins Wasser ziehen und traf Anstalten, das Heer in zwei Transporten zurückzuführen, teils weil er eine große Menge Gefangene hatte, teils weil einige Schiffe

durch den Sturm zugrunde gegangen waren. Dies verlief so gut, daß von einer so großen Anzahl von Schiffen bei so vielen Fahrten weder in diesem noch im vorigen Jahre ein Schiff mit Soldaten an Bord verlorenging. Von denen jedoch, die nach Ausschiffung der Soldaten des ersten Transportes leer zu Caesar zurückkehren sollten, sowie von jenen sechzig Schiffen, die Labienus später hatte bauen lassen, erreichten nur sehr wenige ihren Bestimmungsort, die übrigen wurden fast alle verschlagen. Auf sie wartete Caesar eine Zeitlang vergebens. Dann aber mußte er notgedrungen seine Soldaten auf engerem Raum unterbringen, um nicht durch die Jahreszeit, da die Tagundnachtgleiche bevorstand, an der Überfahrt gehindert zu werden. Bei der größten Windstille stach er nach Beginn der zweiten Nachtwache in See. Schon mit Tagesanbruch erreichte er das Land und brachte alle Schiffe unversehrt zurück.

II. Der Krieg mit Ambiorix

Abfall der Eburonen unter Ambiorix und Catuvolcus.
Vernichtung der 15 Kohorten des Sabinus und Cotta

24. Caesar ließ die Schiffe an die Küste ziehen und hielt einen Landtag der Gallier zu Samarobriva[233]. Weil aber in diesem Jahr wegen andauernder Trockenheit das Getreide schlecht geraten war, sah er sich genötigt, sein Heer anders als in den früheren Jahren in die Winterquartiere zu legen und die Legionen in mehrere Landschaften zu verteilen. Somit mußte der Legat Gajus Fabius eine Legion ins Gebiet der Moriner führen, Quintus Cicero[234] eine andere zu den Nerviern, Lucius Roscius eine dritte zu den Esubiern; die vierte aber ließ er mit Titus Labienus im Land der Remer in der Nachbarschaft der Treverer Winterquartiere beziehen. Drei legte er ins Land der Bellovaker und übergab das Kommando über sie dem Quästor Marcus Crassus und den Legaten Lucius Munatius Plancus und Gajus Trebonius. Eine

Legion endlich, die er vor kurzem jenseits des Padus (Po)
ausgehoben hatte, nebst fünf Kohorten schickte er zu den
Eburonen, die zum gößten Teil zwischen Maas und Rhein
wohnen und unter der Herrschaft des Ambiorix und Catuvolcus standen. An die Spitze dieser Abteilung stellte er die
Legaten Quintus Titurius Sabinus und Lucius Aurunculejus Cotta. Durch eine derartige Verteilung der Legionen
glaubte er am leichtesten dem Mangel an Lebensmitteln
abhelfen zu können. Und doch lagen die Winterquartiere
aller dieser Legionen, ausgenommen derjenigen, welche
Lucius Roscius in den friedlichsten und ruhigsten Teil Galliens hatte führen müssen, nicht weiter als hundert Meilen
voneinander entfernt.[235] Er selbst beschloß, unterdessen so
lange in Gallien zu bleiben, bis er erfahren hätte, daß die
Legionen untergebracht und ihre Lager befestigt wären.
25. Bei den Carnuten lebte ein Mann von sehr vornehmer
Abkunft, namens Tasgetius, dessen Vorfahren in ihrem
Staat die Herrschaft innegehabt hatten. Ihn hatte Caesar
wieder zur Würde seiner Ahnen erhoben, zum Lohn für seine Tüchtigkeit und freundschaftliche Gesinnung, da er
ihm in allen Kriegen ausgezeichnete Dienste geleistet hatte. Als dieser Mann schon das dritte Jahr König war, töteten
ihn seine Gegner im offenbaren Einverständnis mit vielen
Leuten aus der Bürgerschaft. Dies wurde dem Caesar berichtet. Da mehrere in die Sache verwickelt waren, bekam
er Furcht, dieser Stamm möchte auf deren Anstiften abfallen, und befahl daher dem Lucius Plancus, mit seiner Legion aus Belgien schnell ins Gebiet der Carnuten zu gehen,
um dort Winterquartiere zu beziehen und diejenigen fest-
zunehmen und zu ihm zu schicken, von denen er erfahren
hatte, daß sie an der Ermordung des Tasgetius schuld wären. Unterdessen wurde ihm von allen Legaten und Quästoren, denen er Legionen anvertraut hatte, gemeldet, daß
man in den Winterquartieren angekommen sei und den dazu bestimmten Ort befestigt habe.
26. Ungefähr fünfzehn Tage nach Einzug in die Winterlager

begannen Ambiorix und Catuvolcus als erste sich plötzlich zu empören und abzufallen. Sie hatten zwar den Sabinus und den Cotta an den Grenzen ihres Gebietes empfangen und Lebensmittel ins römische Lager geliefert, allein durch die Botschaften des Treverers Indutiomarus aufgereizt, veranlaßten sie die Ihrigen zum Aufstand, überfielen plötzlich die mit Holzfällen beschäftigten Soldaten und rückten mit vielem Volk vor das Lager, um es zu erstürmen. Die Unsrigen griffen jedoch schnell zu den Waffen und besetzten den Wall. Die spanischen Reiter machten von der einen Seite einen Ausfall und siegten in einem Reitertreffen. Die Feinde verzweifelten daher an ihrem Vorhaben und gaben die Belagerung auf. Darauf schrien sie nach ihrer Gewohnheit wild durcheinander, es sollten einige von den Unsrigen zu einer Unterredung vortreten. Sie hätten über ihre gemeinsamen Angelegenheiten Vorschläge zu machen, durch welche die Streitigkeiten hoffentlich beigelegt werden könnten.

27. Man schickte also zu ihnen der Unterredung wegen den Gajus Arpinejus, einen römischen Ritter und Vertrauten des Quintus Titurius, und einen gewissen Quintus Junius aus Spanien, welcher schon früher oft im Auftrage Caesars zu Ambiorix gegangen war. Gegen diese erklärte sich Ambiorix folgendermaßen: Er erkenne, daß er dem Caesar für die ihm erwiesenen Wohltaten großen Dank schulde. Denn durch seine Hilfe sei er von dem Tribut befreit worden, den er sonst den Abuatukern, seinen Nachbarn, hätte zahlen müssen. Auch habe ihm Caesar seinen und seines Bruders Sohn wieder zurückgeschickt, welche die Abuatucer mit den übrigen Geiseln bekommen und bei sich in Knechtschaft und Banden gehalten hätten. Was aber die Bestürmung des Lagers betreffe, so habe er in diesem Falle nicht nach eigenem Entschlusse oder Willen gehandelt, sondern sei von der Bürgerschaft hierzu gezwungen worden. Seine Herrschergewalt sei nämlich von der Art, daß das Volk ihm gegenüber nicht weniger recht habe als er dem Volke gegen-

über. Seine Mitbürger seien dadurch zum Krieg veranlaßt worden, daß sie sich der plötzlichen Verschwörung der Gallier nicht hätten widersetzen können. Dies könne er leicht durch seine geringe Macht beweisen. Denn er selbst habe nicht so wenig Einsicht, daß er sich getrauen sollte, mit seinen Truppen das römische Volk besiegen zu können. Es sei dies der gemeinschaftliche Beschluß von ganz Gallien, und dieser eine Tag sei dazu bestimmt worden, alle Winterlager Caesars anzugreifen, damit keine Legion der andern zu Hilfe kommen könne. Nicht leicht hätten sie als Gallier dies den Galliern abschlagen können, zumal da es sich bei diesem Plan um die Wiedererlangung der gemeinsamen Freiheit zu handeln schien. Wenn er nun auf der einen Seite der Schuldigkeit gegen das Vaterland Genüge geleistet habe, so berücksichtige er jetzt, zu welchem Danke er dem Caesar für seine Wohltat verpflichtet sei. Er ermahne, er bitte den Titurius bei seiner Gastfreundschaft, auf seine und seiner Soldaten Rettung bedacht zu sein. Eine große Schar Germanen sei in Sold genommen worden und über den Rhein gegangen; in zwei Tagen würde sie hier sein. Es käme also bloß auf ihren Entschluß an, ob sie, ehe es die Nachbarn wahrnehmen könnten, ihre Truppen aus dem Winterlager ziehen und entweder zu Cicero oder zu Labienus führen wollten, von denen der eine ungefähr fünfzig Meilen, der andere ein wenig weiter von ihnen entfernt sei. So viel verspreche und versichere er eidlich, daß er ihnen durch sein Gebiet sicheren Durchzug gewähren wolle. Hiermit sorge er nicht nur für seine Mitbürger, die er von der Last der Winterquartiere befreie, sondern zeige sich auch dem Caesar für dessen Wohltaten dankbar. Nach dieser Rede entfernte sich Ambiorix.

28. Arpinejus und Junius teilten den Legaten mit, was sie vernommen hatten. Diese glaubten, trotz ihrer Bestürzung über das unerwartete Ereignis die Sache nicht unbeachtet lassen zu dürfen, obgleich sie vom Feind berichtet wurde. Besonders machte der Umstand Eindruck auf sie, daß es

kaum glaublich schien, der unbekannte und unbedeutende
Stamm der Eburonen habe den Mut gehabt, die Römer auf
eigene Faust zu bekriegen. Sie brachten daher die Angelegenheit vor den Kriegsrat, in welchem sich jedoch ein großer Streit erhob. Lucius Aurunculejus und die Mehrzahl
der Kriegstribunen und Centurionen ersten Ranges waren
der Ansicht, man dürfe ja nicht übereilt zu Werke gehen,
noch auch ohne Caesars Befehl die Winterquartiere verlassen. Man könne sich, so erklärten sie, gegen jede noch so
große Streitmacht, sogar gegen die Germanen, in einem
verschanzten Lager behaupten. Beweis dafür sei die Tatsache, daß sie den ersten Angriff der Feinde aufs tapferste zurückgeschlagen und ihnen noch obendrein viele Verluste
beigebracht hätten. An Lebensmitteln sei kein Mangel; inzwischen würde schon von den nächsten Winterquartieren
wie von Caesar selbst Unterstützung eintreffen. Endlich,
was sei gewissenloser oder schimpflicher, als auf Anraten
des Feindes in einer so wichtigen Angelegenheit einen Entschluß zu fassen?
29. Dagegen eiferte Titurius: Sie würden zu spät handeln,
wenn einmal größere Scharen der Feinde in Verbindung
mit den Germanen zusammengekommen wären oder man
in den nächstgelegenen Winterquartieren eine Niederlage
erlitten hätte. Man habe nicht lange Zeit, einen Entschluß
zu fassen. Caesar sei seiner Meinung nach gewiß schon
nach Italien abgereist. Sonst hätten weder die Carnuten
den Plan gefaßt, den Tasgetius zu ermorden, noch auch
würden die Eburonen, wenn jener noch in Gallien wäre,
mit solcher Verachtung unseres Heeres gegen das Lager
vorrücken. Nicht der Rat des Feindes sei für ihn maßge-
bend, sondern die Sache selbst. Der Rhein sei in der Nähe.
Die Germanen seien über den Tod des Ariovist und unsere
bisherigen Siege erbittert. Gallien stehe in Flammen, da es
unter so vielen Demütigungen der Herrschaft des römischen Volkes untertan geworden und sein früherer Kriegsruhm erloschen sei. Endlich, wer könne sich wohl einbil-

den, Ambiorix sei zu einem derartigen Entschluß geschritten, ohne seiner Sache sicher zu sein? Sein Vorschlag gewähre in jedem Falle Sicherheit. Stehe die Sache nicht gar so schlimm, so würden sie ohne jede Gefahr zur nächsten Legion gelangen; sei aber ganz Gallien mit den Germanen im Einverständnis, so gebe es nur eine einzige Rettung, nämlich schnellen Abzug. Welchen Ausgang könne aber der Plan des Cotta und der übrigen Andersgesinnten haben? Von ihm drohe, wenn auch keine augenblickliche Gefahr, so doch sicher Hungersnot als die Folge einer langwierigen Belagerung.

30. So wurde hinüber und herüber gestritten, indem Cotta und die Centurionen ersten Ranges ihre Ansicht hartnäckig verteidigten. Da rief endlich Sabinus, und zwar mit so lauter Stimme, daß es ein großer Teil der Soldaten hören konnte: »So behaltet denn recht, wenn ihr darauf besteht. Ich bin es wahrlich nicht, der sich am meisten unter euch vor der Todesgefahr fürchtet. Diese da werden es schon empfinden, und von dir werden sie Rechenschaft fordern, wenn es schlechtgeht. Denn ohne deine Einsprache könnten sie übermorgen im nächsten Winterlager eintreffen[236] und mit ihren Kameraden vereinigt dem bevorstehenden Krieg Trotz bieten und müßten nicht verstoßen und abgeschieden von den übrigen durch Schwert oder Hunger zugrunde gehen.«

31. Der Kriegsrat löste sich auf. Man faßte beide Legaten bei der Hand und beschwor sie, die Sache durch ihren Zwiespalt und Starrsinn nicht erst recht gefährlich zu machen. Die Lage sei nicht so schlimm, man möge nun bleiben oder abmarschieren, wofern nur alle einmütig und einverstanden wären. Aus der Uneinigkeit hingegen könne kein Heil hervorgehen. So stritt man sich bis Mitternacht herum. Endlich ließ sich Cotta bestimmen nachzugeben, und der Vorschlag des Sabinus ging durch. Es wurde also bekanntgemacht, daß man mit Tagesanbruch ausrücken werde. Der Rest der Nacht wurde schlaflos zugebracht. Ein

jeder Soldat durchmusterte seine Habseligkeiten, um zu sehen, was er mitnehmen könne und was er von den Gerätschaften des Winterlagers zurücklassen müsse. Alle möglichen Gründe wurden ausgesonnen, um zu zeigen, daß man nicht ohne Gefahr bleiben könne und daß diese Gefahr durch die Ermattung und die Nachtwachen der Soldaten sich noch steigern würde. Bei Tagesanbruch rückten sie aus dem Lager wie Leute, die vollkommen überzeugt waren, nicht von einem Feinde, sondern von dem besten Freunde einen Rat erhalten zu haben — in langgedehnter Marschkolonne und mit einem ungeheuren Troß.

32. Sobald indessen die Feinde aus dem nächtlichen Lärmen und Treiben den bevorstehenden Abzug der Soldaten merkten, teilten sie sich in zwei Heerhaufen, legten an einem günstigen und verborgenen Orte im Walde einen Hinterhalt und erwarteten dort, ungefähr zwei Meilen vom Lager entfernt, die Ankunft der Römer. Als nun der größere Teil unseres Zuges in einen weiten Talkessel hinabgestiegen war, erschienen die Feinde plötzlich auf beiden Seiten desselben und begannen gleichzeitig die Nachhut zu bedrängen, der Spitze das Aufsteigen zu verwehren und an einem für die Unsrigen höchst ungünstigen Orte ein Treffen zu liefern.

33. Jetzt erst geriet Titurius, während er vorher an nichts gedacht hatte, in Unruhe, lief hin und her und suchte die Kohorten zum Gefechte aufzustellen; doch tat er selbst dies so ängstlich, daß man sah, er habe den Kopf ganz und gar verloren. So pflegt es in der Regel den Leuten zu ergehen, die erst im Augenblick, wo es zu handeln gilt, einen Entschluß fassen müssen. Cotta hingegen, der an die Möglichkeit eines solchen Vorfalles auf dem Marsch gedacht und aus diesem Grund den Abzug nicht gutgeheißen hatte, versäumte kein Mittel zur gemeinsamen Rettung und erfüllte gleichzeitig die Pflichten des Feldherrn und des Soldaten, indem er seine Leute ermutigte und anfeuerte und auch selbst in der Schlacht mitfocht. Da cs bei der Län-

ge des Zuges nicht gut möglich war, alles persönlich zu besorgen und auf allen Punkten die notwendigen Anordnungen zu treffen, so ließ man den Befehl ergehen, das Gepäck im Stiche zu lassen und ein Viereck zu bilden. Obwohl nun diese Maßregel in einer derartigen Lage nicht zu tadeln ist, hatte sie doch damals nachteilige Folgen. Denn einerseits verloren unsere Soldaten dadurch den Mut, andersets wurden die Feinde desto kampflustiger, weil man diesen Entschluß als ein Zeichen der äußersten Furcht und Verzweiflung betrachtete. Außerdem zeigte sich als notwendige Folge ein anderer Übelstand. Die Soldaten traten allenthalben aus Reih und Glied und eilten, aus dem Gepäck das zu holen und an sich zu reißen, was einem jeden von ihnen das Teuerste war. Alles wurde von Geschrei und Wehklagen erfüllt.

34. Dagegen fehlte es den Barbaren nicht an Umsicht; denn ihre Feldherren ließen im ganzen Heere verkünden: Niemand solle seinen Posten verlassen. Alles, was die Römer im Stich ließen, sei ihre Beute und müsse ihnen verbleiben. Sie sollten also bedenken, daß alles auf dem Sieg beruhe. Die Unsrigen waren an Mut und Kampfbegierde den Feinden gewachsen. Wurden sie auch von ihrem Feldherrn und vom Glück verlassen, so setzten sie doch alle Hoffnung auf Rettung in ihre Tapferkeit, und wo immer nur eine Kohorte hervorbrach, richtete sie unter den Feinden ein großes Blutbad an. Kaum hatte Ambiorix dies bemerkt, als er verkünden ließ: sie sollten die Römer nur aus der Ferne beschießen, aber nicht näher gegen sie vorrücken; wo jene angreifen würden, sollten sie selbst zurückweichen. So könne ihnen bei ihrer leichten Bewaffnung und täglichen Übung kein Schade zugefügt werden. Wenn sich aber die Feinde wieder zu ihren Feldzeichen zurückzögen, sollten sie ihnen nachsetzen.

35. Dieser Befehl wurde von ihnen auf das pünktlichste befolgt. Sooft eine Kohorte aus dem Viereck hervorrückte und einen Angriff machte, wichen die Feinde mit der größ-

ten Geschwindigkeit zurück. Inzwischen mußten sich natürlich diese Abteilung bloßstellen und sich auf der ungedeckten Flanke den feindlichen Geschossen aussetzen. Begannen nun die Soldaten sich an ihren eben verlassenen
Platz zurückzuziehen, so wurden sie wiederum rings von
den Feinden bedrängt, sowohl von denen, die gewichen waren, wie von denen, die zunächst standen. Wollten sich
aber die Römer in ihrer Stellung behaupten, so konnten sie
weder ihre Tapferkeit zeigen noch, da sie dicht beisammen
standen, den von einer solchen Überzahl geschleuderten
Geschossen ausweichen. Aber trotz all dieser Bedrängnis-
se, trotz der Wunden, die sie erhielten, leisteten sie dennoch Widerstand, und es verstrich ein großer Teil des Tages (der Kampf währte nämlich von Tagesanbruch bis zur
achten Stunde), ohne daß sie sich etwas zuschulden kommen ließen, was ihrer unwürdig gewesen wäre. In diesem
Treffen wurde Titus Balventius, der im vorigen Jahre ober-
ster Centurio gewesen war, ein tapferer und hochangesehe-
ner Mann, von einem Wurfspieße durch beide Schenkel getroffen. Quintus Lucanius, von gleichem Rang, wurde mitten im tapfersten Kampf getötet, als er seinem ins Gedränge gekommenen Sohn zu Hilfe eilte. Der Legat Lucius Cotta wurde, während er alle Kohorten und Reihen anfeuerte,
durch einen Schleuderstein verwundet, der ihn gerade ins
Gesicht traf.

36. Diese Ereignisse machten auf Quintus Titurius Eindruck. Als er daher in der Ferne den Ambiorix erblickte,
wie er die Seinigen ermunterte, schickte er seinen Dolmetscher Gneus Pompejus zu ihm mit der Bitte, er möge seiner
und seiner Soldaten schonen. Ambiorix erwiderte auf dieses Ansuchen: Wenn sich Titurius mit ihm unterreden
wolle, so sei er dazu bereit. Er hoffe, von seinem Volk
Schonung der römischen Soldaten auswirken zu können.
Dem Titurius selbst solle kein Leid geschehen; darauf gebe
er sein Wort. Nunmehr machte Titurius dem verwundeten
Cotta den Vorschlag, wenn es ihm gut schiene, den Kampf

zu verlassen und gemeinschaftlich mit Ambiorix zu unterhandeln. Er hoffe, von ihm Schonung für sie und ihre Soldaten erlangen zu können. Cotta erklärte, er ginge zu keinem bewaffneten Feind, und dabei blieb er.

37. Sabinus befahl den Kriegstribunen, die gerade in seiner Nähe waren, und den Centurionen ersten Ranges, ihm zu folgen. Als er sich dem Ambiorix näherte, rief man ihm zu, er solle die Waffen ablegen. Er leistete der Aufforderung Folge und trug den Seinigen auf, ein Gleiches zu tun. Während sie nun über die Bedingungen untereinander verhandelten und Ambiorix absichtlich das Gespräch in die Länge zog, wurde Sabinus nach und nach von den Feinden umringt und niedergemacht. Jetzt brachen sie nach ihrer Gewohnheit in ein Siegesgeschrei aus, erhoben ein wildes Geheul, griffen die Unsrigen an und brachten die Reihen in Unordnung. Dabei fiel Lucius Cotta mit dem Schwert in der Hand und mit ihm der größte Teil der Soldaten. Die übrigen zogen sich ins Lager zurück, das sie verlassen hatten. Zu ihnen gehörte auch der Adlerträger Lucius Petrosidius, der, als er sich von einer Masse von Feinden bedrängt sah, den Adler über den Wall hineinwarf und vor dem Lager aufs tapferste kämpfend fiel. Der Rest hielt noch zur Not bis zum Einbruch der Nacht die Belagerung aus. In der Nacht nahmen sich alle ohne Ausnahme, an ihrer Rettung verzweifelnd, das Leben. Einige wenige, die aus dem Treffen entkommen waren, gelangten nach vielem Umherirren durch Wälder zum Legaten Titus Labienus ins Winterlager und berichteten ihm das Vorgefallene.[237]

Das Lager des Quintus Cicero wird von den Nerviern, Aduatucern und Eburonen belagert

38. Stolz auf diesen Sieg, zog Ambiorix sofort an der Spitze seiner Reiterei in das Gebiet der seinem Reiche benachbarten Aduatuker; weder Nacht noch Tag hielt er Rast; dem Fußvolk befahl er, ihm unmittelbar zu folgen. Er erzählte

den Verlauf der Sache und brachte die Aduatucer zum Aufstand. Am folgenden Tag begab er sich zu den Nerviern und ermahnte sie, diese Gelegenheit, sich für alle Zeiten zu befreien und an den Römern für die von ihnen erlittenen Beleidigungen Rache zu nehmen, nicht ungenutzt zu lassen. Zwei Legaten, so berichtete er, seien niedergemacht und ein großer Teil des Heeres aufgerieben. Es sei ein leichtes, die Legion des Cicero in ihrem Winterlager plötzlich zu überfallen und zu vernichten. Er bot ihnen dazu seinen Beistand an. Durch diese Darstellung überredete er die Nervier ohne Mühe.

39. Sie entsandten daher ohne Verzug Boten an die Ceutronen, Grudier, Levacer, Pleumoxier und Geidumner[238], die sämtlich unter ihrer Oberhoheit standen, brachten so viele Mannschaften zusammen, als möglich war, und erschienen unvermutet vor dem Winterlager Ciceros[239], noch ehe das Gerücht vom Tod des Titurius zu diesem gedrungen war. Auch hierbei geschah, was nicht anders geschehen konnte, daß einige Soldaten, die, um Holz und anderes Material zur Verschanzung zu holen, in die Wälder gegangen waren, durch die plötzliche Ankunft der feindlichen Reiter abgeschnitten wurden. Nachdem diese auf allen Seiten umringt waren, trafen die Eburonen, Nervier, Aduatucer und deren sämtliche Bundesgenossen und Hörige Anstalten, die Legion zu belagern. Die Unsrigen liefen schnell zu den Waffen und besetzten den Wall. Nur mit Mühe hielten sie sich diesen Tag, weil die Feinde ihre ganze Hoffnung auf die Schnelligkeit setzten und überzeugt waren, daß sie für alle Zeiten Sieger sein würden, wenn sie diesen Sieg errungen hätten.

40. Sofort schickte Cicero mehrere Schreiben an Caesar, indem er den Überbringern große Belohnungen aussetzte. Da aber alle Wege besetzt waren, wurden die Boten aufgefangen. In der Nacht wurden aus dem zur Befestigung herbeigeschafften Holz an die 120 Türme[240] mit unglaublicher Schnelligkeit errichtet. Allen Mängeln, die man an der Be-

festigung bemerkte, wurde abgeholfen. Am folgenden Tag bestürmten die Feinde mit noch viel größeren Truppenmassen, die sie inzwischen zusammengebracht hatten, das Lager und suchten den Graben auszufüllen. Die Unsrigen leisteten in gleicher Weise wie tags zuvor Widerstand. Dasselbe geschah an allen folgenden Tagen. Keinen Augenblick in der Nacht ließ man von der Arbeit; weder Kranken noch Verwundeten wurde Ruhe gegönnt. Die nötigen Anstalten gegen den Angriff des nächsten Tages wurden allemal in der Nacht getroffen. Viele vorne angebrannte Pfähle und eine große Zahl Mauerspeere[241] wurden verfertigt, Türme in Stockwerke ausgebaut, Zinnen und Brustwehren aus Reisiggeflecht aufgesetzt. Cicero selbst gönnte sich trotz seiner schwachen Gesundheit nicht einmal in der Nacht Zeit zur Ruhe, so daß ihn endlich die Soldaten durch ihre stürmischen Bitten zwangen, sich zu schonen.

41. Hierauf erklärten dem Cicero einige Anführer und Fürsten der Nervier, die bei ihm vorsprechen durften und in freundschaftlichen Beziehungen zu ihm standen, daß sie mit ihm zu sprechen wünschten. Dies wurde ihnen gewährt, und nun brachten sie ganz dasselbe vor, was schon Ambiorix gegen Titurius geäußert hatte. Ganz Gallien stehe unter den Waffen. Die Germanen seien über den Rhein gegangen. Die Winterquartiere Caesars und der übrigen Befehlshaber würden bestürmt. Außerdem machten sie noch Mitteilungen über den Tod des Sabinus und beriefen sich auf Ambiorix, um ihre Aussagen glaubhaft zu machen. Es sei ein Irrtum, so versicherten sie, wenn man irgendwelche Hilfe von denen erwartete, die an ihrer eigenen Lage verzweifelten. Trotz alledem seien sie gegen Cicero und das römische Volk nicht feindlich gesinnt; nur die Winterquartiere wollten sie sich nicht gefallen lassen und nicht zugeben, daß diese Gewohnheit sich einwurzele. Cicero mit den Seinigen könne ihretwegen unversehrt aus dem Winterlager abziehen und unbesorgt marschieren, wohin er nur wolle. Hierauf erwiderte Cicero nur das eine: Es sei nicht

Brauch des römischen Volkes, sich von einem bewaffneten
Feinde Bedingungen vorschreiben zu lassen. Wollten sie ihre Waffen niederlegen, so könnten sie sich seiner Vermittlung bedienen und Gesandte an Caesar schicken. Er hoffe
von dessen Gerechtigkeit, daß er ihnen ihre Wünsche erfüllen werde.
42. Da sich nun die Nervier in dieser Hoffnung getäuscht
sahen, zogen sie um das Winterlager einen Wall von neun
Fuß Höhe und einen Graben von fünfzehn Fuß Breite. Das
hatten sie durch den Verkehr in früheren Jahren von uns gelernt; auch mußten einige von den römischen Kriegsgefangenen sie darin unterweisen. Da es ihnen aber an eisernen
Werkzeugen fehlte, die sie zu dergleichen Arbeiten hätten
brauchen können, so waren sie genötigt, mit Schwertern
den Rasen auszustechen, mit ihren Händen und Mänteln[242]
die Erde herbeizuschaffen. Aus dieser Arbeit konnte man
auf die große Menge der Feinde schließen. Denn in weniger
als drei Stunden hatten sie eine Umschanzung von fünfzehn Meilen im Umkreis vollendet.[243] An den folgenden
Tagen begannen sie Türme im Verhältnis zur Höhe unseres
Walles, Mauersicheln und Sturmdächer, ebenfalls nach der
Weisung der Gefangenen, zuzurüsten und fertigzustellen.
43. Am siebten Tag der Belagerung erhob sich ein entsetzli-
cher Sturm. Da begannen sie glühende, aus Ton geformte
Kugeln[244] mittels Schleudern und glühend gemachte Wurfspieße auf die nach gallischer Sitte mit Strohwerk gedeckten Baracken zu werfen. Diese fingen rasch Feuer und verbreiteten es bei der Heftigkeit des Windes in alle Teile des
Lagers. Nun erhoben die Feinde ein großes Geschrei, als
wenn der Sieg schon errungen und entschieden wäre, begannen Türme und Sturmdächer vorzurücken und den
Wall mit Leitern zu ersteigen. Da zeigte sich aber die Tapferkeit und Geistesgegenwart unserer Soldaten im schönsten Licht. Allenthalben wurden sie vom Feuer versengt,
mit einem dichten Hagel von Geschossen überschüttet, ihr
ganzes Gepäck und ihre ganze Habe sahen sie einen Raub

der Flammen werden, und doch wich auch nicht einer vom Wall, um davonzukommen, ja es sah sich kaum einer um, sondern sie kämpften jetzt erst recht mit der größten Erbitterung und Tapferkeit. Dieser Tag war für die Unsrigen bei weitem der härteste, doch hatte er den Erfolg, daß an ihm eine sehr große Menge von Feinden verwundet und getötet wurde, da sie sich unmittelbar unter dem Wall zusammengedrängt hatten und die rückwärtigen Glieder den vorderen ein Weichen nicht gestatteten. Als endlich das Feuer ein wenig nachließ, wurde ein feindlicher Turm an einer Stelle so nahe herangeschoben, daß er den Wall berührte. Die Centurionen der dritten Kohorte wichen ein wenig von ihrem Standpunkt und zogen auch alle ihre Leute zurück. Dann begannen sie die Feinde mit Wink und Zuruf einzuladen, ob sie nicht hereinkommen wollten, aber keiner wagte es, vorzugehen. Da wurden sie von allen Seiten unter einem Hagel von Steinen aus ihrer Stellung gejagt und der Turm in Brand gesteckt.

44. Es standen in dieser Legion zwei sehr tapfere Centurionen, welche nahe daran waren, in die erste Rangklasse befördert zu werden: Titus Pulio und Lucius Vorenus. Diese hatten fortwährend Zänkereien untereinander, wer den Vorzug verdiene, und stritten sich jahraus, jahrein mit der größten Eifersucht um die Beförderung. Als nun der Kampf um die Verschanzungen am heftigsten wütete, da rief Pulio: »Was zauderst du, Vorenus? Oder auf welche Gelegenheit wartest du noch, deine Tapferkeit zu bewähren? Dieser Tag soll unsern Wettstreit entscheiden.« Nach diesen Worten tritt er aus den Schanzen hervor und stürzt sich auf den Feind, wo er am dichtesten steht. Auch Vorenus bleibt nicht innerhalb der Umwallung, sondern folgt ihm, die öffentliche Meinung scheuend, auf dem Fuße nach. Da Pulio den Feinden ziemlich nahe gekommen ist, schleudert er seinen Wurfspeer und durchbohrt einen Gallier, der ihm aus dem Haufen entgegenrennt. Die übrigen bedecken den getroffenen und entseelten Gefährten mit ihren Schilden,

schleudern insgesamt ihre Geschosse auf den Römer und
schneiden ihm den Rückweg ab. So wird Pulios Schild
durchschossen. Ein Wurfspieß haftet am Wehrgehänge.
Dieser Zufall verschiebt die Scheide und hemmt seine
Rechte, da er das Schwert ziehen will. Außerstande, sich zu
wehren, wird er von den Feinden umringt. Da eilt sein Nebenbuhler Vorenus herbei und bringt ihm in der äußersten
Not Hilfe. Auf diesen wendet sich sofort von Pulio die ganze Menge, denn sie glauben, Pulio sei durch den Wurfspeer
getötet. Vorenus kämpft mit dem Schwert in der Faust,
macht einen nieder und treibt die übrigen eine kleine
Strecke vor sich her. Während er allzu hitzig vordringt, ge-
rät er an eine Vertiefung und stürzt. Da er nun umringt
wird, kommt ihm Pulio wieder zu Hilfe, und endlich ziehen sie sich beide, nachdem sie noch mehrere Feinde niedergemacht haben, unversehrt und ruhmbedeckt in die
Verschanzung zurück. Ein solches Spiel trieb mit ihnen das
Schicksal, daß in diesem Wettstreit der Eifersucht ein jeder
der beiden Nebenbuhler dem andern Hilfe und Rettung
brachte und man nicht entscheiden konnte, wem der Preis
der Tapferkeit zukomme.

Das Lager des Quintus Cicero wird von Caesar befreit

45. Die Belagerung wurde von einem Tage zum andern
schwerer und mißlicher, besonders weil ein großer Teil der
Soldaten durch Wunden kampfunfähig geworden und so
die Zahl der Verteidiger sehr zusammengeschmolzen war.
Desto häufiger wurden Briefe und Boten an Caesar abgeschickt. Ein Teil der Boten ward aufgefangen und im Angesicht unserer Soldaten unter Martern hingerichtet. Es befand sich aber im römischen Lager ein einziger Nevier, namens Vertico, von vornehmer Abkunft, der gleich nach
dem Beginn der Belagerung zu Cicero geflohen war und
ihm die größten Beweise seiner Zuverlässigkeit gegeben

hatte. Dieser überredete einen seiner Sklaven durch die Hoffnung auf Freiheit und große Belohnungen, ein Schreiben an Caesar zu besorgen. Der Sklave brachte das Schreiben, in einen Wurfspieß eingebunden, aus dem Lager, ging als Gallier, ohne Verdacht zu erregen, durch die Gallier hindurch und gelangte glücklich zu Caesar, der durch ihn von der bedrängten Lage Ciceros und der Legion Kunde erhielt.

46. Cäsar empfing diesen Brief ungefähr in der elften Tagesstunde. Sofort schickte er einen Boten in das Gebiet der Bellovaker an den Quästor Marcus Crassus, dessen Winterlager von dem seinigen fünfundzwanzig Meilen weit entfernt war, mit dem Befehl, daß die Legion um Mitternacht aufbrechen und ohne Verzug zu ihm stoßen solle. Sogleich nach der Ankunft des Boten brach Crassus auf. Ein anderer Bote wurde an den Legaten Gajus Fabius geschickt mit dem Auftrag, er solle seine Legion ins Land der Atrebaten führen, durch welches Caesar selbst marschieren mußte. Dem Labienus aber schrieb er, wenn er es ohne Nachteil für den Staat tun könne, so solle er mit seiner Legion an die Grenze des nervischen Gebietes rücken. Die übrigen Teile des Heeres, die allzuweit entfernt waren, glaubte er nicht erst abwarten zu dürfen. An Reiterei zog er aus den nächsten Winterquartieren an vierhundert Mann zusammen.

47. Ungefähr um die dritte Stunde erfuhr er durch die Vortruppen des Crassus dessen Ankunft und rückte an diesem Tage noch zwanzig Meilen vor.[245] Dem Crassus übertrug er den Befehl über Samarobriva und übergab ihm eine Legion, weil er dort das Gepäck des Heeres, die Geiseln der verschiedenen Völkerschaften, die Kriegskanzlei und das gesamte für den Winterbedarf aufgespeicherte Getreide zurückließ. Auch Fabius hatte dem Befehl gemäß nicht lange gezögert und stieß nun auf dem Marsch mit seiner Legion zu Caesar. Labienus hingegen hatte von dem Untergang des Sabinus und der Niedermetzelung der Kohorten Kunde erhalten, und da bereits die gesamte Macht der Treverer vor

seinem Lager erschien, mußte er fürchten, bei einem fluchtähnlichen Aufbruch aus dem Winterlager den Angriff der Feinde nicht aushalten zu können, zumal da er ihren Übermut wegen ihres letzten Sieges kannte. Er schrieb daher an Caesar zurück, mit welcher Gefahr er seine Legion aus dem Winterlager führen würde, machte ihm genauere Mitteilungen über den Vorgang bei den Eburonen und meldete ihm zugleich, daß die gesamte Streitmacht der Treverer zu Fuß und zu Roß nur drei Meilen von seinem Lager Stellung genommen habe.

48. Caesar konnte seinen Entschluß nur billigen, und obgleich er statt der gehofften drei Legionen sich mit zweien begnügen mußte, sah er doch nur ein Mittel der gemeinsamen Rettung: Schnelligkeit. In Eilmärschen gelangte er ins Gebiet der Nervier. Hier erfuhr er von den Gefangenen die Vorgänge bei Cicero und den gefährlichen Stand der Dinge. Es gelang ihm, einen gallischen Reiter durch große Belohnungen zu überreden, dem Cicero einen Brief zu überbringen. Diesen schrieb er in griechischer Schrift, damit die Feinde unsere Pläne nicht durchschauen könnten, wenn sie ihn auch auffingen. Dem Reiter gab er die Weisung, wenn er sich nicht heranschleichen könne, solle er den Brief an den Schwungriemen[246] eines Wurfspießes anbinden und diesen dann über den Wall des Lagers werfen. Im Brief aber schrieb er, daß er mit den Legionen auf dem Wege sei und bald eintreffen werde. Cicero solle an seiner bewährten Tapferkeit festhalten. Der Gallier, der sich vor der Gefahr fürchtete, befolgte den Auftrag und warf den Wurfspieß ins Lager. Dieser blieb zufällig in einem Turm stecken, wurde zwei Tage lang von den Unsrigen nicht bemerkt und erst am dritten Tag von einem Soldaten entdeckt, der ihn herabnahm und dem Cicero überbrachte. Nachdem Cicero den Brief durchgesehen hatte, las er ihn den versammelten Soldaten vor und erfüllte alle mit der größten Freude. Bald erblickte man in der Ferne die Rauchsäulen der eingeäscherten Gehöfte, ein Umstand, der allen

Zweifel über das Heranrücken der Legionen verscheuchte.
49. Als die Gallier durch ihre Kundschafter hiervon Nachricht erhielten, ließen sie von der Belagerung ab und zogen mit ihrer ganzen Heeresmacht (diese belief sich auf ungefähr 60 000 Bewaffnete) dem Caesar entgegen. Cicero benutzte die Gelegenheit und erbat sich von dem obenerwähnten Vertico wieder einen Gallier, der einen Brief an Caesar besorgen sollte. Er ermahnte den Boten, ja recht behutsam und vorsichtig auf seinem Wege zu sein. In dem Brief berichtete er ausführlich, die Feinde hätten von ihm abgelassen und sich mit ihrer gesamten Macht gegen Caesar gewendet. Dieser erhielt das Schreiben ungefähr um Mitternacht; sofort verständigte er die Seinigen und sprach ihnen Mut ein zum Kampf. Am nächsten Tag brach er mit Morgengrauen auf und rückte ungefähr vier Meilen weit vor; da erblickte er jenseits eines Tales und Baches die Hauptmacht der Feinde. Es wäre ein großes Wagnis gewesen, mit so geringer Streitmacht und in so ungünstiger Stellung eine Schlacht zu versuchen. Überdies wußte Caesar, daß Cicero von der Belagerung befreit war, und glaubte daher getrosten Mutes von seiner Eile ablassen zu dürfen. Er machte also halt und schlug auf möglichst günstigem Terrain ein festes Lager auf. Obgleich nun dasselbe schon an und für sich einen kleinen Umfang hatte, da es für kaum siebentausend Mann bestimmt war, die überdies kein schweres Gepäck mit sich führten, so zog er es doch noch durch schmale Anlage der Gassen und Möglichkeit zusammen, in der Absicht, den Feinden möglichst verächtlich zu erscheinen. Unterdessen entsandte er nach allen Richtungen Späher und ließ durch sie auskundschaften, auf welchem Wege man am bequemsten das Tal passieren könne.
50. Es kam an diesem Tage nur zu einigen kleinen Reitergefechten am Bach. Sonst blieben beide Teile in ihrer Stellung: die Gallier, weil sie auf noch größere Streitkräfte warten, die noch nicht zusammengekommen waren, Caesar, damit es diesseit des Tales vor seinem Lager zu einem Tref-

fen käme, falls es ihm gelänge, die Feinde durch scheinbare Ängstlichkeit auf ein für ihn günstiges Terrain zu locken. Im äußersten Fall wollte er sich wenigstens über die Wege unterrichten, um mit möglichst geringer Gefahr Tal und Bach zu überschreiten. Bei Tagesanbruch rückte die feindliche Reiterei bis zum Lager vor und begann ein Gefecht mit unseren Reitern. Caesar befahl, daß die Reiter aus freien Stücken weichen und sich ins Lager zurückziehen sollten. Zugleich ließ er das Lager auf allen Seiten durch eine Erhöhung des Walles verschanzen und die Tore verrammeln; bei allen diesen Arbeiten mußten seine Leute geschäftig hin und her laufen und sich furchtsam stellen.

51. Durch alles dieses ließen sich die Feinde verlocken, ihre Truppen über den Bach zu führen und sich auf ungünstigem Terrain in Schlachtordnung aufzustellen. Ja, als sogar unsere Posten vom Wall zurückgezogen wurden, rückten sie noch näher heran und warfen von allen Seiten ihre Geschosse über die Verschanzungen; zugleich schickten sie Herolde ringsumher und ließen durch sie bekanntmachen: Wenn ein Gallier oder Römer vor der dritten Stunde zu ihnen übergehen wolle, so solle ihm kein Leid geschehen. Nach dieser Zeit werde es nicht mehr gestattet sein. Ihre Verachtung gegen die Unsrigen ging so weit, daß einige anfingen, den Wall mit den Händen einzureißen, andere die Gräben auszufüllen; durch die Tore glaubten sie nämlich nicht eindringen zu können, da diese zum Schein mit einfachen Reihen von Rasenstücken zugebaut waren. Da machte Caesar aus allen Toren einen Ausfall, ließ dann die Reiterei einhauen und schlug die Feinde sogleich in die Flucht. Auch nicht einer hielt kämpfend stand, eine große Anzahl von ihnen wurde niedergemacht, alle übrigen warfen die Waffen weg.

52. Gegen eine weitere Verfolgung trug Caesar Bedenken, weil Wälder und Sümpfe dazwischen lagen und er keine Möglichkeit sah, den Feinden auch nur den geringsten Schaden zuzufügen. Er gelangte also mit allen seinen Trup-

pen, ohne einen Verlust erlitten zu haben, noch an demselben Tage zu Cicero. Der Bau der feindlichen Türme,
Sturmdächer und Verschanzungen erregte seine Bewunderung. Bei der Musterung der Legion überzeugte er sich, daß
nicht der zehnte Mann unverwundet geblieben sei. Aus alledem schloß er, wie groß die Gefahr und die Tapferkeit
seiner Soldaten gewesen sein müsse. Er belobte daher den
Cicero nach Verdienst und ebenso die Legion. Dann rief er
alle Centurionen und Kriegstribunen einzeln auf, die sich
nach Ciceros Zeugnis ganz besonders ausgezeichnet hatten. Über den Untergang des Sabinus und des Cotta erfuhr
er das Nähere von den Gefangenen. Am nächsten Tag berief
er eine Versammlung, teilte den Soldaten den ganzen Vorfall mit und sprach ihnen Trost und Mut ein. Jenen Unfall
habe man durch die Schuld und die Unbesonnenheit des
Legaten erlitten. Man müsse ihn mit um so größerem
Gleichmut ertragen, weil durch die Gnade der unsterblichen Götter und ihre eigene Tapferkeit die Scharte wieder
ausgewetzt sei, so daß weder die Feinde Ursache hätten,
länger zu jubeln, noch sie selbst, sich weiter zu kränken.

III. Der Aufstand der Senonen und Treverer

Wiederherstellung der Ruhe in Gallien durch den Tod des
Indutiomarus

53. Unterdessen verbreitete sich die Kunde von Caesars
Sieg mit unglaublicher Schnelligkeit durch das Land der
Remer zu Labienus. Obwohl dieser ungefähr sechzig Meilen von dem Winterlager des Cicero stand und Caesar erst
nach der neunten Tagesstunde dort eingetroffen war, er-
scholl doch schon vor Mitternacht vor den Lagertoren ein
Geschrei, durch welches ihm die Remer den Sieg verkünden und ihn wegen desselben beglückwünschen wollten.
Nachdem das Gerücht hiervon auch zu den Treverern ge-

drungen war, machte sich Indutiomarus, der beschlossen hatte, gleich tags darauf das Lager des Labienus anzugreifen, in der Nacht eiligst davon und führte alle seine Truppen ins Gebiet der Treverer zurück. Cäsar schickte den Fabius mit seiner Legion wieder ins Winterquartier. Er selbst beschloß, mit drei Legionen[247] in der Umgegend von Samarobriva drei Winterlager zu beziehen, und entschied sich wegen der allgemeinen Bewegung, die in Gallien ausgebrochen war, dafür, den ganzen Winter über persönlich beim Heer zu bleiben. Denn auf die Nachricht von jenem Unfall (dem Tode des Sabinus) dachten beinahe alle Völkerschaften Galliens an die Erneuerung des Krieges, schickten Bolten und Gesandte nach allen Richtungen aus, zogen Erkundigungen darüber ein, welchen Entschluß die anderen gefaßt hätten und wer zuerst losschlagen würde, und hielten nächtliche Beratungen an entlegenen Orten. Den ganzen Winter über verging fast kein Tag, an dem Caesar nicht in Besorgnis gesetzt wurde, an dem er nicht irgendeine Kunde von den Plänen und der Erhebung der Gallier erhielt. Unter anderem traf von Lucius Roscius, den er an die Spitze der dreizehnten Legion gestellt hatte, die Meldung ein, es hätten sich große Truppenmassen der Gallier, und zwar der sogenannten aremorischen Völkerschaften[248], gesammelt, um ihn anzugreifen, und sie seien von seinem Winterlager nur noch acht Meilen entfernt gewesen. Auf die Nachricht von Caesars Sieg wären sie aber so rasch abgezogen, daß ihr Abzug einer Flucht ähnlich gewesen sei.

54. Aber Caesar entbot die Häuptlinge der einzelnen Völkerschaften zu sich und wußte einen großen Teil Galliens im Gehorsam zu erhalten, indem er jene bald durch die Versicherung, er wisse um alle Vorgänge, einschüchterte, bald wieder zur Nachgiebigkeit ermahnte. Die Senonen jedoch, eine Völkerschaft von ganz besonderer Macht und großem Einfluß in Gallien, wollten dessenungeachtet auf Staatsbeschluß ihren König Cavarinus hinrichten, den Caesar bei ihnen eingesetzt hatte und dessen Bruder Mori-

tasgus bei der Ankunft Caesars in Gallien gleich seinen Vorfahren über sie geherrscht hatte. Cavarinus merkte den Anschlag beizeiten und entfloh; sie verfolgten ihn bis zur Grenze, vertrieben ihn aus Heimat und Herrschaft und schickten dann Gesandte zu Caesar, um sich zu rechtfertigen. Als aber dieser verlangte, daß alle ihre Ältesten vor ihm erscheinen sollten, verweigerten sie den Gehorsam. Der einzige Umstand, daß wirklich einige es gewagt hatten, den Krieg gegen die Römer zu eröffnen, machte auf diese Barbaren einen derartigen Eindruck und verursachte einen solchen Umschwung der allgemeinen Stimmung, daß wir fast keinem Stamm mehr trauen durften, mit Ausnahme der Häduer und der Remer. Denn diese hatte Caesar stets in besonderen Ehren gehalten, die einen wegen ihrer alten und beständigen Treue gegen das römische Volk, die anderen wegen ihrer jüngst im Gallischen Kriege geleisteten Dienste. Übrigens weiß ich nicht, ob man sich über diesen Stand der Dinge sehr wundern darf. Denn abgesehen von vielen anderen Ursachen[249] mußte es Leute, die sich an Tapferkeit im Kriege vor allen anderen Völkerschaften ausgezeichnet hatten, äußerst schmerzlich berühren, von diesem Ruhm so viel verloren zu haben, daß sie zu Untertanen der Römer erniedrigt waren.

55. Die Treverer aber und Indutiomarus schickten während des Winters ohne Unterlaß Gesandte über den Rhein, suchten die dortigen Völkerschaften aufzuwiegeln, versprachen Geldsummen und streuten die Nachricht aus, daß der größte Teil unseres Heeres vernichtet und nur ein sehr kleiner noch übriggeblieben sei. Dennoch ließ sich kein germanischer Stamm bereden, über den Rhein zu gehen. Zweimal, so sagten sie, hätten sie schon den Versuch gemacht, im Krieg des Ariovist und beim Übergang der Tencterer; sie hätten keine Lust, das Glück noch weiter zu versuchen. Obgleich sich Indutiomarus in dieser Hoffnung betrogen sah, begann er nichtsdestoweniger Truppen zusammenzuziehen, sie einzuüben, bei den Nachbarstämmen Pferde

aufzukaufen, Flüchtlinge und Verurteilte aus ganz Gallien durch große Belohnungen herbeizulocken. Und in der Tat hatte er sich hierdurch in Gallien ein so großes Ansehen erworben, daß von allen Seiten Gesandtschaften zu ihm kamen und im Ramen ihrer Staaten wie in ihrem eigenen sich um seine Gunst und Freundschaft bewarben.

56. Als er nun sah, daß man ihn noch obendrein aufsuchte, daß auf der einen Seite die Senonen und Carnuten durch ihr böses Gewissen getrieben wurden[250], auf der anderen die Nervier und Aduatucer sich zum Krieg gegen die Römer rüsteten und daß es ihm nicht an freiwilligen Truppen fehlen würde, sobald er nur erst die Grenze überschritten hätte, so sagte er einen bewaffneten Landtag[251] an. Das ist nach gallischer Sitte gleichbedeutend mit dem Anfang des Krieges. Alle Erwachsenen sind durch ein allgemeingültiges Gesetz gehalten, dabei bewaffnet zu erscheinen. Wer von ihnen zuletzt eintrifft, wird im Angesicht des Volkes unter allen möglichen Martern getötet. In dieser Versammlung erklärte Indutiomarus den Cingetorix, das Haupt der anderen Partei, seinen Schwiegersohn, der sich, wie oben erwähnt[252], unter Caesars Schutz begeben hatte und diesem nicht untreu geworden war, für einen Staatsfeind und zog seine Güter ein. Hierauf machte er in der Versammlung bekannt, daß er von den Senonen und Carnuten und mehreren anderen Völkerschaften Galliens zu Hilfe gerufen worden sei. Um sich mit diesen zu vereinigen, wolle er durch das Land der Remer ziehen, deren Ländereien verheeren, zuvor aber noch das Lager des Labienus erstürmen. Hierauf erteilte er die nötigen Befehle.

57. Labienus hielt sich in einem durch Natur und Kunst außerordentlich befestigten Lager und fürchtete daher für sich und seine Legion keine Gefahr. Vielmehr war er darauf bedacht, ja keine Gelegenheit zu einem glücklichen Handstreich vorübergehen zu lassen. Sobald er daher durch Cingetorix und dessen Verwandte von der Rede Kunde erhielt, die Indutiomarus in jener Versammlung gehalten

hatte, schickte er Boten zu den benachbarten Völkerschaften und verlangte von allen Seiten Reiterei; zugleich bestimmte er den Tag, an dem sie sich einfinden sollte. Unterdessen umschwärmte Indutiomarus fast täglich mit seiner gesamten Reiterei das Lager des Labienus, teils um die Lage desselben auszuforschen, teils um Unterredungen anzuknüpfen oder Schrecken einzujagen. Dabei schleuderten gewöhnlich alle seine Reiter ihre Geschosse ins Lager. Labienus hielt seine Leute innerhalb der Umwallung zurück und suchte den Schein der Furcht auf alle mögliche Weise zu vermehren.

58. So wagte sich denn Indutiomarus mit täglich wachsender Geringschätzung immer näher an das Lager heran. Labienus hingegen ließ die Reiter, welche er bei den benachbarten Stämmen aufgeboten hatte, sämtlich in einer einzigen Nacht ins Lager einrücken und hielt alle seine Leute so sorgfältig durch Wachen innerhalb des Lagers zusammen, daß sein Vorhaben auf keine Weise verraten oder den Treverern hinterbracht werden konnte. Unterdessen erschien Indutiomarus seiner täglichen Gewohnheit gemäß vor dem Lager und trieb sich hier einen großen Teil des Tages herum. Seine Reiter schleuderten ihre Geschosse auf die Unsrigen und forderten sie unter vielen Spottreden zum Kampfe heraus. Da sie aber von unseren Leuten keine Antwort erhielten, gingen sie gegen Abend, als es ihnen beliebte, ohne Ordnung nach allen Richtungen auseinander. Jetzt ließ Labienus plötzlich seine ganze Reiterei aus zwei Toren ausfallen und erteilte den gemessenen Befehl, wenn der Feind in Schrecken gesetzt und in die Flucht geschlagen wäre (denn er sah voraus, daß dies eintreten werde, und täuschte sich nicht), so sollten sie insgesamt nur auf den Indutiomarus losgehen; niemand solle, ehe er sich von dessen Tod überzeugt habe, einen anderen Feind verwunden. Labienus wollte nämlich nicht, daß jener durch den Aufenthalt mit den übrigen Zeit gewinnen und entfliehen könne. Endlich versprach er denen, die Indutiomarus töten würden, eine

große Belohnung. Der Reiterei schickte er Kohorten zu Hilfe. Das Glück begünstigte den Plan des Mannes. Indem sich alles auf den einzigen Indutiomarus stürzte, wurde er gerade in der Furt des Flusses eingeholt, niedergehauen und sein Kopf ins Lager gebracht. Die Reiter verfolgten und töteten auf ihrer Rückkehr noch, soviel sie konnten. Auf die Nachricht hiervon zerstreuten sich die versammelten Truppen der Eburonen und Nervier, und Caesar hatte nach diesem Vorfall etwas mehr Ruhe in Gallien.

SECHSTES BUCH

I. die Unterwerfung der abgefallenen Gallier

Rüstungen

1. Da Caesar aus vielen Gründen auf eine größere Erhebung in Gallien gefaßt war, so ließ er durch die Legaten Marcus Silanus, Gajus Antistius Reginus und Titus Sertius eine Truppenaushebung veranstalten. Zugleich ersuchte er den Prokonsul Gneus Pompejus[253], da er selbst in Angelegenheiten des Staates mit dem Oberbefehl bekleidet vor Rom zurückgeblieben sei, so möge er die Truppen, denen er als Konsul im cisalpinischen Gallien den Fahneneid[254] abgenommen habe, bei den Feldzeichen sich sammeln und zu Caesar stoßen lassen. Es war nämlich nach Caesars Ansicht auch für die Zukunft von großer Wichtigkeit, in Gallien die Meinung zu erhalten, Italiens Hilfsquellen seien so groß, daß ein im Krieg etwa erlittener Verlust nicht nur in kurzer Zeit wiedergutgemacht, sondern der Abgang durch noch größere Truppenmassen ersetzt werden könne. Pompejus entsprach diesem Wunsch teils aus staatlichen, teils aus persönlichen Rücksichten[255], und so brachten Caesars Legaten die Aushebung rasch zustande; noch vor Ausgang des Winters waren drei Legionen organisiert und herbeigeführt, wodurch die Zahl der Kohorten, welche er unter Quintus Titurius eingebüßt hatte, doppelt ersetzt war.[256] Durch diese Schnelligkeit und diese Truppenmassen bewies Caesar, was des römischen Volkes Verfassung und Hilfsmittel vermöchten.

Unterwerfung der Nervier, Senonen, Carnuten und Menapier durch Caesar

2. Nach dem Tode des Indutiomarus, von dem wir oben berichtet haben, wurde die Herrschaft von den Treverern auf seine Verwandten übertragen. Diese hörten nicht auf, die benachbarten Germanen aufzuwiegeln und ihnen Geld zu versprechen. Als sie bei den nächsten Nachbarn nichts ausrichten konnten, versuchten sie es bei den entfernteren. Endlich ließen sich einige Völkerschaften herbei. Mit diesen verbanden sie sich eidlich und leisteten ihnen durch Stellung von Geiseln Sicherheit in betreff der Subsidien. Mit Ambiorix schlossen sie ein Schutz- und Trutzbündnis. Caesar erhielt von diesen Vorgängen Kunde. Von allen Seiten sah er sich mit Krieg bedroht: die Nervier, Aduatucer und Menapier im Verein mit allen Germanen diesseits des Rheines standen in Waffen, die Senonen erschienen auf seinen Befehl nicht vor ihm, sondern machten mit den Carnuten und anderen benachbarten Stämmen gemeinschaftliche Sache, die Germanen endlich wurden von den Treverern durch häufige Gesandtschaften aufgereizt. Unter solchen Umständen glaubte Caesar vor der gewöhnlichen Zeit an den Krieg denken zu müssen.

3. Daher zog er noch vor Ende des Winters die vier nächsten Legionen[257] zusammen, brach unversehens in das Gebiet der Nervier ein, fing, ehe sich diese vereinigen oder flüchten konnten, eine große Menge Vieh und Menschen auf, die er den Soldaten als Beute überließ, verwüstete ihr Land und zwang die Bewohner, sich ihm zu ergeben und Geiseln zu stellen. Nach diesem Handstreich führte er die Legionen wieder in ihre Winterquartiere zurück. Zu Anfang des Frühlings ließ er nach seiner früheren Gewohnheit den Landtag für Gallien ausschreiben. Als dort alle erschienen mit Ausnahme der Senonen, Carnuten und Treverer, so betrachtete er dies als den Anfang des Krieges und der Empörung und verlegte die Versammlung nach Lutetia, der Hauptstadt der Parisier[258], um zu zeigen, daß er der Sa-

che seine volle Aufmerksamkeit schenke. Die Parisier waren Nachbarn der Senonen und hatten mit diesen in alter Zeit einen Bundestaat gebildet, standen aber, wie man glaubte, dem jetzigen Vorhaben fern. Caesar sprach sich über diesen Stand der Dinge öffentlich in der Versammlung der Soldaten aus, brach noch an demselben Tage mit den Legionen ins Land der Senonen auf und gelangte in Eilmärschen dahin.[259]

4. Auf die Kunde von seiner Ankunft gab Acco, der Anstifter der ganzen Empörung, Befehl, die Landbevölkerung solle sich in den Städten sammeln. Bevor dies aber noch bei bestem Willen geschehen konnte, lief die Nachricht ein, die Römer wären da. Notgedrungen gaben also die Senonen ihr Vorhaben auf, schickten Gesandte an Caesar und baten um Gnade. Hierbei bedienten sie sich der Vermittelung der Häduer, der alten Schutzherren ihres Stammes. Caesar verzieh ihnen auch gerne, besonders den Häduern zuliebe, und nahm ihre Entschuldigungen an, weil er den Sommer für den bevorstehenden Krieg benützen, nicht aber mit Untersuchungen[260] hinbringen wollte. Er befahl ihnen, hundert Geiseln zu stellen, und übergab diese den Häduern zur Bewachung. Auch die Carnuten schickten Gesandte und Geiseln nach Lutetia, unterstützt durch die Fürsprache der Remer, unter deren Schutz sie standen; sie erhielten den gleichen Bescheid. Hierauf führte Caesar die Geschäfte des Landtages zu Ende und trug den einzelnen Völkerschaften die Stellung von Reitern auf.

5. Nachdem in diesem Teil Galliens die Ruhe hergestellt war, wendete er seine ganze Sinnes- und Willenskraft dem Krieg gegen die Treverer und Ambiorix zu. Cavarinus mußte an der Spitze der Reiterei der Senonen zugleich mit ihm aufbrechen, damit nicht etwa dessen Rachbegierde oder der Haß seiner Landsleute, den er sich zugezogen hatte, Veranlassung zum Aufstand gäbe. Weil übrigens Caesar gewiß wußte, daß Ambiorix keine Entscheidungsschlacht wagen werde, so bemühte er sich, nach Ordnung der obigen Ange-

legenheit zu erforschen, was er sonst für Pläne haben könnte. Nachbarn des Gebietes der Eburonen waren die Menapier, die, durch zusammenhängende Sümpfe und Wälder
geschützt, allein unter allen Galliern noch nie eine Friedensgesandtschaft an Caesar geschickt hatten. Mit diesen
hatte Ambiorix, wie Caesar wußte, Gastfreundschaft geschlossen. Ebenso hatte er durch die Vermittelung der Treverer freundschaftliche Beziehungen zu den Germanen an-
geknüpft. Da Caesar auch hiervon in Kenntnis gesetzt war,
so hielt er es für geraten, dem Ambiorix vorerst diese Hilfsquellen zu verschließen, ehe er ihn selbst bekriegte; sonst
könnte er in verzweifelter Lage entweder bei den Mena-
piern einen Schlupfwinkel finden, oder gar notgedrungen
mit den überrheinischen Völkern gemeinsame Sache machen. Diesem Entschluß zufolge schickte Caesar das große
Gepäck des ganzen Heeres in das Land der Treverer zu Labienus[261] und ließ außerdem noch zwei Legionen zu ihm
stoßen. Er selbst marschierte mit fünf Legionen ohne Gepäck ins Gebiet der Menapier. Diese hatten im Vertrauen
auf den Schutz der Örtlichkeit keine Mannschaften aufgeboten, sondern flüchteten sich in die Wälder und Sümpfe,
wohin sie auch ihre ganze Habe brachten.
6. Caesar teilte seine Truppen mit dem Legaten Gajus Fabius und dem Quästor Marcus Crassus, ließ schnell Brücken
schlagen, rückte in drei Kolonnen vor, brannte Gehöfte
und Flecken nieder und erbeutete eine große Menge Vieh
und Menschen. Dies zwang die Menapier, Gesandte an ihn
zu schicken und um Frieden zu bitten. Caesar ließ sich
Geiseln stellen und erklärte ihnen, er werde sie als Feinde
behandeln, falls sie den Ambiorix selbst oder Gesandte von
ihm in ihrem Gebiete aufnähmen. Nach Ordnung dieser
Angelegenheit ließ er den Atrebaten Commius mit der Reiterei als Vogt im Lande der Menapier zurück. Er selbst zog
gegen die Treverer.

Unterwerfung der Treverer durch Labienus

7. Die Treverer hatten in der Zwischenzeit große Scharen
an Fußvolk und Reiterei zusammengezogen und trafen Anstalten, den Labienus, welcher mit seiner Legion in ihrem
Gebiet[262] überwintert hatte, anzugreifen, und schon waren
sie von ihm nur noch zwei Tagemärsche entfernt, als sie erfuhren, daß auf Caesars Befehl noch zwei Legionen eingetroffen wären. Sie schlugen also ihr Lager in einer Entfernung von fünfzehn Meilen auf und beschlossen, die germanischen Hilfsvölker zu erwarten. Labienus durchschaute
den Plan der Feinde, hoffte aber dennoch, durch ihre Unbesonnenheit irgendeine vorteilhafte Gelegenheit zu einer
Schlacht zu erlangen; daher ließ er zur Bedeckung des Gepäckes nur fünf Kohorten zurück, marschierte mit fünfundzwanzig Kohorten und seiner starken Reiterei gegen
den Feind und schlug eine Meile von diesem entfernt ein
festes Lager auf. Zwischen beiden Teilen befand sich ein
Fluß, der wegen seiner steilen Ufer schwer zu überschreiten war. Diesen zu übersetzen, hatte er weder selbst im
Sinn, noch glaubte er, daß es die Feinde tun würden. Bei
den letzteren wuchs tagtäglich die Hoffnung auf die Ankunft der Hilfstruppen. Da erklärte Labienus öffentlich im
Kriegsrat: Bei der drohenden Annäherung der Germanen
wolle er sein und seines Heeres Schicksal nicht aufs Spiel
setzen und werde daher am folgenden Tage beim ersten
Morgengrauen den Rückmarsch antreten. Diese Worte
wurden sofort den Feinden hinterbracht, da unter der großen Zahl gallischer Reiter natürlich so manche infolge ihrer Vaterlandsliebe gallisch gesinnt waren. In der Nacht berief dann Labienus die Kriegstribunen und die Centurionen
der ersten Klasse, teilte ihnen seinen wahren Plan mit und
ließ mit mehr Lärm und Unruhe, als es sonst Brauch der
Römer ist, das Lager abbrechen, um die Feinde desto leichter glauben zu machen, er fürchte sich. Dadurch glich sein
Abzug einer Flucht. Auch dies erfuhren die Feinde bei der

großen Nähe ihres Lagers durch ihre Kundschafter, noch ehe es Tag wurde.

8. Kaum hatte unser Nachtrab das Lager verlassen, als schon die Gallier einander zuriefen, man dürfe die gehoffte Beute nicht aus den Händen lassen. Es würde zu lange währen, beim Schrecken der Römer erst noch auf die Hilfe der Germanen zu warten. Auch sei es unter ihrer Würde, wenn sie mit so bedeutetenden Streitkräften eine so kleine Schar noch dazu auf der Flucht und unter dem Gepäck nicht anzugreifen wagten. Deshalb trugen sie kein Bedenken, den Fluß zu überschreiten und auf ungünstigem Terrain das Treffen zu beginnen. Labienus, der dies vorausgesehen hatte, wollte die ganze feindliche Macht über den Fluß locken und setzte daher seinen scheinbaren Abmarsch in aller Ruhe fort. Dann ließ er das Gepäck ein wenig voraus auf einen Hügel bringen und hielt folgende Ansprache an die Seinigen: »Soldaten! Da habt ihr nun die ersehnte Gelegenheit. Der Feind ist auf einem unwegsamen und für ihn ungünstigen Terrain in eurer Gewalt. Beweist nun unter unserer Führung dieselbe Tapferkeit, die ihr so oft dem Oberfeldherrn bewiesen habt, und denkt euch, er sei persönlich zugegen und sehe alles mit eigenen Augen.« Zu gleicher Zeit ließ er gegen den Feind kehrtmachen und das Heer in Schlachtordnung treten. Nur ein paar Schwadronen entsendete er zur Bedeckung des Gepäcks, die übrigen Reiter verteilte er auf die Flügel. Schnell erhoben die Unsrigen das Kriegsgeschrei und schleuderten ihre Wurfspieße auf die Feinde. Sobald nun diese ganz wider Erwarten sahen, daß die vermeinten Flüchtlinge zum Angriff gegen sie heranrückten, konnten sie nicht einmal diesen Anprall aushalten, sondern wurden beim ersten Zusammenstoß in die Flucht geschlagen und in die nächsten Wälder versprengt. Labienus verfolgte sie mit der Reiterei, tötete ihrer eine große Zahl und machte viele Gefangene; wenige Tage darauf hatte er diese Völkerschaft wieder in seiner Gewalt. Denn die Germanen, welche zu Hilfe kamen, zogen sich

auf die Nachricht von der Niederlage der Treverer wieder in ihre Heimat zurück. Zugleich mit ihnen verließen auch die Verwandten des Indutiomarus, die Urheber der Empörung, das Land. Cingetorix hingegen, der, wie wir berichtet haben, von Anfang an in seiner Pflichttreue verharrt hatte, erhielt nun die höchste bürgerliche und militärische Gewalt.

II. Der Feldzug Caesars gegen die Sueben

Caesars zweiter Übergang über den Rhein

9. Nachdem Caesar aus dem Lande der Menapier in das der Treverer gekommen war, beschloß er aus zwei Gründen den Rhein zu überschreiten: erstens, weil die Germanen den Treverern Hilfstruppen gegen ihn geschickt hatten, und zweitens, damit nicht Ambiorix bei jenen Zuflucht finden könne. Er ließ deshalb ein wenig oberhalb der Stelle, wo er früher sein Heer hinübergeführt hatte, eine Brücke schlagen.[263] Da die Bauart bereits bekannt und geläufig war, wurde das Werk bei dem großen Fleiß der Soldaten in wenigen Tagen vollendet. Im Lande der Treverer, zunächst der Brücke, ließ er eine starke Schutzwache zurück, um dem Ausbruch einer Empörung bei diesem Stamme vorzubeugen; die übrigen Truppen und die Reiterei setzte er über den Fluß. Die Ubier, welche schon früher Geiseln gestellt und sich unterworfen hatten, schickten zu ihrer Rechtfertigung Gesandte. Weder Hilfstruppen (so versicherten sie) seien aus ihrem Stamme zu den Treverern geschickt worden, noch hätten sie sonst die Treue verletzt. Sie baten dringend, Caesar möge ihrer schonen und nicht in seinem allgemeinen Germanenhaß Unschuldige statt der Schuldigen strafen. Wolle er noch mehr Geiseln, so seien sie auch dazu bereit. Bei näherer Untersuchung der Sache fand Caesar, daß die Sueben Hilfstruppen geschickt hatten. Er nahm daher die Rechtfertigung der Ubier an und zog über die Zugänge und Straßen ins Land der Sueben Erkundigungen ein.

Die Sueben ziehen sich zurück

10. Unterdessen erhielt er einige Tage darauf von den Ubiern die Nachricht, die Sueben zögen alle ihre Streitkräfte auf einen Punkt zusammen und erteilten den unter ihrer Herrschaft stehenden Stämmen den Auftrag, Hilfstruppen zu Fuß und zu Roß zu stellen. Auf diese Nachrichten hin sorgte er für die Verpflegung und wählte sich einen geeigneten Lagerplatz. Den Ubiern befahl er, ihre Herden in Sicherheit zu bringen und ihre ganze bewegliche Habe vom flachen Land in die Städte zu schaffen, in der Hoffnung, die barbarischen und kurzsichtigen Feinde könnten sich vielleicht durch Mangel an Lebensmitteln zu einem Kampf unter ungünstigen Verhältnissen verleiten lassen. Zugleich trug er den Ubiern auf, häufig Kundschafter zu den Sueben zu schicken und die dortigen Vorgänge auszuforschen. Jene leisteten den Befehlen Folge und berichteten schon nach Verlauf weniger Tage: Alle Sueben hätten sich, nachdem ihnen zuverlässige Kunde über das römische Heer zugekommen wäre, mit ihrer gesamten vereinigten Streitmacht und den Truppen ihrer Bundesgenossen ganz an die äußerste Grenze ihres Landes zurückgezogen. Dort sei ein Wald von unermeßlicher Ausdehnung, namens Bacenis.[264] Dieser erstrecke sich weit ins Innere und schütze als eine natürliche Grenzmauer die Cherusker[265] vor den Unbilden und Überfällen der Sueben und die Sueben vor denen der Cherusker. Am Eingang dieses Waldes[266] wollten die Sueben ihrem Beschluß zufolge die Ankunft der Römer erwarten.

*Vergleichende Darstellung der gallischen und
germanischen Sitten*

11. Bei dieser Gelegenheit halte ich es für passend, über die Sitten Galliens und Germaniens und über die Verschiedenheit beider Nationen einiges vorzubringen. In Gallien fin-

den sich nicht nur in allen einzelnen Kantonen, Gauen und Gemeinden, sondern beinahe auch in jedem Hause Parteien.[267] Führer dieser Parteien sind diejenigen, welche nach der öffentlichen Meinung das größte Ansehen besitzen. Ihrem Gutdünken und Urteil fälle die höchste Entscheidung bei allen Verhandlungen und Entschlüssen anheim. Diese Einrichtung ist, wie es scheint, in alter Zeit deshalb getroffen worden, damit der gemeine Mann nicht der Hilfe gegen Mächtigere entbehre. Denn kein Häuptling duldet, daß sein Anhang unterdrückt oder beeinträchtigt werde, andernfalls ist es mit seinem Ansehen bei den Seinigen vorbei. Gerade so steht es mit den Verhältnissen Galliens im großen und ganzen; denn sämtliche Völkerschaften bilden wieder unter sich zwei Parteien.

12. Als Caesar nach Gallien kam, standen an der Spitze der einen Partei die Häduer, an der Spitze der anderen die Sequaner. Die letzteren waren an und für sich minder mächtig, da die Häduer schon seit alter Zeit das größte Ansehen genossen und viele Schutzvölker ihnen zur Seite standen. Daher hatten sich die Sequaner mit den Germanen und Ariovist verbunden und sie mit großen Opfern und Versprechungen veranlaßt, in ihr Land zu kommen. Nachdem sie aber mehrere glückliche Schlachten geschlagen und den ganzen Adel der Häduer niedergemacht hatten, waren sie hierdurch so übermächtig geworden, daß ein großer Teil der Schutzvölker von den Häduern zu ihnen übertreten, diese selbst aber die Söhne ihrer Fürsten als Geiseln stellen und sich von Staats wegen eidlich verpflichten mußten, nie etwas gegen die Sequaner unternehmen zu wollen. Überdies nahmen die letzteren einen Teil des Grenzlandes der Häduer gewaltsam in Besitz und erlangten die Hegemonie über ganz Gallien. Diese Notlage hatte den Divitiacus veranlaßt, nach Rom zu gehen und den Senat um Hilfe zu bitten[268]; er war aber unverrichteter Dinge wieder zurückgekehrt. Die Ankunft Caesars führte jedoch einen gänzlichen Umschwung herbei. Den Häduern wurden ihre Geiseln zu-

rückgegeben, sie erhielten ihren alten Anhang wieder und gewannen neuen durch die Vermittlung Caesars, weil diejenigen, welche sich ihrer Partei angeschlossen hatten, sahen, daß sie sich in besseren Verhältnissen und unter einer gerechteren Herrschaft befänden. Da auch sonst noch der Einfluß und das Ansehen der Häduer stieg, hatten die Sequaner die Oberherrschaft aufgeben müssen. An ihre Stelle waren die Remer getreten. Weil man nämlich einsah, daß diese bei Caesar in derselben Gunst standen wie die Häduer, so begaben sich diejenigen, welche sich wegen alter Feindschaften schlechterdings nicht mit den Häduern verbinden konnten, unter den Schutz der Remer. Diese kamen ihrer Schutzpflicht getreulich nach und behaupteten dadurch ihr ebenso neues als plötzlich erlangtes Ansehen. Damals also standen die Dinge so, daß die Häduer unbedingt für das erste Volk gehalten wurden, die Remer aber den zweiten Rang einnahmen.

13. In ganz Gallien gibt es überhaupt nur zwei Klassen von Menschen, die einigermaßen Geltung und Ansehen haben. Denn das gemeine Volk wird den Sklaven gleich geachtet; es kann nichts auf eigene Hand unternehmen und wird zu keiner Beratung beigezogen. Die meisten aus seiner Mitte sind von Schulden oder hohen Steuern oder der Willkür der Mächtigen so gedrückt, daß sie sich in die Hörigkeit der Adeligen begeben. Diesen stehen dann gegen solche Leute ganz dieselben Rechte zu, wie den Herren gegen ihre Sklaven. Die ersterwähnten beiden Klassen aber sind die Druiden[269] und die Ritter. Die Druiden sind beim Gottesdienste tätig, besorgen die öffentlichen und privaten Opfer und erklären die Satzungen der Religion. Sie haben daher einen großen Zulauf von Jünglingen, die sich bei ihnen ausbilden wollen, und stehen bei den Galliern in hohem Ansehen. Denn sie entscheiden fast über alle öffentlichen und privaten Streitigkeiten. Wurde irgendein Verbrechen begangen, eine Mordtat verrübt, handelt es sich um einen Erbschafts- oder Grenzstreit, so sind sie ebenfalls die Richter und be-

stimmen über Belohnung und Strafe. Will sich aber irgend ein Privatmann oder ein Volksstamm ihrem Spruch nicht unterwerfen, schließen sie ihn von den Opfern aus. Dies ist die härteste Strafe, die es bei ihnen gibt. Diejenigen, welche so in den Bann getan sind, werden als Gottlose und Verbrecher behandelt. Jedermann geht ihnen aus dem Weg und meidet ihre Annäherung und Ansprache, um ja nicht durch die Ansteckung Schaden zu erleiden. Weder wird ihnen auf ihre Bitten Recht gesprochen, noch irgend eine Ehrenstelle zuerteilt. An der Spitze aller Druiden aber steht einer, der unter ihnen das größte Ansehen genießt. Stirbt er, und ist einer da, der sich vor allen anderen an Würde auszeichnet, so folgt ihm dieser nach. Finden sich aber mehrere mit gleichen Ansprüchen, so wird der Streit um den Vorrang durch die Wahl der Druiden, manchmal sogar durch Waffengewalt entschieden. Zu einer bestimmten Zeit des Jahres sitzen die Druiden im Lande der Carnuten, welches man für den Mittelpunkt von ganz Gallien hält, an geweihter Stätte zu Gericht.[270] Dorthin kommen aus allen Teilen Galliens diejenigen, welche Streitigkeiten haben, und unterwerfen sich ihren Entscheidungen und Rechtssprüchen. Die Lehre der Druiden soll ihren Ursprung in Britannien haben und erst von da nach Gallien gekommen sein. Auch jetzt noch begeben sich alle, denen an einer genaueren Kenntnis der Druidenlehre gelegen ist, meist nach Britannien, um sich dort unterweisen zu lassen.

14. Die Druiden nehmen gewöhnlich nicht am Krieg teil, zahlen auch keine Steuern wie die übrigen und genießen Freiheit vom Heeresdienst und allen anderen Lasten. Diese großen Vorrechte sind die Veranlassung, daß viele teils aus freien Stücken sich diesem Stand zuwenden, teils von ihren Eltern und Verwandten dafür bestimmt werden. Dort müssen sie, wie man sagt, eine große Anzahl Verse[271] auswendig lernen. Deshalb bringen manche sogar zwanzig Jahre in dieser Schule zu. Man hält es nämlich nicht für erlaubt, jene Formeln niederzuschreiben, während sich sonst

die Gallier fast in allen Dingen, in öffentlichen und privaten Angelegenheiten, des griechischen Alphabetes bedienen. Diese Einrichtung haben sie, wie mir scheint, aus
zwei Gründen getroffen; einmal wollen sie nicht, daß ihre
Lehre unter dem Volk bekannt werde[272], und dann sollen
ihre Jünger nicht im Vertrauen auf die Schrift die Stärkung
des Gedächtnisses vernachlässigen. Denn die Erfahrung
lehrt, daß die meisten Leute sich auf das Geschriebene verlassen und darüber auf das Auswendiglernen und Behalten
des Gelernten nicht die gebührende Sorgfalt verwenden. Ihre Hauptlehre ist, daß die menschliche Seele unsterblich
sei und nach dem Tode aus einem Körper in den anderen
übergehe. Durch diese Lehre wollen sie die Todesfurcht
bannen und zur Tapferkeit anfeuern. Überdies stellen sie
noch viele Erörterungen an über die Gestirne und deren
Lauf, über die Größe der Welt und des Erdkreises, über das
Wesen der Dinge wie über die Macht und Gewalt der unsterblichen Götter; in all dem unterrichten sie auch die Jugend.

15. Die zweite Klasse bilden die Ritter.[273] Diese ziehen insgesamt in den Krieg, sooft es die Not erfordert und ein
Krieg ausbricht. Vor Caesars Ankunft war dies nämlich fast
regelmäßig alle Jahre der Fall, so daß sie entweder selbst
angriffen, oder sich gegen einen Angriff verteidigten. Je ed-
ler oder reicher ein Ritter ist, desto mehr Ambacten[274] und
Schutzgenossen hat er in seinem Gefolge. Das ist die einzige Art von Ansehen und Macht, die sie kennen.

16. Die ganze gallische Nation ist gottesdienstlichen Ge-
bräuchen sehr ergeben. Wenn daher jemand von einer
schweren Krankheit befallen wird oder Schlachten und anderen Gefahren entgegengeht, so pflegt er Menschenopfer[275] darzubringen oder zu geloben und läßt die Druiden
die gottesdienstliche Handlung besorgen. Sie glauben nämlich, die unsterblichen Götter könnten nur dadurch besänftigt werden, daß für ein Menschenleben wieder ein Menschenleben geopfert werde. Derartige Opfer sind bei ihnen

sogar von Staats wegen eingeführt. Einige Stämme verwenden dabei Gebilde von ungeheurer Größe, deren Glieder aus Reisiggeflecht gebildet und mit lebendigen Menschen angefüllt werden; hierauf zündet man sie von unten an, die Menschen werden von den Flammen erfaßt und geben ihren Geist auf. Man glaubt allerdings, daß die Opferung derjenigen, welche bei Diebstahl, Raub oder sonst einem Verbrechen ergriffen worden sind, den unsterblichen Göttern angenehmer sei; wenn es aber an solchen Leuten mangelt, versteht man sich auch zur Opferung Unschuldiger.

17. Unter den Göttern verehren sie ganz besonders den Mercurius. Er hat die meisten Bildsäulen, er wird als der Erfinder aller Künste gefeiert, er gilt als Geleitsmann auf allen Wegen und Straßen, er soll nach ihrem Glauben auf Gelderwerb und Handel den größten Einfluß ausüben. Nach ihm ehren sie den Apollo, Mars, Jupiter und die Minerva.[276] Von diesen Gottheiten haben sie fast dieselbe Vorstellung wie die übrigen Völker. Apollo vertreibt die Krankheiten, Minerva lehrt die Anfangsgründe der Hand- und Kunstarbeiten, Jupiter ist der König des Himmels, und Mars lenkt die Kriege. Diesem pflegen sie daher die gehoffte Beute zu geloben, wenn sie in eine Schlacht ziehen. Haben sie gesiegt, so opfern sie dann die erbeuteten Tiere, alles übrige aber bringen sie an einem Ort zusammen. Bei vielen Völkerschaften kann man aufgetürmte Hügel von solchen Dingen an gewissen Orten erblicken, und es kommt nur höchst selten vor, daß einer unter Nichtachtung der religiösen Satzung Beutestücke entweder bei sich zu verheimlichen oder von dem Haufen zu entwenden wagt. Auch steht auf einem solchen Verbrechen die martervollste Todesstrafe.

18. Die Gallier rühmen sich insgesamt, vom Vater Dis abzustammen[277], und berufen sich dabei auf die Lehre der Druiden. Aus diesem Grund berechnen sie auch alle Zeiträume nicht nach der Zahl der Tage, sondern der Nächte. Geburtstage wie Monats- und Jahresanfänge bestimmen sie

so, daß die Nacht beginnt und der Tag folgt.[278] In den anderen Lebensgewohnheiten unterscheiden sie sich von den übrigen Völkern etwa darin, daß sie ihren Kindern nicht eher öffentlichen Zutritt zu sich gestatten, als bis diese das Alter der Wehrhaftigkeit erreicht haben. Sie halten es nämlich für eine Schande, wenn der Sohn in den Kinderjahren sich neben seinem Vater öffentlich sehen läßt.

19. Soviel Geld der Mann von seinem Weib als Mitgift erhalten hat, soviel legt er nach genauer Abschätzung aus seinem eigenen Vermögen noch dazu.[279]. Das ganze Kapital wird dann gemeinschaftlich verwaltet, und die Zinsen davon werden zurückgelegt. Der überlebende Teil erbt das Ganze nebst den bisherigen Interessen. Die Männer haben Gewalt über Leben und Tod ihrer Weiber und Kinder. Wenn das Haupt einer vornehmen Familie stirbt, so treten dessen Verwandte zusammen; erregt der Todesfall irgendwie Verdacht, so werden die Frauen[280] des Verstorbenen gerade so wie Sklaven peinlich verhört[281] und, wenn sich der Verdacht bestätigt, auf das grausamste gemartert und mit dem Feuertod bestraft. Die Leichenbegängnisse sind im Verhältnis zur Lebensweise der Gallier prachtvoll und kostspielig. Alles, wovon sie wissen, daß es dem Toten bei Lebzeiten teuer war, wird mit ins Feuer geworfen, selbst Haustiere. Ja, noch kurz vor unserer Zeit wurden zum Schluß der Leichenfeierlichkeit sogar die Sklaven und Hörigen mitverbrannt, welche für die besonderen Lieblinge des Abgeschiedenen galten.

20. Bei denjenigen Völkerschaften, die wegen einer besonders guten Verwaltung ihres Gemeinwesens gerühmt werden, besteht folgende gesetzliche Bestimmung: »Wenn einer etwas, das auf den Staat Bezug hat, gerüchtweise oder durch Hörensagen von den Nachbarn erfährt, so muß er es der Obrigkeit anzeigen, darf aber sonst niemandem davon Mitteilung machen.« Denn die Erfahrung hat gelehrt, daß unbesonnene und einfältige Leute sich gar oft durch falsche Gerüchte in Schrecken setzen, zu einer übereilten Tat hin-

reißen und zu Entschlüssen von der größten Tragweite bestimmen lassen. Die Behörden halten geheim, was sie für gut befinden, und machen dem Volk bekannt, was nach ihrer Meinung für dasselbe zuträglich ist. Über Staatsangelegenheiten zu sprechen, ist nur in der Volksversammlung erlaubt.

21. Die Germanen[282] weichen von diesen Sitten in vielen Stücken ab. Denn sie haben weder Druiden, die den Gottesdienst besorgen[283], noch halten sie viel auf Opfer. Sie glauben nur an solche Götter, die sie mit Augen sehen, und deren Macht ihnen handgreiflichen Nutzen bringt: die Sonne, den Vulkan (Feuergott) und den Mond. Die übrigen kennen sie nicht einmal vom Hörensagen[284]. Ihr ganzes Leben dreht sich um die Jagd und die Beschäftigung mit dem Krieg. Von Jugend auf gewöhnen sie sich an Strapazen und Abhärtung. Je länger einer die Keuschheit bewahrt, desto größeres Lob erntet er bei den Seinigen. Dadurch, glauben sie, werden der Wuchs und die Stärke befördert und die Muskelkraft gestählt. Vor dem zwanzigsten Jahr Umgang mit einem Weib gehabt zu haben, halten sie für die allergrößte Schande.[285] Und doch machen sie aus der Verschiedenheit des Geschlechts kein Geheimnis; denn beide Geschlechter baden gemeinschaftlich in den Flüssen, und ihre Kleidung besteht nur in Tierfellen oder kurzen Pelzdecken, so daß ein großer Teil des Körpers unbedeckt bleibt.

22. Mit dem Ackerbau beschäftigen sie sich nicht viel. Ihre Nahrung besteht zum größten Teil in Milch, Käse und Fleisch. Auch besitzt niemand ein bestimmt abgemessenes Feld noch ihm allein angehörige Grundstücke. Vielmehr bekommen die einzelnen Geschlechter und Sippschaften, welche zusammenhalten, von den Behörden und Häuptlingen auf je ein Jahr Feld angewiesen, soviel und wo es diese für gut befinden, müssen aber das Jahr darauf anderswohin ziehen. Für diese Einrichtung bringen sie viele Gründe vor. Die Vorliebe für eine seßhafte Lebensweise könnte die Germanen leicht verlocken, den Hang zum Krieg mit dem

Ackerbau zu vertauschen; sie würden nach ausgedehntem Landbesitz trachten, und die Armen würden von den Reichen aus ihren Besitzungen verdrängt werden; man könnte, um Kälte und Hitze zu vermeiden, allzu bequemliche Wohnungen bauen; auch dürfe man die Habsucht nicht aufkommen lassen, die gewöhnliche Quelle von Parteiungen und Streitigkeiten; endlich müsse man den gemeinen Mann zufrieden erhalten, wenn er sähe, daß der Mächtigste nicht mehr besitze als er.

23. Die größte Ehre für die einzelnen Völkerschaften ist es, rings um ihr Gebiet weit und breit Wüsteneien und Einöden zu haben. Sie sehen es nämlich als einen besonderen Beweis der Tapferkeit an, wenn die Nachbarn, aus ihren Ländereien vertrieben, auswandern und niemand es wagt, sich in ihrer Nähe niederzulassen.[286] Zugleich fühlen sie sich dadurch sicherer, weil sie keinen plötzlichen Überfall zu befürchten haben. Hat ein Stamm einen Verteidigungs- oder Angriffskrieg zu führen, so wählt man zu seiner Leitung eine Oberbehörde mit Gewalt über Leben und Tod. Im Frieden haben sie keine gemeinschaftliche Obrigkeit, sondern die Häuptlinge der einzelnen Landschaften und Gaue sprechen Recht unter den Ihrigen und schlichten die Streitigkeiten. Raubzüge außerhalb des eigenen Gebietes zu machen, gilt nicht für schimpflich und wird sogar als ein gutes Mittel gerühmt, die junge Mannschaft zu üben und den Müßiggang zu steuern. Wenn daher einer der Häuptlinge in der Volksversammlung erklärt, er wolle Führer sein, wer ihm zu folgen gedenke, möge sich melden, so erheben sich alle, denen die Sache und der Mann gefällt, und versprechen ihm unter dem lauten Beifallsruf der Menge ihre Teilnahme. Folgt ihm aber dann einer trotzdem nicht, so wird er als Ausreißer und Verräter angesehen und findet fortan in nichts mehr Glauben. Einen Gastfreund zu verletzen, halten sie für eine Sünde, und es mag einer zu ihnen kommen, aus welcher Ursache er immer will, so findet er Schutz gegen jegliche Unbill und wird für unverletzlich ge-

halten; jedes Haus steht ihm offen, jeder teilt seinen Unterhalt mit ihm.[287]

24. Es gab einst eine Zeit, da die Gallier die Germanen an Tapferkeit übertrafen, sie aus freien Stücken bekriegten und wegen der Größe ihrer Bevölkerung und des Mangels an Ackerland Kolonien über den Rhein schickten.[288] So besetzten die tectosagischen Volker[289] die fruchtbarsten Landschaften Germaniens um den hercynischen Wald[290] den schon Eratostheuer[291] und andere Griechen unter dem Namen des Orcynischen vom Hörensagen kannten. Jene Tectosagen leben bis auf den heutigen Tag in diesen Wohnsitzen und genießen wegen ihrer Gerechtigkeit und Tapferkeit hohes Ansehen. Die Germanen sind nun bei ihrer alten Armut, Dürftigkeit und Entbehrung geblieben und bewahren noch ihre frühere Lebensweise und Körperpflege; den Galliern hingegen verschaffte die Nähe der römischen Provinzen und die Bekanntschaft mit den überseeischen Waren reichen Wohlstand und größere Bequemlichkeit. Dadurch wurden sie allmählich gewöhnt, sich besiegen zu lassen, und in vielen Treffen überwunden, stellen sie gegenwärtig nicht einmal selbst die überlegene Tapferkeit der Germanen in Abrede.

Der hercynische Wald

25. Der oben erwähnte hercynische Wald erstreckt sich der Breite nach für einen guten Fußgänger neun Tagesreisen weit. Eine andere Bestimmung ist nicht möglich, weil die Germanen von Längenmaßen nichts wissen. Der Wald beginnt an den Grenzen der Helvetier, Nemeter und Rauricer und zieht sich in paralleler Richtung zu dem Donaustrom bis zum Gebiet der Dacer[292] und Anarten. Hier biegt er links in mehreren Verzweigungen ab und berührt bei seiner großen Ausdehnung noch die Länder vieler Völkerschaften. Niemand in diesem Teil Germaniens könnte behaupten, bis an das Ende des Waldes gekommen zu sein, auch wenn

er sechzig Tagesreisen weit vorgedrungen war, oder vernommen zu haben, wo sich jenes Ende befindet. Bekannt ist, daß es in diesem Wald viele Tierarten gibt, die man anderswo nicht sieht. Die auffallendsten und merkwürdigsten von ihnen sind folgende:

26. Es gibt dort eine Art Stiere, nicht unähnlich einem Hirsch, der mitten auf der Stirn zwischen den Ohren ein einziges Horn trägt, das aber höher und weniger gekrümmt ist als die uns bekannten Geweihe. Oben an der Krone verzweigt sich dasselbe in handförmige, ästige Auswüchse in die Breite. Männchen und Weibchen sind sich in ihrer Beschaffenheit wie in der Gestalt und Größe des Geweihes völlig gleich.[293]

27. Dann finden sich dort die sogenannten Alce (Elentiere). In ihrem Aussehen und der bunten Färbung ihrer Felle gleichen sie den Ziegen, doch sind sie etwas größer als diese, haben abgestumpfte Hörner und Beine ohne Knöchel und Gelenke. Eben darum legen sie sich nicht nieder, um zu schlafen, und können sich auch nicht aufrichten oder erheben, wenn sie durch irgendeinen Zufall niedergefallen sind. Bäume dienen ihnen als Lager; an diese lehnen sie sich an und schlafen so nur ein wenig zurückgeneigt. Haben nun die Jäger aus der Fährte ihre gewöhnlichen Schlupfwinkel entdeckt, so untergraben sie an dieser Stelle entweder alle Bäume an den Wurzeln oder sägen sie so weit an, daß sie ganz so aussehen, als stünden sie noch fest. Wenn sich nun die Tiere nach ihrer Gewohnheit an solche wackelige Bäume anlehnen, so werfen sie dieselben durch ihr Gewicht um und fallen selbst mit ihnen zur Erde.[294]

28. Die dritte Art sind die sogenannten Ure (Auerochsen). Sie sind etwas kleiner als die Elefanten, an Aussehen, Farbe und Gestalt gleichen sie den Stieren. Sie besitzen große Kraft und Behendigkeit und schonen weder Menschen noch Tiere, die ihnen zu Gesicht kommen. Die Germanen geben sich viele Mühe, sie in Gruben zu fangen und zu töten. Durch diese Arbeit härtet sich die Jugend ab und übt

sich in Jagden solcher Art. Wer die meisten Ure erlegt hat und zum Beweise der Tat ihre Hörner dem Volke vorzeigt, erntet großes Lob. Übrigens gewöhnen sich diese Tiere niemals an den Menschen und werden nie zahm, selbst wenn sie ganz jung eingefangen werden. Ihre Hörner sind an Umfang, Gestalt und Aussehen von denen unserer Stiere sehr verschieden. Sie sind bei den Germanen sehr gesucht; man faßt sie am Rande mit Silber ein und bedient sich ihrer bei besonders glänzenden Gastmählern als Trinkbecher.

III. Der Raub- und Rachekrieg gegen die Eburonen

Caesar kehrt über den Rhein nach Gallien zurück. Allgemeiner Aufruf zur Plünderung des Gebietes der Eburonen

29. Als Caesar durch ubische Kundschafter erfuhr, daß sich die Sueben in die Wälder zurückgezogen hätten, beschloß er, nicht weiter vorzurücken. Er fürchtete nämlich Getreidemangel, da, wie oben erwähnt, die Germanen nur sehr wenig Ackerbau treiben.[295] Um aber den Barbaren doch nicht alle Furcht vor seiner Rückkehr zu nehmen, und um deren Hilfssendungen (an Ambiorix) aufzuhalten, ließ er nach vollbrachtem Rückzug seines Heeres den äußersten Teil der Brücke, der an das Ufer der Ubier stieß, in einer Länge von zweihundert Fuß abbrechen und hier auf dem letzten Ende einen Turm von vier Stockwerken errichten. Zum Schutz der Brücke legte er eine Besatzung von zwölf Kohorten dahin und sicherte diesen Punkt durch starke Verschanzungen. Den Oberbefehl über die Bedeckungsmannschaft übertrug er dem jungen Gajus Volcacius Tullus. Er selbst brach jetzt, als das Getreide bereits zu reifen begann, zum Krieg gegen Ambiorix auf und schickte den Lucius Minucius Basilus durch den Arbuennenwald mit der gesamten Reiterei voraus. Dieser Wald ist der größte in

ganz Gallien und erstreckt sich vom Rheinufer und dem Land der Treverer bis zu den Nerviern in einer Länge von mehr als fünfhundert Meilen.[296] Caesar hoffte nämlich, Basilus werde vielleicht durch einen schnellen Marsch und durch die Gunst des Augenblickes irgendeinen Erfolg erringen. Er erinnerte ihn daher, in seinem Lager keine Wachtfeuer anzünden zu lassen, um seine Annäherung nicht aus der Ferne zu verraten. Er selbst versprach ihm, auf dem Fuße zu folgen.

30. Basilus befolgte den Befehl. Schnell und ganz wider Erwarten vollendete er seinen Marsch und griff unvermutet viele Bewohner des offenen Landes auf. Auf Grund der Angaben dieser Leute zog er gegen Ambiorix selbst und suchte den Ort zu erreichen, wo er sich mit nur wenigen Reitern aufhalten sollte. In allen Dingen, ganz besonders aber im Krieg, kommt sehr viel auf das Glück an. Denn wie es ein großer Zufall war, daß Basilus den Ambiorix so unversehens und unvorbereitet überfiel, und daß ihn alle in nächster Nähe erblickten, bevor noch über seine Annäherung ein Gerücht oder eine Nachricht bekannt geworden war, so war es für den Ambiorix ein großes Glück, daß er zwar alles Waffengerät, das er bei sich trug, verlor, seine Karren und Pferde einbüßte, selbst aber dennoch dem Tode entging. Es half aber auch der Umstand, daß sein Haus mitten im Wald lag, wie überhaupt die Gallier in der Regel zum Schutz gegen die brennende Hitze ihre Wohnungen in der Nähe von Wäldern und Flüssen bauen. So konnten die Begleiter und Vertrauten des Ambiorix auf dem engen Waldweg den Angriff unserer Reiter eine kurze Weile aufhalten. Während dieses Kampfes hob ihn einer der Seinigen aufs Pferd, und der Wald deckte die Flucht. So war es größtenteils ein Werk des Glückes, einmal, daß er in die Gefahr kam, dann, daß er ihr entrann.[297]

31. Ob Ambiorix seine Truppen absichtlich nicht zusammenzog, weil er es etwa nicht für gut fand, ein offenes Treffen zu liefern, oder ob ihn der Mangel an Zeit und die plötz-

liche Ankunft der römischen Reiterei hiervon abhielt — er mochte nämlich glauben, das Hauptheer sei im Anzuge — mag dahingestellt bleiben. So viel ist gewiß, daß er Boten auf dem Lande herumschickte und seinen Leuten sagen ließ: jeder solle für sich selbst sorgen. Sie flüchteten sich deshalb teils in den Arduennenwald, teils in die weit ausgedehnten Sümpfe. Die Bewohner der Seeküste verbargen sich auf den Dünen, die dort in der Regel durch die Meeresflut entstehen. Viele verließen ihre Heimat und suchten mit ihrer ganzen Habe bei wildfremden Menschen Sicherheit. Catuvolcus, der König des halben Eburonenlandes, der gemeinsam mit Ambiorix den Plan der Empörung geschmiedet hatte, konnte seines hohen Alters wegen die Beschwerden des Krieges und der Flucht nicht überstehen, verfluchte den Ambiorix als den eigentlichen Anstifter der Erhebung mit allen Verwünschungen und vergiftete sich dann mit dem Saft des Eibenbaumes, der in Gallien und Germanien sehr häufig vorkommt.[298]

32. Die Segner[299] und Condrusen, welche zu den germanischen Stämmen zwischen den Eburonen und Treverern zählen, schickten nun Gesandte an Caesar mit der Bitte, er möge sie nicht als Feinde ansehen und überhaupt nicht glauben, daß alle Germanen diesseits des Rheines mit den Eburonen gemeinsame Sache gemacht hätten. Sie hätten an gar keinen Krieg gedacht und auch dem Ambiorix keine Hilfstruppen geschickt. Caesar zog hierüber Kundschaft von den Gefangenen ein und befahl dann den Gesandten, falls flüchtige Eburonen zu ihnen kommen sollten, diese an ihn auszuliefern. In diesem Fall werde er ihr Gebiet verschonen. Hierauf teilte er seine Streitkräfte in drei Abteilungen und ließ das große Gepäck aller Legionen nach Aduatuca[300] bringen. Das ist der Name eines Kastells, welches fast in der Mitte des Eburonenlandes liegt, wo Titurius und Aurunculejus ihr Winterlager aufgeschlagen hatten. Diesen Punkt hatte Caesar, um von anderen Gründen abzusehen, besonders deshalb gewählt, weil die Verschan-

zungen vom vorigen Jahre sich noch in gutem Zustand befanden, so daß er den Soldaten die Arbeit erleichtern konnte. Zur Bedeckung des Gepäckes ließ er die vierzehnte Legion zurück, eine von den dreien, die er jüngst ausgehoben und aus Italien hergeführt hatte. Das Kommando über diese Legion und über das Lager erhielt Quintus Tullius Cicero, dem zugleich zweihundert Reiter beigegeben wurden.
33. Nach der Teilung des Heeres ließ er den Titus Labienus mit drei Legionen gegen den Ozean in das Gebiet an der Grenze des menapischen Landes aufbrechen. Gajus Trebonius aber brach mit einer gleichen Anzahl von Legionen auf, um das Nachbarland der Aduatucer zu verheeren. Er selbst beschloß, mit den übrigen drei Legionen bis an die Scaldis (Schelde), einen Nebenfluß der Mosa (Maas)[301], und an den äußersten Rand des Arduennenwaldes vorzurücken, wohin sich dem Vernehmen nach Ambiorix mit einer Handvoll Reiter geflüchtet hatte. Bei seinem Abmarsch versprach Caesar, er werde nach sieben Tagen wieder zurück sein. Er wußte nämlich, daß an diesem Tage die zur Bedeckung zurückgelassene Legion ihre Nationen zu fassen hatte. Auch gab er dem Labienus und dem Trebonius die Weisung, falls es ohne Nachteil des Ganzen möglich wäre, an demselben Tag zurückzukehren, damit sie wieder gemeinsame Beratung pflegen, die Absichten der Feinde auskundschaften und einen neuen Operationsplan entwerfen könnten.
34. Wie wir früher berichteten[302], hatten die Feinde kein regelmäßiges Heer, keinen festen Platz, keine Besatzung, die sich hätte verteidigen können, sondern nur eine nach allen Richtungen hin zerstreute Bevölkerung. Der eine hatte sich hier, der andere dort festgesetzt, wo ihm gerade ein verstecktes Tal oder eine waldreiche Gegend oder ein schwer zugänglicher Morast Hoffnung auf Sicherheit oder Rettung bot. Solche Punkte waren den Leuten in der Nachbarschaft wohlbekannt, und man mußte sich daher außerordentlich in acht nehmen, nicht so sehr um das Heer als

Ganzes zu schützen (denn der Gesamtheit konnte von den eingeschüchterten und zersprengten Feinden keine Gefahr zustoßen), als vielmehr um nicht einzelne Soldaten zu verlieren, eine Fürsorge, von der gleichwohl zum nicht geringen Teil die Erhaltung des ganzen Heeres abhing. Denn einerseits wurden viele Soldaten durch ihre Beutelust zu weit weggelockt, andererseits machten es die Waldungen mit ihren unsicheren und versteckten Pfaden unmöglich, in Reih und Glied vorzudringen. Wollte Caesar die Sache kurz abmachen und diese frevelhafte Bande mit Stumpf und Stiel ausrotten, so hätte er mehrere Abteilungen nach verschiedenen Punkten aussenden und seine Mannschaften zersplittern müssen. Wollte er aber die Manipeln bei ihren Feldzeichen zusammenhalten, wie es die hergebrachte Sitte und Gewohnheit des römischen Heeres verlangte, so gewährte das Terrain selbst den Feinden ausreichenden Schutz, und manche von ihnen waren verwegen genug, den Unsrigen in Verstecken aufzulauern und zerstreute Soldaten zu überfallen. Diesen schwierigen Verhältnissen gegenüber traf Cäsar alle möglichen Vorsichtsmaßregeln. Obgleich alle vor Rachbegierde brannten, ließ er doch manche Gelegenheit, dem Feind zu schaden, lieber ungenutzt, als daß er dadurch das Leben seiner Soldaten aufs Spiel gesetzt hätte. Dagegen schickte er Boten zu den benachbarten Völkerschaften und rief sie alle durch die Hoffnung auf Beute zur Plünderung der Eburonen auf. Er wollte nämlich in diesen Waldungen lieber die Gallier als die Legionssoldaten der Gefahr aussetzen, zugleich sollten durch den Einbruch einer solchen Menschenmenge von allen Seiten Stamm und Name der Völkerschaft zur Strafe für jene Untat ausgetilgt werden. In kurzer Zeit kam auch wirklich von allen Seiten viel Volk herangeeilt.

*Mißlungener Versuch der Sugambrer, das Lager Ciceros
zu erstürmen*

35. So verfuhr man in allen Teilen des Eburonenlandes. Inzwischen rückte der siebte Tag heran, auf welchen Cäsar seine Rückkehr zum Troß und zu den Legionen festgesetzt hatte. Hier sollte es sich nun zeigen, wieviel im Krieg das Glück vermag, und welch sonderbare Wechselfälle es herbeiführt. Die Feinde waren, wie wir oben berichteten, zerstreut und eingeschüchtert, und es war keine feindliche Schar da, die auch nur den geringsten Anlaß zu Befürchtungen hätte geben können. Unterdessen drang das Gerücht von der Plünderung des Eburonenlandes über den Rhein zu den Germanen; jeder, der Beute machen wolle, so hieß es, sei dazu eingeladen. Daraufhin bringen die Sugambrer, die unmittelbar am Rhein wohnen und, wie wir oben erzählten[303], die flüchtigen Tencterer und Usipeter aufgenommen hatten, zweitausend Reiter zusammen. Sie überschreiten den Rhein mit Schiffen und Flößen dreißig Meilen unterhalb der Stelle, wo Caesar seine (zweite) Brücke geschlagen und jene Besatzung zurückgelassen hatte.[304] Zuerst überfallen sie das Grenzgebiet der Eburonen, fangen viele verstreute Flüchtlinge auf und erbeuten eine große Menge Vieh, was diesen rohen Völkern das wichtigste ist. Die reiche Beute verlockt sie, weiter vorzudringen. Kein Sumpf und kein Wald hält diese geborenen Krieger und Räuber auf. Sie fragen die Gefangenen nach Caesars Aufenthalt und bringen in Erfahrung, er habe sich ziemlich weit entfernt, und sein ganzes Heer sei abgezogen. Da setzt einer der Gefangenen hinzu: »Was geht ihr dieser elenden und armseligen Beute nach, da ihr doch auf einen Schlag den größten Reichtum gewinnen könnt? In drei Stunden seid ihr in Aduatuca; dort hat das römische Heer alle seine Schätze aufgehäuft. Die Besatzung ist so schwach, daß sie nicht einmal rings den Wall besetzen kann und niemand es wagt, sich vor dem Lager sehen zu lassen.« Auf diese Aus-

sicht hin lassen die Germanen ihre bereits gemachte Beute in einem Versteck zurück; sie selbst eilen nach Aduatuca unter Führung des Gefangenen, der ihnen diese Nachricht gebracht hatte.

36. Cicero hatte bisher alle Tage hindurch nach Caesars Befehl mit der größten Strenge die Soldaten im Lager gehalten und nicht einmal einen Troßknecht vor die Schanzen hinaustreten lassen. Am siebten Tage aber gab er die Hoffnung auf, daß sich Cäsar an die festgesetzte Zahl der Tage halten werde, da er von seinem weiteren Vorrücken hörte, über seine Rückkehr aber auch nicht das geringste verlautete. Zugleich wurde er durch das Gerede derer betroffen, die sein geduldiges Warten hinter den Verschanzungen eine Art Belagerung nannten, da man ja nicht einmal aus dem Lager hraustreten dürfe. Überdies sah er kein Ereignis voraus, durch das er innerhalb eines Bezirkes von drei Meilen zu Schaden kommen könne, während neun Legionen und eine sehr starke Reiterei den versprengten und fast aufgeriebenen Feinden gegenüberstanden. Er schickte daher fünf Kohorten zum Furagieren auf die nächsten Saatfelder, welche von dem Lager nur durch eine einzige Anhöhe getrennt waren. Eine Anzahl Kranker aus verschiedenen Legionen waren im Lager zurückgelassen worden. Von diesen wurden ungefähr dreihundert, die in der letzten Zeit genesen waren, zugleich mit den Kohorten unter einem Fähnlein ausgeschickt. Außerdem zog eine große Menge von Troßknechten samt zahlreichen Lasttieren, die im Lager geblieben waren, bei dieser Gelegenheit mit.

37. Gerade in diesem Augenblick und unter solch günstigen Umständen trafen die germanischen Reiter ein und versuchten sofort, wie sie angesprengt kamen, vom Hintertor aus in das Lager einzubrechen. Da auf dieser Seite Waldungen vorstanden[305], wurden sie nicht eher gesehen, als bis sie vor dem Lager standen, so daß nicht einmal den Krämern, welche davor ihre Zelte aufgeschlagen hatten, Zeit blieb, sich zurückzuziehen. Der unerwartete Vorfall bringt

unsere ahnungslosen Leute in Verwirrung; kaum hält die Kohorte auf dem Wachposten dem ersten Angriff stand. Nun umschwärmen die Feinde das Lager auf den übrigen Seiten, um womöglich irgendeinen Zugang zu finden. Mit Mühe behaupten die Unsrigen die Tore; sonstige Annäherungsversuche macht die Örtlichkeit selbst und die Lagerbefestigung unmöglich. Im ganzen Lager herrscht Zittern und Zagen, und einer fragt den andern nach der Ursache des Tumultes. Niemand weiß, wo man angreifen, wo man sich aufstellen soll. Der eine schreit, das Lager sei schon verloren, ein anderer behauptet, Heer und Feldherr seien vernichtet, die Barbaren seien als Sieger gekommen. Die meisten machen sich wegen des Ortes abergläubische Bedenken und rufen sich das Mißgeschick des Cotta und Titurius ins Gedächtnis zurück, die fast in derselben Festung ihren Untergang gefunden hätten. Durch diese Bestürzung und den allgemeinen Schrecken werden die Barbaren in ihrer Meinung bestärkt, es sei wirklich keine Besatzung drinnen, wie ihnen der Gefangene gesagt hatte. Sie suchen daher einzubrechen und ermuntern sich gegenseitig, eine so günstige Gelegenheit sich nicht aus den Händen entschlüpfen zu lassen.

38. Unter den Kranken war im Lager auch Publius Sertius Baculus zurückgelassen worden, der bei Caesar erster Centurio gewesen war, und den wir bei Gelegenheit früherer Schlachten erwähnt haben.[306] Er hatte jetzt schon fünf Tage lang keine Speise zu sich genommen. Da tritt er, über seine und seiner Genossen Rettung verzweifelnd, unbewaffnet aus seinem Zelt. Er sieht, daß der Feind herandrängt und die Sache äußerst schlimm steht. Sofort ergreift er die Waffen der Zunächststehenden und stellt sich am Tor auf. Ihm folgen die Centurionen der Kohorte, die gerade Wache hält, und vereint halten sie eine Weile den Angriff aus. Aber bald sinkt Sertius, von schweren Wunden getroffen, ohnmächtig zusammen. Mit Mühe wird er von Hand zu Hand in Sicherheit gebracht. Unterdessen haben die übrigen Zeit ge-

wonnen, sich einigermaßen zu ermannen, sie wagen bereits die Wälle zu besetzen und zeigen, daß es nicht an Verteidigern fehlt.

39. Inzwischen haben unsere Soldaten die Furagierung beendet und hören nun den Lärm. Die Reiter sprengen voraus und erkennen die Größe der Gefahr. Hier draußen aber gibt es keine Befestigung, welche die Erschrockenen aufnehmen könnte. Eben ausgehoben, ohne alle Kriegserfahrung, starren sie den Kriegstribunen und die Centurionen an und erwarten deren Befehle. Auch der Tapferste wird durch diesen unerwarteten Zwischenfall außer Fassung gebracht. Sowie die Barbaren unsere Feldzeichen in der Ferne erblicken, lassen sie von der Belagerung ab. Zuerst glauben sie, die Legionen seien zurückgekehrt, die doch nach der Aussage der Gefangenen weitergezogen sein sollten. Bald aber fallen sie mit Verachtung des kleinen Häufleins von allen Seiten darüber her.

40. Die Troßknechte laufen auf den nächsten Hügel voraus. Von dort schnell heruntergejagt, werfen sie sich auf die Feldzeichen und Manipeln und setzen die ohnehin schon furchtsamen Soldaten noch mehr in Verwirrung. Die einen stimmen dafür, sich rasch in Kolonne zu formieren und sich rasch durchzuschlagen; das Lager sei ja ganz nahe, und wenn auch ein Teil dabei umzingelt würde und umkäme, so könnten doch die übrigen sicherlich gerettet werden. Andere hingegen meinen, man solle sich insgesamt auf der Anhöhe aufstellen und Glück oder Unglück miteinander teilen. Dies mißbilligen aber die alten Soldaten, die, wie oben erwähnt, unter einem Fähnlein mit ausgerückt waren. Sie sprechen sich gegenseitig Mut zu, brechen unter Führung ihres Befehlshabers Gajus Trebonius, eines römischen Ritters, mitten durch die Feinde hindurch und gelangen glücklich in das Lager, ohne einen Mann verloren zu haben. Die Troßknechte und die Reiter stürmen gleichzeitig mit ihnen vor und werden durch die Tapferkeit der Soldaten gleichfalls gerettet. Anders erging es den Kohor-

ten, welche auf der Anhöhe Stellung genommen hatten. Noch ohne alle Erfahrung im Krieg konnten sie weder an dem einmal gefaßten Plan festhalten und sich auf der Anhöhe verteidigen, noch auch das Beispiel der Kraft und Schnelligkeit nachahmen, das ihnen die anderen in so erfolgreicher Weise gegeben hatten. Bei ihrem Versuch, sich ins Lager zu retten, gerieten sie auf ungünstiges Terrain. Ihre Centurionen, von denen einige aus den unteren Rangstufen der übrigen Legionen ihrer Tapferkeit wegen in höhere bei dieser Legion versetzt worden waren, leisteten tapfersten Widerstand, um ihren früher erworbenen militärischen Ruf nicht zu verlieren, und fielen. Durch ihre Tapferkeit wurden indessen die Feinde etwas zurückgedrängt, und so gelangte ein Teil der Soldaten wider Erwarten unversehrt ins Lager; die übrigen wurden von den Barbaren umringt und niedergehauen.

41. Als nun die Germanen sahen, daß die Unsrigen auf den Verschanzungen festen Fuß gefaßt hatten, zweifelten sie an der Eroberung des Lagers und zogen sich mit der in den Wäldern versteckten Beute über den Rhein zurück. Aber selbst nach dem Abzug der Feinde herrschte noch großer Schrecken, und als Gajus Volusenus in der folgenden Nacht mit der Reiterei vor dem Lager erschien, wollte es ihm niemand glauben, daß Caesar mit seinem Heer wohlbehalten anrückte. Die Furcht hatte alle so sehr ergriffen, daß sie wie verblendet behaupteten, Caesars Fußvolk müsse aufgerieben und nur der Reiterei die Flucht hierher gelungen sein; denn wenn das Heer wirklich noch unversehrt wäre, sagte man, so würden die Germanen das Lager gewiß nicht angegriffen haben. Erst Caesars Ankunft machte dieser Angst ein Ende.

42. Vertraut mit den Wechselfällen des Krieges, rügte Caesar bei seiner Rückkehr nur das eine, daß man die Kohorten von ihrem Posten und aus dem festen Lager habe ausrücken lassen; man hätte die Möglichkeit eines noch so geringen Unfalles vermeiden sollen. Seiner Ansicht nach hat-

te man dem Glück bei diesem feindlichen Überfall besonders viel zu verdanken; dies um so mehr, als es gelungen
sei, die Feinde bereits unter dem Tor und am Wall zurückzutreiben. Das Wunderlichste bei der ganzen Geschichte
war der Umstand, daß die Germanen über den Rhein gegangen waren in der Absicht, das Gebiet des Ambiorix zu plündern, dann aber durch ihre zufällige Ableitung auf das römische Lager dem Ambiorix den unverhofftesten Dienst geleistet hatten.

Verwüstung des Landes der Eburonen

43. Caesar brach nun von neuem auf, um die Feinde zu
züchtigen, und brachte aus den benachbarten Völkerschaften eine große Menge Volk zusammen, das er nach allen
Seiten hin entsandte. Alle Flecken und alle Gehöfte, die
man nur zu Gesicht bekam, wurden niedergebrannt, und
Beute aus allen Orten weggeschleppt. Was an Getreide
nicht von dieser großen Masse Menschen und Vieh aufgezehrt wurde, lag durch die schlechte Jahreszeit und die Regengüsse darnieder. Man konnte daher erwarten, daß diejenigen, welche sich etwa noch für den Augenblick verborgen hatten, nach dem Abzug des römischen Heeres aus
Mangel an allen Dingen dennoch zugrunde gehen würden.
Da unsere zahlreiche Reiterei nach allen Seiten hin verteilt
war, kam es oft vor, daß Feinde bei ihrer Gefangennahme
behaupteten, sie hätten soeben noch den Ambiorix auf der
Flucht gesehen und hätten ihn auch noch nicht ganz aus
den Augen verloren. Dies gab der Hoffnung, ihn zu ergreifen, immer neue Nahrung, so daß diejenigen, die sich bei
Caesar in die höchste Gunst setzen wollten, sich unsägli-
che Mühe gaben und sich fast über ihre Kräfte anstrengten,
wobei sie stets nur knapp ihr Glück zu verfehlen schienen.
Ambiorix aber rettete sich durch Schlupfwinkel und Wald-
schluchten und flüchtete im Schutz der Dunkelheit nach

immer neuer Richtung von einem Ort zum andern, wobei ihn nur vier Reiter begleiteten, denen allein er sein Leben anzuvertrauen wagte.

Strafgericht zu Durocortorum, Hinrichtung Accos. Caesar reist nach Italien

44. Nachdem das Land in dieser Weise verwüstet war, führte Caesar sein Heer mit einem Verlust von zwei Kohorten nach Durocortorum, der Hauptstadt der Remer, zurück. Dahin berief er auch einen Landtag für ganz Gallien und ließ dann über die Verschwörung der Senonen und Carnuten eine Untersuchung anstellen. Acco, der Urheber jenes Planes, wurde zum Tode verurteilt und nach althergebrachter Weise hingerichtet.[306a] Einige andere flüchteten aus Furcht vor dem Richterspruch. Nachdem Caesar sie in die Acht erklärt hatte, legte er zwei Legionen an die Grenzen der Treverer, zwei ins Land der Lingonen, die sechs übrigen ins Gebiet der Senonen nach Agebincum in die Winterquartiere, versorgte das Heer mit Lebensmitteln und reiste nach seiner Gewohnheit nach Italien, um Gerichtstage zu halten.

SIEBTES BUCH

Der Krieg mit Vercingetorix

Neue Kriegspläne der Gallier

1. Nachdem Gallien also zur Ruhe gebracht worden war,
ging Caesar einem Entschluß zufolge nach Italien, um Gerichtstage zu halten. Dort erfuhr er von der Ermordung des
Clodius[307] und wurde gleichzeitig von dem Senatsbeschluß
benachrichtigt, nach welchem sämtliche waffenfähige junge Männer Italiens den Fahneneid leisten sollten; er befahl
daher, eine Aushebung in der Provinz zu veranstalten. Die
Nachrichten davon verbreiteten sich rasch in das jenseitige
Gallien. Die Gallier übertrieben noch die Sache durch er-
dichtete Gerüchte in wohlberechneter Weise; Caesar werde durch eine Bewegung in Rom selbst zurückgehalten und
könne wegen der bedeutenden Unruhen nicht zum Heer
kommen. Da die Gallier schon vorher die Herrschaft des
römischen Volkes mit Unwillen ertrugen, gedachten sie
jetzt, die günstige Gelegenheit zu benützen, und begannen
ziemlich unverhohlen und kühn, kriegerische Pläne zu
schmieden. Ihre Häuptlinge hielten in Wäldern und an ab-
gelegenen Orten Zusammenkünfte, beklagten Accos Hinrichtung, erklärten, dasselbe Schicksal könne auch sie treffen, bejammerten das gemeinsame Los Galliens und forderten endlich durch alle möglichen Versprechungen und Belohnungen das Volk auf, den Krieg zu eröffnen und auf Gefahr des eigenen Lebens die Freiheit Galliens zu erringen.
Vor allem, sagten sie, müsse man darauf bedacht sein, Caesar von seinem Heer abzuschneiden, ehe ihre geheimen

185

Umtriebe bekannt würden. Dies sei übrigens leicht, da einerseits die Legionen in Abwesenheit des Oberfeldherrn ihre Winterquartiere nicht zu verlassen wagten, andererseits der Oberfeldherr ohne Bedeckung nicht zu den Legionen gelangen könne. Endlich sei es rühmlicher, auf dem Schlachtfeld zu sterben, als den alten Kriegsruhm und die von den Vorfahren überkommene Freiheit nicht wiederzuerobern.

Empörung der Carnuten. Der Arverner Vercingetorix
stellt sich an die Spitze der Bewegung

2. Nach diesen Verhandlungen erboten sich die Carnuten, um der allgemeinen Wohlfahrt willen jede Gefahr zu übernehmen, und versprachen zugleich, als die ersten von allen loszuschlagen. Da man sich aber in diesem Augenblick durch gegenseitige Stellung von Geiseln keine Bürgschaft leisten könne, ohne daß die Sache an den Tag käme, so verlangten sie die eidliche Versicherung, daß man sie nach Beginn des Krieges nicht im Stich lassen werde. Bei einer solchen Eidesleistung werden in Gallien die Feldzeichen zusammengestellt, und es ist dies der feierlichste religiöse Brauch, der bei ihnen üblich ist. Da wurden die Carnuten allgemein belobt, sämtliche Anwesende leisteten den Eid; dann setzte man den Zeitpunkt der Erhebung fest und ging auseinander.

3. Sobald nun der bestimmte Tag erschien, strömten die Carnuten unter der Führung des Gutruatus und Conconnetodumnus, zweier verzweifelter Menschen, auf ein gegebenes Zeichen nach Cenabum[308], ermordeten die römischen Bürger, die sich dort als Handelsleute niedergelassen hatten[309], unter anderen auch einen ehrenwerten römischen Ritter, den Gajus Fufius Cita, dem Caesar die Aussicht über das Getreidewesen übertragen hatte, und plünderten deren Habe. Schnell verbreitete sich das Gerücht zu allen gallischen Völkerschaften. Denn wo immer ein Ereignis von größerer Bedeutung vorfällt, verkünden es die Gallier

durch Zuruf über die Felder und Bezirke. Diesen Zuruf nehmen wieder andere auf und geben ihn an die nächsten weiter, wie das auch damals der Fall war. Denn was zu Cenabum bei Sonnenaufgang vorgefallen war, wurde in dem Gebiete der Arverner schon vor dem Ende der ersten Nachtwache bekannt, obwohl die Entfernung 160 Meilen beträgt.

4. In ähnlicher Weise erhob sich dort der Arverner Vercingetorix, der Sohn des Celtillus, ein junger Mann von höchster Machtstellung, dessen Vater einst den ersten Rang in ganz Gallien eingenommen hatte und, weil er nach der Königskrone strebte, von seinen Mitbürgern getötet worden war. Vercingetorix also ruft seine Hörigen zusammen und setzt sie bald in Feuer und Flamme. Wie aber sein Vorhaben bekannt wird, greift man zu den Waffen. Sein eigener Oheim Gobannitio und die übrigen Fürsten, die nicht der Ansicht sind, daß man alles aufs Spiel setzen dürfe, treten ihm hindernd entgegen und vertreiben ihn aus der Stadt Gergovia.[310] Dennoch steht er von seinem Vorhaben nicht ab, sondern hält auf dem Lande eine Aushebung von Hungerleidern und anderem Gesindel. An der Spitze dieser Schar weiß er seine Landsleute, wohin immer er kommt, auf seine Seite zu bringen. Er ermahnt sie, für die gemeinsame Freiheit die Waffen zu ergreifen, bringt bedeutende Streitkräfte zusammen und vertreibt seine Gegner, welche ihn kurz vorher verjagt hatten, nun selbst aus der Stadt. Die Seinigen nennen ihn König; er schickt Gesandtschaften in alle Welt und beschwört die Gallier, ihrem Eid treu zu bleiben. Schnell geht er Verbindungen ein mit den Senonen, Parisiern, Pictonen, Cadurcern[311], Turonern, Aulercern, Lemovicern[312], Anden und allen übrigen Stämmen, die am Ozean wohnen. Nach einstimmigem Beschluß wird ihm der Oberbefehl übertragen. Mit dieser Gewalt bekleidet, fordert er von allen genannten Völkerschaften Geiseln und befiehlt ihnen, eine bestimmte Anzahl Soldaten in kürzester Frist zu stellen. Er bestimmt auch, wieviel Waffen jeder Stamm und bis zu welcher Zeit er diese in seinem

Gebiete fertig haben soll. Sein Hauptaugenmerk richtet er auf die Reiterei. Mit der größten Umsicht verbindet er die größte Strenge der Kriegszucht. Durch schwere Strafen bringt er die Schwankenden zum Entschluß. Wer sich eines größeren Verbrechens schuldig gemacht hat, den läßt er durch Feuer und alle möglichen Martern töten, bei geringeren Vergehen schickt er die Leute mit abgeschnittenen Ohren oder auf einem Auge geblendet nach Hause, damit sie den übrigen zum warnenden Beispiel dienten und andere durch die Größe der Strafe in Schrecken setzten.

5. Nachdem er durch dieses Schreckenssystem bald ein Heer zusammengebracht hatte, sandte er den Cadurcer Lucterius, einen äußerst verwegenen Menschen, mit einem Teil seiner Truppen in das Gebiet der Rutenen, während er selbst in das der Bituriger[313] marschierte. Bei seiner Annäherung schickten die Bituriger an die Häduer, ihre Schutzherren, Gesandte mit der Bitte um Unterstützung, um den feindlichen Truppen desto leichter Widerstand leisten zu können. Die Häduer sandten auf den Rat der Legaten, die Caesar beim Heer zurückgelassen hatte, sowohl Fußvolk wie Reiterei den Biturigern zu Hilfe. Nachdem diese Truppen bis an den Liger (Loire) gekommen waren, welcher die Grenze zwischen den Biturigern und den Häduern bildet, verweilten sie dort einige Tage, ohne den Übergang über den Fluß zu wagen. Endlich kehrten sie nach Hause zurück und meldeten unseren Legaten, sie seien aus Furcht vor der Treulosigkeit der Bituriger umgekehrt; diese hätten nämlich ihren Nachrichten zufolge die Absicht gehabt, sie nach dem Übergang über den Fluß auf der einen Seite selbst zu umzingeln, auf der anderen durch die Arverner umzingeln zu lassen. Ob dies die Häduer wirklich aus dem Grunde taten, den sie den Legaten angaben, oder aus Treulosigkeit, läßt sich bei dem Mangel an sicheren Nachrichten nicht mit Gewißheit entscheiden. Die Bituriger aber vereinigten sich sofort nach dem Abzuge der Häduer mit den Arvernern.

Caesar überfällt die Arverner

6. Als Caesar von diesen Vorfällen in Italien Nachricht erhielt, reiste er nach dem transalpinischen Gallien ab, weil er bereits wußte, daß die Zustände in Rom durch die Entschlossenheit des Gaius Pompeius so ziemlich geordnet waren. In Gallien angekommen, befand er sich in großer Verlegenheit, wie er zu seinem Heer gelangen könnte. Wollte er seine Legionen zu sich in die Provinz kommen lassen, so mußten sie sich voraussichtlich trotz seiner Abwesenheit auf dem Marsch in eine Schlacht einlassen; wollte er sich aber selbst zu seinem Heer begeben, so durfte er in dieser Zeit sein Heil füglich nicht einmal jenen Galliern anvertrauen, welche sich anscheinend ruhig verhielten.

7. Unterdessen brachte der Cadurcer Lucterius, der zu den Rutenen geschickt worden war, diesen Volksstamm auf die Seite der Arverner. Hierauf rückte er weiter vor in die Gebiete der Nitiobriger[314] und Gabaler[315], ließ sich von beiden Völkerschaften Geiseln stellen, zog eine bedeutende Streitmacht zusammen und schickte sich an, in die Provinz in der Richtung auf Narbo[316] einzufallen. Auf die Kunde davon glaubte Caesar, vor allem anderen selbst nach Narbo eilen zu müssen. Dort angekommen, ermutigte er die Furchtsamen und legte Besatzungen in alle Punkte zunächst dem Feinde, nämlich in die Gebiete der zur Provinz gehörigen Rutenen, der arecomischen Volker, der Tolosaten und in die Umgegend von Narbo. Einen Teil der Truppen aus der Provinz samt der Ergänzungsmannschaft, die er aus Italien herbeigeführt hatte, ließ er im Gebiet der Helvier[317] an der arvernischen Grenze zusammenkommen.

8. Lucterius war durch diese Vorkehrungen so gut wie zurückgedrängt und abgeschlagen, da es ihm zu gefährlich schien, zwischen den römischen Besatzungen einzudringen. Caesar zog daher in das Land der Helvier. Und obgleich das Cevennengebirge, das die Grenze zwischen den

Arvernern und Helviern bildet, in der rauhesten Jahreszeit des tiefen Schnees wegen den Marsch hinderte, so wurde dennoch durch die äußerste Anstrengung der Soldaten der sechs Fuß tiefe Schnee weggeräumt, so daß man einen Weg erhielt und Caesar wirklich das Gebiet der Arverner erreichte. Diese sahen sich also ganz wider Erwarten überfallen, weil sie sich hinter den Cevennen so sicher wie hinter einer Mauer geglaubt hatten und sonst nicht einmal für einen einzelnen Menschen zu dieser Jahreszeit die Pfade gangbar gewesen waren. Caesar befahl der Reiterei, soweit als möglich umherzustreifen und die Feinde nach Möglichkeit in Schrecken zu setzen. Gerüchte und Boten brachten die Kunde bald zu Vercingetorix. Erschreckt umringen ihn die Arverner und beschwören ihn, für ihr Hab und Gut Sorge zu tragen und sie nicht vom Feinde ausplündern zu lassen, zumal da er sähe, daß sich der ganze Krieg auf ihr Land wälze. Durch ihre Bitten läßt sich Vercingetorix bewegen, aus dem Lande der Bituriger aufzubrechen und in das der Arverner zu ziehen.

Caesar erobert Vellaunodunum, Cenabum, Noviodunum.

9. Weil aber Caesar vorhersah, daß es mit dem Vercingetorix so kommen werde, verweilte er nur zwei Tage in jenen Gegenden und verließ dann das Heer unter dem Vorwand, Verstärkungen und Reiterei zusammenziehen zu wollen. Den Oberbefehl über diese Truppen übertrug er dem jungen Brutus und gab ihm die Weisung, die Reiterei nach allen Richtungen soweit als möglich ausstreifen zu lassen; er selbst werde sich bemühen, nicht länger als drei Tage vom Lager fernzubleiben. Nach diesen Anordnungen eilte er in möglichst großen Märschen nach Vienna, wo er bei seinen Leuten ganz wider Erwarten eintraf. Hier fand er die Reiterei vor, welche bei frischen Kräften war, da er sie schon vor vielen Tagen dahin vorausgeschickt hatte; mit dieser marschierte er bei Tag und bei Nacht ununterbrochen durch

190

das Häduerland ins Gebiet der Lingonen[318], wo zwei Legionen in den Winterquartieren lagen, um, falls auch die Häduer gegen seine persönliche Sicherheit einen Anschlag im Sinne hätten, ihnen durch seine Schnelligkeit zuvorzukommen. Nach seiner Ankunft schickte er zu den übrigen Legionen und zog alle auf einen Punkt zusammen[319], bevor noch die Arverner von seiner Annäherung benachrichtigt werden konnten. Auf die Kunde davon führte Vercingetorix sein Heer wieder ins Gebiet der Bituriger zurück, marschierte von da nach Gorgobina[320], der Stadt der Boier, welche Caesar nach ihrer Niederlage in der Schlacht gegen die Helvetier dort angesiedelt und unter den Schutz der Häduer gestellt hatte[321], und traf Anstalten zur Belagerung.

10. Diese Wendung der Dinge setzte Caesar in große Verlegenheit, so daß es ihm schwer war, einen Entschluß zu fassen. Hielt er für den Rest des Winters seine Legionen an einem Ort zusammen, so wurde möglicherweise jene den Häduern zinspflichtige Stadt erobert, und es fiel dann ganz Gallien von ihm ab, weil man glauben mußte, daß sich seine Freunde keine sichere Hilfe von ihm versprechen könnten. Rückte er dagegen vor der Zeit aus den Winterquartieren, so sah er in dem erschwerten Nachschub eine Gefahr für das Proviantwesen. Dennoch hielt er es für vorteilhafter, alle diese Beschwerden zu ertragen, als sich einer so großen Schmach auszusetzen und sich dadurch die Gesinnung aller seiner Anhänger zu entfremden. Er wies also die Häduer an, für die Zufuhr zu sorgen, und schickte Boten zu den Boiern voraus, welche ihnen seine nahe Ankunft melden und sie auffordern sollten, in ihrer Treue zu verharren und den Angriff der Feinde mit Standhaftigkeit auszuhalten. Zwei Legionen und das große Gepäck des ganzen Heeres ließ er zu Agedincum (Sens) zurück und brach dann zu den Boiern auf.

11. Am zweiten Tage erreichte er die Stadt der Senonen, Vellaunodunum[322]. Um keinen Feind in seinem Rücken zu lassen und sich die Verproviantierung zu erleichtern, traf er

Anstalten, die Stadt zu belagern, und schloß sie innerhalb zweier Tage mit Verschanzungen ein. Als am dritten Tag Abgeordnete aus der Stadt erschienen, um ihre Unterwerfung anzutragen, befahl er die Auslieferung der Waffen und Saumtiere und die Stellung von sechshundert Geiseln. Zur Ausführung seiner Befehle ließ er den Legaten Gaius Trebonius zurück, um selbst möglichst rasch seinen Marsch fortsetzen zu können. Nunmehr rückte er gegen Cenabum im Land der Carnuten vor. Diese hatten aber eben erst Nachricht erhalten, daß Vellaunodunum belagert würde, und in der Meinung, die Belagerung werde sich in die Länge ziehen, waren sie noch damit beschäftigt, eine Besatzung zu bilden, die sie zur Verteidigung Cenabums aussenden wollten. In zwei Tagen war Caesar dort und schlug sein Lager vor der Stadt auf. Von der Nacht übereilt, verschob er zwar die Bestürmung auf den folgenden Tag, ließ aber von den Soldaten die nötigen Vorbereitungen treffen. Weil eine Brücke aus der Stadt Cenabum über den Liger führte, fürchtete Caesar, die Einwohner könnten während der Nacht aus der Stadt entfliehen, und ließ daher zwei Legionen unter den Waffen biwakieren. In der Tat verließen die Cenabenser kurz vor Mitternacht in aller Stille die Stadt und begannen über den Fluß zu gehen. Kaum aber erhielt Caesar durch seine Kundschafter davon Nachricht, ließ er die Tore in Brand stecken und die Legionen, welche er in Bereitschaft gehalten hatte, einrücken. So bemächtigte er sich der Stadt, und fast alle ihre Bewohner, sehr wenige ausgenommen, fielen ihm lebend in die Hände, weil die schmale Brücke und die engen Wege der großen Menge die Flucht unmöglich machten. Caesar ließ die Stadt plündern und anzünden; die Beute schenkte er seinen Soldaten. Dann führte er das Heer über den Liger und gelangte ins Land der Bituriger.

12. Sobald Vercingetorix von Caesars Annäherung Nachricht erhielt, hob er die Belagerung auf und zog ihm entgegen. Caesar hatte unterdessen Anstalten getroffen, die auf

seiner Marschlinie gelegene Stadt der Bituriger, Noviobu-
num, zu belagern. Als nun aus der Stadt Gesandte zu ihm
kamen und ihn um Gnade und Schonung baten, befahl ihnen Caesar, Waffen und Pferde auszuliefern und Geiseln zu
stellen, um seine übrigen Absichten mit eben der Geschwindigkeit auszuführen, welcher er seine meisten Erfolge verdankte. Ein Teil der Geiseln war bereits übergeben
und die übrigen Geschäfte im Gange, Centurionen und einige Soldaten waren in die Stadt kommandiert, um die
Waffen und Saumtiere in Empfang zu nehmen; da erblickte
man in der Ferne die feindliche Reiterei, welche den Vortrab des Vercingetorix bildete. Sobald die Stadtbewohner
sie erblickten und Hoffnung auf Entsatz faßten, begannen
sie unter lautem Geschrei die Waffen zu ergreifen, die Tore
zu schließen und die Mauer zu besetzen. Als die Centurionen in der Stadt aus dem Gebaren der Gallier erkannten,
daß etwas Besonderes im Gang sei, zogen sie die Schwerter
und besetzten die Tore; so gelang es ihnen, alle ihre Leute
glücklich ins Lager zu bringen.

13. Caesar ließ die Reiterei aus dem Lager rücken und zum
Angriff vorgehen. Als die Unsrigen bald ins Gedränge kamen, schickte er ihnen ungefähr vierhundert germanische
Reiter zu Hilfe, die er seit Beginn des Feldzuges bei sich zu
haben pflegte. Deren Ansturm konnten die Gallier nicht
aushalten, sie wurden in die Flucht geschlagen und mußten sich mit erheblichem Verlust zum Haupttheer zurückziehen. Nach ihrer Niederlage gewann bei den Städtern die
Furcht wieder die Oberhand, sie ergriffen diejenigen, welche sie für die Urheber des Aufstandes hielten, führten sie
vor Caesar und ergaben sich ihm. Hierauf zog Caesar gegen
Avaricum[323], die größte und festeste Stadt im Land der Bituriger, welche in einer überaus gesegneten Ebene gelegen
war; denn er war überzeugt, daß er durch die Einnahme dieser Stadt die Völkerschaft der Bituriger unter seine Gewalt
bringen werde.

Caesar erobert Avaricum, die feste Stadt der Bituriger
14. Nach diesen aufeinanderfolgenden Niederlagen bei Vellaunodunum, Cenabum und Noviodunum berief Vercingetorix die Seinigen zu einem Kriegsrat. Hier setzte er auseinander, der Krieg müsse auf eine ganz andere Art geführt werden, als bisher geschehen sei. Auf alle mögliche Weise müsse man danach trachten, die Römer an Furagierungen zu hindern und ihnen die Zufuhr abzuschneiden. Das sei eine Kleinigkeit, da sie selbst Reiterei im Überfluß hätten und auch durch die Jahreszeit begünstigt würden. Futter könne noch nicht geschnitten werden; die Feinde müßten sich daher notwendigerweise zerstreuen, um es aus den Gehöften zu holen. Alle diese Abteilungen könnten von der gallischen Reiterei Tag für Tag aufgerieben werden. Überdies müßten dem Gemeinwohl alle Sonderinteressen geopfert, müßten Ortschaften und Gehöfte nach allen Richtungen hin niedergebrannt werden, soweit die Römer auf ihrem Zug die Furagierungen ausdehnen könnten. Sie selbst hätten an allen Dingen Überfluß, denn auf dem jeweiligen Kriegsschauplatz werde man sie mit Vorräten unterstützen. Die Römer hingegen würden entweder dem Mangel erliegen oder mit großer Gefahr immer weiter von ihrem Lager sich entfernen müssen. Im Grunde komme es auf eines hinaus, ob man sie selbst niedermache oder sie ihres Gepäckes beraube, da sie nach dessen Verlust den Krieg nicht fortsetzen könnten. Außerdem müßten alle Städte niedergebrannt werden, welche nicht durch Befestigungswerke und ihre Lage gegen jegliche Gefahr geschützt seien, damit sie weder ihren eigenen Leuten, die sich dem Kriegsdienst entziehen wollten, zu Schlupfwinkeln dienten, noch den Römern offenstünden, um aus ihnen Proviantvorräte und andere Beute auf die Seite zu schaffen. Wenn dies hart oder bitter schiene, so halte er es doch für viel härter, wenn ihre Kinder und Weiber in die Sklaverei geschleppt und sie selbst hingemordet würden, ein Schicksal, das sie im Falle der Niederlage sicher treffen müßte.

15. Dieser Vorschlag fand allgemeine Zustimmung, und innerhalb eines Tages wurden über zwanzig Städte der Bituriver in Brand gesteckt. Ganz dasselbe geschah bei den übrigen Völkerschaften; allenthalben sah man Feuersbrünste. So schmerzlich dies nun auch den Leuten war, so trösteten sie sich doch mit der Hoffnung, sie würden, da sie den Sieg nun fest in Händen hätten, das Verlorene halb wiedergewinnen. Zu der allgemeinen Versammlung wird auch über das Schicksal von Avaricum verhandelt, ob man es niederbrennen oder verteidigen solle. Da werfen sich die Bituriger den übrigen Galliern zu Füßen und bitten, man solle sie doch nicht zwingen, die schönste Stadt fast von ganz Gallien, den Hort und die Zierde ihres Landes, mit eigenen Händen in Brand zu stecken. Es würde ihnen, so versichern sie, bei der natürlichen Lage der Stadt leicht sein, sie zu verteidigen, weil sie, fast auf allen Seiten von Fluß und Sumpf umgeben, nur einen einzigen und dazu sehr engen Zugang habe.[324] Ihre Bitten fanden Erhörung; Vercingetorix war zwar anfangs dagegen, ließ sich aber dann durch die Bitten der Bituriger und die Teilnahme des Volkes bestimmen, nachzugeben. Eine geeignete Besatzung zur Verteidigung der Stadt wurde auserlesen.

16. Vercingetorix rückte dem Caesar in kleineren Tagemärschen nach und wählte sich einen durch Sümpfe und Wälder geschützten Lagerplatz, sechzehn Meilen von Avaricum. Hier ließ er sich durch regelmäßige Patrouillen zu jeder Tageszeit über alle Vorgänge bei Avaricum Bericht erstatten und gab alsdann die nötigen Befehle. Alle unsere Streifzüge nach Futter und Proviant beobachtete er, griff die einzelnen Abteilungen an, wenn sie sich notgedrungen etwas weit vom Lager entfernten, und fügte ihnen viel Schaden zu, obwohl man von unserer Seite auf jede erdenkliche Weise vorzubeugen suchte, indem man zu unbestimmten Zeiten und auf verschiedenen Wegen auszog.

17. Caesar hatte sein Lager auf jener Seite der Stadt aufgeschlagen, die vom Fluß und den Sümpfen freigelassen, wie

oben erwähnt, nur einen schmalen Zugang darbietet. Hier begann er einen Belagerungsdamm aufzuwerfen, Schutzdächer vorzuschieben und zwei Türme zu errichten; denn eine Einschließung mit Verschanzungen wurde durch die Örtlichkeit unmöglich gemacht. Bezüglich der Verproviantierung hörte er nicht auf, die Boier und die Häduer zu mahnen; aber die letzteren schafften ihm keinen besonderen Nutzen, da sie nicht den besten Willen hatten, und die ersteren, ein ganz kleines und unbedeutendes Volk, besaßen nur geringe Vorräte und hatten daher ihre Habe bald selbst aufgezehrt. Da nun die Boier nichts hatten, die Häduer saumselig waren und die Gehöfte in Asche lagen, hatte das Heer unter den größten Verpflegungsschwierigkeiten in einem Maße zu leiden, daß die Soldaten mehrere Tage hindurch kein Brot erhielten und nur mit dem Fleisch des Viehes, das aus weit entlegenen Ortschaften herbeigeholt wurde, ihren äußersten Hunger stillen konnten. Dessenungeachtet hörte man keinen Laut von ihnen, welcher der Würde des römischen Volkes und ihre bisherigen Siegesruhm unwürdig gewesen wäre. Ja, als Caesar einzelne Legionen bei der Arbeit anredete und ihnen sagte, er wolle von der Belagerung abstehen, wenn sie den Mangel allzuhart empfänden, da baten sie ihn einstimmig, dies nicht zu tun. Mehrere Jahre hätten sie nun schon unter seinem Oberbefehl gedient, ohne einen Schimpf auf sich sitzen zu lassen, ohne irgendwo unverrichteter Sache abzuziehen. Sie müßten es aber für einen Schimpf halten, wenn sie die begonnene Belagerung aufgeben sollten. Rühmlicher sei es, alles Ungemach zu ertragen, als den römischen Bürgern, welche zu Cenabum durch die Treulosigkeit der Gallier umgekommen wären, ihr Totenopfer zu versagen. Ganz dieselbe Erklärung mußten auf ihr Ansuchen die Centurionen und Kriegstribunen vor Caesar wiederholen.

18. Als die Türme sich schon der Mauer näherten, erfuhr Caesar von den Gefangenen, Vercingetorix habe sich aus Mangel an Futter näher an Avaricum herangezogen und sei

in eigener Person mit der Reiterei und den leichten Truppen, die zwischen den Reitern zu kämpfen pflegten, ausgerückt, um den Unsrigen in der Gegend einen Hinterhalt zu
legen, wo sie nach seiner Annahme am folgenden Tage furagieren würden. Auf die Kunde davon brach Caesar um
Mitternacht in aller Stille auf und erschien frühmorgens
vor dem Lager der Feinde. Diese hatten jedoch durch ihre
Kundschafter das Anrücken Caesars rechtzeitig erfahren;
sie verbargen daher ihre Karren und ihr schweres Gepäck in
dichten Waldungen und stellten alle ihre Truppen auf einer
offenen Anhöhe in Schlachtordnung auf. Caesar ließ auf
diese Meldung schnell das Gepäck zusammentragen und
die Waffen zum Gefechte bereitmachen.
19. Die Anhöhe erhob sich von ihrem Fuße an sanft aufwärts. Fast auf allen Seiten umgab sie ein Sumpf, der nicht
über fünfzig Fuß breit, aber schwer und mühsam zu passieren war. Auf der erwähnten Anhöhe blieben die Gallier,
nachdem sie die Brücken abgebrochen hatten, stehen, voll
Vertrauen auf die natürliche Lage des Ortes. Nach Völkerschaften aufgestellt, hielten sie alle Furten und waldigen
Stellen besetzt, bereit und entschlossen, sich auf die Römer
von der Anhöhe herabzustürzen, wenn sie beim Versuch,
über den Sumpf zu kommen, steckenblieben. Wer sah, wie
nahe sich die Heere gegenüberstanden, konnte glauben, die
Feinde böten uns einen Kampf unter fast gleichen Bedingungen an; wer aber die Ungleichheit der Lage durchschaute, mußte er erkennen, daß ihr Verhalten nur eitle Prahlerei war. Caesars Soldaten waren entrüstet darüber, daß die
Feinde ihren Anblick in so geringer Entfernung auszuhalten vermochten, und verlangten ungestüm das Zeichen zur
Schlacht. Caesar aber machte ihnen begreiflich, mit welch
großen Verlusten, mit dem Tode wie vieler tapferer Männer der Sieg erkauft werden müßte. Gerade weil er sie so
mutig und entschlossen sehe, für seinen Ruhm jede Gefahr
zu bestehen, könnte er es nie und nimmer verantworten,
wenn er ihr Leben nicht höher schätzte als sein eigenes. So

beruhigte er die Soldaten, führte sie an demselben Tage ins Lager zurück und setzte die Anstalten zur Belagerung fort. 20. Als Vercingetorix zu den Seinigen zurückkehrte, wurde er des Verrates beschuldigt, weil er sich den Römern genähert, weil er sich mit der ganzen Reiterei entfernt, weil er so bedeutende Streitkräfte ohne Oberbefehl zurückgelassen habe, endlich weil die Römer gleich nach seiner Entfernung diesen vorteilhaften Augenblick benutzt hätten und mit solcher Geschwindigkeit angerückt wären. Diese Umstände hätten nicht so zufällig und ohne Absicht zusammentreffen können. Er wolle eben die gallische Königskrone lieber aus Caesars Händen als durch ihre Gunst empfangen. Auf diese Anschuldigung antwortete Vercingetorix: aufgebrochen sei er aus Mangel an Futter auf ihr eigenes Zureden; näher an die Römer sei er herangerückt, weil er hier einen günstig gelegenen Platz gefunden habe, der durch seine natürliche Festigkeit geschützt sei; die Reiterei sei in dieser sumpfigen Gegend nicht verwendbar und vollkommen entbehrlich gewesen, während sie ihm dort, wohin er zog, die besten Dienste geleistet habe; den Oberbefehl habe er bei seiner Entfernung absichtlich niemandem übertragen, damit sich nicht etwa sein Stellvertreter durch die Kampflust der Menge zu einer Entscheidungsschlacht verleiten ließe, denn nur nach einer solchen, das sehe er wohl, sehnten sie sich, und zwar lediglich aus Schwäche, weil sie die Strapazen nicht länger ertragen könnten. Seien die Römer zufällig erschienen, so müßten sie dem Glück danken, seien sie aber durch irgendeine Anzeige herbeigerufen, so müßten sie dem Verräter Dank wissen; denn von der Höhe aus hätten sie die geringe Zahl der Römer sehen wie auch der Tapferkeit derselben Hohn sprechen können, die, ohne den Kampf zu wagen, sich schmählich in ihr Lager zurückgezogen hätten. Er brauche nicht von Caesar durch Verrat die Herrschaft zu erlangen, die er durch den Sieg erringen könne, der ihm und allen Galliern bereits gewiß sei; ja, er gebe sie gerne in ihre Hände zurück, wenn sie ihm dadurch mehr eine Ehre zu erweisen, als von ihm ihre Rettung zu gewinnen glaubten. »Damit ihr aber einseht«, fuhr er fort, »daß ich euch die Wahrheit verkündige, so hört die römischen Soldaten selbst.« Damit ließ er einige Sklaven vorführen, die er vor wenigen Tagen beim Furagieren aufgegriffen und durch Hunger und Fesseln mürbe gemacht hatte. Diese, denen man schon vorher eingelernt hatte, was sie auf seine Fragen antworten mußten, sagten aus, sie seien Legionssoldaten; durch Hunger und Not getrieben, hätten sie heimlich das Lager verlassen, um auf dem Feld etwas Getreide oder Vieh aufzutreiben. Gleicher Mangel drücke das ganze Heer; alles sei erschöpft und könne die Strapazen nicht mehr länger ertragen. Der Feldherr habe daher beschlossen, wenn die Belagerung keine Fortschritte mache, in drei Tagen das Heer wegzuführen: »Das alles«, sprach nun Vercingetorix, »habt ihr mir zu verdanken, den ihr des Verrates beschuldigt, der, wie ihr seht, ein so großes, siegreiches Heer durch Hunger aufgerieben hat, ohne daß es euch einen Tropfen Blut gekostet hätte. Und daß kein Volksstamm in seinem Gebiete dasselbe aufnimmt, wenn es sich in schmählicher Flucht zurückzieht — auch dafür habe ich Sorge getragen.«

21. Da erhob die ganze Menge ein lautes Geschrei und schlug nach ihrem Brauch mit den Waffen zusammen, was die Gallier zu tun pflegen, um einem Redner ihre Zustimmung auszudrücken[325]: Vercingetorix sei der größte Feldherr, seine Treue unzweifelhaft, und der Krieg könne unmöglich nach einem besseren Plan geführt werden. Hierauf faßten sie den Beschluß, zehntausend aus allen ihren Truppen auserlesene Krieger in die Stadt zu werfen, da sie der Meinung waren, man dürfe den Biturigern allein nicht die Wahrung des Gesamtwohles anvertrauen; denn sie sahen gar wohl ein, daß mit der Behauptung der Stadt der Sieg für sie so gut wie entschieden sei.

22. Der ausgezeichneten Tapferkeit unserer Soldaten setzten die Gallier alle möglichen Kunstgriffe entgegen, wie sie

denn ein überaus erfinderischer Menschenschlag und ganz besonders geschickt sind, alles nachzumachen und auszuführen, was ihnen von anderen vorgemacht wird. So fingen sie unsere Mauersicheln mit Schlingen auf, hielten sie fest und zogen sie dann mittels Winden in die Stadt hinein. Den Belagerungsdamm untergruben sie mit Minen, so daß er sich senkte, mit desto größerer Sachkenntnis, weil sie in ihrem Lande große Eisenbergwerke haben und ihnen daher jede Art von Minen bekannt und geläufig ist. Die ganze Mauer aber hatten sie auf allen Punkten mit Türmen besetzt und diese mit Fellen überzogen. Dann machten sie bei Tag und Nacht häufige Ausfälle und legten entweder Feuer an den Angriffsdamm oder griffen die mit der Befestigungsarbeit beschäftigten Soldaten an, und wie weit auch die tägliche Aufschüttung des Dammes unsere Türme emporhob, die Gallier gaben ihren Türmen durch Verlängerung der Eckbalken mittels Ansatzstücken sofort die gleiche Höhe. Den Weiterbau unserer offenen Galerien[326] suchten sie durch angekohlte und zugespitzte Pfähle, durch siedendes Pech und Steine von allergrößtem Gewicht zu verhindern und so ihre Annäherung an die Mauer unmöglich zu machen.

23. Alle gallischen Mauern aber haben etwa folgende Bauart: Horizontale Balken werden der Länge nach in gleichen Zwischenräumen auf den Boden gelegt, so daß sie in ununterbrochener Reihe je zwei Fuß voneinander abstehen. Diese Balken werden nach innen zu verklammert und reichlich mit Erde bedeckt; die erwähnten Zwischenräume aber werden an der Vorderseite mit großen Steinen ausgefüllt. Ist diese Schicht gelegt und fest verbunden, so kommt eine andere Lage darauf, in der Art, daß wieder derselbe Zwischenraum beachtet wird, die Balken aber sich nicht gegenseitig berühren, sondern durch große, dazwischengelegte Steine in ganz gleichen Abständen festgehalten werden. So wird das ganze Werk, Lage für Lage, zusammengefügt, bis die Mauer die verlangte Höhe erreicht hat. Das ganze Bau-

werk nimmt sich wohlgefällig und harmonisch aus infolge des regelmäßigen Wechsels der Balken und Steine, die nach geraden Linien geschichtet sind, andererseits gewährt es aber auch in Ansehung der Brauchbarkeit und der Verteidigung der Städte sehr wesentliche Vorteile, weil gegen den Brand der Steinbau, gegen den Widder aber das Holzwerk schützt, welches weder durchbrochen noch auseinandergerissen werden kann, da es durch Langbalken von meistens vierzig Fuß Länge inwendig verbunden ist.

24. Obgleich durch diese zahlreichen Hindernisse die Belagerung sehr erschwert war und unsere Soldaten die ganze Zeit über durch Kälte und andauernde Regengüsse aufgehalten wurden, überwanden sie dennoch durch unablässige Arbeit alle diese Schwierigkeiten und brachten in fünfundzwanzig Tagen einen Damm von 330 Fuß Breite und 80 Fuß Höhe[327] zustande. Als dieser die feindliche Mauer beinahe erreichte und Caesar seiner Gewohnheit gemäß die Nacht bei den Arbeitern zubrachte und die Soldaten anfeuerte, keinen Augenblick die Arbeit ruhen zu lassen, da bemerkte man kurz vor der dritten Nachtwache, daß der Damm rauche. Die Feinde hatten ihn mittels einer Mine in Brand gesteckt; zu gleicher Zeit erhoben sie auf der ganzen Mauer ein Geschrei und machten aus zwei Toren zu beiden Seiten der Türme einen Ausfall. Die einen schleuderten Kienfackeln und trockenes Holz von der Mauer herab weit auf den Wall hin; die anderen gossen Pech und andere leicht entzündbare Stoffe herab, so daß man kaum überlegen konnte, wo man zuerst hinlaufen, wo man Gegenmaßnahmen treffen sollte. Da indessen nach Caesars Anordnung stets zwei Legionen vor dem Lager auf Wache standen und mehrere andere abwechselnd bei der Arbeit waren, warf sich ein Teil in aller Eile den Ausfällen entgegen, andere schoben die Türme zurück und rissen den Damm ein, die ganze Menge aber lief aus dem Lager herbei, um zu löschen.

25. Schon war der übrige Teil der Nacht vorüber, und noch

immer wurde auf allen Punkten gekämpft, noch immer erneuerte sich den Feinden die Hoffnung auf Sieg, um so mehr, weil sie sahen, daß die Schutzwände unserer Türme niedergebrannt waren, und wohl merkten, daß die Unsrigen nicht so leicht ohne Deckung Hilfe schaffen konnten. Auf ihrer Seite hingegen wurden die ermüdeten Mannschaften stets durch frische abgelöst; von dieser Spanne Zeit, meinten sie, hänge die allgemeine Befreiung Galliens ab. Bei diesem Stand der Dinge trug sich vor unseren Augen ein Vorfall zu, der uns denkwürdig genug erscheint, um ihn hier nicht zu übergehen. Ein Gallier vor dem Stadttor warf Klumpen von Talg und Pech, die ihm von Hand zu Hand gereicht wurden, in Richtung des Turmes ins Feuer; durch einen Skorpionenpfeil[328] in die rechte Seite getroffen, sank er tot zur Erde. Einer von den Nächststehenden stieg über ihn hinweg und übernahm dasselbe Geschäft. Als auch dieser zweite ebenso durch einen Pfeil des Skorpionen niedergestreckt war, folgte ein dritter, dem dritten ein vierter, und nicht früher wurde dieser Platz von Verteidigern entblößt, als bis der Brand des Dammes gelöscht, der Feind auf allen Seiten zurückgetrieben und damit dem ganzen Kampf ein Ende gemacht worden war.

26. Alles hatten die Gallier versucht, und nichts war ihnen gelungen; sie faßten also am folgenden Tage auf Wunsch und Befehl der Vercingetorix den Entschluß, aus der Stadt zu entweichen. Sie hofften diesen Plan in der Stille der Nacht ohne große Verluste ausführen zu können, weil das Lager des Vercingetorix nicht weit von der Stadt entfernt war und der dazwischenliegende ausgedehnte Morast die Römer bei der Verfolgung aufhalten mußte. Schon gingen sie in der Nacht an die Ausführung ihres Planes, als plötzlich die Weiber auf die Straßen liefen, sich unter Tränen ihren Männern zu Füßen warfen und sie mit tausend Bitten bestürmten, sie und ihre Kinder doch nicht den Feinden zum Hinschlachten zu überlassen, da sie ihre natürliche Körperschwäche hindere, die Flucht zu ergreifen. Da sie

aber sahen, daß die Männer bei ihrem Entschluß beharrten (wie denn meist in der äußersten Gefahr die Furcht kein Mitleid aufkommen läßt), so begannen sie laut zu schreien und den Römern die Flucht durch Zeichen zu verraten. Da erschraken die Gallier; sie fürchteten, die Reiterei der Römer könnte ihnen die Wege abschneiden, und standen daher von ihrem Vorhaben ab.

27. Am nächsten Tag ließ Caesar einen Turm vorschieben und die begonnenen Belagerungswerke gegen die Stadt führen. Da fing es stark zu regnen an; Caesar hielt dieses Wetter zur Ausführung eines Handstreiches für geeignet, weil er sah, daß die Wachposten auf der Mauer nicht so sorgfältig wie sonst aufgestellt waren. Er befahl daher seinen Leuten, auch etwas saumseliger bei der Arbeit zu erscheinen, und gab ihnen die nötigen Weisungen. Hierauf ließ er die Legionen innerhalb des Lagers und der Sturmlauben verdeckt sich gefechtsbereit machen, ermahnte sie, sich nun endlich den Sieg als die Frucht so vieler Anstrengungen zu holen, versprach denen, welche zuerst die Mauer ersteigen würden, Belohnungen[329] und gab den Soldaten das Zeichen zum Angriff. Diese stürmten plötzlich von allen Seiten hervor und besetzten in aller Geschwindigkeit die Mauer.

28. Durch diese unerwartete Erscheinung erschreckt, von der Mauer und den Türmen vertrieben, stellten sich nun die Feinde auf dem Markt und den freieren Plätzen in geschlossenen Massen auf, in der Absicht, jeden Angriff, auf welcher Seite er auch unternommen würde, in geordneter Schlachtreihe zurückzuschlagen. Sobald sie aber sahen, daß niemand von den Römern auf den ebenen Grund der Stadt herabrückte, sondern sich alle rings auf der ganzen Mauer ausbreiteten, fürchteten sie, es möchte ihnen die Aussicht auf Flucht ganz und gar genommen werden, warfen die Waffen weg und versuchten in rasender Eile die äußersten Enden der Stadt zu erreichen. Ein Teil wurde hier beim Gedränge an dem engen Ausgang der Tore von den Legionssoldaten, ein anderer Teil außerhalb der Tore von der

Reiterei niedergemacht. Und da gab es niemanden, der an
das Beutemachen gedacht hätte; denn erbittert über das
Blutbad von Cenabum und die harte Belagerungsarbeit
schonten die Soldaten weder Greise noch Weiber, noch
Kinder. Kurz, von der ganzen Bevölkerung, welche ungefähr 40 000 Köpfe zählte, blieben kaum 800 übrig, die sich
auf den ersten Lärm aus der Stadt gestürzt hatten und unversehrt zu Vercingetorix gelangten. Diese Flüchtlinge ließ
er erst spät in der Nacht in aller Stille ein, da er fürchtete,
es könnte durch ihre Ankunft und das Mitleid der Menge
ein Aufstand im Lager ausbrechen. Deshalb hatte er auch
in gehöriger Entfernung seine Vertrauten und die Häuptlinge der einzelnen Völkerschaften auf der Straße verteilt, um
die Ankommenden sogleich voneinander zu trennen und
dann zu den Ihrigen in denjenigen Teil des Lagers zu führen, der einem jeden Stamme von Anfang an zugewiesen
worden war.

Neue Rüstungen des Vercingetorix

29. Am nächsten Tage berief Vercingetorix eine allgemeine
Versammlung ein, tröstete die Gallier und ermahnte sie,
den Mut nicht sinken und durch den Unfall sich nicht einschüchtern zu lassen. Die Römer hätten ja nicht durch
Tapferkeit oder in offener Feldschlacht gesiegt, sondern
durch eine besondere Geschicklichkeit und ihre Belage-
rungskunst, von der sie selbst nichts verständen. Diejenigen seien im Irrtum, die im Kriege lauter glückliche Erfolge
erwarteten. Er seinerseits sei niemals damit einverstanden
gewesen, daß man Avaricum verteidige; das müßten sie
selbst bezeugen; aber der Unverstand der Bituriger und die
allzu große Willfährigkeit der übrigen seien schuld an dem
erlittenen Schaden. Er wolle ihn jedoch bald durch größere
Vorteile wiedergutmachen; er werde nämlich auch diejenigen gallischen Völkerschaften, welche sich bisher noch
von den übrigen Galliern entfernt gehalten hätten, durch

seine Bemühungen in ihren Bund bringen und somit sein
Ziel, ganz Gallien zu vereinigen, erreichen; dann werde
diesem nicht einmal der Erdkreis widerstehen können. Ja,
er habe dieses Ziel fast erreicht. Unterdessen aber müßten
sie billigerweise des Gemeinwohles wegen seiner Aufforderung Folge leisten und an die Befestigung ihres Lagers gehen, um unerwartete feindliche Angriffe desto leichter ab-
weisen zu können.

30. Diese Rede machte auf die Gallier einen guten Eindruck, besonders deswegen, weil er ungeachtet des erlittenen großen Nachteiles den Mut nicht verloren, sich auch
nicht versteckt und den Anblick der Menge nicht gemieden
hatte. Ja man glaubte sogar, er sehe weiter in die Zukunft
und ahne sie voraus, weil er schon früher, als noch alles gut
stand, zuerst für die Einäscherung, dann für das Aufgeben
von Avaricum gewesen war. Während daher bei anderen
Feldherrn Unglücksfälle ihr Ansehen vermindern, stieg
hier im Gegenteil die Würde des Vercingetorix nach jenem
Unfall von Tag zu Tag. Zugleich faßten die Gallier infolge
seiner Versicherung Hoffnung, es würden sich auch die
übrigen Stämme anschließen. Und so gingen sie jetzt zum
ersten Mal daran, ihr Lager zu befestigen; obwohl der Arbeit ungewohnt, waren sie doch von solcher Begeisterung
erfüllt, daß sie sich allen Befehlen unterwerfen zu müssen
glaubten.

31. Vercingetorix richtete auch, ganz wie er versprochen
hatte, all sein Tun und Denken darauf, die übrigen Völkerschaften zu gewinnen, und suchte sie durch Geschenke
und Versprechungen zu ködern. Für diese Unterhandlun-
gen wählte er geeignete Leute aus, die durch trügerische
Reden oder persönliche Beziehungen besonders leicht der
Sache Anhänger gewinnen könnten. Diejenigen, welche
bei der Einnahme von Avaricum sich zu ihm geflüchtet
hatten, ließ er neu bewaffnen und kleiden; und um den Abgang an Streitkräften wieder zu ersetzen, befahl er zugleich
den einzelnen Stämmen, eine bestimmte Anzahl Soldaten

zu stellen und ihm diese zu einem festgesetzen Termin ins
Lager zu führen. Auch ließ er die Bogenschützen, von denen es in Gallien sehr viele gab, sämtlich aufbieten und
sich zuschicken. Dadurch wurde der bei Avaricum erlittene Verlust bald wieder ersetzt. Inzwischen stieß noch der
König der Nitiobriger, Teutomatus, der Sohn jenes Ollovi-
co, der von unserem Senat den Ehrentitel eines Freundes
erhalten hatte, mit einer großen Zahl teils eigener, teils in
Aquitanien geworbener Reiter zu Vercingetorix.

Caesar schlichtet einen Verfassungsstreit der Häduer

32. Caesar verweilte mehrere Tage in Avaricum, wo er den
größten Überfluß an Getreide und sonstigen Lebensmitteln
vorfand und dem Heer Erholung von seinen Mühen und
Entbehrungen gönnte. Unterdessen war auch der Winter
fast zu Ende, und die Jahreszeit selbst forderte zur Eröff-
nung des Feldzuges auf. Caesar hatte auch schon beschlossen, gegen den Feind aufzubrechen, um ihn entweder aus
seinen Morästen und Wäldern hervorzulocken, oder ihm
durch eine Einschließung beizukommen. Da erschien bei
ihm eine Gesandtschaft von Fürsten der Häduer mit der
Bitte, er möge ihnen in einem Augenblick der dringendsten
Not zu Hilfe kommen. Ihr Staat schwebe in der größten
Gefahr. Nach altem Brauch werde immer nur ein Staatsoberhaupt gewählt, um ein Jahr lang die königliche Gewalt
auszuüben. Jetzt hätten zwei Männer dieses Amt inne, von
denen ein jeder behaupte, gesetzmäßig gewählt zu sein.
Der eine von ihnen sei Convictolitavis, ein mächtiger und
angesehener junger Mann, der andere Cotus, aus einer der
ältesten Familien, ebenfalls sehr mächtig und stark durch
seine bedeutende Verwandtschaft, dessen Bruder Valetia-
cus im letzten Jahre dasselbe Amt bekleidet habe. Die ganze Bürgerschaft stehe unter den Waffen, geteilt sei der große Rat, geteilt das Volk und ebenso ihre beiderseitige Gefolgschaft. Werde der Streit noch länger genährt, so müsse

es zwischen den Parteien der Bürgerschaft zum Kampf kommen. Caesars Umsicht und Einfluß allein könne dieses Unglück verhüten.

33. Cäsar sah zwar ein, wie nachteilig es sei, sich für einige Zeit vom Kriegsschauplatz und vom Feind zu entfernen, allein er wußte auch gar wohl, was für schädliche Folgen Parteispaltungen zu haben pflegten. Um also zu verhindern, daß ein so bedeutender und mit den Römern so eng verbündeter Volksstamm, den er selbst stets umsorgt und in jeder Weise ausgezeichnet hatte, zur Gewalt und zu den Waffen griffe, und daß etwa gar jene Partei, die ein geringeres Selbstvertrauen hätte, Hilfe von Vercingetorix holte, fand er es für gut, schleunigst Vorkehrungen zu treffen. Da aber nach den Gesetzen der Häduer die obersten Beamten des Staates das Land nicht verlassen dürfen und Caesar nicht den Anschein erwecken wollte, als achte er nicht ihre Gesetze und Verfassung, beschloß er selbst ins Land der Häduer aufzubrechen und berief ihren großen Rat und die streitenden Parteien zu sich nach Decetia[330]. Als fast die ganze Bürgerschaft dort erschienen war und Caesar darüber aufgeklärt wurde, daß man zur Wahl nur einige wenige zusammengerufen hatte, und zwar weder an dem rechtmäßigen Ort noch zu der gesetzlich bestimmten Zeit, daß überdies ein Bruder während der Regentschaft des anderen gewählt worden sei, während nach den Gesetzen zwei Mitglieder ein- und derselben Familie bei beider Lebzeiten nicht nur die oberste Staatswürde erwerben, sondern nicht einmal in den großen Rat gewählt werden durften, da zwang Caesar den Cotus, seine Herrschaft niederzulegen, und befahl, daß Convictolitavis, der von den Priestern[331] nach Brauch des Stammes unter Umgehung der weltlichen Behörden gewählt worden war, die Regierungsgewalt innehaben solle.

*Caesar schickt den Labienus ins Gebiet der Senonen und
Parisier und lagert selbst bei Gergovia*

34. Nachdem Caesar diese Entscheidung getroffen hatte,
ermahnte er die Häduer, ihre Streitigkeiten und Zwiste zu
vergessen, alles andere hintanzusetzen und sich lediglich
diesem Krieg zu widmen; des verdienten Lohnes nach der
Unterwerfung Galliens könnten sie seinerseits versichert
sein. Sie sollten ihm daher schnell ihre ganze Reiterei und
zehntausend Fußsoldaten schicken; letztere wolle er zur
Deckung der Zufuhr in verschiedene Orte legen. Hierauf
teilte er sein Heer in zwei Teile: vier Legionen mußte Labienus zu den Senonen und Parisiern führen, sechs führte
er selbst längs des Flusses Elaver[332] ins Land der Arverner
gegen die Stadt Gergovia. Ebenso gab er einen Teil der Reiterei dem Labienus, den andern behielt er für sich. Auf die
Kunde davon ließ Vercingetorix alle Brücken über jenen
Fluß abbrechen und begann auf dem anderen Ufer des Flusses vorzurücken.

35. Beide Heere behielten einander im Auge und schlugen
auch fast gerade einander gegenüber ihre Lager auf. Vercingetorix hatte Posten aufgestellt, damit nicht die Römer irgendwo eine Brücke schlagen und ihre Truppen übersetzen
könnten. Caesar befand sich daher in einer sehr schwierigen Lage; er mußte fürchten, den größten Teil des Sommers über durch den Fluß aufgehalten zu werden, weil die
Furten des Elaver in der Regel nie vor dem Herbst passierbar werden. Um dem vorzubeugen, schlug er an einem waldigen Ort sein Lager auf, gegenüber einer von den Brücken,
welche Vercingetorix hatte abbrechen lassen [333], und blieb
dort am folgenden Tage mit zwei Legionen verdeckt stehen; die übrigen Truppen mit dem ganzen schweren Gepäck ließ er wie gewöhnlich abrücken, einige Kohorten jedoch in getrennten Abteilungen marschieren, so daß die
Zahl der Legionen vollzählig erscheinen mußte. Diesen befahl er, soweit als möglich vorzurücken. Als er nun nach

der Tageszeit vermutete, daß sie im Lager angelangt wären, ließ Caesar auf den alten Pfählen, deren unterer Teil unversehrt stehen geblieben war, die Brücke wiederherstellen. Schnell war das Werk vollendet, und die Legionen wurden hinübergeführt; dann wählte Caesar einen geeigneten Platz für das Lager und zog auch die übrigen Truppen zu sich heran. Auf die Nachricht hin marschierte Vercingetorix in Eilmärschen voraus, um nicht wider seinen Willen zu einer Entscheidungsschlacht gezwungen zu werden.

36. Caesar gelangte von diesem Punkt am fünften Marschtag nach Gergovia[334] und hatte noch an demselben Tage ein kleines Reitergefecht zu bestehen. Daraufhin nahm er die Lage der Stadt in Augenschein; da sie, auf einem sehr hohen Berg erbaut, von allen Seiten schwer zugänglich war, gab er die Hoffnung auf, sie im Sturm zu nehmen, und beschloß auch die Belagerung nicht früher einzuleiten, als bis er ausreichend für Lebensmittel gesorgt hätte. Vercingetorix aber hatte sein Lager nahe bei der Stadt aufgeschlagen, die Truppen der einzelnen Völkerschaften, durch mäßige Abstände gesondert, rings um sich aufgestellt und alle Hügel jenes Höhenzuges, die einen freien Ausblick gewährten, besetzt; so bot seine Stellung einen ziemlich furchterregenden Anblick dar. Die Häuptlinge, die er in seinen Kriegsrat gewählt hatte, mußten täglich am frühen Morgen bei ihm zusammenkommen, für den Fall, daß Mitteilungen zu machen oder Aufträge zu besorgen waren. Auch ließ er fast keinen Tag verstreichen, ohne in einem Reitergefecht, an dem sich auch die Bogenschützen beteiligten, den Mut und die Tapferkeit seiner Leute einzeln auf die Probe zu stellen. Der Stadt gegenüber lag unmittelbar am Fuß des Berges ein außerordentlich fester und nach allen Seiten steil abfallender Hügel[335]. Gelang es den Unsrigen, ihn zu besetzen, so konnte es vielleicht gelingen, den Feinden das Wasserholen und das freie Furagieren fast ganz unmöglich zu machen. Doch wurde dieser Punkt von den Galliern mit einer freilich nicht allzu starken Mannschaft besetzt gehalten. Cae-

sar rückte in der Stille der Nacht aus seinem Lager, warf jene Besatzung herunter, bevor noch Verstärkung aus der Stadt eintreffen konnte, bemächtigte sich des Platzes und postierte daselbst zwei Legionen. Dann ließ er zwei parallele Gräben von zwölf Fuß Breite von dem größeren Lager[336] zu diesem kleineren ziehen, so daß selbst einzelne Leute, vor einem plötzlichen feindlichen Überfalle sicher, hin- und hergehen konnten.

Aufstand der Häduer

37. Während dieser Vorgänge bei Gergovia war der Häduer Convictolitavis, dem Caesar nach unserer früheren Erzählung die oberste Gewalt zuerkannt hatte, von den Arvernern durch Geld gewonnen worden und setzte sich nun mit einigen jungen Männern in Verbindung. Unter diesen war der Fürst Litaviccus und dessen Brüder, junge Männer aus einer hochangesehenen Familie. Ihnen gab er einen Teil des erhaltenen Geldes und ermahnte sie, daran zu denken, daß sie als freie Männer und zum Herrschen geboren seien. Der Staat der Häduer sei der einzige, welcher dem sonst ganz sicheren Siege Galliens noch im Wege stehe; sein Einfluß halte auch die übrigen zurück; mit seinem Übertritt würden die Römer in Gallien den Boden unter den Füßen verlieren. Er selbst sei zwar dem Caesar zu einigem Dank verpflichtet, doch habe er von ihm eigentlich nur eine Sache erhalten, die ihm ohnehin von Rechts wegen zugestanden hätte. Doch größeren Wert lege er auf die gemeinsame Freiheit. Warum wandten sich denn die Häduer in ihren Rechts- und Staatsangelegenheiten an Caesar als Schiedsrichter und nicht umgekehrt die Römer an die Häduer? Durch diese Vorstellungen des Staatsoberhauptes wie durch das Geld wurden die jungen Männer bald gewonnen; sie erklärten sich sogar bereit, an die Spitze des Unternehmens zu treten. Es handelte sich jetzt nur noch um die Art der Ausführung, denn daß die ganze Bürgerschaft nicht so

ohne weiteres sich dahin bringen lassen würde, einen Krieg anzufangen, sahen sie wohl ein. Man beschloß daher, Litaviccus solle den Befehl über jene zehntausend Mann, welche zu Caesar stoßen mußten, übernehmen und sie ihm zuführen, seine Brüder aber sollten zu Caesar vorauseilen. Was dann weiter zu tun war, wurde ebenfalls verabredet. 38. Litaviccus übernahm die Truppen, und als er noch etwa dreißig Meilen von Gergovia entfernt war, ließ er plötzlich seine Soldaten zusammenrufen und sprach unter Tränen zu ihnen: »Wohin ziehen wir, Soldaten? Unsere ganze Reiterei, der ganze Adel ist vernichtet; die Stützen unseres Staates Eporedorix und Viridomarus, sind des Verrates beschuldigt und von den Römern ohne Prozeß getötet worden. Laßt es euch von denen berichten, welche dem Blutbad selbst entronnen sind, denn mich hindert der Schmerz über die Ermordung meiner Brüder und aller meiner Bekannten, euch den Hergang zu erzählen.« Hierauf wurden Leute vorgeführt, denen er einstudiert hatte, was sie aussagen sollten, und diese setzten nun der Menge dasselbe auseinander, was schon Litaviccus erzählt hatte: die Reiter der Häduer seien niedergemacht worden, weil sie sich mit den Arvernern verabredet haben sollten; sie selbst hätten sich in der Menge der römischen Soldaten versteckt und seien mitten aus dem Blutbad entronnen. Nun erhoben die Häduer ein Geschrei und beschworen den Litaviccus, ihnen einen Rat zu geben. »Als ob das noch«, antwortete dieser, »eine Sache der Beratung wäre! Zwingt uns denn nicht die Not, nach Gergovia zu eilen und uns mit den Arvernern zu verbinden? Oder können wir noch zweifeln, daß die Römer, da sie jene Schandtat vollbracht haben, sich schon bereit machen, auch uns zu ermorden? Wenn also noch ein Funken Mut in uns lebt, so laßt uns den Tod jener Männer rächen, die auf eine so schändliche Weise hingeschlachtet wurden; also nieder mit diesen Räubern hier!« Dabei zeigte er auf die römischen Bürger, die ihm Vertrauen auf seinen Schutz mitgezogen waren, ließ ihren großen Vorrat an Getreide und anderen Lebensmitteln plündern und sie selbst unter grausamen Martern töten. Alsdann schickte er Boten im ganzen Land der Häduer umher, ließ das Volk durch dieselbe Lüge von der Ermordung der Reiter und Fürsten aufwiegeln und es ermahnen, auf gleiche Weise wie er selbst die erlittenen Unbilden zu rächen.

39. Der Häduer Eporedorix und mit ihm Viridomarus befanden sich auf Caesars ausdrückliches Verlangen unter den von ihm geforderten Reitern. Jener war ein junger Mann von sehr hoher Abkunft und großer Machtstellung in seiner Heimat, dieser, ebenso alt und einflußreich, aber von einfacher Herkunft, war von Caesar, an den ihn Divitiactus empfohlen hatte, aus niederem Stand bis zur höchsten Würde emporgehoben worden. Sie wetteiferten miteinander um den Vorrang und waren auch in jenem Streit der Oberbehörden, der eine für Convictolitavis, der andere für Cotus, aus allen Kräften tätig gewesen. Von diesen erfuhr nun Eporedorix den Plan des Litaviccus und erstattete um Mitternacht dem Caesar die Anzeige davon. Er bat ihn, nicht zuzugeben, daß der Stamm durch die verruchten Pläne einiger junger Männer von der Freundschaft mit Rom abfalle. Dies könne aber unmöglich ausbleiben, wenn sich einmal soviel tausend Mann mit dem Feind vereinigt hätten, deren Schicksal weder ihre Verwandten noch auch der Staat selbst für unbedeutend erachten könne.

Während Caesar gegen die Häduer zieht, greifen die Gallier das römische Lager an

40. Caesar wurde durch diese Nachrichten sehr unangenehm überrascht, da er die Häduer immer mit ganz besonderer Freundschaft behandelt hatte. Ohne den geringsten Verzug brach er daher mit vier schlagfertigen Legionen und der ganzen Reiterei aus dem Lager auf. Unter solchen Umständen blieb keine Zeit, das Lager enger zusammenzuziehen, weil jetzt alles von der Schnelligkeit abhing. Zur

Deckung beider Lager ließ er den Legaten Gaius Fabius mit zwei Legionen zurück. Er hatte den Befehl erteilt, die Brüder des Litaviccus zu ergreifen, erfuhr aber, daß sie kurz vorher zu den Feinden geflohen seien. Er ermahnte nun die Soldaten, in diesem dringenden Augenblicke die Strapazen des Marsches geduldig zu ertragen, und rückte, da alle den größten Eifer zeigten, noch fünfundzwanzig Meilen vor, als er den Zug der Häduer erblickte. Sofort ließ er die Reiterei voraussprengen, um ihren Vormarsch aufzuhalten und zu verhindern, erteilte aber den strengen Befehl, niemanden zu töten. Eporedorix und Viridomarus, welche von den Häduern für tot gehalten wurden, wurden angewiesen, sich zwischen den Reitern hier und dort zu zeigen und ihre Landsleute anzurufen. Sobald man sie erkannt hatte und der Betrug des Litaviccus an den Tag kam, streckten die Häduer ihre Hände aus, gaben ihre Unterwerfung zu erkennen, warfen die Waffen weg und baten um ihr Leben. Litaviccus aber flüchtete mit seinen Hörigen nach Gergovia; diese dürfen nämlich nach gallischer Sitte auch in der äußersten Not ihre Herren nicht im Stich lassen[337].

41. Caesar schickte Boten an den Stamm der Häduer und erklärte ihnen, daß er ihre Leute nach Kriegsrecht hätte niederhauen lassen können, sie aber aus Wohlwollen begnadigt habe. Seinem Heer gönnte er eine Rast von drei Stunden und brach dann nach Gergovia auf. Etwa auf der Mitte des Weges traf er auf Reiter, die ihm von Fabius Meldung brachten, in welch großer Gefahr er geschwebt habe. Sie erzählten, der Feind habe mit all seinen Truppen das Lager bestürmt. Bei ihm seien die Ermüdeten stets durch frische Soldaten abgelöst worden, die Unsrigen hingegen hätten wegen der Ausdehnung des Lagers ohne Ablösung auf dem Wall aushalten müssen und seien daher völlig erschöpft. Viele seien durch die Unmasse von Pfeilen und Geschossen jeder Art verwundet. Nur das schwere Geschütz habe diesen Angriffen gegenüber gute Dienste geleistet. Fabius lasse nun nach dem Abzug der Feinde alle Tore

mit Ausnahme von zweien Verrammeln, den Wall mit
Brustwehren versehen und mache sich für den nächsten
Tag auf einen gleichen Vorfall gefaßt. Auf diese Nachrichten hin gelangte Caesar, unterstützt von dem Eifer der Soldaten, noch vor Sonnenaufgang ins Lager.[338]

Kriegspläne der Häduer

42. Während dieser Vorfälle bei Gergovia hatten sich die
Häduer auf die ersten Nachrichten von Litaviccus hin keine Zeit zur Überlegung genommen. Die einen ließen sich
von Habsucht, die anderen von leidenschaftlicher Unbesonnenheit, dem angeborenen Nationalfehler der Gallier,
hinreißen, ein leeres Gerücht für eine ausgemachte Sache
zu halten.[339]. Man plünderte also die römischen Bürger, ermordete sie oder schleppte sie in die Sklaverei. Convictolitavis schürte noch die Flamme und trieb das Volk zur Wut,
damit es sich zu Taten hinreißen lasse, die es ihm unmöglich machten, zur Vernunft zurückzukehren. Den
Kriegstribunen Marcus Aristius, der sich auf der Reise zu
seiner Legion befand, brachten sie unter Zusicherung freien
Geleites dazu, die Stadt Cabillonum[340] zu verlassen, und
zwangen die römischen Handelsleute, die sich dort niedergelassen hatten, ein Gleiches zu tun. Kurz darauf aber
überfielen sie diese auf dem Weg und raubten ihnen ihr
ganzes Gepäck; als sich diese Leute zur Wehr setzten, hielt
man sie einen Tag und eine Nacht umzingelt, und da auf
beiden Seiten viele gefallen waren, zogen die Häduer eine
noch größere Menge von Bewaffneten heran.

43. Unterdessen aber lief die Nachricht ein, alle ihre Truppen seien in Caesars Gewalt. Nun eilten sie zu Aristius,
versicherten, das Ganze sei ohne Mitwissen der Regierung
geschehen, beschlossen eine Untersuchung wegen der vor-
gekommenen Plünderungen, zogen die Güter des Litaviccus und seiner Brüder ein und schickten Gesandte an Caesar, um sich zu rechtfertigen. Das taten sie übrigens nur,

um ihre Leute zurückzubekommen, während sie sich im geheimen zum Krieg rüsteten und jene Völkerschaften, die den Römern noch die Treue hielten, durch Gesandte aufzuwiegeln versuchten; denn sie fürchteten sich sehr vor der Bestrafung, nachdem sich sehr viele durch den Gewinn aus den geraubten Gütern hatten verleiten und in das Verbrechen verwickeln lassen. Obgleich Caesar alles das durchschaute, gab er dennoch den Gesandten eine möglichst milde Antwort. Er wolle wegen der Torheit und Unbesonnenheit des Pöbels keine allzu harten Maßregeln gegen den ganzen Staat ergreifen und den Häduern sein bisheriges Wohlwollen nicht schmälern. Da er indessen einen größeren Aufstand in Gallien zu erwarten hatte und dann möglicherweise von allen Völkerschaften auf einmal angegriffen werden konnte, sann er auf Mittel, wie er Gergovia verlassen und sein ganzes Heer wieder vereinigen könne, ohne daß sein Abzug, der lediglich aus Furcht vor einem Abfall erfolgte, einer Flucht gleichkäme.

Mißlungener Sturm der Römer auf Gergovia

44. Mitten in diesen Überlegungen schien sich ihm eine Gelegenheit zu bieten, die Sache gut auszuführen. Als er sich nämlich einmal zur Besichtigung der Arbeiten in das kleinere Lager begeben hatte, nahm er wahr, daß ein bisher von den Feinden besetzter Hügel ganz verlassen war, während man ihn in den letzten Tagen vor lauter Menschen kaum hatte sehen können[341]. Verwundert hierüber, fragte er die Überläufer, die sich täglich in großer Zahl bei ihm einfanden, nach der Ursache. Sie sagten einstimmig aus, was übrigens Caesar schon durch seine Kundschafter erfahren hatte, der Rücken dieses Höhenzuges sei fast eben, aber bewaldet und schmal, und von hier aus könne man der Stadt auf der anderen Seite beikommen. Wegen dieses Punktes seien die Feinde sehr besorgt und fest überzeugt, daß sie mit seinem Verlust, da schon der andere Hügel von

215

den Römern besetzt sei, fast gänzlich eingeschlossen und von jeder Verbindung mit außen wie von der Furagierung abgeschnitten wären. Vercingetorix habe daher eine Abteilung aufgeboten, um diesen Punkt zu besetzen.

45. Auf die Nachricht davon schickte Caesar um Mitternacht mehrere Reiterschwadronen dorthin mit dem Auftrag, unter Lärm und Getöse überall herumzustreifen. Bei Tagesanbruch ließ er eine große Menge Packpferde und Maultiere aus dem lager führen, ihnen die Packsättel abnehmen und die Maultiertreiber, mit Helmen auf dem Kopfe, um die Hügel herumreiten, so daß sie ganz wie Reiter aussahen. Ihnen gab er noch einige Reiter mit, welche weiter herumstreifen mußten, um Aufsehen zu erregen. Alle diese Abteilungen hatten Befehl, auf weitem Umweg nach ein und demselben Ort zu ziehen[342]. Das sah man von fern aus der Stadt, da man von Gergovia die Aussicht auf das Lager hinab hatte; doch konnte man der großen Entfernung wegen nicht genau erkennen, was sich eigentlich zutrug. Caesar ließ nun auf der gleichen Höhe eine Legion vorrücken, aber nach einem kurzen Marsch in einer Bodensenkung, durch Wald gedeckt, haltmachen. Dies bestärkte die Gallier in ihrer Vermutung, und sie zogen alle ihre Truppen auf diesen Punkt zusammen, um ihn zu befestigen.

Als Caesar das Lager der Feinde leer sah, mußten seine Soldaten die Waffenzieraten verdecken und die Feldzeichen verbergen, damit man sie von der Stadt aus nicht bemerken könne; dann führte er sie in kleinen Abteilungen aus dem größeren Lager ins kleinere hinüber und gab den Legaten, die an der Spitze der einzelnen Legionen standen, die nötigen Verhaltensmaßregeln. Besonders schärfte er ihnen ein, ihre Soldaten zusammenzuhalten, damit sie nicht aus Kampflust und Beutegier allzuweit vorgingen. Auch wies er auf die vorhandenen Terrainschwierigkeiten hin, die man nur durch Schnelligkeit überwinden könne: es handle sich um einen Handstreich, nicht um ein Treffen. Nach

216

diesen Weisungen gab er das Zeichen zum Angriff und ließ zu gleicher Zeit auf der rechten Seite der Häduer auf einem anderen Weg den Hügel hinaufsteigen.

46. Die Stadtmauer war von der Ebene und dem Fuß des Abhanges in gerader Linie, ohne die Umwege zu rechnen, 1 200 Schritte entfernt. Jede Krümmung, die man machen mußte, um den Aufstieg zu erleichtern, vermehrte die Länge des Weges. Etwa auf der Mitte des Hügels hatten die Gallier der Länge nach, entsprechend der Beschaffenheit des Berges aus großen Felsstücken eine sechs Fuß hohe Mauer vorgebaut, um einen Angriff der Unsrigen aufzuhalten. Ferner hatten sie den ganzen unteren Teil des Abhanges unbesetzt gelassen, während den oberen Teil bis zur Stadtmauer ihre dicht nebeneinander stehenden Lager bedeckten. Die Soldaten stürmten auf das gegebene Zeichen rasch bis zu dieser Befestigung, stiegen über sie und eroberten drei Lager.[343] Die Einnahme dieser Lager erfolgte mit solcher Geschwindigkeit, daß Teutomatus, der König der Nitiobriger, in seinem Zelt überrascht wurde, wie er gerade sein Mittagsschläfchen hielt, und mit entblößtem Oberkörper auf verwundetem Rosse sich kaum noch aus den Händen der plündernden Soldaten retten konnte.

47. Da Caesar auf diese Weise seinen Zweck erreicht hatte, ließ er zum Rückzug blasen und brachte auch wirklich die zehnte Legion, bei welcher er sich selbst befand, sofort zum Stehen. Aber die Soldaten der übrigen Legionen hörten den Schall der Trompete nicht, weil ein ziemlich breites Tal dazwischen lag. Doch suchten die Kriegstribunen und die Legaten, wie ihnen von Caesar befohlen war, sie zurückzuhalten. Allein die Soldaten, mitgerissen durch die Hoffnung auf einen schnellen Sieg, durch die Flucht der Feinde und durch ihre bisherigen Erfolge, glaubten, es sei nichts so schwer, was sie nicht durch Tapferkeit erlangen könnten, und setzten die Verfolgung bis vor die Mauer und die Tore der Stadt fort. Nun erhob sich in der Festung überall ein großes Geschrei, und die Bewohner der entfernteren

Stadtteile gerieten durch die plötzliche Verwirrung so in Schrecken, daß sie glaubten, die Feinde seien schon innerhalb der Tore, und aus der Stadt flüchteten. Die Weiber warfen Kleider und Geld von der Mauer herab, und mit entblößter Brust sich vorbeugend, flehten sie die Römer mit ausgebreiteten Armen an, ihrer zu schonen und nicht, wie in Avaricum, sich sogar an den Weibern und Kindern zu vergreifen. Einige ließen sich über die Mauer von den Obenstehenden herabheben und ergaben sich den Soldaten. Ein Centurio der achten Legion, Lucius Fabius, der an diesem Tage zu seinen Kameraden öffentlich gesagt hatte, ihn locke der Lohn von Avaricum und er müsse auf jeden Fall als erster die Mauer ersteigen, nahm drei Soldaten von seinem Manipel, ließ sich von ihnen in die Höhe heben und erstieg so die Mauer; er selbst reichte diesen wieder die Hände und zog sie einen nach dem anderen auf die Mauer hinauf.

48. Unterdessen hatten diejenigen, die, wie oben erzählt, auf der anderen Seite der Stadt der Befestigungsarbeiten wegen versammelt waren, zuerst das Geschrei gehört, dann auch eine Nachricht nach der anderen erhalten, daß die Stadt in den Händen der Römer sei. Dies veranlaßte sie, die Reiterei vorauszuschicken und selbst in größter Eile dahin zu stürmen. Wie ein jeder kam, stellte er sich an der Mauer auf und vermehrte die Zahl der kämpfenden Kameraden. So hatte sich bald eine große Menge angesammelt, und die Weiber, welche noch kurz vorher von der Mauer herab ihre Hände gegen die Römer ausgestreckt hatten, fingen nun an, die Ihrigen zu beschwören, nach gallischer Sitte auf ihr fliegendes Haar zu weisen und auf ihre herbeigeholten Kinder zu zeigen. Es war ein ungleicher Kampf für die Römer in Anbetracht des Terrains wie der Zahl. Durch den Sturmlauf und die lange Dauer des Gefechtes erschöpft, konnten sie gegen frische und ungeschwächte Truppen nicht leicht standhalten.

49. Wie nun Caesar sah, daß ihm aus der Örtlichkeit des

218

Kampfes Nachteile entstünden, während die feindlichen
Truppen sich vergrößerten, war er um seine Leute ernstlich
besorgt und sandte dem Legaten Titus Sextius, den er zur
Bedeckung des kleineren Lagers zurückgelassen hatte, Befehl, er solle seine Kohorten schnell aus dem Lager führen
und am Fuß des Hügels in der rechten Flanke der Feinde
aufstellen, um sie möglichst an einer weiteren Verfolgung
zu hindern für den Fall, daß unsere Soldaten zurückweichen müßten. Er selbst rückte mit seiner Legion aus der
Stellung, die er eingenommen hatte, ein wenig vor und
wartete so den Ausgang des Kampfes ab.

50. Während so das Handgemenge mit der größten Heftigkeit fortgesetzt wurde und die Feinde auf das Terrain und
ihre Überzahl, die Unsrigen auf ihre Tapferkeit vertrauten,
erblickte man plötzlich in der offenen Flanke der Römer die
Häduer, welche Caesar, um die feindlichen Scharen zu teilen, zur Rechten auf einem anderen Weg den Hügel hinauf-
geschickt hatte. Die Ähnlichkeit der Waffen setzte die
Unsrigen in heftigen Schrecken, und obgleich man bemerkte, daß jene die rechte Schulter entblößt trugen, was
als Abzeichen der Verbündeten zu gelten pflegte[344], so
glaubten die Soldaten doch, daß gerade dies eine List der
Feinde sei, um sie zu täuschen. Zu gleicher Zeit wurde der
Centurio Lucius Fabius samt denen, welche zugleich die
Mauer erstiegen hatten, umzingelt, niedergemacht und
von der Mauer heruntergeworfen. Ein anderer Hauptmann
in derselben Legion, Marcus Petronius, versuchte ein Tor
einzuschlagen, wurde aber von der Menge dermaßen bedrängt, daß er sich nicht mehr zu retten wußte. Bereits
schwer verwundet, rief er seinen Leuten, die ihm gefolgt
waren, zu: »Da ich nicht euch und mich zugleich retten
kann, so will ich wenigstens für euer Leben sorgen. Denn
meine Ruhmbegierde hat euch in diese Gefahr gestürzt.
Denkt also an euch, solange es möglich ist.« Mit diesen
Worten stürzte er sich mitten in die Feinde, stieß zwei von
ihnen nieder und drängte die übrigen ein wenig vom Tor

zurück. Da ihm die Seinigen beizustehen versuchten, rief
er ihnen zu: »Vergebens sucht ihr mein Leben zu erhalten;
Blut und Kräfte verlassen mich. Fort also, solange ihr noch
könnt, und zieht euch zu eurer Legion zurück.« So fiel er
bald darauf mit den Waffen in der Hand und rettete die Seinigen.

51. Die Römer wurden von allen Seiten bedrängt und endlich mit einem Verlust von 46 Centurionen[345] aus ihrer
Stellung vertrieben. Als aber die Gallier allzu hitzig nachsetzten, hielt sie die zehnte Legion auf, die sich auf etwas
vorteilhafterem Terrain als Reserve aufgestellt hatte. Diese
wurde dann wieder von den Kohorten der dreizehnten Legion aufgenommen, die unter dem Legaten Titus Sextius
aus dem kleineren Lager ausgerückt waren und eine Anhöhe besetzt hatten. Sobald die Legionen die Ebene erreicht
hatten, machten sie gegen den Feind Front. Vercingetorix
führte seine Leute vom Fuß des Hügels wieder hinter die
Verschanzungen zurück. An diesem Tag wurden fast 700
Soldaten vermißt.

Caesar hebt die Belagerung auf

52. Am folgenden Tage berief Cäsar eine Versammlung ein
und tadelte die unbesonnene Leidenschaftlichkeit seiner
Soldaten, weil sie sich ein selbständiges Urteil darüber angemaßt hätten, wie weit man vorrücken und was man anfangen müsse, und weder auf das Zeichen zum Rückzuge
haltgemacht, noch von den Kriegstribunen und Legaten
sich hätten zurückhalten lassen. Er setzte auseinander, von
welcher Bedeutung Terrainschwierigkeiten wären, und
wie er dies selbst vor Avaricum erfahren, wo er den Feind
durch Anführer und Reiterei überrascht, aber dennoch auf
den sicheren Sieg verzichtet habe, um nicht im Kampf
durch die Ungunst des Terrains einen, wenn auch geringen, Verlust zu erleiden. Sosehr er auch ihren Heldenmut
bewundere, da sie sich weder durch die Lagerverschanzun-

gen noch durch die Höhe des Berges, noch durch die Stadtmauer hätten zurückhalten lassen, so müsse er doch eben-
sosehr ihren Ungehorsam und ihre Anmaßung tadeln, daß
sie sich eingebildet hätten, von Sieg und Erfolg mehr als ihr
Feldherr zu verstehen. Er verlange vom Soldaten nicht weniger Gehorsam und Zucht als Tapferkeit und Heldenmut.
53. Am Ende der Rede ermunterte er die Soldaten wieder,
sie sollten deswegen nicht kleinmütig werden und die Wirkung des ungünstigen Terrains nicht auf Rechnung der
feindlichen Tapferkeit setzen. Weil er übrigens auch jetzt
noch immer an den Abzug dachte, führte er nach Schluß
der Versammlung seine Legionen aus dem Lager heraus
und stellte sie an einem günstigen Ort in Schlachtordnun-
gen. Da aber Vercingetorix trotzdem nicht in die Ebene
hinabstieg, führte er sein Heer nach einem leichten, aber
glücklichen Reitergefecht wieder ins Lager zurück. Dasselbe wiederholte sich auch am folgenden Tag. Nun glaubte er
genug getan zu haben, um die gallische Überhebung zu
dämpfen und den Mut seiner Soldaten aufzurichten.[346] Er
brach daher ins Gebiet der Häduer auf. Ohne selbst jetzt
von den Feinden verfolgt zu werden, gelangte er am dritten
Tage an den Elaver, stellte die Brücke wieder her und führte das Heer hinüber.[347]

*Caesar zieht ins Land der Häduer, die offen den Krieg
beginnen und Noviodunum zerstören*

54. Hier verlangten die Häduer Viridomarus und Eporedorix ihn zu sprechen und eröffneten ihm, daß sich Litaviccus
mit der ganzen Reiterei zu den Häduern begeben habe, um
sie aufzuwiegeln; sie müßten daher ebenfalls vorauseilen,
um die Bürgerschaft in Gehorsam zu halten. Caesar hatte
zwar schon bei vielen Gelegenheiten die Treulosigkeit der
Häduer durchschaut und glaubte auch jetzt, daß durch die
Abreise dieser beiden Männer der Abfall des Stammes nur
beschleunigt werde; dennoch hielt er es nicht für ratsam,

sie zurückzuhalten, um nicht gewalttätig gegen sie zu erscheinen oder für furchtsam zu gelten. Nur rief er ihnen bei ihrem Abschied kurz seine Verdienste um die Häduer ins Gedächtnis zurück, in welchem Zustand der Erniedrigung er sie gefunden habe: in ihre Städte eingeschlossen, ihres Grundbesitzes beraubt, von allen Hilfsmitteln entblößt, tributpflichtig, aufs schmachvollste zur Stellung von Geiseln gezwungen, und zu welchem Wohlstand und zu welcher Macht er sie erhoben habe, so daß sie nicht allein ihre frühere Stellung wiedergewonnen hätten, sondern mehr Einfluß und Ansehen besäßen als je zuvor. Mit dieser Ansprache entließ er sie.

55. Unmittelbar am Liger lag überaus günstig die Häduerstadt Noviodunum.[348] Hierher hatte Caesar sämtliche gallische Geiseln, das Getreide, die Kriegskasse nebst einem großen Teile von seinem und seines Heeres Gepäck bringen lassen und auch eine große Zahl der für diesen Krieg in Italien und Spanien aufgekauften Pferde dahin geschickt. Als nun Eporedorix und Viridomarus dort eintrafen, erfuhren sie, wie die Sachen in ihrem Staat standen: Litaviccus sei von den Häduern in Bibracte, der angesehensten Stadt ihres Landes, aufgenommen worden; das Staatsoberhaupt Convictolitavis und die Mehrzahl des großen Rates seien zu ihm gekommen, und man habe bereits von Staats wegen Gesandte an Vercingetorix geschickt, um Frieden und Freundschaft mit ihm zu schließen. Da glaubten beide, eine so günstige Gelegenheit nicht vorübergehen lassen zu dürfen. Sie machten daher die römische Besatzung von Noviodunum und die Handelsleute, welche dahin gekommen waren, nieder und verteilten das Geld und die Pferde unter sich; die gallischen Geiseln ließen sie nach Bibracte vor die Oberbehörde führen, dann steckten sie die Stadt, die sie sich nicht zu behaupten wagten, in Brand, damit sie auch den Römern nichts nütze, führten von den Getreidevorräten, soviel sie in der Geschwindigkeit konnten, auf Schiffen fort und vernichteten den Rest durch Feuer und Wasser.

222

Sie selbst begannen aus der Umgegend Truppen zusammenzuziehen, an den Ufern des Liger Besatzungen und Wachen aufzustellen und ihre Reiterei an allen Orten zu zeigen, um den Römern Furcht einzuflößen, ihnen vielleicht die Zufuhr abzuschneiden oder sie gar durch den Mangel an Lebensmitteln zum Rückzug in die Provinz zu zwingen. In dieser Hoffnung wurden sie noch besonders dadurch bestärkt, daß der Liger durch Schneeschmelze angeschwollen war und es unmöglich schien, ihn durch eine Furt zu überschreiten.

56. Als Caesar von diesen Vorfällen Nachricht erhielt, glaubte er sich beeilen zu müssen, um, wenn es beim Brückenschlagen zu einem Kampf käme, diesen zu bestehen, bevor noch die Feinde größere Truppenmassen zusammengezogen hätten. Denn seinen Plan zu ändern und sich nach der Provinz zu wenden, was allerdings damals jedermann für unumgänglich notwendig hielt, daran hinderte ihn einerseits das Schmähliche und Unwürdige der ganzen Sache wie auch das Cevennengebirge und die Schwierigkeit der Wege, andererseits besonders seine begründete Besorgnis zum Labienus und die mit ihm entsandten Legionen, die dann ihrem Schicksal überlassen blieben. Er gelangte also nach ungemein· starken Tag- und Nachtmärschen wider aller Erwarten an den Liger. Bald hatten auch die Reiter eine Furt entdeckt, die bei der Dringlichkeit der Verhältnisse ganz willkommen war, wenn auch die Soldaten nur Arme und Schultern über dem Wasser behielten, um die Waffen zu tragen. Caesar stellte die Reiterei so auf, daß sie die Gewalt der Strömung brach, und setzte sein Heer unversehrt über, da die Feinde schon durch den ersten Anblick hiervon in Verwirrung geraten waren; drüben fand er Getreide auf den Feldern und Vieh in Menge, versorgte das Heer reichlich damit und marschierte in das Gebiet der Senonen.

Labienus vereinigt sich nach einem glücklichen Gefecht
bei Lutetia mit Caesar

57. Während Caesar damit beschäftigt war, hatte Labienus[349] die Ergänzungsmannschaft, welche unlängst aus Italien eingetroffen war, als Bedeckung für das Gepäck in Agedincum zurückgelassen und rückte nun mit seinen vier Legionen gegen Lutetia vor. Dies ist die Hauptstadt der Parisier, die auf einer Insel der Sequana liegt.[350] Sobald die Feinde von seinem Anmarsch Kunde erhielten, versammelten sich dort große Truppenmassen der benachbarten Völkerschaften. Den Oberbefehl erhielt der Aulercer Camulogenus, ein hinfälliger Greis, der aber dennoch wegen seiner außerordentlichen Kriegserfahrung zu dieser Würde berufen worden war. Als dieser bemerkte, daß dort ein langgedehnter Sumpf sei, der in die Sequana mündet und jene Gegend fast ganz unzugänglich macht[351], nahm er gerade hier Stellung und traf Anstalten, den Unsrigen den Übergang zu verwehren.

58. Labienus versuchte es anfangs, Sturmlauben vorzuschieben, den Sumpf mit Flechtwerk und Schutt auszufüllen und sich so einen Weg zu bahnen. Als er aber bemerkte, daß diese Arbeit zu schwierig sei, brach er in aller Stille um die dritte Nachtwache aus dem Lager auf und gelangte auf demselben Weg, den er gekommen war, nach Metiosedum.[352] Dies ist eine senonische Stadt, welche gleichfalls auf einer Insel der Sequana liegt, wie kurz vorher von Lutetia gesagt worden ist. Dort fand er ungefähr fünfzig Schiffe vor, ließ sie in aller Geschwindigkeit miteinander verbinden, mit Soldaten bemannen und bemächtigte sich so ohne einen Schwertstreich der Stadt, da die Bewohner, von denen ein großer Teil hatte ins Feld ziehen müssen, über das plötzliche Auftauchen der Soldaten bestürzt waren. Dann ließ er die Brücke herstellen, die der Feind in den letzten Tagen abgebrochen hatte, führte das Heer hinüber und begann stromabwärts gegen Lutetia vorzurücken. Als dies die

Feinde von den Flüchtlingen aus Metiosedum erfahren hatten, ließen sie Lutetia in Brand stecken und die Brücken der Stadt abbrechen.[353] Sie selbst entfernten sich vom Sumpf und nahmen am Ufer der Sequana, gegenüber Lutetia und dem Lager des Labienus, Stellung.

59. Nun hörte man, Caesar sei von Gergovia abgezogen, und es verbreitete sich das Gerücht vom Abfall der Häduer und dem glücklichen Erfolg der gallischen Erhebung, ja die Gallier versicherten sogar in ihren Gesprächen, Caesar sei von seiner Marschlinie[354] und dem Liger abgeschnitten und habe sich aus Mangel an Getreide genötigt gesehen, sich nach der Provinz zu wenden. Die Bellovaker aber, die uns schon zuvor im geheimen feindlich gesinnt waren, hatten kaum von dem Abfall der Häduer vernommen, da begannen sie schon Mannschaften zusammenzuziehen und sich offen zum Krieg zu rüsten. Labienus sah nun wohl ein, daß er bei dieser vollständigen Änderung der Sachlage seinen bisherigen Plan ganz aufgeben müsse; er konnte jetzt nicht mehr daran denken, einen wirklichen Erfolg zu erringen und im Angriff vorzugehen, sondern mußte zufrieden sein, wenn er das Heer unversehrt nach Agedincum zurückführte. Denn auf der einen Seite[355] drohten die Bellovaker, eine Völkerschaft, die bei den Galliern im höchsten Ruf der Tapferkeit steht, auf der anderen Seite stand Camulogenus an der Spitze eines kampfstarken und wohlgerüsteten Heeres; zudem waren die Legionen von dem Gepäck und seiner Bewachung durch einen großen Fluß[356] abgeschnitten. Diesen großen, plötzlich auftauchenden Schwierigkeiten gegenüber sah Labienus die einzige Hilfe in kühner Entschlossenheit.

60. Gegen Abend berief er einen Kriegsrat und ermahnte zu sorgfältiger und eifriger Befolgung seiner Befehle; dann übergab er die von Metiosedum mitgeführten Schiffe jedes einem römischen Ritter und befahl diesen, nach Ablauf der ersten Nachtwache vier Meilen in aller Stille stromabwärts zu fahren und ihn dort zu erwarten.[357] Fünf Kohorten, die

ihm für den Kampf am wenigsten zuverlässig erschienen,
ließ er zur Bedeckung des Lagers zurück; den anderen fünf
Kohorten derselben Legion befahl er, um Mitternacht mit
dem gesamten Gepäck aufzubrechen und unter großem
Lärm stromaufwärts zu marschieren. Auch ließ er Kähne
herbeischaffen und diese mit recht geräuschvollem Ruderschlag ebenfalls dahin abgehen. Er selbst brach bald nachher in aller Stille mit drei Legionen auf und marschierte
nach demselben Punkt, wo die Schiffe seinem Befehle gemäß landen mußten.

61. Als man dahin gekommen war, gelang es den Unsrigen,
von einem plötzlich entstandenen Unwetter begünstigt,
die Kundschafter der Feinde, wie sie allenthalben am Flusse verteilt waren, unversehens niederzumachen. Dann
wurde unter der Leitung der römischen Ritter, die mit der
Aufsicht über dieses Geschäft betraut waren, Fußvolk und
Reiterei rasch übergesetzt. Fast gleichzeitig, gegen Morgen,
erhielten die Feinde Nachricht, im Lager der Römer sei ein
ganz außergewöhnlicher Lärm, ein großer Zug rücke stromaufwärts, von wo aus man auch Ruderschlag vernehme,
und ein wenig stromabwärts würden Soldaten auf Schiffen
übergesetzt. Auf diese Nachrichten hin glaubten sie, die
Legionen überschritten an drei Stellen den Fluß und träfen
aus Bestürzung über den Abfall der Häduer samt und son-
ders Anstalten zur Flucht.[358] Sie teilten daher auch ihre
Truppen in drei Teile: Eine Abteilung ließen sie dem (römischen) Lager gegenüber zurück, eine unbedeutende Mannschaft schickten sie gegen Metiosedum hin, mit der Weisung, den feindlichen Schiffen zu folgen, den Rest ihrer
Streitkräfte führten sie gegen Labienus.

62. Bei Tagesanbruch waren die Unsrigen insgesamt übergesetzt; gleichzeitig erblickte man das feindliche Heer in
Schlachtordnung. Labienus ermahnte seine Soldaten, ihrer
früheren Tapferkeit und der vielen erfochtenen Siege eingedenk zu sein und sich vorzustellen, Caesar selbst, unter
dessen Führung sie schon so oft den Feind geschlagen hät-

ten, sei in eigener Person zugegen. Hierauf gab er das Zeichen zum Kampf. Gleich beim ersten Anprall wurden die Feinde von unserem rechten Flügel, wo die siebte Legion stand, geworfen und in die Flucht gejagt. Auf unserem linken Flügel, den die zwölfte Legion bildete, wurden zwar die ersten Reihen der Feinde durch unsere Geschosse zu Boden gestreckt, doch leisteten die übrigen hartnäckigst Widerstand, und keiner von ihnen machte Miene zu fliehen. Der feindliche Feldherr Camulogenus selbst stand hier den Seinigen zur Seite und sprach ihnen Mut zu. Auch jetzt noch war der endgültige Sieg ungewiß; da erhielten die Tribunen der siebten Legion Meldung über den Stand der Dinge auf dem linken Flügel; sie ließen daher ihre Legion schwenken und griffen die Feinde im Rücken an. Auch jetzt wich keiner von seinem Platz, sondern, von allen Seiten angegriffen, fanden sie alle den Tod. Camulogenus teilte das Schicksal der Seinigen. Die Abteilung aber, die als Deckung dem Lager des Labienus gegenüber zurückgeblieben war, eilte auf die erste Nachricht vom Treffen den Ihrigen zu Hilfe und besetzte eine Anhöhe, konnte jedoch den Anprall unserer siegreichen Soldaten nicht aushalten. Sie wurde in die Flucht der anderen hineingerissen, und alles, was nicht in den Waldungen und Bergen eine Zuflucht fand, wurde von der Reiterei niedergemacht. Nach diesem Erfolg kehrte Labienus nach Agedincum zurück, wo das Gepäck des ganzen Heeres zurückgelassen worden war. Von da aus stieß er am dritten Tag mit allen Truppen zu Caesar.[359]

Fast alle Gallier fallen ab. Caesar wird von Vercingetorix angegriffen, siegt aber in einem Reitergefecht

63. Durch die Kunde vom Abfall der Häduer gewinnt der Krieg an Ausdehnung. Sie schicken Gesandtschaften nach allen Gegenden, sie bieten Einfluß, Ansehen und Geld auf, um alle Völkerschaften zum Aufstand zu bewegen. Die Un-

schlüssigen werden durch die angedrohte Hinrichtung der Geiseln, die ihnen Caesar zur Verwahrung gegeben hatte, eingeschüchtert. Die Häduer aber bitten Vercingetorix, zu ihnen zu kommen und gemeinsam mit ihnen den Kriegsplan zu beraten. Dies gelingt ihnen auch, und nun beanspruchen sie die oberste Führung für sich. Darüber kommt es zum Streit, und es wird ein Landtag für ganz Gallien nach Bibracte ausgeschrieben. In großen Scharen kommen die Gallier aus allen Orten zusammen. Die Sache wird zur allgemeinen Abstimmung freigegeben und Vercingetorix einstimmig zum Oberbefehlshaber ernannt. Nicht erschienen waren bei dieser Beratung die Remer, Lingonen und Treverer, jene, weil sie an der Freundschaft mit den Römern festhielten, die Treverer, weil sie zu weit entfernt waren und von den Germanen bedrängt wurden, weshalb sie sich auch vom Krieg überhaupt fernhielten und neutral blieben. Besonders schmerzlich berührte es die Häduer, daß man ihnen die Oberherrschaft entzogen hatte, sie beklagten den Umschwung ihres Schicksals und wünschten sich Caesars Freundschaft zurück; doch wagten sie es nicht, nach Beginn des Krieges sich in ihren Beschlüssen von den übrigen zu trennen. Nur ungern ordneten sich jene hochstrebenden jungen Männer, Eporedorix und Viridomarus, dem Vercingetorix unter.

64. Dieser verlangte von den übrigen Stämmen Geiseln und bestimmte einen Termin zu deren Übergabe. Dann befahl er, daß die ganze Reiterei, 15 000 Mann, unverzüglich zu ihm stoßen solle. Das Fußvolk, das er bisher gehabt habe, werde ihm genügen; denn er sei nicht willens, das Glück zu versuchen oder eine offene Feldschlacht zu liefern. Bei seiner Übermacht an Reiterei könne er die Römer außerdem leicht am Einbringen von Getreide und Futter hindern; die Gallier sollten nur getrost ihre eigenen Getreidevorräte vernichten und ihre Gehöfte in Brand stecken, da sie sich durch diesen Verlust ihrer Habe zweifellos Selbständigkeit und Freiheit für alle Zukunft erkaufen würden.

Nach diesen Anordnungen mußten die Häduer und Segusiaver, deren Gebiet an die Provinz grenzt, 10 000 Mann
Fußvolk stellen. Dazu ließ er 800 Reiter stoßen, übergab
den Oberbefehl einem Bruder des Eporedorix und trug ihm
auf, gegen die Allobroger zu ziehen.[360] Auf der entgegengesetzten Seite entsandte er die Gabaler und die Mannschaften der benachbarten Arvernergaue gegen die Helvier und
ebenso die Rutener und Cadurker, um das Gebiet der arecomischen Volker zu verwüsten. Bei alledem suchte er
auch noch insgeheim durch Boten und Gesandte die Allobroger aufzuwiegeln, in der Hoffnung, ihre Gemüter hätten
sich von dem vorigen Kriege noch nicht ganz beruhigt. Ihren Fürsten versprach er Geld, dem Staat selbst die Herrschaft über die ganze Provinz.

65. Gegen alle diese Fälle stand eine Streitmacht von 22
Kohorten gerüstet, die im römischen Gallien selbst aufgeboten waren und unter dem Kommando des Legaten Lucius
Caesar[361] allenthalben dem Feind entgegentraten. Die Helvier ließen sich auf eigene Faust mit ihren Nachbarn in eine offene Feldschlacht ein, wurden aber geschlagen und
mußten hinter den Mauern ihrer Städte Schutz suchen,
nachdem sie nebst mehreren anderen den Häuptling ihres
Stammes, Gaius Valerius Donnotaurus, den Sohn des Caburus, verloren hatten. Die Allobroger stellten am Ufer des
Rhodanus eine Postenkette auf und schützten so mit Sorgfalt und Aufmerksamkeit ihr Gebiet. Weil nun Caesar von
der Überlegenheit der feindlichen Reiterei überzeugt war
und, von allen seinen Verbindungen abgeschnitten, weder
aus der Provinz noch aus Italien Unterstützung erhalten
konnte, schickte er über den Rhein nach Germanien zu jenen Völkerschaften, die er in den früheren Jahren unterworfen hatte, und ließ sich von diesen Reiterei kommen
nebst dem leichten Fußvolk, das zwischen den Reitern zu
kämpfen pflegte. Da er aber bei ihrer Ankunft fand, daß sie
mit schlechten Pferden versehen waren, nahm er den
Kriegstribunen und den übrigen römischen Rittern sowie

den Ausgedienten[362] die Pferde und verteilte sie unter die Germanen.

66. Unterdessen vereinigten sich die feindlichen Truppen aus dem Arvernerland mit den Reitern, welche ganz Gallien zu stellen hatte. Mit dieser großen Streitmacht bezog Vercingetorix, als Caesar durch das Grenzgebiet der Lingonen in das Land der Sequaner marschieren wollte, etwa 10 000 Schritt von den Römern drei Lager. Hier berief er die Reiterobersten zu einer Versammlung und erklärte: Jetzt sei die Stunde des Sieges gekommen. Die Römer befänden sich auf der Flucht in die Provinz und zögen sich aus Gallien zurück. Dies könne ihnen zwar für den Augenblick die Freiheit erringen; für den Frieden und die Ruhe der Zukunft aber sei damit noch wenig gewonnen, denn die Römer würden mit größeren Heeresmassen zurückkehren und den Krieg nicht aufgeben. Man müsse sie daher auf dem Marsch, wo sie nicht kampfbereit seien, angreifen. Wollten dann die Legionen den Angegriffenen Hilfe bringen und sich dabei aufhalten, so könnten sie nicht vorwärts kommen; wollten sie dagegen, und dies halte er für wahrscheinlicher, ihr Gepäck im Stich lassen, und dächten sie nur auf ihre eigene Rettung, so würden sie sich nicht nur dem Mangel an allen notwendigen Dingen aussetzen, sondern auch eine moralische Niederlage erleiden. Denn daß von der feindlichen Reiterei kein einziger Mann sich aus dem Zug auch nur herauswagen werde, davon müßten sie ja selbst überzeugt sein. Damit aber der Angriff von ihrer Seite desto mutiger erfolge, wolle er das gesamte Heer vor dem Lager bereithalten und so dem Feinde Schrecken einflößen. Einstimmig riefen nunmehr die Reiter: Durch den heiligsten Eidschwur müsse man sich verpflichten, daß keiner wieder unter ein Dach treten, keiner seine Kinder, seine Eltern, sein Weib wiedersehen solle, der nicht zweimal die feindliche Heerschar durchbrochen habe.

67. Der Vorschlag wurde gebilligt, und alle leisteten den Eid. Am folgenden Tage wurde die gallische Reiterei in drei

Abteilungen geteilt; zwei bedrohten die Flanken der Römer, die dritte begann unsere Vorhut am Marsch zu hindern. Auf diese Meldung hin teilte auch Caesar seine Reiterei in drei Haufen und ließ sie dem Feinde entgegengehen.
Auf allen Punkten entspann sich gleichzeitig der Kampf.
Der Zug machte Halt, und das Gepäck wurde von den Legionen in die Mitte genommen. Wenn die Unsrigen auf irgendeinem Punkt Not litten und hart bedrängt wurden,
ließ Caesar in geschlossener Ordnung dahin zum Angriff
vorrücken; diese Maßnahme hielt sowohl die Feinde bei
der Verfolgung auf, erhöhte aber auch durch die Hoffnung
auf Hilfe den Mut unserer Soldaten. Endlich gewannen die
Germanen auf unserer rechten Flanke die Höhe des Berg-
rückens, warfen den Feind aus seiner Stellung, verfolgten
die Fliehenden bis an den Fluß, an dem sich Vercingetorix
mit seinen Fußtruppen aufgestellt hatte, und machten eine
ziemliche Anzahl nieder. Sobald dies die übrigen Gallier
bemerkten, ergriffen sie aus Furcht, umzingelt zu werden,
die Flucht. Nun entstand eine allgemeine Metzelei. Drei
der vornehmsten Häduer wurden gefangen und vor Caesar
gebracht: der Reiteroberst Cotus, welcher bei der letzten
Wahl Nebenbuhler des Convictolitavis gewesen war, Cava-
rillus, der nach dem Abfall des Litaviccus das Fußvolk befehligte, und Eporedorix[363], unter dessen Führung die Häduer vor Caesars Ankunft mit den Sequanern Krieg geführt
hatten.

Vercingetorix zieht sich nach Alesia zurück

68. Als die ganze Reiterei in die Flucht geschlagen war,
führte Vercingetorix seine Truppen, wie er sie vor dem Lager aufgestellt hatte, zurück und brach unverzüglich nach
Alesia[364], einer Stadt der Mandubier, auf; auch der Troß
mußte das Lager sofort verlassen und ihm nachfolgen. Caesar schickte sein Gepäck auf den nächsten Hügel und ließ
zwei Legionen als Bedeckung zurück; er selbst verfolgte

den Feind, solange es die Tageszeit erlaubte, tötete ungefähr dreitausend Mann aus dem Nachtrab und schlug am anderen Tage in der Nähe von Alesia sein Lager auf. Als er nun die Lage der Stadt in Augenschein genommen hatte und die Feinde in großer Bestürzung fand, weil gerade die Reiterei, der Teil ihres Heeres, auf welchen sie sich am meisten verließen, Ursache ihrer Niederlage gewesen war, ermahnte er seine Soldaten zur Ausdauer und begann die Stadt einzuschließen.

69. Die Stadt Alesia selbst lag ziemlich hoch auf dem Gipfel eines Hügels, so daß es nur durch eine Blockade möglich schien, sie einzunehmen. Der Fuß des Hügels wurde auf zwei Seiten von zwei Flüssen bespült. Vor der Stadt dehnte sich eine ungefähr drei Meilen weite Ebene aus; auf allen anderen Seiten umgaben in mäßigem Abstand Hügel von gleicher Gipfelhöhe die Stadt.[365] Unterhalb der Mauer, auf dem östlichen Abhang des Hügels, hatten sich die gallischen Truppen dicht zusammengedrängt und zu ihrer Deckung einen Graben und eine Notmauer von sechs Fuß Höhe gezogen. Der Umfang der Befestigungslinie, welche die Römer auszuführen hatten, betrug elf Meilen. Auf geeigneten Punkten wurden die Lager angelegt und 23 Redouten errichtet. In diesen Redouten waren bei Tage Feldwachen aufgestellt, um unvermuteten Ausfällen vorzubeugen; in der Nacht wurden sie von Wachmannschaften und starken Piketts besetzt gehalten.

70. Kaum hatte man mit der Einschließung begonnen, kam es zu einem Reitergefecht auf der Ebene, die, wie oben erwähnt, zwischen den Anhöhen sich drei Meilen in die Länge ausdehnt. Beide Teile kämpften mit der äußersten Hartnäckigkeit. Da die Unsrigen ins Gedränge kamen, schickte ihnen Caesar die Germanen zu Hilfe und stellte die Legionen vor dem Lager auf, um ein plötzliches Hervorbrechen des feindlichen Fußvolkes zu vereiteln. Die Unterstützung von seiten der Legionen erfüllte die Unsrigen mit neuem Mut. Der Feind wurde in die Flucht geschlagen, geriet

durch seine eigene Menge ins Stocken und drängte sich in den Toren, deren Öffnung man zu eng gelassen hatte, zusammen. Um so hitziger setzten die Germanen die Verfolgung bis zu den Verschanzungen fort. Hier entstand ein gewaltiges Blutbad. Einige Gallier ließen ihre Pferde im Stich und versuchten über den Graben zu kommen und die Notmauer zu übersteigen. Als Caesar nun die Legionen, welche er vor dem Wall aufgestellt hatte, verrücken ließ, gerieten auch die Gallier innerhalb der Verschanzungen in große Verwirrung. In dem Glauben, man greife sie sofort an, riefen sie zu den Waffen. Einige rannten in ihrer Bestürzung in die Stadt hinein. Vercingetorix aber ließ die Stadttore schließen, um sein Lager nicht völlig von Soldaten zu entblößen. Nachdem die Germanen eine Menge Leute niedergemacht und ziemlich viel Pferde erbeutet hatten, zogen sie sich wieder zurück.

71. Vercingetorix faßte den Entschluß, seine ganze Reiterei in der Nacht wegzuschicken, bevor noch die Römer ihre Verschanzungen vollendet hätten. Beim Abzug trug er ihnen auf, sie sollten sich jeder an seinen Stamm wenden und alle, die im waffenfähigen Alter stünden, zum Krieg aufbieten. Dabei setzte er ihnen auseinander, was er für sie getan habe, und beschwor sie, auf seine Rettung bedacht zu sein und ihn, der sich so große Verdienste um die allgemeine Freiheit erworben habe, nicht einem martervollen Tod durch Feindeshand preiszugeben. Sie sollten bedenken, daß Saumseligkeit von ihrer Seite nicht nur seinen, sondern zugleich den Untergang von 80 000[366] auserlesenen Männern zur Folge haben würde. Nach seiner Berechnung habe er zur Not auf dreißig Tage Lebensmittel vorrätig, doch könne man durch Sparsamkeit auch noch einige Tage länger aushalten. Mit diesen Aufträgen entließ er die Reiterei, welche durch die noch offene Lücke in unserer Verschanzung um die zweite Nachtwache in aller Stille abzog. Hierauf ließ er unter Androhung der Todesstrafe gegen die Ungehorsamen den Befehl ergehen, alles Getreide an ihn abzuliefern. Das

Vieh, welches die Mandubier in großer Menge zusammengebracht hatten, verteilte er nach der Kopfzahl unter seine Mannschaften, während das Getreide nur sparsam und auf kurze Zeit zugemessen werden durfte. Alle Truppen, die er vor der Stadt aufgestellt hatte, zog er darin zusammen. Durch solche Maßregeln setzte er sich in die Lage, das gallische Entsatzheer zu erwarten und den Krieg fortzuführen.

Caesar läßt die Stadt Alesia einschließen

72. Als Caesar durch Überläufer und Gefangene davon Nachricht erhielt, ordnete er die Verschanzungen in folgender Art an: Er ließ einen zwanzig Fuß breiten Graben mit senkrechten Seitenwänden ziehen, so daß der Boden unten ebenso breit war wie oben der Abstand der Ränder. Die übrigen Befestigungswerke ließ er sämtlich erst vierhundert Fuß rückwärts von diesem Graben anlegen. Denn da er einmal den Arbeiten eine so ungeheure Ausdehnung hatte geben müssen und die ganze Linie nicht leicht rings mit bewaffneter Mannschaft besetzt werden konnte, suchte er durch jene Anordnung zu verhüten, daß die ganze Masse der Feinde unversehens entweder bei Nacht einen Sturm auf die Schanzen unternähme oder bei Tage unsere, mit der Befestigungsarbeit beschäftigten Soldaten beschießen könnte. In jener Entfernung also ließ er zwei Gräben von fünfzehn Fuß Breite und gleicher Tiefe ziehen und den inneren an den ebenen und niedrig gelegenen Stellen mit Wasser anfüllen, das aus dem Fluß hineingeleitet wurde. Hinter den Gräben wurde auf einem Damm ein Erdwall von zwölf Fuß Höhe aufgeführt. Auf ihn ließ er Brustwehren mit Zinnen aufsetzen, während dort, wo diese Deckungen auf dem Wall aufsaßen, gabelförmige Palisaden hervorragten, um den Feinden das Hinaufsteigen zu erschweren. Schließlich ließ er auf der ganzen Linie Türme in Abständen von achtzig Fuß errichten.

73. Man mußte also zu gleicher Zeit einerseits Holz und Lebensmittel herbeischaffen und anderseits an diesen großen Befestigungswerken arbeiten, so daß unsere Truppen bei den weiten Entsendungen aus dem Lager nie vollzählig beisammen waren. Daher versuchten auch die Gallier bisweilen unsere Werke anzugreifen und aus mehreren Stadttoren zugleich mit aller Macht Ausfälle zu machen. Caesar hielt es daher für nötig, den bisherigen Werken noch weitere Annäherungshindernisse hinzuzufügen, um die Befestigungslinie mit einer geringeren Anzahl Soldaten verteidigen zu können. Er ließ daher Baumstämme mit recht starken Ästen fällen, die letzten oben abschälen und zuspitzen und dann fortlaufende Gruben von fünf Fuß Tiefe ziehen. In diese wurden jene Stämme eingeschlagen und, um sie gegen das Ausreißen zu schützen, auf dem Grund festgemacht, so daß sie nur mit den Ästen hervorragten. In jeder Grube waren fünf Reihen untereinander verbunden und verschlungen. Wer sich da hineinwagte, geriet in die scharf zugespitzten Pfähle. Man nannte sie »Spitzsäulen«. Vor diesen wurden in schrägen, übers Kreuz laufenden Reihen Gruben von drei Fuß Tiefe angelegt, die sich gegen den Grund allmählich verengten. In diese senkte man glattrunde, oben zugespitzte und angekohlte Stämme von der Dicke eines Schenkels in der Art, daß sie nur vier Zoll über die Erde hervorragten. Dabei wurden die Gruben, um den Pfählen einen sicheren Halt zu geben, von unten immer einen Fuß hoch mit Erde ausgefüllt und diese festgestampft; den übrigen Teil der Grube bedeckte man mit Strauchwerk und Ruten, um die gelegte Falle zu verbergen. Von diesen Gruben wurden acht Reihen angelegt, welche je drei Fuß voneinander entfernt waren. Dieses Schutzmittel nannte man wegen der kelchförmigen Gestalt »Lilie«[367]. Vor ihnen wurden dann noch einen Fuß lange, mit eisernen Widerhaken beschlagene Fußangeln ganz in die Erde eingegraben und in mäßigen Abständen voneinander an allen Orten verteilt. Diese hieß man »Ochsenstacheln«[368].

74. Nach Vollendung dieser Arbeiten legte Caesar in einem Umkreis von vierzehn Meilen eine zweite Verschanzungs-linie[369] ganz von derselben Art, aber mit der Front nach außen, an, indem er hierbei das nach der Beschaffenheit jener Gegend günstigste Terrain aufsuchte. Dies tat er zum Schutz gegen das feindliche Entsatzheer, damit dieses nicht, auch wenn es in noch so großer Stärke erschiene, die Besatzung seiner Werke auf allen Punkten zugleich angreifen könne. Um endlich nicht zu den gefährlichen Streifzügen aus dem Lager genötigt zu sein, befahl er allen, Futter und Getreide auf dreißig Tage in Bereitschaft zu halten.

Caesar besiegt das gallische Entsatzheer

75. Während dieser Ereignisse vor Alesia beschlossen die Gallier auf einer Versammlung ihrer Häuptlinge, nicht wie Vercingetorix wollte, alle Waffenfähigen aufzurufen, sondern von jedem einzelnen Stamm ein bestimmtes Kontingent zu verlangen; sie fürchteten nämlich, es könnte bei einer so großen und zusammengewürfelten Menge unmöglich sein, einmal Zucht und Ordnung aufrechtzuerhalten und dann für die Verproviantierung Sorge zu tragen. Demnach verlangten sie von den Häduern und ihren Schutzgenossen, den Segusiavern, Ambivareten, brannovikischen Aulercern und Brannoviern, 35 000 Mann; ebenso viel von den Aulercern nebst den Eleuteten, Cadurcern, Gabalern und Vellaviern[370], die unter der Botmäßigkeit der Arverner standen. Die Sequaner, Senonen, Bituriger, Santonen, Rutenen und Carnuten mußten je 12 000 Mann stellen, die Bellovacer 10 000, die Pictonen, Turonen, Parisier und Helvetier je 8 000, die Ambianer, Mediomatricer, Petrocorier[371], Nervier, Moriner und Nitiobroger je 5 000, die kenomanischen Aulercer ebensoviel, die Atrebaten 4 000, die Veliocasser[372] ebensoviel, die Lemoviker und eburovikischen Aulercer je 3 000, die Rauricer und Bojer je 2 000, die am Ozean wohnenden Völkerschaften, die sich ge-

wöhnlich Aremoricer nennen, nämlich die Coriosoliten, Redonen, Ambibarier, Caleten, Osismer, Lexovier und Veneller, zusammen 30 000. Von allen diesen stellten nur die Bellovacer ihr Kontingent nicht, indem sie erklärten, sie würden auf eigene Faust und nach ihrem Belieben mit den Römern Krieg führen, und wollten sich keinem Oberbefehl unterwerfen; doch ließen sie sich durch die Bitten des Commius, ihres Gastfreundes, bestimmen, 2 000 Mann zu den anderen stoßen zu lassen.

76. Dieser Commius hatte, wie schon oben erzählt wurde[373], in früheren Jahren dem Caesar in Britannien treue und ersprießliche Dienste geleistet. Zum Dank dafür hatte Caesar seiner Völkerschaft keine Abgaben auferlegt, ihr die alten Rechte und Gesetze zurückgegeben und ihm selbst die Moriner als Untertanen zugesprochen. Doch das einhellige Streben ganz Galliens, die Freiheit zu erkämpfen und den alten Kriegsruhm wieder zu erwerben, war so groß, daß jede Erinnerung an frühere Wohltaten und Freundschaftsbande in den Hintergrund trat und alles Gut und Blut für diesen Krieg zu opfern bereit war. So brachte man 8 000 Reiter und ungefähr 250 000 Fußsoldaten zusammen. Im Land der Häduer wurden sie gemustert und gezählt und Befehlshaber ernannt. Den Oberbefehl übertrug man dem Atrebaten Commius, den Häduern Viridomarus und Eporedorix und dem Arverner Vercassivellaunus, einem Vetter des Vercingetorix. Ihnen stellte man als Ratgeber bei der Führung des Krieges Abgeordnete der einzelnen Stämme zur Seite. Alle rückten nun frischen Mutes und voll Zuversicht gegen Alesia; denn keiner von ihnen glaubte, daß man auch nur den Anblick einer so großen Masse würde ertragen können, zumal bei einem zweifachen Kampf, wenn die Belagerten aus der Stadt einen Ausfall machten und zugleich von außen so ungeheure Streitkräfte, Reiter und Fußtruppen, in Sicht kämen.

77. Unterdessen war schon der Tag vorüber, an dem die Belagerten in Alesia das Entsatzheer erwartet hatten; alle ihre

Lebensmittel waren aufgezehrt, und sie wußten nicht, wie
es im Häducrland stand; sie beriefen also eine allgemeine
Versammlung und berieten über ihr endgültiges Schicksal.
Da wurden verschiedene Meinungen laut: Ein Teil stimmte für Übergabe, ein anderer für einen Ausfall, solange man
noch die Kraft dazu habe. Einer ausführlichen Erwähnung
wert scheint mir wegen ihrer besonderen und frevelhaften
Unmenschlichkeit die Rede des Critognatus, eines Arverners von hoher Abkunft und großem Ansehen. Er sprach:
»Ich bin nicht gesonnen, über den Vorschlag derer ein Wort
zu verlieren, welche die schmachvollste Sklaverei mit dem
Namen der Unterwerfung bezeichnen; diese sollte man
nach meiner Meinung weder als Bürger betrachten, noch
zur Beratung zulassen. An diejenigen will ich mich wenden, welche für einen allgemeinen Ausfall stimmen; denn
ihr glaubt ja doch insgesamt in diesem Vorschlag einen Ab-
glanz der alten gallischen Tapferkeit zu finden. In Wahrheit aber ist es nicht Tapferkeit, sondern Feigheit, eine kurze Zeit den Mangel nicht ertragen zu können. Sich freiwillig in den Tod zu stürzen ist leichter, als sein Leid geduldig
zu tragen. Und doch würde auch ich dieser Meinung beitre-
ten (so weit beuge ich mich vor eurer Autorität), wenn ich
wüßte, daß es sich dabei nur um das Opfer unseres Lebens
handelte. Allein wir müssen bei unserer Entscheidung ganz
Gallien ins Auge fassen, das wir zu unserer Rettung aufge-
hoben haben. Wenn wir, 80 000 Menschen, auf einen
Schlag gefallen sind, von welchem Mut, glaubt ihr wohl,
werden dann unsere Verwandten und Blutsfreunde beseelt
sein, da sie fast auf unseren Leichen die Entscheidungsschlacht werden schlagen müssen? Nimmermehr dürft ihr
diejenigen eurer Hilfe berauben, die, um euch zu retten, die
eigene Gefahr nicht scheuen, dürft nicht aus Torheit, Unbesonnenheit oder gar aus Schwäche ganz Gallien dem Verderben preisgeben und in ewige Knechtschaft stürzen. Oder
zweifelt ihr etwa an ihrer Treue und Zuverlässigkeit, weil
sie an dem bestimmten Tage noch nicht da sind? Nun

denn, glaubt ihr etwa, die Römer quälten sich Tag für Tag
zu ihrem Vergnügen mit den äußeren Verschanzungen?
Wenn auch keine ermutigende Botschaft von jenen zu euch
gelangen kann, da jeder Zugang versperrt ist, so nehmt den
Feind da als Zeugen, daß ihre Ankunft nahe bevorsteht;
denn nur die Furcht davor treibt ihn an, Tag und Nacht an
seinen Werken zu arbeiten. Wie lautet also mein Rat? Zu
tun, was unsere Vorfahren in jenem Kriege von viel geringerer Tragweite mit den Kimbern und Teutonen getan haben. In ihre Städte eingeschlossen und von gleichem Mangel bedrängt, haben sie ihr Leben mit den Körpern derer ge-
fristet, die ihres Alters wegen kampfunfähig waren, und
sich nicht den Feinden ergeben. Und hätten wir auch ein
solches Beispiel nicht, so würde es uns doch nach meiner
Meinung zur höchsten Ehre gereichen, es um der Freiheit
willen zu schaffen und den Nachkommen zu überliefern.
Was hatte jener Krieg mit dem gegenwärtigen gemeinsam?
Die Kimbern haben Gallien verwüstet und großes Unheil
über das Land gebracht, sie haben aber doch endlich unser
Gebiet verlassen und sind in andere Länder gezogen; Recht
und Verfassung, Grundbesitz und Freiheit haben sie uns
unangetastet gelassen. Die Römer hingegen — worauf geht
ihr ganzes Dichten und Trachten? Jedes Volk, von dessen
Ruhm und Tapferkeit sie gehört haben, wollen sie aus nei-
discher Bosheit seiner Ländereien und seiner Unabhängig-
keit berauben und in das Joch ewiger Knechtschaft zwingen. Denn nie haben sie einen Krieg zu einem anderen
Zwecke geführt. Wenn euch das Schicksal ferner Völker
unbekannt ist, so blickt doch nur auf das benachbarte Gallien, das, in eine Provinz umgewandelt, seines Rechtes und
seiner Verfassung beraubt, den römischen Beilen[374] unterworfen, in ewiger Knechtschaft schmachtet.«
78. Bei der Abstimmung wurde beschlossen, daß alles, was
durch Schwäche oder Alter kriegsuntüchtig sei, die Stadt
verlassen solle, und daß man zuvor alles andere versuchen
müsse, ehe man auf den Vorschlag des Critognatus einge-

he; doch wolle man, falls es zum äußersten käme und das Entsatzheer nicht erschiene, allerdings lieber zu jenem Mittel greifen, als sich zur Übergabe oder zu einem Friedensschluß verstehen. Die Mandubier, die das Heer in ihre Stadt aufgenommen hatten, wurden gezwungen, sie mit Weib und Kind zu verlassen. Sie kamen an die Befestigungswerke der Römer heran und baten flehentlich unter Tränen, man möge sie als Sklaven aufnehmen und ihnen zu essen geben. Caesar sorgte durch Wachen, die er längs des Walles aufstellte, dafür, daß sie nicht aufgenommen wurden.[375]

79. Unterdessen erschienen Commius und die übrigen Anführer, die den Oberbefehl hatten, mit ihrer gesamten Truppenmacht vor Alesia, besetzten einen der äußeren Hügel und lagerten sich nicht weiter als eine Meile von unseren Verschanzungen entfernt. Am folgenden Tag führten sie die Reiterei aus dem Lager heraus und nahmen mit ihr die ganze Ebene ein, welche, wie oben erwähnt, sich drei Meilen ausdehnt; ihre Fußtruppen stellten sie in einiger Entfernung zurückgezogen auf den Anhöhen auf. Von der Stadt Alesia konnte man die Ebene übersehen. Beim Anblick des Entsatzheeres liefen die Belagerten zusammen, man wünschte einander Glück, und alles war außer sich vor Freude. Dann rückten die Truppen aus und nahmen vor der Stadt Stellung; man bedeckte den nächsten Graben mit Hürden, füllte ihn mit Schutt aus und rüstete sich zu einem Ausfall und zur Entscheidung.[376]

80. Caesar verteilte sein ganzes Heer auf die beiden Befestigungslinien, damit jeder für den Fall eines Angriffes seinen Posten habe und kenne. Die Reiterei ließ er aus dem Lager ausrücken und das Gefecht beginnen. Von allen Lagern aus, ringsum die höchstgelegenen Punkte einnahmen, konnte man die Gegend übersehen, und gespannt erwarteten alle Soldaten den Ausgang des Kampfes. Die Gallier hatten zwichen ihre Reiter Bogenschützen und leichtbewaffnete Fußsoldaten verteilt, die ihnen, wenn sie wichen,

zu Hilfe eilen und den Anprall unserer Reiterei aufhalten
sollten. Von diesen wurden denn auch mehrere unversehens verwundet, so daß sie das Gefecht verlassen mußten.
Da nun die Gallier die Überlegenheit ihrer Soldaten für
ausgemacht hielten und noch dazu sahen, daß ihnen die
Römer an Zahl nachstanden, erhoben sie von allen Seiten,
die Belagerten sowohl wie die Entsatztruppen, ein Geschrei und Geheul, um den Mut ihrer Leute zu erhöhen. Da
der Kampf vor aller Augen geführt wurde und weder eine
rühmliche noch eine schimpfliche Tat verborgen bleiben
konnte, spornten Ruhmbegierde und Furcht vor Schande
beide Teile zur Tapferkeit an. So wurde von Mittag bis fast
gegen Sonnenuntergang ohne Entscheidung gekämpft, bis
endlich die Germanen auf der einen Seite in geschlossenen
Geschwadern einen Angriff machten und die Feinde über
den Haufen warfen. Auf ihrer Flucht wurden die Bogenschützen umringt und niedergemacht. Ebenso setzten die
Unsrigen auch auf den übrigen Punkten die Verfolgung der
Fliehenden bis an ihr Lager fort, so daß der Feind nicht imstande war, sich zu sammeln. Da zogen sich auch die Belagerten, welche vor Alesia gerückt waren, niedergeschlagen
und fast am Sieg verzweifelnd wieder in die Stadt zurück.
81. Nach Verlauf eines Tages rückten die Gallier, die in
diesem kurzen Zeitraum eine große Menge Hürden, Leitern und Haken angefertigt hatten, um Mitternacht in aller
Stille aus ihrem Lager und näherten sich den Verschanzungen in der Ebene. Plötzlich erhoben sie ein Geschrei, um
durch dieses Zeichen die in der Stadt eingeschlossenen Gallier von ihrer Annäherung in Kenntnis zu setzen, und
schickten sich an, die Hürden über die Gräben zu werfen,
die Unsrigen mit Schleudern, Pfeilen und Steinen vom
Wall herunterzudrängen und alle Vorbereitungen zur Erstürmung zu treffen. Gleichzeitig gab Vercingetorix auf das
Kriegsgeschrei hin das Trompetensignal und führte seine
Leute aus der Stadt. Die Unsrigen besetzten ihre Posten, so
wie diese in den letzten Tagen auf jeden auf der Verschan-

zungslinie angewiesen waren, und trieben die Gallier mit pfundschweren Schleudersteinen[377], Pfählen, die sie auf den Werken verteilt hatten, und Bleikugeln[378] zurück. Da man wegen der Dunkelheit keine Fernsicht hatte, gab es auf beiden Seiten viele Verwundungen. Auch das grobe Geschütz entwickelte eine bedeutende Tätigkeit. Wo die Unsrigen ins Gedränge kamen, zogen die Legaten Marcus Antonius[379] und Gajus Trebonius, denen die Verteidigung jener Punkte übertragen war, zu ihrer Unterstützung aus den entfernteren Redouten Truppen herbei.

82. Solange sich die Gallier noch in einiger Entfernung von der Verschanzung befanden, waren sie durch die Menge ihrer Geschosse im Vorteil; als sie aber näher herankamen, traten sie entweder in die Ochsenstacheln oder stürzten in die Gruben und durchbohrten sich oder wurden vom Wall und von den Türmen herab von den Mauerspeeren tödlich getroffen. So hatten sie überall viele Verwundete, und noch kein Teil der Verschanzung war durchbrochen, als der Tag zu dämmern begann. Sie zogen sich daher zurück, aus Furcht, sie könnten durch einen Ausfall der Römer aus den oberen Lagern[380] an der unbedeckten Flanke angegriffen werden. Inzwischen schafften die Belagerten das Material herbei, das Vercingetorix für einen Ausfall hatte anfertigen lassen, und suchten den vordersten Graben auszufüllen. Diese Arbeit hielt sie aber so lange auf, daß sie, noch ehe sie die römischen Schanzen erreichten, vom Rückzug des Entsatzheeres erfuhren. So kehrten sie unverrichteter Dinge in die Stadt zurück.

83. Nachdem sie so zweimal mit großem Verlust zurückgeschlagen wurden, berieten die Gallier, was sie tun sollten; sie zogen ortskundige Leute bei und ließen sich von diesen über die Lage und Befestigung der oberen Lager berichten. Auf der Nordseite lag ein Hügel[381], welchen die Unsrigen wegen seines großen Umfanges nicht ganz in die Befestigungslinie hatten einbeziehen können, so daß sie gezwungen waren, auf einem ziemlich ungünstigem Terrain, näm-

lich auf einer sanft geneigten Fläche, das Lager aufzuschlagen. Dieses Lager hielten die Legaten Gajus Antistius Reginus und Gajus Caninius Rebilus mit zwei Legionen besetzt. Nachdem die feindlichen Anführer durch Kundschafter die Örtlichkeit erforscht hatten, wählten sie aus dem ganzen Heer 60 000 Mann von denjenigen Völkerschaften aus, welche im Ruf der größten Tapferkeit standen, und einigten sich insgeheim über das Ziel ihres Unternehmens und die Art und Weise der Ausführung; um die Mittagszeit sollte ihrer Verabredung gemäß der Angriff erfolgen. Den Befehl über diese Truppen übertrugen sie dem Arverner Vercassivellaunus, einem der vier Oberbefehlshaber und Verwandten des Vercingetorix. Dieser rückte um die erste Nachtwache aus dem Lager, gelangte mit Tagesanbruch fast an das Ziel seines Marsches, hielt sich hinter einem Berg[382] versteckt und ließ die Soldaten sich von der nächtlichen Anstrengung erholen. Als bereits die Mittagszeit nahe zu sein schien, richtete er seinen Marsch gegen das oben erwähnte Lager, während zu gleicher Zeit die Reiterei sich den Verschanzungen in der Ebene zu nähern und die übrigen gallischen Truppen sich vor dem Lager zu zeigen begannen.

84. Kaum bemerkte dies Vercingetorix von der Burg von Alesia herab, als er die Stadt verließ und die Hürden, Stangen, Minierhütten[383], Mauersicheln und die sonstigen für einen Ausfall in Bereitschaft gesetzten Werkzeuge mitnahm. Zu gleicher Zeit wütete auf allen Punkten der Kampf, überall wurden Angriffe versucht; wo irgendeine schwache Stelle zu sein schien, dorthin richtete sich der Andrang der Gallier. Die weite Ausdehnung der Befestigungswerke hielt die römischen Streitkräfte auseinander, und nur mit Mühe konnten sie an mehreren Orten zugleich Widerstand leisten. Hinzu kam, daß das Kampfgeschrei, das sie hinter sich hörten, unsere Soldaten nicht wenig beunruhigte, da sie erkannten, daß ihr eigenes Wohl und Wehe von der Tapferkeit anderer (der hinter ihnen kämp-

fenden Linie) abhing. Heißt es doch, daß den Menschen für
gewöhnlich das, was er nicht sieht, am meisten ängstigt.
85. Caesar hatte sich einen passenden Standort ausgewählt[384], von dem aus er den Fortgang des Kampfes an den
einzelnen Punkten beobachtete und den Bedrängten Hilfe
schickte. Beide Teile waren überzeugt, daß jetzt der Augenblick der Entscheidung gekommen sei. Wenn die Gallier
unsere Linien nicht durchbrachen, mußten sie jede Hoffnung auf Rettung aufgeben; wenn die Römer aber ihre Stellung behaupteten, konnten sie von einem siegreichen Ende
all ihrer Anstrengungen ausgehen. Am meisten kamen die
Römer bei jenen oberen Verschanzungen ins Gedränge, gegen die, wie erwähnt, Vercassivellaunus entsandt worden
war. Die abschüssige Neigung des Ortes war für die Römer
sehr ungünstig. Ein Teil der Gallier schleuderte Geschosse,
ein anderer stürmte in festverschildeter Masse heran, während frische Mannschaften stets die ermüdeten Ablösten.
Außerdem warfen sie Schutt auf die Annäherungshindernisse, bahnten sich so den Weg zur Erstürmung und bedeckten alles, was die Römer in der Erde verborgen hatten.
Fast schon gingen der Unsrigen ihre Waffen und Kräfte zu
Ende.
86. Als Caesar dies wahrnahm, schickte er den Labienus
mit sechs Kohorten den Bedrängten zu Hilfe mit dem Befehl, wenn er sich nicht halten könne, die Kohorten vom
Wall wegzuziehen und mit ihnen einen Ausfall zu machen;
doch solle er dies nur im Notfall tun. Caesar selbst begab
sich zu seinen übrigen Truppen, ermahnte sie zu mutiger
Ausdauer und wies darauf hin, daß von diesem Tag, von
dieser Stunde die Früchte aller früheren Kämpfe abhingen.
Die Gallier aus der Stadt verzweifelten bei ihrem Versuch,
die ausgedehnten Belagerungswerke in der Ebene zu überwinden, und versuchten nun die steilen Anhöhen[385] zu erklimmen. Dorthin schafften sie auch ihr Angriffsmaterial,
verscheuchten durch einen Hagel von Geschossen die Verteidiger von den Türmen, füllten die Gräben mit Schutt

und Hürden aus und rissen bereits Wall und Brustwehr mit
ihren Mauersicheln nieder.

87. Caesar schickte zuerst den jungen Brutus mit 6 Kohorten, dann den Legaten Gajus Fabius mit 7 anderen dahin.
Zuletzt, als der Kampf heftiger tobte, rückte er selbst mit
frischen Truppen zu Hilfe. Nachdem so das Gefecht wieder
in Gang gekommen und die Feinde zurückgeworfen waren,
wandte er sich nach dem Punkt, wohin er den Labienus geschickt hatte, und zog aus der nächsten Redoute noch vier
Kohorten an sich; ein Teil der Reiterei sollte ihm folgen,
der andere aber um die äußeren Schanzen herumreiten und
dem Feind in den Rücken fallen. Als aber weder die Wälle,
noch die Gräben den Andrang der Feinde aufzuhalten vermochten, vereinigte Labienus vierzig Kohorten, wie sie
ihm gerade der Zufall aus den nächsten Redouten darbot,
auf einem Punkt und benachrichtigte den Caesar durch Boten von seinem Vorhaben. Caesar eilte herbei, um an dem
Kampf teilzunehmen.

88. Als ihn die Feinde an der Farbe seines Kleides, das er als
Abzeichen in den Schlachten zu tragen pflegte[386], erkannten und auch die ihm folgenden Reitergeschwader und Kohorten erblickten (sie konnten nämlich von ihrer höheren
Stellung aus diese niedrig gelegenen, abschüssigen Partien
überschauen), gingen sie ihrerseits zum Angriffe vor. Auf
das beiderseitige Schlachtgeschrei antwortet alsbald wiederum Schlachtgeschrei vom Wall und allen Befestigungswerken her. Die Römer werfen ihre Pilen weg und kämpfen
mit den Schwertern. Plötzlich erscheint im Rücken der
Feinde unsere Reiterei; noch andere Kohorten rücken heran. Der Feind wendet sich zur Flucht; den Fliehenden wirft
sich die Reiterei entgegen; es entsteht ein furchtbares Blutbad. Sedulius, der Feldherr und Fürst der Lemoviker, fällt,
der Arverner Vercassivellaunus wird auf der Flucht von den
Römern gefangen; 74 Feldzeichen werden dem Caesar überreicht. Nur wenige von den feindlichen Massen kehren unversehrt ins Lager zurück. Als die Belagerten von der Stadt

aus die Niedermetzelung und die Flucht der Ihrigen erblickten, verzweifelten sie an ihrer Rettung und zogen sich
von den Verschanzungen zurück.[387] Auf die Nachricht von
diesem Ausgang begann sofort die allgemeine Flucht aus
dem gallischen Lager. Und wären nicht unsere Soldaten
durch die wiederholten Hilfeleistungen und die Anstrengung des ganzen Tages ermattet gewesen, so hätte man die
feindlichen Streitkräfte vollständig vernichten können.
Die erst nach Mitternacht ausgesandte Reiterei erreichte
noch den Nachtrab, machte viele Gefangene und hieb eine
Menge nieder; was übrig blieb, verlor sich in seine Heimat.

Die Belagerten ergeben sich und liefern Vercingetorix aus

89. Am folgenden Tage berief Vercingetorix eine allgemeine Versammlung und erklärte, er habe diesen Krieg nicht
um seines eigenen Vorteils, sondern um der gemeinsamen
Freiheit willen unternommen; da man sich aber einmal
dem Schicksal fügen müsse, so stelle er sich ihnen zur Verfügung, ob sie nun durch seinen Tod die Römer zufriedenstellen oder ihn lebendig ausliefern wollten. Man schickte
Gesandte zu Caesar, um ihn hierüber zu befragen. Er befahl
ihnen, die Waffen auszuliefern und die Fürsten vorzufüh-
ren. Er selbst nahm seinen Sitz vor dem Lager innerhalb der
Verschanzungslinie; dort wurden ihm die Befehlshaber
vorgeführt, Vercingetorix übergeben[388], die Waffen niedergelegt. Die Häduer und Arverner behielt Caesar zurück,
um vielleicht durch sie ihre Staaten wiederzugewinnen;
von den übrigen Gefangenen erhielt jeder Soldat im ganzen
Heere einen Mann als Kriegsbeute.

Die Häduer und Arverner unterwerfen sich. Die
Winterlager

90. Nach diesen Erfolgen marschierte Caesar in das Gebiet
der Häduer, die sich ihm ohne weiteres unterwarfen. Dorthin kamen auch Gesandte der Arverner und versprachen
unbedingten Gehorsam. Er befahl ihnen, eine große Zahl
Geiseln zu stellen. Die Legionen verteilte er in die Winterquartiere. Etwa 20 000 Gefangene gab er den Häduern und
Arvernern zurück. Den Titus Labienus ließ er mit zwei Legionen und der Reiterei ins Sequanerland rücken und gab
ihm den Marcus Sempronius Rutilus bei. Den Legaten Gaius Fabius und den Lucius Minucius Basilus legte er mit
zwei Legionen in das Gebiet der Remer, um sie vor einem
Einfall der benachbarten Bellovaker zu schützen. Den Gaius Antistius Reginus schickte er zu den Ambivareten[389],
den Titus Sextius zu den Biturigern, den Gaius Caninius
Rebilus zu den Rutenen, jeden mit einer Legion. Quintus
Tullius Cicero und Publius Sulpicius mußten zu Cabillonum (Châlons) und Matisco (Mâcon) am Arar in Häduerland Quartier nehmen, um für das Getreidewesen zu sorgen. Er selbst beschloß, in Bibracte zu überwintern. Auf
Caesars Bericht über diese Ereignisse wurde zu Rom ein
zwanzigtägiges Dankfest veranstaltet.[390]

ACHTES BUCH

Das Jahr 51 und 50 v. Chr.

Vorwort des Hirtius[391]

Brief an Balbus

Deine unaufhörlichen Bitten, lieber Balbus[392], haben mich
bestimmt, an eine äußerst schwierige Arbeit zu gehen, da
man sonst meine tägliche Weigerung nicht mit der Schwierigkeit der Sache entschuldigen, sondern auf das Konto
meiner Trägheit setzen möchte. Ich habe nämlich die
Denkwürdigkeiten unseres Caesar über die gallischen Feldzüge seinen zusammenhangslosen früheren und späteren
Schriften eingereiht[393] und sein letztes unvollendetes Buch
vom alexandrischen Feldzug an fortgeführt, wenn auch
nicht bis zum Ende des Bürgerkrieges, das noch nicht abzusehen ist, so doch bis zum Lebensende Caesars.[394] Möchten
doch meine Leser sich vorstellen können, wie ungern ich
an diese Arbeit gegangen bin; sie würden dann sicherlich
nicht den Vorwurf törichter Anmaßung gegen mich erheben, daß ich mich mitten in die Schriften Caesars einge-
schoben habe. Stimmen ja doch alle darin überein, daß die
anderen Geschichtsschreiber mit noch so großer Mühe
kein Werk zustande gebracht haben, das nicht an Geschmack von diesen Denkwürdigkeiten übertroffen würde.
Caesar hat sie herausgegeben, damit sie von den künftigen
Geschichtsschreibern als Quelle seiner Taten benützt werden; sie haben aber so allgemeinen Beifall gefunden, daß
man sagen muß, sie haben den Geschichtsschreibern den
Stoff eher noch vorweggenommen, als geboten.[395]
Und doch erregt diese Tatsache meine Bewunderung in

noch höherem Grade als die der übrigen; denn während die anderen seine Arbeit nur in ihrer hohen Vollendung kennen, wissen wir zugleich, wie leicht und schnell er sie zustande gebracht hat. Caesar war aber auch nicht nur der gewandteste und vollendetste Stil eigen, sondern besaß auch die genaueste Kenntnis seiner Kriegführung, über die er Aufschluß gibt. Ich dagegen habe nicht einmal das Glück gehabt, dem alexandrinischen und afrikanischen Krieg[396] beizuwohnen, und wenn uns auch diese Kriege zum Teil durch Caesars mündliche Mitteilungen bekannt sind, so hören wir doch mit anderen Ohren auf das, was uns durch seine Neuheit und das Wunderbare anspricht, als auf das, wovon wir als Zeugen Rechenschaft ablegen sollen. Doch während ich mich nach allen möglichen Entschuldigungsgründen umsehe, um nur nicht mit Caesar verglichen zu werden, lade ich gerade dadurch den Verdacht der Anmaßung auf mich, als ob ich daran dächte, es könnte jemandem einfallen, mich mit Caesar zu vergleichen. Lebe wohl!

I. Caesars Kriegstaten im achten Jahr seiner Stadthalterschaft (51 v. Chr.)

Unterwerfung der Bituriger und Carnuten

1. So hatte Caesar ganz Gallien unterworfen, und da er seit dem letzten Sommer[397] den Krieg ununterbrochen weitergeführt hatte, wollte er endlich seine Soldaten nach so großen Anstrengungen in den Winterquartieren ausruhen lassen. Da erhielt er zu gleicher Zeit Nachricht, daß mehrere Völkerschaften von neuem an den Krieg dächten und insgeheim miteinander verhandelten. Als wahrscheinliche Ursache wurde angeführt, daß alle Gallier aus Erfahrung zu der Überzeugung gekommen seien, man könne den Römern selbst mit einer noch so großen, auf einen Punkt ver-

einigten Truppenmasse nicht Widerstand leisten; wenn dagegen mehrere Völkerschaften auf verschiedenen Punkten
zu gleicher Zeit losschlügen, so würde das Heer des römischen Volkes weder Hilfsmittel noch Zeit, noch Truppen
genug haben, um alle Kriege gleichzeitig mit Energie zu betreiben. Es müsse aber jeder einzelne Stamm das ihm zufal-
lende Ungemach über sich ergehen lassen, wenn sich unterdessen die übrigen die Freiheit erkämpfen könnten.

2. Um den Galliern diesen Glauben sofort zu nehmen,
übergab Caesar den Oberbefehl über sein Winterlager dem
Quästor Marcus Antonius; er selbst brach mit einer Reiter-
bedeckung am 31. Dezember von der Stadt Bibracte[398] zur
dreizehnten Legion auf, die er nicht weit von den Grenzen
der Häduer ins Land der Bituriger gelegt hatte, und verband
mit dieser noch die nächstgelegene elfte Legion[399]. Zwei
Kohorten ließ er zur Deckung des Gepäckes zurück; die
übrigen Truppen führte er in das überaus reiche Land der
Bituriger, da diese wegen der Ausdehnung ihres Gebietes
und der großen Zahl ihrer Städte durch das Winterlager einer einzigen Legion sich nicht hatten abhalten lassen, zum
Krieg zu rüsten und sich insgeheim zu verabreden.

3. Das plötzliche Erscheinen Caesars hatte den Erfolg, welchen es dem unvorbereiteten und zerstreuten Feind gegenüber haben mußte; die Bewohner, die ohne jeden Argwohn
das offene Land bestellten, wurden von der Reiterei überrascht, ehe sie sich in ihre Städte flüchten konnten. Caesar
hatte auch ausdrücklich verboten, die Gehöfte anzuzünden
und so jenes gewöhnliche Anzeichen eines feindlichen
Überfalles beseitigt, um, wenn er noch weiter vorrücken
sollte, immer genug Futter und Proviant zu haben und die
Feinde nicht durch das Sengen und Brennen aufzuscheu-
chen. Viele Tausende wurden gefangen; die übrigen Bituriger, denen es gelang, beim ersten Einbruch der Römer zu
entfliehen, flüchteten sich voller Schrecken zu den benachbarten Stämmen, im Vertauen teils auf ihre persönlichen
Verbindungen, teils auf die Gemeinsamkeit der Sache. Ver-

gebens; denn Caesar trat ihnen überall in Eilmärschen in den Weg und ließ keinem Stamm Zeit, mehr auf die Rettung anderer als auf die eigene bedacht zu sein. Durch diese Schnelligkeit erhielt er sich seine treuen Freunde, die Schwankenden aber brachte er durch Schrecken zur Annahme von Friedensbedingungen. Als die Bituriger unter diesen Umständen erkannten, daß ihnen durch Caesars gnädige Gesinnung die Rückkehr zu seiner Freundschaft offenstehe und daß auch die Nachbarstaaten ohne alle Strafe bloß nach Stellung von Geiseln wieder in Gnaden aufgenommen seien, folgten sie ihrem Beispiel.

4. Caesars Soldaten hatten mitten im Winter auf den beschwerlichsten Märschen bei unerträglicher Kälte mit der größten Hingebung alle Strapazen zu ertragen; zur Belohnung für diese Anstrengung und Ausdauer versprach ihnen Caesar ein Beutegeld von je zweihundert Sestertien dem Gemeinen und zweitausend Sestertien dem Centurionen[400]. Dann entließ er die Legionen in ihre Winterquartiere und zog sich selbst vierzig Tage nach seinem Ausmarsch nach Bibracte zurück. Während er dort Recht sprach, schickten die Bituriger Gesandte und baten ihn um Hilfe gegen die Carnuten, welche, wie sie sich beklagten, in ihr Land eingefallen wären. Auf diese Nachricht hin führte er, obgleich er erst achtzehn Tage im Winterlager verweilt hatte, die vierzehnte und sechste Legion aus ihrem Winterlager am Arar, wohin er sie, wie im vorigen Buch erzählt worden ist[401], gelegt hatte, um die Zufuhr zu sichern. So zog er dann an der Spitze zweier Legionen gegen die Carnuten ins Feld.

5. Als das Gerücht von dem Heereszug zu den Feinden gelangte, ließen die Carnuten, durch fremden Schaden belehrt, ihre Ortschaften und Städte, deren Häuser sie zum Schutz gegen den Winter in aller Eile armselig und notdürftig aufgeführt hatten, im Stich — bei ihrer neulichen Niederlage hatten sie nämlich einen großen Teil ihrer Städte preisgeben müssen[402] — und flohen nach allen Richtungen.

251

Da gerade um diese Zeit ein heftiges Unwetter ausbrach und Caesar seine Soldaten den Stürmen nicht aussetzen wollte, schlug er in der Carnutenstadt Cenabum das Lager auf und legte seine Soldaten teils in die Hütten der Gallier, teils in daran angebaute Baracken aus Stroh, das man in aller Eile zur Bedeckung über die Zelte geworfen hatte. Die Reiter dagegen und das Fußvolk der Hilfstruppen schickte er nach allen Richtungen, wohin nach eingezogenen Erkundigungen die Feinde sich gewendet hatten. Und nicht vergebens; denn in der Regel kehrten die Unsrigen beutebeladen zurück. Der strenge Winter und die Furcht vor Gefahr überwältigte die Carnuten. Da sie, aus ihren Häusern vertrieben, sich an keinem Orte länger festzusetzen wagten und gegen das rauhe Wetter auch in ihren Wäldern keinen Schutz finden konnten, zerstreuten sie sich nach großen Verlusten dahin und dorthin in die benachbarten Staaten.

Unterwerfung der Bellovacer

6. Caesar begnügte sich bei der großen Ungunst der Jahreszeit damit, die zusammenströmenden Truppen zu zerstreuen, um den Krieg im Keime zu ersticken; so hegte er, soweit man dies berechnen konnte, die feste Überzeugung, daß während des Sommers kein allgemeiner Krieg ausbrechen könne. Er legte daher die zwei Legionen, die er bei sich hatte, unter dem Oberbefehl des Gajus Trebonius in das Winterlager zu Cenabum. Unterdessen wurde er von seiten der Remer durch häufige Gesandtschaften benachrichtigt, daß die Bellovacer, die an Kriegsruhm alle Gallier und Belgier übertrafen, zusammen mit ihren Nachbarn unter Anführung des Bellovacers Correus und des Atrebaten Commius Heere ausrüsteten und auf einen Punkt zusammenzögen, um mit der ganzen Macht in das Gebiet der Suessionen, die den Remern untertan waren[403], einzudringen. Caesar war der Ansicht, daß nicht bloß seine Ehre, sondern auch sein Vorteil es verlangten, die um den römi-

schen Staat wohlverdienten Bundesgenossen vor jeder
Mißhandlung zu schützen. Er ließ daher wieder die elfte
Legion aus dem Winterlager aufbrechen und schrieb dem
Gaius Fabius[404], er solle seine zwei Legionen in das Gebiet
der Suessionen führen; außerdem ließ er noch eine von den
beiden Legionen des Labienus holen. Während er also
selbst unaufhörlich tätig war, legte er dagegen die Last der
Feldzüge nur abwechselnd seinen Legionen auf, wie es
eben die Lage der Winterquartiere und der Operationsplan
erforderten.

7. Mit diesen vereinigten Truppen rückte er gegen die Bellovacer, schlug in ihrem Gebiet ein Lager auf und entsandte dann nach allen Richtungen Reitergeschwader, um Leute aufzugreifen, durch die er die Pläne des Feindes erfahren
könnte. Die Reiter taten ihre Schuldigkeit und brachten die
Nachricht, sie hätten nur einige wenige Leute in den Häusern angetroffen, diese seien jedoch nicht zur Bestellung ihrer Äcker zurückgeblieben — der Feind habe nämlich eine
förmliche Auswanderung organisiert —, sondern zum Spionieren zurückgeschickt worden. Als sich Caesar bei ihnen
erkundigte, wo das Haupteer der Bellovacer stünde und
was ihre Absicht sei, erfuhr er folgendes: Alle waffenfähigen Bellovacer hätten sich an einem Ort vereinigt, ebenso
die Ambianer, Aulercer, Caleten, Veliocasser und Atrebaten. Zum Lagerplatz hätten sie eine in waldiger Gegend gelegene und von Sümpfen umgebene Anhöhe gewählt[405], ihr
ganzes Gepäck aber in entfernteren Wäldern in Sicherheit
gebracht. Die Leitung des Krieges gehe von mehreren Fürsten aus; die große Masse aber hänge vorzugsweise an Correus, weil man wisse, daß er das römische Volk am glü-
hendsten hasse. Vor einigen Tagen habe der Atrebate Commius das Lager verlassen, um Hilfstruppen von den Germanen herbeizuholen, die ganz in der Nähe wohnten und eine
sehr zahlreiche Bevölkerung hätten. Für den Fall, daß Caesar, wie es heiße, nur mit drei Legionen anrücke, seien die
Bellovacer mit Einwilligung aller Häuptlinge und getrie-

ben von dem leidenschaftlichen Verlangen des Volkes entschlossen, gegen die Römer zu kämpfen, um sich nicht später zu einem ungünstigeren und härteren Kampf mit dem gesamten römischen Heer gezwungen zu sehen. Wenn er aber mehr Truppen herbeiführen sollte, so wollten sie die gewählte Stellung behaupten, den Römern aber das Einbringen von Futter, das bei der gegenwärtigen Jahreszeit nur spärlich und nirgends in Masse zu finden sei, sowie das Einbringen von Getreide und anderen Bedürfnissen durch Hinterhalte verwehren.

8. Dies erfuhr Caesar aus den übereinstimmenden Aussagen mehrerer Gefangener; er mußte sich gestehen, daß der vom Feind entworfene Kriegsplan wohldurchdacht und von der gewöhnlichen Unbesonnenheit der Barbaren weit entfernt sei. Er glaubte daher alles aufbieten zu müssen, um die Feinde durch die scheinbar geringe Zahl seiner Truppen möglichst bald zu einer Schlacht zu verleiten. Er hatte nämlich drei altgediente Legionen von ausgezeichneter Kriegstüchtigkeit bei sich, die siebte, achte und neunte, und nicht weniger versprach die elfte, die aus auserlesenen Soldaten bestand, aber trotz ihrer acht Dienstjahre im Vergleich mit den übrigen noch nicht denselben Ruf altbewährter Tüchtigkeit genoß.[406] Er berief daher einen Kriegsrat, teilte ihm die erhaltenen Nachrichten alle mit und erhöhte so den Mut seiner Leute. Um zu versuchen, ob er den Feind durch die scheinbare Zahl von nur drei Legionen zum Kampf verleiten könne, ordnete er den Marsch so, daß die siebte, achte und neunte Legion vor dem ganzen Troß marschierten, dann der gesamte Troß folgte, der übrigens wie bei kleineren Feldzügen gewöhnlich ziemlich gering war, und dann erst die elfte Legion den Zug schloß; so mußten die Feinde nur gerade so viel Truppen zu Gesicht bekommen, als sie selbst gewünscht hatten. Nachdem Caesar auf diese Weise den Heereszug fast in quadratischer Form geordnet hatte, rückte er den Feinden auf den Leib, ehe sie sich dessen versahen.

9. Als nun die Gallier, deren zuversichtliche Pläne Caesar kannte, die Legionen wie zur Schlacht geordnet im Gleichtritt plötzlich anmarschieren sahen, stellten sie sich vor dem Lager auf, ohne ihre Anhöhe zu verlassen, sei es nun aus Scheu vor der Entscheidung, sei es, daß sie durch unsere Ankunft überrascht wurden, sei es, um unsere Entschlüsse abzuwarten. Obgleich Caesar den Kampf gewünscht hatte, war er doch über die außerordentliche Übermacht des Feindes verwundert; er schlug daher sein Lager dem Lager des Feindes gegenüber auf, so daß nur ein Tal, welches mehr in die Tiefe abfiel, als in die Breite geöffnet war, dazwischen lag.[407] Das Lager ließ er mit einem Wall von zwölf Fuß Höhe befestigen und auf diesen eine Brustwehr im Verhältnis zu seiner Höhe aufsetzen, dann zwei Gräben von fünfzehn Fuß Breite mit senkrechten Seitenwänden ziehen, ferner in geringen Abständen Türme von drei Stockwerken errichten, diese durch bedeckte Brücken miteinander verbinden und deren Frontseiten durch eine Brustwehr aus Flechtwerk sichern. So war das Lager gegen den Feind durch einen doppelten Graben und eine doppelte Reihe von Verteidigern geschützt, von denen die eine von den Brücken aus um so kühner und weiter ihre Geschosse schleudern konnte, je sicherer sie durch ihre erhöhte Stellung war, die andere aber, die näher am Feind auf dem Wall selbst aufgestellt war, durch die Brücke gegen die Geschosse gesichert wurde, die von oben kamen. Die Tore ließ er mit Flügeln und noch höheren Türmen versehen.
10. Der Zweck dieser ganzen Verschanzung war ein doppelter: einerseits hoffte Caesar, daß die Größe der Werke und der Schein, als fürchte er sich, das Selbstbewußtsein der Barbaren steigern werde, andererseits sollte sich das Lager auch bei geringer Mannschaft durch seine eigene Festigkeit verteidigen können, im Falle man sich, um Futter und Getreide einzubringen, etwas weiter entfernen müßte. Unterdessen kam es auf beiden Seiten häufig zu unbedeutenden Scharmützeln, da wegen des Sumpfes, der beide Lager

255

trennte, nur kleine Abteilungen angriffen; doch gingen bisweilen entweder unsere gallischen und germanischen
Hilfsvölker über diesen Sumpf und setzten dem Feind
scharf zu, oder es kamen die Feinde herüber und drängten
die Unsrigen zurück. Auch ereignete es sich bei den täglichen Furagierungen, daß auf ungünstigem Terrain die vereinzelt umherstreifenden Futterholer überfallen wurden,
was ganz natürlich war, da man das Futter aus den zerstreut liegenden Gehöften zusammensuchen mußte. Obwohl dies wenig zu bedeuten hatte und den Unsrigen nur
einige Zugtiere und Sklaven kostete, bestärkte es doch die
Feinde in ihrer törichten Anmaßung, und zwar um so
mehr, als auch Commius[408], der, wie erwähnt, sich entfernt hatte, um Hilfstruppen von den Germanen herbeizuholen, mit einer Reiterschar zurückgekehrt war. Wenn sich
auch ihre Zahl auf nicht mehr als fünfhundert Mann belief,
so wurden dennoch die Barbaren durch die Ankunft der
Germanen ganz übermütig.

11. So hielt sich der Feind mehrere Tage in seinem durch
den Sumpf und die Beschaffenheit des Terrains geschützten Lager, und Cäsar erkannte, daß ein Sturm auf dieses Lager die schwersten Opfer kosten würde, zur Einschließung
des Ortes aber ein größeres Heer erforderlich sei. Er schickte daher ein Schreiben an Trebonius mit dem Befehl, so
rasch als möglich die dreizehnte Legion, welche unter dem
Legaten Titus Sextius im Biturigerlande überwinterte, an
sich zu ziehen und sodann an der Spitze von drei Legionen
in Eilmärschen heranzurücken.[409] Er selbst entsandte die
zahlreich von ihm aufgebotene Reiterei der Remer, Lingonen und der übrigen Stämme abwechselnd als Bedeckung
für Furagierungen, um feindliche Überfälle abzuwehren.

12. Da sich dies täglich wiederholte, ließ man bereits —
wie es die Dauer der Zeit mit sich bringt — in der Aufmerksamkeit nach. Die Bellovacer lernten so die täglichen Auf-
stellungen unserer Reiterei genau kennen und legten dann
in einer waldigen Gegend eine auserlesene Schar von Fuß-

volk in den Hinterhalt. Am folgenden Tag sandten sie auch Reiter dahin, welche die Unsrigen zuerst hervorlocken und dann von allen Seiten angreifen sollten. Das Unglückslos traf die Remer, welche gerade an diesem Tag Dienst hatten. Als sie nämlich plötzlich die feindliche Reiterei bemerkten und, an Zahl überlegen, voller Verachtung gegen den kleinen Haufen sich durch die Verfolgung zu weit fortreißen ließen, wurden sie vom Fußvolk von allen Seiten eingeschlossen. Dies verwirrte sie so, daß sie sich schneller zurückzogen, als es sonst bei einem Reitergefecht geschehen sollte. Sie verloren dabei den Reiterobersten Vertiscus, den Häuptling ihres Stammes, der zwar wegen seines hohen Alters sich kaum auf dem Pferde halten konnte, aber dennoch nach gallischer Sitte weder das Alter als einen Entschuldigungsgrund gegen die Übernahme des Oberbefehles benützt noch auf die persönliche Teilnahme am Kampf verzichtet hatte. Dieses glückliche Treffen und der Tod des Fürsten und Reiterobersten der Remer steigerte natürlich die Aufgeblasenheit der Feinde, während die Unsrigen durch diesen Verlust die Lehre erhielten, erst nach genauer Rekognoszierung ihre Posten auszustellen und den weichenden Feind mit mehr Besonnenheit zu verfolgen.

13. Unterdessen dauerten die täglichen Scharmützel im Angesicht der beiden Lager an den Furten und Übergängen des Sumpfes ohne Unterbrechung an. Bei einem dieser Kämpfe hatten alle Germanen, die Caesar über den Rhein hatte kommen lassen, damit sie zwischen den Pferden kämpften[410], recht entschlossen den Sumpf überschritten und nach der Niedermetzelung der wenigen noch Widerstand wagenden Feinde hartnäckig die übrige Menge verfolgt. Hierdurch gerieten nicht bloß jene in Bestürzung, welche in der Nähe bedroht oder aus der Ferne verwundet wurden, sondern auch die weiter rückwärts aufgestellten Reserven. Alle ergriffen schmachvoll die Flucht; mehrfach gaben sie günstige Höhen auf, und nicht eher ließen sie von der Flucht ab, als bis sie sich in ihr Lager retteten; ja einige

flohen aus Scham sogar darüber hinaus. Die Niederlage dieser Soldaten rief bei allen Truppen eine solche Niedergeschlagenheit hervor, daß man kaum entscheiden konnte, was größer war, ihr Übermut bei den unbedeutenden Glücksfällen oder ihre Verzagtheit bei dem mäßigen Ungemach.

14. Als die Bellovacer etliche Tage im Lager zugebracht hatten, erfuhren sie, daß der Legat Gaius Trebonius mit seinen Legionen ziemlich nahe herangerückt sei. Da fürchteten die Anführer der Bellovacer eine Einschließung wie die von Alesia und ließen daher des Nachts alle Leute, welche ihres Alters wegen oder aus Schwäche nicht kriegstüchtig waren oder keine Waffen hatten, zugleich mit dem übrigen Troß abziehen. Während sie aber diesen ungeordneten und verwirrten Zug entwirrten — denn selbst wenn die Gallier kampfbereit marschieren, pflegt ihnen eine große Menge von Karren zu folgen —, wurden sie vom Tageslicht überrascht. Damit nun die Römer die Verfolgung nicht eher beginnen könnten, als bis der Zug des Trosses einen bedeutenden Vorsprung gewonnen hätte, stellten sie ihre bewaffnete Mannschaft vor ihrem Lager in Schlachtordnung auf. Caesar hielt es einerseits nicht für gut, den Feind in seiner Stellung anzugreifen, da der Hügel sehr steil war, andererseits glaubte er mit den Legionen so weit vorrücken zu müssen, daß der Feind bei der drohenden Nähe unserer Soldaten nur mit Gefahr den Platz verlassen könnte. Caesar sah, daß ein schwer passierbarer Sumpf beide Lager voneinander trennte, der schwierig zu überschreiten war und deshalb die Schnelligkeit der Verfolgung hemmen konnte. Ferner bemerkte er, daß jene Hügelkette, welche sich jenseits des Sumpfes fast bis zum feindlichen Lager erstreckte, von diesem Lager durch ein Tal von mäßiger Breite getrennt war. Caesar ließ daher Brückenbohlen über den Sumpf werfen, führte die Legionen hinüber und gelangte schnell auf den flachen Rücken des Höhenzuges, der auf beiden Seiten durch abschüssige Gelände gedeckt war.[411]

Dort ließ er die Legionen aufmarschieren, rückte bis an den jenseitigen Rand des Rückens vor und stellte die Schlachtreihe an einem Ort auf, von wo aus die Geschosse des schweren Geschützes die dichtgedrängten, feindlichen Haufen erreichen konnten.

15. Die Barbaren waren einerseits im Vertrauen auf die Beschaffenheit des Terrains zum Kampf bereit, falls es die Römer versuchten, den Hügel anzugreifen; andererseits durften sie es nicht wagen, ihre Truppen nach und nach in einzelnen Abteilungen abziehen zu lassen, damit sie nicht durch diese Trennung in Verwirrung gerieten; sie blieben also in Schlachtordnung stehen. Als Caesar die Hartnäckigkeit der Feinde wahrnahm, behielt er zwanzig Kohorten in Schlachtordnung und ließ von den übrigen an dem Orte, wo sie gerade standen, ein Lager abstecken und befestigen. Nach Vollendung der Arbeit ließ er die Legionen in Schlachtordnung vor dem Wall lagern und verteilte die Reiter auf die Feldwachen, mit dem Befehl, die Pferde nicht abzuzäumen. Als die Bellovacer sahen, daß die Römer zu ihrer Verfolgung entschlossen seien und sie an dieser Stelle weder die Nacht zubringen noch ohne Gefahr dort bleiben konnten, entwarfen sie folgenden Rückzugsplan: Die im Lager massenhaft aufgehäuften Stroh- und Reisigbündel reichten sie von Hand zu Hand, schichteten sie vor der Front auf und zündeten sie bei Einbruch der Nacht auf ein gegebenes Zeichen gleichzeitig an. So entzog im Nu ein Flammenwall alle ihre Truppen den Augen der Römer. Sobald dies geschah, entflohen die Barbaren, so schnell sie laufen konnten.

16. Obgleich Caesar den Abzug des Feindes hinter den Flammen nicht wahrnehmen konnte, so argwöhnte er doch, daß dieser Plan nur zum Zwecke der Flucht gefaßt worden sei. Er ließ daher die Legionen vorgehen und entsandte die Reitergeschwader zur Verfolgung. Er selbst rückte aus Furcht vor einem Hinterhalt ziemlich langsam vor; der Feind konnte möglicherweise die Absicht haben, in sei-

ner Stellung zu verharren und die Unsrigen auf das ungünstige Terrain herauszulocken. Die Reiter scheuten sich, in
den Rauch und in die dichten Flammen einzudringen, und
wenn auch einige in ihrem Eifer eingedrungen waren, so
konnten sie kaum noch den Vorderteil ihrer eigenen Pferde
erkennen; so ließen sie aus Furcht vor einem Hinterhalt
den Bellovacern volle Freiheit, sich zurückzuziehen. Auf
diese Weise setzten die Feinde ihre Flucht, ebenso ein
Werk der Furcht wie der Schlauheit, ohne jeden Zwischenfall zehn Meilen weit fort, wo sie an einem äußerst festen
Punkte ihr Lager aufschlugen.[412] Da sie von hier aus Reiter
und Fußsoldaten häufig in Hinterhalte entsandten, verursachten sie den Römern bei ihren Furagierungen großen
Schaden.

17. Nach mehreren solchen Unfällen erfuhr Caesar von einem Gefangenen, daß Correus, der Anführer der Bellovacer, sechstausend seiner tapfersten Fußsoldaten und tausend Mann aus der gesamten Reiterei ausgewählt habe, um
sie in einer Gegend in den Hinterhalt zu legen, die wegen
ihres Überflusses an Getreide und Futter vermutlich von
den Römern aufgesucht werden würde. Auf diese Kunde
hin zog Caesar mit mehr Legionen als gewöhnlich aus und
schickte die Reiterei, die er auch sonst den furagierenden
Soldaten als Bedeckung mitzugeben pflegte, voraus, indem
er ihr leichtbewaffnete Hilfstruppen beigab; er selbst rückte mit seinen Legionen so nahe als möglich heran.

18. Die Feinde im Hinterhalt hatten zur Ausführung ihres
Vorhabens ein freies Feld gewählt, das nach allen Richtungen hin sich nur eine Meile weit erstreckt und ringsum
durch Waldungen und einen schwer passierbaren Fluß eingeschlossen ist; diesen Ort umstellten sie wie bei einer
Treibjagd mit ihren Scharen. Da die Unsrigen von dem
Plan der Feinde unterrichtet waren, rückten sie, kampflu-
stig und schlagfertig, geschwaderweise auf die Ebene hinunter, im Vertrauen auf die nachfolgenden Legionen zu jedem Kampf bereit. Nun glaubte Correus, daß ihm durch ih-

re Ankunft Gelegenheit geboten sei, den entscheidenden Schlag zu führen; er zeigte sich zunächst mit kleinen Abteilungen und griff die nächsten Geschwader an. Die Unsrigen hielten den Angriff der Hinterhaltstruppen standhaft aus, zogen sich aber nicht zu mehreren auf einem Punkte zusammen, was zwar häufig bei Reitergefechten infolge irgendwelcher Besorgnis geschieht, aber gerade wegen der Menge nachteilig ist.

19. Die Schwadronen hielten sich im Gegenteil auseinander, indem die Reiter abwechselnd zum Einzelgefecht vorgingen und verhinderten, daß die Unsrigen von den Flanken aus umzingelt würden. Da brachen, während Correus kämpfte, auch die übrigen Gallier aus den Wäldern hervor. Nun begann auf den verschiedenen Punkten ein hitziges Gefecht. Während es sich ziemlich lange ohne Entscheidung hinzog, rückte nach und nach auch die Masse des Fußvolkes in Schlachtordnung aus den Wäldern hervor und zwang unsere Reiterei zurückzugehen. Schnell kamen dieser die leichtbewaffneten Fußsoldaten zu Hilfe, die, wie gesagt, den Legionen vorausgeschickt waren, und kämpften, zwischen unseren Reitergeschwadern aufgestellt, sehr tapfer. Eine Zeitlang wurde der Kampf mit gleicher Hartnäckigkeit fortgesetzt, dann aber gewannen, wie es die Art des Gefechtes mit sich brachte, diejenigen, welche den ersten Angriff und den Überfall ausgehalten hatten, eben dadurch die Oberhand, daß sie durch jenen Überfall nicht außer Fassung geraten waren und keinen Nachteil erlitten hatten. Inzwischen rückten auch die Legionen näher heran, und zu gleicher Zeit erhielten die Unsrigen wie die Feinde eine Meldung nach der anderen, daß der Feldherr mit dem kampfbereiten Heer angekommen sei. Auf diese Kunde hin kämpften die Unsrigen im Vertrauen auf den Schutz der Kohorten mit der größten Heftigkeit, um nicht, wenn sie zu lässig wären, den Ruhm des Sieges mit den Legionen teilen zu müssen. Die Feinde dagegen verloren den Mut und suchten auf verschiedenen Wegen zu entfliehen.

Vergebens: denn die Terrainschwierigkeiten, in welchen sie die Römer hatten fangen wollen, hielten sie nun selbst eingeschlossen. Besiegt und erschreckt ergriffen sie dennoch die Flucht, nachdem sie den größten Teil der Ihrigen verloren hatten, und vertrauten sich teils den Wäldern, teils dem Flusse an. Die Unsrigen jedoch setzten ihnen hitzig nach und machten sie auf der Flucht nieder. Correus aber war durch nichts zu bewegen, den Kampf zu verlassen und sich in die Wälder zu flüchten, noch auch auf Aufforderung der Unsrigen sich zu ergeben; vielmehr kämpfte er aufs tapferste und teilte Wunden nach allen Seiten aus, so daß er die erbitterten Sieger zwang, ihn durch Wurfgeschosse zu töten.

20. Caesar verfolgte nun den frischen Sieg. Jetzt durfte er hoffen, der Feind werde auf die Nachricht von der blutigen Niederlage sein Lager aufgeben, das vom Schlachtfeld nur etwa acht Meilen entfernt sein sollte. Obgleich er sah, daß der Übergang über den Fluß[413] schwierig war, ließ er doch das Heer übersetzen und rückte vor. Unterdessen waren die wenigen Flüchtlinge, die im Schutz der Wälder dem Verderben entronnen waren, schwer verwundet bei den Bellovacern und den übrigen Stämmen eingetroffen. Da diesen nichts glücken wollte, Correus getötet und die Reiterei mit dem besten Teil des Fußvolkes verloren war, beriefen sie in dem Glauben, die Römer seien im Anzug, rasch durch Trompetensignal eine Versammlung ein und schrien sämtlich, man solle Gesandte und Geiseln an Caesar schicken.

21. Da dieser Beschluß einstimmig gefaßt wurde, flüchtete der Atrebate Commius zu jenen Germanen, von welchen er zu diesem Krieg Hilfstruppen entlehnt hatte. Die übrigen schickten auf der Stelle Gesandte an Caesar und baten ihn, er möge mit dieser Strafe seiner Feinde zufrieden sein, wie er sie bei seiner Gnade und Milde sicherlich niemals verhängt hätte, wenn er sie an ihnen bei ihren vollen Kräften ohne Schwertstreich hätte vollziehen können. Die Macht der Bellovacer sei durch dieses Reitertreffen gebrochen;

viele Tausende erfahrener Fußsoldaten seien gefallen, und kaum seien noch einige entronnen, die die Nachricht von dem Blutbad hätten überbringen können. Dennoch hätten die Bellovacer bei all dem Unglück wenigstens einen großen Vorteil durch diese Schlacht gewonnen, daß Correus, der Urheber des Krieges und Aufwiegler des Volkes, getötet worden sei; denn niemals habe ihr Rat zu seinen Lebzeiten solchen Einfluß auf den Stamm gehabt, wie der große unerfahrene Haufen ihn hatte.

22. Auf diese Bitten hin hielt Caesar den Gesandten vor, daß die Bellovacer und die übrigen gallischen Völkerschaften auch im vergangenen Jahr um dieselbe Zeit Krieg angefangen hätten, daß sie von allen am hartnäckigsten bei ihrer Gesinnung verharrt wären, ja nicht einmal durch die Unterwerfung der übrigen sich hätten zur Vernunft bringen lassen. Er wisse und erkenne wohl, daß es sehr leicht sei, die Schuld an einem Vergehen den Toten aufzubürden; doch sei niemandes Einfluß so groß, daß er wider den Willen der Häuptlinge, gegen den Beschluß des Rates und im Widerspruch mit allen Gutgesinnten, nur von dem unzuverlässigen Haufen des gemeinen Volkes unterstützt, einen Krieg entfachen und durchführen könne; dennoch wolle er sich mit der Strafe begnügen, die sie sich selbst zugezogen hätten.

Nachträgliche Erzählung eines Anschlages auf den Atrebaten Commius

23. In der folgenden Nacht übermittelten die Gesandten ihren Landsleuten die Antwort und brachten die Geiseln zusammen. Nun eilten auch die Gesandten der übrigen Stämme herbei, die auf den Erfolg der Bellovacer gewartet hatten; sie stellten Geiseln und unterwarfen sich mit alleiniger Ausnahme des Commius, den die Furcht abhielt, sein Heil irgend jemandem anzuvertrauen. Während nämlich Caesar im vergangenen Jahr im diesseiti-

gen Gallien Gerichtstage hielt, hatte Titus Labienus in Erfahrung gebracht, daß Commius die gallischen Völkerschaften aufwiegle und eine Verschwörung gegen Caesar anstifte; er glaubte daher keine Treulosigkeit zu begehen, wenn er die Untreue dieses Mannes sofort bestrafe. Da er aber der Meinung war, daß Commius auf seine Aufforderung hin nicht in das Lager kommen würde, und er ihn durch einen Versuch nicht erst warnen wollte, schickte er den Gaius Volusenus Quadratus mit der Weisung ab, ihn bei einer zum Schein veranstalteten Unterredung töten zu lassen. Als taugliche Werkzeuge für diesen Zweck gab er ihm auserlesene Centurionen mit. Als man zur Unterredung zusammengekommen war, faßte Volusenus der Verabredung gemäß die Hand des Commius; der betreffende Centurio konnte aber den Mord nicht vollziehen, sei es, daß ihn die ungewohnte Arbeit verwirrte, sei es, daß ihn die Begleiter des Commius schnell daran hinderten; doch hatte er ihn mit dem ersten Schwerthiebe schwer am Haupte getroffen. Obschon man nun auf beiden Seiten zu den Schwertern griff, so ging doch die Absicht beider Teile mehr dahin, voneinander loszukommen, als sich zu schlagen; denn die Unsrigen glaubten, Commius sei tödlich verwundet, die Gallier aber fürchteten infolge des plötzlichen Überfalles noch mehr, als sie sahen. Seit diesem Vorfall hatte Commius, wie es hieß, den Entschluß gefaßt, nie wieder einem Römer unter die Augen zu treten.[414]

24. Nach der völligen Besiegung der kriegerischsten Stämme sah Caesar, daß kein Volk mehr zum Kriege rüste, um ihm Widerstand zu leisten, sondern nur einzelne aus ihren Städten auswanderten oder sich vom Lande flüchteten, um sich der gegenwärtigen Herrschaft zu entziehen. Er beschloß daher, sein Heer zu teilen und in verschiedene Gegenden zu legen. Den Quästor Marcus Antonius ließ er mit der zwölften Legion zu sich stoßen. Den Legaten Fabius schickte er mit fünfundzwanzig Kohorten in den entgegengesetzt liegenden Teil Galliens, weil dort, wie er vernahm,

noch einige Völkerschaften unter den Waffen waren und er
die zwei Legionen, die unter dem Legaten Gaius Caninius
Rebilus in jenen Gegenden standen[415], nicht für stark genug
hielt. Den Titus Labienus berief er zu sich; die fünfzehnte
Legion hingegen, die unter ihm im Winterlager gestanden
hatte, schickte er nach Oberitalien, um die römischen Bür-
gerkolonien zu schützen, damit ihnen nicht durch einen
Einfall der Barbaren ein ähnliches Unheil widerführe, wie
es im vorigen Sommer den Tergestinern[416] widerfahren
war, die von den Illyrern plötzlich überfallen und ausge-
raubt worden waren. Caesar selbst zog in das Gebiet des
Ambiorix, um es ganz und gar zu verwüsten. Hatte er auch
die Hoffnung aufgegeben, den scheuen Flüchtling selbst in
seine Gewalt zu bekommen, so hielt er es doch für das Er-
fordernis seiner Ehre, Menschen, Gebäude und Vieh im
Gebiete des Ambiorix derart auszutilgen, daß dieser, selbst
wenn das Geschick einige seines Stammes übrigließe, der
großen Drangsale wegen seinen Leuten zu verhaßt würde,
um Aufnahme in seinem Lande zu finden.[417]
25. So entsandte er teils seine Legionen, teils seine Hilfstruppen nach allen Richtungen hin in das Gebiet des Ambiorix und ließ alles durch Mord, Brand und Plünderung
verwüsten. Nachdem eine große Menge Menschen getötet
oder gefangengenommen war, schickte er den Labienus an
der Spitze zweier Legionen gegen die Treverer. Dieser
Stamm, wegen der Nähe Germaniens in täglichen Kämpfen
wohlgeübt, stand in der Wildheit seiner Sitten den Germanen nicht viel nach und leistete auch immer nur dann Gehorsam, wenn er durch ein Heer dazu gezwungen war.
26. Inzwischen hatte der Legat Gaius Caninius durch Briefe
und Boten des Duratius, der, obgleich ein Teil seines Stammes sich empört hatte, den Römern unveränderlich treu
geblieben war, die Nachricht erhalten, daß sich beträchtli-
che feindliche Scharen im Gebiete der Pictonen zusammengezogen hätten. Caninius brach daher gegen die Stadt
Lemonum (Poitiers) auf. Als er sich ihr näherte, erlangte er

durch Kriegsgefangene die Gewißheit, daß Dumnacus, der Anführer der Anden, mit vielen tausend Mann den Duratius in Lemonum eingeschlossen habe und belagere. Da aber Caninius nicht wagte, an der Spitze seiner schwachen Legionen sich mit dem Feind zu messen, so schlug er an einem festen Punkte ein Lager auf. Dumnacus hatte unterdessen die Annäherung des Caninius erfahren, wandte sich mit allen seinen Streitkräften gegen die Legionen und begann das Lager der Römer anzugreifen. So brachte er mehrere Tage mit der Belagerung zu, ohne daß es ihm trotz schwerer Verluste gelang, irgendeinen Punkt der Verschanzungen zu durchbrechen; er kehrte daher wieder zur Belagerung von Lemonum zurück.

27. Zu derselben Zeit nahm der Legat Gaius Fabius mehrere Stämme in seinen Schutz auf und versicherte sich ihrer Treue durch Geiseln. Da wurde er durch Gaius Caninius Rebilus brieflich von den Vorgängen bei den Pictonen benachrichtigt. Hierauf zog auch Fabius dem Duratius zu Hilfe. Als Dumnacus von seinem Anmarsch erfuhr, verzweifelte er am Erfolg; denn er wollte nicht gezwungen sein, zu ein und derselben Zeit sich gegen einen äußeren Feind zu halten und gleichzeitig auf die Städter ein Auge zu haben und ihretwegen in steter Furcht zu schweben. Daher zog er sich unvermutet mit allen Truppen wieder zurück und glaubte sich nicht eher in Sicherheit, als bis er seine Truppen über den Ligerfluß geführt hätte, den man aber seiner Breite wegen nur auf einer Brücke überschreiten konnte.[418] Fabius hatte zwar die Feinde noch nicht gesehen, noch sich mit Caninius vereinigt; doch hielt er es den Mitteilungen ortskundiger Leute zufolge für das wahrscheinlichste, der Feind werde in seiner Bestürzung den Weg einschlagen, den er wirklich einschlug. Er brach daher mit seinen Truppen nach jener Brücke auf und ließ die Reiterei dem Zuge der Legionen so weit voraustraben, daß sie sich nachher ohne Ermüdung der Pferde wieder in dasselbe Lager zurückziehen konnte. Unsere Reiter holten dem Befehl gemäß die

Kolonne des Dumnacus ein und fielen über sie her. Da sie
die erschreckten Flüchtlinge unter ihrem Gepäck auf dem
Marsche angriffen, hieben sie eine Menge Leute nieder und
machten große Beute. Nach diesem glücklichen Treffen
kehrten sie ins Lager zurück.

28. In der Nacht darauf schickte Fabius die Reiter voraus
mit der bestimmten Weisung, ein Gefecht zu beginnen und
den ganzen Zug der Feinde so lange aufzuhalten, bis er
selbst herankäme. Um diesem Befehl nachzukommen,
sprach der Reiteroberst Gaius Atius Varus, ein Mann von
außerordentlicher Tapferkeit und Umsicht, seinen Leuten
Mut zu und stellte dann, als er den feindlichen Zug eingeholt hatte, einen Teil seiner Schwadronen auf verschiedenen geeigneten Punkten auf, während er mit dem anderen
das Gefecht eröffnete. Die feindliche Reiterei leistete mutigen Widerstand, im Vertrauen auf die nachfolgenden Fußtruppen, deren ganze Kolonne haltmachte und ihrer Reiterei gegen die Unsrigen Hilfe brachte. Es kam zu einem hitzigen Kampf; denn unsere Truppen, voller Verachtung gegen den gestern geschlagenen Feind und in der Erwartung
der unmittelbar nachfolgenden Legionen, kämpften auch
gegen das feindliche Fußvolk aufs tapferste, da sie sich
schämten zu weichen und vor Begierde brannten, das Gefecht allein zur Entscheidung zu bringen. Die Feinde hingegen glaubten nach ihren gestrigen Erfahrungen, daß keine
weiteren Truppen hinzustoßen würden, und wähnten, es
biete sich jetzt eine Gelegenheit dar, unsere ganze Reiterei
zu vernichten.

29. Als man schon eine Zeitlang mit der größten Anstren-
gung gekämpft hatte, stellte Dumnacus seine Truppen in
Schlachtordnung auf, um seine Reiter abwechselnd unter-
stützen zu können. Da erschienen plötzlich die Massen der
Legionen. Bei ihrem Anblick erstarrten die Geschwader der
Barbaren, Furcht befiel die feindlichen Linien, der Zug des
Trosses geriet in Verwirrung, unter lautem Geschrei und
wildem Gedränge stob alles in zerstreuter Flucht auseinan-

der. Unsere Reiter dagegen, welche eben noch im Kampfe gegen den standhaltenden Feind alle Tapferkeit hatten aufbieten müssen, erhoben nun, von Siegesfreude getragen, ein gewaltiges Geschrei, umringten die Weichenden und setzten das Blutbad so lange fort, als die Pferde zum Verfolgen und ihre Arme zum Niedermetzeln Kraft hatten. Auf diese Weise wurden mehr als zwölftausend, teils Bewaffnete, teils solche, die aus Furcht die Waffen weggeworfen hatten, niedergemacht; ihr gesamter Troß fiel in die Hände der Römer.

Der Legat Caninius verfolgt den Senonen Drappes und den Cadurcer Lucterius

30. Schon beim Beginn der gallischen Empörung hatte der Senone Drappes überall verworfenes Gesindel gesammelt, die Sklaven zur Freiheit aufgerufen, Flüchtlinge aus allen möglichen Stämmen an sich gezogen, sogar Straßenräuber aufgenommen und mit solchen Leuten den Römern Gepäck und Zufuhr abgeschnitten. Auf die zuverlässige Nachricht, daß Drappes mit nicht mehr als fünftausend Mann, die er neuerdings auf der Flucht aufgesammelt habe, sich gegen die Provinz wenden wolle und daß der Cadurcer Lucterius, der nach dem Bericht im vorigen Buch[419] schon beim Beginn des gallischen Aufstandes in die Provinz hatte einfallen wollen, mit jenem im Einverständnisse sei, brach der Legat Caninius mit zwei Legionen zu ihrer Verfolgung auf, um der Schmach vorzubeugen, daß die Provinz durch die Raubzüge eines solchen Gesindels Schaden erleide oder in Schrecken gesetzt werde.

31. Mit dem Rest des Heeres marschierte Gaius Fabius gegen die Carnuten und die übrigen Stämme, deren Truppen in jener Schlacht mit Dumnacus hart mitgenommen worden waren. Denn er zweifelte nicht, daß sie zwar die eben erlittene Niederlage demütiger gemacht habe, fürchtete aber, daß, wenn man ihnen Zeit dazu ließe, sie sich durch

268

Dumnacus wieder aufwiegeln lassen könnten. Bei der Unterwerfung dieser Völkerschaften wurde dem Fabius ein außerordentlich glücklicher und schneller Erfolg zuteil. Denn die Carnuten, die trotz aller Züchtigungen noch nie ein Wort des Friedens hatten verlauten lassen[420], stellten Geiseln und unterwarfen sich. Auch die übrigen, am äußersten Ende Galliens an der Küste des Ozeans wohnenden Stämme, welche Aremoricer[421] heißen, folgten dem Beispiel der Carnuten und leisteten bei der Ankunft des Fabius und seiner Legionen allen Befehlen unverzüglich Gehorsam. Dumnacus wurde aus seinem Lande vertrieben und war genötigt, als einsamer Flüchtling in den entlegensten Gegenden Galliens einen Schlupfwinkel zu suchen.

Belagerung und Einnahme von Uxellodunum

32. Drappes aber und Lucterius glaubten auf die Nachricht von der Ankunft des Caninius und der Legionen, daß es ihr sicherer Untergang wäre, wenn sie, vom Heer verfolgt, das Gebiet der Provinz beträten; und da ihnen ebenso die Möglichkeit genommen war, frei herumzuziehen und Raubzüge zu unternehmen, machten sie im Lande der Cadurcer halt. Lucterius, der hier einst in besseren Tagen einen großen Einfluß auf seine Mitbürger ausgeübt hatte und auch weiterhin als Urheber neuer Unruhen bei den Barbaren in hohem Ansehen stand, besetzte nun mit seinen und des Drappes Truppen die durch ihre natürliche Lage überaus feste Stadt Uxellodunum[422], die unter seinem Schutz stand, und verband sich mit den Einwohnern.

33. Gaius Caninius, der eiligst vor der Stadt erschien, bemerkte, daß sie auf allen Seiten durch überaus steile Felsen geschützt war, die selbst ohne alle Verteidigung für Bewaffnete nur schwer zu erklimmen waren. Zugleich nahm er wahr, daß in der Stadt ein bedeutender Troß lag; sollten die Einwohner den Versuch machen, diesen durch heimliche Flucht zu entfernen, so könnten sie nicht nur nicht der Rei-

terei, sondern nicht einmal den Legionen entrinnen. Caninius teilte daher seine Kohorten in drei Teile und schlug an den höchstgelegenen Punkten drei Lager auf; von diesen aus begann er allmählich, soweit es mit seinen Truppen ausführbar war, einen Wall rings um die Stadt aufzubauen. 34. Als dies die Belagerten bemerkten, dachten sie mit Bekümmernis an das traurige Los von Alesia und fürchteten einen ähnlichen Ausgang der Belagerung. Vor allen anderen erinnerte sie Lucterius, der jenen Jammer miterlebt hatte[423], daran, für die Verpflegung Sorge zu tragen. Sie beschlossen daher einstimmig, einen Teil der Truppen in der Stadt zurückzulassen und mit den übrigen ohne Gepäck auszurücken, um Proviant herbeizuschaffen. Diesem Beschluß zufolge ließen Drappes und Lucterius in der nächsten Nacht nur zweitausend Bewaffnete zurück und führten die übrigen aus der Stadt. Innerhalb weniger Tage brachten sie eine große Menge Proviant aus dem Lande der Cadurcer zusammen, indem sie diese teils gutwillig auf ihren Furagierungszügen unterstützten, teils sie auch nicht hindern konnten zu nehmen, was sie wollten; bisweilen griffen sie auch auf nächtlichen Zügen unsere Schanzen an. Daher nahm Gaius Caninius davon Abstand, die ganze Stadt mit Belagerungswerken zu umgeben, da er sonst die vollendete Linie entweder gar nicht decken oder an den meisten Punkten nur unzureichende Posten hätte verteilen können.

35. Als Drappes und Lucterius eine große Menge Proviant zusammengebracht hatten, nahmen sie nur zehn Meilen von der Stadt entfernt Stellung, um von da aus allmählich den Proviant in die Stadt zu schaffen. Dann teilten sie sich in die Geschäfte: Drappes blieb mit einem Teil der Truppen zur Deckung des Lagers zurück; Lucterius geleitete einen Zug Lasttiere zur Stadt. Nachdem er die Schutzwachen verteilt hatte, traf er ungefähr um die zehnte Stunde der Nacht Anstalt, auf schmalen Waldwegen den Proviant in die Stadt zu schaffen. Die Lagerwachen vernahmen das Ge-

270

räusch, die ausgesandten Kundschafter meldeten, was vorging; darauf unternahm Caninius schleunigst mit bewaffneten Kohorten aus den nächsten Schanzen gerade bei Tagesanbruch einen Angriff auf die Proviantruppe. Diese geriet durch das plötzliche Unheil in Bestürzung und warf
sich fliehend auf ihre Deckungsmannschaft. Als aber die
Unsrigen die Bewaffneten erblickten, so drangen sie voll
Erbitterung auf sie ein und ließen auch nicht einen von ihnen mit dem Leben davonkommen. Lucterius entfloh darauf mit einigen wenigen, ohne sich ins Lager zurückzuziehen.

36. Nach diesem Erfolg erfuhr Caninius von den Gefangenen, daß der andere Teil der Truppen unter Drappes nur
zwölf Meilen weit entfernt im Lager stehe. Da er dies durch
die Aussagen mehrerer bestätigt fand, war er überzeugt,
daß er nach der Niederlage des einen Anführers die übrigen
durch einen Überfall leicht vernichten könne, wenn nur
durch einen großen Glücksfall niemand aus dem Blutbad
ins Lager entkommen wäre, der dem Drappes von der erlittenen Niederlage hätte Nachricht bringen können. Da er
indes bei einem solchen Überrumpelungsversuch keine
Gefahr sah, schickte er die ganze Reiterei und das germanische Fußvolk, eine überaus gewandte Truppe, nach dem
feindlichen Lager voraus. Er selbst verteilte die eine Legion
in die drei Lager und rückte mit der anderen ohne Gepäck
nach. Als er näher an die Feinde herangekommen war, erfuhr er von den vorausgeschickten Kundschaftern, daß das
feindliche Lager nach der Gewohnheit der Barbaren nicht
auf den höher gelegenen Punkten, sondern unten am Ufer
eines Flusses gelegen sei und daß die Germanen und die
Reiter sich wider aller Erwarten unversehens auf den Feind
gestürzt und das Treffen bereits begonnen hätten. Auf diese
Nachricht rückte Caninius mit seiner Legion gerüstet in
Schlachtordnung vor. Plötzlich wurden auf ein gegebenes
Zeichen von allen Seiten die Anhöhen besetzt. Sobald dies
geschehen war und die Germanen und Reiter die Feldzei-

271

chen der Legion erblickten, kämpften sie mit der größten Erbitterung. Bald darauf griffen auch die Kohorten allenthalben an, machten alle nieder oder nahmen sie gefangen und bemächtigten sich großer Beute. Drappes selbst wurde in diesem Treffen gefangengenommen.

37. Nach dieser überaus glücklichen Waffentat kehrte Caninius fast ohne einen einzigen Verwundeten zurück, um die Blockade fortzusetzen. Da mit der Vernichtung des äußeren Feinde jede Besorgnis wegfiel, die ihn vorher gehindert hatte, die einzelnen Wachposten zu verteilen und die Belagerungslinie zu vollenden, ließ er nun die Verschanzungen auf allen Seiten in Angriff nehmen. Am folgenden Tag traf auch Gaius Fabius an der Spitze seiner Truppen vor Uxelludonum ein und übernahm einen Teil des Belagerungsabschnittes.

38. Unterdessen ließ Caesar den Quästor Marcus Antonius mit fünfzehn Kohorten im Land der Bellovacer zurück, um nicht den Belgiern wieder Gelegenheit zu einer neuen Erhebung zu geben. Er selbst besuchte die übrigen Stämme und ließ sich eine größere Zahl von Geiseln stellen und suchte die allgemein verbreitete Angst durch tröstlichen Zuspruch zu beschwichtigen. Als er zu den Carnuten kam, bei denen, wie Caesar in den Aufzeichnungen des vorigen Jahres schildert, seinerzeit der Krieg ausgebrochen war[424], bemerkte er, daß sie vor allem im Bewußtsein dieser Tat sich fürchteten; er forderte daher, um ihren Stamm so rasch als möglich von der Furcht zu befreien, daß der Anstifter zu diesem Verbrechen und der Kriegshetzer Gutruatus ihm zur Bestrafung ausgeliefert werde. Obgleich dieser Gutruatus sich nicht einmal seinen Landsleuten anvertraute, entdeckte man ihn doch durch die Bemühungen aller sehr bald und führte ihn zum Lager. Entgegen seiner sonstigen Natur wurde Caesar durch einen großen Auflauf seiner Soldaten, die dem Gutruatus alle im Kriege überstandenen Gefahren und Verluste zu verdanken hatten, zu seiner Be-

strafung gedrängt, so daß er ihn zu Tode peitschen und dann mit dem Beil hinrichten ließ.[425]

39. Hier erhielt Caesar durch zahlreiche Briefe des Caninius Nachricht von den Vorfällen mit Drappes und Lucterius und von dem fortdauernden Widerstand der Belagerten. Obwohl er diese in Anbetracht ihrer geringen Anzahl verachtete, so glaubte er sie doch wegen ihrer Hartnäckigkeit schwer bestrafen zu müssen, damit nicht etwa in ganz Gallien der Glaube entstünde, es habe ihnen nicht an der nötigen Kraft zum Widerstand gegen die Römer gefehlt, sondern an der nötigen Ausdauer, und damit nicht etwa infolge dieses Beispieles die übrigen Städte im Vertrauen auf ihre feste Lage einen Freiheitskampf beginnen möchten, zumal es, wie er wußte, allen Galliern bekannt war, es sei nur noch ein Sommer seiner Statthalterschaft[426] übrig; wenn sie diesen noch durchhalten würden, dann hätten sie fernerhin keine Gefahr mehr zu befürchten. Er ließ daher den Legaten Quintus Calenus an der Spitze der Legionen zurück mit dem Befehl, ihm in gewöhnlichen Tagesmärschen nachzufolgen; er selbst brach mit der ganzen Reiterei so schnell als möglich zum Caninius auf.

40. Als Caesar wider aller Erwartung vor Uxellodunum erschien, fand er die Stadt bereits durch Belagerungswerke eingeschlossen und erkannte einerseits, daß man die Belagerung unter keiner Bedingung aufheben dürfe, anderseits erfuhr er von den Überläufern, daß die Belagerten Proviantvorräte im Überfluß hätten; er unternahm daher einen Versuch, dem Feind das Wasser abzuschneiden. Ein Fluß durchströmte das in der Tiefe liegende Tal, das fast den ganzen Berg umschloß, auf dem die ringsum steil abfallende Stadt Uxellodunum lag. Diesen Fluß konnte er der Örtlichkeit wegen nicht ableiten; denn sein Bett lag so tief unten am Fuße des Berges, daß man nach keiner Seite hin noch tiefere Abzugsgräben ziehen konnte. Doch war es für die Belagerten schwierig, den steilen Weg zum Fluß hinabzusteigen, so daß sie, wenn die Unsrigen ihnen entgegen-

traten, ohne Wunden und Lebensgefahr weder dem Fluß sich nähern noch den steilen Abhang hinauf sich wieder zurückziehen konnten. Kaum hatte Caesar ihre mißliche Lage erkannt, verteilte er Posten von Bogenschützen und Schleuderern, ließ auch an manchen Punkten gegenüber den Wegen, auf denen man am leichtesten herabsteigen konnte, Geschütze aufstellen und schnitt so den Belagerten das Wasser des Flusses ab.

41. Später versammelte sich die Menge der Städter an einer bestimmten Stelle, um Wasser zu holen; denn unmittelbar unter der Stadtmauer, dort, wo der Fluß auf eine Länge von 300 Fuß aussetzte, sprudelte eine große Quelle hervor. Nur Caesar sah — die übrigen wünschten es lediglich —, daß man die Städter von dieser Quelle abschneiden könne. Er ließ der Quelle gegenüber bergaufwärts Laufhallen errichten und einen Damm aufwerfen, freilich unter großer Anstrengung und fortwährenden Kämpfen. Die Belagerten nämlich liefen von der Höhe herab, kämpften aus der Ferne ohne Gefahr und verwundeten viele der Unsrigen, die hartnäckig vordrangen. Unsere Soldaten ließen sich jedoch nicht abschrecken, die Laufhallen vorzurücken und durch die Arbeit an den Belagerungswerken die Terrainschwierigkeiten zu überwinden. Zu derselben Zeit führten sie unterirdische Gänge von den Laufhallen bis zur Mündung der Quelle, eine Arbeit, die völlig gefahrlos, ohne daß der Feind etwas argwöhnte, bewerkstelligt werden konnte. Der Damm wurde bis auf eine Höhe von sechzig Fuß gebracht und ein Turm von zehn Stockwerken auf ihm errichtet, der allerdings nicht die Höhe der Stadtmauer erreichte — denn das war unmöglich —, der aber doch die Höhe der Quelle beherrschte. Von ihm aus wurde der Zugang zur Quelle mit dem groben Geschütz bestrichen, so daß die Belagerten nicht ohne Gefahr Wasser holen konnten. Da ging nicht nur das Schlacht- und Zugvieh, sondern auch eine große Menge Menschen vor Durst zugrunde.

42. Dies war für die Städter ein schwerer Schlag und ver-

setzte sie in Schrecken. Sie füllten daher Fässer mit Talg, Pech und Holzspänen und ließen sie brennend auf unsere Schanzwerke herabrollen. Zu gleicher Zeit verwickelten sie die Römer in ein sehr heftiges Gefecht, um sie durch den gefährlichen Kampf am Löschen des Brandes zu hindern. Ganz plötzlich standen die Schanzwerke in hellen Flammen. Was nämlich den steilen Abhang herabrollte, wurde zwar zunächst für einen Augenblick durch die Laufhallen und den Belagerungsdamm aufgehalten, erfaßte dann aber eben diese Hindernisse. Obgleich unsere Soldaten durch die gefährliche Kampfesweise und das ungünstige Gelände in arge Bedrängnis gerieten, boten sie doch allen Fährnissen mit großer Tapferkeit die Stirn. Denn die angegriffene Stelle lag hoch und wurde vom ganzen Heer gesehen; und auf beiden Seiten erhob sich gewaltiges Kriegsgeschrei. So setzte sich jeder möglichst auffallend den feindlichen Geschossen und der Flamme aus, um seine Tapferkeit noch offenkundiger werden zu lassen.

43. Als Caesar sah, daß etliche von seinen Leuten verwundet wurden, ließ er die Kohorten von allen Seiten der Stadt gegen den Berg hinauf vorrücken und ein Geschrei erheben, als ob sie die Mauern erstürmen wollten. Diese Maßnahme setzte die Belagerten in Schrecken, so daß sie im Zweifel darüber, was auf den übrigen Punkten vorgehe, die Bewaffneten vom Sturm auf die Belagerungswerke zurückzogen und sie auf den Mauern verteilten. Da so dem Treffen ein Ende gemacht war, gelang es den Unsrigen, die von den Flammen ergriffenen Werke teils zu löschen, teils abzubrechen. Während aber die Belagerten ihren Widerstand hartnäckig fortsetzten und selbst nachdem ein großer Teil der Ihrigen vor Durst zugrunde gegangen war, bei ihrem Entschluß verharrten, wurden endlich die Adern der Quelle durch die unterirdischen Gänge abgegraben und weggeleitet. So versiegte plötzlich die stets fließende Quelle, was die Belagerten in so große Verzweiflung brachte, daß sie glaubten, nicht Menschenwitz, sondern Götterwille habe

dies zustande gebracht. So mußten sie sich denn notgedrungen ergeben.[427]

44. Caesar hatte einerseits bei seiner allbekannten Milde
nicht zu fürchten, daß man es auf Rechnung eines angeborenen Hanges zur Grausamkeit setzen werde, wenn er jetzt
eine strenge Maßregel ergriffe; andererseits war für seine
Unternehmungen kein Ende abzusehen, wenn mehrere
Stämme auf verschiedenen Punkten in gleicher Weise Widerstand leisteten. Er glaubte daher die übrigen durch das
Beispiel eines Strafgerichtes abschrecken zu müssen. Deshalb ließ er allen, welche die Waffen getragen hatten, die
Hände abhauen, schenkte ihnen jedoch das Leben, damit
die Strafe ihrer Missetat desto offenkundiger würde.[428]
Drappes, der, wie ich oben erzählt habe, von Caninius gefangen worden war, verweigerte einige Tage die Nahrung
und ging so zugrunde, sei es aus Gram und Schmerz über
seine Gefangenschaft oder aus Furcht vor einer noch grau-
sameren Todesstrafe. Zu derselben Zeit kam auch Lucterius, dessen Flucht aus jenem Treffen ich beschrieb, in die
Gewalt des Arverners Epasnactus. Er wechselte nämlich
häufig den Ort seines Aufenthaltes und suchte bald bei
dem, bald bei jenem Schutz, weil er glaubte, nirgends ohne
Gefahr längere Zeit bleiben zu können, und wohl wußte,
was für einen Feind er in der Person Caesars haben müsse.
Ihn nun ließ der Arverner Epasnactus, ein treuer Freund des
römischen Volkes, ohne alle Umstände fesseln und dem
Cäsar ausliefern.

Labienus besiegt die Treverer

45. Labienus focht unterdessen bei den Treverern siegreich
in einem Reitertreffen, bei dem etliche Treverer und Germanen getötet wurden, von denen die letzteren keinem
Stamm die Hilfe gegen die Römer verweigerten. Die Fürsten der Treverer brachte er lebend in seine Gewalt, unter
ihnen auch den Häduer Surus, der sehr tapfer und von ho-

her Geburt war und als einziger von den Häduern bis jetzt noch nicht die Waffen gegen die Römer niedergelegt hatte.

Aquitanien unterwirft sich. Die Winterlager

46. Aus dieser Nachricht sah Caesar, daß seine Unternehmungen in allen Teilen Galliens geglückt waren. Er glaubte daher, daß das Land durch die letzten Feldzüge vollends besiegt und unterworfen sei. Nur Aquitanien hatte er noch nicht betreten, sondern es nur zu einem Teil durch Publius Crassus in seine Gewalt gebracht.[429] Daher rückte er an der Spitze zweier Legionen in diesen Teil Galliens, um dort seinen diesjährigen Feldzug zu beschließen. Dieses Unternehmen führte er ebenso rasch und glücklich zu Ende wie die übrigen. Denn alle Stämme Aquitaniens schickten Gesandte an Caesar und stellten ihm Geiseln. Danach marschierte er mit einer Reiterabteilung nach Narbo und ließ das Heer durch seine Legaten in die Winterquartiere abführen. Vier Legionen unter den Legaten Marcus Antonius, Gaius Trebonius und Publius Batinius legte er in das Gebiet der Belgier, zwei Legionen ließ er zu den Häduern marschieren, die, wie er wußte, in ganz Gallien das größte Ansehen genossen, zwei verlegte er in das Gebiet der Turonen an der Grenze der Carnuten, um jene ganze, am Ozean gelegene Gegend im Zaum zu halten. Die beiden letzten legte er in das Gebiet der Lemovicer, in die Nachbarschaft der Arverner. So waren alle Teile Galliens mit Truppen besetzt. Er selbst verweilte einige wenige Tage in der Provinz, durcheilte rasch alle Gerichtssprengel, entschied die öffentlichen Streitigkeiten und belohnte die, welche sich um ihn verdient gemacht hatten — hatte doch Cäsar zur Zeit des gallischen Aufstandes, den er nur durch die Treue und die Hilfstruppen der Provinz hatte bezwingen können, ausgezeichnet Gelegenheit gehabt, die Gesinnung eines jeden (der dortigen Adligen) gegen das Römische Volk kennenzulernen. Nach Abwicklung seiner Geschäfte kehrte er zu

den Legionen nach Belgien zurück und überwinterte in Remetocenna[430].

Commius ergibt sich dem Quästor Antonius

47. Dort erfuhr er von einem Kampf des Atrebaten Commius mit der römischen Reiterei. Denn als Antonius sein Winterlager bezog, fügten sich die Atrebaten zwar willig in ihre Pflicht gegenüber der römischen Herrschaft; Commius aber, der seit jener obenerwähnten Verwundung[431] bei jeder aufkeimenden Empörung seiner Landsleute die Hand im Spiel hatte, damit ihnen nicht der Kriegshetzer und Anführer fehle, ernährte auch nach der Unterwerfung seines Stammes sich und seine Reiter durch Überfälle, machte die Straßen unsicher und fing auch mehrere Nachschublieferungen ab, die für die römischen Winterlager bestimmt waren.

48. Dem Antonius war als Reiteroberst Gaius Volusenus Quadratus zugeteilt, der sich bei ihm im Winterlager aufhielt. Ihn schickte Antonius zur Verfolgung der feindlichen Reiterei aus. Bei Volusenus verband sich mit seiner einzigartigen Tapferkeit ein großer persönlicher Haß gegen Commius, der ihn um so lieber diesen Auftrag übernehmen ließ. Er legte daher seine Leute in einen Hinterhalt, griff die Reiter des Commius immer wieder an und lieferte ihnen einige erfolgreiche Scharmützel. Schließlich aber kam es zu einem hitzigeren Kampf, in dessen Verlauf Volusenus dem Commius mit wenigen Begleitern nur allzu hartnäckig nachsetzte in der Begierde, ihn selbst zu fangen. Als Commius nun den Volusenus durch seine rasche Flucht schon ziemlich weit fortgelockt hat, ruft er, selbst über seinen Feind erbittert, seine Leute um Treue und Beistand an: sie sollten die Wunden, die jener ihm trotz eines Treueversprechens zugefügt habe, nicht ungerächt lassen. Darauf wendet er sein Pferd und sprengt verwegen den übrigen voraus auf den Obersten los. Diesem Beispiel folgen alle seine Rei-

ter, werfen unsere kleine Schar über den Haufen und setzen ihnen nach. Commius gibt seinem Pferd die Sporen, sprengt dicht an das des Quadratus heran und rennt die eingelegte Lanze mit gewaltiger Kraft dem Volusenus mitten durch dessen Oberschenkel. Als die Unsrigen sahen, daß der Oberst verwundet war, zögerten sie nicht, den Kampf wiederaufzunehmen, die Pferde herumzuwerfen und den Feind zu verjagen. Dabei wurde eine ziemliche Anzahl Feinde, die über den öden heftigen Angriff der Unsrigen erschrocken waren, verwundet und teils auf der Flucht niedergeritten, teils auch gefangengenommen. Commius entging dieser Gefahr dank der Schnelligkeit seines Pferdes. Der Oberst — er schien lebensgefährlich verletzt — wurde ins Lager zurückgetragen. Commius aber schickte, sei es, daß ihn der Verlust eines großen Teils seiner Begleiter dazu veranlaßte, an den Antonius Gesandte und versicherte, er werde nach Stellung von Geiseln künftig sich dort aufhalten, wo er es ihm vorschreibe, und tun, was man ihm befehle; nur das eine bitte er sich aus, daß man es ihm bei seiner Furcht nicht zumute, einem Römer unter die Augen kommen zu müssen. Da Antonius glaubte, daß die Forderung aus wohlbegründeter Furcht entsprungen sei, so bewilligte er die Bitte und nahm die Geiseln in Empfang.

II. Die Vorbereitung zum Bürgerkrieg

Das Jahr 50 v. Chr.

Vorbemerkung des Hirtius

Ich weiß, daß Caesar für die einzelnen Jahre einzeln die Bücher seiner Aufzeichnungen verfaßt hat; aber ich glaube, davon abweichen zu dürfen, weil das folgende Jahr, das Konsulatsjahr des Lucius Paulus und Gaius Marcellus[432], keine bedeutenden Unternehmungen in Gallien mehr aufzuweisen hat. Damit dennoch jeder wisse, wo Caesar und sein Heer damals weilten, muß ich noch einiges aufzeichnen und diesem Buch anfügen.

Caesars mildes Verfahren gegen das unterworfene Gallien. Reise nach Italien

49.[433] Während Caesar in Belgien überwinterte, behielt er unverändert das eine Ziel im Auge, die Staaten in Freundschaft zu erhalten und keinem von ihnen Hoffnung oder Anlaß zu einer Erhebung zu geben. Denn nichts hätte ihm unerwünschter sein können, als unmittelbar vor seinem Abgang sich in die Notwendigkeit eines neuen Feldzuges versetzt zu sehen; er wollte nämlich nicht, da er im Begriff stand, sein Heer zurückzuziehen, einen Krieg hinter sich lassen, an dem sich ganz Gallien, von der drohenden Gefahr befreit, bereitwillig beteiligen würde. Er verhandelte daher mit den Staaten in der zuvorkommendsten Weise, überhäufte ihre Fürsten mit Geschenken, legte keine neuen Lasten auf und hielt so in Gallien, das durch so viele Niederlagen erschöpft war und sich im Zustand der Unterwerfung weit besser befand, leicht die Ruhe aufrecht.[434]

50. Er selbst brach nach Ablauf der Winterzeit gegen seine

Gewohnheit, so schnell er konnte, nach Italien auf, um an die Munizipien und Kolonien[435] das persönliche Ansuchen zu stellen, die Bewerbung seines Quästors Marcus Antonius um das Augurat[436] zu unterstützen. Denn Caesar suchte mit seinem ganzen Einfluß dieses Ziel zu erreichen, einmal weil es für einen seiner vertrautesten Freunde geschah, den er kurz vorher zur Bewerbung vorausgeschickt hatte, und dann besonders um der übermächtigen Oligarchenpartei entgegenzutreten, welche sich bemühte, den Marcus Antonius durchfallen zu lassen und so den Einfluß Caesars bei seinem Abgang zu brechen. Caesar hörte zwar schon auf dem Wege, bevor er noch Italien erreichte, daß Antonius zum Augur gewählt worden war; trotzdem glaubte er guten Grund zu einem Besuch der Munizipien und Kolonien zu haben, um sich bei ihnen für die zahlreiche und tatkräftige Unterstützung zu bedanken, die sie dem Antonius gewährt hatten[437]; zugleich wollte er sich selbst und seine Bewerbung um das Konsulat für das folgende Jahr der Berücksichtigung empfehlen, zumal da seine Gegner sich aufs unverschämteste damit brüsteten, daß Lucius Lentulus und Gaius Marcellus zu Konsuln gewählt wären[438], die den Caesar sicher aller Ämter und allen Ansehens berauben würden, daß man dagegen dem Servius Galba, obschon derselbe weit mehr Einfluß und Anhang gehabt habe, das Konsulat aus den Händen gespielt habe, weil er durch vertraute Freundschaft und als langjähriger Legat mit Caesar verbunden sei.

51. Caesars Ankunft wurde von sämtlichen Munizipien und Kolonien mit allen möglichen Zeichen der Verehrung und Liebe gefeiert. Kam er ja doch zum ersten Male seit dem allgemeinen Aufstand in Gallien dahin. Alles Erdenkliche wurde aufgeboten; überall, wo Caesar durchzog, prangten Tore, Straßen und öffentliche Plätze im Festschmuck. Alles Volk, jung und alt, ging ihm entgegen; überall wurden feierliche Opfer veranstaltet, auf den Märkten und in den Tempeln Göttermahle aufgetischt[439]; es

war, als empfände man im voraus die Wonne des glänzend-
sten Triumphes: so groß war der Aufwand der Reichen und
die Begeisterung der ärmsten Leute.

*Rückkehr in das jenseitige Gallien. Caesar setzt den
Labienus über das diesseitige Gallien. Anfänge des
Bürgerkrieges*

52. Nachdem Caesar das römische Gallien rasch nach allen
Richtungen hin durchreist hatte, kehrte er mit der größten
Eile zum Heere nach Nemetocenna zurück, ließ die Legionen aus allen Winterquartieren in das Grenzgebiet der Treverer rücken, zog selbst dahin und hielt dort Musterung[440]
über das Heer. Den Titus Labienus setzte er über das römische Gallien, um durch dessen Vermittlung den Bewohnern seine Bewerbung um das Konsulat noch weiter zu
empfehlen. Er selbst veranstaltete nur Märsche, soweit
ihm ein solcher Wechsel aus Gesundheitsrücksichten
zweckmäßig erschien. Bei dieser Gelegenheit hörte er öfters, Labienus werde von seinen Feinden bearbeitet[441], und
erfuhr auch zuverlässig, daß die Partei der Oligarchen mit
dem Plan umginge, ihm durch einen Senatsbeschluß einen
Teil seines Heeres zu entziehen; doch schenkte er weder
dem Gerücht über Labienus Glauben, noch konnte er sich
entschließen, etwas gegen den Willen des Senates zu tun.
Denn er war überzeugt, daß seine Sache mit Leichtigkeit
siegen werde, sobald nur die versammelten Väter volle
Freiheit zu stimmen hätten. Der Volkstribun Gaius Curio[442] hatte es ja auf sich genommen, Caesars Sache und
Ansehen zu verteidigen, und dieser hatte dem Senat die
wiederholte Versicherung gegeben, wenn jemand vor Caesars bewaffneter Macht irgendeine Besorgnis hege, in Anbetracht des nicht geringen Schreckens, welchen die unumschränkte Macht und Waffengewalt des Pompeius auf das
Gemeinwesen ausübe[443], so sollten beide die Waffen niederlegen und ihre Heere entlassen; dadurch würde der Staat

wieder frei und selbständig werden. Und er versicherte das nicht nur, sondern versuchte auch einen Senatsbeschluß durch Abstimmung[444] zustande zu bringen; die Konsuln und Freunde des Pompeius wußten jedoch sein Zustandekommen zu verhindern und hintertrieben die Sache durch Verzögerung.

53. Dies war ein gewichtiges Zeugnis von der Gesinnung des ganzen Senats, die übrigens einem früheren Vorfall vollkommen entsprach. Denn Marcellus hatte bei seinen Angriffen auf Caesars Ansehen im vorigen Jahr gegen das Gesetz des Pompeius und Crassus vor Ablauf der gesetzlichen Zeit einen Antrag über Caesars Provinzen an den Senat gestellt[445]; nach Beendigung der Debatte hatte Marcellus, der seinen ganzen Ruhm nur in der Verunglimpfung Caesars suchte, abstimmen lassen; der Senat hatte jedoch in bedeutender Majorität gegen ihn entschieden. Das aber entmutigte Caesars Feinde nicht, sondern spornte sie nur an, ihre Verbindungen noch weiter auszudehnen, um von dem Senat die Genehmigung ihrer Vorschläge zu erzwingen.

Caesar kommt durch einen Senatsbeschluß um zwei Legionen, die dem Pompeius übergeben werden

54. Hierauf kam ein Senatsbeschluß zustande: Gaius Pompeius und Gaius Caesar sollten je eine Legion für den parthischen Krieg[446] abgeben; es lag auf der Hand, daß man beide Legionen dem Einen (Caesar) entziehen wolle. Denn Gaius Pompeius wies die erste Legion, die er durch Aushebung in Caesars Provinz gebildet und dann dem Caesar zugeschickt hatte, als seinen Anteil nach. Caesar war über die Absicht seiner Gegner ganz im klaren; dennoch schickte er dem Pompeius die Legion zurück und gab seinerseits noch dem Senatsbeschluß zufolge die fünfzehnte Legion her, die bisher im diesseitigen Gallien gestanden hatte. Als Ersatz schickte er die dreizehnte Legion nach Italien, um die fe-

sten Plätze zu besetzen, aus denen die fünfzehnte abrückte.
Er selbst verteilte sein Heer in die Winterquartiere, und
zwar ließ er den Gaius Trebonius mit vier Legionen in Belgien Quartiere beziehen und den Gaius Fabius mit ebenso
vielen zu den Häduern rücken. Denn so glaubte er Gallien
am besten gesichert zu haben, wenn die Belgier als der tapferste und die Häduer als der einflußreichste Volksstamm
durch das Heer im Zaum gehalten würden. Er selbst brach
nach Italien auf.

55. Gleich bei seiner Ankunft erfuhr er, daß die beiden von
ihm zurückgeschickten Legionen, die nach dem Senatsbeschluß in den Partherkrieg hätten ziehen sollen, durch den
Konsul Gaius Marcellus dem Gaius Pompejus übergeben
und in Italien[447] zurückbehalten worden seien.[448] Obgleich nach dieser Tatsache niemand mehr zweifeln konnte, was man eigentlich gegen Caesar vorhabe, so war Caesar doch entschlossen, alles über sich ergehen zu lassen, solange ihm noch irgendeine Hoffnung übrigbleibe, die Sache
auf dem Rechtsweg auszutragen und den Krieg zu vermeiden. Er . . .[449]

GAIUS JULIUS CAESAR SÄMTLICHE WERKE

DER BÜRGERKRIEG

Übersetzt und kommentiert
von Wolfgang Stammler

ERSTES BUCH

1. Als die Consuln das Schreiben Caesars in Händen hielten, ließen sie sich, trotz größter Anstrengungen der Volkstribunen, nur mit Mühe dazu bereden, es im Senat vorzulesen. Daß aber auch Vortrag darüber gehalten wurde, dies konnte nicht erreicht werden. Statt dessen erstatteten die Consuln über die Lage des Staates Bericht. Der eine Consul, Lucius Lentulus, erklärte, daß Senat und Vaterland auf ihn rechnen dürften, im Falle die Senatoren nur recht kühn und entschlossen ihre Meinung vortrügen. Sollten sie aber, wie früher, auf Caesar Rücksicht nehmen und sich ihm gefällig zeigen, werde er von sich aus keinen Entschluß fassen und sich nicht dem Senatswillen unterwerfen; auch er könne Caesars Gunst und Freundschaft erwerben. Ebenso sprach sich Scipio[1] aus, indem er erklärte, Pompeius wolle fürs Vaterland Sorge tragen, wenn der Senat ihm dabei folge. Zögere dieser und handle ohne Entschiedenheit, so werde er sich später vergeblich um dessen Beistand bemühen.

2. Diese Rede Scipios schien — da die Senatssitzung in der Stadt[2] abgehalten wurde, nahm Pompeius nicht daran teil — wie aus des Pompeius' eigenem Munde zu kommen. Manche hatten aber auch etwas maßvoller gesprochen, so gleich zu Anfang Marcus Marcellus, der, auf dessen Rede eingehend, damit begann, man dürfe diese Angelegenheit nicht eher im Senat verhandeln, als bis in ganz Italien die Musterungen durchgeführt und die Heere ausgehoben seien, unter deren Schutz der Senat erst wagen könne, sicher und nach eigener Überzeugung zu handeln. Ebenso Marcus Calidius, der verlangte, Pompeius solle in seine Provinzen[3]

gehen, damit kein Anlaß zu einer Auseinandersetzung mit
Waffen vorliege; denn Caesar, dem man die zwei Legionen
weggenommen hatte, fürchtete, daß Pompeius diese ganz
offensichtlich zu seiner Vernichtung aufbewahre und deshalb in der Nähe Roms zurückhalte. Der Ansicht des Calidius schloß sich mit wenigen Abweichungen auch Marcus
Rufus an. Doch sie alle wurden unter einem Strom von
Schimpfreden von dem Consul Lucius Lentulus getadelt
und zurückgewiesen, der erklärte, er werde über den Vorschlag des Calidius überhaupt nicht abstimmen lassen.
Marcellus ließ sich durch die Schmähungen einschüchtern
und zog seinen Antrag zurück. Die heftigen Worte des Consuls, die Furcht vor dem in der Nähe Roms stehenden Heer
sowie die Drohungen der Freunde des Pompeius trugen dazu bei, daß die meisten entgegen ihrer Überzeugung und
nur gezwungenermaßen dem Vorschlag Scipios beipflichte-
ten, der besagte: Caesar solle bis zu einem bestimmten
Termin sein Heer entlassen; gehorche er nicht, würde dies
als eine feindliche Handlung gegen den Staat angesehen.
Dagegen widersetzten[4] sich die Volkstribunen Marcus Antonius[5] und Quintus Cassius. Sofort wurde über ihren Einspruch verhandelt, wobei harte Äußerungen fielen. Je bitte-
rer und schonungsloser man sich äußerte, desto mehr Lob
erntete man bei Caesars Feinden.
3. Als der Senat gegen Abend auseinanderging, beschied
Pompeius alle Mitglieder zu sich. Seine Parteigänger lobte
er und ermutigte sie für später, die Unentschiedenen wies
er zurecht und spornte sie an. Dann ließen sich viele ehemalige Soldaten des Pompeius in der Hoffnung auf Belohnungen und Beförderungen von neuem zum Kriegsdienst
anwerben[5a], aber auch viele aus den beiden von Caesar ent-
lassenen Legionen wurden herbeigeholt. Die ganze Stadt
und das Comitium wimmelt von Kriegstribunen, Hauptleuten und Freiwilligen. Alle Freunde der Consuln, die Anhänger des Pompeius und alle alten Feinde Caesars wurden
im Senat zusammengerufen. Durch deren Geschrei und

Zusammenlaufen wurden die Schwankenden eingeschüchtert, die Zweifelnden ermutigt, den meisten aber die Möglichkeit genommen, sich frei zu entscheiden. Der Censor Lucius Piso[6] und der Prätor Lucius Roscius erklärten sich bereit, zu Caesar zu reisen und ihn von der Lage der Dinge zu unterrichten; sie verlangten dazu nur sechs Tage Zeit. Einige Senatoren schlugen auch vor, Gesandte zu Caesar zu schicken, die ihm den Senatsbeschluß übermitteln sollten.

4. Doch alle diese Männer fanden Widerstand, indem man ihnen die Rede des Consuls sowie die des Scipio und Cato entgegenhielt. Cato war nämlich, abgesehen von seiner alten Feindschaft gegen Caesar, wegen seiner Wahlniederlage (bei seiner Bewerbung um das Konsulat) verärgert. Lentulus, den gewaltige Schulden drückten, hoffte, Heere und Provinzen zu erhalten und reiche Geschenke von jenen zu empfangen, denen er den Königstitel verschaffen würde. Er brüstete sich vor seinen Freunden, es werde ein zweiter Sulla und Oberfeldherr aus ihm werden. Auch auf Scipio wirkte vor allem die Aussicht, Provinzen und Heere zu bekommen, die er sich mit seinem Schwiegersohn Pompeius teilen wollte; hinzu kam seine Angst vor Prozessen, das zur Schau getragene Hochgefühl seiner eigenen Wichtigkeit und die Schmeichelei wichtiger Männer, die damals im Staat und in den Gerichten sehr großen Einfluß besaßen. Pompeius selbst hatte sich, aufgehetzt von Caesars Feinden und weil er niemanden von gleichem Rang neben sich dulden wollte, ganz von Caesars Freundschaft abgewandt und sich mit den gemeinsamen Feinden ausgesöhnt, deren größten Teil er selbst Caesar in der Zeit ihrer verwandtschaftlichen Beziehungen auf den Hals geladen hatte. Zugleich fühlte er aber auch die Schmach, die er sich zugezogen hatte, weil er jene zwei Legionen, statt sie nach Kleinasien und Syrien ziehen zu lassen, nur zur Vergrößerung seiner Macht verwendet hatte.[7] Er zielte also auf eine bewaffnete Auseinandersetzung.

5. Aus diesen Gründen handelten alle in Eile und Überstürzung. So ließ man weder Caesars Freunden Zeit, ihn zu benachrichtigen, noch war es den Volkstribunen möglich, die ihnen drohende Gefahr abzuwenden oder durch einen Einspruch ihr letztes Recht zu wahren, das ihnen Sulla noch belassen hatte.[8] Statt dessen sahen sie sich genötigt, schon am siebten Tag an ihre Sicherheit zu denken, während in früheren Zeiten selbst die aufrührerischsten Volkstribunen[9] erst nach dem achten Monat über ihre verschiedenen Handlungen Rechenschaft ablegen und besorgt sein mußten.[10] Man schritt zu jenem äußersten und letzten Senatsbeschluß, zu dem man bisher nur dann Zuflucht genommen hatte, wenn aufgrund der dreisten Vermessenheit von Antragstellern die Stadt schon beinahe in Flammen stand und wenn alle die Hoffnung auf Rettung schon fast aufgegeben hatten: Die Consuln, Prätoren, Volkstribunen und die Konsularbeamten sollten zusehen, daß das Vaterland keinen Schaden nehme.[11] Die förmliche Abfassung dieses Beschlusses erfolgte am 7. Januar.[12] So wurden in den ersten fünf Tagen, seit dem Amtsantritt des Consuls Lentulus, in denen Senatssitzungen abgehalten werden konnten, ausgenommen die beiden Tage für die Volksversammlung, die schwersten und härtesten Beschlüsse über die Statthalterschaft Caesars und jene außerordentlich achtungswerten Männer, die Volkstribunen, gefaßt. Die Volkstribunen flohen sofort aus der Stadt und eilten zu Caesar, der damals bei Ravenna stand und auf eine Antwort auf seine durchaus maßvollen Forderungen wartete, in der Hoffnung, es könnte vielleicht die Sache bei einiger Gerechtigkeit doch noch friedlich beigelegt werden.

6. In den nächsten Tagen fanden die Sitzungen des Senates außerhalb Roms statt.[13] Pompeius sprach die gleiche Meinung aus, die er durch Scipio bereits zu erkennen gegeben hatte, lobte den Mut und die Standhaftigkeit des Senats und äußerte sich über seine Truppenstärke: zehn kampfbereite Legionen[14] stünden ihm zur Verfügung. Außerdem

wisse er genau, daß die Stimmung unter den Soldaten gegenüber Caesar nicht günstig sei und sie sich weigern würden, ihn zu schützen oder auch nur ihm zu folgen. Dann wurden dem Senat weitere Vorschläge gemacht, denen zufolge in ganz Italien eine Truppenaushebung vorgenommen, der Proprätor Faustus Sulla nach Mauretanien geschickt und dem Pompeius aus der Staatskasse Geld gegeben werden sollte. Einem anderen Vorschlag, daß König Juba[15] die Ehrenbezeichnung »Bundesgenosse und Freund des Römischen Volkes« verliehen werden solle, widersetzte sich Marcellus für den Augenblick ganz entschieden, während der Volkstribun Philippus Einspruch gegen den Vorschlag bezüglich des Faustus erhob. Die übrigen Angelegenheiten wurden durch förmliche Senatsbeschlüsse genehmigt. Die Verwaltung der Provinzen, von denen zwei consularische, die übrigen prätorische[16] waren, wurde Privatleuten zugesprochen: Scipio erhielt Syrien, Lucius Domitius Gallien; Philippus und Cotta wurden durch geheime Übereinkunft übergangen und nicht zur Verlosung zugelassen. In die übrigen Provinzen schickte man Prätoren. Entgegen früherem Brauch wartete man aber gar nicht erst ab, daß über ihr Amt ein Antrag beim Volke einging und sie nach Ablegung der feierlichen Gelübde mit dem Feldherrnmantel bekleidet aus der Stadt gingen. Die Consuln — das hatte sich noch niemals zuvor ereignet — verließen die Stadt[17]; in Rom und auf dem Capitol hielten sich entgegen ältestem Brauch Privatleute Lictoren[18] zur Begleitung. In ganz Italien wurden Truppen ausgehoben, Waffenlieferungen gefordert, aus den Landstädten Geld eingetrieben, und aus den Heiligtümern die Schätze weggenommen. Alles göttliche und menschliche Recht wurde mit Füßen getreten.

7. Als Caesar davon erfuhr, hielt er eine Rede an die versammelten Soldaten.[19] Er erinnerte sie daran, wie ihn seine Gegner zu allen Zeiten beleidigt hätten; er beklagte sich, wie sie Pompeius auf ihre Seite gezogen und verführt hät-

ten, indem sie Neid und Mißgunst auf Caesars Ruhm in ihm weckten, und das, wo er es doch war, der Pompeius bei der Erlangung von Ehrenstellen und öffentlicher Würde stets gefördert und unterstützt habe. Auch beklagte er sich, daß im Staat eine unerhörte Neuerung eingeführt worden sei: Das Einspruchsrecht der Tribunen, das in früheren Jahren durch Waffengewalt wiederhergestellt worden war, werde nun durch Waffengewalt beschimpft und unterdrückt. Sulla, obwohl er die tribunizische Gewalt in allen Belangen geschwächt habe, hatte doch wenigstens das Einspruchsrecht noch gelten lassen. Pompeius aber, der sich den Anschein gebe, ihnen die verlorengegangenen Rechte wiederverschafft zu haben, raube ihnen nun auch das, was sie früher noch an Rechten besessen hätten. Sooft der Senat, um das römische Volk zu den Waffen zu rufen, durch Beschluß die feierliche Anordnung ergehen ließ: »die Beamten sollen wachen, daß der Staat keinen Schaden nehme« , sei dies nur in Fällen unheilvoller Gesetzesanträge, bei Mißbrauch tribunizischer Gewalt, und bei Volksaufständen, wenn schon Tempel und Hügel besetzt waren, geschehen. Diese Beispiele früherer Zeiten, so belehrte er sie, seien durch den Sturz des Saturnius und der Gracchen gesühnt worden. Von alledem sei aber jetzt nichts geschehen, nicht einmal gedacht hätte man daran. Weder sei ein Gesetz bekanntgegeben worden, noch sei mit dem Volk verhandelt worden, noch auch sei es zu einem Aufruhr gekommen. Zum Abschluß ermahnte er seine Leute, die Achtung und Würde ihres Feldherrn zu verteidigen, eines Feldherrn, unter dessen Führung sie neun Jahre lang höchst glücklich gefochten, viele siegreiche Kämpfe geschlagen und ganz Gallien und Germanien unterworfen hätten. Da riefen die Soldaten der anwesenden 13. Legion — diese nämlich hatte er beim Ausbruch der Unruhen ausgehoben, während die übrigen noch nicht eingetroffen waren —, sie seien bereit, ihren Feldherrn und die Volkstribunen gegen diese Rechtsbrüche zu schützen.

8. Mit dieser Legion zog nun Caesar, nachdem er ihre Meinung kennengelernt hatt, nach Ariminum[20], wo er mit den Volkstribunen zusammentraf, die sich zu ihm geflüchtet hatten. Die übrigen Legionen rief er aus ihren Winterlagern herbei und befahl ihnen, ihm zu folgen. Dorthin kam auch der junge Lucius Caesar, dessen Vater Legat bei Caesar war. Nachdem er alles, weswegen er gekommen war, berichtet hatte, wies er darauf hin, daß er von Pompeius private Aufträge an Caesar habe: Er wünsche sich vor ihm zu rechtfertigen, damit dieser nicht als persönliche Beleidigung auffasse, was er um des Staates willen getan habe. Er habe immer das Staatsinteresse über seine persönlichen Bedürfnisse gestellt. Auch Caesar solle aus Rücksicht auf seine eigene Würde seine Leidenschaft und seinen Zorn dem Staatswohl unterordnen und seinen Gegnern nicht gar zu sehr grollen; sonst werde er in der Hoffnung, jenen zu schaden, doch nur dem Staat Schaden zufügen. Er fügte noch einige Bemerkungen dieser Art, die mit der Entschuldigung des Pompeius zu tun hatten, hinzu. Fast dasselbe und mit denselben Worten trug der Prätor Roscius dem Caesar vor, indem er erklärte, Pompeius habe es ihm so gesagt.

9. Zwar schien es, als könne dies nicht dazu beitragen, das geschehene Unrecht wiedergutzumachen; dennoch hatte er nun geeignete Männer gefunden, durch die er seine Wünsche Pompeius mitteilen konnte. Er bat sie daher, sich nicht zu weigern, auch seine Forderungen dem Pompeius zu überbringen, da sie ihm ja auch des Pompeius Aufträge überbracht hätten; sie könnten durch kleine Mühen große Streitereien beseitigen und ganz Italien von seiner Furcht befreien. Ihm habe die Würde des Staates stets mehr gegolten als sein Leben. Es schmerze ihn aber, wie ihm die Gunstbeweise des Römischen Volkes auf schändliche Weise entwunden, er selbst, nachdem ihm sein Oberbefehl um ein halbes Jahr gekürzt worden sei, nach Rom zurückgeholt werde, während das Volk doch beschlossen habe, daß auf ihn, auch wenn er abwesend sei, Rücksicht zu nehmen sei.

Dennoch habe er diese Ehrenkränkung um des Staates willen mit Gelassenheit ertragen. Als er schriftlich beim Senat beantragt habe, daß jeder sein Heer entlassen solle, habe er nicht einmal das erreicht. Statt dessen hebe man nun überall in Italien Truppen aus und halte die zwei Legionen zurück, die man ihm unter dem Vorwand der Partherkriege entzogen habe; die Bürgerschaft stehe unter Waffen. Wozu solle das alles nützen, wenn nicht zu seinem Untergang? Dennoch sei er bereit, auf alles einzugehen und dem Staat zuliebe alles zu erdulden. Pompeius solle in seine Provinzen abziehen, sie selbst sollten beide ihre Heere entlassen; jedermann in Italien solle die Waffen niederlegen, der Bürgerschaft die Angst genommen, freie Wahlen gestattet und die Verwaltung des ganzen Staates dem Senat und dem Römischen Volk überlassen werden. Damit dies um so leichter und unter sicheren Bedingungen geschehe und eidlich bekräftigt werde, solle entweder Pompeius ihn aufsuchen oder aber gestatten, daß er ihn aufsuche. So könne der ganze Streit durch eine mündliche Aussprache beigelegt werden.

10. Roscius übernahm mit L. Caesar diese Aufträge und kam nach Capua, wo er die Consuln und Pompeius traf. Er berichtete über die Forderungen Caesars. Nachdem sie darüber beraten hatten, setzten sie eine Antwort auf und ließen sie ihm durch sie in schriftlicher Form übermitteln. Ihr Inhalt war im wesentlichen folgender: Caesar solle nach Gallien zurückkehren, Ariminum räumen und sein Heer entlassen. Wenn er dies getan hätte, werde Pompeius nach Spanien gehen. Inzwischen würden die Consuln und Pompeius die Truppenaushebungen so lange nicht unterbrechen, bis sie sicher seien, daß Caesar sein Versprechen einlöse.

11. Es war eine unbillige Bedingung, zu fordern, daß Caesar Ariminum räumen und in seine Provinz zurückkehren solle, während Pompeius selbst seine Provinzen und seine Legionen behalten und seine Truppenaushebungen hätte fortset-

zen dürfen. Ungerecht war es außerdem, daß Pompeius nur versprach, er werde sich in seine Provinz begeben, und nicht zugleich den Zeitpunkt seiner Abreise festsetzte, so daß er, wenn er nach Caesars Konsulatsjahr nicht abgereist sei, dennoch nicht eines Wortbruchs schuldig erscheine. Daß er aber vollends keine Gelegenheit dazu gab, sich miteinander zu besprechen, noch auch versprach, ein Zusammentreffen zu arrangieren, trug entschieden dazu bei, an einem Frieden zu zweifeln. Deshalb sandte Caesar fünf Kohorten unter der Führung von Marcus Antonius nach Arretium[21], blieb selbst aber in Ariminum und ließ dort eine Musterung abhalten; Pisaurum, Fanum und Ancona[22] besetzte er mit je einer Kohorte.

12. Inzwischen erhielt er die Nachricht, daß der Prätor Thermus mit fünf Kohorten Iguium[23] besetzt halte und die Stadt befestige, ferner daß die Einwohner der Stadt sehr günstig für Caesar gestimmt seien; so schickte er Curio mit den drei Kohorten, die in Pisaurum und Ariminum lagen, dorthin.[24] Gleich nachdem seine Ankunft bekannt wurde, führte Thermus, der kein Vertrauen in die Gesinnung der Einwohner hatte, seine Kohorten aus der Stadt und floh. Auf dem Marsch verließen ihn die Soldaten und kehrten in ihre Heimat zurück. So ergriff Curio von der Stadt, deren Einwohner ihn mit großer Freude begrüßten, Besitz. Auf diese Nachricht hin faßte Caesar festes Vertrauen in die Gesinnung der Landstädte, führte die Kohorten seiner 13. Legion aus ihren Standquartieren und setzte sie nach Auximum[25] in Marsch. Diese Stadt wurde von Attius[26] mit seinen Kohorten, die er dorthin verlegt hatte, besetzt gehalten, während er zugleich von dort aus im ganzen Picenerland durch abgesandte Senatoren Truppen ausheben ließ.

13. Kaum hatte man die Nachricht von Caesars Ankunft vernommen, als sich die Vorsteher von Auximum in großer Zahl zu Attius Varus begaben und ihm erklärten, daß ihnen zwar ein Urteil darüber nicht zustünde, doch könnten weder sie noch die übrigen Städter es dulden, daß dem Impera-

tor Gaius Caesar, der sich als Feldherr sehr um den Staat
verdient gemacht habe, nach solch bedeutenden Taten ihre
Stadt und ihre Stadtmauern verschlossen bleiben sollten;
Attius solle daher an die Zukunft und die ihm selbst drohende Gefahr denken. Varus, auf den diese Worte Eindruck
machten, zog daraufhin die Besatzung, die er in die Stadt
gelegt hatte, von dort ab und floh. Einige wenige aus der 1.
Centurie Caesars holten ihn aber ein und zwangen ihn zu
einem Gefecht, bei dem Varus von seinen Leuten im Stich
gelassen wurde. Ein nicht unerheblicher Teil ging nach
Hause, die übrigen liefen zu Caesar über. Mit ihnen zusammen wurde auch Lucius Pupius, der rangälteste Centurio[27],
ergriffen und vorgeführt; dieser hatte die erste Centurie
schon früher unter Pompeius selbst befehligt. Caesar aber
lobte die Soldaten des Attius und ließ Pupius laufen. Den
Einwohnern von Auximum dankte er und versprach, ihnen
ihr Verhalten nicht vergessen zu wollen.

14. Als diese Ereignisse in Rom bekannt wurden, brach
plötzlich ein so großer Schrecken über sie herein, daß der
Consul Lentulus, der gerade im Begriff war, die Schatzkammer[28] zu öffnen, um entsprechend dem Senatsbeschluß dem Pompeius das Geld zu bringen, auf der Stelle
aus der Stadt entfloh und dabei das Innerste der Schatzkammer offenstehen ließ. Es hatte sich nämlich fälschlicher-
weise die Nachricht verbreitet, daß Caesar sich unaufhaltsam nähere und seine Reiter bereits in Sicht seien. Dem
Lentulus folgte sein Amtsgenosse Marcellus sowie die meisten anderen Staatsbeamten. Pompeius, der schon am Tag
zuvor Rom verlassen hatte, war auf dem Weg zu den Legionen, die er von Caesar erhalten und in Apulien in die Winterlager verteilt hatte. Jetzt wurden die Truppenaushebungen in der Umgebung der Stadt unterbrochen; allen schien
es, als ob jenseits von Capua nichts mehr sicher sei. Erst in
Capua faßten sie wieder Vertrauen, versammelten sich und
begannen, eine Aushebung unter den Kolonisten vorzuneh-
men, die aufgrund des Julischen Gesetzes[29] in Capua ange-

296

siedelt worden waren. Die Gladiatoren, die Caesar dort in einem Übungslager unterhielt, ließ Lentulus aufs Forum bringen, sicherte ihnen die Freiheit zu und befahl ihnen, ihm zu folgen. Da diese Handlung jedoch überall getadelt wurde und ihm seine Freunde deshalb Vorwürfe machten, verteilte er sie auf die campanischen Besitzungen römischer Bürger[30], um sie besser bewachen zu können.

15. Von Auximum aus zog Caesar durch das ganze picenische Gebiet[31], wo er allerorts von den Präfekturen[32] mit der größten Bereitwilligkeit aufgenommen, sein Heer aber auf jede Weise unterstützt wurde. Auch von Cingulum[33], einer von Labienus gegründeten und auf seine Kosten erbauten Stadt, kamen Abgesandte, die versprachen, seinen Befehlen bereitwilligst zu folgen. Er befahl ihnen die Stellung von Soldaten; sie wurden geschickt. Inzwischen traf auch die 12. Legion bei Caesar ein. Mit diesen beiden Legionen marschierte er nach Asculum[34] in Picenum. Diese Stadt hielt Lentulus Spinther mit 10 Kohorten besetzt. Als dieser die Nachricht vom Heranrücken Caesars erhielt, floh er aus der Stadt, wurde aber von einem großen Teil seiner Soldaten verlassen, als er versuchte, sie mit sich fortzuführen. Nur von wenigen Leuten begleitet, traf er auf dem Weg mit Vibullius Rufus zusammen, den Pompeius in das picenische Gebiet geschickt hatte, um sich der dortigen Bewohner zu versichern. Als Vibullius von ihm darüber informiert wurde, was sich in Picenum zugetragen hatte, übernahm er dessen Soldaten; ihn selbst entließ er. In gleicher Weise zog er aus den benachbarten Landstrichen, soweit er konnte, die Kohorten von den pompeianischen Aushebungen zusammen. Unter diesen nahm er den aus Camerinum[35] fliehenden Lucilius Hirrus mit sechs Kohorten auf, die dieser als Besatzung dorhin gelegt hatte. Mit diesen zusammen brachte er es auf dreizehn Kohorten, an deren Spitze er in Eilmärschen nach Corfinium[35] zu Domitius Ahenobarbus[35a] gelangte. Ihm meldete er, daß Caesar mit zwei Legionen schon in der Nähe sei. Domitius hatte sei-

nerseits aus Alba, aus dem Gebiet der Marser und Paeligner[36], den angrenzenden Gebieten, ungefähr 20 Kohorten zusammengebracht.

16. Nach der Übernahme von Asculum und der Vertreibung des Lentulus befahl Caesar, die Soldaten, die diesen verlassen hatten, zu sammeln und eine Aushebung zu veranstalten. Er selbst blieb dort nur einen Tag, um sich mit Lebensmitteln zu versehen, und eilte nach Corfinium. Als er dort ankam, waren fünf Kohorten, die Domitius aus der Stadt vorausgeschickt hatte, gerade dabei, eine Brücke über den Fluß abzubrechen, die ungefähr drei Meilen von der Stadt entfernt war. Dort kam es zu einem Gefecht mit den Vortruppen Caesars, bei dem die Domitianer rasch von der Brücke vertrieben wurden und sich wieder in die Stadt zurückziehen mußten. Nachdem Caesar seine Legionen hinübergeführt hatte, machte er vor der Stadt halt und schlug dicht an der Mauer sein Lager auf.

17. Als Domitius sich über seine Lage klar wurde, schickte er zu Pompeius nach Apulien Leute, die mit der Gegend genau vertraut waren, und versprach ihnen große Belohnung. Sie erhielten einen Brief von ihm mit und sollten dringend um Hilfe bitten, da man Caesar jetzt mit zwei Heeren in dieser engen Gegend leicht einschließen und vom Nachschub abschneiden könne. Handle Pompeius jedoch nicht, werde er mit mehr als 30 Kohorten und einer großen Zahl von Senatoren in Gefahr geraten. Inzwischen sprach er seinen Leuten Mut zu, ließ die Geschütze auf den Mauern aufstellen, und wies einem jeden seine Aufgabe bei der Bewachung der Stadt zu. Den Soldaten versprach er auf einer Versammlung Äcker aus seinen Besitzungen, und zwar jedem Gemeinen vier Morgen und den Centurionen und Altgedienten entsprechend mehr.

18. Inzwischen wurde Caesar gemeldet, daß die Bewohner von Sulmo[37], eine sieben Meilen von Corfinum gelegene Stadt, sich ihm anzuschließen wünschten, aber von dem Senator Quintus Lucretius und durch Attius Paelignus dar-

an gehindert würden, die in diese Stadt eine Besatzung von sieben Kohorten gelegt hatten. Caesar schickte Marcus Antonius mit fünf Kohorten der 13. Legion dorthin. Sobald die Sulmonenser unsere Feldzeichen erblickten, öffneten sie die Tore und gingen, Bürger wie Soldaten, Antonius entgegen und hießen ihn willkommen. Lucretius und Attius aber sprangen von der Mauer herab. Attius, der Antonius geführt wurde, bat, daß man ihn zu Caesar schicke. Antonius kehrte noch am gleichen Tag, an dem er gekommen war, in Begleitung des Attius zurück. Caesar vereinigte diese Kohorten mit seinem Heer und entließ Attius ohne Bestrafung. Er beabsichtigte, an den ersten Tagen das Lager mit großen Schanzwerken zu befestigen, aus den benachbarten Landstädten Getreide herbeizuschaffen und die übrigen Truppen zu erwarten. Nach Ablauf dieser drei Tage stießen die 7. Legion zu ihm und 22 neu in Gallien ausgehobene Kohorten sowie etwa dreihundert Reiter des norischen Königs.[38] Nach deren Ankunft mußte er auf der anderen Seite der Stadt ein neues Lager aufschlagen, das er dem Kommando Curios unterstellte. An den übrigen Tagen begann er, die Stadt mit einem Wall und Castellen zu umgeben. Als der größte Teil der Arbeiten abgeschlossen war, kehrten fast gleichzeitig die zu Pompeius geschickten Boten zurück.

19. Als Domitius den Brief des Pompeius gelesen hatte, erklärte er heuchelnd seinen versammelten Soldaten, Pompeius werde rasch zu Hilfe eilen. Er ermahnte sie, ihren Mut nicht sinken zu lassen und für die Verteidigung der Stadt alle Vorbereitungen zu treffen. Im geheimen aber besprach er sich mit seinen Vertrauten und faßte den Plan zur Flucht. Da sein Verhalten aber nicht mit seinen Reden übereinstimmte und er alles aufgeregter und ängstlicher betrieb als an den vorangegangenen Tagen —, so hielt er entgegen seiner Gewohnheit oft mit seinen Freunden heimliche Besprechungen ab, um sich zu beraten, und mied die Beratungen und Zusammenkünfte mit anderen —

ließ sich die Sache nicht länger verbergen und verheimlichen. Pompeius nämlich hatte ihm geantwortet, daß er nicht bereit sei, sich in dieser Sache der größten Gefahr auszusetzen; schließlich habe sich Domitius weder auf seinen Rat noch auf seinen Wunsch hin in die Stadt Corfinium geworfen; er solle daher, wenn irgend möglich, mit all seinen Truppen zu ihm kommen. Daß es dazu nicht kommen konnte, lag an der Belagerung und Einschließung der Stadt.

20. Als sich die Nachricht von der Absicht des Domitius überall verbreitet hatte, rotteten sich die in Corfinium befindlichen Soldaten bei Anbruch des Abends zusammen und besprachen sich untereinander durch ihre Tribunen, Centurionen und die geachtetsten Männer aus ihren Reihen: sie würden von Caesar belagert; seine Belagerungswerke seien nahezu fertiggestellt; ihr Anführer Domitius, auf den sie bisher ihre Hoffnung und ihr Vertrauen gesetzt hätten, fasse, nachdem er sie schon alle preisgegeben habe, den Plan zur Flucht; sie müßten nun selbst an ihre Rettung denken. Anfangs begannen die Marser sich von ihrer Meinung zu distanzieren und besetzten jenen Teil der Stadt, der am geschütztesten schien; ja die Zwietracht brachte sie so weit, daß sie schon mit den Händen aufeinander losgehen und mit den Waffen gegeneinander kämpfen wollten; doch wenig später erfuhren die Marser von den Vermittlern, die zwischen ihnen hin und her geschickt wurden, von den Fluchtabsichten des Domitius, von denen sie bis jetzt nicht wußten. Deshalb umringten alle den Domitius, nachdem dieser auf einmütigen Beschluß öffentlich vorgeführt worden war, bewachten ihn und schickten aus ihren Reihen Gesandte zu Caesar: sie seien bereit, die Tore zu öffnen, sich allen seinen Befehlen zu fügen und Domitius lebend in seine Gewalt zu übergeben.

21. Zwar schien es Caesar, als er von diesen Dingen Kenntnis erhielt, sehr wichtig, sich so schnell wie möglich der Stadt zu bemächtigen und die Kohorten zu sich ins Lager

hinüberzuführen, damit nicht durch Geschenke, Zureden oder falsche Nachrichten eine Sinnesänderung geschehe, wie ja oft im Krieg durch die kleinsten Anlässe die größten Unglücksfälle eintreten können; doch fürchtete er, die Stadt könne beim Einmarsch seiner Leute und bei der durch die Nachtzeit begünstigten Zügellosigkeit geplündert werden. Deshalb lobte er die, die gekommen waren, und entließ sie in die Stadt, befahl aber, Tore und Mauern zu bewachen. Er selbst verteilte auf jenen Belagerungswerken, deren Bau er begonnen hatte, Soldaten, und zwar nicht in bestimmten Abständen, wie er es an den vorhergehenden Tagen zu tun pflegte, sondern Posten an Posten, Wache an Wache, so daß einer neben dem anderen stand und der ganze Wall besetzt war. Die Militärtribunen und Präfekten[39] schickte er umher und ermahnte sie, nicht nur vor plötzlichen Ausfällen auf der Hut zu sein, sondern auch darauf zu achten, daß nicht einzelne Menschen heimlich die Stadt verließen. Und in der Tat gab es unter ihnen keinen einzigen, der sich trotz der großen Abgespanntheit und Ermüdung in dieser Nacht vom Schlaf hätte übermannen lassen. So groß war die Erwartung auf die kommenden Dinge, daß das Sinnen und Trachten der einen hierhin, der anderen dorthin gerichtet war, was nun wohl mit den Corfiniensern, was mit Domitius, was mit Lentulus und was mit den übrigen geschehen würde, und welches Schicksal einen jeden von ihnen ereile.

22. Etwa um die vierte Nachtwache sprach Lentulus Spinther von der Mauer herab mit Caesars Wachen und Posten: Er wolle, wenn es möglich wäre, mit Caesar zusammenkommen. Dies wurde ihm erlaubt, man schickte ihn aus der Stadt; doch die Soldaten des Domitius wichen nicht eher von seiner Seite, als bis er vor Caesars Angesicht geführt wurde. Mit ihm verhandelte er über seine Rettung, bat und beschwor ihn, daß dieser ihn schonen möge, erinnerte ihn an ihre alte Freundschaft, wies ihn auf ihm von Caesar reichlich erwiesene Wohltaten hin: daß er durch

ihn in das Priesterkollegium[40] gekommen war, daß er durch ihn gleich nach der Prätur die Provinz Spanien erhalten hatte, daß er bei seiner Bewerbung um das Consulat von ihm unterstützt worden war. Seine Rede wurde von Caesar unterbrochen: Nicht in feindlicher Absicht habe er seine Provinz verlassen, sondern um sich gegen die schmachvolle Behandlung durch seine Feinde zu wehren, um die aus diesem Grunde aus der Stadt vertriebenen Volkstribunen wieder in ihre Würde einzusetzen und um sich und das römische Volk, das von einer kleinen Gruppe unterdrückt werde, wieder zu befreien. Lentulus, der sich durch diese Rede ermutigt fühlte, bat ihn um die Erlaubnis, wieder in die Stadt zurückkehren zu dürfen: Was er zu seiner Rettung erreicht habe, werde auch für die übrigen in ihrer Hoffnung ein Trost sein; einige seien so verschreckt, daß sie sich gezwungen sähen, Hand an sich zu legen. Die Erlaubnis wurde erteilt, und er entfernte sich.

23. Gleich bei Tagesanbruch mußten alle Senatoren samt ihren Kindern, die Militärtribunen und römischen Reiter vor ihm erscheinen. Aus dem Senatorenstand kamen fünf Männer, Lucius Domitius, Publius Lentulus Spinther, Lucius Vibullius Rufus, der Quästor Sextus Quintilius Varus und Lucius Rubrius; außerdem der Sohn des Domitius und mehrere andere junge Leute sowie eine große Zahl von römischen Reitern und Ratsherren, welche Domitius aus den Landstädten zu sich beschieden hatte. Alle diese Menschen, die vor ihn geführt wurden, schützte er gegen die Schmähungen und Beschimpfungen seiner Soldaten. Er sprach nur wenige Worte zu ihnen und beklagte sich, daß ihm von einem Teil von ihnen nicht für die Wohltaten gedankt worden sei, die er ihnen in reichlichem Maße erwiesen habe; dann entließ er sie alle ohne Bestrafung. Sechs Millionen Sesterzien, die Domitius mitgebracht und bei der Gemeinde hinterlegt hatte und die ihm von dem Viermännergremium[41] ausgehändigt worden waren, gab er an Domitius zurück, um nicht maßvoller gegenüber Men-

302

schenleben zu erscheinen als gegenüber Geld, obgleich
feststand, daß es sich dabei um öffentliche Gelder handelte, die Pompeius für Besoldungen gegeben hatte. Den Soldaten des Domitius befahl er, auf seinen Namen einen Eid
zu leisten, brach noch am gleichen Tag das Lager ab, legte
einen normalen Tagesmarsch zurück, nachdem er insgesamt sieben Tage bei Corfinium zugebracht hatte, und gelangte durch die Gebiete der Marruciner, Frenater und Larinaten[42] nach Apulien.

24. Bei der Nachricht von diesen Ereignissen bei Corfinium
zog Pompeius von Luceria nach Canusium und von dort
nach Brundisium.[43] Er befahl, daß sich alle Truppen aus
den neuen Aushebungen bei ihm versammeln sollten; er
bewaffnete Sklaven und Hirten und teilte Pferde an sie aus;
so machte er etwa 300 Reiter aus ihnen. Der Prätor Lucius
Manlius floh mit sechs Kohorten aus Alba, der Prätor Rutilius Lupus mit dreien aus Tarracina.[44] Als diese aus der Ferne die Reiterei Caesars erblickten, die unter dem Befehl
von Vibius Curius stand, verließen sie ihren Prätor, brachten ihre Feldzeichen zu Curius und liefen zu ihm über.
Ebenso trafen auf den übrigen Marschwegen noch so manche Kohorten auf Caesars Fußvolk, andere auf seine Reiter.
Mitten auf dem Marsch aufgegriffen und zu Caesar geführt
wurde auch Numerius Magius aus Cremona, der Präfekt
der Pioniere des Pompeius, den Caesar zu diesem zurück-
schickte mit dem Auftrag: da sich ja bis zu diesem Zeitpunkt noch keine Gelegenheit zu einer Aussprache ergeben
habe und er nun selbst im Begriff stehe, nach Brundisium
zu kommen, sei es für den Staat und das Gemeinwohl von
großer Bedeutung, daß er sich mit Pompeius bespreche: es
werde nämlich über große Wegstrecken hinweg, wenn
durch andere die jeweiligen Bedingungen hin und her getragen würden, nicht dasselbe erreicht, als wenn man von Angesicht zu Angesicht über alle Bedingungen verhandle.

25. Nachdem er diese Aufträge erteilt hatte, erschien Caesar mit sechs Legionen vor Brundisium, und zwar mit drei

Veteranenlegionen und den übrigen, die er aus der neuen
Aushebung zusammengestellt und auf dem Marsch aufge-
füllt hatte; die Kohorten von Domitius hatte er sofort von
Corfinium nach Sizilien geschickt. Er erfuhr, daß die Consuln mit einem großen Teil des Heeres nach Dyrrachium[45]
aufgebrochen waren, während Pompeius mit 20 Kohorten
in Brundisium blieb. Es konnte nicht mit Sicherheit her-
ausgefunden werden, ob er dort geblieben war, um Brundisium zu besetzen, um desto leichter das ganze Adriatische
Meer von den äußeren Teilen Italiens und von den griechischen Landschaften her in seiner Gewalt zu halten und von
beiden Seiten her den Krieg führen zu können, oder ob er
sich durch Mangel an Schiffen dort festgesetzt hatte. Caesar fürchtete nun, daß jener glaube, Italien nicht aufgeben
zu dürfen, und traf Anstalten, alle Ausgänge und den Verkehr des Hafens von Brundisium zu blockieren. Die Überlegung für diese Maßnahme war folgende: Wo der Ausgang
des Hafens am engsten war, ließ er von beiden Seiten des
Strandes Dämme aufschütten, weil hier das Meer seicht
war. Weiter draußen, wo der Damm aufgrund der größeren
Wassertiefe keinen Halt mehr finden konnte, schloß er in
Richtung des Dammes Doppelflöße an, die nach allen Seiten 30 Fuß maßen. Diese ließ er an den vier Ecken durch
vier Anker festmachen, damit sie nicht durch die Flut weggetragen werden konnten. Nachdem sie fertiggestellt und
an ihrem Platz befestigt waren, verband er mit ihnen der
Reihe nach andere Flöße von gleichem Umfang. Diese bedeckte er mit Schutt und Erde, damit man ungehindert zur
Verteidigung herbeieilen konnte. Vorne und an den Seiten
wurden sie mit Schutzwänden aus Flechtwerk und Brustwehren umzogen; auf jedem vierten Floß ließ er zwei-
stöckige Türme errichten, von wo aus sie desto bequemer
gegen Schiffsangriffe und Brandlegungen verteidigt werden
konnten.

26. Dagegen nun rüstete Pompeius große Lastschiffe aus,
die er im Hafen von Brundisium gekapert hatte. Auf ihnen

errichtete er dreistöckige Türme, die er mit vielen Wurfmaschinen und Geschossen jeglicher Art versah, und ließ
sie gegen die Bollwerke Caesars vorrücken, um die Flöße
zu durchbrechen und die Werke zu zerstören. Auf diese
Weise wurde täglich der Kampf auf beiden Seiten aus einiger Entfernung mit Schleudern, Pfeilen und anderen Geschossen ausgefochten. Caesar aber hatte es so eingerichtet, daß er glaubte, die Bedingungen für einen Frieden nicht
aus den Augen verlieren zu dürfen, und wenngleich es ihn
auch sehr wunderte, daß Magius, den er mit Aufträgen zu
Pompeius geschickt hatte, noch nicht zu ihm zurückkam,
und die häufigen Einigungsversuche seinen Schwung und
seine Pläne auch hemmten, glaubte er dennoch, unter allen
Umständen auf diesem Punkt bestehen zu müssen. Deshalb schickte er den Legaten Caminius Rebilus, einen vertrauten Freund des Scribonius Libo, wegen einer Unterredung zu ihm. Er beauftragte ihn, in Libo zu dringen, daß er
sich um einen Friedensschluß bemühe. Vor allem forderte
er, mit Pompeius selbst zu sprechen, indem er versicherte,
wie zuversichtlich er hoffe, daß man, wenn dieser dazu die
Gelegenheit biete, unter gerechten Bedingungen zu einem
Waffenstillstand gelangen könne. Dabei werde Libo ein
großer Teil des Lobpreises und der Hochachtung zukom-
men, wenn es jenem durch sein Eintreten gelänge, daß die
Waffen niedergelegt würden. Gleich nach der Unterredung
mit Caninius reiste Libo zu Pompeius. Wenig später brachte er den Bescheid, daß die Consuln abwesend seien, ohne
die man nicht über den Frieden verhandeln könne. So kam
Caesar zu der Überzeugung, daß irgendwann einmal der
Punkt gekommen sei, wo er mit diesen vergeblichen Versuchen aufhören und nur an den Krieg denken müsse.
27. Als die Arbeiten an den Bollwerken fast zur Hälfte ausgeführt und darüber neun Tage verstrichen waren, kehrten
die Schiffe, die von den Consuln aus Dyrrachium zurück-
gesandt worden waren und den ersten Teil des Heeres dorthin gebracht hatten, nach Brundisium zurück. Pompeius,

der entweder durch Caesars Arbeiten beunruhigt wurde
oder schon von Anfang an beschlossen hatte, Italien zu verlassen, schickte sich nach Ankunft der Schiffe zur Abreise
an. Um einen Angriff Caesars leichter aufzuhalten und zu
verhindern, daß dessen Soldaten noch während seiner Abreise in die Stadt einbrechen könnten, verrammelte er die
Tore, verbaute Straßen und Gassen, führte quer über die
Wege Gräben und ließ darin Pfähle und scharf zugespitzte
Baumäste einschlagen. Diese ließ er mit leichtem Flechtwerk und Erde einebnen. Die Zugänge und die beiden Straßen, die außerhalb der Mauer zum Hafen führten, versperrte er ebenfalls mit mächtigen, fest eingerammten Pfählen,
die oben zugespitzt waren. Nach diesen Vorbereitungen
ließ er die Soldaten in aller Stille die Schiffe besteigen,
während er auf den Mauern und Türmen vereinzelt Bogenschützen und Schleuderer — es handelte sich dabei um Altgediente — verteilte. Er hatte beschlossen, diese auf ein bestimmtes Signal hin zurückzurufen, sobald sich die Soldaten eingeschifft hätten, und ließ ihnen an einem leicht zugänglichen Ort Schnellsegler zurück.
28. Die Einwohner von Brundisium, die über die schlechte
Behandlung durch die pompeianischen Soldaten und über
dessen Unrecht empört waren, neigten sich auf Caesars
Seite. Sowie sie den Aufbruch des Pompeius bemerkten,
signalisierten sie dies, während die Soldaten noch zusam-
menliefen und mit ihrer Einschiffung beschäftigt waren, in großer Menge von den Dächern aus. Caesar, der dadurch von den Vorgängen in der Stadt erfuhr, befahl, daß
die Sturmleitern hergerichtet und die Soldaten bewaffnet
werden sollten, um ja keine Gelegenheit zum Handeln zu
verpassen. Pompeius lichtete bei Einbruch der Nacht die
Anker. Die Wachen, die auf der Mauer aufgestellt waren,
wurden auf das verabredete Zeichen hin zurückgerufen und
rannten auf den bekannten Wegen zu den Schiffen. Caesars
Soldaten legten die Leitern an und erstiegen die Mauern.
Da sie jedoch von den Brundisiern vor den verborgenen

Pfählen und Gräben gewarnt wurden, machten sie halt und gelangten auf einem weiten Umweg zum Hafen, wo sie zwei mit Soldaten besetzte Schiffe, die an den Dämmen Caesars hängengeblieben waren, aufgriffen und zur Beute machten.

29. Wenn Caesar es auch in der Hoffnung auf eine baldige Beendigung des Krieges für gut hielt, Schiffe zusammenzubringen und Pompeius über das Meer zu folgen, bevor dieser sich durch seine überseeischen Hilfsvölker verstärken könne, so scheute er doch die damit verbundene Verzögerung der Sache und den großen Zeitverlust, weil Pompeius, der alle verfügbaren Schiffe mitgenommen hatte, ihm für den Augenblick eine Verfolgung unmöglich gemacht hatte. So wäre ihm nur übriggeblieben, in den entfernteren Gebieten Galliens, Picenums und der Gegend der Meerenge (bei Messina) abzuwarten. Dies schien ihm aber wegen der Jahreszeit zu langwierig und mit zu großen Schwierigkeiten verbunden zu sein. Er wollte auch nicht, daß das alte Heer und die beiden spanischen Provinzen[46], von denen die eine Pompeius durch größte Wohltaten verpflichtet war, sich etwa verstärkten, daß Hilfstruppen und Reiterei aufgestellt würden und in seiner Abwesenheit ein Angriff auf Gallien und Italien unternommen werde.

30. Daher ließ er den Gedanken, Pompeius zu folgen, für den Augenblick fallen und beschloß, nach Spanien aufzubrechen. Er gab also den jeweiligen Oberbehörden der Landstädte den Befehl, Schiffe zu sammeln und nach Brundisium zu führen. Nach Sardinien schickte er den Legaten Valerius mit einer Legion, nach Sizilien den Proprätor Curio mit drei Legionen. Letzterem gab er den Befehl, sobald er Sizilien besetzt habe, das Heer sofort nach Afrika überzusetzen. Sardinien verwaltete damals Marcus Cotta, Sizilien Marcus Cato;[47] Afrika sollte nach dem Los Tubero verwalten. Sowie die Bewohner von Caralis[48] hörten, daß Gaius Valerius zu ihnen geschickt werde, warfen sie, noch bevor dieser aus Italien aufgebrochen war, kurzerhand Cot-

ta aus der Stadt. Als Cotta einsah, daß die ganze Provinz in dieser Haltung gegen ihn vereint war, entsetzte er sich darüber sehr und floh aus Sardinien nach Afrika. Cato in Sizilien ließ gerade die alten Kriegsschiffe ausbessern und befahl den Gemeinden, auch neue Schiffe zu bauen, was er mit großem Eifer betrieb. In Lucanien und Bruttium[49] ließ er von seinen Legaten unter den römischen Bürgern Truppen ausheben, während er von den Gemeinden Siziliens eine bestimmte Anzahl von Reitern und Fußvolk forderte. Als er fast damit fertig war und von der Ankunft Curios erfuhr, beklagte er sich in einer Versammlung, er sei von Pompeius im Stich gelassen und verraten worden; dieser habe, obwohl völlig unvorbereitet, einen gänzlich unnötigen Krieg heraufbeschworen; als er von ihm und dem Senat gefragt worden sei, habe er beteuert, daß alles von ihm für den Krieg gerüstet und bereitet sei. Nachdem er dies der Versammlung geklagt hatte, floh er aus der Provinz.

31. Als sie in den von den Statthaltern verlassenen Provinzen mit ihren Heeren anlangten, übernahm Valerius Sardinien und Curius Sizilien. Als Tubero in Afrika ankam, traf er dort Attius Varus als Statthalter der Provinz an. Dieser war, wie oben erwähnt, nach dem Verlust seiner Kohorten bei Auximum sofort nach seiner Flucht nach Afrika gekommen und hatte diese Provinz, die gerade ohne Verwaltung war, auf eigene Faust besetzt und durch eine Aushebung zwei Legionen zusammengebracht. Weil er diese Provinz wenige Jahre zuvor als Prätor verwaltet hatte, kannte er Land und Leute gut und fand so Mittel und Wege, sich alles zu beschaffen, dessen er bedurfte. Als nun Tubero mit seinen Schiffen bei Utica ankam, verwehrte er ihm die Einfahrt in den Hafen und die Stadt und duldete es nicht einmal, daß er seinen kranken Sohn ans Land setzte, sondern zwang ihn, die Anker zu lichten und weiterzusegeln.

32. Danach verlegte Caesar seine Soldaten in die nächstgelegenen Landstädte, um ihnen für die übrige Zeit eine Ruhepause zu gönnen. Er selbst aber reiste nach Rom. Nach-

dem er dort den Senat einberufen hatte, erinnerte er ihn an
die Kränkungen, die er durch seine Feinde erlitten hatte. Er
legte ihm dar, daß er keine außergewöhnliche Würde für
sich beansprucht habe, sondern die gesetzlich bestimmte
Zeit für das Konsulat abgewartet und sich mit dem zufrie-
dengegeben habe, was allen Bürgern offenstehe. Von den
zehn Volkstribunen[50] sei ungeachtet des Widerspruchs seiner Feinde und vor allem des heftigsten Widerstandes seitens Cato, der seiner Gewohnheit entsprechend durch end-
loses Reden die Tage habe verstreichen lassen[51], der Antrag
eingebracht worden, er solle trotz seiner Abwesenheit Berücksichtigung finden, was auch tatsächlich geschah, während Pompeius Consul war. Wenn dieser dagegen gewesen
sei, warum habe er ihn dann durchgehen lassen? Wenn er
ihn aber gebilligt habe, warum habe er ihn dann daran gehindert, sich der vom Volk gewährten Begünstigung zu bedienen? Er wies auf seine Nachgiebigkeit hin, als er gefordert hatte, daß beide ihre Heere entlassen sollten, wobei er
selbst sogar die Einbuße an Einfluß und Ruhm in Kauf genommen habe. Er sprach von der Unerbittlichkeit seiner
Feinde, die das, was sie von anderen verlangten, für sich
selbst ablehnten, und lieber alles in Unordnung bringen
wollten, als den Oberbefehl und das Heer aufzugeben. Er
hob das Unrecht hervor, das man ihm mit der Wegnahme
seiner Legionen zugefügt habe, und die dreiste Rücksichts-
losigkeit bei der einschneidenden Beschränkung der Volkstribunen. Er erinnerte an die Vorschläge, die er gemacht habe, und daran, wie oft er Beratungen verlangt habe, die ihm
alle verweigert worden seien. Unter diesen Umständen
mahnte und forderte er, sich des Staates anzunehmen und
ihn zusammen mit ihm zu verwalten. Wollten sie aber aus
Furcht sich dem entziehen, so wolle er ihnen künftig nicht
lästig fallen und die Staatsgeschäfte in eigene Hand übernehmen. Man müsse zur Aussöhnung Gesandte zu Pompeius schicken, und er lasse sich auch nicht davor zurück-
schrecken, daß Pompeius vor kurzem erst im Senat gesagt

habe, daß denjenigen, an welchen Gesandte geschickt werden, das Ansehen vermehrt werde, während sich die Furcht
derer, welche sie schickten, eben darin offenbare. Dies
erschiene ihm als Ausdruck einer schwachen und ängstli-
chen Gesinnung. Er aber wolle in der Weise, wie er bei seinen Taten vorzugehen sich bemühe, sie solchermaßen
auch an Gerechtigkeit und Billigkeit übertreffen.

33. Der Senat willigte ein, daß man Gesandte schickte;
aber es fand sich niemand, der hätte geschickt werden wollen. Jeder lehnte es ab, zumeist aus Furcht, die Aufgabe der
Gesandtschaft zu übernehmen. Pompeius hatte nämlich
beim Verlassen der Stadt im Senat erklärt, er werde diejenigen, die in Rom zurückgeblieben seien, genauso behandeln
wie diejenigen, die sich in Caesars Lager befänden. So verbrachte man drei Tage mit Reden und Entschuldigungen.
Sogar der Volkstribun Lucius Metellus wurde von den Gegnern Caesars vorgeschoben, die Sache in die Länge zu ziehen und alles, was etwa noch unternommen würde, zu hin-
tertreiben. Als Caesar diese Absicht durchschaute und einige Tage nutzlos verstrichen waren, wollte er keine weitere
Zeit damit verlieren. So reiste er, ohne das, was er sich zu
betreiben vorgenommen hatte, verwirklicht zu haben, aus
der Stadt ab und eilte in das jenseitige Gallien.

34. Als er dort angekommen war, erfuhr er, daß Vibullius
Rufus, den er wenige Tage vorher selbst bei Corfinium gefangengenommen und wieder entlassen hatte, von Pompeius nach Spanien geschickt worden sei. Ebenso befinde
sich Domitius mit sieben Schnellseglern, die er in Igilium
und im Gebiet von Cosa[52] von Privatleuten zusammengebracht und mit seinen Sklaven, Freigelassenen und Kolonisten bemannt hatte, auf dem Weg nach Massilia[53], um dort
die Stadt zu besetzen. Als Gesandte seien junge vornehme
Männer aus Massilia in ihre Heimatstadt vorausgeschickt
worden, die Pompeius bei seiner Abreise aus Rom ermahnt
hatte, die neuerlichen Gefälligkeiten Caesars sollten doch
nicht die Erinnerung an seine eigenen alten Gunstbeweise

verdrängen. Nachdem sie diese Aufträge entgegengenommen hatten, verschlossen die Bewohner von Massilia ihre Tore vor Caesar. Die Albicer, ein barbarisches Volk, das seit alters her unter ihrem Schutz stand und die Berge oberhalb Massilias bewohnte, hatten sie zu sich gerufen, Getreide aus den benachbarten Gebieten und aus allen umliegenden Kastellen in die Stadt gebracht und Waffenschmieden dort eingerichtet. Mauern, Tore und die Flotte richteten sie wieder her.

35. Caesar berief die fünfzehn ersten Bürger aus Massilia zu sich und ermahnte sie, keine Veranlassung zum Ausbruch des Krieges zu geben; sie sollten lieber dem Vorbild ganz Italiens folgen, als dem Willen eines einzelnen Menschen zu gehorchen. Er erwähnte noch einiges andere, von dem er glaubte, daß es sie zur Vernunft bringen könne. Die Gesandten berichteten zu Hause von Caesars Rede und meldeten aufgrund einer Ermächtigung Caesar folgendes: Sie sähen, daß das römische Volk in zwei Parteien gespalten sei; es stehe weder in ihrem Urteil noch in ihren Kräften zu entscheiden, welche Seite die gerechtere Sache vertrete. Die Häupter dieser Parteien seien aber Pompeius und Caesar, beide Schutzherren der Stadt, von denen der eine das Land der arecomischen Volcer und der Helvier von Staats wegen an sie abgetreten, der andere ihnen die im Krieg besiegten Sallyer[54] zugewiesen und ihre Staatseinnahmen vermehrt habe. Darum müßten sie die Wohltaten beider Männer mit gleicher Willfährigkeit vergelten, keinem von ihnen gegen den anderen Hilfe leisten oder ihn in ihrer Stadt oder ihren Häfen aufnehmen.

36. Noch während dies verhandelt wurde, kam Domitius mit seinen Schiffen in Massilia an, wurde von den Bewohnern aufgenommen und an die Spitze der Stadt gestellt. Er wurde mit der höchsten Kriegsleitung betraut. Auf seinen Befehl schickten sie die Flotte nach allen Seiten hin aus. Wo sie nur konnten, brachten sie auf ihren Kaperfahrten Frachtschiffe auf und führten sie in den Hafen. Diejenigen

311

Schiffe, die nicht ausreichend mit Nägeln, Holz- und Takelwerk versehen waren, benützten sie zur Ausrüstung und Ausbesserung der übrigen. Was an Getreide aufgefunden wurde, schleppten sie in die öffentlichen Speicher. Sonstige Waren und Lebensmittel bewahrten sie auf für den Fall, daß die Stadt belagert würde. Caesar, der über diese Ungerechtigkeit sehr verbittert war, führte drei Legionen nach Massilia. Er begann, Belagerungstürme und Laufgänge zur Erstürmung der Stadt herzustellen und ließ zwölf Kriegsschiffe in Arelate[55] bauen. Als sie nach Ablauf von dreißig Tagen — vom Schneiden des Bauholzes an gerechnet — fertiggestellt, ausgerüstet und nach Massilia gebracht waren, stellte er sie unter das Kommando von Decimus Brutus, während er den Legaten Gaius Trebonius zur Belagerung Massilias zurückließ.

37. Während dieser Vorbereitungen und Anordnungen schickte Caesar den Legaten Gaius Fabius mit drei Legionen, die er in und um Narbo[56] in die Winterlager verteilt hatte, nach Spanien voraus und befahl ihm, schnell die Pyrenäenpässe zu besetzen, die zu jener Zeit von dem Legaten Lucius Afranius kontrolliert wurden. Den übrigen Legionen, die weiter entfernt überwinterten, befahl er zu folgen. Fabius vertrieb, wie ihm befohlen war, in geübter Schnelligkeit die Besatzung von dem Paß und rückte in Eilmärschen gegen das Heer des Afranius vor.

38. Bei Ankunft des Lucius Vibullius Rufus, der, wie oben erwähnt, von Pompeius nach Spanien geschickt worden war, teilten Afranius, Petreius und Varro, die Legaten des Pompeius, unter sich die Geschäfte, von denen der eine zuvor das diesseitige Spanien mit drei Legionen besetzt hielt, der andere das jenseitige Spanien, das vom Castulischen Gebirge[57] bis zum Fluß Anas[58] reichte, mit zwei Legionen; der dritte das vom Anas bis zum Land der Vettonen und Lusitanier reichende Gebiet mit ebenso viel Legionen: Petreius sollte jetzt aus Lusitanien durch das Vettonenland mit allen Truppen zu Afranius stoßen, Varro mit seinen Legio-

nen den Schutz des ganzen jenseitigen Spanien übernehmen. Nach diesen Vereinbarungen verlangte Petreius von
ganz Lusitanien, Afranius hingegen von den Celtiberern,
Cantabrern und allen Barbarenstämmen, die sich bis zum
Ozean hin ausstrecken[59], die Stellung von Reiterei und
Hilfstruppen. Kaum hatte Petreius diese zusammengebracht, marschierte er schnell durchs Gebiet der Vettonen
zu Afranius, wo sie beschlossen, den Krieg gemeinsam bei
Ilerda[60] zu führen, da die Gegend dort günstig schien.

39. Wie oben erwähnt, verfügte Afranius über drei, Petreius
über zwei Legionen, außerden über ungefähr 80 Kohorten
teils Schwerbewaffneter aus dem nördlichen, teils Leichtbewaffneter aus dem südlichen Spanien, dazu über ungefähr 5 000 Reiter aus beiden Provinzen. Caesar hatte sechs
Legionen nach Spanien vorausgeschickt, dazu an die 6 000
Mann Hilfstruppen zu Fuß, 3 000 Reiter, die er bereits in
seinen früheren Kriegen gehabt hatte, und aus Gallien, das
er selbst befriedet hatte, eine gleich große Anzahl, die er
aus den Reihen der Vornehmsten und Tapfersten aller
Stämme namentlich einberufen hatte. Hierzu kamen noch
Männer des besten Schlages aus Aquitanien und der an die
gallische Provinz angrenzenden Bergvölker. Er hatte nämlich vernommen, daß Pompeius mit seinen Legionen durch
Mauretanien[61] nach Spanien ziehe und unverzüglich eintreffen werde. Gleichzeitig lieh er auch von seinen Militärtribunen und Centurionen Geld, das er an sein Heer aus-
teilte. Dadurch erreichte er einen doppelten Zweck: Zum
einen verband er sich durch dieses Pfand die Herzen der
Centurionen, zum anderen erkaufte er durch seine Freigiebigkeit die Bereitwilligkeit der Soldaten.

40. Fabius versuchte durch Briefe und Boten die Gesinnung
der Nachbarstämme auszuforschen. Über den Fluß Sino-
ris[62] hatte er zwei Brücken im Abstand von vier Meilen
schlagen lassen. Über diese Brücken schickte er seine Leute zum Futterholen aus, weil er das, was diesseits des Flusses zu finden war, bereits aufgebraucht hatte. Fast dasselbe

taten aus diesem Grund auch die Führer des pompeianischen Heeres, wobei es wiederholt zu einzelnen Reitergefechten kam. Als aber nach täglicher Gewohnheit wieder
einmal zwei Legionen des Fabius zum Schutz der Futterholer ausgerückt waren und die Brücke mitsamt dem Gepäck
und der ganzen Reiterei überquert hatten, wurde plötzlich
die Brücke durch die Gewalt des Windes und das Hochwasser auseinandergerissen und die restliche Menge der Reiter
abgeschnitten. Als Petreius und Afranius dies aus den
Brückenresten erkannten, die von dem Fluß weggetragen
wurden, warf Afranius schnell über seine Brücke, die Stadt
und Lager miteinander verband, vier Legionen und seine
ganze Reiterei und rückte gegen die zwei Legionen des Fabius vor. Auf die Nachricht von dessen Heranrücken besetzte Lucius Plancus, der die Legionen befehligte, notgedrungen eine Anhöhe und stellte sein Heer nach beiden Seiten in doppelter Front auf, um nicht von der gegnerischen
Reiterei eingeschlossen zu werden. Trotz der ungleichen
Zahl hielt er so den heftigen Angriffen der Legionen und der
Reiterei stand. Während sich die Reiterei das Gefecht lieferte, wurden von beiden Gegnern in der Ferne die Feldzeichen zweier Legionen erblickt, die Fabius über die entfern-
tere Brücke den Unsrigen zu Hilfe geschickt hatte in der sicheren Voraussicht dessen, was eintrat: daß die Führer der
Feinde die günstige Gelegenheit wahrnehmen würden, um
unsere Truppen zu überwältigen. Bei deren Ankunft wurde
das Gefecht unterbrochen, und jeder führte seine Legionen
in sein Lager zurück.

41. Nach zwei Tagen erschien Caesar mit 900 Reitern, die
er zur Bedeckung bei sich gehalten hatte, im Lager. Die
Brücke, die durch das Unwetter eingestürzt war, hatte man
fast wiederhergestellt. Er ließ sie noch in der Nacht vollends aufrichten. Nachdem er sich über die Lage des Ortes
eine genaue Vorstellung gemacht hatte, ließ er sechs Kohorten zum Schutz des Lagers und der Brücke zurück und
brach am darauffolgenden Tag mit seinem gesamten Troß

und allen seinen Truppen in dreifacher Schlachtreihe nach
Ilerda auf. Er ließ unmittelbar unterhalb des Lagers von
Afranius haltmachen, verharrte dort eine Weile unter den
Waffen und bot so auf ebenem Gelände die Schlacht an.
Nachdem er die Gelegenheit dazu geschaffen hatte, rückte
Afranius mit seinen Truppen aus und stellte sie auf halber
Höhe unter dem Lager auf. Sobald Caesar erkannte, daß es
ganz bei Afranius lag, ob gekämpft werden solle oder nicht,
beschloß er, etwa 400 Schritte vom Fuße des Berges entfernt ein Lager aufzuschlagen. Damit jedoch die Soldaten
nicht während der Schanzarbeiten durch einen plötzlichen
Angriff der Feinde erschreckt und durch die Arbeit selbst
behindert würden, verbot er den Bau eines Walles, da dieser wegen seiner Höhe notwendigerweise aus der Ferne gesehen werden mußte. Er befahl vielmehr, daß auf der
Frontseite gegen den Feind ein 15 Fuß breiter Graben gezogen werde. Die erste und zweite Kampflinie blieben dabei
unter Waffen, so wie sie bereits zu Beginn aufgestellt waren; hinter diesen verborgen wurde die Arbeit von der dritten Schlachtreihe ausgeführt. So wurde die Arbeit beendet,
noch bevor Afranius die Anlage eines Lagers bemerkte. Gegen Abend führte Caesar seine Legionen hinter diesen Graben und ließ sie dort die Nacht über unter Waffen ausruhen.

42. Am folgenden Tag hielt er das ganze Heer hinter dem
Graben zusammen und ließ, weil das Dammaterial von
weiter hergeführt werden mußte, für den Augenblick die
Arbeiten auf ähnliche Weise fortsetzen. Er verteilte auf jeder Seite des Lagers eine Legion zu deren Sicherung und
befahl, Gräben von gleicher Größe auszuheben. Die übrigen Legionen hielt er gegen den Feind in Bereitschaft. Afranius und Petreius führten, um die Unsrigen zu erschrecken
und bei den Arbeiten zu behindern, ihre Truppen bis an den
Fuß des Berges heran und forderten zum Kampf heraus.
Doch Caesar ließ deswegen die Arbeiten nicht unterbrechen und vertraute auf den Schutz der drei Legionen[63] und

die Anlage des Grabens. Jene verweilten nicht länger in ihrer Stellung, rückten auch nicht weiter vom Fuß des Hügels aus vor, sondern führten die Truppen statt dessen wieder in ihr Lager zurück. Am dritten Tag schließlich sicherte Caesar das Lager mit einem Wall und befahl, daß die übrigen Kohorten, die er im früheren Lager zurückgelassen hatte, mitsamt ihrem Gepäck zu ihm geführt würden.

43. Zwischen der Stadt Ilerda und dem nächsten Hügel, wo Petreius und Afranius ihr Lager aufgeschlagen hatten, befand sich eine Ebene mit einer Ausdehnung von ungefähr 300 Schritten, in deren Mitte fast eine etwas höhere Erhebung war. Caesar hoffte zuversichtlich, daß, wenn er diese besetzt und befestigt hätte, er seine Feinde sowohl von der Stadt als auch von der Brücke und dem gesamten Nachschub, den sie in die Stadt gebracht hatten, abschneiden könnte. In dieser Hoffnung führte er drei Legionen aus dem Lager heraus, stellte sie an geeigneter Stelle in Schlachtordnung auf und befahl den Antesignanen[64] einer Legion, gegen die Anhöhe vorzurücken und sie zu besetzen. Sobald man diese Absicht bemerkte, wurden rasch die Kohorten des Afranius, die vor dem Lager in Stellung standen, auf einem kürzeren Weg ebenfalls dorthin geschickt, um den Ort zu besetzen. Es entwickelte sich ein Gefecht, und weil die afranischen Soldaten früher bei der Anhöhe waren, wurden unsere Leute zurückgeschlagen und mußten, als schließlich noch andere Hilfstruppen herbeigeschickt wurden, fliehen und sich zu den Feldzeichen der Legionen zurückziehen.

44. Die Kampfweise jener Soldaten bestand darin, daß sie zunächst in einem großen Angriff vorstürmten, kühn den Platz einnahmen, allerdings nicht besonders auf ihre Schlachtordnung achteten, nur vereinzelt und verstreut kämpften, wenn sie aber bedrängt wurden, es nicht als Schande ansahen, sich zurückzuziehen und die Stellung zu räumen. Diese Kampfweise hatten sie sich in den andauernden Kriegen mit den Lusitaniern und den übrigen Barba-

316

ren angewöhnt, wie es fast immer geschieht, daß der Soldat in jenen Gegenden, in denen er sich festsetzt, auch von deren Gewohnheiten beeinflußt wird. Doch Caesars Leute brachte diese Art zu kämpfen, an die sie nicht gewöhnt waren, in Verwirrung. Sie glaubten nämlich, daß sie auf ihrer offenen Flanke von den einzeln Vorstürmenden umgangen würden; sie selbst aber hatten gemeint, ihre Schlachtordnung einhalten, sich nicht von ihren Feldzeichen entfernen und ohne triftigen Grund die eingenommene Stellung verlassen zu dürfen. Als deshalb die Vorkämpfer in Verwirrung gebracht waren, konnte die Legion, die auf diesem Flügel postiert war, ihre Stellung nicht halten und zog sich auf die nächste Anhöhe zurück.

45. Als gegen alle Erwartung und Gewohnheit fast die ganze Schlachtreihe in Schrecken versetzt war, feuerte Caesar seine Leute an und führte die 9. Legion zur Verstärkung heran; er hielt den Feind, der übermütig und heftig unseren Leuten nachsetzte, auf und zwang umgekehrt nun ihn, zu fliehen, sich nach der Stadt Ilerda zurückzuziehen und erst unter den Stadtmauern haltzumachen. Die Soldaten der 9. Legion aber stürmten in ihrem Eifer, die erlittene Schmach wiedergutzumachen, so blindlings vor, daß sie bei der Verfolgung der Fliehenden zu weit auf ein ungünstiges Gelände und bis an den Fuß des Berges gerieten, auf dem die Stadt Ilerda lag. Als sie sich wieder zurückziehen wollten, bedrängten ihrerseits die Feinde von der Anhöhe herab unsere Soldaten. Das Gelände war auf beiden Seiten abschüssig und gerade so breit, daß drei Kohorten in Schlachtordnung es ausfüllten, so daß weder Hilfstruppen von den Seiten herbeigeführt noch Reiter den Bedrängten Hilfe bringen konnten. Von der Stadt her aber neigte sich das Gelände in einer flachen Abdachung ungefähr 400 Schritte weit. Dies war für unsere Leute der Weg, auf dem sie sich zurückziehen konnten, nachdem sie sich in ihrem Übereifer zu weit vorgewagt hatten. An diesem Ort wurde gekämpft, der allerdings recht ungünstig lag, nicht nur we-

gen seiner Beengtheit, sondern auch weil sie direkt am Fuß des Berges standen, wo kein Geschoß sie verfehlte. Dennoch kämpften sie mit Tapferkeit und Ausdauer und hielten alle Verwundungen aus. Jene aber verstärkten ihre Truppen und führten immer wieder neue Kohorten aus dem Lager durch die Stadt heran, so daß frische Soldaten die erschöpften ablösten. Dies zwang Caesar, dasselbe zu tun, indem er, um die Müden abzulösen, andere Kohorten auf den Kampfplatz schickte.

46. Als auf diese Weise fünf Stunden lang ununterbrochen gekämpft worden war und die Unsrigen von der feindlichen Menge immer härter bedrängt wurden und nachdem alle Geschosse aufgebraucht waren, unternahmen sie mit dem blanken Schwert in der Hand einen Angriff in Richtung des Berges auf die Kohorten, warfen einige herab und zwangen die übrigen zur Flucht. Nun, da die Kohorten bis unter die Stadtmauer zurückgedrängt waren und ein nicht geringer Teil sich aus Furcht in die Stadt geworfen hatte, bot sich unseren Leuten ein leichter Rückzug an. Unsere Reiterei aber erstieg, obwohl sie auf abschüssigem und tiefer gelegenem Gelände in Stellung gegangen war, dennoch mit größter Tapferkeit den Berg und verschaffte, zwischen den beiden Schlachtreihen hindurchreitend, den Unsrigen einen noch bequemeren und sichereren Rückzug. So wurde in wechselndem Kampf gefochten. Die Unsrigen verloren beim ersten Zusammenprall etwa 70 Mann, darunter Quintus Fulginius, Centurio des 1. Hastatenmanipels[65] der 14. Legion, der wegen seiner ausgezeichneten Tapferkeit aus den niederen Rängen in diese Stellung gelangt war; mehr als 600 Mann wurden verwundet. Aus den Reihen des Afranius wurden Titus Caecilius, der rangälteste Centurio, und außerdem noch 4 Kohorten sowie mehr als 200 Soldaten getötet.

47. Doch das Urteil über diesen Tag ging dahin, daß beide Seiten meinten, als Sieger hervorgegangen zu sein: die Afranier, weil sie, obwohl sie nach dem Urteil aller unter-

legen schienen, im Nahkampf so lange standgehalten, dem
Angriff der Unsrigen getrotzt und anfangs die Stellung und
die Anhöhe behauptet hätten, was ja der eigentliche Grund
für den Kampf war, und daraufhin unsere Truppen beim ersten Zusammenstoß sogar zur Flucht gezwungen hätten;
unsere Truppen aber, weil sie trotz des ungünstigeren Terrains und der geringeren Zahl fünf Stunden lang den Kampf
ausgehalten, den Berg mit gezückten Schwertern erstiegen
und von dort die Feinde in die Flucht geschlagen und in die
Stadt zurückgetrieben hätten. Die Feinde aber befestigten
die Anhöhe, auf der man gekämpft hatte, mit großen Bollwerken und verlegten eine Besatzung dorthin.
48. Damit nicht genug, brach während dieser beiden Tage,
an denen dies geschah, ein plötzliches Unglück über die
Caesarianer herein. Es erhob sich nämlich ein solches Unwetter, daß man sich in jenen Gegenden nicht erinnerte, jemals ein größeres Hochwasser erlebt zu haben. Damals
aber brachte es auch noch auf allen Bergen den Schnee zum
Schmelzen, der Fluß trat über seine Ufer und riß an einem
Tag die beiden Brücken, die Gaius Fabius hatte erbauen lassen, hinweg. Dadurch wurde Caesars Heer in eine sehr
schwierige Lage gebracht. Denn da sein Lager, wie oben erwähnt, zwischen den beiden Flüssen Sicoris und Cinga[66]
lag, die dreißig Meilen voneinander entfernt waren, und er
keinen von ihnen überschreiten konnte, mußte er sich notwendigerweise auf diesen engen Raum beschränken. Weder
konnten ihm die Gemeinden, die zu Caesar hielten, Getreide bringen, noch konnten diejenigen, die zum Futterholen sich weiter entfernt hatten und nun durch die Flüsse
abgeschnitten waren, zurückkehren, noch auch konnten
die großen Nachschubkolonnen, die von Italien und Gallien aus erwartet wurden, in das Lager gelangen. Dies geschah aber auch in der schlimmsten Jahreszeit, als es schon
kein Getreide mehr in den Winterschobern gab und es auch
auf den Feldern noch nicht reifte, die Gemeinden aber völlig ausgeplündert waren, weil Afranius alles Getreide vor

der Ankunft Caesars nach Ilerda geschafft hatte; und was davon etwa übriggeblieben war, hatten Caesars Leute an den vorhergehenden Tagen aufgebraucht. Die Herden, die in zweiter Linie dem Mangel hätten abhelfen können, hatten die benachbarten Gemeinden wegen des Krieges weiter fortgetrieben. Diejenigen, die ausgerückt waren, um Futter und Getreide zu holen, wurden immer wieder von den leichtbewaffneten Lusitaniern und von den landeskundigen, leichtbewaffneten Truppen aus dem diesseitigen Spanien verfolgt; für diese nämlich war es ein leichtes, über die Flüsse zu schwimmen, weil bei ihnen allen die Gewohnheit besteht, nicht ohne Schläuche ins Feld zu ziehen.

49. Das Heer des Afranius hatte dagegen an allen Dingen Überfluß. Man hatte vorher schon für viel Getreide gesorgt und es herbeigeschafft; vieles wurde auch noch aus der ganzen Provinz herangebracht; Futter war in reicher Menge vorhanden. Die Möglichkeit, zu all diesen Dingen zu gelangen, gewährten ganz ohne jede Gefahr die Brücke bei Ilerda und die unberührten Gegenden jenseits des Flusses, in die Caesar überhaupt noch nicht gelangt war.

50. Dieses Hochwasser hielt einige Tage an. Zwar versuchte Caesar, die Brücken wieder aufzurichten; doch weder erlaubte dies der angeschwollene Fluß, noch duldeten es die feindlichen Kohorten, die am Ufer aufgestellt waren. Dies zu verhindern war leicht, einmal durch die natürliche Beschaffenheit des Flusses selbst und das Hochwasser, das er führte, zum anderen weil die Geschosse vom ganzen Ufer aus auf einen eng begrenzten Raum zielen konnten; und es war schwierig, zu gleicher Zeit in dem reißenden Fluß die Arbeiten zu vollenden und den Geschossen auszuweichen.

51. Afranius erhielt nun Nachricht, daß große, für Caesar bestimmte Nachschubzüge am Fluß angelangt seien. Es waren dort Bogenschützen von den Rutenern[67] und Reiter aus Gallien angekommen mit vielen Wagen und großem Gepäck, wie das in Gallien so üblich ist. Außerdem befan-

den sich dort noch 6 000 Menschen verschiedenster Herkunft mit Sklaven und Kindern; doch gab es keinerlei Ordnung, keinen bestimmten Befehl, da jeder tat, was ihm beliebte, und alle ohne Furcht ihres Weges zogen, entsprechend ihrem früheren Brauch und der auf Reisen üblichen Ungebundenheit. Es waren dabei mehrere angesehene junge Männer, Söhne von Senatoren und Rittern, Gesandtschaften von Gemeinden und Caesars eigene Gesandte. Sie alle wurden durch die Flüsse zurückgehalten. Um sie zu überfallen, brach Afranius noch in der Nacht mit seiner ganzen Reiterei und drei Legionen auf und griff die Ahnungslosen mit seinen vorausgeschickten Reitern an. Schnell machten sich jedoch die gallischen Reiter bereit und stellen sich zum Gefecht. Solange Reiter gegen Reiter stand, konnten diese wenigen noch der großen Zahl von Feinden standhalten. Sobald aber die Feldzeichen der Legionen anzurücken begannen, zogen sie sich mit geringen Verlusten in die nahegelegenen Berge zurück. Diese Zeitspanne des Kampfes war für die Rettung unserer Leute von großer Bedeutung: Während dieser zufällig erlangten Frist gelang es ihnen, sich in höhergelegene Orte zurückzuziehen. Man vermißte an diesem Tag etwa 200 Bogenschützen, einige wenige Reiter und eine nur geringe Zahl von Troßknechten und Lasttiere.

52. Dies alles konnte jedoch nur dazu beitragen, daß der Getreidepreis stieg. Eine solche Teuerung pflegt für gewöhnlich nicht nur in Zeiten des Mangels, sondern auch aus Angst vor der Zukunft einzutreten. Schon hatte der Getreidepreis die Höhe von 40 Denaren für einen Scheffel erreicht[68], die Kräfte der Soldaten waren durch den Mangel an Getreide geschwächt und die Beschwerlichkeiten nahmen von Tag zu Tag mehr zu. Innerhalb weniger Tage hatten sich die Verhältnisse grundlegend verändert, und das Glück hatte sich gewendet: Während unsere Leute durch den großen Mangel an den allernotwendigsten Dingen schwer zu leiden hatten, schwammen die Feinde im Über-

fluß und galten nun als die Überlegenen. Caesar verlangte von jenen Gemeinden, die ihm in Freundschaft zugetan waren, Vieh, weil das Getreide bereits zur Neige ging; die Troßknechte schickte er zu den entfernter gelegenen Gemeinden, während er selbst auf jede nur mögliche Weise dem gegenwärtigen Mangel zu wehren versuchte.

53. Diese Dinge berichteten Afranius, Petreius und ihre Freunde auf reichlich übertriebene Weise ihren Leuten in Rom. Vieles dichteten noch die Gerüchte hinzu, so daß der Eindruck entstand, der Krieg sei fast beendet. Als diese Briefe und Nachrichten in Rom bekannt wurden, eilten große Scharen zum Haus des Afranius, um sich gegenseitig zu beglückwünschen; viele reisten aus Italien zu Pompeius, die einen, um ihm als erste diese gute Nachricht zu überbringen, die anderen, um nicht den Anschein zu erwecken, als hätten sie nur den Ausgang des Krieges abwarten wollen oder seien vielleicht als letzte gekommen.

54. In dieser bedrängten Lage, da alle Wege von den Soldaten und Reitern des Afranius besetzt waren und man die Brücken nicht vollenden konnte, gab Caesar seinen Soldaten den Befehl, Schiffe zu bauen von der Art, wie es ihn seine früheren Erfahrungen in Britannien gelehrt hatten. Zuerst wurden die Kiele und Spanten aus leichtem Holz hergestellt, danach die Schiffskörper aus Weidenruten geflochten und mit Häuten überzogen. Nach ihrer Fertigstellung ließ er sie auf zusammengebundenen Karren bei Nacht 22 Meilen weit vom Lager entfernt wegbringen, setzte auf diesen Schiffen seine Soldaten über den Fluß und bemächtigte sich völlig überraschend einer Anhöhe, die dicht ans Ufer grenzte. Diese ließ er rasch, bevor es noch die Feinde bemerkten, befestigen. Danach brachte er eine Legion dorthin und errichtete innerhalb von zwei Tagen von beiden Seiten her eine Brücke. So konnte er den Nachschub und all jene, die auf Getreidesuche ausgegangen waren, wieder unbeschadet zu sich zurückbringen und beginnen, die Lebensmittelversorgung zu ordnen.

55. Am gleichen Tag führte er einen großen Teil der Reiterei über den Fluß. Diese griffen völlig unvermutet die Futtersammler an, die sich gänzlich arglos verstreut hatten, und machten große Beute an Tieren und Menschen. Als aber die leichten spanischen Kohorten zu Hilfe geschickt wurden, teilten sie sich geschickt in zwei Abteilungen, die eine, um die Beute zu sichern, die andere aber, um den Anrückenden Widerstand zu leisten und sie in die Flucht zu schlagen. Eine dieser Kohorten, die blindlings vor den anderen aus der Schlachtordnung vorgestürmt war, schnitten sie von den übrigen ab, umzingelten sie und machten sie nieder. Danach kehrten sie ohne Verluste und mit großer Beute über dieselbe Brücke wieder in das Lager zurück.

56. Während dieser Ereignisse bei Ilerda rüsteten die Massilier auf den Rat des Domitius 17 Kriegsschiffe aus, von denen 11 ein Verdeck[69] hatten. Dazu fügten sie noch viele kleine Schiffe, um schon durch ihren zahlreichen Anblick unsere Flotte in Schrecken zu versetzen. An Bord brachten sie eine große Anzahl von Bogenschützen und Albikern, von denen weiter oben bereits die Rede war,[70] und spornten sie durch Belohnungen und Versprechungen an. Eine gewisse Anzahl von Schiffen verlangte Domitius für sich und bemannte sie mit Kolonisten und Hirten, die er mit sich geführt hatte. Mit dieser in jeder Hinsicht bestens ausgerüsteten Flotte rückten sie voller Zuversicht gegen unsere Schiffe an, die unter dem Kommando von Decimus Brutus standen. Diese hatten vor einer Insel, die Massilia gegenüberlag, Stellung bezogen.

57. Brutus war an Schiffen zahlenmäßig weit unterlegen. Caesar aber hatte aus allen Legionen die tapfersten Männer, Antesignaten und Centurionen ausgewählt und sie, ihrem eigenen Wunsch entsprechend, der Flotte zugeteilt. Sie hatten eiserne, an Ketten befestigte Haken und Enterwerkzeug vorbereitet und sich mit einer großen Menge von Pfeilen, Wurfspießen und anderen Geschossen versehen. Sowie sie die Feinde heranrücken sahen, liefen sie mit ih-

ren Schiffen aus dem Hafen und gerieten mit den Massiliern in Kampf. Auf beiden Seiten wurde äußerst tapfer und heftig gekämpft; die Albiker, diese rauhen, waffenerprobten Bergbewohner, standen unseren Soldaten nicht viel an Tapferkeit nach, wobei hinzukam, daß diese Männer, die gerade erst Massilia verlassen hatten, noch ganz unter dem Eindruck der jüngsten Versprechungen standen; die Hirten des Domitius wiederum bemühten sich, von ihrer Hoffnung auf Freilassung befeuert, vor den Augen ihres Herrn ihre Tapferkeit zu beweisen.

58. Die Massilier ihrerseits, auf die Schnelligkeit ihrer Schiffe und auf die Erfahrung ihrer Schiffsführer vertrauend, trieben mit unseren Schiffen nur ihr Spiel und wichen stets unseren Angriffen aus. Wo der weitere Raum es gestattete, dehnten sie ihre Kampflinie in die Länge, versuchten die Unsrigen zu umzingeln, mit mehreren Schiffen jeweils einzelne anzugreifen oder im Vorbeifahren womöglich deren Ruder zu zerbrechen. Sobald man aber einander notgedrungen näher gekommen war, nahmen sie von der Geschicklichkeit und Erfahrung der Steuerleute weg ihre Zuflucht zu der bewährten Tapferkeit der Bergbewohner. Unsere Schiffe verfügten über keine so geübten Ruderer und keine so geschickten Steuermänner, da man sie in aller Eile von den Lastschiffen übernommen hatte und sie nicht einmal die Begriffe für die Schiffsausrüstung kannten; außerdem waren unsere Schiffe durch ihre Langsamkeit und Schwerfälligkeit behindert, da sie nämlich völlig überhastet aus noch frischem Holz gebaut waren und deshalb nicht dieselbe Schnelligkeit entwickeln konnten. Wenn sich daher nur immer die Gelegenheit zum Nahkampf bot, stellten sie sich ganz kühl und gelassen mit je einem Schiff zwei feindlichen Schiffen entgegen, warfen die Enterhaken hinüber, hielten beide Schiffe fest, kämpften nach beiden Seiten und drangen auf die gegnerischen Schiffe vor. So wurden viele Albiker und Hirten niedergehauen und ein Teil der Schiffe versenkt; einige wurden mitsamt der Besat-

zung mitgenommen, die übrigen aber in den Hafen zurückgetrieben. Den Massiliern gingen an diesem Tag neun Schiffe verloren, einschließlich der gekaperten.

59. Sobald Caesar diese Nachricht bei Ilerda gemeldet wurde, wandte sich zugleich mit der Fertigstellung der Brücke auch rasch das Glück. Die Feinde, die durch die Tapferkeit unserer Reiterei verschreckt waren, streiften nun weniger frei und dreist im Land umher. Bald sammelten sie ihr Futter im engeren Umkreis, da sie sich nicht allzu weit vom Lager vorwagten, um eine rasche Rückzugsmöglichkeit zu haben; bald versuchten sie auf größeren Umwegen die Wachen und Vorposten der Reiterei zu umgehen. Aber sowie sie einmal irgendeine Schlappe erlitten hatten oder von weitem die Reiterei erblickten, warfen sie mitten auf dem Weg ihre Bündel weg und flüchteten. Schließlich hatten sie beschlossen, mehrere Tage auszusetzen und entgegen ihrer Gewohnheit bei Nacht auf Futtersuche auszugehen.

60. Inzwischen schickten die Bewohner von Osca und Calagurris[71] — letztere waren den Oscern tributpflichtig — Gesandte an Caesar und versprachen, daß sie sich seinem Befehl unterwerfen wollten. Diesen folgten die Tarraconer[72], Iacetaner und Ausetaner sowie einige Tage später die Illurgavonen[73], die am Hiberus[74] wohnen. Von ihnen verlangte Caesar, daß sie ihm mit Getreide aushelfen sollten. Sie versprachen es und schafften das Getreide durch Lasttiere in das Lager. Auf die Nachricht von dem Beschluß der Gemeinde ging auch eine Kohorte der Illurgavonen zu ihm über und überbrachte ihm die Feldzeichen aus ihrer Stellung. Rasch zeichnete sich eine große Veränderung der Lage ab: Die Brücke war wieder hergestellt, fünf große Gemeinden hatte er für sich gewonnen, die Lebensmittelversorgung war geordnet, die Gerüchte über eine Hilfe durch Legionen, die angeblich mit Pompeius durch Mauretanien heranzögen, waren verstummt, und zu guter Letzt fielen auch noch viele weiter entfernte Gemeinden von Afranius ab und schlossen sich Caesar an.

61. Während hierdurch die Feinde aufs schwerste beunruhigt waren, machte sich Caesar, um seine Reiterei nicht immer auf einem großen Umweg über die Brücke zu schicken, daran, an einem geeigneten Ort mehrere 30 Fuß breite Gräben ausheben zu lassen, in denen ein Teil des Flusses Sicoris[75] abgeleitet und eine Furt geschaffen werden sollte. Als diese fast ausgehoben waren, gerieten Afranius und Petreius in große Furcht, daß sie von jeglichem Getreide und Futter abgeschnitten werden könnten, da sich Caesar mit seiner Reiterei durchaus Geltung zu schaffen wußte. Deshalb beschlossen sie diese Gegenden zu verlassen und den Kriegsschauplatz nach Celtiberien[76] zu verlagern. Dieser Entschluß wurde durch die Tatsache begünstigt, daß von den beiden Stämmen, die sich in dem früheren Krieg mit Sertorius[77] feindlich gegenübergestanden hatten, die damals Besiegten den Namen und die Herrschaft des Pompeius selbst in dessen Abwesenheit fürchteten, diejenigen aber, die in Freundschaft mit ihm verblieben waren und große Wohltaten von ihm erhielten, Pompeius liebten, während Caesars Name bei den Barbaren wenig bekannt war. Hier hofften sie auf viel Reiterei und große Verstärkungen und dachten daran, in günstiger Stellung den Krieg bis in den Winter hinziehen zu können. Auf diesen Beschluß hin ließen sie vom ganzen Hiberus Schiffe zusammensuchen und nach Otogesa[78] führen, einer Stadt, die etwa 20 Meilen vom Lager entfernt am Fluß lag. Dort ließen sie eine Schiffsbrücke bauen, führten zwei Legionen über den Sicoris und befestigten das Lager mit einem 12 Fuß hohen Wall.

62. Als Caesar davon durch Kundschafter erfuhr, hatte er es unter größter Kraftanstrengung der Soldaten in Tag- und Nachtarbeit geschafft, den Fluß umzuleiten, so daß die Reiter es, wenn auch unter Schwierigkeiten und Mühen, wagen konnten, den Fluß zu durchqueren; die Fußsoldaten aber ragten lediglich mit den Schultern und der Brust aus dem Wasser heraus und wurden durch die Tiefe des Was-

sers und durch die heftige Strömung des Flusses am Übergang gehindert. Aber dennoch kam fast zur selben Zeit die Nachricht von der Fertigstellung der Brücke über den Hiberus und der Entdeckung einer Furt durch den Sicoris.

63. Desto mehr glaubten nun die Feinde, ihren Marsch beschleunigen zu müssen. Sie ließen deshalb zwei Hilfskohorten zum Schutz Ilerdas zurück, überquerten mit all ihren Truppen den Sicoris und vereinigten sich mit den beiden Legionen, die an den vorgegangenen Tagen den Fluß überschritten hatten, in deren Lager. Caesar blieb nichts anderes übrig, als mit seiner Reiterei die feindliche Kolonne zu beunruhigen und zu stören. Seine eigene Brücke nämlich machte einen großen Umweg nötig, so daß jene auf einem weit kürzeren Weg den Hiberus erreichen konnten. Die von Caesar ausgeschickten Reiter durchquerten den Fluß, zeigten sich, als Petreius und Afranius um die dritte Nachtwache aus dem Lager aufgebrochen waren, plötzlich bei der Nachhut und begannen, in großer Menge ausschwärmend, sie aufzuhalten und ihren Marsch zu verhindern.

64. Bei Tagesanbruch konnte man von den Anhöhen herab, die durch Caesars Lager miteinander verbunden waren, sehen, wie durch den Kampf unserer Reiterei die feindliche Nachhut heftig bedrängt wurde, die hinterste Abteilung bisweilen einhalten mußte und dabei durchbrochen wurde, wie ein andermal ein gegnerischer Angriff erfolgte und unsere Reiter durch die feindlichen Kohorten zurückgeschlagen wurden, worauf sie wieder die Verfolgung aufnahmen, wenn der Feind kehrtgemacht hatte. In Caesars Lager aber standen überall die Soldaten zusammen und bedauerten, daß man den Feind aus den Händen entweichen lasse und der Krieg unnötigerweise in die Länge gezogen werde. Sie wandten sich an die Centurionen und Tribunen mit der dringenden Bitte, Caesar ausrichten zu lassen, er solle sie nicht vor Mühe und Gefahr verschonen; sie seien bereit und trauten es sich zu, den Fluß an derselben Stelle zu

durchqueren, wo ihn auch die Reiterei durchritten habe. Obwohl er davor zurückscheute, sein Heer einem so mächtigen Strom auszusetzen, ließ er sich dennoch von dem Kampfeseifer und den Worten seiner Soldaten mitreißen und glaubte, das Unternehmen wagen zu müssen. Er ließ daher aus allen Centurien die schwächeren Leute, deren Mut und Kräfte nicht ausreichend erschien, ausscheiden. Diese ließ er mit einer weiteren Legion zum Schutz des Lagers zurück. Die übrigen Legionen dagegen führte er ohne Gepäck aus dem Lager und über den Fluß, in welchem man oben und unten eine große Zahl von Lasttieren aufgestellt hatte. Nur wenigen Soldaten wurde von der Gewalt der Strömung die Waffen entrissen, sie selbst wurden von der Reiterei aufgefangen und herausgezogen; niemand kam jedoch dabei ums Leben. Nachdem das Heer unbeschadet hinübergeführt war, ordnete Caesar die Truppen und setzte sich in dreifacher Schlachtordnung in Marsch. So groß war der Eifer seiner Soldaten, daß sie den um die dritte Nachtwache ausgerückten Feind noch vor der neunten Stunde des Tages eingeholt hatten, obwohl zu dem Marsch noch ein sechs Meilen weiter Umweg bis zu der Furt hinzukam und durch den Fluß eine große Verzögerung eingetreten war.

65. Als Afranius zusammen mit Petreius die in der Ferne aufgetauchten Truppen erblickte, ließ er, durch die neue Situation völlig verschreckt, auf einer Höhe haltmachen und stellte eine Schlachtordnung auf. Caesar vergönnte seinem Heer in der Ebene eine Ruhepause, um es nicht in erschöpftem Zustand einem Kampf auszusetzen. Als daraufhin die Feinde wieder vorzurücken wagten, verfolgte er sie und hielt sie auf, so daß jene notgedrungen früher, als sie sich vorgenommen hatten, ein Lager aufschlagen mußten. Ganz in ihrer Nähe lagen nämlich Berge und fünf Meilen weiter erwarteten sie schwierige und enge Wege. In diese Berge versuchten sie zu gelangen, um den Reitern Caesars zu entkommen und den Marsch seines Heeres durch Auf-

stellung von Posten an den Engpässen aufzuhalten, selbst aber ohne Gefahr und Furcht ihre Truppen über den Hiberus zu führen. Dies mußten sie ganz entschieden wagen und auf jede nur denkbare Weise ausführen. Doch erschöpft von dem vielstündigen Kampf und von der Anstrengung des Marsches, verschoben sie dieses Vorhaben auf den folgenden Tag. Auch Caesar schlug auf einem benachbarten Hügel ein Lager auf.

66. Etwa um Mitternacht erfuhr Caesar durch Leute, die von seiner Reiterei ergriffen wurden, als sie sich, um Wasser zu holen, zu weit vom Lager entfernt hatten, daß die Anführer der Feinde ihre Truppen in aller Stille aus dem Lager führten. Auf diese Nachricht hin ließ er sofort das Zeichen geben und militärischem Brauch gemäß das Heer sich marschfertig machen. Als jene die Signale hörten, fürchteten sie, sie würden bei Nacht, behindert durch das Gepäck, kämpfen müssen oder aber von Caesars Reiterei in den Engpässen festgehalten werden; sie ließen daher von dem Abmarsch ab und hielten ihre Truppen im Lager. Am darauffolgenden Tag machte sich Petreius mit einigen wenigen Reitern auf, um heimlich die Gegend zu erkunden. Dasselbe geschah auch von Caesars Lager aus. Man schickte dazu Lucius Decimus Saxa mit einigen Leuten, um die Beschaffenheit des Ortes zu untersuchen. Beide Seiten brachten ihren Heeren dieselbe Nachricht: Auf den nächsten fünf Meilen zöge sich der Weg über die Ebene hin, danach erwarte sie ein rauhes und gebirgiges Gelände; wer als erster diese Engpässe besetze, der könne von dort ohne Mühe die Feinde aufhalten.

67. Petreius und Afranius verhandelten in einem Kriegsrat über den Zeitpunkt, wann man aufbrechen solle. Die meisten meinten, man solle sich bei Nacht auf den Weg machen; so könne man bei den Engpässen ankommen, bevor der Feind es merke. Andere führten die Tatsache, daß in der Nacht zuvor in Caesars Lager zur Marschbereitschaft geblasen worden sei, als Beweis dafür an, daß man diesen Ort

nicht heimlich verlassen könne; Caesars Reiterei werde die
Nacht über umherstreifen und jeden Ort und Weg besetzt
halten; außerdem müsse man unbedingt einen Nacht-
kampf vermeiden, da ein verschreckter Soldat sich in einem Bürgerkrieg für gewöhnlich eher von seiner Furcht als
von seinem Eid leiten lasse. Bei Tageslicht bewirke viel bereits das Schamgefühl, wenn aller Augen auf einen gerichtet seien, aber auch sehr viel die Anwesenheit der Militärtribunen und Centurionen; gerade dadurch seien die Soldaten für gewöhnlich in strenger Zucht und Gehorsam zu halten. Deshalb müsse man unter allen Umständen bei Tage
durchbrechen. Müsse man dabei auch einigen Verlust in
Kauf nehmen, so könne doch der Hauptteil des Heeres unversehrt sein Ziel erreichen. Diese Ansicht siegte im
Kriegsrat, und man beschloß, beim ersten Licht des folgenden Tages aufzubrechen.
68. Nachdem Caesar die Gegend erkundet hatte, führte er
im Morgengrauen alle Truppen aus dem Lager und machte
mit dem Heer einen großen Umweg, ohne sich an eine bestimmte Straße zu halten. Denn die zum Hiberus und nach
Octogesa führenden Straßen wurden durch die vorgelagerten Lager der Feinde beherrscht. Er selbst mußte die tief-
sten und unzugänglichsten Täler durchqueren, schroffe
Felsen versperrten ihm an vielen Stellen den Weg, so daß
man sich notgedrungen die Waffen von Hand zu Hand wei-
terreichen mußte, und die Soldaten infolgedessen unbewaffnet und nur durch gegenseitige Unterstützung einen
großen Teil des Weges zurücklegen konnten. Aber niemand entzog sich dieser Anstrengung, weil jeder glaubte,
daß das Ende aller Mühen erreicht sei, wenn es ihnen erst
einmal gelänge, den Feind vom Hiberus abzuschneiden und
ihn an seiner Versorgung zu hindern.
69. Anfangs liefen die Soldaten des Afranius neugierig und
voller Schadenfreude aus dem Lager und verfolgten unsere
Leute mit höhnischen Bemerkungen: Aus Mangel an not-
wendiger Nahrung müßten sie also fliehen und nach Ilerda

zurückkehren. Unser Weg unterschied sich nämlich von dem ursprünglich beabsichtigten und schien in die entgegengesetzte Richtung zu führen. Ihre Anführer aber lobten sich gegenseitig überschwenglich, daß sie sich im Lager gehalten hätten. Und in der Tat schien vieles für diese Ansicht zu sprechen, weil sie sahen, daß Caesar ohne Lasttiere und Gepäck zu diesem Marsch aufgebrochen war, und sie deshalb darauf vertrauten, er werde diesen Mangel nicht lange durchhalten können. Sowie sie aber bemerkten, daß der Zug allmählich nach rechts abschwenkte, und sie sahen, daß die Vorhut bereits das eigentliche Lager hinter sich hatte, gab es keinen, der so träge und faul gewesen wäre, daß er nicht glaubte, man müsse sofort das Lager verlassen und angreifen. Man rief zu den Waffen, alle Truppen bis auf wenige Kohorten, die man zum Schutz des Lagers zurückgelassen hatte, rückten aus und marschierten geradewegs auf den Hiberus zu.

70. Jetzt mußte die Schnelligkeit entscheiden, wer von beiden zuerst von den Engpässen und Bergen Besitz ergreifen würde. Caesars Heer wurde durch die Beschwerlichkeit der Wege behindert, während die Truppen des Afranius von Caesars Reiterei verfolgt und aufgehalten wurden. Indessen hatten die Soldaten des Afranius die Lage notgedrungen dahin kommen lassen, daß sie zwar selbst der Gefahr entgehen konnten, wenn sie die angestrebten Berge früher erreichten, jedoch den Troß des gesamten Heeres und die im Lager zurückgebliebenen Kohorten nicht mehr retten konnten; waren sie erst einmal durch Caesars Heer abgeschnitten, konnte ihnen auf keine nur irgend denkbare Weise mehr Hilfe gebracht werden. Caesar langte jedoch als erster am Ziel an, erreichte nach felsigem Gebiet nun die Ebene[79], auf der er seine Schlachtreihe aufstellte. Als Afranius seine Nachhut, von der Reiterei bedrängt, vor sich aber den Feind in Stellung sah, machte er auf einem Hügel, den er gerade erreicht hatte, halt. Von hier aus schickte er vier leichtbewaffnete Kohorten nach einem Berg[80], der in

den Augen aller der höchste war. Diesen befahl er im Sturmlauf zu nehmen, in der Absicht, selbst mit den ganzen Truppen dorthin zu marschieren und nach einer entsprechenden Änderung der Marschrichtung über die Höhen nach Otogesa zu gelangen. Als die Leichtbewaffneten diesen auf einem Seitenweg zu erreichen suchten, wurden die Kohorten von Caesars Reitern erblickt und angegriffen. Keinen Augenblick lang konnten sie den gewaltigen Ansturm der Reiter aushalten, alle wurden sie von ihnen eingeschlossen und vor den Augen beider Heere niedergemacht.

71. Jetzt bot sich die Gelegenheit zu einem guten Schlag. Und in der Tat entging es Caesar nicht, daß das Heer, das vor aller Augen eine solche Niederlage hatte hinnehmen müssen und dadurch nun verschreckt war, einem Angriff nicht standhalten konnte, zumal es von der Reiterei von allen Seiten eingeschlossen sein würde, wenn es auf offenem und ebenem Gelände zum Kampf käme. Die Legaten, Centurionen und Tribunen umringten ihn: Er solle nicht zögern, mit dem Kampf zu beginnen. Die Herzen aller Soldaten seien zum Höchsten bereit. Die Soldaten des Afranius hätten dagegen in vieler Hinsicht Anzeichen größter Ängstlichkeit erkennen lassen: Dieser sei seinen Leuten nicht zu Hilfe gekommen, sie würden nicht von dem Hügel weichen, sie hielten kaum den Angriffen der Reiter stand, sie hätten die Feldzeichen alle an einen Platz gebracht und stünden nun dicht aneinandergedrängt, ohne auf ihre Ordnung und Feldzeichen zu achten. Wenn er aber jetzt die Schwierigkeiten des Geländes fürchte, werde sich doch noch irgendwo eine Gelegenheit zum Kämpfen bieten, weil Afranius ganz gewiß von da oben herabkommen müsse und er ja nicht ohne Wasser bleiben könne.

72. Caesar aber hoffte, ohne Schlacht und ohne eine Verwundung seiner Leute die Sache zu Ende bringen zu können, da er die Gegner von der Lebensmittelversorgung abgeschnitten hatte. Warum sollte er auch in einem weiteren

Kampf, selbst wenn dieser glücklich für ihn ausginge, einige von seinen Leuten verlieren? Warum sollte er zulassen, daß die besten von seinen Soldaten verwundet würden? Warum endlich sollte er das Kriegsglück aufs Spiel setzen, zumal es für einen Feldherrn nicht weniger wiegt, durch kluge Überlegung als durch das Schwert zu siegen? Ihn bewegte auch das Mitleid der Bürger, die, wie er sah, dabei sterben mußten. Lieber war ihm ein Erfolg, bei dem sie heil und unversehrt blieben. Dieser Entschluß Caesars wurde von den meisten nicht gebilligt. Die Soldaten sagten sogar ungeniert und in aller Öffentlichkeit, da schon einmal eine solche Gelegenheit zum Sieg verpaßt werde, sei ihnen künftig die Lust zum Kämpfen vergangen, auch wenn Caesar es wolle. Jener beharrte aber auf seiner Meinung und verlagerte seine Stellung nur wenig, um dem Gegner die Furcht etwas zu nehmen. Petreius und Afranius zogen sich, sowie ihnen dazu Gelegenheit geboten wurde, in ihr Lager zurück. Caesar dagegen stellte überall in den Bergen Posten auf, schnitt so jeden Weg zum Hiberus ab und schlug möglichst nahe beim Feind ein festes Lager auf.

73. Am folgenden Tag berieten die Führer der Feinde in heller Aufregung, da ihnen jede Hoffnung auf Lebensmittel und Zugang zum Hiberus genommen war, über die ihnen verbliebenen Möglichkeiten. Es gab einen Weg, der nach Ilerda führte, wenn sie dahin zurückkehren wollten, und einen anderen nach Tarraco, falls sie lieber dorthin gelangen wollten. Während dieser Beratungen erreichte sie die Meldung, daß ihre Wasserholer von unserer Reiterei bedrängt würden. Auf diese Kunde hin stellten sie dichtgestaffelte Posten von Reitern und Kohorten der Bundesgenossen auf, legten dazwischen Legionskohorten und begannen, einen Wall bis zum Wasser zu ziehen, damit sie innerhalb dieser Befestigung ohne Postenbedeckung Wasser holen könnten. Die Ausführung dieser Anlage teilten Petreius und Afranius unter sich auf und entfernten sich selbst etwas weiter, um die Arbeiten in Gang zu bringen.

74. Nachdem sie sich entfernt hatten, nahmen die Soldaten die Gelegenheit wahr, sich offen auszusprechen, und kamen scharenweise aus dem Lager hervor. Jeder suchte nach Bekannten und Landsleuten in Caesars Lager und rief sie heraus. Zuerst dankte jeder dem anderen, daß man sie tags zuvor, als sie sich bereits in höchster Not glaubten, verschont hätte; ihrem Wohlwollen hätten sie ihr Leben zu verdanken. Darauf fragten sie nach der Glaubwürdigkeit ihres Feldherrn, ob sie sich gefahrlos ihm anvertrauen könnten, und klagten darüber, daß sie dies nicht bereits von Anfang an getan, sondern statt dessen mit Freunden und Blutsverwandten die Waffen gekreuzt hätten. Diese Gespräche hatten sie dazu ermutigt, von dem Feldherrn die Zusicherung zu erbitten, das Leben des Petreius und Afranius zu schonen, um nicht den Anschein zu erwecken, als hätten sie ein Verbrechen auf sich geladen und ihre Leute verraten. Nachdem ihnen dies zugesichert worden war, versicherten sie auch ihrerseits, daß sie sofort mit ihren Feldzeichen hinübergehen würden, und schickten als Gesandte die ranghöchsten Centurionen zù Caesar, um über den Frieden zu verhandeln. Inzwischen führte ein Teil von Caesars Leuten ihre Freunde in das Lager und bewirtete sie, ein anderer Teil ging mit seinen Freunden ins feindliche Lager, so daß aus zwei Lagern ein einziges geworden schien. Auch erschienen mehrere Tribunen und Centurionen bei Caesar, um sich ihm zu empfehlen. Demselben Beispiel folgten auch die spanischen Edlen, die jene zu sich entboten hatten und als Geiseln bei sich im Lager hielten. Diese fragten nach ihren Bekannten und Freunden, um durch ihre Vermittlung Zutritt zu Caesar zu erhalten. Auch der junge Sohn des Afranius verhandelte durch den Legaten Sulpicius über seine und seines Vaters Rettung. Alles war voller Freude und beglückwünschte sich gegenseitig, die einen, weil sie einer solch großen Gefahr entronnen schienen, die anderen, weil sie allem Anschein nach ohne jeden Schaden so große Dinge zustande gebracht hatten. Caesar

selbst aber erntete nach allgemeinem Urteil jetzt die reichen Früchte seiner gestrigen Milde, und sein Entschluß
wurde von allen gebilligt.

75. Nachdem Afranius diese Vorgänge berichtet worden
waren, verließ er das begonnene Schanzwerk und ging ins
Lager zurück. So schien er bereit, was immer auch sich er-
eigne, ruhig und mit Gleichmut hinzunehmen. Petreius
dagegen gab sich nicht auf. Er bewaffnete seine Leibeigenen; mit diesen, mit seiner aus Leichtbewaffneten zusammengesetzten Leibwache und mit einigen barbarischen
Reitern, bevorzugten Soldaten[81], die er für gewöhnlich zu
seinem persönlichen Schutz bei sich hatte, stürmte er völlig überraschend auf den Wall, unterbrach das Gespräch der
Soldaten, verjagte unsere Leute aus dem Lager und tötete,
wen er ergreifen konnte. Die übrigen schlossen sich zusammen, wickelten sich, von der plötzlichen Gefahr erschreckt, ihre Kriegsmäntel um die linke Hand, zogen die
Schwerter, erwehrten sich so im Vertrauen auf die Nähe
des eigenen Lagers der Leichtbewaffneten und der Reiter
und zogen sich in das Lager zurück, wo sie von den Kohorten, die an den Toren Wache hielten, verteidigt wurden.

76. Hierauf ging Petreius unter Tränen zu den einzelnen
Manipeln und beschwor die Soldaten, ihn und Pompeius,
ihren abwesenden Feldherrn, doch nicht auf Gedeih und
Verderb den Feinden zu übergeben. Rasch strömte alles
zum Feldherrnzelt zusammen. Dort verlangte Petreius,
daß alle schwören sollten, das Heer und die Führer nicht zu
verlassen, noch zu verraten, noch auch jeder für sich selbst,
abgesondert von den übrigen, einen Beschluß zu fassen. Als
erster schwor er selbst die Eidesformel; desgleichen forderte er Afranius auf, den Eid abzulegen; dann folgten die Tribunen und Centurionen; centurienweise wurden die Soldaten auf den Platz geführt und schworen das gleiche. Man
ließ verkünden, daß derjenige, der noch einen Soldaten
Caesars bei sich habe, diesen vorführen solle; die Vorge-
führten wurden öffentlich vor dem Feldherrnzelt hinge-

richtet. Aber die meisten versteckten diejenigen, die sie bei sich aufgenommen hatten, und schickten sie in der Nacht über den Wall. So machten der Schrecken, den die Führer verbreiteten, die Grausamkeit der Hinrichtungen und die neue eidliche Verpflichtung fürs erste die Hoffnung auf eine Kapitulation zunichte, veränderten die Haltung der Soldaten und stellten den alten Kriegszustand wieder her.

77. Caesar befahl, die Soldaten der Feinde, die zur Zeit der Gespräche ins Lager gekommen waren, mit Sorgfalt zusammenzusuchen und zurückzuschicken. Aus den Reihen der Tribunen und Centurionen blieben aber einige freiwillig bei ihm. Diese hielt er später in hohen Ehren; die Centurionen setzte er wieder in ihre früheren Ränge, die römischen Ritter[82] in die Würde von Militärtribunen ein.

78. Die Soldaten des Afranius wurden beim Futterholen hart bedrängt, und auch die Wasserbeschaffung war sehr mühsam. Die Legionssoldaten hatten zwar noch eine gewisse Getreidemenge vorrätig, da sie angewiesen worden waren, von Ilerda Getreide für 22 Tage mitzunehmen, doch die Leichtbewaffneten und die Hilfstruppen hatten keines mehr, da ihre Möglichkeiten, sich welches zu beschaffen, zu knapp und sie selbst auch körperlich nicht gewohnt waren, schwere Lasten zu tragen. Deshalb lief täglich eine große Anzahl von ihnen zu Caesar über. So schlimm stand es also dort. Von den beiden vorgeschlagenen Plänen schien jener, nach Ilerda zurückzukehren, günstiger, weil sie dort noch eine kleine Menge Getreide zurückgelassen hatten. Dort, so meinten sie, werde sich alles weitere schon finden. Tarraco sei zu weit; sie sahen ein, daß sich bei dieser Entfernung mehr Zwischenfälle ereignen könnten. Nachdem dieser Plan gebilligt wurde, brachen sie vom Lager auf. Caesar, der seine Reiterei vorausgeschickt hatte, die die Nachhut attackieren und behindern sollte, folgte selbst mit seinen Legionen. So verging kein Augenblick, ohne daß die Nachhut mit den Reitern nicht in Kämpfe verwickelt wurde.

79. Die Art des Kampfes war folgende: Leichtbewaffnete Kohorten umstellten die Nachhut, und eine größere Anzahl von ihnen leistete in der Ebene Widerstand. Wenn ein Berg zu ersteigen war, bannte leicht schon die natürliche Beschaffenheit des Geländes selbst die Gefahr, weil diejenigen, welche vorangegangen waren, von der Höhe herab die Nachkommenden deckten. Wenn dahinter aber ein Tal oder ein Abhang kam und die Vorderen den Zurückbleibenden keine Hilfe bringen konnten, die Reiter aber von der Anhöhe herab die Feinde beschossen, dann wurde die Lage für sie höchst bedrohlich. Waren sie in die Nähe eines solchen Geländes gekommen, blieb nur übrig, die Legionen Aufstellung nehmen zu lassen und mit großer Wucht die Reiterei zurückzuwerfen. War diese dann zurückgeschlagen, mußten sie sofort im Sturmschritt geschlossen in das Tal hinablaufen, es so durchqueren und wiederum auf den gegenüberliegenden Anhöhen haltmachen. Denn ihre Reiterei, obschon sehr zahlreich, war so wenig zu einer Hilfeleistung bereit, daß sie diese, die von den früheren Kämpfen her völlig eingeschüchtert waren, in die Mitte ihres Heerzuges nahmen und sie von beiden Seiten beschützten. Keiner von ihnen konnte die Straße verlassen, ohne Gefahr zu laufen, von Caesars Reiterei aufgegriffen zu werden.

80. Während auf diese Weise gekämpft wurde, kamen die Feinde nur langsam vorwärts und mußten häufig haltmachen, um ihren Leuten Hilfe zu leisten, bis dann folgendes geschah: Nach einem Marsch von vier Meilen nämlich besetzten sie, von der Reiterei heftig gebeutelt, einen hohen Berg, befestigten dort ein Lager mit Front gegen den Feind, nahmen aber den Lasttieren das Gepäck nicht ab. Sobald sie von dort aus sahen, daß auf Caesars Seite ein Lager errichtet, die Zelte aufgestellt und die Reiter zum Futterholen ausgesandt waren, brachen sie plötzlich um die sechste Tagesstunde in aller Eile auf und machten sich im Vertrauen auf die durch die Aussendung unserer Reiter bedingte Verzögerung unseres Abmarsches auf den Weg. Als dies

Caesar bemerkte, folgte er ihnen sofort mit seinen Legionen nach — den Troß aber und einige Kohorten zu dessen Bewachung hatte er zurückgelassen. Diesen gab er den Befehl, in der zehnten Stunde nachzufolgen und die Futterholer und Reiter zurückzurufen. Schnell kehrte die Reiterei zu ihren täglichen Aufgaben während des Marsches zurück. Bei der Nachhut wurde so heftig gekämpft, daß die Feinde beinahe die Flucht ergriffen, und mehrere Soldaten, darunter auch einige Centurionen, getötet wurden. Die Marschkolonne Caesars setzte aber unmittelbar nach und drohte mit ihrer geschlossenen Kraft.

81. Nun aber, da sich den Feinden weder die Möglichkeit bot, einen geeigneten Lagerplatz auszukundschaften, noch weiter vorzurücken, machten sie notgedrungen halt und schlugen, fern von jeder Wasserstelle, auf ungünstigem Gelände ein Lager auf. Aber aus denselben Gründen, wie sie oben schon erwähnt wurden, forderte Caesar sie nicht zum Kampf heraus. Er duldete jedoch nicht, daß an diesem Tage die Zelte aufgestellt wurden, damit sie alle rascher zur Verfolgung bereit seien, ob nun die Feinde bei Nacht oder bei Tage den Ausbruch versuchten. Diese hatten die ungünstige Position des Lagers bemerkt. Sie rückten während der ganzen Nacht ihre Befestigungswerke vor und wechselten von einem Lager in das andere. Dasselbe taten sie am folgenden Tag vom frühen Morgen an und verbrachten den ganzen Tag bei dieser Arbeit. Aber in dem gleichen Maß, wie ihre Arbeit voranrückte und sie das Lager vorschoben, entfernten sie sich immer weiter vom Wasser, und so suchten sie einem Übel durch ein anderes abzuhelfen. Bei Einbruch der Nacht ging niemand zum Wasserholen aus dem Lager. Tags darauf dann führten sie ihre gesamten Truppen mit Ausnahme einer Lagerwache an die Wasserstelle, während jedoch niemand zum Futterholen ausgeschickt wurde. Caesar war es lieber so, daß die Feinde schwere Not litten und dadurch notwendigerweise zum Aufgeben gezwungen würden, als dies durch eine Schlacht zu entscheiden.

Trotzdem versuchte er, sie durch Wall und Graben einzuschließen, um plötzliche Ausbruchsversuche möglichst zu verhindern. Er glaubte, daß ihnen so nichts anderes übrigblieb, als von ihrer Höhe herunterzukommen. Jene befahlen, sowohl durch Futtermangel dahin gebracht, als auch um für einen Ausbruch nicht behindert zu sein, sämtliche Lasttiere zu töten.

82. Unter diesen Arbeiten und Beratungen vergingen zwei Tage; am dritten Tag war ein großer Teil von Caesars Befestigungsanlage schon mächtig fortgeschritten. Die Feinde aber, um die restlichen Befestigungsarbeiten zu verhindern, gaben ungefähr um die neunte Stunde das Signal, führten ihre Legionen heraus und stellten sie unmittelbar am Lager in Schlachtordnung auf. Caesar rief seine Legionen von den Arbeiten zurück, befahl der Reiterei, sich zu versammeln, und bildete ebenfalls eine Schlachtreihe; denn gegen die Meinung der Soldaten und das allenthalben umlaufende Gerede den Anschein zu erwecken, als wolle er einem Kampf ausweichen, hätte seinem Ansehen großen Schaden zugefügt. Die gleichen, bereits bekannten Gründe, bewogen ihn, nicht von sich aus zum Kampf zu drängen, und dies um so mehr, als durch den kurzen Zwischenraum zwischen den beiden Lagern, auch wenn die Feinde in die Flucht geschlagen würden, die Aussichten auf einen entscheidenden Sieg nicht groß waren. Die Lager waren nicht mehr als 2 000 Schritte voneinander entfernt. Davon nahmen die beiden Schlachtreihen zwei Drittel ein; das letzte Drittel blieb für den Aufmarsch und die Angriffsbewegungen der Soldaten übrig. Falls es zum Kampf kam, bot die Nähe der Lager den Überwundenen auf ihrer Flucht raschen Schutz. Aus diesem Grund hatte Caesar beschlossen, den Angreifern zwar Widerstand zu leisten, selbst aber nicht als erster zum Kampf zu reizen.

83. In den ersten beiden Schlachtreihen des Afranius standen fünf Legionen, die dritte wurde von den Kohorten der Hilfsvölker als Reserve eingenommen. Caesar hatte eine

dreifache Schlachtreihe: Die erste nahmen je vier Kohorten aus den fünf Legionen ein, hinter denen als Reserve je drei Kohorten standen und dahinter wieder ebenso viele aus jeder Legion; die Bogenschützen und Schleuderer bildeten die Mitte, während die Reiterei die Flanken deckte. In dieser Aufstellung schienen beide Seiten an ihrem Vorhaben festhalten zu wollen: Caesar wollte nur gezwungenermaßen den Kampf beginnen, der Feind hingegen Caesars Schanzarbeiten behindern. Indessen zog sich die Sache hin, und so blieben die Schlachtreihen bis Sonnenuntergang in ihren Stellungen; dann rückten beide in ihr Lager ab. Am folgenden Tag machte sich Caesar bereit, die begonnenen Befestigungswerke zu vollenden, während die Feinde darangingen, eine Furt im Sicoris aufzuspüren, durch die sie übersetzen könnten. Als Caesar dies bemerkte, schickte er leichtbewaffnete Germanen und einen Teil der Reiterei über den Fluß und verteilte zahlreiche Wachtposten an seinen Ufern.

84. Endlich durch all diese Umstände aufs heftigste bedrängt — schon den vierten Tag waren die zurückbehaltenen Zugtiere ohne Futter, gab es kein Wasser, kein Holz und kein Getreide —, baten die Feinde um eine Unterredung, und zwar, wenn möglich, an einem für die Soldaten nicht zugänglichen Ort. Als dies von Cäsar abgelehnt wurde und er seine Zustimmung nur geben wollte, wenn sie vor aller Augen verhandelten, gab man ihm den Sohn des Afranius als Geisel. Dann kam man an den von Caesar ausgewählten Ort. In Hörweite beider Heere begann Afranius zu sprechen: Man dürfe ihnen selbst und den Soldaten nicht zürnen, daß sie ihrem Feldherrn Pompeius hätten die Treue halten wollen. Sie hätten aber nun ihrer Pflicht Genüge getan und genügend Qualen ertragen durch den Mangel, den sie in jeder Hinsicht gelitten. Nun seien sie fast wie wilde Tiere eingeschlossen, könnten kein Wasser holen und sich nicht mehr frei bewegen und könnten weder den körperlichen Schmerz noch die seelische Schmach län-

ger ertragen. Deshalb erklärten sie sich für besiegt; sie bäten und flehten, wenn noch ein Rest von Mitleid vorhanden sei, sie nicht bis zum Selbstmord zu treiben. Er brachte
dies auf die denkbar demütigste und unterwürfigste Weise
vor.

85. Hierauf erwiderte Caesar: Niemandem auf dieser Welt
hätten diese Klagen und mitleidsheischenden Reden weniger angestanden. Alle übrigen nämlich hätten ihre Pflicht
erfüllt: er selbst weil er es trotz guter Bedingungen und
günstiger Voraussetzungen hinsichtlich des Ortes und der
Zeit nicht habe zum Kampf kommen lassen wollen, damit
der Weg zum Frieden möglichst durch nichts belastet werde; sein Heer, als es trotz des erlittenen Unrechts und trotz
der Ermordung von Kameraden die Feinde, die es in ihrer
Gewalt gehabt habe, gerettet und beschützt habe; schließlich auch die Soldaten des feindlichen Heeres, als sie von
sich aus über den notwendig zu beschließenden Frieden
verhandelt hätten, wobei sie glaubten, für das Leben aller
ihrer Kameraden sorgen zu müssen. So sei aller Verhalten
von Mitleid bestimmt gewesen, nur die Führer selbst hätten nichts vom Frieden wissen wollen; weder hätten sie das
Recht auf freie Gespräche noch das der Waffenruhe geachtet, und arglose Menschen, die durch die Gespräche sich
hätten täuschen lassen, auf grausamste Weise hingemordet. Nun sei ihnen also zugestoßen, was meistens allzu
hartnäckigen und hochmütigen Menschen zu widerfahren
pflege, daß sie zu etwas ihre Zuflucht nehmen und flehentlich erbitten mußten, was sie kurz zuvor noch verächtlich
von sich gewiesen hätten. Aber auch jetzt verlange er trotz
ihrer Demütigung und der Gunst des Augenblicks nichts,
womit er seine Macht vermehre; er wolle nur, daß die beiden Heere, die sie nun schon so viele Jahre lang gegen ihn
geführt hätten, entlassen würden. Aus keinem anderen
Grund nämlich seien die sechs Legionen nach Spanien geschickt und eine siebte dort ausgehoben, seien so viele und
große Flotten ausgerüstet und außerdem noch kriegserfah-

rene Heerführer zu Hilfe dorthin geschickt worden. Nichts davon sei zur Befriedung Spaniens, nichts davon zum Nutzen der Provinz beschafft worden, die infolge des lange andauernden Friedens gar keine Unterstützung gewünscht habe. In Wirklichkeit werde all das bereits seit langer Zeit gegen ihn vorbereitet; gegen ihn würden ganz neue Bräuche bei der Ausübung der Staatsgewalt eingeführt, so daß es neuerdings möglich sei, daß ein und derselbe Mann vor den Toren Roms die städtischen Angelegenheiten leite und zugleich über so viele Jahre hinweg die Verwaltung zweier ausgesprochen kriegslustiger Provinzen innehabe, obwohl er dort gar nicht anwesend sei; um ihn zu treffen, würden die Rechte des Magistrats abgeändert, indem nicht, wie sonst immer, Männer, die gerade die Prätur oder das Consulat bekleidet hätten, in die Provinzen geschickt würden, sondern solche, die von einer kleinen Gruppe für tauglich befunden und ausgewählt worden seien; auch könne gegen ihn der Vorwand fortgeschrittenen Alters nicht geltend gemacht und so getan werden, als ob nicht Männer, die sich in früheren Kriegen bewährt hätten, nun wieder zur Übernahme von Heeren aufgefordert würden; und nur bei ihm werde nicht beachtet, was man immer schon einem jeden Feldherrn zugestanden habe, daß er nach glücklich vollbrachten Taten entweder mit irgendeiner Auszeichnung versehen werde oder doch wenigstens nicht mit Schande heimkehren müsse und sein Heer entlassen dürfe. Indessen habe er alles dies geduldig hingenommen und werde es auch künftig zu tragen wissen. Auch habe er jetzt nicht die Absicht, das Heer, das er ihnen abgenommen, selbst zu behalten, obgleich ihm dies gar nicht schwerfallen würde, sondern er wolle nur, daß sie nicht behielten, was sie gegen ihn benützen könnten. Deshalb sollten sie sich, wie gesagt, aus den Provinzen entfernen und das Heer entlassen. Wenn dies geschehen sei, werde er niemandem schaden. Das sei die einzige und äußerste Friedensbedingung.

86. Das aber war den Soldaten überaus lieb und angenehm,

wie man aus ihren eigenen Beifallbekundungen erkennen konnte, denn sie, die eine wohlberechtigte Strafe erwartet hatten, sollten im Gegenteil sogar noch dafür mit ihrer Entlassung belohnt werden. Denn als über Ort und Zeit ihrer Entlassung Meinungsverschiedenheiten entstanden, begannen sie alle geschlossen durch Rufe und Zeichen mit den Händen vom Wall herab, wo sie standen, kundzutun, daß sie sofort entlassen werden wollten, da sie dessen trotz aller abgegebenen Versprechen nicht sicher sein könnten, wenn es auf irgendeinen anderen Zeitpunkt verschoben würde. Nachdem in wenigen Worten das Für und Wider erörtert worden war, einigte man sich dahin, daß alle, die in Spanien ihren Wohnsitz oder ihre Besitzungen hatten, sofort, die übrigen am Fluß Varus[83] entlassen würden. Daß ihnen kein Schaden zugefügt und keiner gegen seinen Willen gezwungen werde, einen Fahneneid abzulegen, dafür verbürgte sich Caesar.

87. Caesar versprach, sie für die Zeit, bis sie an den Varus kämen, mit Getreide zu versorgen. Er fügte noch hinzu, daß das, was irgendeiner von ihnen im Krieg verloren hätte und sich nun im Besitz seiner Soldaten befände, demjenigen wieder zurückgegeben werden solle, dem es gehöre; seinen Soldaten ließ er dafür nach einer genauen und gerechten Schätzung den Gegenwert in Geld auszahlen. Jegliche Meinungsverschiedenheit, die die Soldaten später darüber hatten, legten sie von sich aus Caesar zur Entscheidung vor. Als die Legionen von Petreius und Afranius fast in Form einer Meuterei die Löhnung verlangten, diese jedoch behaupteten, der Zahltag sei noch nicht gekommen, forderte man, Caesar solle sich mit der Sache befassen, und beide Seiten waren mit dem, was er festsetzte, zufrieden. Nachdem zwei Tage später ungefähr ein Drittel des Heeres entlassen worden war, ließ er zwei seiner Legionen vorausmarschieren, die übrigen aber sollten ihnen folgen; so könnten sie immer in der Nähe voneinander ihre Lager aufschlagen. Mit dieser Aufgabe betraute er den Legaten Quin-

tus Fufius Calenus. Nach dieser Anordnung wurde der Marsch aus Spanien zum Varus angetreten und dort der restliche Teil des (feindlichen) Heeres entlassen.

ZWEITES BUCH

1. Während dies in Spanien geschah, begann der Legat Gaius Trebonius, der zur Belagerung Massilias[83a] zurückgeblieben war, von zwei Stellen aus einen Damm gegen die Stadt vorzuschieben und Laufgänge und Belagerungstürme heranzuführen. Die eine befand sich nahe dem Hafen und der Schiffswerft, die andere am Stadttor, wo die Straßen aus Gallien und Spanien zusammentreffen, auf jener Seite also, wo der Rhodanus[84] in das Meer mündet. Massilia wird nämlich fast auf drei Seiten vom Meer bespült, während nur die vierte vom Land aus zugänglich ist. Aber auch dieser Teil, der bis zur Burg reicht, ist durch seine natürliche Beschaffenheit und durch ein sehr tiefes Tal geschützt und machte dadurch eine lange und schwierige Belagerung erforderlich. Um diese Arbeiten auszuführen, bot Trebonius eine große Menge Zugtiere und Menschen aus der ganzen Provinz auf und befahl, daß Weidengeflecht und Bauholz herangeschafft werde. Nachdem alles soweit vorbereitet war, errichtete er einen 80 Fuß hohen Damm.

2. In der Stadt aber befand sich seit langer Zeit eine so große Menge von allem möglichen Kriegsgerät und so viele Wurfmaschinen, daß ihnen die nur mit Weidengeflecht bedeckten Laufgänge nicht zu widerstehen vermochten. Denn die zwölf Fuß langen, vorne zugespitzten Wurfstangen bohrten sich, wenn sie von den ganz schweren Geschützen abgeschleudert wurden, selbst durch vier Schichten von Flechtwerk bis in die Erde hinein. Deshalb wurden die Laufgänge mit fußdicken, untereinander verbundenen Balken bedeckt und darunter das Material für den Damm von Hand zu

Hand weitergereicht. Zur Einebnung des Geländes rückte ein sechzig Fuß breites Schilddach voran, das ebenfalls aus kräftigsten Balken erbaut und ringsum auf jegliche Art geschützt war, um die geschleuderten Feuerbrände und Steine abzuwehren. Aber der Umfang der Belagerungswerke, die Höhe der Mauer und der Türme und die Menge der Wurfgeschütze zogen die Belagerung sehr in die Länge. Häufig auch machten die Albiker Ausfälle aus der Stadt und legten Feuer an Türme und Damm. Unsere Soldaten schlugen sie aber dann jedesmal leicht zurück, fügten sogar denen, die den Ausbruch unternommen hatten, großen Schaden zu und warfen sie wieder in die Stadt zurück.

3. Inzwischen durchfuhr Lucius Nasidius, der mit 16 Schiffen, darunter auch einigen eisenbeschlagenen, von Pompeius dem Domitius und den Massiliern zu Hilfe geschickt worden war, die Meerenge von Sizilien, ohne daß Curio[85] davon etwas wußte oder ahnte. Er landete in Messana und kaperte sogar von den dort liegenden Schiffen ein Schiff, da die hohen Beamten und der Senat wegen des plötzlichen Schreckens die Flucht ergriffen hatten. Dieses gliederte er in seine Flotte ein, nahm Kurs auf Massilia, benachrichtigte Domitius und die Massilier durch ein kleines Boot, das er vorausgeschickt hatte, von seiner Ankunft und ermahnte sie dringend, wieder den Kampf mit Brutus aufzunehmen, nachdem er ihnen nun mit seinen Hilfstruppen Verstärkung gebracht habe.

4. Die Massilier hatten nach der früheren Niederlage, um wieder auf dieselbe Anzahl zu kommen, alte Schiffe aus den Werften geholt, sie wieder hergerichtet und mit größtem Fleiß bewaffnet — Ruderer und Kapitäne standen ihnen in großer Zahl zur Verfügung — und sie fügten ihnen auch noch Fischerkähne hinzu, die sie mit einem Verdeck versahen, damit die Ruderer vor Wurfgeschossen geschützt waren; diese bemannten sie mit Bogenschützen und Wurfmaschinen. Nachdem die Flotte in dieser Weise ausgerüstet war, gingen sie nicht weniger mutig und zuversicht-

lich, als wie sie vorher gekämpft hatten, an Bord; dabei wurden sie von den Bitten und dem Flehen all der Greise, Familienmütter und Mädchen, doch ja der Stadt in dieser äußerst schweren Zeit beizustehen, angespornt. Es ist nämlich ein ganz allgemein verbreiteter Fehler der menschlichen Natur, daß wir Dingen, die wir noch nie gesehen haben und nicht kennen, mehr vertrauen und deshalb um so mehr erschrecken, wie das auch diesmal der Fall war; denn die Ankunft des Lucius Nasidius hatte die Bürger mit der größten Hoffnung und Begeisterung erfüllt. Sobald ihnen ein günstiger Wind wehte, fuhren sie aus dem Hafen und gelangten in Taurois, einem Kastell der Massilier, zu Nasidius. Dort machten sie ihre Schiffe gefechtsbereit, sprachen sich nochmals gegenseitig Kampfesmut zu und verständigten sich gemeinsam über einen Kriegsplan. Die rechte Seite wurde den Massiliern, die linke Nasidius zugewiesen.

5. Dorthin eilte auch Brutus, nachdem er seine Flotte noch vergrößert hatte; denn zu den Schiffen, die Caesar in Arelate hatte bauen lassen, waren noch sechs gekaperte massilische Schiffe hinzugekommen. Diese hatte er in den Vortagen wieder instand gesetzt und mit allen notwendigen Ausrüstungen versehen. Er feuerte daher seine Leute an, daß sie die Feinde, die sie schon einmal geschlagen hätten, als diese noch unversehrt waren, ruhig als besiegt verachten könnten, und brach voll Hoffnung und guten Mutes gegen sie auf. Vom Lager des Trebonius und allen Anhöhen aus konnte man leicht in die Stadt hinunterschauen, wie dort die ganzen jungen Leute, die in der Festung zurückgeblieben waren, und die alten Greise und Frauen mit ihren Kindern auf den öffentlichen Plätzen bei den Wachtposten oder auf der Mauer die Hände zum Himmel erhoben oder zu den Tempeln der unsterblichen Götter eilten, sich vor den Götterstatuen niederwarfen und von den Göttern den Sieg erflehten. Und es gab keinen einzigen unter ihnen, der nicht glaubte, daß vom Ausgang dieses Tages die Entscheidung

über ihr ganzes Schicksal abhinge. Denn es hatten auch die Vornehmsten unter der Jugend und die Würdigsten aus jeder Altersstufe, nachdem man sie namentlich aufgerufen und beschworen hatte, die Schiffe bestiegen, damit ihnen deutlich würde, daß ihnen für den Fall, daß ihnen irgend etwas zustieße, keine Möglichkeit zu einem neuen Versuch mehr bliebe; für den Fall aber, daß sie siegen würden, vertrauten sie darauf, daß ihnen die Rettung der Stadt entweder aus eigenen Kräften oder durch fremde Hilfe gelingen werde.

6. Als die Schlacht begonnen hatte, bewiesen die Massilier in höchstem Maße Tapferkeit. Eingedenk der Ermahnungen, die sie kurz zuvor von ihren Angehörigen empfangen hatten, kämpften sie mit einem Mut, daß es schien, als ob sie keine andere Gelegenheit mehr zur Bewährung haben würden, und sie glaubten, daß, wer im Kampf getötet werde, nur um wenig mehr dem Schicksal der übrigen Bürger vorausgeeilt sei, die für den Fall, daß die Stadt genommen werde, dasselbe Kriegsgeschick erleiden müßten. Als unsere Schiffe sich nach und nach voneinander gelöst und ausgebreitet hatten, konnten die Steuermänner ihre Geschicklichkeit und die Schiffe ihre Wendigkeit beweisen; und wenn einmal unsere Schiffe die Gelegenheit hatten, mit Hilfe ihrer Enterhaken sich an einem gegnerischen Schiff festzumachen, so eilten sie von allen Seiten den Bedrängten zu Hilfe. Die verbündeten Alibiker aber verloren auch im Kampf einer gegen den anderen nicht den Mut und standen unseren Soldaten nicht viel an Tapferkeit nach. Zugleich aber wurden unsere Soldaten, als sie gerade nicht achtgaben und behindert waren, völlig unerwartet mit einem Geschoßhagel, der über weitere Entfernung hinweg aus kleineren Schiffen herangeflogen kam, eingedeckt und verwundet. Und als zwei Dreirudererschiffe das Schiff von Decimus Brutus erblickten, das man leicht an seiner Kommandoflagge erkennen konnte, fuhren sie von zwei Seiten darauf los. Brutus aber hatte es vorausgesehen und konnte

dank der Schnelligkeit seines Schiffes so schnell entweichen, daß er einen kleinen Vorsprung gewann. Jene hingegen stießen bei dieser Attacke so schwer aufeinander, daß
beide durch den Zusammenstoß aufs schwerste beschädigt
wurden, das eine aber mit gebrochenem Schiffsschnabel
völlig auseinanderbrach. Als dies bemerkt wurde, griffen
jene Schiffe aus der Flotte des Brutus, die sich in der Nähe
befanden, die manövrierunfähigen Schiffe an und versenk-
ten sie in kürzester Zeit.

7. Die Schiffe von Nasidius aber waren ohne jeden Nutzen
und verließen rasch das Kampfgeschehen. Denn weder
zwang sie der Anblick einer Vaterstadt noch die Ermahnungen ihrer Nachbarn dazu, sich in die höchste Lebensgefahr
zu begeben. Deshalb ging auch von diesen Schiffen keines
verloren; aus der massilischen Flotte hingegen wurden fünf
Schiffe versenkt, vier gekapert und eines entkam mit den
Nasidianischen; sie alle steuerten nach dem diesseitigen
Spanien. Als aber eines von den übriggebliebenen, das nach
Massilia vorausgeschickt worden war, sich der Stadt näher-
te, strömte die ganze Menge heraus, um von ihnen den
Ausgang zu erfahren. Als sie die Nachricht vernahmen, er-
griff alle eine so große Trauer, daß man meinen konnte, die
Stadt sei in eben diesem Augenblick erobert worden.
Nichtsdestoweniger begannen die Massilier alles übrige zur
Verteidigung der Stadt vorzubereiten.

8. Die Legionssoldaten, die auf dem rechten Flügel ihre Belagerungsarbeiten ausführten, erkannten aus den häufigen
Ausfällen der Feinde, daß es zu ihrem Schutz möglicherweise förderlich sei, wenn sie dort auf ihrer Seite nahe der
Mauer einen Turm als Kastell und Rückzugsmöglichkeit
errichteten. Diesen bauten sie zuerst wegen der plötzlichen
Angriffe klein und niedrig. Hierher zogen sie sich zurück;
von hier aus verteidigten sie sich, wenn der Feind sie mit
Übermacht bedrängte; von hier aus stürmten sie vor, um
den Feind zu verjagen und zu verfolgen. Dieser Turm war
auf jeder Seite 30 Fuß breit und seine Wände 5 Fuß dick.

Später aber, wie ja die Menschen stets erst aus Erfahrung klug werden, hatte man gefunden, daß es mit einiger Geschicklichkeit durchaus von Nutzen sein könne, wenn man diesen Turm etwas höher aufführen würde. Dies wurde folgendermaßen bewerkstelligt:

9. Sobald der Turm bis zur ersten Balkenlage aufgeführt war, fügten sie die Balken derart in die Mauer ein, daß deren Enden noch durch die äußere Steinlage der Mauer verdeckt wurden, wodurch nichts hervorragte, was den Brandgeschossen der Feinde einen Angriffspunkt geboten hätte. Über dieser Balkenlage errichteten sie, soweit es die Höhe des Schirmdaches und der Laubengänge erlaubte, eine weitere Ziegelmauer und legten darüber zwei Querbalken unweit der Außenmauer, auf der dieses Stockwerk, welches dem Turm künftig als Schutzwehr diente, errichtet werden sollte. Auf diese Querbalken legte man dann waagrechte Querstreben und verband diese mit Dielenbrettern. Diese Verstrebungen führten sie etwas länger und überstehender aus, so daß sie über die Außenwände hinausragten. Damit erreichte man, daß man etwas hatte, woran man die Schutzwände aufhängen konnte, um die Geschosse abzuwehren und aufzuhalten, während unterhalb dieser Balkenlage die Mauern in die Höhe geführt wurden. Dieses Stockwerk verkleidete man oben mit Ziegeln und Lehm, damit ihm das Feuer nichts anhaben konnte, und umkleidete das Ganze mit einem Lumpengeflecht, damit keine Wurfgeschosse das Stockwerk durchschlügen und keine Katapultsteine das Ziegelwerk zertrümmerten. Aus Ankertauen aber wurden drei Matten geflochten, die so lang wie die Mauern und vier Fuß breit waren; diese befestigten sie auf den drei Seiten, die dem Feind zugekehrt waren, an den überstehenden Streben und behingen damit ringsum den Turm. Dies war die einzige Art, die, wie bereits bei anderen Gelegenheiten erprobt, einen wirkungsvollen Schutz bot und weder von einem Speer noch von einem Schleuderstein durchbrochen werden konnte. Sobald aber der bereits fertiggestellte Teil

des Turmes gegen jegliche feindliche Geschosse abgesichert und befestigt war, schob man die Schirmdächer an die anderen Befestigungsanlagen heran. Das Dach des Turmes begannen sie in einem eigenen Arbeitsvorgang durch Hebelkräfte von seiner Unterlage zu lösen und in die Höhe zu heben. Sobald sie es soweit angehoben hatten, wie es die Matten erlaubten, mauerten sie, hinter diesem Schutz verborgen und geschützt, die Wände weiter mit Ziegelsteinen hoch und schufen sich dann durch eine erneute Hebung des Daches Raum für den Weiterbau. Sobald es Zeit schien für eine neue Balkenlage, legten sie die Baukonstruktion genau wie beim erstenmal so an, daß die Enden durch die äußere Mauerschicht verdeckt wurden, und führten dann von dieser Balkenlage aus wiederum das Stockwerk und die Schutzmatten in die Höhe. So errichteten sie sicher und ohne jede Verwundung und Gefahr sechs Stockwerke und ließen beim Bauen dort, wo es angebracht schien, Öffnungen frei, durch die sie ihre schweren Geschosse schleudern konnten.[86]

10. Sobald sie darauf vertrauen konnten, von diesem Turm aus alle Belagerungswerke ringsum schützen zu können, begannen sie aus zwei Fuß starken Bauhölzern eine sechzig Fuß lange Minierhütte[87] zu bauen, die sie von ihrem Ziegelturm aus zum Turm und zur Mauer der Feinde vorantreiben wollten. Diese Minierhütten hatten folgendes Aussehen: Zuerst wurden zwei gleichlange Balken in einem Abstand von vier Fuß auf den Boden gelegt und darauf fünf Fuß hohe Pfosten eingelassen. Diese verband man untereinander mit leicht ansteigenden Strebebalken, über die zur Bedeckung der Minierhütten Bretterbalken aufgelegt werden sollten. Darüber legte man nun die zwei Fuß starken Bohlen und befestigte sie mit Eisenbändern und Nägeln. Am äußersten Rand des Daches und an die Balkenenden schlug man vier Finger starke, quadratische Latten an, welche die Dachziegel, mit denen die Minierhütte bedeckt wurde, festhalten sollten. Nachdem so die Schrägbalken

der Reihe nach angeordnet und die Bretterbohlen auf den Strebehölzern aufgenagelt waren, wurde die Minierhütte mit Ziegeln und Lehm bedeckt, um sie gegen das Feuer zu schützen, das etwa von der Mauer herabgeworfen würde. Über die Ziegel wurden noch Tierhäute gespannt, damit sie nicht Gefahr liefen, sich durch das Wasser, das aus Röhren darüber ausgeschüttet würde, aufzulösen. Dieses ganze Werk vollendeten sie unter dem Schutz von Schirmdächern in unmittelbarer Nähe des Ziegelturmes und schoben es dann plötzlich zur Überraschung der Feinde mit Hilfe von untergelegten Schiffsrollen an den feindlichen Turm heran und stellten damit eine unmittelbare Verbindung zu diesem Bauwerk her.[88]

11. In ihrer Bestürzung wälzten die Städter möglichst große Steine mit Hebeln herbei, stürzten diese über die Mauer und ließen sie auf die Minierhütte fallen. Diese aber widerstand infolge ihrer Materialfestigkeit diesem Aufprall, und was auch darauffiel, glitt an der Dachneige der Minierhütte ab. Als dies die Feinde sahen, änderten sie ihren Plan. Sie zündeten mit Kien und Pech gefüllte Fässer an und rollten diese von der Mauer herab auf die Minierhütte. Doch auch sie glitten ab und wurden, sobald sie heruntergefallen waren, mittels langer Stangen und Gabeln weggestoßen. Inzwischen brachen die Soldaten unter der Minierhütte die untersten Steine des gegnerischen Turmes, auf denen dieser sein Fundament hatte, heraus, wobei unsere Soldaten von dem Ziegelturm aus die Hütte mit schweren und leichten Wurfgeschossen verteidigten. Die Feinde wurden von der Mauer und den Türmen vertrieben und fanden keine Möglichkeit mehr, ihre Mauer zu schützen. Als schon mehrere Steine aus der Stützmauer des Turmes herausgebrochen waren, stürzte plötzlich ein Teil davon ein, während der andere sich nachfolgend neigte. Da rannten die Feinde, allesamt in Angst vor einer Plünderung unbewaffnet und mit Kopfbinde versehen, ins Freie und erhoben demütig flehend ihre Hände zu den Legaten und dem Heer.

12. Durch diese neue Entwicklung kam der gesamte Kriegsverlauf ins Stocken. Die Soldaten wandten sich vom Kampf ab und waren nur begierig, zuzuhören und zuzusehen. Sobald nämlich die Feinde zu den Legaten und zum Heer gelangt waren, warfen sich alle zu ihren Füßen und baten, man solle doch Caesars Ankunft abwarten. Sie sähen ihre Stadt gefangen, die Belagerungswerke fertiggestellt, den Turm schon fast eingestürzt; deshalb wolle man den Widerstand aufgeben. Nichts könne in dem Augenblick, wenn Caesar gekommen sei, verhindern, daß sie sofort geplündert würden, sofern sie seinen Forderungen nicht ganz zu Willen handelten. Sie wiesen beredt darauf hin, daß die Soldaten für den Fall, daß der Turm völlig eingestürzt sei, nicht davon abgehalten werden könnten, in der Hoffnung auf Beute in die Stadt einzudringen und sie zu zerstören. Dies und ähnliches wurde von ihnen wie von Menschen, die darin eine gewisse Fertigkeit entwickelt haben, Mitleid heischend und tränenreich vorgebracht.

13. Dadurch zur Milde gestimmt, führten die Legaten ihre Soldaten aus dem Belagerungswerk ab und stellten die Belagerung ein; in den Werken ließen sie nur einige Wachen zurück. Nachdem so aus Mitleid eine Art Waffenstillstand zustande gekommen war, wartete man auf die Ankunft Caesars. Von keiner Seite aus wurde mehr geschossen; gerade als sei die Sache bereits abgeschlossen, ließen alle ihre Besorgnis und Achtsamkeit fahren. Caesar nämlich hatte dem Trebonius durch Briefe dringend ans Herz gelegt, nicht zu dulden, daß die Stadt mit Gewalt erobert werde; die Soldaten würden sonst in ihrem Haß über die Abtrünnigkeit der Bewohner und aufgrund ihrer eigenen Verhöhnung und der langen Strapazen alle waffenfähigen jungen Männer niedermachen. Diese Möglichkeit nämlich drohten sie an und konnten nur noch mit Mühe zurückgehalten werden, in die Stadt einzubrechen. Sie ertrugen es nur schwer, weil es schien, als liege es nur an Trebonius, daß sie sich der Stadt nicht bemächtigten.

14. Die Feinde aber suchten in ihrer Treulosigkeit nur Zeit und Gelegenheit zu Hinterlist und Täuschung. Nachdem einige Tage vergangen waren und unsere Soldaten sich ausruhten und entspannten, geschah es um die Mittagszeit, während der eine gerade weggegangen war und der andere sich von den langwierigen Mühen bei den Belagerungsarbeiten zur Ruhe begeben hatte, sämtliche Waffen aber beiseite gelegt und in ihre Hüllen gesteckt waren, daß die Feinde plötzlich einen Ausfall aus dem Stadttor machten und bei günstigem und kräftigem Wind Feuer an unsere Belagerungswerke legten. Durch den Wind aber verbreitete sich das Feuer so schnell, daß innerhalb eines Augenblicks Belagerungsdamm, Schirmdächer, Schilddach, Belagerungsturm und die Wurfmaschinen Feuer fingen, und noch ehe jemand merken konnte, was geschehen war, alles von den Flammen verschlungen wurde. Durch diesen plötzlichen Schicksalsschlag aufgescheucht, riß jeder, wie er konnte, seine Waffen an sich, während andere aus dem Lager herbeieilten. Sie machten einen Angriff auf den Feind, wurden aber von der Mauer herab durch Pfeile und Wurfgeschosse daran gehindert, die Fliehenden zu verfolgen. Diese zogen sich bis an ihre Mauer zurück und steckten dort auch noch ungehindert die Minierhütte und den Ziegelsteinturm in Brand. So wurde das Werk monatelanger Mühen durch die Wortbrüchigkeit der Feinde und die Gewalt des Windes in einem Augenblick zunichte gemacht. Dasselbe versuchten die Massilier auch am nächsten Tag. Da sich der Wind mit derselben Heftigkeit wieder erhoben hatte, unternahmen sie mit noch größerer Zuversicht einen Ausfall gegen den anderen Damm und Turm und legten zahlreiche Feuerbrände. Aber wie vorher unsere Soldaten allen Eifer hatten vermissen lassen, so hatten sie nun, durch die unglücklichen Ereignisse gewarnt, alles zur Verteidigung vorbereitet. So konnten sie eine Menge von ihnen niedermachen, und trieben die übrigen, die nichts auszurichten vermochten, in die Stadt zurück.

15. Trebonius begann daraufhin, das Verlorengegangene mit einem noch viel größeren Eifer seiner Soldaten wieder ausbessern und herrichten zu lassen. Denn nun hatten die Soldaten gesehen, wohin sie mit ihrer vielen Mühe und Vorbereitung gekommen waren, und fühlten sich zutiefst betroffen darüber, daß man sie durch den hinterhältigen Bruch des Waffenstillstandes in ihrer Tapferkeit so zum Narren gehalten hatte. Weil aber weit und breit nichts mehr aufzutreiben war, was man zum Dammbau hätte herbeischaffen können, da bereits sämtliche Bäume im Gebiet der Massilier gefällt und weggeschleppt waren, machte man sich daran, einen Belagerungsdamm von noch nie dagewesener und bisher nicht bekannter Art aus zwei Ziegelmauern von je sechs Fuß Dicke und einem Balkenwerk dazwischen in fast derselben Höhe zu errichten, wie jener, der mit normalem Bauholz errichtet war. Wo es entweder der Zwischenraum zwischen den Mauern oder die geringe Festigkeit der Anlage zu erfordern schien, setzten sie Pfeiler dazwischen und legten Querbalken darüber, die zur Abstützung dienen sollten; und sobald die Balken darüber gelegt waren, wurden sie mit Flechtwerk belegt, das Flechtwerk selbst aber mit Lehm bedeckt. Unter diesem Dach konnte der Soldat, der rechts und links von der Mauern, vorne jedoch von dem vorgeschobenen Schutzschirm geschützt war, ohne Gefahr herbeitragen, was zum Bau des Werkes benötigt wurde. Schnell wurde das Werk ausgeführt; der Schaden, der die langwierigen Mühen getroffen hatte, wurde durch die Geschicklichkeit und Tüchtigkeit der Soldaten binnen kurzem wiedergutgemacht. An Stellen, die für einen Ausfall geeignet schienen, wurden Öffnungen freigelassen.

16. Sobald die Feinde sahen, daß die Werke, die ihnen selbst in einem langen Zeitraum wiederherzustellen nicht möglich schien, schon durch die Mühe weniger Tage wieder so weit instand gesetzt waren, daß ihnen jede Gelegenheit zu einer Hinterlist und zu einem Ausbruchsversuch

genommen war, und ihnen auch nicht die geringste
Möglichkeit mehr blieb, den Soldaten durch Geschosse
oder den Belagerungswerken durch Feuer zu schaden; da
sie auch zu der Ansicht kamen, daß auf dieselbe Weise
auch die ganze Stadt von der Landseite her mit Mauern und
Türmen eingeschlossen werden könnte, so daß sie sich
selbst auf ihren eigenen Festungsanlagen nicht mehr würden behaupten können, zumal es schien, als sei der Belagerungsdamm bis an die Stadtmauern herangebaut worden
und deshalb die Geschosse mit der Hand geschleudert werden könnten; und da sie einsahen, daß ihnen der Gebrauch
ihrer Wurfmaschinen, auf die sie selbst große Hoffnungen
gesetzt hatten, durch die geringe Entfernung unmöglich gemacht wurde, sie sich aber, wenn unter gleichen Bedingungen von der Mauer und den Türmen herab gekämpft werde,
nicht mit unseren Soldaten an Tapferkeit vergleichen
konnten — da sie all das sahen, kamen sie wieder auf die
gleichen Kapitulationsbedingungen zurück.

17. Als Marcus Varro im jenseitigen Spanien[89] von diesen
Ereignissen erfuhr, sprach er, da er der Sache des Pompeius
nicht sehr vertraute, anfangs in sehr freundlichem Ton
über Caesar: Die Übertragung der Legatenwürde durch
Pompeius habe ihn diesem verpflichtet, er fühle sich an
sein Wort gebunden; andererseits stehe er in einem nicht
minder freundschaftlichen Verhältnis zu Caesar, und er
wisse wohl, was die Pflicht einem Legaten gebiete, der ein
solches auf Treu und Glauben gegründetes Amt verwalte,
wisse auch um seine eigene Truppenstärke und um die
Stimmung der ganzen Provinz gegenüber Caesar. So sprach
er in allen seinen Reden, ohne sich aber für irgendeine Seite
zu entscheiden. Später aber, als er erfuhr, daß Caesar in
Massilia festgehalten werde und daß sich die Truppen von
Petreius mit dem Heer von Afranius vereinigt hätten, daß
viele Hilfstruppen eingetroffen seien und man voller Hoffnung und Erwartung sei, daß die ganze diesseitige Provinz
sich einig sei, und als er vernahm, was sich später infolge

der Nahrungsmittelverknappungen bei Ilerda zugetragen habe, was ihm durch Afranius übertrieben und mächtig aufgebauscht beschrieben wurde, begann auch er, sich nach den Veränderungen des Kriegsglücks zu richten.

18. Er veranstaltete in der ganzen Provinz eine Aushebung, vervollständigte die Truppenanzahl seiner beiden Legionen und fügte noch etwa 30 Hilfskohorten hinzu. Er ließ eine große Menge Getreide herbeischaffen, um es den Massiliern und ebenso Afranius und Petreius zu schicken. Den Bewohnern von Gades[90] befahl er, zehn Kriegsschiffe zu bauen, und sorgte dafür, daß außerdem mehrere in Hispalis[91] auf Kiel gelegt wurden. Alles Geld und allen Schmuck ließ er aus dem Herkulestempel nach der Stadt Gades schaffen; dorthin schickte er sechs Kohorten als Besatzung aus der Provinz und übertrug das Kommando über die Stadt dem römischen Ritter Gaius Gallonius, einem Freund des Domitius, den dieser wegen einer Erbschaftsverwaltung dorthin geschickt hatte; alle privaten und in öffentlichem Besitz befindlichen Waffen ließ er im Haus des Gallonius zusammentragen. Er selbst führte auf öffentlichen Versammlungen heftige Reden gegen Caesar. Von seinem Tribunal aus verkündete er immer wieder, daß Caesar unglückliche Schlachten geschlagen habe und eine große Zahl seiner Soldaten von ihm zu Afranius übergelaufen sei; dies habe er aus sicheren Quellen und von zuverlässigen Gewährsmännern erfahren. Durch diese Reden versetzte er die römischen Bürger seiner Provinz in Schrecken und zwang sie, ihm zur Führung seiner Verwaltung der Staatsgeschäfte 18 Millionen Sesterzen, 20 000 Fund Silber und 120 000 Scheffel Weizen zu versprechen. Denjenigen Gemeinden, von denen er glaubte, daß sie Caesar freundschaftlich gesinnt seien, bürdete er schwere Lasten auf, verlegte dorthin Besatzungen und ließ gerichtliche Untersuchungen gegen Privatleute anstellen; wer sich in Gesprächen oder Reden gegen den Staat äußerte, dessen Vermögen ließ er einziehen. Er zwang die ganze Provinz, auf ihn und

Pompeius einen Treueid zu schwören. Als er von den Ereignissen im diesseitigen Spanien Nachricht erhielt, traf er seine Vorbereitungen zum Krieg. Sein Kriegsplan aber bestand in der Überlegung, sich mit seinen zwei Legionen nach Gades zu begeben und dort sämtliche Schiffe und alles Getreide zusammenzuziehen; er hatte nämlich inzwischen erkannt, daß die ganze Provinz der Sache Caesars zuneigte. Nachdem er aber auf der Insel[92] so gut mit Schiffen und Getreide versorgt war, glaubte er, daß es nicht schwer sei, von hier aus Krieg zu führen. Caesar aber, obwohl ihn viele zwingende Gründe nach Italien zurückriefen, beschloß dennoch, keinen Kriegsherd in Spanien zurückzulassen, weil er wußte, daß Pompeius in der diesseitigen Provinz großes Wohlwollen genoß und über eine große Anhängerschaft verfügte.

19. Deshalb schickte er zwei Legionen unter der Führung des Volkstribunen Quintus Cassius in das jenseitige Spanien; er selbst eilte in strengen Gewaltritten voraus und ließ zuvor bekanntgeben, an welchem Tag sich der Magistrat und die Führer aus allen Gemeinden in Corduba[93] einzufinden hätten. Nachdem dieses Edikt in der ganzen Provinz bekanntgemacht worden war, gab es keine Gemeinde, die nicht zu diesem Zeitpunkt eine Senatsabordnung geschickt, keinen auch nur etwas bekannteren römischen Bürger, der sich nicht an diesem Tag dort eingefunden hätte. Zugleich verschloß die Ratsversammlung von Corduba aus eigenem Entschluß Varro den Zutritt zur Stadt, verteilte Posten und Wachen auf den Türmen und auf der Mauer und behielt zwei sogenannte Kolonistenkohorten, die zufällig nach Corduba gekommen waren, zum Schutz der Stadt bei sich zurück. In den gleichen Tagen warfen die Bewohner von Carmona[94], der bei weitem wehrhaftesten Stadt in der ganzen Provinz, die drei von Varro als Besatzung in die Stadtburg verlegten Kohorten auf eigenen Beschluß aus der Stadt und verschlossen die Tore.

20. Um so mehr aber beeilte sich Varro, mit seinen Legio-

nen so schnell wie möglich Gades zu erreichen, um nicht
vom Land- und Seeweg abgeschnitten zu werden; als so
weit verbreitet und günstig sah man die Stimmung der Provinz gegenüber Caesar an. Nachdem er schon ein wenig
weiter vorangekommen war, wurde ihm ein Brief aus Gades überbracht, in dem stand, daß gleich, nachdem Caesars
Edikt bekanntgeworden war, die Häupter von Gades mit
den Tribunen der dort als Besatzung liegenden Kohorten
übereingekommen seien, Gallonius aus der Stadt zu vertreiben, die Stadt selbst aber und die Insel Caesar unversehrt zu erhalten. Auf diesen Beschluß hin habe man Gallonius nahegelegt, solange er es noch ohne Gefahr könnte,
freiwillig die Stadt zu verlassen; wenn er sich jedoch weigere, würde man einen neuen Plan fassen. Aus Furcht davor
habe Gallonius Gades verlassen. Als dies bekannt wurde,
brach die eine der beiden Legionen, die sich aus Einheimischen[95] zusammensetzte, in Anwesenheit und unter den
Augen des Varro aus dem Lager auf, zog sich nach Hispalis
zurück und ließ sich dort auf dem Forum und in den Säu-
lenhallen ohne jede Gewalttätigkeit nieder. Dieses Verhalten wurde von den römischen Bürgern dieser Gemeinde so
sehr gebilligt, daß jeder in seinem Haus bereitwilligst Gastfreundschaft bot. Als Varro in seiner Bestürzung darüber
seine Marschrichtung änderte und ankündigte, er werde
nach Italica[96] kommen, wurde er von seinen Leuten benachrichtigt, daß die Stadttore verschlossen seien. Als ihm
somit jeder Weg verschlossen war, ließ er Caesar ausrichten, er sei bereit, seine Legion einem von ihm beauftragten
Offizier zu übergeben. Dieser schickte Sextus Caesar zu
ihm und befahl, daß ihm die Legion übergeben werde.
Nach Übergabe der Legion kam Varro nach Corduba zu
Caesar; dort gab er ihm gewissenhaft Aufschluß über die öffentlichen Finanzen, übergab ihm das Geld, das er mitgenommen hatte, und zeigte auf, was er überall an Getreide
und Schiffen besaß.

21. Auf einer Versammlung, die Caesar abhielt, bedankte

sich Caesar bei allen: Bei den römischen Bürgern, weil sie
sich bemüht hätten, die Stadt in ihrer Gewalt zu behalten;
bei den Spaniern, weil sie ihre Besatzungen hinausgeworfen hätten; bei den Einwohnern von Gades, weil sie die
feindlichen Versuche vereitelt und sich selbst die Freiheit
wiedererrungen hätten; bei den Militärtribunen und den
Centurionen, die als Besatzungstruppe dorthin gekommen
waren, weil sie deren Beschlüssen durch ihre Entschlossenheit Nachdruck verliehen hätten. Das Geld, das Varro von
den römischen Bürgern für die Staatskasse zugesagt war,
schickte er wieder zurück; jenen, denen, wie er erfahren
hatte, wegen allzu freimütiger Äußerungen zur Strafe ihr
Vermögen konfisziert worden war, gab er ihren Besitz wieder. Nachdem er bestimmte öffentliche und private Belohnungen gewährt hatte, weckte er bei den übrigen berechtig-
te Hoffnung für die Zukunft und brach, nachdem er auf diese Weise zwei Tage in Corduba verweilt hatte, nach Gades
auf. Das Geld und die Heiligtümer, die aus dem Herkulestempel in einem Privathaus zusammengetragen waren,
ließ er wieder in den Tempel zurückschaffen. Den Befehl
über die Provinz übertrug er Quintus Cassius, dem er vier
Legionen beigab. Er selbst fuhr mit den Schiffen, die Varro
und die Bewohner von Gades auf dessen Befehl gebaut hatten, in wenigen Tagen nach Tarraco, wo Gesandtschaften
aus fast der ganzen diesseitigen Provinz seine Ankunft erwarteten. Nachdem er dort auf gleiche Weise Belohnungen
an Privatleute und Gemeinden ausgeteilt hatte, verließ er
Tarraco und gelangte auf dem Landweg über Narbo nach
Massilia. Dort erfuhr er, daß ein Gesetz über die Einset-
zung eines Diktators eingebracht und er selbst von dem
Prätor Marcus Lepidus zum Diktator ernannt worden sei.[97]
22. Inzwischen waren die Massilier durch allerlei Unglück
erschöpft: an Getreide litten sie den äußersten Mangel,
zweimal waren sie in einer Seeschlacht besiegt worden, bei
zahlreichen Ausfällen waren sie zurückgeschlagen worden,
außerdem hatte sie aufgrund der langen Einschließung und

der dadurch bedingten Veränderung ihrer Lebensweise eine schwere Seuche befallen — alle ernährten sich nämlich von alter Hirse und verdorbener Gerste, die sie für solche Notfälle von alters her in den öffentlichen Kornspeichern aufbewahrt hatten —, ein Turm war eingestürzt, ein großer Teil der Stadtmauer zerstört worden, und schließlich hatten sie auch noch die Hoffnung auf Hilfe aus den Provinzen und von seiten der Heere aufgeben müssen, die, wie sie erfahren hatten, in Caesars Gewalt gekommen waren. So beschlossen sie, sich ohne jede betrügerische Absicht zu ergeben. Lucius Domitius aber hatte sich bereits wenige Tage zuvor, sobald er von der Absicht der Massilier erfahren hatte, drei Schiffe beschafft, von denen er zwei seiner Gefolgschaft zur Verfügung stellte, während er selbst an Bord des dritten ging, und stach bei stürmischem Wind in See. Als er von jenen Schiffen, die auf Brutus' Befehl gemäß ihrer täglichen Gewohnheit draußen im Hafen zur Bewachung vor Anker lagen, gesichtet wurde, lichteten sie ihre Anker und nahmen die Verfolgung auf. Von den drei Schiffen setzte das des Domitius unter Aufbietung aller seiner Kräfte die Flucht fort und kam mit Hilfe des Sturmes außer Sicht, während die beiden anderen, die durch das Herannahen unserer Schiffe verschreckt wurden, sich wieder in den Hafen zurückzogen. Die Massilier brachten, wie ihnen befohlen wurde, ihre Waffen und Wurfmaschinen vor die Stadt, führten die Schiffe aus dem Hafen und aus den Werften heraus und übergaben das Geld aus der Staatskasse. Als dies alles getan war, begnadigte Caesar die Stadt mehr wegen ihres Rufes und ihres hohen Alters als wegen ihrer Verdienste ihm gegenüber; er ließ zwei Legionen dort als Besatzung zurück, die restlichen schickte er nach Italien. Er selbst aber reiste nach Rom.

23. Zur gleichen Zeit war C. Curio von Sizilien nach Afrika aufgebrochen und verschiffte, da er von vornherein die Truppenstärke von Publius Attius Varus unterschätzte, zwei von vier Legionen, die er von Caesar übernommen

hatte, sowie 500 Reiter. Nach einer Überfahrt von zwei Tagen und drei Nächten landete er an einem Ort, der Anquillaria[98] genannt wird. Dieser Ort liegt 22 Meilen von Clupea[99] entfernt, verfügt über eine besonders im Sommer nicht unfreundliche Bucht und wird von zwei weit ins Meer ragenden Vorgebirgen eingeschlossen. Auf seine Ankunft wartete bereits der junge Lucius Caesar bei Clupea mit zehn Kriegsschiffen, die man aus dem Seeräuberkrieg erbeutet und in Utica von Publius Attius für Kriegszwecke wieder instand gesetzt hatte. Aus Furcht aber vor der Menge der feindlichen Schiffe hatte Lucius Caesar seine Stellung auf hoher See aufgegeben, war mit einem gedeckten Dreiruderer an der nächsten Küste gelandet, hatte das Schiff am Strand zurückgelassen und war zu Fuß nach Hadrumetum[100] geflohen. Diese Stadt wurde von C. Considius Longus mit einer einzigen Legion als Besatzung geschützt. Die übrigen Schiffe Caesars zogen sich nach dessen Flucht nach Hadrumetum zurück. Als der Quästor Marcius Rufus, der ihn mit zwölf Schiffen, die Curio als Geleitschutz der Frachtschiffe, aus Sizilien hatte auslaufen lassen, gefolgt war, am Strand dieses verlassene Schiff entdeckte, nahm er es ins Schlepptau; er selbst kehrte mit der Flotte zu Curio zurück.

24. Curius schickte Marcius mit den Schiffen nach Utica voraus; er selbst brach mit dem Heer nach dort auf und gelangte nach einem Marsch von zwei Tagen zum Fluß Bagradas.[101] Dort ließ er den Legaten Gaius Caninius Rebilus mit den Legionen zurück; er selbst ging mit der Reiterei voraus, um die Lage von Castra Cornelia[102] auszukundschaften, weil dieser Ort als höchst geeignet für ein Lager galt. Es ist dies aber ein weit ins Meer hineinragender Bergrücken, der auf beiden Seiten steil und schroff ins Meer abfällt, auf der nach Utica hin gerichteten Seite jedoch eine sanfte Neigung hat. In gerader Linie ist er etwas mehr als 1 000 Schritte von Utica entfernt. Auf diesem Weg aber befindet sich dort, wo das Meer etwas näher heranrückt, eine

Quelle, wodurch die Gegend auf weite Strecke unter Wasser steht. Wer diese Gegend vermeiden will, gelangt nur auf einem sechs Meilen langen Umweg in die Stadt.

25. Als Curio diesen Ort erkundet hatte, erblickte er das Lager des Varus, das mit der Mauer und der Stadt verbunden, in der Nähe des sogenannten Kriegstores lag. Es war durch seine natürliche Lage sehr gut geschützt, auf der einen Seite durch die Stadt Utica selbst, auf der anderen Seite durch das Theater, das vor der Stadt lag und dessen gewaltiger Unterbau nur einen schwierigen und engen Zugang zum Lager freiließ. Gleichzeitig nahm er wahr, daß von allen Seiten und auf überfüllten Straßen vieles transportiert und getrieben wurde, was man für gewöhnlich aus Furcht vor einem plötzlichen Überfall vom Land in die Stadt zu schaffen pflegt. Dorthin schickte er die Reiterei, um zu plündern und Beute zu machen. Zur selben Zeit wurden von Varus zum Schutz dieser Transporte 600 numidische Reiter und 400 Fußsoldaten ausgesandt, die König Juba vor wenigen Tagen nach Utica zu Hilfe geschickt hatte. Dieser pflegte einerseits eine von seines Vaters Zeiten her stammende Gastfreundschaft mit Pompeius, stand aber andererseits auf schlechtem Fuß mit Curio, weil dieser als Volkstribun ein Gesetz verkündet hatte, durch das das Königreich Jubas vom römischen Staat annektiert wurde. Die Reiter sprengten aufeinander los; doch schon dem ersten Angriff unserer Reiter konnten die Numidier nicht standhalten. Nachdem etwa 120 von ihnen getötet worden waren, zogen sie sich wieder in ihr Lager bei der Stadt zurück. Als inzwischen die Kriegsschiffe angekommen waren, ließ Curio auf den etwa 200 Frachtschiffen bekanntgeben, daß er diejenigen, die nicht auf der Stelle die Schiffe nach Utica überführten, als Feinde behandeln würde. Nach dieser Androhung lichteten diese alle sofort die Anker, verließen Utica und fuhren zu dem anbefohlenen Platz. Dadurch wurde das Heer mit einer Fülle von Sachen jeglicher Art versorgt.

26. Nach diesen Ereignissen zog sich Curio in das Lager am Bagradas zurück und wurde dort durch Zuruf des gesamten Heeres zum Imperator[102a] ausgerufen. Am folgenden Tag führte er das Heer nach Utica und errichtete nahe der Stadt ein Lager. Noch während er damit beschäftigt war, meldeten ihm die Reiter einer Streife, daß große Hilfstruppen zu Pferd und zu Fuß, die vom König gesandt seien, nach Utica kämen. Gleichzeitig sah man eine große Staubwolke, und es kam auch schon die Vorhut in Sicht. Von dieser Neuigkeit überrascht, schickte Curio Reiter voraus, die den ersten Ansturm aushalten und verzögern sollten; er selbst rief schnell seine Soldaten von den Schanzwerken herbei und stellte sie in Schlachtordnung auf. Die Reiter eröffneten den Kampf und schlugen, noch bevor sich die Gegner recht entfalten und in Stellung gehen konnten, das gesamte Hilfsheer des Königs, das noch gar nicht kampfbereit und in großer Verwirrung war, in die Flucht, weil es nämlich zuvor völlig ungeordnet und unbesorgt marschiert war. Während die Reiterei fast gänzlich ungeschoren davonkam, weil sie sich schnell am Strand entlang in die Stadt zurückzog, wurde von den Fußsoldaten eine große Anzahl getötet.

27. In der nächsten Nacht liefen zwei Marsische[103] Centurionen aus dem Lager Curios mit zweiundzwanzig Männern ihres Manipels zu Attius Varus über. Entweder glaubten sie wirklich, was sie als ihre Meinung vortrugen, oder sie wollten dem Varus nur zu Gefallen reden — denn man glaubt gern, was man will, und hofft, daß andere denken, was man selbst denkt — jedenfalls versicherten sie ihm, daß das ganze Heer Curio gegenüber feindlich gestimmt sei und es unbedingt nötig sei, in Sichtweite des Heeres zu kommen und sich Gelegenheit zur Aussprache zu geben. Diese Meinung veranlaßte Varus, am Morgen des folgenden Tages seine Legionen aus dem Lager zu führen. Dasselbe tat auch Curio, und beide stellten, nur durch ein kleineres Tal getrennt, ihre Truppen auf.

28. Im Heer des Varus befand sich Sextus Quintilius Varus,

der, wie oben erwähnt[104], in Corfinium dabeigewesen war. Er war nach seiner Entlassung durch Caesar nach Afrika gekommen. Gerade diese Legionen, die Curio nach Afrika übergeführt hatte, waren damals von Caesar übernommen worden, so daß die Centurien und die Manipel bis auf wenige Centurionen, die ausgewechselt worden waren, noch dieselbe Zusammensetzung hatten. Auf diese Tatsache bezog sich Quintilius in seiner Ansprache und begann, um die Schlachtreihe des Curio herumzugehen und die Soldaten zu beschwören, doch nicht den ersten Eid, den sie vor Domitius und ihm als Quästor abgelegt hätten, zu vergessen, noch auch gegen diejenigen, die mit ihnen dasselbe Schicksal geteilt und dasselbe Los bei der Belagerung erlitten hätten, die Waffen zu erheben, und sich nicht für jene zu schlagen, von denen sie doch nur verächtlich Überläufer genannt würden. Daran anschließend machte er ihnen noch einige Hoffnung auf Belohnungen, die sie von seiner Freigebigkeit erhoffen dürften, sofern sie sich ihm und Attius anschließen würden. Nachdem er diese Rede gehalten hatte, zeigte das Heer jedoch keinerlei Reaktion darauf, und so führten beide ihre Truppen wieder zurück.

29. Im Lager Curios aber befiel alle eine große Furcht, die durch die verschiedenartigsten Gerüchte, die unter den Menschen umhergingen, noch vermehrt wurde. Ein jeder nämlich zimmerte sich seine eigenen Meinungen zurecht und fügte dem, was er von anderen gehört hatte, etwas von seinen eigenen Befürchtungen hinzu. Sobald nun das, was zunächst nur einen Urheber hatte, zu mehreren gedrungen war und der eine es dem anderen wieder weiterberichtet hatte, gewann es den Anschein, als würde diese Meinung von mehreren Gewährsleuten vertreten.[105]

30. Aus diesen Gründen wurde ein Kriegsrat einberufen und über die Gesamtlage beraten. Es wurden Meinungen geäußert, die besagten, daß man auf jede nur denkbare Weise etwas unternehmen und das Lager des Varus angreifen müsse, da bei einer solchen Stimmung unter den Soldaten

Nichtstun das Allerschädlichste sei. Schließlich sei es, so sagten sie, besser, durch eigene Tapferkeit im Kampf das Kriegsglück zu versuchen, als verlassen und bedrängt von den eigenen Leuten die schwerste Bestrafung zu erleiden. Es gab aber auch welche, die meinten, man solle sich um die dritte Nachtwache nach Castra Cornelia zurückziehen, damit, wenn erst einmal eine größere Zeit darüber verstrichen sei, sich die Herzen der Soldaten wieder fassen könnten, zugleich aber dort auch angesichts der großen Menge von Schiffen die Möglichkeit gegeben wäre, sich für den Fall, daß etwas Schlimmeres eintreten würde, leichter und sicherer nach Sizilien zurückzuziehen.

31. Curio lehnte beide Ratschläge ab und sagte, was dem einen an mutiger Entschlossenheit fehle, habe der andere zuviel; diese dächten nur an die schmählichste Flucht, jene dagegen glaubten, auch auf ungünstigstem Boden kämpfen zu müssen. »Worauf denn« , so fragte er, »gründen wir unsere Zuversicht zu glauben, ein Lager, das so sehr durch Schanzen und durch seine natürliche Lage geschützt sei, erobern zu können? Oder was nützt es uns, wenn wir nach einer schweren Niederlage die Bestürmung des Lagers abbrechen müssen? Als ob es nicht immer so wäre, daß glücklich vollbrachte Taten den Feldherren die Zuneigung, Unglück dagegen den Haß des Heeres erwürben. Was aber bedeutet eine Verlegung des Lagers anderes als schmähliche Flucht, die Verzweiflung aller und den Abfall des Heeres? Denn weder darf in Männern mit Ehrgefühl der Verdacht entstehen, man vertraue ihnen nicht, noch dürfen Schufte wissen, daß man sie fürchtet, weil bei jenen unsere Furcht die Zügellosigkeit nur vermehrt, diesen durch unser Mißtrauen der Eifer gelähmt wird. Wenn aber schon« , so fragte er weiter, »als gesicherte Erkenntnis für uns feststünde, was über den Abfall des Heeres gesagt wird, was ich allerdings für gänzlich falsch und übertrieben halte, um wieviel wäre es da nicht besser, dies zu bestreiten oder zu verheimlichen, als es auch noch zu bestätigen? Oder muß man

nicht, wie die Wunden des Körpers, so auch die Mängel des Heeres verdecken, damit die Hoffnung der Feinde nicht noch vermehrt wird? Aber man geht sogar noch weiter und rät, daß man bei Nacht aufbrechen solle, damit diejenigen, welche, wie ich glaube, Böses im Schilde führen, um so größere Freiheit haben. Denn solche Versuche werden entweder durch Scham oder Furcht in Zaum gehalten, wohingegen beidem die Nacht sehr abträglich ist. Ich bin also weder so tollkühn, daß ich meine, ohne Hoffnung das Lager berennen zu müssen, noch bin ich so ängstlich, daß ich die Hoffnung verliere; vielmehr glaube ich, erst einmal alles prüfen zu müssen, und vertraue darauf, mit euch zusammen schon die richtige Entscheidung zu treffen.«

32. Nachdem er den Kriegsrat entlassen hatte, berief er seine Soldaten zu einer Versammlung. Er erinnerte daran, wie sehr sich Caesar bei Corfinium auf ihren Eifer habe verlassen können, so daß er einen großen Teil Italiens dank ihrer Hilfe und ihres Einsatzes für sich gewonnen habe. »Euch nämlich und eurem Vorbild« , so sagte er, »sind nacheinander die Landstädte gefolgt, und nicht ohne Grund urteilte Caesar sehr freundlich über euch, der Feind dagegen mit großer Härte. Pompeius nämlich, der noch in keiner Schlacht geschlagen wurde, hat Italien verlassen, nachdem er die Vorentscheidung, die in eurer Tat lag, erkannte. Caesar hat mich, der ich ihm ganz besonders teuer bin, sowie die Provinzen Sizilien und Afrika, ohne die man Rom und Italien nicht schützen kann, eurer Treue anvertraut. Aber es gibt Leute, die euch einreden wollen, daß ihr von uns abfallen sollt. Was könnte denen auch erwünschter sein, als gleichzeitig uns zu umzingeln und euch in ein ruchloses Verbrechen zu verstricken? Oder was können sie in ihrem Zorn über euch Schlimmeres denken, als daß ihr die verratet, die glauben, euch alles verdanken zu müssen? Oder habt ihr nichts von Caesars Taten in Spanien gehört? Daß er zwei Heere geschlagen, zwei Feldherrn besiegt und zwei Provinzen gewonnen hat? Und dies alles in 40 Tagen, nach-

DER BÜRGERKRIEG

dem Caesar mit dem Feind in Berührung gekommen war!
Oder werden die, die nicht einmal unversehrt Widerstand
zu leisten vermochten, als Besiegte widerstehen? Ihr aber,
die ihr Caesar gefolgt seid, als der Sieg noch unsicher war,
solltet nun, wo das Kriegsglück bereits entschieden ist, den
Besiegten folgen, wo ihr jetzt die Belohnungen für eure
Dienste empfangen sollt? Im Stich gelassen und verraten
von euch seien sie, so wird behauptet, und erinnern euch
an euren früheren Eid. Habt ihr denn Domitius verlassen
oder er euch? Hat nicht jener euch im Stich gelassen, als ihr
bereit wart, das schlimmste Schicksal zu erleiden? Hat
nicht jener sich heimlich von euch davongestohlen und
sich zu retten versucht? Seid ihr nicht von jenem verraten,
von Caesar aber mit Wohlwollen behandelt worden? Wie
konnte einer euch durch den Fahneneid halten, der, nachdem er die Rutenbündel[106] abgeworfen hatte und seines
Oberbefehls enthoben worden war, als Privatmann und Gefangener selbst in fremde Gewalt gekommen war? Das wäre freilich eine ganz neue Art von Eidesverpflichtung, daß
ihr, nachdem der Fahneneid, der euch bindet, von diesem
mit Füßen getreten wurde, dennoch darauf Rücksicht nehmen sollt, was durch die Kapitulation der Feldherrn und
durch den Verlust der Bürgerrechte bereits hinfällig ist.
Doch ich glaube, daß ihr, wenn ihr auch für Caesar seid,
wohl an mir Anstoß nehmt. Ich will mich nicht mit eigenen Verdiensten vor euch rühmen, die zudem kleiner sind,
als daß sie sowohl meinen Wünschen als auch euren Erwartungen entsprochen hätten. Doch haben die Soldaten den
Lohn für ihre Mühe immer erst am Ausgang eines Krieges
erhalten, und wie der sein wird, daran zweifelt nicht einmal ihr. Warum aber sollte ich nicht von unserer Geschicklichkeit und unserem Glück, soweit die Sache bis jetzt ge-
diehen ist, reden? Oder reut es euch, daß ich das Heer heil
und unversehrt ohne den Verlust auch nur eines einzigen
Schiffes herübergeführt habe? Daß ich bei unserer Ankunft
die Flotte der Feinde schon bei ihrem ersten Angriff zurück-

geschlagen habe? Das ich zweimal in zwei Tagen bei einem Reiterkampf gesiegt habe? Daß ich aus dem Hafen und aus der Bucht der Feinde 200 vollbeladene Frachtschiffe entführt und jene so in Bedrängnis gebracht habe, daß sie weder auf dem Landweg noch durch Schiffe mit Nachschub versorgt werden können? Dieses Glück und diese Führer, verschmäht sie nur, an die Schmach von Corfinium, an die Vertreibung aus Italien, an die Kapitulation der spanischen Provinzen — sämtlich Vorentscheidungen für den Krieg in Afrika —, daran schließt euch an! Ich habe nicht anders als Caesars Soldat heißen wollen; ihr aber habt mich mit dem Namen Imperator begrüßt. Reut euch dies, so gebe ich euch diesen Gunstbeweis wieder zurück; mir aber gebt meinen eigenen Namen wieder, damit es nicht scheint, als hättet ihr mir mit diesem Namen einen Schimpf zufügen wollen.«

33. Durch diese Rede erschüttert, unterbrachen ihn die Soldaten häufig in seinen Worten, so daß man sah, daß sie nur mit großem Schmerz den Verdacht der Untreue ertrugen. Als er sich aber zum Gehen wandte, forderten ihn alle auf, doch nur guten Mutes zu sein, ohne Bedenken die Schlacht zu wagen und ihre Treue und Tapferkeit auf die Probe zu stellen. Als dergestalt sich die Stimmung und die Meinung aller verwandelt hatte, beschloß Curio, nachdem er selbst ihnen zugestimmt hatte, bei der ersten sich bietenden Gelegenheit die Schlacht zu wagen. Am folgenden Tag führte er das Heer aus dem Lager und stellte es an demselben Ort wieder in Schlachtordnung auf, wo es bereits an den vorhergehenden Tagen gestanden hatte. Auch Attius Varus zögerte nicht, seine Truppen herauszuführen, um die Gelegenheit, entweder die Soldaten des Curio aufzuwiegeln oder auf günstigem Gelände zu kämpfen, nicht ungenutzt verstreichen zu lassen.

34. Zwischen den beiden Schlachtreihen lag, wie bereits weiter oben[107] gezeigt wurde, ein Tal, das zwar nicht groß, dessen Ränder aber doch schwierig und steil zu ersteigen

waren. Jede Seite lauerte darauf, ob der Gegner dieses Tal zu durchqueren wagte, um dann auf dem günstigeren Gelände den Kampf zu beginnen. Da sah man, wie auf dem linken Flügel die ganze Reiterei des Publius Attius und gleichzeitig dazwischen eine Anzahl Leichtbewaffneter in das Tal hinabzogen. Gegen sie sandte Curio die Reiterei und zwei Kohorten Marruciner.[108] Schon ihrem ersten Angriff konnten die feindlichen Reiter nicht standhalten, sondern flohen in vollem Lauf zu den Ihrigen zurück; die Leichtbewaffneten aber, die mit ihnen vorgedrungen waren, sahen sich von ihnen verlassen, wurden von unseren Reitern umringt und niedergehauen. Die ganze Schlachtreihe des Varus, die diese Vorgänge verfolgt hatte, sah, wie ihre Kameraden flohen und niedergemacht wurden. In diesem Augenblick rief Rebilus, ein Legat Caesars, den Curio wegen seiner großen Erfahrung in Kriegsdingen mitgebracht hatte: »Du siehst die Bestürzung des Feindes, Curio; was zögerst du, die Gunst des Augenblicks zu nützen?« Curio dagegen erwiderte nur, daß seine Soldaten sich ihrer gestrigen Zusicherungen erinnern sollten, befahl dann, ihm zu folgen, und eilte allen voran. Das Tal erwies sich als so schwer passierbar, daß beim Aufstieg die Vordersten nur mit Unterstützung ihrer Kameraden vorwärts kamen. Die Soldaten des Varus aber, deren Mut schon im voraus durch ihre eigene Furcht sowie durch die Flucht und den Tod ihrer Kameraden gelähmt war, dachten nicht im entferntesten daran, Widerstand zu leisten, und glaubten sich alle schon von der Reiterei umzingelt. Noch bevor also ein Geschoß abgegeben werden und sich unsere Soldaten nähern konnten, machte die ganze Schlachtreihe des Varus kehrt und zog sich ins Lager zurück.

35. Bei dieser Flucht war ein Paeligner namens Fabius, einer von den niederen Rängen aus Curios Heer, der Vorhut der Fliehenden gefolgt, suchte den Varus und rief mit lauter Stimme nach ihm, so daß er den Anschein erweckte, als sei er einer von seinen Soldaten, der ihn auf etwas aufmerk-

sam machen und deshalb mit ihm sprechen wollte. Als dieser sich öfters angerufen hörte, schaute er sich nach ihm um, blieb stehen und fragte, wer er sei und was er denn wolle; da holte Fabius mit seinem Schwert gegen dessen Schulter aus, und es fehlte nicht viel, daß er ihn getötet hätte. Jener aber entging nur dadurch der Gefahr, daß er sich mit seinem Schild schützte. Fabius wurde von den dabeistehenden Soldaten umzingelt und niedergeschlagen. An den Toren des Lagers staute sich die völlig in Verwirrung geratene Menge der Fliehenden und versperrte sich gegenseitig den Weg; so kamen hier ohne Wunden mehr Menschen zu Tode als während der Schlacht oder auf der Flucht. Es fehlte nicht viel, so wären sie auch aus dem Lager vertrieben worden, und einige rannten, ohne anzuhalten, geradewegs weiter in die Stadt. Doch allein schon die natürliche Beschaffenheit des Geländes und die Befestigung des Lagers verhinderten einen Angriff; vor allem aber fehlte den Soldaten des Curio, die ja nur zu einer Feldschlacht ausgezogen waren, jegliche Ausrüstung, wie sie zu einer Belagerung gebraucht wurde. Deshalb führte Curio das Heer wieder in sein Lager zurück. Außer Fabius hatte er keinen Soldaten verloren, während auf der Gegenseite etwa 600 getötet und 1 000 verwundet worden waren. Nach Curios Abzug zogen sich alle Verwundeten und viele, die nur eine Verwundung vortäuschten, aus Furcht aus dem Lager in die Stadt zurück. Als Varus dies bemerkte und sich von dem Entsetzen, das das Heer ergriffen hatte, überzeugt hatte, führte auch er seine Soldaten um die dritte Nachtwache in die Stadt und ließ nur einen Hornbläser[109] und zum Schein einige Zelte im Lager zurück.

36. Am folgenden Tag traf Curio Vorbereitungen zur Belagerung und Umwallung von Utica. In der Stadt hielt sich eine Menge von Menschen auf, die durch die lange Friedenszeit gar nicht mehr an die Verhältnisse im Krieg gewöhnt waren; die Bewohner von Utica selbst aber waren Caesar wegen der ihnen erwiesenen Wohltaten sehr freund-

lich gesinnt; die Ratsversammlung setzte sich aus Menschen verschiedenster Art zusammen; die Panik wegen der vorangegangenen Kämpfe war groß. Deshalb sprachen alle schon ganz offen von Übergabe und drangen in Publius Attius, er solle doch nicht durch sein hartnäckiges Beharren das Wohl aller gefährden. Während diese Verhandlungen geführt wurden, trafen Boten von König Juba ein, die meldeten, daß dieser mit großen Truppen zu ihnen auf dem Weg sei, und sie zum Schutz und zur Verteidigung der Stadt aufforderten. Diese Nachricht richtete die erschreckten Gemüter wieder auf.

37. Dasselbe wurde auch Curio berichtet, ohne daß er es zunächst jedoch glauben konnte; so sehr vertraute er auf seine Sache. Auch machten bereits überall in Afrika die Nachrichten von Caesars Siegen in Spanien durch Boten und Briefe die Runde. Durch all dies ermutigt glaubte er, der König werde nichts gegen ihn unternehmen. Sobald er aber erfuhr, daß dessen Truppen weniger als 25 Meilen von Utica entfernt stünden, verließ er seine Verschanzungen und zog sich nach Castra Cornelia zurück. Dorthin ließ er Getreide zusammentragen, das Lager befestigen und Bauholz herbeischaffen und sandte sofort nach Sizilien mit dem Auftrag, ihm zwei Legionen und die restliche Reiterei zu schicken. Das Lager war aufgrund seiner natürlichen Lage, seiner Befestigungsanlagen, seiner Nähe zum Meer und dem reichlich vorhandenen Salz, das bereits in großer Menge aus den nahe gelegenen Salinen dort aufgehäuft lag, sehr dazu geeignet, den Krieg auch über eine längere Zeit hin zu führen. Wegen des reichen Baumbestandes konnte es ihm weder an Bauholz fehlen noch an Getreide, das üppig auf den Feldern wogte. Deshalb bereitete sich Curio in Übereinstimmung mit seinen Leuten darauf vor, die übrigen Truppen abzuwarten und den Krieg in die Länge zu ziehen.

38. Nachdem diese Anordnungen getroffen und die Entscheidungen gebilligt worden waren, hörte er von einigen Überläufern aus der Stadt, König Juba sei durch einen

Grenzkrieg und Unruhen in Leptis[110] zurückgerufen worden und daher in seinem Land verblieben; hingegen nähere
sich nun sein Unterfeldherr Saburra mit einer mäßig großen Streitmacht der Stadt Utica. Diesen Nachrichten
schenkte Curio blindlings Glauben, änderte seinen Plan
und beschloß, den Kampf zu wagen. Zu diesem Entschluß
trugen viel seine Jugend, sein hochstrebender Sinn, seine
Erfolge aus der jüngsten Zeit und sein Vertrauen auf ein
glückliches Gelingen bei. Dies zusammen bewirkte, daß er
bei Einbruch der Nacht die gesamte Reiterei gegen das Lager der Feinde an dem Fluß Bagradas ausrücken ließ. Dieses
stand, wie gesagt, unter dem Befehl von Saburra. Der König
aber folgte mit all seinen Truppen und ließ sich sechs Meilen von Saburra entfernt nieder. Die Reiter, die Curio ausgeschickt hatte, legten ihren Weg noch in der Nacht zurück
und griffen die völlig überraschten und nichtsahnenden
Feinde an. Die Numider nämlich hatten, einer Gewohnheit der Barbaren entsprechend, sich ohne jegliche Ordnung und willkürlich verstreut niedergelassen. Diese wurden nun im Schlag überfallen, einzeln, wie sie dalagen, angegriffen und eine große Anzahl von ihnen niedergemacht;
viele ergriffen in ihrem Schrecken die Flucht. Nach diesem
Überfall kehrten die Reiter zu Curio zurück und führten
ihm die Gefangenen vor.
39. Er selbst war mit seiner ganzen Streitmacht um die
vierte Nachtwache ausgezogen und hatte nur fünf Kohorten zum Schutz des Lagers zurückgelassen. Nach einem
Marsch von sechs Meilen stieß er auf seine Reiter, die ihm
von ihrem Überfall berichteten. Die Gefangenen fragte er,
wer im Lager beim Bagradas den Befehl habe; sie nannten
ihm Saburra. In seinem Eifer, den Marsch zu Ende zu führen, dachte er nicht daran, weiterzufragen, sondern rief, als
er die nächsten Feldzeichen erblickte: »Seht ihr nicht, Soldaten, wie die Aussagen der Gefangenen mit denen der
Flüchtlinge übereinstimmen? Das der König nicht da ist,
daß nur ein unbedeutendes Truppenkontingent ausge-

schickt wurde, das unseren wenigen Reitern nicht die Stirn
bieten konnte? Deshalb auf zur Beute, eilt zum Ruhm, damit wir bald an eure Belohnungen denken können und an
den Dank, den ich euch schuldig bin.« Für sich betrachtet
waren die Erfolge der Reiter in der Tat recht groß, zumal
wenn man ihre geringe Zahl mit der beachtlichen Menge
der Numider verglich. Allerdings wurden sie von ihnen
reichlich übertrieben dargestellt, wie ja die Menschen gerne ihre Verdienste preisen. Außerdem wurden viele Beutestücke vorgezeigt, wurden gefangene Soldaten und Reiter
vorgeführt, so daß, während einige Zeit darüber verstrich,
dies alles den Sieg nur zu verzögern schien. So fehlte zu der
Hoffnung Curios auch nicht die Begeisterung der Soldaten.
Er befahl seinen Reitern, ihm zu folgen, um die noch ganz
verschreckten Feinde auf ihrer Flucht angreifen zu können.
Die Reiter aber waren durch ihre nächtliche Unterneh-
mung so erschöpft, daß sie nicht sogleich folgen konnten,
sondern vereinzelt zurückblieben. Doch nicht einmal dieser Umstand konnte Curios Hoffnung erschüttern.
40. Als Juba von Saburra über den nächtlichen Kampf benachrichtigt wurde, schickte er ihm 2 000 spanische und
gallische Reiter, die er gewöhnlich zu seinem Schutz bei
sich führte, sowie jenen Teil seiner Fußsoldaten zu Hilfe,
denen er am meisten vertraute. Er selbst folgte mit den
übrigen Truppen und 60 Elefanten etwas langsamer nach.
Saburra, der aus den vorausgeschickten Reitern folgerte,
daß Curio selbst bald nachrücken werde, stellte seine Reiter und Fußtruppen in Schlachtordnung auf und befahl ihnen, so zu tun, als fürchteten sie sich, und dabei nach und
nach zurückzuweichen und sich zurückzuziehen; er selbst
werde, wenn es nötig sei, das Zeichen zum Kampf geben
und je nach Lage der Dinge weitere Befehle erteilen. Curio
aber, der glaubte, daß die Feinde wirklich auf der Flucht
seien, und dessen frühere Hoffnung sich durch diesen Umstand nur noch zu bestätigen schien, führte seine Truppen
von den Anhöhen in die Ebene hinab.

41. Als er von dort aus weiter vorgerückt war, ließ er sein Heer, das durch die Strapazen eines 16 Meilen langen Marsches bereits erschöpft war, haltmachen. Das gab Saburra seinen Truppen das Signal, stellte sie in Schlachtordnung auf und begann bei seinen Leuten der Reihe nach herumzugehen und sie anzufeuern. Sein Fußvolk setzte er nur zum Schein aus der Ferne ein, in den Kampf aber schickte er die Reiterei. Auch Curio ließ es nicht an Entschlossenheit fehlen und sprach seinen Leuten Mut zu, doch ihre ganze Hoffnung auf ihre Tapferkeit zu setzen. Und in der Tat fehlte es weder seinen Soldaten, wie erschöpft sie auch sein mochten, noch seinen Reitern, wie wenige sie und wie abgeschlagen sie auch waren, an Kampfeseifer und Tapferkeit; aber sie waren nur 200 an der Zahl, die übrigen waren auf dem Marsch zurückgeblieben. Nach welcher Richtung sie auch angriffen, jedesmal zwangen die den Feind, zu weichen; doch konnten sie weder den Fliehenden allzu weit nachsetzen, noch ihre Pferde heftiger antreiben. Die feindliche Reiterei dagegen begann, von beiden Flügeln aus unsere Schlachtreihe einzukreisen und vom Rücken her anzugreifen. Jedesmal, wenn die Kohorten aus ihrer Stellung vorstürmten, entzogen sich die Numider, die noch frisch bei Kräften waren, durch ihre Schnelligkeit unserem Angriff; wollten sich aber unsere Leute zu ihren Abteilungen zurückziehen, wurden sie umzingelt und vom Heer abgeschnitten. So schien es weder sicher, an Ort und Stelle zu bleiben und die Stellung zu halten, noch vorzustürmen und sich möglicher Gefahr auszusetzen. Die feindlichen Truppen wurden durch Hilfskräfte, die ihnen der König zu Hilfe schickte, immer wieder verstärkt, wogegen unseren Leuten die Kräfte zunehmend schwanden, wobei jene, die verwundet waren, sich weder aus der Schlachtreihe entfernen, noch sich an einen sicheren Ort zurückziehen konnten, weil die ganze Schlachtreihe von der feindlichen Reiterei umstellt und in Schach gehalten wurde. So erfaßte alle eine große Verzweiflung über ihre hoffnungslose Lage, und sie

375

beklagten nun, wie Menschen es in sicherer Erwartung ihres Todes zu tun pflegen, ihr Ende oder vertrauten ihre Eltern den Kameraden an, sofern sie das Schicksal aus der Gefahr würde erretten können. Überall herrschte Trauer und Furcht.

42. Als Curio bei der allgemeinen Bestürzung erkannte, daß weder seine Ermunterungen noch seine Bitten gehört wurden, glaubte er in dieser verzweifelten Lage nur noch eine einzige Hoffnung auf Rettung zu sehen und befahl daher, daß alle die zunächst gelegenen Hügel besetzen und dorthin ihre Feldzeichen richten sollten. Doch auch dahin kam ihnen Saburras Reiterei zuvor. Nun aber erreichte die Verzweiflung ihr höchstes Maß; teils wurden unsere Soldaten auf der Flucht von der Reiterei erschlagen, teils warfen sie sich unverletzt zu Boden. Der Reiterführer Gnäus Domitius, der Curio mit wenigen Reitern deckte, ermahnte ihn, sich durch die Flucht zu retten und ins Lager zu eilen, und versprach ihm, nicht von seiner Seite zu weichen. Curio aber versicherte, daß er nach dem Verlust des Heeres, das Caesar ihm anvertraut habe, diesem niemals mehr unter die Augen treten wolle, und fiel so mit dem Schwert in der Hand. Nur ganz wenige Reiter retteten sich aus dem Kampf. Jene aber, die, wie erwähnt, bei der Nachhut geblieben waren, um ihre Pferde zu erfrischen, zogen sich, sowie sie von weitem die Flucht des ganzen Heeres bemerkten, unbeschadet in das Lager zurück. Von den Fußsoldaten aber fielen alle bis auf den letzten Mann.

43. Als der Quästor Marcius Rufus, den Curio im Lager zurückgelassen hatte, von dem Unglück erfuhr, ermahnte er seine Leute, den Mut nicht sinken zu lassen. Diese baten und beschworen ihn, sie auf den Schiffen nach Sizilien zurückzubringen. Er versprach es und befahl den Kapitänen, bei Einbruch der Dunkelheit alle Boote am Strand bereitzuhalten. Doch Angst und Bestürzung waren bei allen so groß, daß einige behaupteten, Jubas Truppen rückten schon heran, andere, Varus nähere sich mit seinen Legio-

nen und man sehe bereits den Staub der Heranziehenden.
Nichts war jedoch von alledem wahr. Wieder andere arg-
wöhnten, die feindliche Flotte werde schnell herbeisegeln.
Jeder dachte in dieser allgemeinen Aufregung nur an seine
eigene Rettung. Die Besatzungen der Kriegsschiffe drängten auf eilige Abfahrt. Ihre Flucht spornte auch die Kapitäne der Frachtschiffe an; doch nur wenige Fahrzeuge folgten
noch ihrer Pflicht und ihrem Befehl. Auf dem völlig überfüllten Strand aber entbrach ein solcher Wettstreit darum,
wer aus der großen Zahl zuerst an Bord gehen könne, daß
manche Schiffe unter der Last der an Bord drängenden
Menschen untergingen, die übrigen aber aus Furcht davor
zögerten, näher heranzufahren.

44. So kam es, daß nur wenige Soldaten und Familienväter,
denen Bekanntschaft oder Mitleid dazu verhalf oder die zu
den Schiffen hinausschwimmen konnten, an Bord aufgenommen wurden und unversehrt nach Sizilien entkamen.
Die übrigen Truppen schickten noch in der Nacht Centurionen als Gesandte zu Varus und ergaben sich ihm. Als Juba am folgenden Tag die Kohorten dieser Soldaten vor der
Stadt erblickte, erklärte er öffentlich, dies sei seine Beute,
und ließ einen großen Teil von ihnen töten; nur wenige,
die er ausgewählt hatte, schickte er in sein Königreich. Varus beklagte sich darüber, daß dadurch sein von ihm gegebenes Versprechen gebrochen werde, wagte es aber nicht,
sich dagegen zur Wehr zu setzen. Der König ritt selbst in
Begleitung mehrerer Senatoren, namentlich des Servius
Sulpicius und Licinius Damasippus, in die Stadt, bestimmte und befahl in wenigen Tagen, was in Utica geschehen
solle, und zog sich einige Tage später mit allen seinen
Truppen in sein Königreich zurück.

DRITTES BUCH

1. Als Diktator hielt Caesar die Comitien ab[111], bei denen
Julius Caesar[112] und Publius Servilius zu Consuln gewählt
wurden. Es war nämlich das Jahr, in dem ihm von Rechts
wegen gestattet wurde, Consul zu werden.[113] Nach den
Wahlen beschloß er, da der Kredit in Italien sehr gesunken
war und die geliehenen Gelder nicht zurückbezahlt wurden, Schiedsrichter[114] einzusetzen; diese sollten die Grundstücke und beweglichen Güter nach ihrem Wert, den sie
vor dem Krieg hatten, einschätzen, worauf diese dann an
die Gläubiger abgetreten werden sollten. Er hielt diese
Maßnahme für die zweckmäßigste, um die gewöhnlich auf
Krieges und bürgerliche Unruhen folgende Furcht vor der
Aufstellung neuer Schuldbücher ganz aufzuheben oder wenigstens zu mildern und dadurch den Kredit der Schuldner
zu stärken. Ebenso ließ er von Prätoren und Volkstribunen
Gesetzesanträge vor das Volk bringen, durch die er manche, die wegen Amtserschleichung nach der Lex Pomeia[115]
verurteilt worden waren, wieder in ihre alten Rechte einsetzte. Die Verurteilungen waren damals erfolgt, als Pompeius die Stadt durch seine Legionen besetzt hielt; dabei
waren die Verhandlungen jeweils an einem einzigen Tag
abgeschlossen worden, und es war vorgekommen, daß von
den Richtern die einen die Zeugenaussagen anhörten, während andere das Urteil fällten. Bei den Rehabilitierten handelte es sich um Männer, die sich ihm bei Beginn des Bürgerkrieges für den Fall zur Verfügung gestellt hatten, daß er
auf ihre Dienste im Krieg zurückgreifen wolle; er rechnete
ihnen das ebenso an, als wenn er davon Gebrauch gemacht

hätte, da sie ihm ja die Möglichkeit dazu gegeben hatten. Er meinte nämlich, daß sie eher durch das Urteil des Volkes rehabilitiert werden müßten, als daß es schien, sie hätten es seinem Wohlwollen zu verdanken; so werde er weder undankbar erscheinen, wo es galt, Dank abzustatten, noch anmaßend, weil er dem Begnadigungsrecht des Volkes vorgegriffen hätte.

2. Auf diese Maßnahmen sowie auf die Feier des Latinerfestes[116] und die Abhaltung aller Comitien[117] verwandte er elf Tage, legte dann die Diktatur nieder, brach von Rom auf und fuhr nach Brundisium.[118] Dorthin hatte er zwölf Legionen sowie seine gesamte Reiterei befohlen. Er fand aber gerade so viele Schiffe vor, daß es einiger Mühe bedurfte, 15 000 Soldaten und 500 Reiter zu verladen. Allein der Mangel an Schiffen war es, der Caesar zu einer raschen Beendigung des Krieges fehlte. Dabei wurden selbst diese Truppen nicht in voller Stärke an Bord gebracht, weil viele in den zahlreichen gallischen Kriegen ihre Kräfte verzehrt hatten, durch den langen Marsch von Spanien her die Zahl wesentlich vermindert worden war und weil das stürmische Herbstwetter in Apulien und in der Umgebung von Brundisium nach dem überaus gesunden Klima in Gallien und Spanien der Gesundheit des ganzen Heeres stark zugesetzt hatte.

3. Pompeius hatte ein ganzes von Krieg und Feinden ungestörtes Jahr gehabt, um seine Truppen zu sammeln. Er hatte eine große Flotte aus Asien[119], von den Cycladen, aus Corcyra[119], Athen, Pontus[119], Bithynien, Syrien, Cilicien, Phönicien und Ägypten zusammengezogen und überall den Bau einer weiteren großen Flotte veranlaßt, hatte eine große Summe Geldes eingetrieben, die er Asien, Syrien und allen Königen, Herrschern, Tetrarchen[120] und den freien Völkern Achaias[121] auferlegt hatte, und schließlich auch die Steuerpächtergesellschaften aller Provinzen[122], die er selbst verwaltete, zur Zahlung weiterer Summen genötigt.

4. An Legionen römischer Bürger hatte er neun aufge-

bracht: fünf, die er aus Italien mitgebracht hatte; eine Veteranenlegion aus Cilicien, die man die »Zwillingslegion« nannte, weil sie aus zwei Legionen zusammengestellt worden war; eine aus Creta und Macedonien, die ebenfalls aus Soldaten, die sich nach ihrer Entlassung durch ihre früheren Feldherrn in diesen Provinzen niedergelassen hatten, bestand; schließlich zwei aus Asien, die der Consul Lentulus hatte ausheben lassen. Außerdem hatte er eine große Anzahl von Soldaten aus Thessalien, Böotien, Achaia und Epirus als Ersatzmannschaft auf die einzelnen Legionen verteilt; diesen hatte er auch die Soldaten des Antonius[123] beigemischt. Außerdem erwartete er zwei Legionen mit Scipio aus Syrien. An Bogenschützen hatte er aus Creta, Sparta, Pontus, Syrien und anderen Staaten 3 000 Mann, an Schleuderern zwei Kohorten zu je 600 Mann, an Reitern 7 000 Mann. Von diesen hatte Deiotarus[124] 600 Gallier und Ariobarzanes 500 Cappadocer herangeführt; etwa die gleiche Anzahl hatte Cotus aus Thrazien gestellt und seinen Sohn Sadala mitgeschickt; aus Macedonien waren 200 gekommen unter der Führung von Rhascypolis, einem Mann von ausgezeichneter Tapferkeit; 500 ehemals unter Gabinius[125] stehende Gallier und Germanen, die dieser in Alexandrien als Besatzung beim König Ptolemäus zurückgelassen hatte, hatte der Sohn des Pompeius von dort mit der Flotte herübergeführt; 800 hatte er aus seinen Sklaven, und zwar aus seinen Hirten, aufgestellt; 300 hatten ihm Tarcondarius Castor und Domnilaus aus Gallograecia überstellt, von denen der eine mitgekommen war und der andere seinen Sohn geschickt hatte; 200 hatte Antiochus von Comagene[125] aus Syrien geschickt, unter diesen die meisten berittene Bogenschützen, wofür ihm Pompeius ein großes Geschenk machte. Diesen allen hatte er die Dardaner und die Besser[127], die teils als Söldner, teils auf Befehl oder aus eigenem Entschluß gekommen waren, zugefügt, ebenso Macedonier, Thessalier und Angehörige anderer Stämme. So hatte er es auf die obengenannte Zahl gebracht.

5. Eine große Menge Getreide hatte er aus Thessalien, Asien, Ägypten, Creta, der Cyrenaica und den anderen Gegenden herbeigeschafft. Zu überwintern hatte er in Dyrrhachium[128], Apollonia[129] und anderen befestigten Seestädten beschlossen, um Caesar vom Seeweg abzuschneiden, weswegen er seine Flotte über die ganze Meeresküste verteilt hatte. Den Befehl über die ägyptischen Schiffe übertrug er seinem Sohn, die asiatischen dem Decimus Laelius und Gaius Triarius, die syrischen Gaius Cassius, die rhodischen Gaius Marcellus zusammen mit Gaius Coponius, die liburnischen und achaischen Scribonius Libo und Marcus Octavius. Den Oberbefehl jedoch über die gesamte Flotte hatte Marcus Bibulus[130]; er vereinigte in seiner Hand die höchste Befehlsgewalt und ordnete alles an.

6. Sobald Cäsar in Brundisium eingetroffen war, berief er eine Versammlung seiner Soldaten und sagte: Da sie ja nun fast am Ende ihrer Mühen und Gefahren angekommen seien, sollten sie unbesorgt ihre Sklaven und ihr Gepäck in Italien zurücklassen, selbst aber nur leichtbepackt an Bord gehen, damit desto mehr Soldaten Platz fänden; sie dürften sich alles vom Sieg und von seiner Freigebigkeit erhoffen. Da alle ihm daraufhin zuriefen, er solle befehlen, was er wolle, sie würden alle seine Befehle gleichermaßen gelassen ausführen, stach er am 4. Januar in See. An Bord hatte er, wie erwähnt, sieben Legionen. Am folgenden Tag sichtete er Land. Zwischen den ceraunischen Felsen und anderen gefährlichen Stellen erreichte er einen ruhigen Ankerplatz, nachdem er zuvor alle Häfen ängstlich gemieden hatte in der Annahme, sie könnten von Feinden besetzt sein, und setzte an einem Ort, der Palaeste[131] hieß, seine Truppen aus den ausnahmslos heil gebliebenen Schiffen an Land.

7. In Oricum[132] standen Lucretius Vespillo und Minucius Rufus mit 18 asiatischen Schiffen, über die sie auf Befehl von D. Laelius das Kommando hatten, und in Corcyra M. Bibulus[133] mit 110 Schiffen. Vespillo und Rufus aber trau-

ten sich nicht, sich aus dem Hafen zu wagen, obwohl Caesar nur 12 Kriegsschiffe als Geleitschutz mitgeführt hatte, unter denen sich außerdem nur vier gedeckte befanden. Bibulus seinerseits konnte nicht rechtzeitig zur Stelle sein, da seine Schiffe nicht vollzählig mit Ruderern besetzt waren und überdies Caesar früher in der Nähe des Festlandes gesichtet wurde, als das Gerücht von seiner Ankunft überhaupt in diese Gegenden drang.

8. Nachdem die Soldaten an Land gesetzt wurden, schickte Caesar die Schiffe noch in derselben Nacht nach Brundisium zurück, um die übrigen Legionen und die Reiterei übersetzen zu können. Mit dieser Aufgabe beauftragte er den Legaten Fufius Calenus, der die Überfahrt der Legionen beschleunigen sollte. Da aber die Schiffe später vom Land ablegten, als vorgesehen war, und der laue Nachtwind ihre Reise nicht eben beförderte, erlitten sie auf der Rückfahrt Verluste. Bibulus nämlich wurde in Corcyra von der Ankunft Caesars benachrichtigt und hoffte nun, er könne einen Teil seiner Lastschiffe abfangen, stieß aber dabei nur auf leere Schiffe. Er griff etwa 30 Schiffe auf, an denen er seine ganze Wut über seine eigene Nachlässigkeit und seine Erbitterung ausließ. Er steckte sie in Brand und ließ die Seeleute und die Schiffseigner im Feuer umkommen in der Hoffnung, daß die anderen durch die Härte dieser Strafe abgeschreckt würden. Danach besetzte er mit seinen Flottenverbänden von Salona[134] bis zum Hafen von Oricum alle Ankerplätze und Küstenstreifen weit und breit, verteilte sorgfältiger als zuvor Wachtposten, blieb selbst trotz des strengen Winterwetters mit seinen Schiffen draußen auf See, scheute weder Mühe noch Arbeit und erwartete keine Hilfe für den Fall, daß er Caesar stellen könnte. . .

9. Nach dem Abzug der Liburnerschiffe aus Illyricum gelangte Octavius mit seinen Schiffen nach Salona. Dort wiegelte er die Dalmater und die übrigen Barbaren auf und veranlaßte Issa[135] dazu, sich von Cäsar loszusagen. Da er den römischen Teil der Bürger von Salona weder mit Verspre-

chungen noch mit Drohungen dazu bewegen konnte, beschloß er, die Stadt zu erstürmen. Diese aber war durch ihre natürliche Lage und durch einen Hügel gut geschützt. Dennoch errichteten die römischen Bürger rasch hölzerne Türme und verschanzten sich dahinter. Da sie aber infolge ihrer geringen Zahl und der häufigen Verwundungen zu schwach waren, um Widerstand zu leisten, griffen sie zum letzten Mittel, ließen die waffenfähigen Sklaven frei und bauten mit Hilfe der abgeschnittenen Frauenhaare Wurfmaschinen. Als Octavius diese Absicht erkannte, schloß er die Stadt von drei Seiten ein und begann durch gleichzeitige Belagerung und Erstürmung die Bewohner zu bedrängen. Diese aber, bereit, alles zu erdulden, litten vor allem unter Getreidemangel, weshalb sie Boten zu Caesar schickten und ihn hierin um Hilfe baten. Alle anderen Beschwernisse nahmen sie, soweit sie konnten, selbst auf sich. Als aber die Soldaten des Octavius nach einiger Zeit infolge der länger andauernden Belagerung nachlässiger wurden, nutzten sie eines Mittags, als jene sich entfernt hatten, die Gelegenheit, verteilten Kinder und Frauen auf der Stadtmauer, damit die tägliche Gewohnheit nicht unterbrochen werde, bildeten mit denen, die sie gerade befreit hatten, eine Mannschaft und brachen in das nächste Lager des Octavius ein. Nachdem sie dies erobert hatten, griffen sie im gleichen Zug das zweite an, darauf das dritte, vierte und schließlich alle übrigen, vertrieben die Feinde aus allen Lagern, töteten eine große Anzahl und zwangen die übrigen mitsamt dem Octavius, sich auf ihre Schiffe zu flüchten. So endete diese Belagerung. Bald nahte auch schon der Winter, und nachdem Octavius eine so schwere Niederlage erlitten hatte, verzweifelte er an der Erstürmung der Stadt und zog sich nach Dyrrachium zu Pompeius zurück.

10. Wir haben bereits erzählt, daß der Reiterpräfekt von Pompeius, Vibullius Rufus[136], zweimal in Caesars Gewalt gekommen war, anschließend aber wieder freigelassen wurde, das eine Mal in Corfinium, das andere Mal in Spa-

nien. Aufgrund der ihm erwiesenen Gnade hielt ihn Caesar
für geeignet, Aufträge an Pompeius zu überbringen, zumal
dieser bei Pompeius noch einiges Ansehen genoß. Der Inhalt der Aufträge lautete zusammengefaßt folgendermaßen: Beide sollten ihrer Hartnäckigkeit ein Ende bereiten
und die Waffen niederlegen, um das Schicksal nicht noch
mehr herauszufordern. Beide Seiten hätten genug Niederlagen erlitten, die ihnen als Lehre und Warnung dafür dienen
könnten, weiteres Unglück zu fürchten: Pompeius sei aus
Italien vertreiben worden, habe Sicilien, Sardinien und beide spanischen Provinzen verloren und in Italien und Spanien 130 römische Kohorten eingebüßt; er, Caesar, aber habe den Tod von Curio, die Niederlage des afrikanischen Ex-
peditionsheeres und die Kapitulation des Antonius und seines Heeres bei Curicta zu verschmerzen. Deshalb sollten
sie auf sich und den Staat Rücksicht nehmen, da sie ja
selbst durch ihre Niederlagen zur Genüge bewiesen hätten,
welch unwägbare Rolle das Schicksal im Krieg spielt. Jetzt
sei noch Zeit, über einen Frieden zu verhandeln, solange
beide noch über Selbstvertrauen verfügten und gleich stark
schienen; habe aber das Glück einen von ihnen auch nur
ein wenig mehr begünstigt, so werde sich der, der sich im
Vorteil glaube, nicht mehr auf Friedensverhandlungen einlassen wollen; ebenso werde sich derjenige nicht mit einem
gleichen Anteil zufriedengeben, der darauf rechne, alles zu
bekommen. Da sie sich aber bisher nicht über die Friedensbedingungen hätten einigen können, sollten sie in Rom
beim Senat und beim Volk darüber nachsuchen. Es liege
doch nur im Interesse des Staates und müsse auch ihren eigenen Beifall finden, wenn beide sich in der Versammlung
sofort eidlich verpflichteten, innerhalb der nächsten drei
Tage ihre Heere zu entlassen. Wenn beide sodann ihre Waffen niedergelegt und ihre Hilfstruppen entlassen hätten,
auf die sie nun ihr Vertrauen stützten, werde man sich notwendigerweise dem Urteil des Senates und des Volkes beu-
gen. Damit sich Pompeius desto leichter mit diesem Vor-

schlag befreunde, wolle er selbst alle seine Landtruppen und die Besatzungen in den Städten entlassen . . .

11. Vibullius ließ sich dies darlegen, hielt es aber für nicht minder notwendig, Pompeius über die plötzliche Ankunft Caesars in Kenntnis zu setzen, damit dieser noch vor Beginn der eigentlichen Verhandlungen seine Entschlüsse danach richten könne. Deshalb reiste er ohne Unterbrechung bei Tag und bei Nacht, wechselte in jeder Stadt seine Pferde, um keine Zeit zu verlieren, und eilte so zu Pompeius, um ihm Caesars Ankunft zu melden. Pompeius befand sich zu jener Zeit in Candavia[137] auf dem Marsch von Macedonien in die Winterlager nach Apollonia und Dyrrachium. In seiner Bestürzung über diese Neuigkeiten begann er jedoch, seinen Marsch nach Apollonia zu beschleunigen, um zu verhindern, daß Caesar die Küstenstädte in seine Gewalt brächte. Dieser aber brach nach seiner Landung noch am selben Tag nach Oricum auf. Als er dort angekommen war, versuchte Lucius Torquatus, der auf Pompeius' Befehl das Kommando über die Stadt und die aus Parthinern[138] bestehende Besatzung führte, die Stadt zu verteidigen, nachdem er zuvor die Tore verschlossen hatte. Als er aber den Griechen befahl, die Mauer zu besetzen und die Waffen zu ergreifen, weigerten sich diese, gegen die Herrschaft des römischen Volkes zu kämpfen.[139] Als schließlich auch noch die Bewohner aus eigenem Entschluß Caesar bei sich aufzunehmen verlangten, da öffnete er, an aller weiterer Hilfe verzweifelnd, die Tore und lieferte sich und die Stadt an Caesar aus. Dafür ließ ihn Caesar ohne Bestrafung.

12. Nach der Einnahme von Oricum brach Caesar unverzüglich nach Apollonia auf. Als Lucius Staberius, der den Befehl über die Stadt hatte, von dessen Ankunft hörte, begann er, Wasservorräte auf die Burg zu schaffen, sie zu befestigen und von den Einwohnern Geiseln zu fordern. Diese aber weigerten sich, die Geiseln zu stellen und die Tore vor dem Konsul zu verschließen, da sie sich nicht anders entscheiden wollten, als ganz Italien und das römische Volk

sich entschieden hätten. Nachdem er diesen Willen vernommen hatte, floh Staberius heimlich aus Apollonia. Jene aber schickten Gesandte an Caesar und nahmen ihn in der Stadt auf. Diesem Beispiel folgten auch die Byllidenser, Amantiner und die übrigen benachbarten Gemeinden sowie ganz Epirus[140]; sie schickten Gesandte an Caesar und versprachen, alles zu tun, was er befehle.

13. Als Pompeius von den Ereignissen in Oricum und Apollonia erfuhr, fürchtete er um Dyrrachium und eilte in Tag- und Nachtmärschen dorthin. Zugleich hieß es, daß Caesar sich nähere. Da geriet sein Heer, das in seiner Eile die Nacht zum Tage machte und keine Pause einlegte, in eine solche Panik, daß fast alle aus Epirus und den benachbarten Regionen desertierten, viele die Waffen niederlegten und so der Marsch einer Flucht ähnlich schien. Als aber Pompeius bei Dyrrachium haltmachen ließ und befahl, das Lager zu vermessen, trat Labienus als erster vor das immer noch verschreckte Heer und schwor, daß er ihn nicht im Stich lassen und sich allem unterwerfen wolle, was ihm das Schicksal bestimmt habe. Dasselbe schworen auch die übrigen Legaten; ihnen folgten die Militärtribunen und die Centurionen und schließlich auch das ganze Heer. Da ihm der Weg nach Dyrrachium verlegt war, brach Caesar seinen Eilmarsch dorthin ab und errichtete am Fluß Aspus[141] im Gebiet von Apollonia ein Lager, um die dort ansässigen Gemeinden, die sich um ihn verdient gemacht hatten, durch Kastelle und Wachtposten zu schützen. Dort beschloß er, die Ankunft der übrigen Legionen aus Italien abzuwarten und in den Winterzelten zu überwintern. Dasselbe tat Pompeius, schlug jenseits des Apsus ein Lager auf und führte alle seine Truppen und Hilfsvölker dorthin.

14. Calenus hatte in Brundisium entsprechend der Weisung Caesars so viele Legionen und Reiterei auf die Schiffe verladen, wie es sein Schiffsraum zuließ, hatte die Anker gelichtet und war gerade ein wenig aus dem Hafen herausgefahren, als er Briefe von Caesar erhielt, daß alle Häfen

und Küstenstriche von der feindlichen Flotte besetzt seien.
Daraufhin begab er sich wieder in den Hafen und rief alle
Schiffe zurück. Eines von ihnen, das weiterfuhr und nicht
auf den Befehl von Calenus hörte, weil es keine Soldaten
an Bord hatte und von einem Privatmann gesteuert wurde,
wurde nach Oricum verschlagen und von Bibulus aufgebracht. Dieser ließ von den Sklaven und Freien bis zu den
Kindern alle hinrichten. So hing von einem kleinen Augenblick und von einem großen Zufall die Rettung des ganzen
Heeres ab.

15. Bibulus stand, wie oben erwähnt, mit seiner Flotte bei
Oricum, und so wie er Caesar vom Meer und den Häfen
fernhielt, wurde er selbst von dem ganzen Land in dieser
Gegend abgeschnitten. Nachdem Caesar nämlich überall
seine Stützpunkte verteilt hatte, wurde die ganze Küste
von ihm gehalten, so daß es keine Möglichkeit mehr gab,
Holz und Wasser zu holen und die Schiffe an Land zu bringen. Die Lage war außerordentlich schwierig: Die Feinde
litten so sehr unter dem größten Mangel an allem Notwendigen, daß sie gezwungen wurden, neben den übrigen Lebensmitteln auch Holz und Wasser auf Lastschiffen von
Corcyra herbeizuschaffen, und einmal geschah es sogar,
daß sie bei besonders widrigem Wetter den Tau, der sich
nachts auf den Fellen, die über die Schiffe gespannt waren,
gebildet hatte, sammeln mußten. Dennoch ertrugen sie
diese Strapazen geduldig und gelassen, und verharrten fest
in ihrer Meinung, die Küsten nicht preisgeben und die Häfen verlassen zu dürfen. Da sie sich aber, wie ich gezeigt
habe, in großen Schwierigkeiten befanden und Libo sich
dazu mit Bibulus vereinigt hatte, sprachen beide von Bord
ihrer Schiffe aus mit den Legaten Manlius Ancilius und
Statius Murcus, von denen der eine den Befehl über die
Stadtbefestigungen und der andere den über die Besatzungs-
truppen auf dem Lande führte: Sie wollten, wenn sich ihnen dazu eine Gelegenheit böte, über sehr wichtige Dinge
mit Caesar reden. Dieser Bitte fügten sie noch einiges zur

Bekräftigung bei, damit es schien, als wollten sie über eine gegenseitige Aussöhnung verhandeln. Für die Zwischenzeit verlangten sie einen Waffenstillstand, den sie auch von den Legaten zugestanden bekamen. In der Tat schien das, was sie vorzutragen hatten, von großer Bedeutung zu sein, zumal sie wußten, daß dies auch Caesars entschiedenem Wunsch entsprach; auch waren sie der Meinung, daß durch die Aufträge des Vibullius bereits etwas bewirkt worden sei.

16. Zu dieser Zeit war Caesar mit einer Legion aufgebrochen, um die weiter entfernt liegenden Gemeinden für sich zu gewinnen und Getreide zu besorgen, an dem er großen Mangel litt, und stand nun bei Buthrotum[142], das gegenüber von Corcyra liegt. Als er dort von Acilius und Murcus durch Briefe über die Forderungen des Libo und Bibulus erfuhr, ließ er seine Legion in Buthrotum und kehrte allein nach Oricum zurück. Als er dort angekommen war, wurden die beiden zu einer Unterredung gebeten. Es kam aber nur Libo, der Bibulus entschuldigte, weil dieser noch voller Zorn und überdies aus der Zeit seiner Ädilität und Prätur[143] persönlich mit Caesar verfeindet war; er habe die Unterredung nur deshalb vermieden, um nicht Dinge, die zu der schönsten Hoffnung berechtigten und den größten Nutzen versprächen, durch seinen Jähzorn zu vereiteln. Es sei sein größter Wunsch und sei es immer schon gewesen, daß sie sich miteinander versöhnten und die Waffen niederlegten; doch sei er dazu leider nicht bemächtigt, und zwar deshalb, weil man durch einen Beschluß des Kriegsrates die letzte Entscheidung über den Krieg und alle damit zusammenhängenden Fragen Pompeius überlassen habe. Doch wollten sie, sobald Caesar ihnen seine Forderungen mitgeteilt habe, Gesandte zu Pompeius schicken, der dann auf ihr Drängen hin schon das Weitere unternehmen werde. In der Zwischenzeit solle der Waffenstillstand gelten, bis die Gesandten von Pompeius zurückgekehrt seien, und keiner solle dem anderen schaden. Diesem fügte er noch einige

Bemerkungen über die gegenwärtige Lage, über die Truppenstärken und über die Hilfsmittel hinzu.

17. Schon damals glaubte Caesar, daß diese Dinge keine Antwort verdienten, und wir glauben auch jetzt nicht, daß ausreichend Grund gegeben wäre, sie der Erinnerung anheimzugeben. Caesar verlangte, daß es ihm gestattet werden möge, ohne Gefahr Gesandte zu Pompeius schicken zu dürfen, und daß sie selbst für diese garantieren oder sie bei sich aufnehmen und zu Pompeius führen sollten. Bezüglich des Waffenstillstandes sei zu bemerken, daß die Kriegslage so verteilt sei, daß jene mit ihrer Flotte seine Schiffe und Nachschubwege blockierten, wogegen er selbst sie vom Wasser und vom Land abschneide. Wenn sie hierin Erleichterung wünschten, sollten sie ihre Blockade aufheben; hielten sie aber daran fest, so werde auch er an seinen Maßnahmen festhalten. Nichtsdestoweniger könne trotzdem über eine Einigung verhandelt werden, auch wenn man es bei dem jetzigen Zustand belasse; dieser sei dafür kein Hindernis. Libo aber war weder bereit, Caesars Gesandte zu empfangen, noch wollte er für deren Sicherheit bürgen, sondern schob die ganze Angelegenheit Pompeius zu. Sobald Caesar aber begriffen hatte, daß Libo nur aufgrund der herrschenden Gefahr und um der Beseitigung des Notstandes willen dieses Gespräch inszeniert hatte und dabei weder Anlaß zu irgendeiner Hoffnung bot noch einen konkreten Friedensvorschlag machte, richtete er seine weiteren Gedanken wieder auf den Krieg.

18. Bibulus, der viele Tage lang vom Land abgeschnitten und infolge der Kälte und Entbehrungen von einer schweren Krankheit befallen war, zumal da er die übernommene Aufgabe nicht im Stich lassen wollte und sich deshalb auch nicht pflegen konnte, vermochte der Gewalt der Krankheit nicht lange zu widerstehen. Nach seinem Tod wurde der Oberbefehl nicht einem allein übertragen, sondern ein jeder führte nun nach seinem Ermessen das Kommando über sein Flottengeschwader. Nachdem Vibullius die Unruhen,

die das plötzliche Erscheinen Caesars hervorgerufen hatte,
besänftigt hatte, ging er daran, sobald es angebracht schien,
zusammen mit Libo, Lucius Lucceius[144] und Theophanes[145], mit denen Pompeius sich über die wichtigsten Angelegenheiten zu beraten pflegte, über Caesars Vorschläge
zu verhandeln. Kaum hatte er begonnen, fiel ihm Pompeius in die Rede und hinderte ihn weiterzusprechen. »Was
nützt mir«, so fragte er, »Leben oder Staat, wenn es
scheint, als verdanke ich sie Caesar? Dieser Eindruck wird
sich nicht verwischen lassen, wenn von mir gesagt wird,
ich sei in das Italien, von wo ich aufbrach, zurückgeführt
worden.« Nach Beendigung des Krieges erfuhr Caesar diese
Vorgänge von denen, die an den Gesprächen teilgenommen
hatten. Nichtsdestoweniger versuchte er auf andere Weise,
die Friedensgespräche fortzuführen.

19. Die beiden Lager des Pompeius und Caesars wurden
nur durch den Fluß Aspus getrennt, und die Soldaten führten häufig Gespräche miteinander, da entsprechend ihrem
Übereinkommen nicht geschossen wurde. Caesar schickte
nun den Legaten Publius Vatinius[146] an eben dieses Flußufer, damit dieser dort vorbringe, was den Frieden in besonderer Weise zu fördern schien, und immer wieder mit lauter Stimme verkünde, ob es denn den römischen Bürgern
nicht gestattet sei, zu römischen Bürgern Gesandte zu
schicken, was man doch selbst entlaufenen Sklaven aus
den Pyrenäen und Seeräubern[147] erlaube, zumal da man
doch nur darüber verhandeln wolle, daß Bürger nicht gegen
Bürger kämpften. So brachte er noch vieles in flehendem
Ton vor, wie er auch in Anbetracht seines und aller Wohl
nicht anders konnte, und die Soldaten auf beiden Seiten
hörten ihn mit Schweigen an. Auf der anderen Seite wurde
erwidert, Aulus Varro wolle sich erbieten, am nächsten
Tag zu einer Unterredung zu kommen, um gemeinsam zu
sehen, auf welche Weise die Gesandten ungefährdet zusammentreffen und ihre Wünsche darlegen könnten. Man
setzte dafür eine bestimmte Zeit fest. Als man sich am

nächsten Tag dort eingefunden hatte, strömte auf beiden Seiten eine große Menschenmenge zusammen. Die Erwartung auf die kommenden Dinge war groß und es schien, als seien die Herzen aller nur auf Frieden gestimmt. Aus dieser Menschenmenge trat nun Titus Labienus hervor und begann mit verhaltener Stimme über den Frieden zu sprechen und mit Vatinius darüber zu diskutieren. Plötzlich wurden sie mitten in ihren Reden von beiderseits geschleuderten Geschossen unterbrochen. Vatinius entkam ihnen nur dadurch, daß ihn seine Soldaten deckten. Dennoch wurden mehrere verwundet, unter ihnen Cornelius Balbus, Marcus Plotius, Lucius Tiburtius sowie einige Centurionen und Soldaten. Da rief Labienus: »Laßt uns also nicht mehr von Versöhnung reden; denn nur wenn uns Caesars Kopf gebracht wird, kann es für uns Frieden geben!«

20. Zu derselben Zeit nahm sich in Rom der Prätor M. Caelius Rufus[148] der Sache der Schuldner an und schlug gleich zu Beginn seiner Amtsgeschäfte seinen Gerichtssitz neben dem Amtssessel des Stadtprätors C. Trebonius[149] auf. Er versprach, helfen zu wollen, wenn irgend jemand wegen der Vermögensschätzung und der Zahlungen, die nach einem Schiedsspruch zu leisten waren, wie es Caesar während seiner Anwesenheit angeordnet hatte, zu ihm komme. Die Gerechtigkeit der Erlasse und die Menschlichkeit des Trebonius, der glaubte, besonders in diesen Zeiten milde und maßvoll Recht sprechen zu müssen, bewirkten, daß niemand sich fand, der mit seiner Beschwerde den Anfang hätte machen wollen. Denn sich etwa mit seiner Notlage zu entschuldigen, sich über das eigene Mißgeschick oder die schlechten Zeiten zu beklagen und die Schwierigkeiten einer Versteigerung vor aller Augen darzulegen, dazu gehört nicht viel Mut; sich aber als Schuldner zu bekennen und seine Güter dennoch ungeschmälert behalten wollen, von welcher Gesinnung, von wieviel Unverschämtheit zeugt das? Deshalb fand sich keiner, der eine solche Forderung eingereicht hätte. Selbst von denen, deren Vorteil

Caelius wollte, wurde er für zu hart befunden. Und nach diesem Anfang ließ er, um nicht den Eindruck zu erwecken, als hätte er vergeblich diese schimpfliche Sache begonnen, eine Verordnung ergehen, wonach alles Geld innerhalb von sechs Jahren unverzinst zurückbezahlt werden sollte.

21. Als der Konsul Servilius[150] und die übrigen Beamten sich dem widersetzten und Caelius mit seinem Vorschlag nicht durchdrang, hob er, um die Begeisterung der Menschen für sich zu gewinnen, das zuerst eingebrachte Gesetz wieder auf und verkündete zwei weitere Verordnungen: eine, durch die er den Mietern für ein Jahr den Mietzins erließ, und eine zweite, die neue Schuldenbücher betraf. Dadurch verursachte er einen Angriff der Volksmenge gegen Gaius Trebonius, bei dem einige verletzt wurden, und vertrieb diesen von seinem Gerichtssitz. Über diese Vorgänge berichtete der Konsul Servilius vor dem Senat, worauf dieser beschloß, Caelius von seinen Amtsgeschäften zu entbinden. Auf diesen Beschluß hin verbot ihm der Consul den Zutritt zum Senat und ließ ihn, als er versuchte, das Wort zu ergreifen, von der Rednertribüne entfernen. Caelius war über diese Schande und diese Kränkung äußerst erregt und gab öffentlich vor, sich zu Caesar auf den Weg zu machen; heimlich schickte er aber Boten zu Milo, der wegen der Ermordung von Clodius verurteilt worden war, und rief ihn nach Italien zurück, weil dieser noch von seinen großen Spielen her einige Gladiatoren übrig hatte; er gewann ihn für sich und schickte ihn in das Gebiet von Thurii[151], um dort die Hirten zu einem Aufstand zu reizen. Just zu der Zeit aber, als Caelius selbst nach Casilinum[152] kam, wurden Milos Feldzeichen und Waffen in Capua beschlagnahmt und die Gladiatorenbande, die den Verrat der Stadt vorbereiten sollte, in Neapel entdeckt. Nachdem seine Pläne aufgedeckt worden waren, wurde Caelius aus der Stadt gewiesen und mußte um sein Leben bangen, weil die Ratsversammlung zu den Waffen gegriffen und ihn zum Feind

erklärt hatte. Da ließ er von seinem Plan ab und wandte sich auf einen anderen Weg.

22. Inzwischen schickte Milo in den umliegenden Landstädten Briefe herum, in denen er schrieb, daß er alles, was er mache, auf Geheiß und unter dem Oberbefehl des Pompeius tue, dessen Aufträge ihm durch Vibullius überbracht worden seien, und wiegelte alle diejenigen auf, von denen er annahm, daß sie unter Schulden litten. Als er aber bei ihnen nichts erreichen konnte, öffnete er einige Sklavenhäuser und begann, Compsa im Gebiet von Hirpinum zu belagern. Als daraufhin der Stadt eine Legion unter der Führung des Prätors Quintus Pedius zu Hilfe geschickt wurde, wurde Milo von einem Stein tödlich getroffen. Caelius, der, wie er überall lauthals verkündet hatte, zu Caesar aufgebrochen war, kam nach Thurii. Als er versuchte, in dieser Landgemeinde einige Leute aufzuwiegeln und den gallischen und spanischen Reitern Caesars, die dieser dort als Besatzung hingeschickt hatte, Geldversprechungen machte, wurde er von ihnen erschlagen. So fanden die Anfänge großer Unternehmungen, mit denen die Gesetzeshüter alle Hände voll zu tun hatten und die Italien in Atem hielten, rasch und leicht ein Ende.

23. Libo, der mit seiner Flotte von 50 Schiffen, die er befehligte, von Oricum aufgebrochen war, kam nach Brundisium und besetzte dort eine Insel, die dem Hafen gegenüber lag. Er hielt es nämlich für besser, seine Kräfte nur auf einen einzigen Punkt zu konzentrieren, von dem aus unsere Schiffe notwendig auslaufen mußten, als sämtliche Küstenstriche und Häfen zu blockieren und zu überwachen. Bei seinem unerwarteten Erscheinen gelang es ihm, einige Frachtschiffe in Brand zu setzen. Er erbeutete ein mit Getreide beladenes Schiff und jagte unseren Leuten großen Schrecken ein. Im Schutz der Nacht setzte er seine Soldaten und Bogenschützen an Land, vertrieb einen Reiterposten und kam, da das Gelände ihn begünstigte, so gut voran, daß er an Pompeius schrieb, wenn er wolle, könne er

die anderen Schiffe abziehen und ausbessern lassen; er werde mit seiner Flotte Caesar schon den Nachschub abschneiden.

24. Zu jener Zeit befand sich Antonius[153] in Brundisium. Dieser ließ im Vertrauen auf die Tapferkeit seiner Soldaten ungefähr 60 Begleitboote von größeren Schiffen mit Flechtwerk und Häuten umkleiden, bemannte sie mit ausgesuchten Soldaten und verteilte sie entlang der Küste einzeln auf mehrere Stellen. Den beiden Dreiruderern, die er in Brundisium hatte bauen lassen, befahl er, bis zur Hafeneinfahrt vorzufahren und so zu tun, als würden sie ihre Ruderer üben. Als Libo sie so kühn heranrudern sah, schickte er in der Hoffnung, sie abfangen zu können, fünf Vierruderer gegen sie los. Als diese sich unseren Schiffen näherten, zogen sich unsere Veteranen fluchtartig in den Hafen zurück, was jene aber in ihrem Eifer nur dazu aufstachelte, ihnen allzu unvorsichtig zu folgen. Da brachen plötzlich auf ein Zeichen von allen Seiten die Geleitboote hervor, stürmten gegen die Feinde, nahmen beim ersten Ansturm einen von den Vierruderern mitsamt der Rudermannschaft und Besatzung gefangen und zwangen die übrigen dazu, auf schimpfliche Weise zu fliehen. Zu dieser Niederlage kam noch hinzu, daß sie durch die von Antonius entlang des ganzen Küstenstreifens verteilten Reiter am Wasserholen gehindert wurden. Aufgrund dieser Zwangslage und der erlittenen Schande sah sich Libo gezwungen, Brundisium zu verlassen und die Blockade aufzugeben.

25. Viele Monate waren vergangen, und auch der Winter war bereits zu Ende, ohne daß aus Brundisium Schiffe und Legionen zu Caesar kamen. Es schien ihm, als seien einige günstige Gelegenheiten dazu verpaßt worden, zumal oft genug ein sicherer Wind ging, dem man sich, wie er meinte, unbedingt hätte anvertrauen müssen. Je mehr Zeit darin verstrich, desto eifriger betrieben die feindlichen Flottenführer ihre Wachsamkeit und desto größer wuchs ihre Zuversicht in den Erfolg ihrer Blockade, besonders da sie

Pompeius wiederholt in seinen Briefen tadelnd ermahnte, sie sollten wenigstens die übrigen Heere fernhalten, nachdem es ihnen schon nicht gelungen sei, Caesars Ankunft zu verhindern. Und sie sehnten mit jedem Tag mehr die Zeit herbei, wo das Heer Caesars bei schwächeren Winden übersetzen mußte. Dies beunruhigte Cäsar und veranlaßte ihn, seinen Leuten nach Brundisium mit gehöriger Strenge zu schreiben, sie sollten beim nächsten günstigen Wind nicht die Gelegenheit versäumen, mit den Schiffen auszulaufen, wenn sie ihren Kurs auf die Küste bei Apollonia oder auf das Gebiet der Labeaten[154] richten und dort ihre Schiffe an Land bringen könnten. Diese Gegenden wurden nämlich von den Küstenpatrouillen am wenigsten stark überwacht, weil sie sich nicht allzuweit aus ihren Häfen herauswagten.

26. Da die Soldaten selbst entschieden dazu aufforderten und keine Gefahr für Caesars Rettung scheuten, lichteten sie tapfer und kühn unter der Leitung von Marcus Antonius und Fufius Calenus bei einfallendem Südwind die Anker und fuhren schon am nächsten Tag an Apollonia und Dyrrachium vorbei. Als man sie vom Land aus erblickte, führte Coponius, der bei Dyrrachium mit der rhodischen Flotte lag, seine Schiffe aus dem Hafen. Schon hatte man sich bei nachlassendem Wind einander genähert, als derselbe Südwind wieder auffrischte und unseren Schiffen Schutz bot. Coponius aber gab deshalb seinen Versuch dennoch nicht auf, sondern glaubte, mit der Anstrengung und Ausdauer seiner Schiffsleute die Gewalt des Windes besiegen zu können, und blieb ihnen, als jene schon an Dyrrachium vorbeigefahren waren, ungeachtet des heftigen Windes dicht auf den Fersen. Bei allem Glück, das sie begünstigte, fürchteten Caesars Leute dennoch für den Fall, daß der Wind nachließ, einen feindlichen Angriff der Flotte. Als sie deshalb den Hafen Nymphaeum, drei Meilen von Lissus[155] entfernt, erreichten — dieser ist zwar gegen den von Afrika her wehenden Wind geschützt, nicht aber gegen den Südwind

—, führten sie ihre Schiffe dort hinein, da sie die Gefahr eines Sturmes für geringer ansahen als die durch die feindliche Flotte. Kaum waren sie aber in den Hafen eingefahren, hatten sie das unglaubliche Glück, daß der Südwind, der zwei Tage lang geweht hatte, in einen Südwestwind umschlug. 27. Hier konnte man sehen, wie rasch sich das Glück wenden kann. Jene, die eben noch um ihr Leben gebangt hatten, nahm nun der geschützteste Hafen auf; die anderen dagegen, die unsere Schiffe bedrohten, mußten nun selbst um sich fürchten. Und so schützte durch den Wetterumschwung der Sturm die Unsrigen, während er den rhodischen Schiffen heftig zusetzte: denn alle ihre 16 bedeckten Schiffe wurden zerschmettert und erlitten Schiffbruch, ein großer Teil der Ruderer und Schiffssoldaten wurde an die Klippen geschleudert und getötet, ein anderer Teil von unseren Leuten aufgefischt und nach ihrer Rettung von Caesar wohlbehalten wieder nach Hause geschickt.
28. Zwei unserer Schiffe, die langsamere Fahrt gemacht hatten und in die Nacht hinausgetrieben wurden, warfen, da sie nicht wußten, wohin die anderen gefahren waren, gegenüber Lissus ihre Anker. Gegen sie schickte Otacilius Crassus, der in Lissus lag, mehrere Boote und kleinere Schiffe und versuchte sie zu erobern; zugleich aber verhandelte er mit ihnen über ihre Übergabe und versprach ihnen, sie zu schonen, wenn sie sich ihm auslieferten. Das eine Schiff hatte 220 Mann aus einer Rekrutenlegion an Bord, auf dem anderen befanden sich etwas weniger als 200 Veteranen. Hier zeigte sich nun, welchen Schutz den Menschen ein standhafter Sinn gewährt. Die Rekruten nämlich waren durch die Menge der Schiffe so verängstigt und durch den hohen Seegang und die Seekrankheit so erschöpft, daß sie sich Otacilius ergaben; zuvor aber hatten sie sich eidlich versichern lassen, daß die Feinde ihnen keinen Schaden zufügen würden. Sie alle aber wurden, nachdem sie Otacilius vorgeführt wurden, trotz heiligster Eidesversicherungen,

vor seinen Augen in grausamster Weise getötet. Die Soldaten der Veteranenlegion aber, denen der Sturm und das einge-
drungene Seewasser ebenfalls stark zugesetzt hatte, glaubten nicht, auch nur im geringsten von ihrer bewährten Tapferkeit ablassen zu dürfen. Statt dessen verhandelten sie
über die Kapitulationsbedingungen, täuschten ihre Bereitschaft zur Übergabe vor und ließen dadurch den ersten Teil
der Nacht verstreichen; daraufhin zwangen sie den Steuer-
mann, das Schiff an Land zu bringen. Nachdem sie einen
günstigen Ankerplatz gefunden hatten, verbrachten sie
dort den Rest der Nacht. Bei Tagesanbruch schickte Otacilius etwa 400 Reiter, die auf diesem Teil der Küste patrouil-
lierten und ihnen von ihren Posten aus bewaffnet gefolgt
waren, zu ihnen. Doch die Veteranen verteidigten sich, töteten einige von ihnen und zogen sich unversehrt zu den
Unsrigen zurück.
29. Nach diesem Zwischenfall nahm die römische Bürger-
versammlung in Lissus Antonius auf und unterstützte ihn
in jeglicher Hinsicht: Caesar hatte ihnen nämlich früher
diese Stadt übergeben und dafür gesorgt, daß sie befestigt
wurde. Otacilius, der um seine Sicherheit fürchtete, floh
aus der Stadt und kam zu Pompeius. Nachdem daraufhin
Antonius alle seine Truppen ausgeschifft hatte — im ganzen waren es drei Veteranenlegionen, eine Rekrutenlegion
und 800 Reiter —, schickte er die meisten Schiffe wieder
nach Italien zurück, um das übrige Fußvolk mitsamt der
Reiterei herüberzubringen. In Lissus selbst ließ er Pontons
zurück, eine Art gallischer Schiffe, in der Absicht, Caesar
dadurch einigermaßen in die Lage zu versetzen, Pompeius
zu folgen, falls dieser etwa in der Annahme, in Italien stünden keinerlei Truppen mehr, wie das allgemein verbreitet
wurde, mit seinem Heer dorthin übersetzte.
30. Caesar und Pompeius erfuhren davon fast zur gleichen
Zeit. Sie hatten zwar die Schiffe an Apollonia und Dyrrachium vorbeifahren sehen und waren dann selbst auf dem
Landweg in deren Richtung gefolgt; doch wußten sie in den

ersten Tagen nicht, wohin es diese verschlagen hatte. Als
sie es dann erfahren hatten, faßte jeder seinen eigenen
Plan: Caesar wollte sich möglichst bald mit Antonius verbinden, Pompeius dagegen wollte sich den Anrückenden in
den Weg stellen und sie in einem Überraschungsangriff aus
dem Hinterhalt überfallen. Beide führten am selben Tag ihre Truppen aus dem Standlager am Apsus, Pompeius heimlich und in der Nacht, Caesar ganz offen und bei Tag. Um
jedoch sein Heer an einer Furt über den Fluß zu führen, der
ihm im Weg lag, mußte Caesar einen größeren Umweg machen; Pompeius dagegen hatte einen bequemeren Weg, da
er den Fluß nicht zu überqueren brauchte, und marschierte
in Eilmärschen gegen Antonius. Sobald er von dessen Annäherung Kenntnis erhielt, lagerte er seine Truppen an einem günstigen Ort, und zwar dergestalt, daß, um die eigene Ankunft zu verbergen, alle im Lager bleiben mußten
und kein Feuer gemacht werden durfte. Dies wurde aber
Antonius sofort von seinen Griechen hinterbracht. Mit dieser Nachricht schickte er Boten zu Caesar und verhielt sich
einen Tag lang ruhig im Lager; am nächsten Tag stieß dann
Caesar zu ihm. Als Pompeius von dessen Eintreffen erfuhr,
verließ er seinen Platz, um nicht von zwei Heeren eingeschlossen zu werden, und marschierte mit all seinen Truppen nach Asparagium im Gebiet von Dyrrachium. Dort
schlug er an einem geeigneten Ort sein Lager auf.
31. Zu jener Zeit hatte Scipio trotz einiger Verluste, die er
in der Umgegend des Amanus-Gebirges[156] erlitten hatte,
begonnen, sich Imperator zu nennen. Daraufhin hatte er
den Städten und Machthabern die Zahlung großer Geldsummen abgefordert, außerdem von den Zollpächtern seiner Provinz die seit zwei Jahren fällige Pachtsumme eingetrieben, zugleich von ihnen auch den Pachtzins für das folgende Jahr im voraus in Empfang genommen und schließlich sich von der ganzen Provinz Reiter stellen lassen. Als
er dies alles bei sich zusammengebracht hatte, führte er
seine Legionen und Reiter aus Syrien weg, ließ aber die be-

nachbarten Parther, die kurz zuvor erst den Imperator Marcus Crassus[157] getötet und Marcus Bibulus belagert hatten, als Feinde hinter sich zurück. Als die Provinz dadurch aber von größter Aufregung und Angst vor einem Krieg seitens der Parther ergriffen wurde und sich nicht wenige Stimmen von Soldaten vernehmen ließen, sie seien durchaus bereit, sich gegen einen Feind führen zu lassen, sich aber weigerten, gegen römische Bürger und einen Konsul die Waffen zu erheben[158], führte Scipio sein Heer nach Pergamum und in die wohlhabendsten Städte ins Winterlager, überhäufte sie mit Geschenken und überließ diese Gemeinden den Soldaten zur Plünderung, um sich dadurch ihrer Anhänglichkeit zu versichern.

32. Unterdessen wurden in der ganzen Provinz Asien die geforderten Geldsummen ohne jede Schonung eingetrieben. Darüber hinaus erdachte man sich immer wieder neue Arten von Steuern zur Befriedigung seiner Habgier. So wurde auf Sklaven und Kinder eine Kopfsteuer ausgesetzt, desgleichen eine auf Säulen und Türen; dazu forderte man noch Getreide, Soldaten, Waffen, Ruderknechte, Wurfmaschinen und Wagengespanne; konnte nur erst eine Bezeichnung für eine Sache gefunden werden, schien dies bereits zu genügen, um darauf Geldzahlungen zu erzwingen. Nicht bloß jede Stadt, sondern fast jedes Dorf und jede Burg bekam jeweils einen Befehlshaber zugewiesen, von denen derjenige als der beste Mann und Bürger galt, der sich am härtesten und grausamsten gebärdete. Die ganze Provinz war voll von Lictoren und Amtsgewaltigen und wimmelte von Präfekten und Geldeintreibern, die außer den befohlenen Geldern auch noch ihrem eigenen Vorteil dienten; sie behaupteten nämlich, von Haus und Hof vertrieben zu sein und aller notwendigen Dinge zu entbehren, so daß sie mit einem durchaus ehrenhaften Vorwand ihr allerschamlosestes Treiben zu verdecken suchten. Dazu kamen noch die steigenden Zinsbelastungen, was in Kriegszeiten für gewöhnlich vorkommt, wenn allgemein Zahlungen auferlegt

werden; unter diesen Umständen galt eine Verlängerung der Zahlungsfrist um einen Tag bereits als Geschenk. Auf diese Weise wuchs die Verschuldung der Provinz um ein Vielfaches an. Aus diesem Grund wurden nicht nur den römischen Bürgern dieser Provinz, sondern auch den einzelnen Gemeindeverbänden und Bürgerschaften bestimmte Geldzahlungen auferlegt. Dabei behauptete man stets, diese würden infolge eines Senatsbeschlusses als Darlehen gefordert. Den Steuerpächtern aber wurde, sobald sie über größeres Kapital verfügten, eine Zwangsanleihe in Höhe der Steuern des folgenden Jahres auferlegt.

33. Außerdem befahl Scipio, daß die im Diana-Tempel zu Ephesus von alters her deponierten Gelder weggebracht werden sollten. Als er aber an dem dazu festgesetzten Tag in Begleitung mehrerer Leute aus dem Senatorenstand, die er hinzugezogen hatte, in das Heiligtum trat, wurde ihm ein Brief von Pompeius überreicht mit der Nachricht, Caesar habe mit seinen Legionen das Meer überquert; er solle auf dem schnellsten Wege mit seinem Heer zu ihm kommen und alles andere beiseite lassen. Als er diese Nachricht empfangen hatte, entließ er die herbeigerufenen Senatoren, begann selbst mit den Vorbereitungen für seine Reise und brach wenige Tage später auf. So wurden die Schätze von Ephesus gerettet.

34. Nachdem Caesar sich mit dem Heer des Antonius zusammengeschlossen und die Legion, die er als Küstenwache aufgestellt hatte, von Oricum abgezogen hatte, glaubte er, es wagen zu können, die Provinzen für sich zu gewinnen und weiter vorzurücken. Da erschienen Gesandte aus Thessalien und Ätolien bei ihm, die ihm versprachen, daß die Gemeinden dieser Völker sich seinem Befehl unterwerfen würden, wenn er ihnen eine Schutzmacht schicken würde. Daraufhin schickte er Lucius Cassius Longinus mit der 27. Legion, die aus Rekruten bestand, und mit 200 Reitern nach Thessalien, desgleichen Gaius Calvisius Sabinus mit fünf Kohorten und nur wenigen Reitern nach Ätolien.

Da diese Gegenden ganz benachbart waren, ermahnte er sie dringend, für den Getreidenachschub zu sorgen. Gnäus Domitius Calvinus gab er Befehl, mit zwei Legionen, der 11. und der 12., sowie mit 500 Reitern nach Macedonien aufzubrechen; denn ein Fürst jener Gegenden, Menedemus, war als Gesandter des sogenannten »freien Macedoniens« zu Caesar gekommen und versicherte ihn der ausgezeichneten Anhänglichkeit seiner Landsleute.

35. Von den eben genannten wurde Calvisius bei seinem ersten Eintreffen von den Ätolern mit dem größten Wohlwollen aufgenommen, verjagte die feindlichen Besatzungen aus Calydon[159] und Naupactus[160] und wurde Herr von ganz Ätolien. Als Cassius mit seiner Legion nach Thessalien kam, fand er hier zwei politische Richtungen vor, die verschiedenen Gesinnungen folgten: auf der einen Seite Hegesaretos, ein seit langem mächtiger Mann, der die Sache des Pompeius unterstützte; auf der anderen Seite Petraeus, ein junger Mann von höchstem Adel, der mit seinem und seiner Anhänger Vermögen der Sache Caesars eifrig diente.

36. Zu derselben Zeit kam auch Domitius nach Macedonien. Als die Gesandtschaften der Gemeinden sich schon zahlreich bei ihm einzufinden begannen, erhielt er die Nachricht, daß Scipio mit seinen Legionen bereits in Macedonien sei. Jeder bildete sich seine Meinung darüber und setzte Gerüchte in die Welt, wie ja einer Neuigkeit zumeist erst das Gerücht darüber vorausgeht. Scipio marschierte in einem Gewaltmarsch, ohne sich auch nur irgendwo in Macedonien aufzuhalten, gegen Domitius vor, wandte sich aber, als er von diesem nur noch etwa 20 Meilen entfernt war, plötzlich nach Thessalien gegen Cassius Longinus. Dies geschah in solcher Geschwindigkeit, daß sein Kommen und sein Eintreffen gleichzeitig gemeldet wurden. Um seinen Marsch zu erleichtern, ließ er am Fluß Haliacmon, der die Grenze zwischen Macedonien und Thessalien bildet, das Gepäck seiner Legionen unter dem Schutz von

401

acht Kohorten zurück, die er unter den Befehl von Marcus
Favonius stellte, und ließ dort einen befestigten Stützpunkt anlegen. Zur gleichen Zeit eilte die Reiterei des Königs Cotys, die sich für gewöhnlich an den Grenzen Thessaliens aufzuhalten pflegte, in raschem Lauf auf das Lager
des Cassius zu. Cassius aber, der von Scipios Herannahen
erfahren hatte, hielt diese für Scipios Reiter und zog sich in
seiner Bestürzung in die Berge zurück, von denen Thessalien eingeschlossen wird. Von diesen Gegenden aus nahm
er seinen Weg nach Abracia[161] auf. Doch gerade, als Scipio
zu dessen rascher Verfolgung ansetzte, erreichte ihn von
M. Favonius die schriftliche Nachricht, daß Domitius und
seine Legionen im Anmarsch seien, er aber ohne Scipios
Hilfe seine Stellung nicht behaupten könne. Dieser Brief
ließ Scipio seinen Plan und seine Marschrichtung ändern;
er gab die Verfolgung des Cassius auf und beeilte sich, Favonius Beistand zu leisten. So marschierte er Tag und
Nacht ohne Unterbrechung und gelangte gerade so rechtzeitig an, daß zur gleichen Zeit die Staubwolken des Domi-
tianischen Heeres und die von Scipios Vorhut gesichtet
wurden. So wurde Cassius durch den tatkräftigen Einsatz
des Domitius, Favonius hingegen durch das rasche Herbeieilen Scipios gerettet.

37. Scipio hielt sich zwei Tage lang in seinem Standlager
am Haliacmon auf, der ihn vom Lager des Domitius trennte; am dritten Tag führte er noch in der Morgendämmerung
sein Heer durch eine Furt über den Fluß und brachte am
Morgen des folgenden Tages, nachdem er zunächst ein Lager errichtet hatte, seine Truppen vor der Frontseite des Lagers in Stellung. Da glaubte auch Domitius nicht länger zögern zu dürfen, seine Legionen ausrücken zu lassen und eine Entscheidungsschlacht herbeizuführen. Obwohl sich
zwischen beiden Lagern eine Fläche von 3 000 Fuß erstreckte, schob er seine Schlachtreihe bis dicht an das Lager von Scipio heran, während jener sich nicht von seinem
Wall wegrührte. Indessen kam es, obwohl die Soldaten des

Domitius nur mit Mühe zurückgehalten werden konnten, nicht zum Kampf, vor allem aber deshalb, weil dicht an Scipios Lager ein Bach grenzte, dessen steile Ufer das Vorrücken unserer Soldaten verhinderten. Als Scipio ihre begeisterte Kampfeslust bemerkte, vermutete er, daß er am nächsten Tag entweder gegen seinen Willen zum Kampf gezwungen würde oder zu seiner großen Schande im Lager bleiben müsse. So kam es, daß er, der mit so großen Erwartungen empfangen wurde und einfach aufs Geratewohl vorgerückt war, nun diesen schimpflichen Abgang erlebte: Bei Nacht und ohne daß man auch nur zum Einpacken der Kriegsgerätschaften hätte rufen lassen, überschritt er den Fluß, zog sich in dieselbe Gegend, aus der er gekommen war, wieder zurück und errichtete nahe am Fluß auf einer natürlichen Anhöhe ein Lager. Wenige Tage später legte er nachts seine Reiter an einem Ort in den Hinterhalt, wo die Soldaten des Domitius in den vorhergegangenen Tagen gewöhnlich ihr Futter holten. Als der Reiterführer Quintus Varus, seiner täglichen Gewohnheit entsprechend, dort erschien, brachen sie plötzlich aus dem Hinterhalt hervor, trafen aber bei unseren Leuten auf tapferen Widerstand, indem diese sich rasch formierten und ihrerseits sogar einen Angriff auf die Feinde unternahmen. Von diesen wurden etwa 80 getötet, die übrigen in die Flucht geschlagen, während unsere Leute mit nur zwei Mann Verlust in das Lager zurückzogen.

38. Nach diesem Vorfall hoffte Domitius, Scipio zum Kampf herausfordern zu können, und gab sich deshalb den Anschein, als würde er infolge Lebensmittelmangels sein Lager abbrechen. Er ließ daher nach militärischer Sitte zum Einpacken der Gerätschaften sammeln, rückte dann auch wirklich drei Meilen weit vor und brachte seine Soldaten und die Reiterei an einem geeigneten und verborgenen Ort in Stellung. Scipio, der bereit war, ihm zu folgen, schickte einen großen Teil seiner Reiterei voraus, um den Weg des Domitius auszukundschaften und zu beobachten. Als die

Reiter vorrückten und die ersten Schwadronen in den Hinterhalt gerieten, schöpften sie durch ein Schnauben der
Pferde, das zu ihnen drang, Verdacht und begannen, sich
auf die Nachfolgenden zurückzuziehen, die ihrerseits, sowie sie den schnellen Rückzug bemerkten, haltmachten.
Nachdem der Hinterhalt entdeckt worden war, wollten unsere Leute nicht erst vergeblich auf die übrigen Feinde warten; sie bekamen zwei Reiterschwadronen zu fassen, von
denen sich nur wenige Reiter durch Flucht zu ihren Leuten
retten konnten — unter ihnen befand sich auch der Reiterführer Marcus Opimius —, alle übrigen aber wurden entweder getötet oder als Gefangene zu Domitius geführt.

39. Als Caesar, wie oben gezeigt wurde, die Küstenwachen
abgezogen hatte, ließ er drei Kohorten zum Schutz der
Stadt Oricum zurück und übertrug ihnen die Bewachung
der Kriegsschiffe, die er aus Italien herübergeführt hatte.
Mit dieser Aufgabe betraute er den Legaten Manius Acilius
Carinus. Dieser führte unsere Schiffe in den inneren, hinter der Stadt gelegenen Teil des Hafens und machte sie am
Land fest. In der Hafeneinfahrt aber versenkte er ein Last-
schiff und verband dieses mit einem anderen; darüber ließ
er nun genau der Hafeneinfahrt gegenüber einen Turm errichten, besetzte ihn mit Soldaten, die ihn im Falle eines
plötzlichen Angriffs schützen sollten.

40. Auf diese Nachricht hin kam der junge Gaius Pompeius, der die ägyptische Flotte führte, vor Oricum, zog
dort unter großen Anstrengungen das versenkte Schiff mit
einer Winde und vielen Seilen beiseite und griff daraufhin
das andere, das Acilius dort zur Bewachung postiert hatte,
mit mehreren Schiffen, auf denen er gleich hohe Türme
hatte errichten lassen, an. Da er von oben kämpfte und die
ermüdeten Soldaten immer wieder durch frische Kräfte ersetzen konnte, auch an anderen Stellen gleichzeitig vom
Land mit Leitern und von den Schiffen aus mit Geschossen
die Stadtmauern angriff, um die Mannschaften seiner Feinde voneinander zu trennen, errang er durch Ausdauer und

die Menge seiner Geschosse über unsere Soldaten den Sieg und eroberte nach der Vertreibung der Verteidiger, die alle ohne Ausnahme auf Booten geflohen waren, das Schiff. Zur selben Zeit besetzte er auf der anderen Seite einen natürlichen, vorgelagerten Damm, der die Stadt fast zur Insel machte, und hievte darüber mittels von Hebebäumen vier Zweiruderer auf daruntergeschobenen Rollen in den inneren Teil des Hafens. So konnte er von zwei Seiten aus die Kriegsschiffe, die am Lande verstreut lagen und leer waren, angreifen, führte vier von ihnen weg und steckte die übrigen in Brand. Nach diesem Unternehmen ließ er Decimus Laelius, den er von der asiatischen Flotte herbeigezogen hatte, zurück, damit dieser die Nachschubwege nach Oricum aus Byllis und Amantia blockieren sollte. Er selbst zog nach Lissus, griff die 30 von Marcus Antonius innerhalb des Hafens zurückgelassenen Pontons an und steckte sie alle in Brand. Als er aber auch Lissus zu nehmen versuchte, traf er bei den römischen Bürgern dieses Bezirkes und bei den Soldaten, die Caesar zu ihrem Schutz geschickt hatte, auf harten Widerstand, so daß er nach einem Aufenthalt von drei Tagen und nach dem Verlust einiger Soldaten bei der Belagerung unverrichteter Dinge von dort abzog.

41. Nachdem Caesar erfahren hatte, daß Pompeius sich bei Asparagium aufhalte, brach er mit seinem Heer ebenfalls dorthin auf, eroberte unterwegs die Stadt der Parthiner, in die Pompeius eine Besatzung gelegt hatte, und gelangte am dritten Tag nach Macedonien und zu Pompeius. Dort schlug er in dessen Nähe ein Lager auf, führte am folgenden Tag alle seine Truppen heraus, stellte sie in Schlachtordnung auf und gab Pompeius Gelegenheit zu einer Entscheidungsschlacht. Als er aber merkte, daß jener in seiner Stellung verblieb, führte er sein Heer wieder in das Lager zurück und glaubte nun, einen neuen Plan fassen zu müssen. Deshalb brach er am darauffolgenden Tag mit all seinen Truppen auf einem großen Umweg über eine enge und schwer begehbare Straße nach Dyrrachium auf in der Hoff-

nung, Pompeius entweder nach Dyrrachium zurücktreiben oder ihn aber von dort abschneiden zu können, weil jener dort seinen gesamten Kriegsnachschub bereitliegen hatte. Und so kam es auch. Pompeius nämlich ahnte zuerst nichts von Caesars Plan, weil er sah, daß dieser zunächst einen entgegengesetzten Weg einschlug und glaubte, daß Mangel an Lebensmitteln ihn zum Aufbruch gezwungen hätten. Bald darauf klärten ihn jedoch seine Kundschafter über den tatsächlichen Sachverhalt auf. Er brach am folgenden Tag das Lager ab und hoffte, sich ihm auf einem kürzeren Weg entgegenwerfen zu können. Caesar, der dies vermutet hatte, ermunterte seine Soldaten, diese Strapaze mit Gleichmut zu ertragen, unterbrach nur für eine kurze Zeit in der Nacht den Marsch und traf frühmorgens in Dyrrachium ein, just in dem Augenblick, als man bereits die Vorhut des Pompeius in der Ferne erblickte. Dort schlug er ein Lager auf.

42. Pompeius war somit von Dyrrachium abgeschnitten und mußte von seinem Vorsatz ablassen. Nach einem zweiten Plan schlug er nun auf einer Anhöhe, Petra genannt, die den Schiffen einen leidlichen Anlegeplatz bietet und sie vor gewissen Winden schützt, ein befestigtes Lager auf. Er befahl, daß sich ein Teil seiner Kriegsschiffe dorthin versammeln solle, und verlangte, daß aus Asien und allen Ländern, die unter seiner Herrschaft standen, Getreide und Hilfsgüter herbeigeschafft wurden. Da Caesar davon überzeugt war, der Krieg werde sich in die Länge ziehen und er aber aus Italien keinen Nachschub erhoffen durfte, weil die Pompeianer alle Küsten sorgfältig bewachten und seine eigenen Flotten, die er während des Winters in Sicilien, Gallien und Italien hatte bauen lassen, ausblieben, schickte er die Legaten Quintus Titius und Lucius Canuleius nach Epirus, um dort für die Getreidebeschaffung zu sorgen. Weil aber jene Gegenden weiter entfernt lagen, errichtete er an bestimmten Orten Magazine und legte den benachbarten Gemeinden eine bestimmte Anzahl von Getreidefuhren

auf; ebenso ließ er alles vorhandene Getreide aus Lissus, von den Parthinern und aus allen befestigten Dörfern herbeischaffen. Doch war es nur eine kleine Menge, die er zusammenbrachte, zum einen, weil die Gegenden dort sehr rauh und bergig sind und meist selbst nur von eingeführtem Getreide leben, zum anderen, weil Pompeius dies vorausgesehen hatte und an den vorhergegangenen Tagen die Parthiner geplündert und alles Getreide aus ihren armseligen und durchwühlten Häusern durch seine Reiter nach Petra hatte schaffen lassen.

43. Als Caesar dies klar wurde, faßte er einen Plan, den ihm die natürliche Beschaffenheit der Gegend eingab. Das Lager des Pompeius wurde nämlich rings von sehr vielen hohen und unwegsamen Hügeln umgeben. Auf diesen verteilte er nun Besatzungen und ließ dort befestigte Stellungen errichten. Danach begann er, je nachdem, wie das Gelände beschaffen war, die Stellungen untereinander durch eine Befestigungslinie zu verbinden und so Pompeius einzuschließen. Seine Idee war nämlich folgende: Weil er selbst ja unter einer knappen Lebensmittelversorgung litt, Pompeius aber über eine bedeutende Anzahl von Reitern verfügte, hoffte er, ohne allzu große Gefahr dem Heer von allen Seiten Getreide und Lebensmittel zuführen zu können, zugleich aber Pompeius am Futterholen zu hindern, um dadurch seine Reiterei handlungsunfähig zu machen, drittens, sein Ansehen, auf das er sich besonders bei den auswärtigen Völkern zu stützen schien, zu untergraben, sobald sich in aller Welt das Gerücht verbreiten würde, daß jener von Caesar belagert werde und nicht wage, in offener Schlacht dem Kampf aufzunehmen.

44. Pompeius wollte sich vom Meer und von Dyrrachium nicht entfernen, weil er sein gesamtes Kriegsgerät — Geschosse, Waffen und Wurfmaschinen — dort gelagert und die Getreidezufuhr per Schiff für das Heer dorthin gelenkt hatte; auf der anderen Seite konnte er auch nicht die Einschließungswerke Cäsars verhindern, es sei denn, er hätte

die Entscheidung durch eine Schlacht herbeiführen wollen; er hielt die Zeit dafür jedoch noch nicht für gekommen. So blieb als äußerste Kriegsmaßnahme nichts anderes übrig, als selbst so viel Hügel wie möglich zu besetzen, so viel Land wie möglich mit Stützpunkten zu versehen und Caesars Truppen so weit wie möglich fernzuhalten. Dies geschah auch. Er errichtete 24 feste Stellungen und gewann so ein Gebiet von 15 Meilen im Umkreis, das Raum zum Futterholen ließ; innerhalb dieser Linie gab es genügend Saatfelder, auf denen inzwischen seine Tiere weiden konnten. Und wie unsere Truppen durchlaufende Verschanzungen hatten, die von einer Stellung zur anderen verliefen, damit die Pompeianer nicht an irgendeiner Stelle einen Ausbruch machten und unsere Leute vom Rücken her angriffen, wie er befürchtete, so legten diese im Innern dieses Raumes durchlaufende Befestigungslinien an, damit umgekehrt auch wir nicht irgendwo eindringen und sie selbst von hinten her einschließen könnten. Die Pompeianer aber gewannen den Wettlauf mit ihren Arbeiten, weil sie zahlenmäßig überlegen waren und im inneren Raum der Umfang der Linien geringer war. Sooft dann Caesar einzelne Punkte dieser Linie besetzen wollte, schickte Pompeius, obschon er beschlossen hatte, nicht mit allen Truppen Caesar zu behindern und eine Schlacht zu liefern, dennoch an geeigneten Punkten Bogenschützen und Schleuderer vor, von denen er eine große Anzahl hatte, und verwundete viele von unseren Leuten. Infolgedessen griff eine große Furcht vor den Pfeilen um sich, und fast alle fertigten sich aus Filz, Lappen oder Leder Umhänge oder Schutzwesten an, um dadurch die Geschosse abzuhalten.

45. Bei der Besetzung der Stellungen wurden von beiden Seiten große Kraftanstrengungen unternommen: Caesar wollte Pompeius so eng wie nur möglich einschließen; Pompeius dagegen wollte möglichst viele Hügel in einem möglichst weiten Umkreis besetzen; dabei kam es häufig zu Einzelgefechten. Als bei einer dieser Gelegenheiten Cae-

sars neunte Legion einen Stützpunkt erobert und damit begonnen hatte, ihn zu befestigen, besetzte Pompeius eine
dieser Stellung benachbarte, gegenüberliegende Anhöhe
und begann von dort aus unsere Soldaten bei der Arbeit zu
hindern. Da er von der einen Seite einen fast ebenerdigen
Zugang hatte, ließ er die Stellung zuerst von seinen Bogenschützen und Schleuderern einschließen, schickte danach
eine große Menge Leichtbewaffneter, ließ außerdem Wurfmaschinen auffahren und versuchte so, unsere Schanzarbeiten zu verhindern; denn es war für unsere Soldaten
nicht leicht, den Feind abzuwehren und gleichzeitig die Befestigungsarbeiten fortzusetzen. Sobald Caesar deshalb
sah, wie seine Leute von allen Seiten verwundet wurden,
befahl er, sich zurückzuziehen und die Stellung zu räumen.
Der Rückweg ging über ein abschüssiges Gelände. Die
Feinde aber drängten um so hartnäckiger nach und wollten
unseren Rückzug vereiteln, weil unsere Soldaten ja nur aus
Furcht die Stellung zu räumen schienen. Damals soll sich
Pompeius vor seinen Leuten gerühmt haben, er wolle sich
gerne einen nichtsnutzigen Feldherrn schimpfen lassen,
wenn Caesars Legionen sich nicht ohne größte Verluste
von dort zurückziehen müßten, wohin sie sich so leicht-
sinnig begeben hätten.

46. Caesar, der für den Rückzug seiner Leute fürchtete, ließ
deshalb am äußersten Ende der Anhöhe Flechtwände herbeischaffen und sie gegen den Feind gerichtet aufstellen;
dann ließ er innerhalb dieser Wände von den dadurch geschützten Soldaten einen Graben von mäßiger Breite ziehen und den Ort nach allen Seiten hin, so gut es ging, unzugänglich machen. Er selbst stellte an geeigneten Stellen
Schleuderer auf, die den Rückzug unserer Soldaten decken
sollten. Nach diesen Maßnahmen befahl er, die Legion zurückzuführen. Nun begannen die Pompeianer, unsere Soldaten noch frecher und kühner zu bedrängen und auf sie
einzustürmen, und stießen die zur Sicherung aufgestellten
Flechtwände nieder, um den Graben zu überqueren. Als

Caesar dies sah, fürchtete er, es könne so aussehen, als würden seine Leute nicht zurückgeführt, sondern schlicht hinausgeworfen. Um größeren Schaden zu vermeiden, ließ er deshalb ungefähr auf halber Distanz seine Leute durch Antonius, den Befehlshaber dieser Legion, anfeuern und das Zeichen zum Angriff auf die Feinde geben. Jetzt warfen die Soldaten dieser 9. Legion, wie miteinander verschworen, plötzlich ihre Speere gegen den Feind, stürmten von ihrer unteren Stellung in vollem Lauf gegen die Anhöhe, jagten die Pompeianer kopfüber vor sich her und zwangen sie in die Flucht. Bei ihrem Rückzug wurden diese sehr behindert durch die herabgerissenen Flechtwände, durch kreuz und quer herumliegende Stangen und die begonnenen Gräben. Unsere Soldaten aber, die zufrieden waren, ohne Niederlage abziehen zu können, töteten mehrere Feinde, verloren selbst im ganzen nur fünf Mann und zogen sich in größter Ruhe zurück. Ein wenig diesseits von diesem Ort besetzten sie dann andere Höhen und führten ihr Verschanzungswerk zu Ende.

47. Diese Art der Kriegführung war neu und ungewöhnlich, und zwar einmal wegen der großen Zahl von befestigten Stellungen, wegen des ungewöhnlich großen Kriegsschauplatzes, der Fülle von Befestigungslinien und überhaupt wegen der ganzen Belagerungsweise; besonders aber auch noch in anderer Hinsicht. Denn wer auch immer sonst versucht hat, einen anderen zu belagern, hat doch stets die niedergeschlagenen und schwachen Feinde angegriffen und die dann im Kampf Besiegten oder durch irgendein Mißgeschick Getroffenen eingeschlossen, während er selbst an Zahl der Reiter und Soldaten überlegen war, wobei der Hauptzweck in der Regel dahin ging, den Eingeschlossenen die Lebensmittel abzuschneiden. Damals hingegen umschloß Caesar frische und unversehrte Truppen mit einer weit geringeren Anzahl von Soldaten, während jene alles im Überfluß besaßen. Täglich nämlich liefen von allen Seiten zahlreiche Schiffe mit Lebensmitteln und Nachschub-

gütern ein, und gleichgültig, von welcher Seite der Wind blies, von einer Seite wenigstens hatte man immer günstige Fahrt. Caesar dagegen befand sich in ärgster Bedrängnis, da weit und breit alles Getreide aufgebraucht war. Dennoch ertrugen dies die Soldaten mit einzigartiger Geduld. Sie erinnerten sich nämlich daran, wie sie im Jahr zuvor in Spanien dieselbe Not gelitten und nur durch zähe Beharrlichkeit diesen schweren Krieg zu Ende gebracht hatten; sie dachten daran, wie sie bei Alesia großen Mangel, viel größeren aber noch bei Avaricum gelitten hatten und am Ende doch über die mächtigsten Völker Sieger wurden. Sie weigerten sich nicht, wenn ihnen Gerste und Hülsenfrüchte gereicht wurden; Vieh aber, von dem es in Epirus eine reichliche Menge gab, hielten sie besonders hoch in Ehren.

48. Jene Soldaten, die auf den Flanken standen, entdeckten auch eine Wurzelart namens Chara, die, mit Milch vermischt, den Mangel beträchtlich linderte. Sie bereiteten daraus ein brotähnliches Gebäck. Es gab davon eine ganze Menge. Wenn nun die Pompeianer in ihren Unterhaltungen unseren Leuten ihren Hunger vorhielten, warfen sie die aus Chara gefertigten Brote oft zu ihnen hinüber, um ihre Hoffnungen zu dämpfen.

49. Schon fing das Getreide an zu reifen, und allein diese Hoffnung erleichterte die Not, weil man darauf vertraute, bald wieder reichlichen Vorrat zu haben. Oft hörte man auf den Wachtposten und wenn sich sonst die Soldaten besprachen, die Äußerung: Eher wollten sie sich von Baumrinde ernähren, als Pompeius aus ihren Händen entwischen lassen. Mit Vergnügen vernahmen sie auch von Überläufern, daß die Pompeianer ihre Pferde zwar gerade noch erhalten könnten, das übrige Vieh aber bereits verendet sei; ihr eigener Gesundheitszustand sei auch nicht gut infolge der beengten Verhältnisse und des grauenhaften Gestanks von den vielen Kadavern und der täglichen Anstrengungen, weil sie Schanzarbeiten nicht gewohnt waren. Besonders aber setzte ihnen der Wassermangel zu. Tatsächlich hatte

Caesar alle Flüsse und Bäche, die nach dem Meer zu gingen, ablenken oder aber durch große Dämme aufstauen lassen; und zwar hatte er, wo es die gebirgige Landschaft und die zu Schluchten sich verengenden Täler erlaubten, letztere abgesperrt, indem er Pfähle in den Boden hatte rammen und Erde darauf werfen lassen, so daß das Wasser aufgehalten wurde. Auf diese Weise wurden die Feinde gezwungen, tiefen und sumpfigen Gegenden nachzugehen und Brunnen zu graben und diese Mühe noch zusätzlich zu täglichen Schanzarbeiten auf sich zu nehmen. Diese Quellen waren aber von einigen ihrer befestigten Stellungen zu weit entfernt und trockneten unter der Hitze rasch aus. Caesars Heer hingegen erfreute sich bester Gesundheit und war mit Wasser reichlich versorgt; auch herrschte an allen Lebensmitteln Überfluß, mit Ausnahme des Getreides. Doch sah man, wie die Zeit von Tag zu Tag mehr Abhilfe versprach und das Reifen des Getreides immer größere Hoffnung gewährte.

50. Bei dieser neuen Art des Krieges wurden von beiden Seiten immer neue Methoden der Kriegführung erfunden. Sobald die Feinde an den Lagerfeuern merkten, daß unsere Kohorten nachts bei den Befestigungsanlagen Wache hielten, machten sie in aller Stille einen Angriff, schossen alle auf einmal ihre Pfeile in die Menge und zogen sich sofort wieder zu ihren Leuten zurück. Durch diese Erfahrung belehrt, verfielen sie auf das Gegenmittel, daß sie an einer Stelle Feuer machten, an einer anderen aber lagerten...[162]

51. Inzwischen war Publius Sulla, dem Caesar bei seinem Abgang das Lager übergeben hatte, benachrichtigt worden und kam mit zwei Legionen der Kohorte zu Hilfe. Nach seiner Ankunft wurden die Pompeianer ohne Mühe zurückgeschlagen. Sie hielten weder unseren Anblick aus, noch konnten sie unserem Angriff standhalten, denn kaum waren die ersten zurückgeschlagen, wandten sich die übrigen schon zur Flucht und räumten den Platz. Sulla aber rief unsere Leute, als sie den Feinden weiter nachsetzen wollten,

zurück. Die meisten jedoch sind heute der Ansicht, daß der Krieg an diesem Tag hätte beendet werden können, wenn er mit einer schärferen Verfolgung einverstanden gewesen wäre. Man sollte aber diesen Entschluß nicht tadeln. Denn jeder, ob Legat oder Feldherr, hat seine ihm zugewiesene Aufgabe zu erfüllen: Der eine muß all das ausführen, was ihm vorgeschrieben wurde; der andere aber muß stets mit dem Blick auf das Ganze nach eigenem freien Ermessen entscheiden. Sulla, der von Caesar im Lager zurückgelassen wurde, begnügte sich damit, seine Leute befreit zu haben, und wollte es nicht auf eine Entscheidungsschlacht ankommen lassen, die unter Umständen auch unglücklich hätte ausgehen können, um nicht in den Verdacht zu geraten, sich die Rolle eines Feldherrn anzumaßen. Sein Vorgehen bereitete den Pompeianern ohnehin große Schwierigkeiten bei ihrem Rückzug. Denn nachdem sie zunächst aus unwegsamem Gelände vorgedrungen waren, hatten sie sich ganz oben auf einer Anhöhe festgesetzt; wenn sie sich nun über den Abhang herab zurückzogen, mußten sie fürchten, von unseren von oben nachrückenden Leuten verfolgt zu werden; und bis Sonnenuntergang war nicht mehr viel Zeit, da sie nämlich in der Hoffnung, ihr Unternehmen glücklich zu Ende führen zu können, das Ganze bis fast in die Nacht hingezogen hatten. Deshalb faßte Pompeius notgedrungen wegen der fortgeschrittenen Zeit den Entschluß, einen Hügel, der gerade so weit von unserem Lager entfernt lag, daß er von unseren Wurfgeschossen nicht erreicht werden konnte, zu besetzen. Auf diesem Hügel verschanzte er sich und hielt dort alle seine Truppen zusammen.

52. Zur gleichen Zeit ist auch noch an zwei weiteren Orten gekämpft worden, da Pompeius, um unsere Kräfte zu zersplittern, mehrere Stellungen auf einmal angreifen ließ und dadurch verhinderte, daß die Besatzungen sich gegenseitig zu Hilfe eilen konnten. In der einen Stellung leistete Volcacius Tullus mit seinen drei Kohorten dem Ansturm einer

413

ganzen Legion Widerstand und vertrieb sie von dort; in der anderen Stellung stürmten Germanen aus unseren Verschanzungen hervor und kehrten, nachdem sie mehrere getötet hatten, unbeschadet wieder zu ihren Kameraden zurück.

53. Nachdem so an einem einzigen Tag sechs Gefechte stattgefunden hatten — drei bei Dyrrachium, drei bei den Befestigungslinien —, ergab eine überschlägige Berechnung aller Kämpfe, daß auf seiten der Pompeianer 2 000 Soldaten gefallen waren, darunter mehrere Freiwillige und Centurionen, unter ihnen auch Valerius Flaccus, der Sohn jenes Lucius, der als Prätor Asien verwaltet hatte; außerdem wurden sechs Feldzeichen erbeutet. Auf unserer Seite dagegen wurden nur 20 Mann verloren. In unseren verschanzten Stellungen aber war keiner, der nicht verwundet gewesen wäre, und vier Centurionen aus einer einzigen Kohorte hatten ihr Augenlicht verloren. Da die Soldaten aber auch Beweise für ihre erlittenen Mühen und Gefahren beibringen wollten, zählten sie Caesar etwa 30 000 Pfeile auf, die auf sie abgeschossen worden waren, und als man ihm den Schild des Centurionen Scaeva brachte, fand man darin 120 Einschläge. Diesem Mann verlieh Caesar für seine Verdienste um ihn und das Vaterland eine Belohnung in Höhe von 200 000 Sesterzen und gab seine Beförderung vom achten Rang in den ersten bekannt[163]; denn zweifellos war es zu einem großen Teil seiner Tapferkeit zu verdanken, daß das Kastell gehalten werden konnte. Die Kohorten selbst beschenkte er danach großzügig mit doppeltem Sold, Getreide, Kleidern und Lebensmitteln sowie mit allerlei militärischen Auszeichnungen.

54. Pompeius hatte in der Nacht weitere Verschanzungen bauen und in den folgenden Tagen Türme darauf errichten lassen; sobald die Schanzwerke die Höhe von 15 Fuß erreichten, schützte er diese Seite des Lagers durch Schirmdächer. Nach Ablauf von fünf Tagen verrammelte er im Schutz einer bewölkten Nacht sämtliche Tore des Lagers,

errichtete noch einige Barrikaden, um den Zugang zu blockieren, führte dann sein Heer in der dritten Nachtwache heraus und zog sich in seine alten Befestigungen zurück.

55. Ätolien, Acarnanien und das Gebiet der Amphilocher waren, wie oben gezeigt wurde[164], von Cassius Longinus und Calvisius Sabinus eingenommen worden; Caesar glaubte deshalb, nun auch mit Achaia einen Versuch machen und weiter vorrücken zu sollen. Er schickte also Quintus Calenus dorthin und gab ihm zu diesem Zweck Sabinus und Cassius mit ihren Kohorten mit. Als Rutilius Lupus, der, von Pompeius geschickt, in Achaia befehligte, von deren Herannahen erfuhr, begann er, den Isthmus nach vorne zu befestigen, um Fufius den Weg nach Achaia zu versperren. Calenus bemächtigte sich infolge freiwilliger Unterwerfung ihrer Bürger der Städte Delphi, Theben und Orchomenus, einige Städte eroberte er mit Gewalt; die übrigen suchte er durch Gesandtschaften für einen Freundschaftsbund mit Caesar zu gewinnen. Mit diesen Dingen war Fufius fast vollständig beschäftigt.

56. An allen darauffolgenden Tagen führte Caesar für den Fall, daß Pompeius die Entscheidungsschlacht suchen sollte, sein Heer auf der Ebene so in Stellung, daß seine Legionen fast unmittelbar an das Lager von Pompeius stießen. Dabei war die erste Schlachtreihe vom Lagerwall gerade nur so weit entfernt, daß sie nicht von den Wurfspeeren und Geschossen erreicht werden konnte. Pompeius aber brachte, um seinem Ruf und der öffentlichen Meinung über ihn keinen Abbruch zu tun, sein Heer ebenfalls in Stellung, und zwar so, daß die hinterste Schlachtreihe mit dem Lagerwall Verbindung hielt und das ganze unter Waffen stehende Heer vom Wall her durch die Geschütze gedeckt werden konnte.

57. Während dieser Ereignisse in Achaia und bei Dyrrachium vergaß Caesar, da Scipios Eintreffen in Macedonien sicher feststand, seine früheren Absichten nicht, sondern

schickte zu ihm den Aulus Clodius, ihren beiderseitigen Freund, den Caesar auf Scipios Empfehlung hin gleich zu Anfang in den Kreis seiner engsten Vertrauten aufgenommen hatte. Diesem gab er Briefe und Aufträge an ihn mit, die zusammengefaßt folgenden Inhalt hatten: Er habe alles versucht, um einen Frieden herzustellen, jedoch leider bisher nichts erreicht; er glaube, daß dies die Schuld derer sei, die er mit der Vermittlung beauftragt habe, weil sie sich scheuen würden, seine Aufträge auch zu einem weniger günstigen Zeitpunkt Pompeius vorzutragen. Scipio dagegen stehe bei letzterem in hohem Ansehen, so daß er nicht nur das, was er selbst für gut halte, freimütig vortragen dürfe, sondern aufgrund der wichtigen Rolle, die er spiele, auch energischer auftreten und den Irrenden lenken könne; er führe auch sein Heer in eigener Verantwortung, so daß er außer seinem Ansehen auch noch die Machtmittel besitze, um etwas zu erzwingen. Werde er in diesem Sinne handeln, würden alle ihm allein die Befriedung Italiens, den Frieden in den Provinzen und das Wohlergehen des ganzen Reiches verdanken. Clodius überbrachte diese Erklärung und wurde, wie es schien, in den ersten Tagen auch gerne gehört, in den darauffolgenden Tagen jedoch nicht mehr zu einer Unterredung vorgelassen; denn Favonius hatte, wie man später nach Beendigung des Krieges erfuhr, Scipio deswegen Vorwürfe gemacht. So kehrte Clodius unverrichteter Dinge wieder zu Caesar zurück.

58. Um die Reiterei des Pompeius bei Dyrrachium leichter einschließen und von den Futterstellen abschneiden zu können, verschanzte Caesar die beiden obenerwähnten, engen Zugänge mit großen Bollwerken und legte dort Kastelle an. Als Pompeius erkannte, daß er mit seiner Reiterei nichts mehr ausrichten konnte, brachte er sie nach wenigen Tagen wieder mit seinen Schiffen in seine Befestigungsanlage zurück. Dort herrschte inzwischen ein so großer Futtermangel, daß man die Pferde mit abgestreiften Baumblättern und weichem Wurzelbrei ernährte. Das Ge-

treide nämlich, das innerhalb der Befestigungslinien gereift war, war aufgezehrt, und man mußte auf weitem Wege zur See das Futter aus Corcyra und Acarnanien herbeischaffen lassen. Weil die Vorräte ziemlich knapp waren, mußte außerdem das Futter mit Gerste verlängert und mit Hilfe dieser Maßnahmen die Reiterei mühsam erhalten werden. Nachdem jedoch nicht nur die Gerste, das Futter und das Gras überall abgeerntet worden waren, sondern auch das Laub von den Bäumen zur Neige ging, glaubte Pompeius, als er sah, wie die Pferde an Auszehrung zugrunde gingen, auf irgendeine Weise einen Ausbruchsversuch unternehmen zu müssen.

59. Unter Caesars Reitern waren zwei Allobroger, die Brüder Roscillus und Aecus, Söhne des Abducillus, der lange Jahre als Oberhaupt seiner Gemeinde regierte. Beide Männer zeichneten sich durch einzigartige Tapferkeit aus und hatten Caesar in allen gallischen Kriegen die besten und tüchtigsten Dienste geleistet. Aus diesen Gründen hatte er ihnen in ihrer Heimat die angesehensten Ämter verliehen und dafür gesorgt, daß sie außer der Reihe als Mitglieder in ihren Regionalsenat gewählt worden waren. In Gallien hatte er ihnen Ländereien, die er den Feinden abgenommen hatte, übertragen, ihnen große Geldprämien zugewiesen und aus armen Leuten reiche Bürger gemacht. Diese beiden standen ihrer Tüchtigkeit wegen nicht nur bei Caesar in hohen Ehren, sondern wurden auch beim Heer hoch geachtet. Im Vertrauen aber auf Caesars Freundschaft und durch törichte und barbarische Anmaßung übermütig gemacht, schauten sie mit Verachtung auf ihre Landsleute herab, unterschlugen den Sold der Reiter und schafften die ganze Beute in ihre Heimat. In allgemeiner Empörung wandte man sich daher an Caesar, beschwerte sich ganz offen bei ihm über deren Unrecht und fügte außerdem noch hinzu, daß beide die Zahl ihrer Reiter zu hoch angeben würden, um so auch deren Sold für sich zu unterschlagen.

60. Caesar, der diesen Zeitpunkt für eine Untersuchung

nicht für geeignet hielt und geneigt war, vieles ihrer Tüchtigkeit zugute zu halten, verschob die ganze Angelegenheit. Doch erteilte er ihnen insgeheim einen Verweis, daß sie auf Kosten ihrer Reiter Gewinn machen wollten, ließ sie aber gleichzeitig wissen, daß sie auch ferner von seiner Freundschaft alles erwarten und nach seinen bisherigen Gunstbeweisen künftig auf weitere hoffen dürften. Dennoch hatten sie durch dieses Vergehen allenthalben viel Unwillen und Verachtung auf sich gezogen, wovon sie sich sowohl aus den gegen sie gerichteten Vorwürfen von ganz fremder Seite, aber auch aus dem Urteil, das ihre Landsleute über sie fällten, und aus eigener Gewissenseinsicht überzeugten. Aus Scham darüber und in der Meinung, daß sie vielleicht nicht freigesprochen seien, sondern die Behandlung ihres Falles nur auf später verschoben sei, beschlossen sie, uns zu verlassen, ein neues Glück zu versuchen und neue Freundschaften anzuknüpfen. Nachdem sie mit einigen ihrer Klienten gesprochen hatten, denen sie eine solche Schandtat zutrauten, versuchten sie zuerst den Reiterführer Gaius Volusenus zu ermorden — dies wurde erst nach Kriegsende bekannt —, um den Eindruck zu erwecken, nicht ohne ein verdienstvolles Geschenk zu Pompeius übergelaufen zu sein. Nachdem dies aber zu schwierig erschien und sich keine Gelegenheit mehr zur Ausführung bieten wollte, liehen sie sich soviel Geld, wie sie nur konnten, taten, als ob sie ihren Kameraden Genugtuung leisten und die veruntreuten Gelder wieder erstatten wollten, kauften aber dafür eine Menge Pferde und liefen damit und mit denen, die sie in ihre Pläne eingeweiht hatten, zu Pompeius über.

61. Weil sie aus vornehmer Herkunft abstammten, würdig ausgestattet waren und mit einem großen Gefolge und vielen Tragtieren kamen, als tapfere Männer galten und bei Caesar in hohen Ehren standen, besonders aber, weil dieses Ereignis so neu und gegen alle Gewohnheit war, führte sie Pompeius in allen seinen Stellungen herum und zeigte sie

ihnen. Denn vor dieser Zeit war noch niemand von Caesar zu Pompeius übergelaufen, weder aus dem Fußvolk noch aus der Reiterei. Dagegen geschah es fast täglich, daß einige von Pompeius zu Caesar überliefen, besonders zahlreich aber solche, die in Epirus, Ätolien und allen von Caesar besetzten Gebieten ausgehoben worden waren. Roscillus und Aecus wußten beide über unsere Verhältnisse hervorragend Bescheid, sei es, daß etwas an den Befestigungsanlagen nicht ganz in Ordnung war, sei es, daß in den Augen sachkundigerer Kenner des Kriegswesens manches noch verbesserungswürdig erschien. Auch waren ihnen die Zeitabläufe, die räumliche Verteilung und die unterschiedliche Sorgfalt und Aufmerksamkeit der Wachmannschaften genauestens vertraut, die ja ganz vom jeweiligen Charakter und dem Eifer dessen abhingen, der diese Leute führte. Dies alles hinterbrachten sie Pompeius.

62. Nachdem Pompeius von ihnen darüber unterrichtet war, ließ er, seiner früheren Absicht folgend, seine Soldaten Bedeckungen aus Flechtwerk für ihre Helme anfertigen und Schanzmaterial zusammentragen. Nach diesen Vorbereitungen ließ er zur Nachtzeit eine große Zahl Leichtbewaffneter und Bogenschützen nebst diesen Materialien an Bord der Kähne und Ruderschiffe bringen. Pompeius selbst rückte um Mitternacht mit sechzig Kohorten aus dem Hauptlager und den einzelnen Stellungen aus und führte sie gegen jenen Teil von Caesars Linien, der sich nach dem Meer hin erstreckte und von dessen Hauptlager am weitesten entfernt war. Dorthin schickte er die eben erwähnten Fahrzeuge mit den Schanzmaterialien und den Leichtbewaffneten sowie die bei Dyrrachium liegenden Kampfschiffe, und schrieb jedem einzelnen von ihnen vor, was er zu tun habe. An diesem Teil seiner Befestigungslinie hatte Caesar den Quästor Lentulus Marcellinus mit der 9. Legion Stellung beziehen lassen und ihm später, weil es mit dessen Gesundheit nicht zum besten stand, Fulvius Postumus als Adjutanten nachgesandt.

63. Dort befand sich gegen den Feind hin ein Graben von 15 Fuß Breite und ein Palisadendamm von 10 Fuß Höhe und ebensolcher Breite. In einem Abstand von 600 Fuß verlief nach der entgegengesetzten Seite ein zweiter Damm, dessen Palisade etwas niedriger war. Diesen Doppelwall hatte Caesar in den vorhergehenden Tagen errichten lassen, aus Furcht, unsere Leute könnten von der See her eingeschlossen werden und um für den Fall, daß er von zwei Seiten angegriffen werde, Widerstand leisten zu können. Aber der gewaltige Umfang der Schanzarbeiten und die ununterbrochene Anstrengung während all der Tage, während deren er das Gelände auf einem Umkreis von 17 Meilen mit einer Befestigungslinie hatte einfassen lassen, ließen keine Zeit, die Arbeiten abzuschließen. Deshalb hatte er den gegen das Meer hin gerichteten Wall, der die beiden Befestigungslinien miteinander verbinden sollte, noch nicht fertiggestellt. Dies war Pompeius bekannt, dem es die allobrogischen Überläufer verraten hatten; und hieraus erwuchs für unsere Truppen ein schwerer Nachteil. Denn gerade, als unsere Kohorten der 9. Legion am Strand Wache hielten, tauchten plötzlich im Morgengrauen vor ihnen die Pompeianer auf. Zur gleichen Zeit wurden hinter unserem Rücken Soldaten auf Schiffen herangebracht; sie warfen ihre Geschosse gegen den äußeren Wall und füllten die Gräben mit Erde auf. Dann schafften sie Leitern und Wurfmaschinen herbei und schleuderten Wurfgeschosse jeglicher Art auf die Verteidiger der inneren Befestigungslinie, die dadurch in Schrecken gerieten, während gleichzeitig von allen Seiten Bogenschützen gegen sie ausschwärmten. Gegen die Steine, das einzige, was unsere Leute als Geschosse hatten, schützten die Pompeianer ihre Schutzbedeckungen aus Rutengeflecht. Als daher unsere Truppen in jeder Hinsicht in Bedrängnis gerieten und nur noch mit Mühe Widerstand leisteten, wurde die obenerwähnte Lücke in der Verschanzung entdeckt. Da griffen die feindlichen Soldaten, die von den Schiffen ausgesetzt waren, unsere Leute

zwischen den beiden Wällen, wo die Befestigung noch nicht fertiggestellt war, vom Rücken her an, warfen sie aus beiden Befestigungslinien heraus und zwangen sie zur Flucht.

64. Auf die Meldung von diesem Überfall hin schickte Marcellinus unseren hart in Bedrängnis geratenen Soldaten Kohorten zu Hilfe. Als sie die Fliehenden erblickten, konnen sie diese weder durch ihr Erscheinen ermutigen, noch waren sie selbst dem Angriff der Feinde gewachsen. Alles, was zur Hilfe herangeschafft wurde, vemehrte, durch die Furcht der Fliehenden wirkungslos gemacht, eher noch den Schrecken und die Gefahr; denn durch die Menschenmenge wurde der Rückzug behindert. In diesem Kampf wurde auch ein Adlerträger schwer verwundet. Als ihn schon die Kräfte verließen, rief er im Angesicht unserer Reiter: »Diesen Adler habe ich viele Jahre hindurch bei meinem Leben verteidigt; sterbend gebe ich ihn jetzt mit derselben Treue Caesar zurück. Ich beschwöre euch, laßt nicht zu, was niemals zuvor noch in Caesars Heer geschah, daß seine Waffen mit Schande bedeckt werden, und bringt ihm diesen Adler heil zurück!« Durch diesen Vorfall wurde der Adler wirklich gerettet; doch fielen alle Centurionen der ersten Kohorte mit Ausnahme des ersten Centurios der Principes.[165]

65. Schon näherten sich die Pompeianer unter Morden und Töten dem Lager des Marcellinus und versetzten auch die übrigen Kohorten nicht minder in Schrecken und Angst. Da wurde Marcus Antonius, der den nächsten Abschnitt der Stellungen behauptete, erblickt, wie er auf diese Meldung hin mit zwölf Kohorten von den Höhen herabstieg. Sein Erscheinen hemmte die Pompeianer und erfüllte unsere Leute mit neuem Mut, so daß sie sich von ihrer schlimmsten Furcht erholten. Bald darauf kam auch Caesar, nachdem er, früherer Gewohnheit entsprechend, durch Rauchzeichen darüber verständigt wurde, mit einigen Kohorten, die er aus anderen Stellungen abgezogen hatte,

dorthin. Nachdem er sich von der Niederlage überzeugt
hatte, bemerkte er, daß Pompeius über die Befestigungslinien hinaus ausgebrochen war und längs dem Meer ein Lager aufgeschlagen hatte, um ungehindert Futter holen zu
können und unvermindert freien Zugang zu den Schiffen
zu haben. Da Caesar an seinem ursprünglichen Vorhaben
nicht festhalten konnte, änderte er seinen Kriegsplan und
ließ in der Nähe von Pompeius ebenfalls ein Lager befestigen.

66. Als das Lager verschanzt war, bemerkten Caesars
Kundschafter, daß einige Kohorten, der Zahl nach fast eine
Legion, hinter dem Wald in ein altes Lager geführt wurden.
Mit diesem Lager verhielt es sich folgendermaßen: Als sich
an den vorhergegangenen Tagen Caesars 9. Legion den
pompeianischen Truppen entgegengeworfen und sie, wie
wir gezeigt haben, mit Schanzen eingeschlossen hatte, errichtete sie an dieser Stelle ein Lager. Dieses stieß an einen
Wald und lag nur 300 Schritte vom Meer entfernt. Als Caesar
aus bestimmten Gründen seinen Plan geändert hatte, verlegte er das Lager etwas weiter hinauf. Wenige Tage später
hatte Pompeius ebendieses Lager besetzt und, weil er mehrere Legionen darin unterbringen wollte, dem bestehenden
inneren Wall einen weiteren größeren Befestigungswall
hinzugefügt. So war im größeren Lager ein kleineres eingeschlossen, wie die Zitadelle in einer Burg. Ebenso hatte er
vom linken Winkel des Lagers eine etwa 400 Schritt lange
Befestigungslinie zum Fluß hin geführt, damit die Soldaten
ungehindert und gefahrlos Wasser holen konnten. Aber
auch Pompeius hatte aus Gründen, die hier nicht weiter erörtert werden sollen, seinen Plan geändert und diesen Ort
verlassen. So war das Lager einige Tage leer geblieben; die
Befestigungsanlagen allerdings waren sämtlich noch unversehrt.

67. Daß dorthin eine Legion verlegt worden war, wurde
nun Cäsar von den Kundschaftern gemeldet. Dasselbe wurde auch von den höher gelegenen Kastellen aus bestätigt.

Dieser Ort war von dem neuen Lager des Pompeius ungefähr 500 Schritte entfernt. Caesar hoffte nun, diese Legion
überfallen zu können, weil er den Wunsch hatte, die an diesem Tag erlittene Schlappe wiedergutzumachen. Er ließ daher zwei Kohorten bei den Verschanzungen zurück, um
den Anschein zu erwecken, als würden sie an den Befestigungswerken bauen, während er selbst auf einem möglichst verborgenen Weg, der nach der entgegengesetzten
Richtung ging, die übrigen 33 Kohorten, unter denen sich
auch die durch viele Centurionen und Soldaten geschwäch-
te 9. Legion befand, in doppelter Schlachtordnung gegen
die Legion des Pompeius und das kleinere Lager führte.
Und er täuschte sich auch in seiner ersten Annahme nicht.
Denn er gelangte nicht nur eher dorthin, als es Pompeius
merken konnte, sondern griff trotz der starken Lagerbefe-
stigungen auf dem linken Flügel, wo er selbst stand, in rascher Entschlossenheit die Pompeianer an und vertrieb sie
vom Wall. Vor dem Tor war quer dazu ein Igel[166] gelegt
worden. Hier wurde nun eine Zeitlang gekämpft, da unsere
Truppen einzudringen versuchten, jene aber das Lager verteidigten, wobei Titus Puleio, auf dessen Betreiben das
Heer des Antonius seinerzeit verraten wurde, besonders
heftigen Widerstand leistete. Dennoch siegten unsere Leute durch ihre Tapferkeit, zerstörten den Igel, drangen zuerst in das größere und darauf in das von diesem einge-
schlossene kleinere Lager ein, weil sich die geschlagene Legion dorthin zurückgezogen hatte, und töteten einige, die
dort noch Widerstand leisteten.
68. Das Glück aber, das stets in allen Dingen den Ausschlag gibt, besonders aber im Krieg, führt durch kleine Ursachen oft große Veränderungen herbei. So geschah es auch
hier. Caesars Kohorten, die auf dem rechten Flügel standen
und die Ortsverhältnisse nicht kannten, gelangten, als sie
das Tor suchten, zu jener Schanzlinie, die, wie oben erwähnt, sich vom Lager zum Fluß hin erstreckte, und hielten sie für die eigentliche Lagerbefestigung. Als man jedoch

merkte, daß sie mit dem Fluß in einer Verbindung stand, rissen sie diese Befestigungslinien ein und schritten darüber hinweg. Ihnen folgte unsere gesamte Reiterei.
69. Nachdem darüber einige Zeit verstrichen war, zog Pompeius, dem dies gemeldet wurde, fünf Legionen von den Schanzarbeiten ab und führte sie zur Unterstützung seiner Leute heran. Seine Reiterei näherte sich unserer Reiterei in dem Augenblick, als das in Schlachtreihe angetretene Heer von unseren Leuten, die das Lager besetzt hielten, gesichtet wurde. Plötzlich änderte sich nun alles; denn durch die Hoffnung auf rasche Hilfe beflügelt, versuchte die Legion des Pompeius am hinteren Lagertor Widerstand zu leisten und ging sogar zum Angriff gegen uns über. Caesars Reiterei aber, die auf dem engen Weg zwischen den Dämmen heraufritt, fürchtete um ihre Rückzugsmöglichkeit und machte den Anfang zur Flucht. Der rechte Flügel, der vom linken abgeschnitten war, bemerkte die Panik unter den Reitern, und zog sich, um nicht zwischen den beiden Befestigungslinien überwältigt zu werden, dort, wo der Wall eingerissen war, zurück. Die meisten von ihnen aber, um nicht in die Verengung zu geraten, stürzten sich kopfüber von der 10 Fuß hohen Befestigung in den Graben; dabei wurden die ersten totgetreten, während die übrigen über deren Körper hinweg für sich einen rettenden Ausweg schufen. Als die Soldaten auf dem linken Flügel sahen, daß Pompeius vom Lagerwall her anrückte und ihre Kameraden flohen, fürchteten sie, auf dem engen Raum abgeschnitten zu werden, da sie ja den Feind von außen und von innen hatten, und zogen sich auf demselben Weg wieder zurück, auf dem sie gekommen waren. Alles war so voller Verwirrung, Angst und Flucht, daß einige, als Caesar die Feldzeichen der Fliehenden mit eigener Hand ergriff und haltzumachen befahl, ihre Pferde laufen ließen und ihre Beine unter die Arme nahmen, andere vor Angst sogar ihre Feldzeichen preisgaben und keiner mehr stehenblieb.
70. Daß nicht das ganze Heer aufgerieben wurde, hatte

man in dieser verzweifelten Lage nur dem glücklichen Umstand zu verdanken, daß Pompeius aus Furcht vor einem Hinterhalt lange Zeit nicht wagte, sich den Befestigungslinien zu nähern, weil er, da er ja gerade noch seine eigenen Leute aus dem Lager hatte fliehen sehen, völlig davon überrascht wurde. Außerdem wurden seine Reiter in dem engen Durchgang an der Verfolgung gehindert, zumal dieser noch von Caesars Soldaten besetzt war. So hatten kleine Ursachen für beide Seiten große Wirkungen. Denn die vom Lager zum Fluß hin gezogene Befestigungslinie hatte, nachdem das Lager des Pompeius bereits erobert war, den fast schon sicheren Siegeszug Caesars zunichte gemacht; dieselbe Ursache aber verzögerte ein schnelles Nachsetzen und brachte unseren Leuten die Rettung.

71. In diesen beiden Schlachten innerhalb nur eines Tages verlor Caesar 960 Soldaten und folgende namhafte römische Ritter: Tuticanus Gallus, den Sohn eines Senators[167], Gaius Felginas aus Placentia, Aulus Granius aus Puteoli und Marcus Sacrativir aus Capua; außerdem noch 5 Militärtribunen und 32 Centurionen. Ein großer Teil von ihnen aber kam ohne eine Verwundung zu Tode, weil diese Soldaten in den Befestigungsgräben und an den Flußufern von ihren eigenen Leuten auf der Flucht und in der Panik zertreten wurden. Auch gingen 32 Feldzeichen verloren. Pompeius wurde nach dieser Schlacht zum Imperator erklärt. Diesen Titel behielt er bei und duldete es später auch, daß man ihn so grüßte; doch pflegte er ihn weder in seinen Briefen zu gebrauchen, noch schmückte er seine Rutenbündel damit. Labienus aber, der bei Pompeius erreicht hatte, daß ihm die Gefangenen übergeben wurden, ließ sich aus purer Prahlerei alle vorführen, um als Überläufer[168] desto glaubwürdiger zu erscheinen. Er redete sie mit »Kameraden« an und fragte sie mit Worten voll schneidendem Hohn, ob Veteranen denn zu fliehen pflegten; dann ließ er sie vor aller Augen töten.

72. Diese Ereignisse stiegen den Pompeianern so sehr zu

Kopf und steigerten ihre Überheblichkeit so sehr, daß sie
gar nicht über die weiteren Kriegsmaßnahmen nachdach-
ten, sondern sich bereits als Sieger sahen. Sie dachten nicht
daran, was die Ursache dafür gewesen war, nicht an zahlenmäßige Unterlegenheit unserer Soldaten, nicht an das ungünstige Gelände und die Enge des Raumes nach der Besetzung des Lagers, nicht an die beiderseitige Bedrohung von
inner- und außerhalb der Befestigungslinien, überlegten
auch nicht, daß, nachdem das Heer in zwei Teile geschnitten war, keiner dem anderen Hilfe bringen konnte. Weiter
bedachten sie nicht, daß man ja nicht aus einem heftigen
Angriff heraus, nicht in offener Schlacht gekämpft hatte
und daß Caesars Soldaten sich selbst durch ihr Gedränge
mehr Verluste zugefügt und durch die Enge des Raumes
mehr Schaden erlitten hatten als durch den Feind. Schließlich riefen sie sich auch nicht die allgemeinen Unwägbar-
keiten eines Krieges in Erinnerung, wo kleine Ursachen oft
infolge falscher Vermutungen oder plötzlicher Panik oder
durch abergläubische Skrupel großen Schaden anrichten
können und wie oft schon durch den Fehler eines Anführers oder durch die Schuld eines Tribunen ein Heer ins Verderben geführt wurde. Doch gerade so, als hätten sie den
Sieg ihrer Tapferkeit zu verdanken, als wäre gar keine Änderung der Dinge mehr möglich, verkündeten die Pompeianer über den ganzen Erdkreis hin in Reden und Briefen den
Sieg dieses Tages.

73. Caesar, der von seinen früheren Absichten abgekommen war, glaubte nun, seinen ganzen Kriegsplan ändern zu
müssen. Er zog daher innerhalb eines Zeitraums alle Besatzungen zurück, hob die Belagerung auf, rief sein Heer an einem Ort zusammen und hielt eine Rede an die Soldaten, in
der er sie folgendermaßen ermahnte: Sie sollten das, was
sich ereignet hätte, nicht zu schwer nehmen und sich auch
dadurch nicht in Panik versetzen lassen; vielmehr sollten
sie dieser einen, wahrlich unbedeutenden Schlacht die vielen glücklich geführten Schlachten entgegenhalten. Sie

hätten allen Grund, dem Schicksal zu danken, daß sie ohne irgendeinen Verlust Italien gewonnen hätten, daß sie beide spanischen Provinzen mit ihren äußerst kriegerischen Menschen trotz erfahrenster und erprobtester Feldherren befriedet und die benachbarten, getreidereichen Provinzen in ihre Gewalt zurückgebracht hätten. Schließlich dürften sie nicht vergessen, wie glücklich und völlig unbeschadet sie alle mitten durch die feindlichen Flotten aus Italien herübergekommen seien, während doch nicht bloß die Häfen, sondern auch die Küsten von Feinden nur so gewimmelt hätten. Wenn aber einmal nicht alles glücklich verlaufe, müsse man eben dem Glück durch eigene Tüchtigkeit nachhelfen. Was man an Mißgeschick erfahren habe, dafür müsse man die Schuld eher bei anderen als bei sich selber suchen: Schließlich hätten sie doch ein günstiges Gelände zum Kampf angeboten, das feindliche Lager genommen, die Feinde selbst daraus vertrieben und überwältigt. Doch habe nun ihre eigene Verwirrung oder irgendein Versehen oder auch das Schicksal den schon errungenen und augenscheinlichen Sieg vereitelt, es sei nun in jedermanns Bemühung gestellt, die erlittene Niederlage durch eigene Tüchtigkeit wiedergutzumachen. Geschehe dies, so werde sich der Schaden zum Guten wenden, wie es bei Gergovia[169] der Fall gewesen sei, und diejenigen, die vorher noch vor einem Kampf zurückgescheut hätten, würden sich von selbst dem Kampfe stellen.

74. Nach dieser Rede bestrafte er einige Adlerträger mit Ehrverlust und degradierte sie. Das ganze Heer aber ergriff über die Niederlage ein solcher Schmerz, und es war so begierig darauf, die Schande zu tilgen, daß niemand den Befehl eines Tribunen oder Centurionen abwartete und jeder sich zur Strafe härtere Mühen auferlegte und alle zugleich vor Kampfbegier brannten, zumal auch einige höhere Ränge aus kriegstechnischen Gründen glaubten, an diesem Ort bleiben und es noch einmal auf einen Kampf ankommen lassen zu müssen. Caesar dagegen hatte noch kein allzu

großes Vertrauen in seine verschreckten Soldaten, und glaubte, ihnen erst noch eine gewisse Zeit lassen zu müssen, sich zu erholen und neuen Mut zu schöpfen. Außerdem fürchtete er, nachdem sie den Schutz der Befestigungslinien verlassen hatten, sehr um die Getreideversorgung.

75. Deshalb schickte Caesar, nachdem er sich zunächst nur der Verwundeten und Kranken angenommen hatte, unverzüglich und in aller Stille bei Einbruch der Nacht den gesamten Troß aus dem Lager nach Apollonia voraus mit dem Befehl, nicht eher zu ruhen als bis zur Beendigung des Marsches. Als Bedeckung schickte er eine Legion mit. Nachdem diese Maßnahmen erteilt worden waren, behielt er zunächst zwei Legionen im Lager zurück, schickte die übrigen um die vierte Nachtwache aus mehreren Toren auf demselben Weg voraus, ließ dann, um die militärische Ordnung zu wahren und seinen Aufbruch möglichst normal erscheinen zu lassen, das Zeichen zum Abmarsch geben, setzte sich sofort in Bewegung, erreichte auch bald die Nachhut und verschwand rasch aus der Sicht des Lagers. Doch auch Pompeius zögerte keinen Augenblick, ihn zu verfolgen, nachdem er dessen Plan durchschaut hatte. Seine Absicht war es, Caesars Soldaten womöglich noch während des Marsches, solange sie behindert waren, in Verwirrung zu stürzen und überfallen zu können. Er führte deshalb sein Heer aus dem Lager und schickte seine Reiterei voraus, um die Nachhut aufzuhalten, konnte sie aber nicht mehr einholen, weil Caesar, dessen Soldaten ohne Gepäck waren, bereits einen großen Vorsprung gewonnen hatte. Als man aber zu dem Fluß Genusus mit seinen unpassierbaren Ufern gekommen war, hatte die Reiterei die Nachhut doch noch eingeholt und versuchte sie durch ein Gefecht aufzuhalten. Ihr stellte Caesar seine eigenen Reiter entgegen und verstärkte sie durch 400 kampfbereite Antesignanen.[170] Diesen gelang es, in einem Reitergefecht alle zurückzuschlagen, mehrere zu töten und sich selbst ohne Verluste zu ihrer Marschkolonne zurückzuziehen.

76. Nachdem der Marschweg, den Cäsar sich für diesen Tag vorgenommen hatte, zurückgelegt war, führte er das Heer über den Fluß und bezog sein altes Lager gegenüber Asparagium. Die Soldaten hielt er alle innerhalb des Lagerwalles, und auch der Reiterei, die er zum Futterholen ausgeschickt hatte, befahl er, sich sofort durch das hintere Tor in das Lager zurückzubegeben. Pompeius, der in gleicher Weise an diesem Tag seinen Marsch beendet hatte, ließ sich ebenfalls in seinem alten Lager bei Asparagium nieder. Von seinen Soldaten, die infolge der unversehrten Verschanzungen keine Arbeiten zu verrichten hatten, entfernten sich einige etwas weiter weg, um Holz und Futter zu holen, andere wiederum ließen sich durch die Nähe des vorigen Lagers dazu verlocken, dorthin zurückzukehren. Weil nämlich der Plan zum Aufbruch ganz plötzlich gefaßt worden war, hatte man einen großen Teil des Trosses und des persönlichen Gepäcks zurückgelassen; diese Dinge wollten sie nun holen, ihre Waffen hatten sie solange in ihren Zelten abgelegt. Nachdem sie so, wie es Caesar vorausgesehen hatte, an einer weiteren Verfolgung gehindert waren, gab er etwa um die Mittagszeit das Zeichen zum Aufbruch, führte das Heer aus dem Lager, legte noch einmal die Entfernung dieses Tages zurück und rückte damit acht weitere Meilen von diesem Platz aus vor. Pompeius aber war wegen der Abwesenheit seiner Soldaten nicht in der Lage, es ihm gleichzutun.

77. Auch am folgenden Tag verließ Caesar, der schon mit Anbruch der Nacht sein Gepäck vorausgehen ließ, etwa um die vierte Nachtwache wieder sein Lager; er wollte so für den Fall, daß er zum Kampf gezwungen würde, einem plötzlichen Angriff mit einem kampfbereiten Heer begegnen. Das gleiche tat er an den folgenden Tagen. Dadurch gelang es ihm, daß er trotz tiefster Flüsse und unwegsamster Straßen keinerlei Schaden erlitt. Pompeius nämlich gab nach der Verzögerung des ersten Tages und der vergeblichen Anstrengungen der nächsten Tage, während deren er

in großen Eilmärschen die Vorausmarschierenden einholen wollte, am vierten Tag die Verfolgung auf, und glaubte nun, einen neuen Plan fassen zu müssen.

78. Um die Verwundeten unterzubringen, seinem Heer den Sold auszuzahlen, sich seiner Bundesgenossen zu versichern und in die Städte Besatzungen zu legen, mußte Caesar nach Apollonia marschieren. Er widmete aber diesen Maßnahmen nur so viel Zeit, wie ihm, da er in Eile war, dazu erforderlich erschien. Denn da er fürchtete, Domitius[171] könne durch die Ankunft des Pompeius überrascht werden, versuchte er, so schnell wie möglich zu ihm zu stoßen. Den Plan für diese Maßnahmen entwickelte er aus folgenden Überlegungen: Sollte Pompeius ebenfalls dorthin eilen, so wollte er ihn, nachdem jener sich auf diese Weise vom Meer entfernt und von seinen ganzen Vorräten, die er in Dyrrachium zusammengezogen hatte, getrennt haben würde, zu einem Entscheidungskampf unter gleichen Bedingungen zwingen; falls Pompeius aber nach Italien zurückginge, würde er zusammen mit Domitius und dem vereinigten Heer durch Illyrien Italien zu Hilfe eilen; sollte er jedoch versuchen, Apollonia und Oricum zu bestürmen und ihn selbst von der ganzen Meeresküste abzuschließen, würde er ihn durch eine Einschließung Scipios zwingen, ihm mit seinen Truppen Hilfe zu bringen. Deshalb schickte Caesar Boten zu Domitius und legte ihm schriftlich dar, was er zu tun beabsichtige; als Besatzung ließ er vier Kohorten in Apollonia, eine in Lissa und drei in Oricum zurück, brachte seine Verwundeten unter und setzte sich durch Epirus und Athamanien[172] in Marsch. Pompeius, der Caesars Plan erriet, glaubte, rasch zu Scipio eilen zu müssen, um ihm für den Fall, daß Caesar seinen Marsch dorthin richte, beizustehen. Für den anderen Fall aber, daß Caesar die Küste und die Gegend um Oricum nicht verlassen wollte, weil er noch Soldaten und Reiterei aus Italien erwartete, würde er selbst mit all seinen Truppen Domitius angreifen.

79. Aus diesen Gründen waren beide auf Schnelligkeit bedacht, zum einen deshalb, um den eigenen Leuten Hilfe zu bringen, zum anderen, weil man keine sich eventuell aus zeitlichen Vorteilen ergebende Gelegenheit versäumen wollte, den Gegner zu überraschen. Während Caesar aber durch Apollonia vom direkten Weg abgelenkt wurde, hatte Pompeius durch Candavien[173] den bequemeren Weg nach Macedonien. Völlig unvorhergesehen kam noch eine weitere Schwierigkeit hinzu: Domitius nämlich war, nachdem er sich mehrere Tage in der Nähe von Scipios Lager aufgehalten hatte, wegen der Getreideversorgung von dort nach Heraclia Sentica aufgebrochen, das in unmittelbarer Nachbarschaft zu Candavien liegt, so daß das Schicksal selbst ihn dem Pompeius in die Arme zu treiben schien. Dies wußte Cäsar zu dieser Zeit noch nicht. Zugleich mit den Briefen, die Pompeius nach allen Provinzen und Staaten hin verschickt hatte und in denen er weit übertriebener und hochtrabender über die Schlacht bei Dyrrachium berichtet hatte, als es der Wirklichkeit entsprach, verbreitete sich auch das Gerücht, Caesar sei geschlagen worden und geflohen und habe fast alle seine Truppen verloren. Diese Gerüchte hatten seine Wege unsicher gemacht, und einige Staaten begannen sich bereits von ihm abzuwenden. Dies bewirkte, daß Boten, die auf verschiedenen Wegen von Caesar zu Domitius und von Domitius zu Caesar geschickt worden waren, auf keine Weise ans Ziel gelangen konnten. Aber Allobroger aus dem Freundeskreis des Roscillus und Aecus, die bekanntlich zu Pompeius übergelaufen waren, trafen unterwegs auf die Kundschafter des Domitius und erzählten ihnen, sei es aus alter Bekanntschaft, weil sie in Gallien zusammen Krieg geführt hatten, oder aus überheblicher Ruhmsucht, alles, was sich bis dahin zugetragen hatte, und unterrichteten sie von Caesars Aufbruch und der Ankunft des Pompeius. Als Domitius darüber von ihnen Nachricht erhielt, entkam er mit kaum drei Stunden Vorsprung dank dieser unfreiwilligen Gefälligkeit der Feinde

dieser Gefahr und stieß bei Aeginium[174], das unmittelbar vor der Grenze gegen Thessalien zu gelegen ist, auf den heranrückenden Caesar.

80. Nachdem die Heere vereinigt waren, gelangte Caesar nach Gomphi[175], der ersten Stadt Thessaliens, wenn man von Epirus kommt. Die Bewohner hatten erst vor wenigen Monaten aus eigenem Entschluß Gesandte zu Caesar geschickt und ihm angeboten, daß er sich aller ihrer Möglichkeiten bedienen könne; dafür erbaten sie sich von ihm eine Besatzung seiner Soldaten. Aber auch hierher war das obenerwähnte Gerücht von der Schlacht bei Dyrrachium schon durchgedrungen und von vielen Seiten her noch verschlimmert worden. Androsthenes, Militärbefehlshaber in Thessalien, wollte lieber Siegesgefährte von Pompeius sein als Caesars Genosse im Unglück; er zog deshalb sämtliche Sklaven und Freie vom Land in die Stadt, verschloß ihre Tore und sandte Boten zu Scipio und Pompeius mit der Bitte, ihm zu Hilfe zu kommen: er vertraue auf die Befestigungsanlagen der Stadt, wenn sie ihm rasch Verstärkung brächten; einer längeren Belagerung aber könne er nicht standhalten. Scipio hatte nach der Nachricht vom Abzug des Heeres aus Dyrrachium seine Legionen nach Larisa[176] verlegt; Pompeius war noch im Anmarsch auf Thessalien. Nachdem Caesar sein Lager befestigt hatte, ließ er Sturmleitern und Minierhütten für einen Überraschungsangriff herstellen und Flechtwerk anfertigen. Nach diesen Vorbereitungen wies er seine Soldaten eindringlich darauf hin, wie vorteilhaft es zur Behebung ihres allseitigen Mangels sei, wenn sie sich dieser reichen und üppig mit allem versehenen Stadt bemächtigten; zugleich würden sie die übrigen Gemeinden durch das warnende Beispiel dieser Stadt in große Angst versetzen; dies müsse jedoch rasch geschehen, bevor noch die Verstärkung herbeigeeilt sei. Da er sich auf den einzigartigen Eifer seiner Soldaten verlassen konnte, begann er deshalb noch am selben Tag, an dem er gekommen war, nach der neunten Stunde die Stadt Gomphi trotz

ihrer sehr hohen Mauern zu erstürmen, nahm sie noch vor
Sonnenuntergang ein und überließ sie den Soldaten zur
Plünderung. Kurz darauf brach er sein Lager ab und gelangte so frühzeitig nach Metropolis[177], daß er den Meldungen
und Gerüchten von der Eroberung der Stadt noch zuvor-
kam.

81. Die Bewohner von Metropolis hatten — zunächst unter
dem Eindruck des Geredes über Dyrrachium — anfänglich
denselben Plan, verschlossen ihre Tore und besetzten ihre
Mauern mit Bewaffneten. Als sie aber nachher aus dem
Munde der Gefangenen, die Caesar an die Mauer hatte her-
anführen lassen, die Nachricht vom Fall der Stadt Gomphi
erfahren hatten, öffneten sie ihre Tore. Da er die Bewohner
der Stadt sehr achtsam behandelte, wurde allenthalben das
Schicksal von Metropolis mit dem Fall von Gomphi verglichen mit dem Ergebnis, daß es in Thessalien bald keine
Stadt außer Larisa, das von Scipio mit seinem gewaltigen
Heer beherrscht wurde, mehr gab, die sich ihm nicht geöffnet und seinem Befehl unterworfen hätte. Da er auf dem
Land eine geeignete Gegend gefunden hatte, wo man Getreide beschaffen konnte, das beinahe schon reif auf den
Feldern stand, entschloß er sich, hier die Ankunft des Pompeius abzuwarten und alle seine Kriegsmaßnahmen auf diesen Punkt zu konzentrieren.

82. Wenige Tage später erschien Pompeius tatsächlich in
Thessalien, hielt eine Rede an das versammelte Heer,
dankte seinen Leuten und ermunterte Scipios Soldaten,
nun, da der Sieg schon errungen sei, an der Beute und an
den Belohnungen teilnehmen zu wollen. Dann teilte er, da
alle Legionen nur ein Lager bezogen hatten, seinen Rang
mit Scipio und befahl, daß bei ihm ebenfalls das Feldherrn-
signal geblasen und ein weiteres Feldherrnzelt aufgeschlagen werde. Da nun die Truppen von Pompeius bedeutend
vermehrt und die beiden Heere zusammen vereinigt waren,
wurden sie alle in ihrer früheren Meinung bestärkt und die
Siegeserwartung so sehr gesteigert, daß ihnen jede Zwi-

74. Nachdem sie sich entfernt hatten, nahmen die Soldaten die Gelegenheit wahr, sich offen auszusprechen, und kamen scharenweise aus dem Lager hervor. Jeder suchte nach Bekannten und Landsleuten in Caesars Lager und rief sie heraus. Zuerst dankte jeder dem anderen, daß man sie tags zuvor, als sie sich bereits in höchster Not glaubten, verschont hätte; ihrem Wohlwollen hätten sie ihr Leben zu verdanken. Darauf fragten sie nach der Glaubwürdigkeit ihres Feldherrn, ob sie sich gefahrlos ihm anvertrauen könnten, und klagten darüber, daß sie dies nicht bereits von Anfang an getan, sondern statt dessen mit Freunden und Blutsverwandten die Waffen gekreuzt hätten. Diese Gespräche hatten sie dazu ermutigt, von dem Feldherrn die Zusicherung zu erbitten, das Leben des Petreius und Afranius zu schonen, um nicht den Anschein zu erwecken, als hätten sie ein Verbrechen auf sich geladen und ihre Leute verraten. Nachdem ihnen dies zugesichert worden war, versicherten sie auch ihrerseits, daß sie sofort mit ihren Feldzeichen hinübergehen würden, und schickten als Gesandte die ranghöchsten Centurionen zu Caesar, um über den Frieden zu verhandeln. Inzwischen führte ein Teil von Caesars Leuten ihre Freunde in das Lager und bewirtete sie, ein anderer Teil ging mit seinen Freunden ins feindliche Lager, so daß aus zwei Lagern ein einziges geworden schien. Auch erschienen mehrere Tribunen und Centurionen bei Caesar, um sich ihm zu empfehlen. Demselben Beispiel folgten auch die spanischen Edlen, die jene zu sich entboten hatten und als Geiseln bei sich im Lager hielten. Diese fragten nach ihren Bekannten und Freunden, um durch ihre Vermittlung Zutritt zu Caesar zu erhalten. Auch der junge Sohn des Afranius verhandelte durch den Legaten Sulpicius über seine und seines Vaters Rettung. Alles war voller Freude und beglückwünschte sich gegenseitig, die einen, weil sie einer solch großen Gefahr entronnen schienen, die anderen, weil sie allem Anschein nach ohne jeden Schaden so große Dinge zustande gebracht hatten. Caesar

habe, aber keine Kriegsdienste geleistet hätte: ein Täfelchen solle die Namen derer enthalten, die nach ihrer Meinung freizusprechen wären; das zweite solle die zum Tode Verurteilten nennen, das dritte die Namen derer, die eine Geldstrafe zahlen sollten. So redeten schließlich alle nur noch über ihre eigenen Ehrenämter, über Geldprämien oder die Verfolgung ihrer persönlichen Feinde; niemand aber machte sich Gedanken darüber, auf welche Weise sie den Sieg erringen, sondern nur, welchen Gewinn sie daraus für sich ziehen könnten.

84. Da für die Lebensmittel ausreichend gesorgt war und die Soldaten sich wieder kräftig erholt hatten — seit den Kämpfen bei Dyrrachium war genug Zeit vergangen, während deren sich Caesar von dem neu erstarkten Mut seiner Soldaten überzeugen konnte —, glaubte er herausfinden zu müssen, welche Absichten und welche Neigung Pompeius zum Kämpfen habe. Deshalb führte er sein Heer aus dem Lager hervor und stellte es in Schlachtordnung auf, zuerst auf seinem eigenen Gelände und in ziemlicher Entfernung von Pompeius, dann aber in den folgenden Tagen so, daß er immer weiter von seinem Lager vorrückte und seine Schlachtreihe bis an die von Pompeius besetzten Hügel schob. Dadurch gewann sein Heer von Tag zu Tag mehr Mut und Sicherheit. Die früher bewirkte Maßnahme bei seinen Reitern behielt er jedoch bei: Da sie zahlenmäßig um ein Vielfaches unterlegen waren, befahl er, daß junge Männer und kampfbereite Antesignanen mit Waffen, die zur größeren Beweglichkeit ausgesucht wurden, zwischen den Reitern kämpfen sollten. In dieser Kampfweise wurden sie in täglicher Übung unterrichtet. Dadurch wurde erreicht, daß 1 000 Reiter auch auf offenerem Gelände, da man ja genügend Übung hatte, einem Angriff von 7 000 Reitern des Pompeius standzuhalten wagten und sich nicht durch deren große Menge erschrecken ließen. Denn auch in diesen Tagen lieferte er ein glückliches Reitergefecht, in dem einer der beiden Allobroger, die, wie oben erwähnt, zu

Pompeius übergelaufen waren,[182] zusammen mit einigen anderen fiel.

85. Pompeius, der sein Lager auf einem Hügel aufgeschlagen hatte, stellte seine Schlachtordnung am Fuß dieser Anhöhe auf, wobei es schien, als lauere er immer darauf, ob Caesar sich nicht auf dieses ungünstige Gelände locken lasse. Caesar jedoch, der sah, daß Pompeius unter keinen Umständen zu einem Kampf bewegt werden könne, faßte einen neuen Kriegsplan, der ihm vorteilhafter erschien: Er wollte sein Lager abbrechen und immer auf dem Marsch bleiben in der Hoffnung, durch diese fortwährende Verlegung seines Lagers und das Aufsuchen immer neuer Gegenden nicht nur seine Getreidebeschaffung bequemer zu besorgen, sondern zugleich auch auf dem Marsch eine günstige Gelegenheit zum Kampf zu erhalten und das Heer des Pompeius, das an die Anstrengung solcher täglicher Märsche nicht gewohnt war, zu ermüden. Als nach diesem Beschluß bereits das Zeichen zum Aufbruch gegeben war und man die Zelte abgeschlagen hatte, bemerkte man, daß kurz zuvor, entgegen der bisherigen Gewohnheit, die Schlachtlinie des Pompeius weiter vom Lagerwall vorgerückt war, so daß es nun möglich schien, auf einigermaßen günstigem Gelände zu kämpfen. Da rief Caesar, als die Marschkolonne schon unter den Toren stand, seinen Soldaten zu: »Wir müssen den Marsch für den Augenblick verschieben und statt dessen nur an die Schlacht denken, wie wir es immer gefordert haben; wir werden später nicht leicht wieder eine solche Gelegenheit finden!« Und sofort führte er seine Truppen kampfbereit hinaus.

86. Auch Pompeius hatte, wie man später erfuhr, auf das Drängen seiner Umgebung hin, sich dazu entschlossen, die Entscheidungsschlacht zu suchen. Im Kriegsrat nämlich hatte er in den letzten Tagen getönt, Caesars Heer werde geschlagen sein, noch bevor die beiden Schlachtreihen aufeinanderträfen. Als sich die meisten darüber verwunderten, fuhr er fort: »Ich weiß wohl, daß ich etwas fast Un-

436

glaubliches verspreche; vernehmt jedoch meinen Plan, damit ihr desto mutiger und gewisser in den Kampf zieht! Ich
habe meine Reiter überzeugt — und sie haben mir dies fest
versichert —, sowie man näher herangerückt sei, Caesars
rechten Flügel auf der offenen Flanke anzugreifen, das Heer
vom Rücken her zu umgehen, es dadurch zu verwirren und
es zu schlagen, noch bevor wir auch nur ein Geschoß auf
den Feind geschleudert haben. So werden wir ohne eine Gefahr für unsere Legionen und fast ohne einen Verwundeten
diesen Krieg beenden. Dies aber ist nicht schwer, weil wir
an Reiterei ja so viel stärker sind.« Zugleich forderte er sie
auf, für den folgenden Tag Entschlossenheit und Mut zu
bewahren und, da dann sich ja die oft beschworene Gelegenheit zum Kampf biete, weder seine noch der übrigen Erwartung zu enttäuschen.

87. Nach ihm ergriff Labienus das Wort und sagte, während
er verächtlich auf Caesars Truppen herabblickte, den Plan
des Pompeius dagegen in den höchsten Tönen lobte:
»Glaube nur ja nicht, Pompeius, dies sei das Heer, das in
Gallien und Germanien siegte. Ich habe an allen Schlachten teilgenommen und rede nicht unbesonnen von etwas,
das ich nicht kenne. Nur ein sehr geringer Teil jenes Heeres
ist noch übrig; ein großer Teil ist zugrunde gegangen, wie
es bei so vielen Schlachten notwendig geschehen mußte;
viele hat überdies während des Herbstes die Pest in Italien
dahingerafft, viele gingen in ihre Heimat zurück, viele sind
in Italien geblieben. Habt ihr etwa nicht gehört, daß man
aus denen, die ihrer geschwächten Gesundheit wegen zurückblieben, in Brundisium Kohorten gebildet hat? Die
Truppen, die ihr seht, sind aus den Aushebungen dieser
Jahre im diesseitigen Gallien ergänzt und vervollständigt
worden, und die meisten stammen aus den transpadani-
schen[183] Kolonien. Was an Kerntruppen noch vorhanden
war, ist in den beiden Schlachten bei Dyrrachium gefallen.« Nach diesen Worten schwur Labienus, nur als Sieger
in das Lager zurückkehren zu wollen, und forderte die übri-

gen auf, es ihm nachzutun. Pompeius, der ihn dafür lobte, schwur den gleichen Eid; und in der Tat gab es keinen, der gezögert hätte, dies zu schwören. Nach diesen Vorgängen im Kriegsrat ging man voller Hoffnung und Freude auseinander, da man sich im Geiste jetzt schon als Sieger sah; denn man hielt es für ausgeschlossen, daß ein so bedeutender und erfahrener Feldherr grundlos Versicherungen abgeben sollte.

88. Als Caesar sich dem Lager des Pompeius genähert hatte, fand er dessen Heer in folgender Schlachtordnung aufgestellt: Auf dem linken Flügel standen jene beiden Legionen, die Caesar zu Beginn der Auseinandersetzung auf den Senatsbeschluß hin abgetreten hatte; von denen hieß eine die 1., die andere die 3. Legion. Auf diesem Flügel befand sich Pompeius selbst. In der Mitte stand Scipio mit den Legionen aus Syrien. Die Legion aus Cilicien, verbunden mit den spanischen Kohorten, die, wie erwähnt, Afranius herübergebracht hatte, bildete den rechten Flügel. Diese hielt Pompeius für die zuverlässigste Truppe. Die übrigen hatte er zwischen die mittlere Schlachtreihe und die Flügel gestellt und es alles in allem auf 110 Kohorten gebracht. Zusammen waren dies insgesamt 45 000 Mann und etwa 2 000 Freiwillige, die aus den Reihen der Gefreiten früherer Heere zu ihm gekommen waren; letztere hatte er über die ganze Schlachtordnung verteilt. Die restlichen 7 Kohorten hatte er als Besatzung im Lager und in den nahe gelegenen Kastellen aufgestellt. Der rechte Flügel wurde durch einen Bach[184] mit unpassierbaren Uferböschungen gesichert, weshalb er die ganze Reiterei, die Bogenschützen und Schleuderer alle auf dem linken Flügel einsetzte.[185]

89. Caesar, der hierin seine frühere Praxis beibehielt, hatte die 10. Legion auf dem rechten Flügel, die 9. Legion auf dem linken Flügel postiert, obwohl diese durch die Kämpfe von Dyrrachium stark zusammengeschmolzen war; mit dieser verband er deshalb die 8. Legion, so daß er beinahe aus zwei Legionen eine gemacht hatte, und befahl ihnen,

sich gegenseitig Unterstützung zu leisten. In seiner Schlachtaufstellung standen 80 Kohorten, die zusammen 22 000 Mann ergaben; sieben Kohorten hatte er zum Schutz des Lagers zurückgelassen. Auf dem linken Flügel führte Antonius, auf dem rechten Flügel Publius Sulla den Befehl, in der Mitte Gn. Domitius. Er selbst stellte sich gegenüber Pompeius auf. Weil er die oben beschriebene Truppenaufstellung des Gegners nun kannte und befürchten mußte, von den Reiterscharen des rechten Flügels umgangen zu werden, zog er schnell aus der dritten Schlachtlinie einzelne Kohorten ab und bildete daraus eine vierte Linie, die er der Reiterei entgegenstellte. Dann gab er diesen Kohorten seine Absichten zu verstehen und ermahnte sie, daß der Sieg dieses Tages allein von ihrer Tapferkeit abhinge. Zugleich erteilte er der dritten Schlachtlinie und der Reiterei den ausdrücklichen Befehl, sich nicht ohne sein Geheiß in den Kampf einzulassen; er werde, wenn er dies wolle, schon das Zeichen mit der Feldherrnflagge geben.

90. Als er sein Heer nach militärischer Sitte zum Kampf anfeuerte und seine Dienste, die er ihm stets erwiesen hatte, hervorhob, erinnerte er sie vor allem daran, daß er die Soldaten selbst als Zeugen dafür aufrufen könne, mit welch großem Eifer er sich um den Frieden bemüht habe, was er durch Vatinius in dessen Gesprächen, was er durch Aulus Clodius mit Scipio verhandelt habe, auf welche Weise er bei Oricum Libo gedrängt habe, Gesandte schicken zu können. Er habe noch nie das Blut der Soldaten mißbrauchen, auch nicht das Vaterland eines der beiden Heere berauben wollen. Nach dieser Rede forderten seine Soldaten stürmisch und vor Kampfbegierde brennend das Zeichen zur Schlacht; er ließ es mit der Trompete geben.

91. In Caesars Heer diente ein Freiwilliger namens Crastinus, ein Mann von einzigartiger Tapferkeit, der im letzten Jahr den ersten Manipel der 10. Legion geführt hatte. Als das Zeichen ertönte, rief er: »Folgt mir, Kampfgefährten aus meinem alten Manipel, und gebt, wie ihr beschlossen

habt, eurem Feldherrn eure ganze Kraft. Nur noch diese eine Schlacht habt ihr zu bestehen; ist sie bestanden, so wird jener seine Ehre, ihr aber eure Freiheit wiedergewinnen!« Und auf Caesar blickend fuhr er fort: »Heute, Imperator, werde ich mir deinen Dank erwerben, magst du ihn nun dem Lebenden oder dem Toten erweisen!« Nach diesen Worten stürmte er als erster auf dem rechten Flügel vor, und etwa 120 auserlesene Freiwillige folgten ihm.

92. Zwischen den beiden Schlachtformationen hatte man gerade so viel Raum gelassen, als für den Angriff beider Heere ausreichend war. Pompeius aber hatte seinen Soldaten befohlen, Caesars Angriff abzuwarten, sich nicht von der Stelle zu bewegen und zuzulassen, daß dessen Schlachtordnung sich nach verschiedenen Seiten auflöse. Man erzählte, daß er dies auf Anraten des Gaius Triarius getan habe, damit der erste Ansturm und die Wucht der Feinde gebrochen und die Front in viele Einzelteile zerrissen würde, während sie selbst in geordneter Aufstellung die Zersprengten angreifen könnten. Auch hoffte er, daß die Wurfspieße mit geringerer Kraft aufträfen, wenn die Soldaten in ihren Stellungen verblieben, als wenn sie sich selbst ihrem Flug entgegenwürfen. Zugleich würden Caesars Soldaten durch die doppelte Laufstrecke mit Sicherheit völlig außer Atem kommen und ermatten. Indessen scheint es uns, als habe dies Pompeius ohne jede vernünftige Überlegung getan, weil allen Menschen von Natur aus ein gewisser Drang und Eifer angeboren ist, durch den die Kampfbegierde entfacht wird. Diesen zu entflammen, nicht zu ersticken ist Aufgabe des Feldherrn; und es ist nicht umsonst seit alters her der Brauch, daß von allen Seiten die Signaltrompeten erschallen und alle zusammen das Schlachtgeschrei erheben: Man glaubte, dadurch die Feinde zu erschrecken und die eigenen Leute aufzustacheln.

93. Als unsere Soldaten jedoch auf das gegebene Signal hin mit erhobenen Speeren voranstürmten und merkten, daß die Pompeianer ihnen nicht entgegenkamen, hemmten sie,

durch Erfahrung belehrt und durch frühere Kämpfe geübt, von sich aus ihren Lauf und blieben etwa auf halbem Wege stehen, um nicht mit erschöpften Kräften in die Nähe des Feindes zu geraten. Nach einer kurzen Pause stürmten sie von neuem los, schleuderten ihre Speere und zogen schnell, wie es ihnen von Caesar befohlen war, die Schwerter. Die Pompeianer aber ließen es auch an nichts fehlen; sie fingen nämlich die Speere ab, hielten dem Angriff der Legionen stand, bewahrten dabei ihre Ordnung, warfen ihre Speere und griffen ebenfalls zu den Schwertern. Zur selben Zeit stürmten die gesamten Reiterscharen vom linken Flügel des Pompeius, wie er befohlen hatte, vor, und wie ein Schwarm ergoß sich die Menge der Bogenschützen. Deren Angriff war unsere Reiterei nicht gewachsen, sondern wich, aus ihrer Stellung vertrieben, ein wenig zurück. Da begannen die Reiter des Pompeius desto härter nachzusetzen, sich in Schwadronen aufzugliedern und unsere Front auf der offenen Seite zu umgehen. Kaum hatte Caesar dies wahrgenommen, gab er seiner vierten Schlachtreihe, die er ja aus nur sechs Kohorten gebildet hatte, das Zeichen. Schnell brachen diese mit wehenden Fahnen hervor und drangen mit solcher Gewalt auf die Reiter des Pompeius ein, daß keiner von ihnen standhielt, alle kehrtmachten und nicht nur vom Kampfplatz wichen, sondern in wilder Flucht geradewegs die ziemlich hohen Berge zu erreichen suchten. Nach ihrer Vertreibung aber wurden alle Bogenschützen und Schleuderer, die wehrlos und ohne Deckung im Stich gelassen waren, niedergemacht. Noch im selben Ansturm umgingen die Kohorten den linken Flügel, wo die Pompeianer auch ferner noch in Reih und Glied kämpften und Widerstand leisteten, und griffen sie vom Rücken her an.

94. In diesem Augenblick ließ Caesar seine dritte Schlachtreihe, die bisher ruhig an ihrem Platz geblieben war, vorrücken. Als so nun frische und ungeschwächte Truppen die abgekämpften ablösten, ferner andere von hinten her an-

griffen, konnten die Pompeianer nicht standhalten und wandten sich sämtlich zur Flucht. Wirklich aber hatte sich Caesar nicht getäuscht, daß von jenen Kohorten, die er in der vierten Linie gegen die Reiterei postiert hatte, der Beginn des Sieges abhängen würde, wie er es den Soldaten in seiner Anfeuerungsrede verkündet hatte. Sie nämlich schlugen zuerst die Reiterei, sie metzelten die Bogenschützen und Schleuderer nieder, sie hatten die Linie des Pompeius auf der linken Seite umgangen und zuerst die Flucht der Feinde bewirkt. Wie aber Pompeius sah, daß seine Reiterei geschlagen war und er jenen Teil des Heeres, auf den er vor allem sein Vertrauen gesetzt hatte, in panischem Schrecken bemerkte, verlor er alles Zutrauen zu sich und den anderen, verließ das Schlachtfeld und ritt geradewegs ins Lager zurück. Dort rief er den Centurionen, die beim Haupttor auf Wache standen, mit lauter Stimme zu, damit alle Soldaten es hören konnten: »Schützt das Lager und verteidigt es treu, wenn Schlimmeres sich ereignen sollte; ich gehe zu den übrigen Toren und spreche den Lagerwachen Mut zu.« Nach diesen Worten begab er sich in sein Feldherrnzelt; er hatte alle Hoffnung auf die Entscheidung verloren und harrte dennoch des Ausgangs.

95. Als Caesar die Pompeianer auf ihrer Flucht in das Lager zurückgedrängt hatte, glaubte er, ihnen in ihrer Panik keine Zeit vergönnen zu dürfen, und feuerte seine Soldaten an, die Gunst des Schicksals zu benutzen und das Lager zu erstürmen. Obwohl sie durch die große Hitze völlig ausgelaugt waren — die Schlacht hatte sich bis in den Mittag hingezogen —, waren sie dennoch zu jeder Anstrengung bereit und folgten seinem Befehl. Das Lager wurde von den Kohorten, die dort zu seinem Schutz zurückgelassen waren, energisch verteidigt, noch wilder aber von den Thracern und barbarischen Hilfsvölkern. Den aus der Schlacht geflohenen Soldaten nämlich saß der Schrecken und die Erschöpfung so tief in den Gliedern, daß die meisten schon ihre Waffen und Feldzeichen weggeworfen hatten und ihre

Gedanken mehr auf die weitere Flucht als auf die Verteidigung des Lagers richteten. Diejenigen aber, die auf dem Lagerwall Stellung bezogen hatten, konnten der Menge der Geschosse nicht mehr länger standhalten, sondern verließen, von Wunden geschwächt, ihren Platz. Sofort flohen alle unter Führung ihrer Centurionen und Tribunen in die hoch aufragenden Berge, die an das Lager grenzten.

96. Im Lager des Pompeius konnte man Hütten aus Laubwerk besichtigen, eine große Menge Silbergeschirr offen ausgebreitet, die Fußböden der Zelte mit frischem Rasen bedeckt, die des Lucius Lentulus und einiger anderer sogar mit Efeuwänden verkleidet, und viele andere Dinge, die von einer übergroßen Genußsucht und Siegesgewißheit zeugten und leicht den Eindruck vermittelten, als hätten sie nicht die geringste Besorgnis um den Ausgang dieses Tages verspürt, da sie doch völlig unnötigen Vergnügungen nachjagten. Aber gerade die Pompeianer waren es doch, die dem so bescheidenen und duldsamen Heere Caesars Üppigkeit vorwarfen, obwohl es ihm stets an allem Notwendigen ermangelt hatte. Unsere Leute waren schon in das Lagerinnere vorgedrungen, da ergriff Pompeius ein Pferd, riß sich die Feldherrnabzeichen ab, sprengte durch das hintere Lagertor und ritt in gestrecktem Galopp nach Larisa. Aber auch dort hielt er sich nicht auf, sondern setzte seinen Weg in derselben Schnelligkeit zusammen mit einigen seiner Leute, die er auf der Flucht getroffen hatte, ohne Unterbrechung bei Tag und bei Nacht fort, gelangte in Begleitung von 30 Reitern ans Meer und bestieg ein Getreideschiff. Wie man sich erzählte, beklagte er sich oft darüber, daß er sich in seiner Erwartung so getäuscht habe; so hätten gerade die, von denen er sich den Sieg erhofft hatte, als erste die Flucht angetreten und ihn, wie es beinahe schien, verraten.

97. Nachdem Caesar sich des Lagers bemächtigt hatte, richtete er an seine Soldaten die Aufforderung, doch nicht über dem Beutemachen die Gelegenheit verstreichen zu lassen, das restliche Unternehmen zu Ende zu führen. Er

drang damit auch durch und traf Anstalten, den Berg durch eine Befestigungsanlage einzuschließen. Da dieser Berg jedoch keinerlei Wasser bot, verloren die Pompeianer das Vertrauen in diesen Ort, brachen von dort auf und begannen, sich geschlossen über den Bergrücken in Richtung Larisa zurückzuziehen. Als Caesar diese Absicht wahrnahm, teilte er seine Truppen auf, befahl dem einen Teil, im Lager des Pompeius zurückzubleiben, schickte den anderen Teil in sein eigenes Lager zurück, behielt selbst aber vier Legionen bei sich, begann dann auf bequemerem Wege den Pompeianern entgegenzugehen, legte dabei sechs Meilen zurück und ging in Kampfstellung. Als dies die Pompeianer bemerkten, machten sie auf einem Berg halt, der von einem Fluß bespült wurde. Obgleich Caesars Soldaten durch die ununterbrochenen Strapazen während dieses ganzen Tages erschöpft waren und die Nacht schon heranrückte, rüttelte er sie noch einmal auf und schnitt durch eine Befestigungslinie den Fluß von dem Berg ab. Damit wollte er erreichen, daß die Pompeianer bei Nacht kein Wasser holen konnten. Kaum war man damit fertig, schickten die Feinde Gesandte und begannen über ihre Kapitulation zu verhandeln. Einige wenige aus dem Senatorenstand, die sich ihnen angeschlossen hatten, suchten noch während der Nacht ihr Heil in der Flucht.

98. Bei Tagesanbruch gab Caesar Befehl, daß alle, die sich auf dem Berg versammelt hatten, von der Höhe in die Ebene herabkommen und ihre Waffen niederlegen sollten. Als sie dieser Aufforderung ohne Widerspruch nachkamen, sich mit ausgestreckten Händen auf die Erde warfen und weinend um Gnade und Schonung flehten, beruhigte er sie und befahl ihnen aufzustehen. Um ihre Furcht zu mindern, sprach er in kurzen Worten von seiner Milde und schenkte ihnen das Leben; seinen Soldaten aber trug er auf, niemandem etwas zuleide zu tun und keinem etwas wegzunehmen. Nach diesen Vorsichtsmaßnahmen befahl er den anderen Legionen, aus den Lagern zu ihm zu stoßen, während

er dagegen die Truppen, die er mit sich geführt hatte, ausruhen und in die Lager zurückkehren ließ. Er selbst aber gelangte noch am selben Tag nach Larisa.

99. In dieser Schlacht büßte Caesar nicht mehr als 200 Soldaten ein, verlor aber etwa 30 tapfere Centurionen. Auch Crastinus, über den schon gesprochen wurde, fiel mitten im tapfersten Kampf; ein Schwerthieb hatte ihn im Gesicht getroffen. Seine Prophezeiung vor der Schlacht hatte nicht getrogen; denn Caesar war der festen Überzeugung, daß Crastinus in dieser Schlacht die hervorragendste Tapferkeit bewiesen und sich um ihn die meisten Verdienste erworben habe. Von Pompeius' Heer schienen etwa 15 000 Mann gefallen zu sein; mehr als 24 000 aber kapitulierten, denn auch jene Kohorten, die als Besatzung in den Kastellen standen, ergaben sich Sulla. Viele flohen außerdem in die benachbarten Gemeinden. An Feldzeichen aus der Schlacht wurden Caesar 180 übergeben, dazu neun Adler. Lucius Domitius wurde, als er aus dem Lager in die Berge fliehen wollte und ihn die Kräfte vor Erschöpfung verließen, von den Reitern erschlagen.

100. Zu derselben Zeit erschien Decimus Laelius mit seiner Flotte vor Brundisium und hielt ebenso wie Libo, von dem weiter oben die Rede war, die dem Hafen von Brundisium gegenüber liegende Insel besetzt. In ähnlicher Weise lockte Vatinius, der in Brundisium lag, mit bedeckten und gutgerüsteten Booten die Schiffe des Laelius aus ihrer Stellung, und kaperte in der engen Hafeneinfahrt einen Fünfruderer, der sich zu weit vorgewagt hatte, sowie zwei kleinere Schiffe. Ebenso mußten seine verstreut aufgestellten Reiterposten die Soldaten der Flotte am Wasserholen hindern. Da aber die Jahreszeit für die Schiffahrt günstiger wurde, wußte sich Laelius das Wasser mit Lastschiffen aus Corcyra und Dyrrachium zu verschaffen und ließ sich von seinem Vorhaben nicht abschrecken. So konnte ihn, bevor die Nachricht von der Schlacht in Thessalien ihn erreichte, weder schmählicher Verlust der Schiffe noch Mangel an al-

lem Notwendigen aus dem Hafen und von der Insel vertreiben.

101. Etwa zur selben Zeit kam Cassius mit der syrischen, phönizischen und cilicischen Flotte nach Sizilien. Da Caesars Flotte aus zwei Teilen bestand — die eine Hälfte befehligte der Prätor Publius Sulpicius in Vibo an der sizilischen Meerenge, die andere Hälfte Marcus Pomponius bei Messana —, landete Cassius eher in Messana, als Pomponius von dessen Eintreffen erfuhr. Er traf ihn daher in völliger Verwirrung, da weder Wachen aufgestellt waren noch sonst eine gewisse Ordnung beachtet wurde. Unter starkem, günstigem Wind schickte er Lastschiffe, die mit Kienholz, Pech und anderem brennbaren Material beladen waren, gegen die Flotte des Pomponius und steckte alle 35 Schiffe, darunter 20 bedeckte, in Brand. Durch diesen Überfall verbreitete sich eine solche Furcht, daß es kaum gelang, Messana zu verteidigen, obwohl dort eine ganze Legion zu ihrem Schutz stationiert war; ja, die Stadt wäre wirklich verloren gewesen, wie die meisten glaubten, wenn nicht gerade in diesem Augenblick Boten die Nachricht von Caesars Sieg gemeldet hätten. Da diese Botschaft aber zu keinem günstigeren Zeitpunkt hätte kommen können, wurde die Stadt gehalten. Cassius stach aber von hier aus gegen die Flotte des Sulpicius nach Vibo in See. Da man dort aus derselben Besorgnis heraus die Schiffe am Land vertäut hatte, handelte Cassius in gleicher Weise wie zuvor: er schickte bei günstigem Wind ungefähr 40 Brandschiffe gegen unsere Schiffe vor, die daraufhin von beiden Seiten her Feuer fingen; fünf Schiffe verbrannten. Als jedoch das Feuer durch den starken Wind immer weiter um sich griff, wollten die Soldaten, die krankheitshalber aus den Veteranenlegionen zum Schutz der Schiffe dort zurückgeblieben waren, die Schande nicht länger ertragen, gingen vielmehr aus eigenem Entschluß an Bord der Schiffe, lösten die Taue, machten einen Angriff gegen die Flotte des Cassius und eroberten zwei Fünfruderer; auf einem von ihnen befand sich

Cassius, der von einem Boot aufgenommen wurde und entkam. Außerdem wurden noch zwei Dreiruderer versenkt.
Bald darauf kam auch hier die Nachricht von der Schlacht
in Thessalien an, so daß selbst die Pompeianer daran glauben mußten, während sie doch bis zu diesem Zeitpunkt
meinten, dies sei nur von Caesars Legaten und Freunden
vorgetäuscht worden. Auf diese Nachricht hin verließ Cassius mit seiner Flotte diese Gewässer.

102. Nachdem er alles andere hintangestellt hatte, glaubte
Caesar, Pompeius verfolgen zu müssen, wohin auch immer
sich dieser auf seiner Flucht zurückziehe, damit er nicht
wieder neue Truppen anwerben und den Krieg weiterfüh-
ren könne. Täglich rückte er so weit vor, wie er nur irgend
mit seiner Reiterei bewältigen konnte, und ließ in kleineren Märschen eine Legion folgen. An Amphipolis[186] war im
Namen von Pompeius eine Verordnung erlassen worden,
wonach alle jungen Männer dieser Provinz, Griechen und
Römer, sich zur Ablegung des Fahneneides hier einfinden
sollten. Ob Pompeius jedoch diese Verordnung nur erlassen
hatte, um etwaige Verdächtigungen von sich abzulenken
und möglichst lange seine Fluchtabsicht zu verheimlichen,
oder ob er wirklich versuchen wollte, durch neue Aushebungen, sofern er von niemand daran gehindert würde, Macedonien zu halten, ließ sich nicht entscheiden. Pompeius
selbst blieb nur eine Nacht vor Anker, rief seine Freunde
aus Amphipolis zu sich, erbat sich Geld für seine nötigsten
Ausgaben, segelte bei der Nachricht von Caesars Nahen ab
und kam nach wenigen Tagen in Mytilene[187] an. Hier wurde er zwei Tage durch einen Sturm aufgehalten; nachdem
er sich noch zwei weitere Schnellsegler angeschlossen hatte, gelangte er nach Cilicien und von dort nach Cypern.
Dort erfuhr er, daß man auf gemeinsamen Beschluß aller
Bewohner von Antiochia und der römischen Bürger, die
dort Handel trieben, zu den Waffen gegriffen habe, um ihm
den Zutritt zu verwehren, und Boten zu ihm gesandt worden seien, die denen, die sich auf ihrer Flucht in die angren-

zenden Staaten begeben hätten, sagen sollten, nicht nach
Antiochia zu gehen. Falls sie es dennoch täten, würde das
mit großer Lebensgefahr für sie verbunden sein. Genau die
gleiche Erfahrung mußte in Rhodus auch Lucius Lentulus
machen, der im vorigen Jahr Konsul gewesen war, ebenso
der Konsular Publius Lentulus[188] und einige andere mehr.
Als sie auf ihrer Flucht Pompeius folgten und auf diese Insel gekommen waren, wurden sie weder in der Stadt noch
im Hafen aufgenommen, sondern durch Boten aufgefordert, diese Gegend zu verlassen. So waren sie gezwungen,
gegen ihren Willen abzusegeln. Und schon verbreitete sich
das Gerücht von Caesars Herannahen in den Gemeinden.
103. Pompeius gab daher seinen Plan auf, sich nach Syrien
zu begeben. Er trieb Geld von den Steuerpächtergesellschaften ein, borgte sich anderes von Privatleuten, brachte
eine Menge Erz für Kriegszwecke an Bord seiner Schiffe, rüstete 2 000 Mann mit Waffen aus, die er teils aus dem Gesinde der Pächter ausgewählt, teils von den Händlern er-
zwungen hatte — jeder gab ihm die, die er dazu für geeignet
hielt —, und kam so nach Pelusium[189]. Dort hielt sich zufällig König Ptolemaeus[190] auf, ein Knabe noch an Jahren,
der mit bedeutenden Streitkräften einen Krieg gegen seine
Schwester Cleopatra führte, die er wenige Monate zuvor
durch seine Verwandten und Freunde aus dem Reich hatte
vertreiben lassen; das Lager von Cleopatra befand sich
nicht weit von seinem Lager entfernt. Zu Ptolemaeus
schickte Pompeius mit der Bitte, der König möge ihm mit
Rücksicht auf das gastfreundschaftliche Verhältnis und die
persönliche Freundschaft mit seinem Vater[191] in Alexandria aufnehmen und ihn mit seiner Macht in seinem Unglück schützen. Die Gesandten des Pompeius aber begannen, nachdem sie ihren Auftrag erfüllt hatten, freimütiger
mit den Soldaten des Königs zu sprechen und sie zu ermahnen, ihre Pflicht gegenüber Pompeius zu erfüllen und nicht
mit Verachtung auf sein Unglück zu sehen. Unter diesen
befanden sich mehrere Soldaten des Pompeius, die Gabi-

nius in Syrien übernommen und nach Alexandria gebracht hatte, wo er sie nach dem Krieg bei Ptolemaeus, dem Vater des jungen Königs, zurückließ.

104. Als die Freunde des Königs, die wegen seiner Jugend die Regentschaft führten, davon Kenntnis erhielten, geschah es, sei es, daß sie, wie sie später behaupteten, in Furcht gerieten und deshalb das Heer aufwiegelten, Pompeius dürfe Alexandria und Ägypten nicht besetzen, oder daß sie sein Unglück verachteten, wie ja meistens im Unglück Freunde zu Feinden werden, daß sie den Boten des Pompeius frei und in aller Öffentlichkeit antworteten, Pompeius möge gerne in das Königreich kommen, selbst aber nach heimlicher Beratung den königlichen Präfekten Achillas, einen Mann von einzigartiger Verwegenheit, und den Militärtribunen Lucius Septimius zu Pompeius schikken, um diesen zu ermorden. Von diesen wurde Pompeius freundlich begrüßt, und weil Septimius während des Seeräuberkriegs unter ihm eine Centurie geführt hatte, ließ er sich durch diese Bekanntschaft dazu verleiten, mit einigen seiner Leute einen kleinen Kahn zu besteigen. Hier wurde er von Achillas und Septimius getötet. Ebenso ließ der König Lucius Lentulus ergreifen und im Gefängnis hinrichten.

105. Als Caesar nach Asien kam, brachte er in Erfahrung, daß Titus Ampius versucht hatte, das Geld aus dem Diana-Tempel in Ephesus wegzuschaffen, und deswegen alle Senatoren aus der Provinz aufgeboten hatte, um sie als Zeugen bei der Feststellung der Geldsumme zu benutzen; er sei jedoch durch die Ankunft Caesars daran gehindert worden und geflüchtet. So hatte also Caesar die Gelder von Ephesus zweimal gerettet. Ebenso hatte man durch Zurückrechnen und Auszählen der Tage festgestellt, daß in Elide im Tempel der Minerva am selben Tag, als Caesar die glückliche Schlacht geschlagen hatte, die Statue der Victoria, die genau vor der Minerva stand und bisher zu ihr hinübergeschaut hatte, sich nach der Tür und Schwelle des Tempels

umgedreht hatte. Am selben Tag vernahm man zu Antiochia in Syrien zweimal die Rufe eines Heeres und den Schall von Signaltrompeten so laut, daß alle Bürger bewaffnet auf den Mauern umherliefen. Das gleiche trug sich auch in Ptolemais[192] zu. In Pergamum erdröhnten aus dem Allerheiligsten des Tempels, wo außer den Priestern niemand der Zugang gestattet ist — die Griechen nennen es Adyta —, die Pauken. Ebenso zeigte man im Tempel der Victoria in Tralles[193], wo man Caesar eine Statue geweiht hatte, eine Palme, die in jenen Tagen auf dem Dach zwischen den Steinfugen aus dem Estrich hervorgewachsen war.

106. Caesar blieb nur wenige Tage in Asien, da er gehört hatte, Pompeius sei in Cypern gesehen worden, und deshalb vermutete, daß dieser aufgrund seiner engen Beziehungen zum Königreich und sonstiger Vorteile des Landes seinen Weg nach Ägypten genommen habe. Er nahm deshalb die eine Legion, die er aus Thessalien hatte folgen lassen, und eine zweite, die er aus Achaia von seinem Legaten Quintus Fufius zu sich berufen hatte, sowie 800 Reiter und gelangte mit zehn rhodischen und einigen wenigen asiatischen Schiffen nach Alexandria. Auf diesen Schiffen waren 3 200 Legionssoldaten untergebracht; die übrigen waren durch die in den Schlachten empfangenen Wunden und durch die Strapazen der Gewaltmärsche so erschöpft, daß sie nicht nachkommen konnten. Caesar aber vertraute auf den Ruf seiner Taten und trug keine Bedenken, mit diesen schwachen Kräften aufzubrechen, da er glaubte, daß für ihn jeder Ort in gleicher Weise sicher sei. In Alexandria, wo er vom Tod des Pompeius erfuhr, vernahm er gleich beim Aussteigen aus dem Schiff ein großes Geschrei der Soldaten, die der König zum Schutz in der Stadt gelassen hatte, und sah, wie eine Menge gegen ihn zusammenlief, weil die Rutenbündel vor ihm hergetragen wurden. Dadurch werde, wie die ganze Menge erklärte, die königliche Würde verletzt.[194] Nachdem der Tumult sich gelegt hatte, kam es an

den folgenden Tagen häufig aus Zusammenrottungen des Pöbels zu weiteren Unruhen, und mehrere Soldaten wurden in den Straßen aller Stadtteile ermordet.

107. Unter dem Eindruck dieser Erfahrungen befahl er, ihm weitere Legionen aus Asien zuzuführen, die er aus pompeianischen Soldaten gebildet hatte. Er selbst nämlich wurde notgedrungen durch die jahreszeitlich bedingten Nordwestwinde festgehalten, die denen, die von Alexandria auslaufen wollen, genau entgegenwehen. Inzwischen glaubte er, daß die Streitigkeiten zwischen den königlichen Geschwistern auch das römische Volk und ihn in seiner Würde als Consul beträfen und um so mehr in die Pflichten seines Amtes fielen, als während seines früheren Konsulats mit dem Vater Ptolemaeus aufgrund eines Gesetzes und Senatsbeschlusses ein Bündnis geschlossen worden war. Er erklärte deshalb, es würde eher seinen Beifall finden, wenn König Ptolemaeus und seine Schwester Cleopatra ihre Heere entlassen und den Streitfall doch vor ihm auf dem Rechtsweg als untereinander mit den Waffen austragen würden.

108. Die Verwaltung des Reiches lag wegen der Jugend des Königs in den Händen seines Erziehers, eines Eunuchen namens Pothinus. Dieser begann zuerst unter seinen Leuten zu klagen und sich darüber zu entrüsten, daß man den König öffentlich zur Verteidigung seiner Sache vorladen wolle. Als er darauf unter den Freunden des Königs Helfer für seine Pläne gefunden hatte, beorderte er heimlich das Heer aus Pelusium nach Alexandria und übertrug dem obenerwähnten Achillas den Oberbefehl über sämtliche Truppen. Diesen Achillas, der durch die Versprechungen des Pothinus befeuert und durch die des Königs schon ganz überheblich gemacht worden war, weihte er durch Briefe und Boten in seine Pläne ein. Im Testament des Vaters Ptolemaeus waren von den beiden Söhnen und den beiden Töchtern jeweils die älteren als Erben eingesetzt worden. Daß dies auch wirklich geschehe, beschwor er im gleichen Te

stament bei allen Göttern und Verträgen, die er mit Rom geschlossen hatte. Ein Exemplar des Testamentes war durch seine Gesandten nach Rom gebracht worden, um im [195] Aerarium niedergelegt zu werden. Da es aber wegen der öffentlichen Unruhen nicht dort hatte deponiert werden können, wurde es bei Pompeius hinterlegt. Ein zweites gleichlautendes Exemplar wurde zurückbehalten und versiegelt in Alexandria vorgelegt.

109. Während dies vor Caesar verhandelt wurde — er selbst wünschte dringend, als gemeinsamer Freund und Schiedsrichter die Streitigkeiten zu schlichten —, kam plötzlich die Meldung, das Heer und die königliche Reiterei sei auf dem Vormarsch nach Alexandria. Caesars Truppen waren keineswegs so stark, daß er sich auf sie im Falle eines Kampfes außerhalb der Stadt hätte verlassen können. Es blieb ihm also nur übrig, sich auf seinem Platz in der Stadt zu halten und die Absichten des Achillas in Erfahrung zu bringen. Dennoch befahl er allen Soldaten, sich zu bewaffnen, und forderte den König auf, die angesehensten Männer aus seiner Umgebung als Gesandte zu Achillas zu schicken und ihm darzulegen, was seine Absichten seien. Der König schickte Dioscorides und Serapion, die beide als Gesandte schon in Rom gewesen waren und beim Vater Ptolemaeus großes Ansehen genossen hatten. Als sie zu Achillas kamen und vor seine Augen traten, gab er, noch bevor er den Grund ihrer Entsendung angehört hatte, Befehl, sie zu ergreifen und zu töten; der eine wurde, da schwer verwundet, von seinen Begleitern sofort, als sei er tot, weggetragen, der andere wurde tatsächlich erschlagen. Nach diesem Mordanschlag bewirkte Caesar, daß der König in seine Gewalt kam, weil er annahm, daß der Name des Königs bei seinen Landsleuten in großem Ansehen stehe, und um damit den Eindruck zu erwecken, daß der Krieg vielmehr durch den Plan einiger weniger und dazuhin noch Verbrecher begonnen worden sei und nicht durch einen Beschluß des Königs.

110. Die Truppen des Achillas waren weder ihrer Zahl nach noch ihrer Art oder auch ihrer Kriegserfahrung nach zu verachten. Er hatte 20 000 Mann unter Waffen. Diese bestanden im wesentlichen aus den Soldaten des Gabinius, die sich bereits an das Leben und die Zügellosigkeit in Alexandria gewöhnt, Römertum und römische Zucht verlernt und Frauen genommen hatten, von denen die meisten Kinder besaßen. Zu ihnen gesellten sich Piraten und Räuber aus Syrien und Cilicien sowie aus den angrenzenden Gegenden. Außerdem waren viele zum Tode Verurteilte und Verbannte zusammengelaufen. Allen römischen Flüchtlingen gewährte Alexandria Unterschlupf und sichere Lebensbedingungen, sobald sie sich zum Kriegsdienst gemeldet und sich unter die Soldaten hatten einreihen lassen. Wurde einer von seinem Herrn wieder aufgegriffen, bestand zwischen den Soldaten Einmütigkeit darüber, ihn wieder zu befreien, weil sie im Hinblick auf ihre eigene, ähnliche Schuld jede gegen sie verübte Gewalttat als persönliche Bedrohung ansahen. Diese Männer waren entsprechend einem alten Brauch des alexandrinischen Heeres daran gewöhnt, die Verhängung der Todesstrafe über Günstlinge des Königs zu verlangen, die Güter der Reichen zu plündern, wegen einer Solderhöhung den königlichen Palast zu besetzen, die einen vom Thron zu stoßen und andere auf ihn zu erheben. Außerdem gab es noch 2 000 Reiter. Sie alle waren im Verlauf von mehreren Kriegen in Alexandria alt geworden, hatten den Vater Ptolemaeus wieder auf den Thron gesetzt, die beiden Söhne des Bibulus umgebracht und Kriege mit den Ägyptern geführt. Von daher stammte auch ihre Erfahrung in Kriegsdingen.

111. Im Vertrauen auf diese Truppen und voller Verachtung für die geringe Zahlenstärke von Caesars Soldaten besetzte Achillas Alexandria mit Ausnahme des Stadtteils, den Caesar mit seinen Soldaten hielt. Zuvor aber hatte er in einem ersten Angriff versucht, in dessen Haus einzudringen. Caesar jedoch wehrte diesen Angriff mit seinen über

453

die Straßen verteilten Kohorten ab. Zur gleichen Zeit wurde auch beim Hafen gekämpft, wo die Kämpfe bei weitem am härtesten geführt wurden: während nämlich dort die verstreuten Truppen in mehreren Straßen kämpften, versuchten die Feinde gleichzeitig eine große Anzahl von Kriegsschiffen zu besetzen. Davon waren seinerzeit 50 Schiffe Pompeius zu Hilfe geschickt worden und nach der Schlacht in Thessalien wieder in ihren Heimathafen zurückgekehrt, alles seetüchtige und in jeder Hinsicht gut ausgerüstete Vier- und Fünfruderer, außerdem 22 gedeckte Fahrzeuge, die gewöhnlich als Wachtschiffe in Alexandria lagen. Hätten sie diese erobert und Caesar entrissen, so hätten sie mit dieser Flotte den ganzen Hafen und das Meer in ihrer Gewalt gehabt und Caesar von allen Nachschubwegen und Hilfslieferungen abgeschnitten. Deshalb wurde so erbittert gekämpft, wie dies die Sache verlangte, weil die einen sahen, daß davon ihr rascher Sieg, die anderen, daß davon ihre Rettung abhinge. Caesar behielt jedoch die Oberhand und steckte alle Schiffe sowie diejenigen, die in den Werften lagen, in Brand, weil er mit seiner kleinen Schar ein so breites Gebiet nicht schützen konnte, und setzte sofort seine Soldaten auf Pharus[196] an Land.

112. Pharus ist ein Turm auf einer Insel, von gewaltiger Höhe, ein wahres Wunderwerk der Baukunst; seinen Namen erhielt er von der Insel. Diese Alexandria vorgelagerte Insel bildet den Hafen; sie wurde aber von den früheren Königen durch einen Damm von 800 Schritt Länge und durch eine Brücke mit der Stadt verbunden. Auf dieser Insel haben Ägypter ihre Wohnungen und befindet sich ein Stadtviertel von der Größe einer Stadt. Die Bewohner pflegen nach Seeräuberart jedes Schiff zu plündern, das durch Unvorsichtigkeit oder einen Sturm für kurze Zeit vom Kurs abgekommen ist. Gegen den Willen derer, die Pharus beherrschen, kann wegen der engen Zufahrt kein Schiff in den Hafen gelangen. Aus Furcht davor ließ Caesar deshalb, während die Feinde durch den Kampf abgelenkt waren, sei-

ne Soldaten auf Pharus landen, brachte die Insel in seine
Hand und legte eine Besatzung dorthin. Durch diese Maßnahme erreichte er, daß Getreide und Hilfstruppen gefahrlos auf dem Seeweg zu ihm transportiert werden konnten.
Er schickte nämlich in allen benachbarten Provinzen herum und bot dort Hilfstruppen auf. In den übrigen Teilen
der Stadt aber wurde so gekämpft, daß sich beide Parteien
nach der Schlacht unentschieden trennten und keine geschlagen wurde, was durch die engen räumlichen Verhältnisse bewirkt wurde. Nach einigen Verlusten auf beiden
Seiten schloß Caesar die wichtigsten Punkte ein und verschanzte sie noch während der Nacht. In dieser Gegend der
Stadt befand sich auch ein kleiner Teil des königlichen Pa-
lastes, der ihm anfänglich als Wohnung zugewiesen war,
sowie das mit dem Palast verbundene Theater, das die Stelle einer Burg einnahm und Zugänge nach dem Hafen und
zu den königlichen Werftanlagen hatte. Diese Befestigungen verstärkte er in den folgenden Tagen, um sie wie eine
Schutzmauer vor sich zu haben und nicht gegen Willen
zum Kampf gezwungen zu werden. Inzwischen begab sich
die jüngere Tochter des Königs Ptolemaeus[197], die sich auf
den vakant gewordenen Thron Hoffnungen machte, aus
dem königlichen Palast zu Achillas und begann, mit ihm
zusammen den Krieg zu leiten. Bald aber kam es zwischen
den beiden zum Streit über die oberste Kriegsführung, was
nur dazu beitrug, die Freigiebigkeit gegenüber den Soldaten
zu steigern; denn sie versuchten, durch große Geldopfer deren Zuneigung für sich zu gewinnen. Während die Feinde
damit beschäftigt waren, trug sich im Stadtteil Caesars folgendes zu: Als Pothinus, der Erzieher des Prinzen und
Statthalter des Reiches, zu Achillas Boten schickte, um
diesen zu ermahnen, nicht von ihrem Vorhaben abzulassen
und den Mut nicht zu verlieren, wurden seine Boten ange-
zeigt und ergriffen; daraufhin ließ Caesar Pothinus töten.
Dies war der Anfang des Alexandrinischen Krieges.

GAIUS JULIUS CAESAR SÄMTLICHE WERKE

DER ALEXANDRINISCHE, AFRIKANISCHE UND SPANISCHE KRIEG

FRAGMENTE AUS BRIEFEN UND REDEN

Nach der Übersetzung von Anton Baumstark
Bearbeitet und ergänzt von
Wolfgang Stammler

DER ALEXANDRINISCHE KRIEG

DER ALEXANDRINISCHE KRIEG[1]

48 — 47 v. Chr.

1. Nach dem Ausbruch der Feindseligkeiten in Alexandria berief Caesar aus Rhodus, Syrien und Cilicien alle Geschwader; aus Creta forderte er Bogenschützen und Reiter vom König Malchus, dem König der Nabatäer.[2] Von allen Seiten her mußte schweres Geschütz aufgebracht, Getreide geschickt und Hilfstruppen herbeigeführt werden. Inzwischen wuchsen Tag für Tag seine Schanzwerke; und alle Teile der Stadt, die nicht stark genug schienen, wurden mit Schilddächern und Schutzblenden[3] versehen. Aus den Gebäuden stieß man mit dem Mauerbrecher durch Öffnungen in die nächsten Gebäude, und über den ganzen Raum, den man durch Einsturz oder gewaltsame Eroberung gewann, wurden die Schanzen vorgeschoben. Alexandria ist nämlich im allgemeinen gegen Brandgefahr gut gesichert, weil die Häuser, ohne Gebälk und Holz, aus festem Gemäuer und Gewölbe bestehen und mit Mörtel oder fest gemauerten Böden bedeckt sind. Caesars Hauptbestreben ging dahin, mit Schanzen und durch Vorschieben von Schutzdächern den Teil der Stadt, der auf der Südseite durch einen See[4] am stärksten eingeschnürt wurde, von dem übrigen Teil Alexandrias abzuschneiden. Da die Stadt in zwei Teile zerfiel, verfolgte Caesar dabei die Absicht, daß der Kampf nach einem Plan und nach einem Befehl gelenkt werden konnte, sodann daß man den bedrängten Truppen helfen und aus dem anderen Teil der Stadt Unterstützung zuführen konnte. Vor allem aber wollte er damit für reichlich Wasser und Futter sorgen, denn von dem einen hatte er nur wenig, vom anderen überhaupt nichts, während der See ihm beides in reichem Maße verschaffen konnte.

461

2. Doch auch die Alexandriner vermieden bei der Betreibung der Dinge jede Verzögerung und Aufschub. Nach allen Seiten, soweit sich das Gebiet und das Königreich erstreckt, schickte man zur Aushebung von Truppen Bevollmächtigte und Werber; man hatte in der Stadt eine unzählige Masse Menschen zusammengezogen und eine Anzahl von Geschossen und Wurfmaschinen dorthin gebracht. Ebenso errichtete man in Alexandria selbst die größten Waffenschmieden. Die wehrfähigen Sklaven hatte man bewaffnet; deren Herren kamen, soweit sie reich genug waren, aus eigenen Mitteln für ihren täglichen Lebensunterhalt und die Zahlung des Soldes auf. Durch diese Menschenmasse, die man überall aufgestellt hatte, wurden die festen Werke, selbst in den entfernteren Teilen, geschützt, während man in den bewohntesten Gegenden der Stadt die Veteranenkohorten, frei von bestimmten Geschäften, zurückhielt, um sie bei frischen Kräften stets zur Unterstützung bei der Hand zu haben, mochte dann der Kampf stattfinden, wo er immer wollte. Alle Straßen und Gassen waren durch einen dreifachen Wall verrammelt, der, aus Quadersteinen gebaut, wenigstens 40 Fuß hoch war. Die niedriger gelegenen Stadtviertel hatte man mit den höchsten Türmen, selbst von zehn Stockwerken, befestigt, und überdies noch andere, bewegliche Türme von ebenso vielen Stockwerken zusammengefügt; mit untergeschobenen Rädern, mit Seilen und Lasttieren, die man anspannte, konnte man diese in den geraden Straßen wegbewegen, wohin man nur wollte.

3. Die Stadt lieferte bei ihrem großen Reichtum und Vorrat Kriegsmaterial aller Art. Die Einwohner, sehr erfindungsreiche und scharfsinnige Leute, machten, was sie bei den Römern fertigen sahen, mit solcher Geschicklichkeit nach, daß es scheinen konnte, die Römer selbst hätten von ihnen gelernt: manches erfanden sie auch selbst. Zu ein und derselben Zeit befeindeten sie die Befestigungen Caesars und verteidigten zugleich die ihrigen. Ihre Anführer

äußerten sich bei Beratungen und allgemeinen Versammlungen stets dahin: »Das Römische Volk lasse sich allmählich von der Gewohnheit beschleichen, in diesem Königrei-
che festen Fuß zu fassen: vor wenigen Jahren sei Gabinius[5]
mit einem Heer in Ägypten gewesen; Pompeius habe sich
eben dahin geflüchtet; Caesar sei bewaffnet erschienen,
und Pompeius Tod habe Caesar keineswegs zum Abzug aus
ihrem Land veranlaßt. Würden sie diesen nicht vertreiben,
dann werde aus ihrem Reich eine Römische Provinz werden. Man müsse nun rasch handeln, da Caesar, wegen der
Jahreszeit durch Stürme abgeschnitten, keine Hilfe über
das Meer her empfangen könne.«

4. Wie früher[6] erwähnt wurde, brach mittlerweile zwischen Achillas, dem Anführer des alten Heeres, und der
jüngeren Tochter des Königs Ptolemäus, namens Arsinoe,
ein Streit aus. Da beide einander nachstellten und jeder den
Oberbefehl an sich reißen wollte, kam Arsinoe durch den
Eunuchen Ganymedes, ihren Pfleger, zuvor und ließ Achillas töten. Nach seinem Tod war sie, ohne alle Verbindung
und Bewachung, im Besitz der ganzen Macht und übergab
das Heer dem Ganymedes, der die Bestechungen der Soldaten noch weiter trieb, alles übrige aber mit gleicher Wachsamkeit besorgte.

5. Fast ganz Alexandria wird von unterirdischen Wasser-
läufen durchzogen, die zum Nil führen und so in die Privat-
häuser das Wasser leiten, welches dann nach und nach klar
wird und sich durch Niederschlag reinigt. Die Herrschaften
in den Häusern und ihr Gesinde sind an den Genuß dieses
Wassers gewöhnt, denn das Wasser, wie es gerade im Nil
fließt, ist so schlammig und trüb, daß es viele und verschiedene Krankheiten erzeugt: das gemeine Volk und die
Masse ist aber notgedrungen damit zufrieden, weil es in der
ganzen Stadt keine Quelle gibt. Dieser Kanal[7] war nun aber
in dem Teil der Stadt, den die Alexandriner innehatten[8].
Deshalb verfiel Ganymedes auf den Gedanken, man könnte den Römern das Wasser entziehen, da diese, zum Schutz

der Befestigungen überall hin verteilt, ihr Trinkwasser von Straße zu Straße aus den Privatgebäuden, Leitungen und Zisternen holten.

6. Sein Plan fand Beifall, und man ging an das große und schwere Werk. Die unterirdischen Kanäle wurden verstopft und in allen Stadtvierteln, die Ganymedes behauptete, abgeschnitten; dann strengte man alle Kräfte an und zog mit Hilfe von Rädern und Maschinen eine große Menge Wasser aus dem Meer. Dieses Seewasser ließ man daraufhin ununterbrochen von den höher gelegenen Stadtteilen in den von Caesar besetzten Teil fließen, so daß man nun dort ein etwas mehr als gewöhnlich salziges Wasser aus den nächsten Häusern zog und die Leute sich über die Ursache dieser Erscheinung sehr wunderten. Sie trauten bald ihrem eigenen Gaumen nicht, als die noch weiter unten Wohnenden erklärten, ihr Wasser habe den gewohnten Geschmack und sei ebenso wie früher. Nun verglich man überall das Wasser gegenseitig und suchte den Unterschied durch Geschmacksproben zu ermessen. Bald darauf konnte das Wasser in den näher gelegenen Teilen überhaupt nicht mehr getrunken werden, während das andere weiter unten bereits ziemlich verdorben und salzig war.

7. Da also jeder Zweifel verschwand, trat eine solche Furcht ein, daß alle sich in der höchsten Gefahr zu befinden glaubten. Einige machten daher Caesar Vorwürfe, daß er sie nicht alsbald die Schiffe besteigen lasse, andere ergriff eine noch schwerere Furcht vor ihrem Schicksal, weil man den Alexandrinern, die nur so wenig von ihnen entfernt seien, die Vorbereitungen zur Flucht nicht verheimlichen könne und ein Rückzug auf die Schiffe unmöglich werde, sobald jene nachdrängten und sie verfolgen würden. Es befand sich aber in Caesars Stadtteil eine große Menge Einwohner, die dieser aus ihren Wohnungen nicht verdrängt hatte, weil sie sich seiner Sache öffentlich geneigt zeigten und von den Ihrigen abtrünnig erschienen. Doch würde man viele Worte machen müssen, und dennoch umsonst,

wenn man die Alexandriner gegen den Vorwurf der Treulosigkeit und frevlerischer Verwegenheit verteidigen sollte.
Sobald man aber einmal durchschaut hat, welchen Namens
und welcher Art die Ägypter sind, wird niemand mehr daran zweifeln, daß dieses Geschlecht zum Verrat wie geschaffen ist.

8. Caesar suchte die Furcht seiner Leute durch Trost und
Gründe zu mindern. Er erklärte: »Wenn man Brunnen gra-
be, könne man süßes Wasser finden, da von Natur aus alle
Küsten Adern süßen Wassers hätten. Wäre auch das Ufer in
Ägypten anderer Natur als alle übrigen Ufer, so seien sie ja
im Besitz des Meeres, während der Feind keine Flotte habe:
man könne sie also nicht hindern, tagtäglich Wasser auf
den Schiffen zu holen, entweder links von Paraetonium[9]
oder rechts von der Insel Pharus.[10] Durch ungünstige Winde könnten sie wohl niemals an beiden Fahrten zugleich
gehindert werden, da diese nach der entgegengesetzten
Richtung gingen. An die Flucht sollte niemand denken,
nicht bloß jene nicht, die den ersten Rang einnähmen, sondern nicht einmal die, welche um nichts als die Erhaltung
ihres Lebens besorgt wären. Man habe jetzt schon Mühe,
die stürmischen Angriffe des Feindes in den Schanzen auszuhalten; würde man diese verlassen, so wäre man den
Feinden weder an Zahl noch an Stellung gewachsen. Ein
Rückzug auf die Schiffe sei mit großer Verzögerung und
Schwierigkeit verbunden, besonders von den Kähnen aus,
wo hingegen die Alexandriner die größte Behendigkeit und
genaueste Kenntnis der Örtlichkeit und der Gebäude besäßen. Diese Leute, die im Falle eines Sieges besonders übermütig seien, würden dann vorstürmen, Höhen und Gebäude besetzen und ihnen Schiffe und Flucht verwehren. Deshalb sollten sie nun nicht mehr an diesen Plan denken,
sondern daran, daß man siegen müßte.«

9. Durch diese Rede hob Caesar wieder den Mut seiner
Soldaten, und er trug nun den Centurionen auf, von den
übrigen Arbeiten abzulassen, ihre Aufmerksamkeit nur auf

die Grabung der Brunnen zu richten und selbst in der Nacht diese Arbeiten nicht zu unterbrechen. Man ging sogleich ans Werk, alle strengten sich bei der Arbeit an, und innerhalb einer einzigen Nacht stieß man schon auf große Mengen von Süßwasser. Alle Maschinen der Alexandriner, ihre größten Anstrengungen waren nun durch die Mühe einer so kurzen Zeit vereitelt. Am zweiten Tage langte dann auch etwas oberhalb von Ägypten, an der Küste von Afrika, die 37. Legion an, die aus übergetretenen Soldaten des Pompeius bestand, und samt Getreide, Waffen, Geschossen und Wurfmaschinen durch Domitius Calvinus eingeschifft worden war. Es wehte aber gerade der Ostwind viele Tage hindurch ohne Unterlaß, und so konnten diese Schiffe den Hafen von Alexandria nicht gewinnen; doch sind in dieser Gegend die Gewässer sehr geeignet, um vor Anker zu liegen. Als sie aber gar lange zurückgehalten wurden und an Wassermangel litten, meldete man es Caesar durch ein Ruderschiff.

10. Caesar, der in eigener Person und aus eigener Anschauung entscheiden wollte, bestieg ein Schiff, und seine ganze Flotte mußte folgen, ohne daß er jedoch seine Soldaten mitnahm; denn da er sich etwas weiter entfernen mußte, wollte er doch seine Schanzen nicht unbewacht lassen. Als er hierauf in die Gegend kam, die man Cherson[12] nennt, und die Ruderknechte ans Land steigen ließ, um Wasser zu holen, wurden einige, die sich aus Lust nach Beute zu weit von der Flotte entfernt hatten, von den Reitern der Feinde gefangengenommen. Von diesen hörte man nun, Caesar sei in eigener Person mit seiner Flotte da, habe aber keine Mannschaft auf den Schiffen. Jetzt glaubte der Feind, vom Schicksal eine günstige Gelegenheit zu einem glücklichen Schlag erhalten zu haben; man versah alle segelfertigen Schiffe mit Verteidigern und trat Caesars Flotte bei der Rückkehr in den Weg. Er aber wollte an diesem Tage nicht kämpfen, und zwar aus zwei Gründen: zum einen, weil er auf seinen Schiffen keine Kriegsmannschaft hatte und das

Zusammentreffen nach der zehnten Stunde des Tages stattfand, wobei die Nacht den Feinden, die auf ihre Kenntnis
der Örtlichkeit bauen konnten, mehr Selbstvertrauen einzuflößen schien; dann aber auch deshalb, weil ihm die Hilfe fehlen würde, die eine ermahnende Ansprache an seine
Leute bedeutete, weil nach seiner Meinung eine Mahnrede
nicht sehr sinnvoll war, die weder Tapferkeit noch Feigheit
gebührend erwähnen konnte. Deshalb ließ er so viele Schiffe, als er immer konnte, ans Land ziehen, indem er glaubte,
so weit werde ihn der Feind nicht verfolgen.

11. Auf Caesars rechtem Flügel war ein rhodisches Schiff,
von den übrigen weit getrennt. Kaum erblickte dies der
Feind, als er sich nicht zu mäßigen wußte; vier gedeckte
Schiffe, mit noch einigen unbedeckten stürmten mit großer Heftigkeit darauf los. Jetzt war Caesar genötigt, zu Hilfe zu kommen, um sich nicht vor aller Augen schmählich
beschimpfen zu lassen; mochte er auch noch so sehr überzeugt sein, daß die Rhodier einen unglücklichen Ausgang
verdient hätten. Bei dem darauffolgenden Treffen strengten
jedoch die Rhodier alle Kräfte an; waren sie früher bei allen
Gefechten an Kenntnis und Tapferkeit die Ersten, so wollten sie ganz besonders jetzt alle Last auf sich nehmen und
den Schein vermeiden, als seien sie an einer allgemeinen
Schlappe schuld. So kam es, daß das Treffen äußerst glücklich ablief; ein Vierruderer des Feindes wurde genommen, ein
anderer versenkt: zwei wurden ferner ihrer ganzen Mannschaft beraubt, und auf den übrigen Schiffen kam eine große Menge Soldaten ums Leben. Hätte also die Nacht das
Treffen nicht beendet, so wäre Caesar Herr von der ganzen
feindlichen Flotte geworden. Diese Niederlage brachte den
Feind in Bestürzung, und Caesar führte, da ihm der Wind
nur leicht entgegenblies, mit seiner siegreichen Flotte die
Lastschiffe am Schlepptau nach Alexandria.

12. Die Alexandriner, welche sich jetzt nicht durch die
Tapferkeit der Mannschaft, sondern durch die Geschicklichkeit der Seeleute besiegt sahen, verloren den Mut so

sehr[13], daß sie sich kaum noch aus ihren Gebäuden heraus verteidigen zu können glaubten und alles vorrätige Holzwerk als Schutzmauer vorschoben, weil sie auch gegen das Land hin einen Angriff der Römischen Flotte fürchteten. Nachdem jedoch Ganymedes in der allgemeinen Versammlung erklärt hatte, er werde nicht nur die verlorenen Schiffe wieder ersetzen, sondern auch die frühere Zahl noch vergrößern, so begannen dieselben Alexandriner, voll Hoffnung und Zuversicht die alten Schiffe auszubessern und diesem ganzen Geschäft die größte Sorgfalt und Hingebung zu widmen. Obgleich sie aus ihrem Hafen und Arsenal mehr als 110 Schiffe verloren hatten, gaben sie jetzt dennoch den Gedanken einer Wiederherstellung ihrer Flotte nicht auf, weil sie überzeugt waren, Caesar werde, sobald sie zur See mächtig genug wären, keine Unterstützung weder an Mannschaft noch an Lebensmitteln erhalten können. Überdies verlangte es sie als Seefahrervolk aus einer Stadt und einem Landstrich am Meer, geübt durch tägliche Erfahrung, dorthin Zuflucht zu nehmen, wo sie von Hause aus einen natürlichen Vorsprung besaßen, besonders da sie wohl wußten, wie Bedeutendes sie schon mit ganz kleinen Fahrzeugen errungen hatten. Sie boten daher alles auf, um ihre Flotte wiederherzustellen.

13. An allen Mündungen des Nil standen immer Wachen, um den Zoll einzutreiben; alte Schiffe lagen in dem Arsenal beim königlichen Palast; man hatte sie schon viele Jahre nicht mehr zur Schiffahrt benützt. Diese besserte man nun aus, und die Zollschiffe berief man nach Alexandria. Es fehlte an Rudern: Hallen, Gymnasien und öffentliche Gebäude wurden abgedeckt, und Bretter dienten als Ruder; bald half die natürliche Geschicklichkeit, bald halfen die Vorräte der Stadt. Schließlich richteten sie ihre Gedanken nicht auf eine ferne Seefahrt; nur auf die Not des Augenblicks bedacht, glaubten sie, in ihrem Hafen den Kampf bestehen zu müssen. So wurden gegen alle Erwartung in wenigen Tagen 22 Vierruderer und fünf Fünfruderer fertig. Zu

diesen hatten sie eine Anzahl kleiner und unbedeckter Schiffe gefügt, machten im Hafen einen Ruderversuch, um zu sehen, was jedes Schiff zu leisten imstande wäre, versahen sie mit tüchtiger Mannschaft und rüsteten sich auf jede Weise zum Kampfe. Caesar hatte neue rhodische Schiffe, da von den zehn, die man ihm schickte, eines auf der Fahrt an der ägyptischen Küste verlorengegangen war, ferner acht aus Pontus, fünf aus Cilicien und 12 aus Asien.[14] Fünf von diesen waren Fünfruderer und zehn Vierruderer; die übrigen waren unter dieser Größe und meist offen. Im Vertrauen auf die Tapferkeit seiner Soldaten, und weil er seinen Feind bereits kannte, rüstete auch er sich zum Kampf.

14. Da also beide Teile auf ihre Sache vertrauten, fuhr Caesar um die Insel Pharus und stellte seine Flotte dem Feind entgegen[15]: Auf seinem rechten Flügel waren die rhodischen Schiffe, auf seinem linken die Pontischen und zwischen beiden Abteilungen ein Zwischenraum von 400 Schritten, groß genug nach seiner Ansicht, daß sich die Schiffe ausbreiten konnten. Hinter dieser ersten Linie folgten die übrigen Schiffe als Reserve; er bestimmte, an welches Schiff der ersten Linie sich jedes halten und wem es beistehen sollte. Rüstig führten auch die Alexandriner ihre Flotte in Schlachtordnung vor. In der ersten Reihe wurden 22 Schiffe aufgestellt, in der zweiten Linie alle übrigen als Reserve. Überdies kamen sie auch mit einer beträchtlichen Zahl kleinerer Fahrzeuge und Kähne voll Brandpfeiler und brennbarem Material, um die Römer so durch ihre Masse, ihr Geschrei und das Feuer selbst in Schrecken zu setzen. Zwischen beiden Flotten befanden sich Untiefen, die nur eine schmale Fahrrinne offenließen. Diese Untiefen gehören zu Afrika[16]; denn sie behaupten, Alexandria gehöre zur Hälfte noch Afrika. Beide Seiten warteten einige Zeit, wer als erster die Durchfahrt wage; denn man war überzeugt, daß, wer sich dort hineinbegebe, große Schwierigkeit für sein Geschwader finden werde, sich auszubreiten und zu

entwickeln, und noch mehr für den Rückzug, falls ein Unglück einträte.

15. Das rhodische Geschwader befehligte Euphranor, an Mut und Tapferkeit mehr mit den Römern vergleichbar, als mit den Griechen. Dieser war auch gerade wegen seines mutigen Sinns und seiner äußerst bewährten Kenntnis im Seewesen von seinen Landsleuten zum Admiral erwählt worden. Als dieser Caesars Zögern wahrnahm, sprach er: »Es scheint, Caesar, du fürchtest, wenn du dich in diese Untiefen wagest, früher kämpfen zu müssen, als es möglich sein werde, die ganze übrige Flotte zu entfalten. Überlaß dies uns; wir wollen den Kampf wagen, ohne daß es dich gereuen wird; nur müssen die übrigen sogleich nachfolgen. Daß diese Alexandriner noch länger vor unsern Augen prahlen, das gereicht uns zu großer Schande und zu großem Schmerz.« Caesar, der ihn noch anfeuerte und mit Lob überhäufte, gab nun das Zeichen zur Schlacht. Kaum waren vier rhodische Schiffe durch die Fahrrinne, als die Alexandriner sie umzingelten und stürmisch angriffen. Die Angegriffenen leisteten Widerstand und breiteten sich geschickt und wendig aus.[17] Ihre Kunstfertigkeit vermochte aber so viel, daß bei der ungleichen Zahl dennoch kein Schiff dem Feind die Flanke bot, keines an den Rudern beschädigt wurde, sondern alle den Angreifenden stets mit der Front entgegenliefen. Mittlerweile folgten auch die übrigen. Jetzt mußte man notwendig, weil der Raum zu eng war, auf das kunstfertige Manövrieren verzichten und die Entscheidung ausschließlich in der Tapferkeit der Kämpfenden suchen. In Alexandria aber war niemand, weder unter unseren Leuten noch unter den Städtern, mochten sie auch bei Befestigungsarbeiten oder bei der Verteidigung beansprucht sein, der nicht auf die höchsten Dächer gestiegen wäre und sich im ganzen Umkreis einen Platz gesucht hätte, um das Schauspiel zu sehen, und der nicht mit Gebeten und Gelübden von den unsterblichen Göttern den Sieg für die Seinen herabgefleht hätte.

16. Keineswegs aber war beim Kampf der Einsatz gleichmäßig verteilt. Wurden die Römer besiegt, so war ihnen jedes Entkommen unmöglich, sowohl zu Wasser als zu Lande; siegten sie, so lag für sie dennoch alles in der Ungewiß-
heit der Zukunft. Anders stand es bei den Alexandrinern:
Wurden sie Sieger in der Seeschlacht, so gewannen sie völlig die Oberhand; wurden sie besiegt, so konnten sie dennoch ihr Glück noch weiter versuchen. Schwer und unheil-
voll erschien es zugleich auch, daß nur ganz wenige Römer
in den entscheidenden Kampf um ihr letztes Schicksal und
die Rettung aller zogen: Wurde von den Alexandrinern der
Mut und die Tapferkeit dieser Wenigen überboten, so
schwebten alle übrigen in Gefahr, die nicht persönlich am
Kampf teilnehmen konnten. Caesar hatte dies den Seinigen
in den letzten Tagen häufig selbst gesagt, damit sie im Gedanken daran, daß ihnen allein die Rettung aller anvertraut
war, desto mutiger kämpften. Ebenso hatten auch die übrigen (die nicht mitziehen konnten) ihre Zeltgenossen,
Freunde und Bekannte, die ihnen das Geleit gaben, beschworen, weder ihre Erwartung zu täuschen, noch die aller anderen, durch deren Urteil für tüchtig erkannt sie jetzt
in den Kampf zögen. Und so schlug man sich denn auch in
diesem Kampfe so äußerst mutig, daß die Feinde, obgleich
mit Meer und Seefahrt bestens vertraut, weder in ihrer Geschicklichkeit und Kunst eine Unterstützung fanden, noch
von der größeren Zahl ihrer Schiffe einen Vorteil hatten,
und selbst die wegen ihrer Tapferkeit aus einer solchen
Menge ausgewählten Männer der Tapferkeit der Römer
nicht gleichkamen. Man nahm in diesem Treffen einen
Fünfruderer und einen Zweiruderer samt Mannschaft und
Matrosen; drei Schiffe wurden versenkt; Caesar verlor kein
einziges. Die übrige Flotte des Feindes ergriff die Flucht zu
der nahen Stadt[18], wo sie unter den Dämmen und den daran
stoßenden Gebäuden Schutz fanden, da man die Römer von
dort aus hinderte, näher zu kommen.

17. Um sich dem nicht öfter ausgesetzt zu sehen, glaubte

Caesar alles aufbieten zu müssen, daß er die Insel Pharus und den nach dorthin führenden Damm in seine Gewalt brächte. Da nämlich die Schanzen in der Festung zum großen Teil fertig waren, hegte er die Hoffnung, sowohl auf die Insel als auf die Stadt selbst zu ein und derselben Zeit einen Angriff wagen zu dürfen. Diesem Plan zufolge ließ er zehn Kohorten und ausgewählte Leichtbewaffnete, nebst gallischen Reitern, die er für tauglich hielt, kleinere Fahrzeuge und Kähne besteigen. Um dann die Mannschaft des Feindes zu zersplittern, griff er die andere Seite der Insel mit bedeckten Schiffen an und setzte für den, der zuerst die Insel beträte, eine große Belohnung aus. Anfangs hielten die Feinde den Angriff gleichmäßig aus, denn man verteidigte sich zu gleicher Zeit von den Dächern der Gebäude, und zugleich behaupteten die Bewaffneten das Ufer, dessen Ersteigen den Römern wegen der rauhen, felsigen Natur nicht leicht war. Man behauptete also behend und mit Geschicklichkeit durch Kähne und fünf Kriegsschiffe den schwer beschiffbaren Raum. Bald aber kannten die Römer die örtliche Beschaffenheit und wußten durch die unbeschiffbaren Stellen hinüberzukommen. Kaum hatten darauf einige von ihnen das Ufer betreten, so folgten ihnen sogleich die anderen; es wurde ein nachdrücklicher Angriff gegen den auf ebenem Ufer stehenden Feind unternommen, und die allgemeine Flucht desselben war die Folge. Nun ließen die Bewohner der Insel auch den Hafen ohne Wache, schifften gegen das Gestade und die Ortschaft auf der Insel und stürzten eiligst aus den Schiffen ans Land, um ihre Gebäude zu verteidigen.

18. Allein sie konnten sich auch hier nicht lange halten. Zwar hatten ihre Häuser, um Kleines mit Großem zu vergleichen, eine ähnliche Bauart wie die zu Alexandria, und hohe, unter sich verbundene Türme bildeten gleichsam eine Mauer; überdies waren die Römer ohne Sturmleitern, ohne Flechtwerk und andere Werkzeuge, die man zu einer Bestürmung nötig hat, erschienen. Allein der Schrecken

raubt den Menschen Besinnung und Einsicht und schwächt ihre Glieder. Dies war nun der Fall. Denn dieselben Leute, welche auf ebenem und offenem Felde dem Feinde gewachsen zu sein glaubten, hatten durch die Flucht der Ihrigen und den Tod einiger Wenigen so sehr den Mut verloren, daß sie nicht einmal auf 30 Fuß hohen Gebäuden standhalten konnten, sondern sich über den Damm ins Meer hinabstürzten und 800 Schritte weit bis zur Stadt schwammen. Es kamen übrigens dabei viele ums Leben; 600 wurden gefangen.

19. Caesar ließ die Häuser [des Hauptortes auf Pharus] plündern und schenkte den Soldaten die Beute. Dann verschanzte er das Castell am Brückenkopf auf der Seite der Insel und besetzte es. Diesen Brückenkopf hatten nämlich die fliehenden Bewohner der Insel im Stich gelassen, und die Alexandriner verteidigten nur noch den stärkeren Brückenkopf in der Nähe der Stadt.[19] Allein Caesar ließ am folgenden Tag auch diesen zweiten Brückenkopf gleichmäßig angreifen, weil er hoffte, im Besitz der beiden Brückenköpfe jedes Auslaufen der alexandrinischen Schiffe und jeden räuberischen Ausfall unmöglich zu machen. Schon hatte er die Besatzung jenes Castells von seinem Geschwader aus mit schwerem Geschütz und Pfeilen vertrieben und in die Stadt zurückgedrängt; schon hatte er die Mannschaft von etwa drei Kohorten ans Land[20] gesetzt (mehr hatten auf dem engen Raume nicht Platz), und die übrigen Truppen standen auf den Schiffen in Bereitschaft. Da gab er Befehl, die Brücke gegen den Feind hin durch eine Verschanzung zu sichern und die Durchfahrtsöffnung für die Schiffe (ein Bogen, der die Brücke trug) mit Steinen anzufüllen und zu verbauen. Als das letztere dieser Werke bereits vollendet war, so daß auch kein Kahn hindurchkommen konnte, das andere hingegen begonnen wurde, machte die gesamte Streitkraft der Alexandriner einen Ausbruch aus der Stadt, und ging auf einem breiteren Gelände gegenüber der Brückenbefestigung in Stellung. Zu gleicher Zeit erschie-

nen an dem Damm jene Fahrzeuge, welche man durch die Brückenöffnungen als Brander gegen die römischen Lastschiffe zu schicken pflegte. Caesars Soldaten kämpften vom Brückenkopf und vom Damm aus, die Alexandriner von dem freien Platze, der dem Brückenkopf gegenüber lag, und von den Schiffen vor dem Damm.

20. Während Caesar damit beschäftigt war und seine Leute aufmunterte, warf sich eine große Anzahl Ruderknechte und Schiffssoldaten von seinen Kriegsschiffen auf den Damm: zum Teil trieb sie die Schaulust, zum Teil auch Kampfbegierde. Anfangs drängten diese Leute mit Steinen und Schleudern die feindlichen Fahrzeuge vom Damm hinweg, und es schien, die Masse ihrer Wurfgeschosse bringe einen wesentlichen Vorteil. Doch nachdem in ihrer offenen Flanke einige Alexandriner etwas weiter drinnen auf den Damm zu steigen gewagt hatten, flohen die ersteren ebenso ungeordnet auf ihre Schiffe zurück, wie sie ohne Feldzeichen, ohne festes Zusammenhalten und ohne einen Plan vorgedrungen waren. Durch ihre Flucht ermutigt, stiegen die Alexandriner in größerer Anzahl auf den Damm und verfolgten die immer mehr bestürzten Römer. Zugleich beeilten sich die, die auf Caesars Kriegsschiffen geblieben waren, die Leitern einzuziehen und die Schiffe vom Land wegzubringen, damit sie nicht den Feinden in die Hände fielen. Durch dies alles gerieten auch jene Soldaten der drei Kohorten in Bestürzung, welche am Brückenkopf und Anfang des Dammes standen. Da sie hinter sich Geschrei vernahmen, die Flucht der Ihrigen erblickten, eine Masse von Geschossen auszuhalten hatten, die vom gegenüber stehenden Feind kamen, so fürchteten sie, im Rücken angefallen zu werden und durch die Flucht der Schiffe die Möglichkeit der eigenen Rückkehr zu verlieren. Sie ließen also die am Brückenkopf begonnene Schanze im Stich und stürmten im eiligsten Lauf gegen die Schiffe: Zum Teil erreichten sie zwar auch die nächsten Fahrzeuge, versanken aber mit ihnen unter Last der Menschenmenge; zum Teil

wurden sie, zaudernd und unschlüssig, was sie anfangen sollten, von den Alexandrinern niedergemacht; einige waren glücklicher und erreichten segelfertige Schiffe, auf denen sie gerettet wurden; ganz wenige endlich schwammen, von ihrer Schilden unterstützt, allen Mut und alle Kraft aufbietend, bis zu den nächsten Schiffen.

21. Caesar selbst, welcher so lang als möglich die Seinigen bei der Brücke und den Schanzen zur Ausdauer ermunterte, schwebte in gleicher Gefahr. Als er seine Leute allesamt weichen sah, flüchtete er sich in sein Fahrzeug. Dorthin folgte ihm eine Menge Menschen und stürmte hinein, so daß man das Schiff weder lenken noch vom Lande stoßen konnte. Caesar hatte vorausgesehen, daß dies so kommen werde, er warf sich nun selbst ins Meer und schwamm zu den entfernteren Schiffen. Von dort aus schickte er seinen bedrängten Leuten Kähne und rettete noch einige; das Schiff aber versank unter der großen Last mitsamt allen Leuten. In diesem Gefecht verlor er etwa vierhundert Legionssoldaten und noch etwas mehr an Schiffsmannschaft und Matrosen. Die Alexandriner aber befestigten alsbald das Castell am Brückenkopf mit großen Schanzen und vielem Geschütz und räumten die Steine wieder aus dem Meere hinweg, so daß sie von nun an freie Durchfahrt für ihre Schiffe hatten.

22. Doch waren Caesars Leute weit davon entfernt, sich durch diese Niederlage entmutigen zu lassen; vielmehr waren sie nur noch mehr entflammt und bekämpften daher den Feind mit größerem Nachdruck bei Angriffen auf seinen Befestigungen und in den täglichen Gefechten, sooft bei Ausfällen der Alexandriner der Zufall Gelegenheit gab, handgemein zu werden, bei der brennenden Kampflust der Soldaten.[21] Caesars gewöhnliche Aufmunterung mußte deshalb hinter der Einsatzbereitschaft und der Kampfeslust seiner Legionen zurückbleiben; ja er mußte sie von den gefährlichsten Angriffen abschrecken und zurückhalten, statt sie zum Kampfe anzufeuern.

23. Die Alexandriner sahen also, daß die Römer stark im Glück, im Unglück aber nur desto mutiger würden; eine dritte Möglichkeit kannten sie nicht. Um also, wie wir vermuten dürfen, selbst stärker sein zu können, schickten sie dann, entweder aufgefordert von den Günstlingen des Königs, die sich mit diesem zusammen in Caesars Gewahrsam befanden, oder aufgrund eines eigenen früheren Plans, den der König unter der Hand gebilligt haben mochte, Gesandte an Caesar mit der Bitte, den König freizulassen und ihm die Rückkehr zu den Seinen zu gestatten: Die Bevölkerung sei der angemaßten Herrschaft eines jungen Mädchens[22] überdrüssig, auch des grausamen Regimentes, das Ganymedes ausübe, und sei bereit, allen Befehlen des Königs zu gehorchen. Erlange man auf Veranlassung des Königs den Schutz und die Freundschaft Caesars, werde die Bevölkerung durch keinerlei Furcht vor Gefahr mehr daran gehindert, sich Caesar zu übergeben.

24. Obgleich Caesar dieses falsche Volk hinlänglich kannte, das stets anders denkt und anders tut, so hielt er es dennoch für zuträglich, ihren Bitten nachzugeben. Denn wenn sie etwa wirklich so dächten, wie sie baten, so würde ihm der König auch nach der Freilassung treu bleiben; wollten sie aber, was mit ihrem ganzen Wesen mehr übereinstimmte, den König als Führer im Krieg gegen ihn benützen, so werde er doch einen würdigeren und anständigeren Krieg mit einem König führen als mit zusammengelaufenem Flüchtlingsgesindel. Er forderte also den jungen Ptolemäus[23] auf, dem vom Vater ererbten Reiche seine Sorge zu widmen, sein herrliches Vaterland zu schonen, das durch schreckliche Feuersbrunst und Einsturz entstellt sei; er möge zuerst die Untertanen zur Besinnung bringen und sie dann retten, dem römischen Volke und ihm selbst treu bleibend, da er ihm solches Zutrauen schenke und gestatte, zu den bewaffneten Feinden der Römer hinüberzugehen. Dann nahm er den Prinzen bei seiner Rechten und wollte den bereits Mündigen entlassen. Doch in den Künsten des

feinsten Truges wohl unterrichtet und so ganz mit dem Charakter seines Volkes übereinstimmend, begann der junge König, gegen Caesar gewandt, unter Tränen zu bitten, ihn nicht von sich zu lassen, denn selbst sein Thron sei ihm nicht so lieb wie Caesars Anblick. Caesar, in der Tat gerührt, mäßigte des Jünglings Tränen und entließ ihn zu den Seinigen, indem er ihm bemerkte, wenn er wirklich so denke, könne er schnell wieder um ihn sein. Doch, wie aus den Schranken auf die freie Bahn entlassen, begann der junge König einen so heftigen Krieg gegen Caesar, daß seine Tränen bei diesem Gespräche nur Freudentränen gewesen zu sein schienen. Caesars Legaten, Freunde, Centurionen und Soldaten aber freuten sich zum Teil über diese Wendung, weil offensichtlich seine übergroße Güte durch die Täuschungen eines Knaben zum Narren gehalten worden war. Als ob Caesar nur aus Gutmütigkeit und nicht vielmehr aus genauer Berechnung so gehandelt hätte.

25. Obwohl die Alexandriner nun einen Führer hatten, fühlten sie sich dadurch dennoch nicht stärker, sowenig wie sie die Römer schwächer sahen; um so mehr schmerzte es sie, daß die Römer der Jugend und Schwäche des Königs nur spotteten. Überzeugt von der Erfolglosigkeit ihres Unternehmens und infolge aufkommender Gerüchte, daß bedeutende Hilfstruppen auf dem Landweg aus Syrien und Cilicien herangeführt würden (wovon übrigens Caesar selbst noch nichts vernommen hatte), faßten sie den Plan, den Römern die Zufuhr zur See abzuschneiden. Sie machten also ihre Flotte segelfertig, stellten an passenden Punkten in der Gegend von Canopus[24] Schiffe auf die Wache und lauerten dort den Nachschubsendungen auf. Bei der ersten Nachricht davon versetzte Caesar seine Flotte in Kampfbereitschaft: den Oberbefehl gab er dem Tiberius Nero.[25] Bei diesem Geschwader waren auch die rhodischen Schiffe unter Euphranor, der in allen bisherigen Seegefechten eine Hauptrolle gespielt hatte und besonders glücklich gewesen war. Allein das Schicksal, das gewöhnlich seine liebsten

Günstlinge für härtere Schläge aufbewahrt, wurde unbeständig gegenüber früheren Zeiten und verfolgte nun den Euphranor. Als man nämlich nach Canopus gekommen und beiderseits die Flotte zur Schlacht aufgestellt war, begann Euphranor, als man angriff, seiner Gewohnheit gemäß, zuerst das Treffen, durchbohrte auf der Stelle ein feindliches Schiff und versenkte es. Hierauf verfolgte er das nächste und ging dabei zu weit, während ihm die übrigen nicht schnell genug folgten. So wurde er von den Alexandrinern umzingelt und von niemandem unterstützt, mochte man für sich selbst fürchten oder glauben, er sei durch seine Tapferkeit und sein Glück für sich allein schon stark genug. Er war also in jenem Treffen von allen der einzige, welcher siegte; der einzige, welcher zugleich mit seinem siegreichen Vierruderer unterging.

26. Caesar hatte den Mithridates aus Pergamum[26], der in seiner Heimat zum vornehmsten Adel gehörte, einen im Kriegswesen sehr einsichtigen und zugleich tapferen Mann, dem er in seiner Freundschaft Zutrauen und einen vorzüglichen Platz schenkte, sogleich beim Ausbruch des Alexandrinischen Krieges nach Syrien und Cilicien geschickt, um von dort Unterstützung zu holen. Er brachte auch dank der großen Bereitwilligkeit der Gemeinden und dank seiner Umsicht bald eine bedeutende Streitmacht zusammen, mit der er zu Lande von Syrien nach Ägypten ziehend, jetzt vor Pelusium[27] erschien. Da man aber ganz Ägypten gegen das Eindringen zu Lande ebenso durch Pelusium verschlossen glaubt, wie durch die Insel Pharus zur See, hatte [früher] Achillas in diese Stadt gerade wegen ihrer wichtigen Lage eine Besatzung gelegt. Mithridates schloß aber dennoch plötzlich mit seiner bedeutenden Streitmacht den Ort ein und nahm ihn noch an dem Tag des ersten Angriffes, ungeachtet der hartnäckigen Gegenwehr der starken Besatzung, durch seine Ausdauer und Festigkeit bei der Bestürmung, so wie durch die große Zahl seiner Truppen, indem er die Verwundeten und Ermüdeten

stets durch frische Kräfte ablöste. Dann ließ er dort eine Besatzung zurück und brach zu Caesar nach Alexandria auf, indem er in allen Gegenden, durch die er kam, aufgrund des Ansehens, das den Sieger meistens begleitet, Unterwerfung und Sympathie für die Sache Caesars fand.

27. Nicht weit von Alexandria liegt das Delta, der berühmteste Landstrich in all jenen Gegenden. Seinen Namen hat es von der Ähnlichkeit mit dem [Griechischen] Buchstaben, indem nämlich ein Teil des Nilstromes zwei Arme bildet, die allmählich einen Zwischenraum zwischen sich frei lassen und an der Küste, wo sie ins Meer einmünden, den größten Abstand voneinander haben. Als der junge König erfuhr, daß Mithridates diesem Landstrich nahe sei und wußte, dieser müsse über den Fluß setzen, ließ er eine bedeutende Streitmacht gegen ihn ausziehen, die, wie er glaubte, imstande wäre, den Mithridates entweder zu besiegen und zu vernichten oder doch zurückzuhalten. Sosehr er aber wünschte, daß Mithridates besiegt werde, so war er doch zufrieden, wenn es ihm nur gelänge, ihn von Caesar abzuschneiden und zurückzuhalten. Was also nur immer von seinen Truppen im ersten Augenblick aus dem Delta über den Fluß setzen und dem Mithridates entgegenziehen konnte, das begann sofort den Kampf, um den Nachfolgenden die Teilhabe am Sieg zu entreißen. Doch Mithridates, der nach römischer Sitte sein Lager verschanzte, hielt ihren Sturm durch seine Klugheit und die große Festigkeit seiner Soldaten aus. Als er dann bemerkte, daß der Feind unvorsichtig und im Übermut gegen die Schanzen des Lagers andrang, machte er auf allen Seiten einen Ausfall, wobei eine große Zahl Ägypter fiel. Hätte die übrigen nicht ihre Kenntnis der Gegend geschützt und wären sie nicht zum Teil wieder in ihre Schiffe geflüchtet, so wären alle bis auf den letzten Mann vernichtet worden. Kaum hatten sie sich jedoch ein wenig erholt, so wagten sie in Verbindung mit den später Hinzugekommenen von neuem einen Sturm gegen Mithridates.

28. Mithridates schickte indessen einen Boten zu Caesar mit der Nachricht von dem Ereignis. Ebenso erhielt der König von den Seinigen Kunde. Es brach also fast zu derselben Zeit der König auf, um den Mithridates zu vernichten, und Caesar, um sich mit ihm zu vereinigen. Der König bediente sich dabei der schnelleren Fahrt auf dem Nilstrom[28], wo er ein großes Geschwader in voller Rüstung hatte. Caesar wollte dies nicht, um nicht zu einem Kampf auf dem Fluß selbst genötigt zu werden. Er machte also auf dem Teil des Meeres, der, wie oben bemerkt, zu Afrika gehören soll[29], einen Umweg[30], begegnete aber der Armee des Königs dennoch früher, als dieser den Mithridates angreifen konnte. So erfolgte nun die Vereinigung mit den Truppen des letzteren, der siegreich, wie er war, gar keinen Verlust erlitten hatte. Der König mit seinem Heer stand auf einem von Natur festen Terrain; der Ort lag hoch, unten war überall Ebene, und auf drei Seiten wurde er auf verschiedene Weise gedeckt: eine Seite lehnte sich an den Nilstrom, die andere lief auf der Höhe hin und bildete einen Teil des Lagers, die dritte war von Sumpf umgeben.

29. Zwischen dem Lager der Königs und dem Wege Caesars war ein schmaler Fluß[31] mit äußerst schroffen Ufern, der sich in den Nil ergoß, vom ägyptischen Lager etwa sieben Millien weit entfernt. Der König, der hörte, daß Caesars Weg dorthin gehe, schickte seine ganze Reiterei und ausgewählte Leichtbewaffnete an den Fluß, um seinem Feind den Übergang zu verwehren und aus der Ferne am Ufer einen ungleichen Kampf zu beginnen, indem die Tapferkeit der Römer keinen Erfolg haben würde, die Feigheit der Seinigen dagegen keine Gefahr. Da schmerzte es Caesars Reiter und Fußvolk, daß sie so lange mit den Alexandrinern ohne Entscheidung kämpfen müßten. Deshalb suchten die germanischen Reiter allenthalben seichte Stellen auf und schwammen, wo das Ufer niedriger war, über den Fluß; die Soldaten der Legionen fällten große Bäume, die mit ihrer Länge beide Ufer berühren konnten, warfen

solche in den Fluß, bedeckten sie in aller Eile mit Faschinen, und zogen ebenfalls hinüber. Der hierauf erfolgte Sturm brachte den Feind alsbald in solchen Schrecken, daß er sein Heil in der Flucht suchte, aber vergeblich; denn nur wenige kamen bis zum König, fast die ganze übrige Menge wurde niedergemacht.

30. Nach dieser glänzenden Waffentat rückte Caesar, der durch sein unerwartetes Erscheinen die Alexandriner in große Bestürzung zu bringen hoffte, siegreich geraden Weges gegen das feindliche Lager. Er fand es aber stark verschanzt und durch seine natürliche Lage geschützt; auf dem Wall stand dicht gedrängt eine Menge Kriegsvolk. Daher wollte er seine von dem Marsch und dem Kampf ermüdeten Soldaten keinen Angriff wagen lassen und schlug sein eigenes Lager in nicht großer Entfernung vom Feind auf. Am folgenden Tage nahm er, mit seiner gesamten Streitmacht angreifend, ein Castell, das der König bei einer nahen Ortschaft, die er sich sichern wollte, aufführen und durch Seitenwerke mit der Befestigung des Lagers hatte verbinden lassen. Der Angriff war mit der gesamten Streitmacht erfolgt, nicht weil er glaubte, daß er sein Vorhaben mit einer geringen Zahl Soldaten nur schwer erreichen könne, sondern um sogleich nach diesem Sieg mitten in der Bestürzung der Alexandriner das Lager des Königs selbst anzugreifen. In dem gleichen Sturmlauf, in welchem man die aus dem Castell ins Lager fliehenden Alexandriner verfolgte, rückte man nun gegen die Befestigungen vor und begann ein hitziges Gefecht aus der Ferne. Der Angriff und die Bestürmung konnte von zwei Seiten geschehen, erstens dort, wo, wie ich oben[32] bemerkte, ein offener Zugang war, und zweitens an der Stelle des mäßigen Zwischenraumes zwischen dem Lager und dem Nil. Die Hauptmasse der Alexandriner, zugleich ihre ausgesuchtesten Leute, verteidigte jene Seite, wo der Zugang am leichtesten war; im Zurückschlagen und Verwunden der Römer bewirkten aber jene am meisten, welche auf der Seite gegen den Nilstrom

das Lager schützten. Denn dort wurden Caesars Leute aus entgegengesetzter Richtung beschossen, erstlich vorn vom Wall des Lagers, und zweitens im Rücken von der Seite des Stromes, auf dem viele Schiffe, mit Schleuderern und Bogenschützen wohl besetzt, die Römer angriffen.

31. Caesar überzeugte sich, die Soldaten könnten nicht hitziger fechten, und es könne dennoch wegen der örtlichen Schwierigkeit nicht viel bewirkt werden. Da er zugleich den höchsten Punkt im Lager des Feindes verlassen sah, weil dieser von Natur fest genug scheinen mochte und die Alexandriner teils um zu kämpfen, teils aus Schaulust auf den Kampfplatz heruntergelaufen waren, ließ er einige Kohorten, unter Anführung des Carfulenus[33], eines äußerst mutigen und kriegskundigen Mannes, das Lager nach jener Richtung hin umgehen und einen Angriff auf jenen höchsten Punkt machen. Als diese dort erschienen und gegen die geringe Verteidigungsmannschaft den heftigsten Kampf begannen, liefen die Alexandriner, die durch das Geschrei und den Angriff von zwei verschiedenen Seiten her in Bestürzung gerieten, voll Furcht und Schrecken nach allen Seiten des Lagers hin. Durch diese Verwirrung des Feindes wuchs der Mut der Römer in solchem Grade, daß man fast in demselben Augenblicke überall Meister wurde, doch zuerst auf jenem höchsten Punkte der Verschanzungen, von wo herunterstürmend die Kohorten eine Menge Feinde im Lager selbst niedermachten. Um dieser Gefahr zu entrinnen, stürzten sich hierauf die Alexandriner scharenweise vom Wall gegen die Seite, wo das Lager an den Nil stieß. Die ersten Haufen wurden im Graben des Walles durch die Nachdrängenden erdrückt; die übrigen hatten dann eine leichtere Flucht. Bekannt ist, daß der junge König ebenfalls aus dem Lager floh und sich auf ein Schiff zurückzog, dort aber den Tod fand, als dieses unter der Menge derer, welche die nächsten Schiffe schwimmend zu erreichen suchten, unterging.

32. Nach diesem ungemein glücklichen und schnellen Er-

folg zog Caesar, durch den großen Sieg voll des Zutrauens, mit seinen Reitern auf dem schnellsten Weg zu Land nach Alexandria und hielt seinen siegreichen Einzug durch den Teil der Stadt, den der Feind besetzt hatte. Er täuschte sich auch keineswegs in seiner Annahme, daß die Ägypter bei der Nachricht von diesem Treffen nicht mehr an Feindseligkeiten denken würden. So erntete er denn bei seinem Erscheinen die verdienten Früchte der Tapferkeit und des Mutes: die gesamte Bevölkerung der Stadt warf die Waffen weg, verließ die Schanzen, hüllte sich in das Gewand, in welchem Flehende vor die Gebieter zu treten pflegen, zog mit all den Heiligtümern, durch deren Ehrwürdigkeit man gewöhnlich die Gnade der erzürnten und beleidigten Könige zu erbitten wußte, feierlich Caesar entgegen, und unterwarf sich seiner Macht. Er würdigte sie auch der Annahme, hieß sie Mut fassen und gelangte dann durch die Festungswerke des Feindes hindurch in den von ihm bisher behaupteten Stadtteil unter dem großen Jubel seiner Leute, die sich nicht nur über den glücklichen Ausgang des Krieges und des Kampfes selbst freuten, sondern auch über seine triumphale Rückkehr.

33. Als nun Ägypten und Alexandria in Caesars Gewalt waren, setzte er jene auf den Thron, die der alte Ptolemäus in seinem Testament bezeichnet hatte und zu deren Gunsten er das römische Volk beschworen hatte, sie nicht durch andere zu ersetzen. Denn nachdem der ältere der beiden Knaben, der König, umgekommen war, übergab er die Herrschaft dem jüngeren Bruder und der Cleopatra, der älteren Tochter des Königs, die ihm treu und stets in seiner Obhut geblieben war.[34] Die jüngere Tochter Arsinoe, die bekanntlich zu der Tyrannei des Ganymedes ihren Namen gegeben hatte, wollte er von der Herrschaft entfernen, damit nicht wieder durch aufrührerische Menschen neuer Zwist entstehe, bevor sich die Herrschaft der Könige durch längere Dauer befestigt habe. Er ließ deshalb auch alle seine Legionen, mit Ausnahme der sechsten Veteranenlegion,

in Alexandria zurück, um die Regierung zu unterstützen, deren Inhaber, als treue Anhänger Caesars, die Liebe ihrer Untertanen unmöglich besitzen konnten, und auch kein durch Alter gestütztes Ansehen genossen, da sie erst vor wenigen Tagen auf den Thron gekommen waren. Zugleich schien es ihm mit der Würde der römischen Oberherrschaft und mit dem Nutzen des römischen Staates eng verbunden, daß treue Könige anderer Länder durch römischen Schutz gesichert werden sollten, während sie für den Fall, daß sie sich als undankbar erweisen sollten, von derselben Macht Züchtigung zu erwarten hätten. Nachdem hierauf alles abgetan und fest bestimmt war, brach er selbst zu Land nach Syrien auf.

34. Während dieser Ereignisse in Ägypten war der König Deiotarus[35] zu Domitius Calvinus[36] gekommen, dem Caesar die Verwaltung von Asien und den benachbarten Gegenden übergeben hatte. Deiotarus bat ihn, nicht zu dulden, daß Kleinarmenien, seine eigentliche Herrschaft und Cappadocien, die Herrschaft des Ariobarzanes[37], von Pharnaces[38] weggenommen und verwüstet werde; wenn man ihn von dieser Plage nicht befreie, so könne er nicht leisten, was man von ihm verlange, noch das Geld, das er Caesar versprochen, auszahlen. Domitius hielt dieses Geld für durchaus notwendig, um die Ausgaben, die der Krieg veranlaßte, zu bestreiten; zugleich sah er es als schimpflich für das römische Volk und den siegreichen Caesar an und fand darin auch eine Schmach für seine eigene Person, wenn die Herrschaften verbündeter und befreundeter Könige von einem fremden Könige in Besitz genommen würden. Er schickte deshalb sogleich Gesandte zu Pharnaces und ließ ihm befehlen, Armenien und Cappadocien zu räumen und die bürgerlichen Unruhen nicht zum Anlaß zu nehmen, sich an dem Recht und der Hoheit des römischen Volkes zu vergehen. In der Überzeugung, diese Erklärung werde von besserer Wirkung sein, wenn er sich mit seiner Streitmacht jenen Ländern nähere, begab er sich zu den Le-

gionen und führte eine von ihnen, die 36., mit sich, während die zwei anderen nach Ägypten zu Caesar zogen, der es schriftlich verlangt hatte. Von ihnen konnte die eine nicht mehr in den Alexandrinischen Krieg eingreifen, weil sie ihren Marsch zu Lande durch Syrien machte. Mit seiner 36. Legion vereinigte dann Cn. Domitius noch zwei Legionen des Deiotarus, die er schon vor mehreren Jahren aufgestellt und nach römischem Vorbild ausgebildet und bewaffnet hatte; zu diesen nahm er noch 100 Reiter und ebenso viele von Ariobarzanes. Auch schickte Domitius den Publius Sextius[39] an den Quästor C. Plaetorius[40] mit der Anweisung, ihm die Legion zuzuführen, die aus hastig zusammengesuchten Soldaten aufgestellt worden war. Quintus Patisius mußte nach Cilicien gehen, um von dort Hilfstruppen zu holen. Alle diese Streitkräfte sammelte sich schnell nach dem Befehl des Domitius in Comana.[41]

35. Mittlerweile brachten Gesandte des Pharnaces folgende Erklärung: Er habe Cappadocien geräumt, Kleinarmenien hingegen, auf das ihm von seinem Vater ein Recht zustehe, in Besitz genommen. Es möge also die Sache in Betreff dieser Herrschaft bis auf Caesars Anspruch unerledigt bleiben; diesem werde er sich mit Ergebenheit unterwerfen. Cn. Domitius merkte wohl, daß Pharnaces Cappadocien nicht aus freien Stücken, sondern notgedungen verlassen hatte, weil er Armenien, das seinem Reich unmittelbar benachbart lag, leichter meinte verteidigen zu können als das weiter entfernt gelegene Cappadocien, und weil er wohl geglaubt hatte, Domitius rücke mit allen drei Legionen heran; auch habe Pharnaces wohl vernommen, daß zwei von diesen Legionen zu Caesar geschickt worden seien, was ihn nun dazu bewege, sich nur desto kühner in Armenien festzusetzen. Domitius bestand also darauf, der König müsse auch Armenien räumen, denn die Rechtslage sei im Fall dieses Landes nicht anders als bei Cappadocien; des Königs Forderung, daß die Sache bis zu Caesars Ankunft unverändert bleibe, sei ungerecht, denn unverändert

sei nur das, was so sei, wie es früher gewesen. Nach dieser Erklärung zog er mit den oben erwähnten Truppen nach Armenien und marschierte durch eine hochgelegene Gegend: aus Pontus bei Comana läuft nämlich ein waldiger Bergrücken bis nach Kleinarmenien, durch welchen Cappadocien von Armenien getrennt wird. Dieser Marsch hatte aber manchen Vorteil für Domitius, erstens weil man auf diesen Höhen keinen unerwarteten Überfall des Feindes zu fürchten hatte und weil das unmittelbar unterhalb der Bergkette sich anschließende Cappadocien alle Lebensmittel im Überfluß liefern konnte.

36. Unterdessen kamen mehrere Gesandtschaften des Pharnaces mit Geschenken zu Domitius, um über einen Frieden zu verhandeln. Dieser aber wies standhaft alles ab, indem er erklärte, daß es für ihn kein höheres Streben gebe, als die Würde des römischen Volkes und die Herrschaft der mit ihm verbündeten Könige wiederherzustellen. Nach einem langen, ununterbrochenen Marsch kam er endlich in der Gegend von Nicopolis[42] in Armenien an. Die Stadt selbst liegt zwar auf einer Ebene, ist aber von zwei Seiten von sehr hohen Bergen umgeben, die jedoch ziemlich weit von ihr entfernt sind. Domitius schlug also etwa sieben Meilen von Nicopolis entfernt sein Lager auf. Von dort führte ein enger und schwieriger Paß zu der Stadt; Pharnaces legte daher sein bestes Fußvolk und fast die ganze Reiterei dort in einen Hinterhalt und ließ innerhalb der engen Pässe zahlreiche Herden weiden. Zugleich mußten sich allenthalben Bewohner des Landes und der Stadt zeigen, damit Domitius beim Durchzug, sei es als Freund oder als Feind, an keinen Hinterhalt denke, indem er Menschen und Tiere auf dem Lande so frei herumgehen sähe, als wie wenn Freunde kämen; sollte er dagegen wie in Feindesland einbrechen, so würden sich die Soldaten auf der Jagd nach Beute zerstreuen und einzeln niedergehauen werden.

37. Während er diese Vorbereitungen traf, schickte Pharnaces dennoch unablässig Gesandte zu Domitius, die über

Frieden und Freundschaft verhandeln sollten. Dadurch glaubte er seinen Feind desto leichter täuschen zu können. Doch gerade die Hoffnung eines friedlichen Ausganges veranlaßte Domitius, im Lager zu bleiben. So hatte Pharnaces die günstigste Gelegenheit verpaßt und fürchtete nun, sein Hinterhalt möchte entdeckt werden; deshalb zog er sich wieder in sein eigenes Lager zurück. Gleich am folgenden Tage rückte Domitius näher an Nicopolis heran und schlug sein Lager dicht bei der Stadt auf. Während man das Lager befestigte, stellte Pharnaces nach seiner Sitte und Gewohnheit eine Schlachtordnung auf. Nachdem nämlich zuerst vorn eine einfache gerade Linie gebildet war, wurden die Flügel mit dreifacher Reserve verstärkt, und eben so stark wurde das Zentrum gebildet, so daß sich links und rechts zwei Zwischenräume befanden, wo die Linie nur einfach besetzt war. Domitius ließ das begonnene Werk der Verschanzung vollenden, nachdem er einen Teil seiner Truppen vor dem Wall in Schlachtordnung aufgestellt hatte.

38. In der folgenden Nacht fing Pharnaces Boten ab, die mit Briefen über die Ereignisse in Alexandria auf dem Weg zu Domitius waren. Aus ihnen erfuhr er, in welch großer Gefahr Caesar schwebte, der von Domitius dringend verlangte, baldmöglichst Hilfe zu schicken und persönlich durch Syrien näher an Alexandria heranzurücken. Jetzt betrachtete es Pharnaces als einen wirklichen Sieg, wenn er Zeit gewänne, da Domitius schnell abziehen müßte. Von der Stadt bis an den Punkt, über den er seine Schlachtordnung nicht hinauszuführen gedachte, dort wo, wie er sah, die Römer am leichtesten anrücken und am günstigsten kämpfen würden, zog er in nicht allzu großem Abstand voneinander zwei geradlinig verlaufende vier Fuß tiefe Gräben. Zwischen beiden Gräben stellte er dann jeweils seine Leute in Schlachtordnung; die Reiterei mußte auf den Flügeln außerhalb der Gräben stehen, denn sie war der römischen an Zahl überlegen und konnte nur auf diese Weise nützlich sein.

39. Domitius aber, den Caesars Gefahr mehr beunruhigte als seine eigene, glaubte nicht sicher abziehen zu können, wenn er die früher ausgeschlagenen Friedensbedingungen nun selber suchte oder ohne ersichtlichen Grund abzöge. Er rückte also mit seinen Truppen aus dem nahe gelegenen Lager aus und stellte sie in Schlachtordnung auf. Die 36. Legion postierte er auf den rechten Flügel, die pontische auf den linken; in die Mitte kamen die Legionen des Deiotarus, denen er jedoch nur einen ganz schmalen Abschnitt der Front überließ, während er die übrigen Kohorten als Reserven in der Hinterhand behielt. Nachdem so auf beiden Seiten die Schlachtlinien aufmarschiert waren, rückte man zum Kampf gegeneinander vor.

40. Beide Teile erhielten zu gleicher Zeit das Zeichen zum Angriff, worauf beide gegeneinander vorstürmten. Der Kampf war heftig und wechselte. Die 36. Legion, welche die Reiterei außerhalb der Gräben angriff, war dabei so erfolgreich, daß sie bis zu den Mauern der Stadt vordrang, über den Graben ging und den Feind im Rücken anfiel. Die pontische Legion dagegen, die auf der andern Seite dem Feind etwas gewichen war und dann in einem zweiten Versuch denselben umgehen wollte, um ihm in die offene Flanke zu fallen, wurde noch beim Überschreiten des Grabens ergriffen und niedergemacht; des Deiotarus Legionen endlich hielten kaum den ersten Angriff aus. So waren des Pharnaces Truppen auf dem rechten Flügel und im Zentrum Sieger; nun wandten sie sich gegen die 36. Legion. Diese jedoch hielt den Sturm der Sieger tapfer aus und zog sich, obgleich von einer Masse Feinden umzingelt, voll des ausgezeichnetsten Mutes im Kreise fechtend, bis an den Fuß des Gebirges zurück; bis dorthin wollte sie aber Pharnaces wegen des ungünstigen Geländes nicht verfolgen. Die pontische Legion war also fast ganz aufgerieben, von den Soldaten des Deiotarus wurde ein großer Teil getötet; nur die 36. Legion zog sich, ohne mehr als zweihundertundfünfzig Mann verloren zu haben, auf die Anhöhen zu-

rück. In diesem Treffen fielen überdies auch einige vornehme und angesehene Männer aus der römischen Ritterschaft. Dennoch gelang es Domitius, sich nach diesem Verlust sicher in die Provinz Asien zurückzuziehen, nachdem er die Überreste des zerstreuten Heeres gesammelt hatte.

41. Pharnaces dagegen war durch seinen Erfolg übermütig geworden, zumal da er hoffte, daß es Caesar, seinem Wunsch entsprechend, schlecht ergehe, und überfiel an der Spitze all seiner Truppen die Landschaft Pontus, wo er als Sieger und grausamer Tyrann — er sah sich für den Fall eines noch glücklicheren Gelingens als Erbe des väterlichen Glücks — viele Städte eroberte. Er plünderte das Eigentum römischer und pontischer Bürger und verhängte gegen alle, die sich durch ihre Schönheit und Jugend auszeichneten, Strafen, die schlimmer noch als der Tod selbst waren. Niemand verteidigte gegen ihn die Landschaft; so war er Herr von Pontus und rühmte sich, des Vaters Thron wieder bestiegen zu haben.

42. Ungefähr zur selben Zeit kam es zu einer Niederlage in Illyrien. In den vorhergegangenen Monaten hatte man nämlich diese Provinz nicht bloß ohne Schimpf, sondern sogar rühmlich behauptet. Denn Caesar hatte seinen Quästor Quintus Cornificius[43] an Stelle eines Prätors im Sommer dorthin geschickt. Dieser wußte sich durch Klugheit und Sorgfalt, indem er nie unvorsichtig vorrückte, des Landes zu bemächtigen und es zu verteidigen, obgleich es durch innere Unruhen erschöpft und durch den in der Nähe geführten Krieg verwüstet, keineswegs Vorräte genug hatte, um Heere zu ernähren. Denn er nahm mehrere auf Höhen gelegene Castelle ein, deren günstige Lage die dortigen Bewohner zu Überfällen und Kriegszügen verleitete, und überließ sie seinen Soldaten zur Beute, die, obzwar mager genug, angesichts des verzweifelten Zustandes der Provinz, zumal als Frucht ihrer Tapferkeit, sehr willkommen war. Als ferner Octavius[44] sich nach der Schlacht von Pharsalus mit einem bedeutenden Geschwader in jenen Golf geflüch-

tet hatte, eroberte Cornificius mit Hilfe weniger Schiffe von Jader[45], dessen Bewohner stets eine vorzügliche Hingabe für die Sache des römischen Vaterlandes bewiesen hatten, so viele Schiffe des Octavius, daß er mit denen von Jader und diesen zusammengenommen einen Flottenkampf wagen konnte. Als dann Caesar, der in einem andern Weltteil Cn. Pompeius mit siegreichen Waffen verfolgte, die Nachricht erhielt, daß sich mehrere seiner Feinde, nachdem sich die auf der Flucht zurückgebliebenen gesammelt hatten, nach Illyrien begeben hätten, das ja nicht weit von Mazedonien entfernt liegt[46], mit den jüngst erst gebildeten neuen Legionen dorthin zu marschieren, zu Quintus Cornificius zu stoßen und die Provinz vor etwaiger Gefahr zu schützen. Für den Fall, daß man das Land auch mit einem schwächeren Aufgebot behaupten könne, solle er seine Legionen nach Mazedonien führen. Caesar glaubte nämlich, daß, solange Cn. Pompeius noch am Leben wäre[47], in jener ganzen Gegend erneut der Krieg wieder ausbrechen werde.

43. Gabinius kam in übler Winterzeit nach Illyrien. Mochte er nun die Provinz für reicher gehalten, zu viel auf das Glück des siegreichen Caesar gerechnet oder auch auf seine eigene Tüchtigkeit und Kenntnis vertraut haben, indem er, oft von den Gefahren des Krieges umgeben, selbst als Anführer bedeutende Taten vollführt hatte. Nun aber wurde er von dieser zum Teil erschöpften, zum Teil untreuen Provinz weder unterstützt, noch konnten ihm auch vom Meer her Lebensmittel zugeführt werden, da die stürmische Jahreszeit die Schiffahrt unmöglich machte. Von diesen großen Schwierigkeiten beengt, führte er also den Krieg nicht, wie er wünschte, sondern wie er mußte. Als er daher trotz schlechtester Witterung aus Not Castelle und Festungen bestürmen mußte, erlitt er häufig Verluste und geriet bei den Landesbewohnern in solche Verachtung, daß sie ihn beim Rückzug nach der Seestadt Salona[48], wo höchst tapfere und treue römische Bürger wohnten, selbst während des Marsches zum Kampf zwangen. Er verlor dabei mehr als

2000 Soldaten, 38 Hauptleute und 4 Tribunen. Mit dem Rest seiner Truppen gelangte er endlich nach Salona, wo er in der schwierigsten Lage und mitten im größten Mangel nach einigen Monaten starb. Sein Mißgeschick im Leben und sein unerwarteter Tod weckten bei Octavius die größten Hoffnungen, sich der Provinz zu bemächtigen. Allein das Glück, auf das es im Krieg am meisten ankommt, die Umsicht des Cornificius und die Tapferkeit des Vatinius verhinderten eine allzu lange Dauer seiner günstigen Lage.

44. Vatinius nämlich, der damals in Brundisium stand, erfuhr von den Ereignissen in Illyrien und wurde durch Cornificius wiederholt schriftlich aufgefordert, seiner Provinz Hilfe zu bringen. Zugleich vernahm er, daß Marcus Octavius sich mit den Landesbewohnern verbunden habe und die Besatzungen der Caesarianer an verschiedenen Orten teils zur See selbst angreife, teils zu Lande durch seine Bundesgenossen angreifen lasse. Obleich er sehr schwer krank war und seine Kräfte seinem Willen kaum noch gehorchten, überwand er dennoch durch seine Willenstüchtigkeit die Schwäche des Körpers und die Schwierigkeiten, die der Winter und die eilige Rüstung verursachten. Da er nämlich selbst nur einige Kriegsschiffe im Hafen hatte, schrieb er dem Quintus Calenus nach Achaia, er solle ihm ein Geschwader schicken. Als dies aber im Vergleich mit der Gefahr der Bedrängten, welche die Angriffe des Octavius nicht aushalten konnten, allzu langsam vonstatten ging, ließ er an seine zahlreichen Schnellsegler, die freilich für einen Kampf nicht groß genug waren, Schnäbel ansetzen. Diese Schiffe vereinigte er dann mit seinen Kriegsschiffen zu einer ziemlich zahlreichen Flotte, bemannte sie mit gedienten Soldaten, die er aus allen Legionen in großer Menge zur Verfügung hatte (sie waren nämlich bei der Überfahrt des ganzen Heeres nach Griechenland in Brundisium wegen Krankheit zurückgelassen worden), segelte nach Illyrien, bemächtigte sich dort einiger Seestädte, die sich dem Octavius ergeben hatten, fuhr aber anderen, die bei ihrem Be-

schluß verharrten, vorbei und ließ sich durch keine Verzögerung oder Notwendigkeit aufhalten, möglichst schnell auf Octavius selbst zu treffen. Dieser belagerte aber damals gerade die Stadt Epidaurus[50], wo eine Besatzung von Caesarianern lag, zu Wasser und zu Lande, mußte jedoch die Belagerung sogleich bei der Ankunft des Vatinius aufheben, der die Besatzung an sich zog.

45. Octavius erfuhr jedoch, daß das Geschwader des Vatinius zum großen Teil aus leichten Seglern bestand, und ging, im Vertrauen auf seine eigene Flotte, bei der Insel Tauris[51] in Stellung. In dieser Gegend hielt sich bei seiner Verfolgung auch Vatinius mit seinen Schiffen auf, nicht weil er wußte, daß Octavius dort stand, sondern weil er ihm, da er weiter vorgerückt war, auf den Fersen bleiben wollte. Als dann bei seiner Annäherung an Tauris infolge des stürmischen Wetters und weil man nichts weniger als an den Feind dachte, sein Geschwader sich zerstreut hatte, bemerkte man plötzlich ein bemanntes Kriegsschiff, das mit halb heruntergelassenen Segeln auf Vatinius zukam. Sofort gab dieser auf seinem Schiff Befehl, ebenfalls die Segel und Segelstangen zu senken und zu den Waffen zu greifen; dann wurde die purpurne Fahne, das gewöhnliche Zeichen zum Angriff, aufgesteckt, damit auch die nachfolgenden Schiffe sich zum Kampf bereit machten. Während sich aber die Leute des Vatinius, plötzlich überrascht, zum Kampf anschickten, liefen die längst in Bereitschaft gehaltenen Schiffe des Octavius der Reihe nach bereits aus dem Hafen. Auf beiden Seiten formierte man sich zur Schlacht: bei Octavius herrschte mehr Ordnung, bei Vatinius und seinen Leuten mehr Kampflust.

46. Als jedoch Vatinius die Überzeugung gewann, dem Feind weder an Größe noch an Zahl der Schiffe gewachsen zu sein, wollte er die Sache wenigstens nicht geradezu dem blinden Glück eines gewagten Kampfes überlassen. Daher machte er selbst mit seinem Fünfruderer den ersten Angriff, und zwar unmittelbar auf den Vierruderer des Octavi-

us. Als nun dieser mit der größten Schnelligkeit und Heftigkeit entgegenruderte, prallten beide Schiffe so gewaltig aufeinander, daß der Schnabel des octavianischen Schiffes zerbrach und sich im Holzwerk des gegnerischen Schiffes verhakte. Auch auf den übrigen Punkten lieferte man sich eine erbitterte Schlacht und drängte sich besonders bei den Anführern zusammen: denn da jeder seinem Flottenführer zu Hilfe kam, entwickelte sich auf engem Raum Mann gegen Mann eine große Schlacht, wobei die Leute des Vatinius desto mehr die Oberhand behielten, je mehr ihnen durch die enge Berührung der Schiffe die Möglichkeit des Gefechtes gegeben wurde. Mit einer bewunderungswürdigen Tapferkeit sprangen diese ohne Bedenken auf die feindlichen Schiffe und siegten glücklich, an Tapferkeit bei weitem überlegen, sobald einer gegen den anderen stand. Der Vierruderer des Octavius wurde versenkt, außerdem wurden noch viele Schiffe entweder genommen oder gingen, ebenfalls von Schnäbeln durchbohrt, unter. Die Schiffssoldaten des Octavius wurden teils auf den Schiffen niedergehauen, teils ins Meer gestürzt. Octavius selbst rettete sich in ein Beiboot, das jedoch sank, als noch mehr Menschen sich darauf flüchteten. Verwundet schwamm der Admiral zu einem Kaper, der ihn aufnahm. Als hierauf die Nacht der Schlacht ein Ende machte, entfloh er unter heftigem Sturme mit vollen Segeln. Ihm folgten einige seiner Schiffe, welche der Zufall aus jener Gefahr gerettet hatte.

47. Daraufhin ließ Vatinius zum Rückzug blasen und lief siegreich, ohne einen Mann verloren zu haben, in eben jenen Hafen ein, aus dem die Flotte des Octavius kurz vorher zum Kampf ausgelaufen war. Ein Fünfruderer, zwei Dreiruderer, acht Zweiruderer und einige Matrosen des Octavius waren die Beute des Treffens. Den folgenden Tag brachte man noch dort zu, bis die eigenen und erbeuteten Schiffe ausgebessert waren; am dritten Tag fuhr man zur Insel Issa[52], weil man glaubte, Octavius habe sich dorthin geflüchtet. Auf dieser Insel lag nämlich eine dem Octavius ganz er-

gebene Stadt, die ansehnlichste in jener ganzen Gegend. Die Bewohner ergaben sich jedoch ganz demütig dem Vatinius, sobald dieser erschien, und meldeten ihm, Octavius habe bei günstigem Wind mit wenigen Fahrzeugen seine Richtung gegen Griechenland genommen, um von da nach Sizilien und Afrika zu segeln. So hatte Vatinius innerhalb ganz kurzer Zeit hervorragende und glänzende Taten vollbracht, die Provinz Illyrien wieder gewonnen, sie dem Cornificius von neuem übergeben, die Flotte der Gegner aus jenem ganzen Meer vertrieben, und kehrte nun siegreich, ohne jeden Verlust an Menschen und Schiffen nach Brundisium zurück.

48. Zur selben Zeit, da Caesar bei Dyrrhachium Pompeius belagerte, bei Palaepharsalus seine Sache glücklich führte und in Alexandria unter schwerer Gefahr, dafür aber um so ruhmreicher kämpfte, machte sich Quintus Cassius Longinus, den er in Spanien als Proprätor zur Verwaltung der jenseitigen Provinz zurückgelassen hatte[53], dort in einem hohen Maße verhaßt, sei es aufgrund einer Wesensveranlagung oder aus Haß gegen jene Provinz, in der er als Quästor bei einem Hinterhalt verwundet worden war. Davon konnte er sich entweder aus eigener Einsicht überzeugen (denn er durfte bei der Provinz eine der seinigen entsprechende Gesinnung voraussetzen), oder aus vielen Anzeichen und Zeugnissen solcher Einwohner, die ihren Haß nur schwer verheimlichen konnten. Diese üble Stimmung der Provinz suchte er nun durch eine desto größere Liebe seines Heeres zu entkräften. Sobald er deshalb alle seine Truppen an einem Ort versammelt hatte, versprach er jedem Soldaten 100 Sesterzien und machte ihnen bald darauf wirklich dieses Geschenk nach der Einnahme der Stadt Medobrega[54] in Lusitanien und des Herminischen Gebirges, in das sich die Bewohner von Medobrega geflüchtet hatten. Dort begrüßten ihn seine Leute als Imperator. Außerdem gewährte er an einzelne noch viele große Belohnungen, was ihm für den Augenblick den Anschein großer Zuneigung seitens des

Heeres verschaffte, aber langsam und unmerklich die militärische Zucht und Disziplin untergrub.

49. Nachdem seine Legionen das Winterquartier bezogen hatten, begab sich Cassius in eigener Person nach Corduba[55], um dort Gericht zu halten, und beschloß, seine Schulden, die er dort gemacht hatte, unter schwersten Auflagen für die Provinz wieder einzulösen. Wie es nämlich bei solchen verschwenderischen Beschenkungen zu gehen pflegt, so mußte der Schenker, um den Schein der Freigebigkeit zu wahren, immer mehr Geld auftreiben und von den Reichen stets neue Summen verlangen, die Longinus sich nicht bloß gerne ausbezahlen ließ, sondern geradezu erzwang. Der Schar der Reichen wurden auch unter falschen Vorspiegelungen ärmere Leute zugesellt, und keine Art von Gewinn, ob groß und auffallend oder ganz gering und schäbig, wurde ausgelassen, mit der sich das Haus und das Gericht des Imperators nicht befaßte. Wer imstande war, auch nur irgendwelche Kosten aufzubringen, der wurde entweder als Bürge herangezogen oder als Angeklagter vor Gericht geschleppt. So kamen zu diesen Opfern und Verlusten des Vermögens auch noch die Sorgen um die eigene Freiheit und das Leben.

50. Weil also Longinus als Imperator ebenso handelte wie früher als Quästor, faßten die Landesbewohner auch ähnliche Pläne gegen sein Leben. Den Haß dieser Leute erhöhten dann noch einige seiner Vertrauten, die, obgleich mit ihm durch die gemeinsame Teilnahme an diesen Plünderungen verbunden, dennoch denjenigen haßten, in dessen Namen sie sündigten, und deshalb das wirklich Geraubte für sich vereinnahmten, das hingegen, was hinfällig oder strittig war, dem Cassius anwiesen. Der Haß wurde noch mehr gesteigert dadurch, daß er eine neue Legion, die Fünfte, aushob, und zwar sowohl wegen der Aushebung selbst als auch wegen des Geldaufwandes für diese neue Legion. Außerdem wurde die Reiterei auf 3000 Mann verstärkt und unter großen Kosten ausgerüstet. Die Provinz hatte nie Ruhe.

51. Unterdessen erhielt er von Caesar den schriftlichen Befehl, nach Afrika überzusetzen und durch Mauretanien an die Grenzen Numidiens vorzudringen. König Juba[56] nämlich hatte Pompeius bereits bedeutende Unterstützungen gesandt und wollte, wie man glaubte, noch größere schicken. Cassius war durch dieses Schreiben ungemein freudig überrascht, weil sich ihm jetzt eine so günstige Gelegenheit zur Ausbeutung neuer Provinzen und eines so fruchtbaren Königreiches darzubieten schien. Er begab sich deshalb in eigener Person nach Lusitanien, um die dortigen Legionen abzuholen und die Hilfstruppen zusammenzuziehen. Männern seines Vertrauens gab er den Auftrag, für Getreide 100 Schiffe zu beschaffen sowie für die Verteilung und Einziehung von Geldforderungen zu sorgen, damit er sich bei seiner Rückkehr nicht damit aufhalten müsse. Diese Rückkehr aber erfolgte schneller, denn Cassius scheute, besonders wenn er etwas begehrte, weder Anstrengung noch Rastlosigkeit.

52. Nachdem er das Heer an einem Ort zusammengezogen und sein Lager bei Corduba aufgeschlagen hatte, setzte er seinen Soldaten in einer Versammlung auseinander, welchen Auftrag er von Caesar erhalten habe. Er versprach jedem von ihnen 100 Sesterzien, sobald er sie nach Mauretanien übergesetzt hätte; die 5. Legion werde aber in Spanien bleiben. Hierauf begab er sich unmittelbar nach Corduba. Noch am selben Tage als er nach Mittag in das Gerichtshaus ging, übergab ihm ein gewisser Minucius Silo, ein Klient des Lucius Radilius, eine Schrift, als ob er als Soldat eine Bitte an ihn hätte; dann drängte er sich hinter Racilius, der Cassius zur Seite ging und schnell Platz machte, hinein, gleich als ob er auf eine Antwort warte, ergriff den Cassius mit der Linken, als dieser sich umwandte, und versetzte ihm mit der Rechten zwei Dolchstiche.

Da erhob sich ein Geschrei, und sämtliche Verschwörer griffen nun an. Munatius Flaccus stieß den nächsten Lictor nieder, dann verwundete er den Legaten Quintus Cassius.

Dann unterstützten auch schon Titus Vasius und Lucius Mercello in ähnlichem Selbstvertrauen ihren Mitbürger Flaccus (sie waren alle aus Italica[57]). Auf Longinus selbst stürzte sich Lucius Licinius Squillus und brachte ihm, da er auf der Erde lag, einige leichte Wunden bei.

53. Alles lief herbei, um Cassius zu schützen, denn er hatte gewöhnlich Beroner[58] und etliche ausgediente Soldaten bewaffnet um sich. Diese drängten nun die übrigen, welche zu dessen Ermordung herbeieilten, ab: unter ihnen waren Calpurnius Salvianus und Manilius Tusculus. Den Minucius ergriff man zwischen den auf dem Wege liegenden Felsen, als er floh, und führte ihn vor Cassius, den man unterdessen nach Hause gebracht hatte. Racilius begab sich in das nächst gelegene Haus eines Bekannten, bis er sicher erführe, ob Cassius verloren sei. Lucius Laterensis, der nicht daran zweifelte, lief jubelnd ins Lager und wünschte den Einheimischen unter den Soldaten und denen der 2. Legion, die, wie er wußte, den Cassius besonders haßten, Glück. Die Masse erhob ihn sogleich auf den Richterstuhl und begrüßte ihn als Prätor; denn niemand, weder ein Eingeborener noch ein Soldat der einheimischen Legion, noch wer sonst durch langen Aufenthalt bereits zum Provinzialen geworden war, wie zum Beispiel die 2. Legion, stimmte nicht mit das ganzen Provinz im Haß gegen den Cassius überein, da die 30. und 21. Legion, wenige Monate [vor ihrem Abmarsch nach Spanien] in Italien ausgehoben und von Caesar dem Longinus übergeben, die 5. Legion dagegen erst jüngst in Spanien selbst gebildet worden war.

54. Mittlerweile erhielt Laterensis die Nachricht, daß Cassius noch am Leben sei, was ihn mehr betrübte als erschreckte. Er war deshalb schnell gefaßt und begab sich auf der Stelle selbst zu Cassius. Unterdessen war auch bei der ersten Nachricht von dem ganzen Vorfall die 30. Legion in Corduba eingerückt, um ihrem Imperator beizustehen; das gleiche tat dann die 21. Legion, und beiden folgte die fünfte. Nun standen nur noch zwei Legionen im Lager, die

zweite und die einheimische. Die Soldaten der ersteren fürchteten, am Ende allein zu stehen und so ihre Gesinnung bloßzustellen; sie folgten also dem Beispiel der anderen Legionen. Dagegen blieb die Legion der Einheimischen fest bei ihrem Vorsatz, und keine Furcht brachte sie ins Wanken.

55. Nun ließ Cassius alle, die man ihm als Teilnehmer des Mordplanes nannte, ergreifen, schickte die 5. Legion ins Lager zurück und behielt 30 Kohorten bei sich. Minucius zeigte an, daß Lucius Racilius, Lucius Laterensis und Annius Scapula zu derselben Verschwörung gehörten. Scapula war ein höchst angesehener und einflußreicher Mann der Provinz und mit ihm so vertraut wie die beiden anderen. Cassius widerstand daher nicht lange seiner Erbitterung, sondern ließ sie alsbald hinrichten. Minucius übergab er seinen Freigelassenen zur Folterung; ebenso Calpurnius Salvianus, der ohne weiteres gestand und die Zahl der Verschworenen noch größer angab, nach Meinung der einen der Wahrheit gemäß, nach der Meinung der anderen hingegen gezwungen [und falsch]. Ebenso wurde Lucius Mercello gefoltert. Squillus nannte weitere Verschwörer, und Cassius ließ sie alle töten mit Ausnahme derer, die sich mit Geld loskauften. So einigte er sich nämlich mit Calpurnius auf 60 000 Sesterzen — und dies in aller Öffentlichkeit — und mit Quintus Sextius auf 50 000. Die Tatsache, wie sie als Hauptschuldige bestraft worden sind, bewies nur wieder einmal mehr, wie sehr bei ihm die Grausamkeit im Wettstreit mit seiner Habgier lag, der er die ausgestandene Lebensgefahr und seinen Wundschmerz für Geld verzieh.

56. Nach einigen Tagen meldete ihm ein Brief von Caesar die völlige Besiegung und Flucht des Pompeius, wobei Cassius ein gemischtes Gefühl von Schmerz und Vergnügen empfand. Die Nachricht vom Sieg zwang ihn zum Jubel, das Ende des Krieges beendete die Willkürherrschaft früherer Zeiten. Er wußte also wirklich nicht, was er vorziehen würde, nichts zu fürchten oder alles nach Willkür zu tun.

Als er dann von seinen Wunden hergestellt war, berief er alle, die ihm Darlehen gegeben hatten, zu sich, und befahl
ihnen, sie als zurückerstattet zu verbuchen; schien es ihm,
als habe er jemand zu wenig Abgaben auferlegt, forderte er
noch größere Summen. In gleicher Weise betrieb er unter
den römischen Rittern aus allen Bürgergemeinden und Kolonien eine Truppenaushebung und nötigte diese Leute, die
sich vor dem Kriegsdienst in Afrika ungemein fürchteten,
zum Loskaufen von dieser Verpflichtung. Dies warf große
Einkünfte ab, vermehrte aber auch seine Verhaßtheit.
Nach Beendigung dieser Geschäfte hielt er eine Musterung
des ganzen Heeres ab und schickte die für Afrika bestimmten Legionen und Hilfstruppen zur Verschiffung ab. Er
selbst begab sich nach Hispalis[59], um die Flottenbereit-
schaft zu inspizieren, und verweilte dort, weil er in der ganzen Provinz den Befehl hatte ergehen lassen, daß dort diejenigen vor ihm erscheinen sollten, welche die von ihnen geforderten Gelder noch nicht entrichtet hätten. Dieser Aufruf stürzte alle in heftige Aufregung.
57. Inzwischen brachte Lucius Titius, Tribun in der Legion der Einheimischen[60], die Nachricht von dem Gerücht,
daß die ebenfalls vom Legaten Quintus Cassius geführte
30. Legion im Lager vor der Stadt Leptis[61] einen Aufstand
gemacht, einige Centurionen, die sich dem Aufbruch widersetzten, umgebracht habe, dann aber aufgebrochen und
zur zweiten Legion gezogen sei, die auf einem anderen Weg
nach der Meerenge[62] geführt wurde. Bei dieser Nachricht
verließ er Hispalis in der Nacht mit fünf Kohorten der 21.
Legion und kam mit dem Morgen nach Naeva. Dort blieb
er dann einen Tag, um sich über den Stand der Dinge zu unterrichten, und zog hierauf nach Cormona.[64] Als sich hier
die 21. und die 30. Legion, vier Kohorten aus der 5. Legion
und die ganze Reiterei eingefunden hatten, vernahm er,
daß die einheimischen Soldaten bei Obucula[65] vier Kohorten abgefangen hätten und zusammen mit ihnen zur zweiten Legion gestoßen seien und daß sich diese endlich alle

miteinander verbunden und den Titus Thorius aus Italica zu ihrem Anführer gewählt hätten. Schnell hielt nun Cassius einen Kriegsrat ab und schickte dann Marcellus nach Corduba, um es zu besetzen, den Legaten Quintus Cassius aber nach Hispalis. Einige Tage später lief jedoch die Nachricht ein, Corduba sei abgefallen und Marcellus mache mit den Bewohnern gemeinschaftliche Sache; ob freiwillig oder gezwungen, war ungewiß. Ebenso handelten die zwei Kohorten der 5. Legion, die in Corduba als Besatzung lagen. Wütend darüber brach Cassius sein Lager ab und gelangte den nächsten Tag nach Segovia[66] am Fluß Silicis. In einer allgemeinen Versammlung, wo er die Stimmung der Soldaten erforschen wollte, überzeugte er sich, daß sie treu seien, doch nicht seinetwegen, sondern um des abwesenden Caesars willen, dem sie die Provinz um jeden Preis erhalten wollten.

58. Unterdessen führte Thorius die alten Legionen gegen Corduba. Damit es nicht aussah, als sei seine und der Soldaten meuterische Natur der Grund des Aufstandes, und um zugleich dem Quintus Cassius, der in Caesars Namen über die größeren Streitkräfte zu verfügen schien, eine ebenso machtvolle Autorität entgegenzusetzen, erklärte er öffentlich, Spanien dem Gaius Pompeius wieder gewinnen zu wollen. Und vielleicht tat er dies auch wirklich aus Haß gegen Caesar und aus Liebe zu Pompeius, dessen Name viel galt bei diesen ehemaligen Legionen des Marcus Varro. Was jedoch seine eigentliche Absicht dabei war, darüber hatte man im allgemeinen nur Vermutungen. Thorius wenigstens gab dies vor, und seine Soldaten bekannten sich so offen dazu, daß sie selbst den Namen des Pompeius auf ihre Schilde als Inschrift setzten. Zahlreich kam ihnen die Bevölkerung entgegen, Männer wie Frauen, und die Jugend von vornehmer Geburt; alle baten, sie sollten nicht in feindlicher Absicht kommen und Corduba plündern, denn sie seien gegen Cassius alle einer Meinung, doch würden sie bitten, nichts gegen Caesar unternehmen zu müssen.

59. Durch die Bitten und Tränen einer solchen Menschenmenge gerührt, sahen diese Truppen zugleich, daß man, um den Cassius zu verfolgen, keineswegs den Namen und das Andenken des Pompeius nötig hatte, da Longinus Cassius beiden Parteien, der des Caesar wie jener des Pompeius, gleichermaßen verhaßt war. Auch überzeugte man sich, daß es nicht möglich sei, weder die Einwohner von Corduba noch den Marcus Marcellus der Sache Caesars zu entfremden. Die Soldaten nahmen also die Inschrift »Pompeius« wieder von ihren Schilden ab, zogen Marcellus, der Caesars Sache verteidigen zu wollen erklärte, an sich, ernannten ihn zu ihrem Anführer, verbanden sich mit der Bevölkerung und schlugen ihr Lager bei Corduba auf. Zwei Tage darauf schlug auch Cassius etwa vier Meilen weit von Corduba, diesseits des Flusses Baetis[68], in Sichtweite der Stadt auf einer Anhöhe sein Lager auf. Zugleich forderte er in Briefen den König Bogud[69] in Mauretanien und den Prokonsul des diesseitigen Spaniens, Marcus Lepidus, auf, in Caesars Interesse ihm und seiner Provinz baldmöglichst zu Hilfe zu kommen. Er selbst verwüstete indessen wie ein Feind die Umgegend von Corduba und steckte Häuser in Brand.

60. Dies schändliche und niederträchtige Betragen empörte die Legionen, die sich Marcellus zum Führer genommen hatten. Sie bestürmten ihn deshalb, er möge sie in die Schlacht führen und ihnen die Möglichkeit zu einem Kampf geben, bevor die äußerst vornehmen und wertvollen Besitzungen der Bewohner von Corduba vor ihren Augen auf so schmähliche Weise durch Plünderung, mit Feuer und Schwert zugrunde gerichtet würden. Marcellus, der einen Kampf für mißlich hielt, da der Schaden immer auf Caesars Seite liegen mußte, mochte er Sieger sein oder Besiegter, sah zugleich ein, daß die Entscheidung darüber nicht in seiner Macht liege. Er führte also die Legionen über den Baetis und stellte sie in Schlachtordnung auf. Als er hierauf bemerkte, daß Cassius ebenfalls eine Schlachtli-

nie bildete, und zwar gerade vor seinem Lager auf der Anhöhe, benutzte er als Vorwand, daß der Feind nicht in die
Ebene herabkomme, und überredete seine Leute zum
Rückzug in das Lager. Deshalb begann er seine Truppen zurückzuführen. Cassius griff daraufhin mit seiner tüchtigen
Reiterei, die dem Marcellus abging, die Legionen an, und so
fielen einige aus den letzten Reihen an den Ufern des Flusses. Da man durch diesen Verlust die Nachteile und
Schwierigkeiten erkannte, die mit dem Flußübergang verbunden waren, verlegte Marcellus sein Lager über den Baetis, und beide führten wiederholt ihre Legionen in Schlachtordnung heraus. Die Schwierigkeit des Ortes verhinderte
jedoch stets den wirklichen Ausbruch des Treffens.

61. An Fußvolk war Marcellus bei weitem der Stärkere;
denn seine Legionen waren gedient und in vielen Schlachten erprobt. Cassius verließ sich mehr auf die Treue als auf
die Tüchtigkeit seiner Leute. Als nun beide Lager einander
gegenüberlagen und Marcellus einen für ein Castell günstigen Platz besetzt hatte, von wo aus es möglich war, Cassius das Wasser abzuschneiden, fürchtete dieser eine Art
Blockade in fremder und ihm feindselig gestimmter Gegend. Still brach er deshalb in der Nacht auf und marschierte in aller Eile nach Ulia[70], das er sich ergeben glaubte. Dort
schloß er sein Lager so eng an die Mauern der Stadt, daß er
durch die Natur der Örtlichkeit (Ulia liegt auf einem hohen
Berge) und durch die Festungswerke der Stadt von allen
Seiten gegen eine Blockade sicher war. Marcellus folgte
ihm aber auf dem Fuß und schlug sein Lager so nahe wie
möglich bei Ulia ganz dicht am feindlichen Lager auf.
Kaum hatte er den Ort und die Gegend in Augenschein genommen, sah er sich zu den Maßnahmen genötigt, die er
selbst am meisten wünschte. Ein Treffen war nämlich
nicht möglich (wäre es möglich gewesen, so hätte er seinen
kampfbegierigen Soldaten nicht widerstehen können), und
dennoch konnte er Cassius jede Umherstreiferei verbieten,
damit nicht noch mehr Städte das Schicksal Cordubas tei-

len mußten. An passenden Punkten legte er Castelle an, führte eine ununterbrochene Schanzenlinie um die Stadt und schloß Cassius samt Ulia ein. Cassius schickte aber, noch ehe das Ganze vollendet war, seine ganze Reiterei aus; er versprach sich von ihr großen Nutzen, wenn sie Marcellus am Futterholen und an der Getreidebeschaffung hindere, hielt sie aber für hinderlich, wenn sie, infolge einer Blockade nutzlos geworden, nur noch seine Vorräte aufzehren würde.

62. Wenige Tage später langte König Bogud, der das Schreiben von Cassius erhalten hatte, mit seinen Truppen an und vereinigte mit der Legion, die er hergeführt hatte, mehrere Kohorten spanischer Hilfstruppen. Wie es nämlich bei bürgerlichen Uneinigkeiten zu gehen pflegt, hielten damals manche Städte in Spanien zu Cassius, mehrere dagegen zu Marcellus. Bogud erschien nun mit seinen Truppen vor den äußeren Schanzen des Marcellus. Von beiden Seiten kämpfte man hitzig, und zwar zu wiederholten Malen, wobei der Zufall oft den Sieg hierhin und dorthin wendete; niemals wurde jedoch Marcellus aus seinen Schanzen geworfen.

63. Mittlerweise kam Lepidus aus dem diesseitigen Spanien mit 35 Legionskohorten, einer zahlreichen Reiterei und anderen Hilfsvölkern nach Ulia, um ohne jede Parteinahme die Mißhelligkeiten zwischen Cassius und Marcellus beizulegen. Ohne alles Bedenken und entgegenkommend vertraute sich ihm Marcellus an; Cassius dagegen blieb in seinem Lager, sei es, daß er glaubte, ihm gebührten mehr Rechte als Marcellus, oder weil er fürchtete, sein Gegner habe durch Unterwürfigkeit die Stimmung des Lepidus bereits für sich gewonnen. Lepidus schlug sein Lager vor Ulia auf und stand mit dem des Marcellus in engster Verbindung. Er verbot jeden Kampf, lud Cassius ein, zu ihm zu kommen, und gab ihm für dessen Sicherheit auf alle Fälle sein Ehrenwort. Cassius war lange unschlüssig, was zu tun sei und ob er Lepidus trauen dürfe. Als er jedoch

nicht wohl einsah, wie dies enden werde, wenn er in seiner Meinung verharre, verlangte er die Zerstörung der Schanzen und freien Abzug für sich. Nachdem nicht nur ein Waffenstillstand, sondern fast schon auch ein Friedensabkommen beschlossen worden war und man mit der Einebnung und dem Abzug der Besatzung aus den Befestigungen begonnen hatte, machten die Hilfstruppen des Königs Bogud einen Angriff auf das Castell des Marcellus, das dem Lager am nächsten lag, und zwar zu aller Überraschung (sofern Cassius sich überhaupt unter diesen »allen« befand: denn es wurde bezweifelt, ob er nicht darüber Bescheid wußte), und machten dort mehrere Soldaten nieder. Wenn nicht die Empörung und das Eingreifen des Lepidus den Kampf rasch beendet hätte, wäre das Unglück noch größer geworden.

64. Sobald man Cassius den Weg geöffnet hatte, vereinigten Marcellus und Lepidus ihr Lager. Zusammen zogen beide dann mit ihren Truppen nach Corduba; Cassius dagegen nach Carmona. Um die gleiche Zeit traf auch der neue Proconsul Trebonius[71] zur Übernahme der Provinz ein. Sowie Cassius von seiner Ankunft erfuhr, verteilte er die Legionen, die er mit sich führte, und die Reiterei auf die Winterlager; er selbst reiste dann mit all seiner schnell aufgerafften Habe nach Malaca[72], wo er ein Schiff bestieg, ungeachtet die Jahreszeit für die Schiffahrt sehr schlecht war. Wie er selbst erklärte, tat er dies deshalb, um sich dem Lepidus, Trebonius und Marcellus nicht anvertrauen zu müssen; wie seine Freunde sagten, um nicht mit einem verminderten Ansehen durch eine Provinz zu reisen, die größtenteils von ihm abgefallen war; die übrigen glaubten, er habe bloß seine räuberisch gehäuften Summen retten wollen. Bei Wetter, wie es im Winter günstig genannt werden muß, fuhr er ab, und lief dann, um die Nacht durch sicher zu sein, in den Fluß Hiberus ein. Obgleich hierauf das Wetter stürmischer wurde, glaubte er dennoch die Schiffahrt ohne größere Gefahr fortsetzen zu können, geriet aber in stürmische Wellen an der Mündung des Flusses, so daß er das

Schiff wegen der Gewalt der Strömung nicht wenden, noch auch gegen diese großen Wogen geradeaus fahren konnte. Mitten in der Mündung des Stromes versank also sein Fahrzeug; er selbst verlor dabei das Leben.

65. Als Caesar aus Ägypten nach Syrien gekommen war, erhielt er teils von Leuten, die aus Rom dorthin zu ihm kamen, teils durch Briefe, die ihm von daher zugeschickt wurden, die Nachricht, daß in Rom vieles in der Verwaltung schlecht und verkehrt gehandhabt und kein Teil der öffentlichen Angelegenheiten gut besorgt werde.[73] Durch die Streitereien der Volkstribunen käme es immer wieder zu gefährlichen Unruhen und die Militärtribunen und Führer der Legionen ließen aus Ehrgeiz und Schlaffheit vieles zu, was gegen Sitte und Gewohnheit des Soldatenlebens ging, wodurch Zucht und Strenge allmählich aufgelöst würden. Obgleich er sah, daß dies alles seine Anwesenheit in Rom dringend erfordere, zog er es doch vor, zuerst die Länder, durch welche er käme, so geordnet zu verlassen, daß die inneren Unruhen aufhörten, Recht und Gesetz Geltung erhielten und auch die Furcht vor dem äußeren Feind verschwände. In Syrien, Cilicien und Asien[74] glaubte er dies desto rascher bewerkstelligen zu können, weil diese Provinzen von keinem Krieg heimgesucht wurden. In Bithynien hingegen und in der Landschaft Pontus sah er mehr Schwierigkeiten vor sich. Wie er nämlich hörte, hatte Pharnaces die Landschaft Pontus noch nicht verlassen, und es war keineswegs anzunehmen, daß er dies jetzt tun werde, da ihn der jüngst errungene Sieg über Domitius Calvinus übermütig gemacht hatte. Caesar hielt sich deshalb in allen bedeutenderen Städten auf, belohnte einzelne verdiente Männer und Gemeinden, untersuchte und entschied alte Streitigkeiten, versicherte alle die kleinen Könige, Herrscher und Dynasten, die als Nachbarn der römischen Besitzungen bei ihm erschienen, seiner Gnade und seines Schutzes, machte ihnen auf bestimmte Weise die Verteidigung der Provinz Asien zur Pflicht und entließ sie dann in

dem Bewußtsein ihrer freundschaftlichsten Gesinnung gegen ihn und das römische Volk.

66. Nach einem Aufenthalt von wenigen Tagen verließ er Syrien, wo er seinen Freund und Verwandten Sextus Caesar[75] an die Spitze der Legionen und der Verwaltung stellte; er selbst reiste mit derselben Flotte, mit der er angekommen war, nach Cilicien. Alle Städte mußten Stellvertreter nach Tarsus schicken, der ersten und festesten Stadt von ganz Cilicien. Nachdem er dort die Angelegenheiten dieser Provinz und der benachbarten Städte geordnet hatte, verweilte er nicht länger, da ihn der Wunsch, Krieg zu führen, zum Aufbruch drängte, reiste in Eilmärschen durch Cappadocien, blieb zwei Tage in Mazaca[76] und kam nach Comana, wo sich der älteste und heiligste Bellona-Tempel[77] von ganz Cappadocien befand, dessen Priester aufgrund der Ehrwürdigkeit des Tempels und der Erhabenheit der Göttin in den Augen dieses ganzen Volkes an Macht und Gewalt gleich nach dem König folgt. Dieses Priestertum sprach er einem Bithynier von hohem Adel zu. Dieser hieß Lycomedes, stammte aus der königlichen Familie der Cappadocier und machte nun seine begründeten, nur durch die Zeit unterbrochenen Ansprüche geltend, da bloß das Unglück seiner Vorfahren und der Wechsel der herrschenden Familie bisher im Wege gestanden hatten. Dem Bruder des Ariobarzanes[78] aber, Ariarathes, überließ er einen Teil Klein-Armeniens, da beide sich um den Staat wohl verdient gemacht hatten und er verhindern wollte, daß Ariarathes Erbansprüche auf das Reich erhebe oder Ariobarzanes ihn als Erben fürchten müsse; deshalb stellte er ihn unter den Befehl und die Herrschaft Ariobarzanes. Caesar setzte dann seine angefangene Reise mit gleicher Geschwindigkeit fort.

67. Als er sich von der Landschaft Pontus und den Grenzen von Gallograecien[79] näherte, kam ihm Deiotarus entgegen, damals Tetrarch von fast ganz Gallograecien, was er jedoch, wie die übrigen Tetrarchen behaupteten, gegen Gesetz und Herkommen sich angemaßt hatte; unzweifelhaft

aber war er König von Kleinarmenien, wozu ihn der römische Senat ernannt hatte. Jetzt aber erschien er nicht nur ohne die Zeichen seiner königlichen Würde und wie ein Privatmann gekleidet, sondern sogar im Gewand der Angeklagten, und bat Caesar demütig um Verzeihung dafür, daß er auf seiten des Pompeius gestanden hatte: weil er sich nun einmal in jenem Teil der Welt befunden habe, der nicht den besonderen Schutz Caesars genoß, habe er sich aufgrund der massierten Streitkräfte und Befehle gezwungenermaßen auf die Seite des Pompeius begeben: es sei nicht seine Sache gewesen, selbst über die im römischen Volk aufgebrochenen Gegensätze zu entscheiden, sondern er habe den gegenwärtigen Gewalten gehorchen müssen.

68. Caesar erinnerte ihn dagegen an die zahlreichen Begünstigungen, die er ihm als Konsul durch Staatsbeschlüsse erwiesen habe, und zeigt, daß dessen Verteidigung sich unmöglich auf das Vorschützen von Unwissenheit gründen könne, da ein so einsichtsvoller und kluger Mann wie er wohl habe wissen müssen, wer in Rom und Italien die Herrschaft in Händen halte, auf wessen Seite der Senat und das römische Volk, auf wessen Seite der Staat stand, und wer nach L. Lentulus und C. Marcellus Konsul war. Dennoch wolle er ihm diesen Schritt nachsehen aufgrund der früher erwiesenen Gefälligkeiten, der alten Gastfreundschaft und des Freundschaftsbundes, seiner hohen Würde und seines Alters und aufgrund der Bitten derer, die als Gastfreunde und Vertraute des Deiotarus in großer Zahl zusammengekommen seien, um für ihn zu bitten; über die Meinungsverschiedenheiten der Tetrarchen, sagte er, wolle er später entscheiden; den königlichen Ornat gab er ihm zurück. Die Legion aber, die Deiotarus aus seinen Bürgern mit römischer Bewaffnung und Disziplin aufgestellt halte, und die gesamte Reiterei befahl er zur Teilnahme am Kriegszug herbeizuführen.

69. Jetzt erschien Caesar in Pontus und vereinigte seine Streitkräfte an einem Ort. Doch waren diese an Zahl und

Kriegsübung mittelmäßig. Denn außer der 6. Legion, die er aus Alexandria hergeführt hatte und die aus Veteranen bestand, die viele Strapazen und Gefahren hinter sich hatten und infolge der schwierigen Land- und Seereisen, aber auch aufgrund der häufigen Kriege so reduziert war, daß sie kaum noch 1000 Mann umfaßte, hatte er noch drei Legionen: eine von Deiotarus und die beiden Legionen, die an der Schlacht teilgenommen hatten, die zwischen Cn. Domitius und Pharnaces, wie wir geschrieben haben, ausgetragen wurde. Hier nun kamen Gesandte von Pharnaces zu ihm, die ihn inständig baten, nicht in feindlicher Absicht zu kommen: Pharnaces werde nämlich alles tun, was man ihm befehle. Vor allem aber erinnerten sie daran, daß Pharnaces sich stets geweigert habe, dem Pompeius Unterstützung zu senden, während Deiotarus, der sie ihm gewährt habe, ihm dennoch Genüge geleistet habe.

70. Caesar antwortete, daß er Pharnaces gewiß am gerechtesten würde, wenn dieser sofort sein Versprechen erfülle. Er ermahnte sie aber mit milden Worten, wie dies seine Art war, sie sollten ihm nicht den Deiotarus vorhalten und auch keinen zu großen Nachdruck auf das Verdienst legen, daß man dem Pompeius keine Hilfe geschickt habe. Er tue nichts lieber, als den reuig Bittenden verzeihen, könne aber Mißhandlungen gegen ganze Provinzen auch solchen nicht verzeihen, die gegen seine Person im übrigen willfährig gewesen seien. Das erwähnte Verdienst des Pharnaces habe diesem selbst am meisten genützt, denn er habe dadurch seine eigene Besiegung verhütet, nicht aber ihm, da sein Sieg von der Gnade der Götter komme. Weil er aber nun das große und schwere Unglück der römischen Bürger, die in Pontus ihre Geschäfte betrieben hätten, nicht ungeschehen machen könne, so wolle er dem Pharnaces verzeihen. Denn weder könne man den Ermordeten das Leben wiedergeben, noch den Verstümmelten ihre Mannbarkeit; diese Strafe allerdings sei den römischen Bürgern schwerer noch als der Tod angekommen. Aus Pontus aber müsse er sofort

abziehen, das Gesinde der Steuerpächter zurücksenden und im übrigen den Bundesgenossen und römischen Bürgern zurückerstatten, was sich in seinem Besitz befände. Erst wenn er dies getan habe, könne er ihm die Ehrengaben senden, welche siegreiche Feldherren von ihren Freunden zu empfangen pflegen. Pharnaces hatte ihm nämlich einen goldenen Siegeskranz geschickt. Hierauf entließ Caesar die Gesandten.

71. Pharnaces hatte aber nur deshalb alles so freigebig versprochen, weil er hoffte, daß Caesar, der sehr in Eile war, seinen Versprechungen mehr Glauben schenkte, als die Sache vertrug, damit er desto rascher und ehrenvoller zu dringlicheren Dingen aufbrechen könne (jedermann wußte ja, daß eine Menge Gründe Caesar in die Stadt zurückriefen). Er wurde also saumselig, verlangte eine Verlängerung des Termins der Räumung, wollte neue Verhandlungen anfangen; mit einem Wort, er suchte Caesar zu hintergehen. Dieser aber hatte die Verschlagenheit dieses Menschen erkannt und tat, was er sonst nur aus eigenem Antrieb heraus zu tun gewohnt war, diesmal aber dem Zwang gehorchend, schneller, als alle erwartet hatten, griff er zu den Waffen.

72. In Pontus liegt eine Stadt Zela, die, obgleich in der Ebene, dennoch gut befestigt ist: ein natürlicher Hügel, der fast wie von Hand aufgeschüttet wirkt, trägt auf seinem Kamm nach allen Seiten hin die Stadtmauer. Rings um die Stadt liegen überdies noch viele große, durch Täler zerschnittene Hügel. Der größte davon, von Zela nicht viel mehr als drei Meilen entfernt, ist durch den Sieg des Mithridates, das Unglück des Triarius und die Niederlage des römischen Heeres berühmt geworden; über seine Höhe geht die Straße fast bis in die Stadt. Ihn besetzte deshalb Pharnaces mit all seinen Truppen und stellte die alten Schanzen jenes Lagers wieder her, das für seinen Vater so vorteilhaft gewesen war.

73. Caesar, dessen Lager vom Feinde fünf Meilen entfernt lag, bemerkte, daß die Täler, die des Königs Lager schütz-

ten, ihm bei gleicher Entfernung ebenfalls zur Bedeckung dienen könnten, wenn sich nur der Feind, der näher dazu hätte, nicht zuvor in den Besitz jener Punkte setzte. Er ließ deshalb in aller Geschwindigkeit Materialien zu einem Damm in sein Lager herbeischaffen, ließ den Troß im Lager, brach um die vierte Wache der folgenden Nacht mit den schlagfertigen Legionen auf und besetzte mit Tagesanbruch, entgegen der Erwartung des Feindes, gerade den Ort, wo Mithridates den Triarius[80] geschlagen hatte. Dann mußten die Troßknechte, damit sich alle Soldaten nur den Schanzarbeiten widmen konnten, die Dammaterialien aus dem Lager herbeischaffen, da zwischen dem Ort, den er befestigte, und dem feindlichen Lager nur ein Tal von tausend Schritten lag.

74. Als Pharnaces plötzlich bei Tagesanbruch die neue Lage bemerkte, stellte er alle seine Truppen vor dem Lager in Schlachtordnung auf, was Caesar in Anbetracht des überaus ungünstigen Geländes eher für eine militärischem Kriegsbrauch entsprungene Handlung hielt, entweder um die Verschanzung zu hindern, weil er selbst mehr Leute unter die Waffen stellen müßte, oder um seine königliche Zuversicht zur Schau zu stellen und den Anschein zu erwecken, als ob Pharnaces den Ort mehr durch eigene Hand als durch seine Befestigungen verteidige. Deshalb ließ er sich nicht davon abschrecken; während er die erste Schlachtreihe vor dem Wall Stellung beziehen ließ, setzte der übrige Teil des Heeres die Arbeiten an der Verschanzung fort. Sei es aber, daß Pharnaces durch die Gunst des Ortes oder durch Wahrsagungen und göttliche Eingebungen dazu verleitet wurde, denen er, wie man später hörte, gefolgt war; sei es, daß er die geringe Anzahl der Leute, die unter Waffen standen, in Erfahrung gebracht hatte, während er jene große Menge Sklaven, die die Materialien herbeischleppten, aufgrund der üblichen Praxis beim Schanzen für wirkliche Soldaten hielt; vielleicht trieb ihn auch das Selbstvertrauen auf sein altbewährtes Heer, von wel-

chem die Gesandten rühmten, es habe sich schon zweiund-
zwanzigmal geschlagen und jedesmal gesiegt, während er
zugleich Caesars Heer verachtete, das er, wie er wußte, bereits einmal geschlagen hatte, als Domitius sein Führer
war. Kurz, er hatte nun einmal den Entschluß gefaßt, es
zum Kampf kommen zu lassen, und stieg von der Höhe ins
Tal hinab. Caesar lachte anfangs über dessen sinnlose Prahlerei und darüber, daß er seine Leute an einem Punkt zu-
sammendrängte, an welchem sich kein vernünftiger Feind
jemals würde gewagt haben. Pharnaces indessen begann in
demselben Schritt, in dem er in das schroff abfallende Tal
hinabgestiegen war, mit seinen kampfbereiten Truppen die
gegenüberliegende steile Anhöhe hinaufzusteigen.
75. Caesar geriet über seine unglaubliche Verwegenheit
oder sein Selbstvertrauen in Staunen und war für einen so
unerwarteten Angriff nicht vorbereitet. In ein und demselben Augenblick rief er also die Soldaten von der Arbeit, ließ
sie zu den Waffen greifen und stellte die Legionen gegen
den Feind in Schlachtordnung. Diese Überraschung und
Hast verursachte aber bei seinen Leute große Bestürzung.
Noch waren nämlich seine Reihen nicht fest geordnet, als
die königlichen Sichelwagen sie in Verwirrung und Unordnung brachten; dennoch wurden sie durch die Menge der
Geschosse überwältigt. Nun aber kam die feindliche
Schlachtlinie selbst heran, und es begann mit gewaltigem
Geschrei die Schlacht, wobei die Beschaffenheit des Ortes
viel für Caesars Truppen bewirkte, mehr noch aber die
Gnade der unsterblichen Götter: diese entscheiden überhaupt in den Wechselfällen des Krieges, ganz besonders
aber da, wo Klugheit und Einsicht nicht wirken kann.
76. Der Kampf war groß und hitzig, Mann focht gegen
Mann, als sich der Sieg zuerst auf dem rechten Flügel, wo
die 6. Legion stand, abzuzeichnen begann. Während nämlich dort der Feind den Hügel hinab gedrängt wurde, wurden jetzt, zwar viel langsamer, aber doch mit Hilfe derselben Götter, auf dem linken Flügel und in der Mitte sämtli-

che Truppen des Königs geschlagen: so leicht sie nun vorher mit dem ungünstigen Terrain fertig geworden waren, so schnell gerieten sie nun, nachdem sie aus dem Tritt gebracht wurden, in Bedrängnis. Viele von ihnen wurden getötet, andere wurden im Sturz von den eigenen Kameraden erdrückt; diejenigen aber, denen durch Schnelligkeit die Flucht gelang, warfen die Waffen weg, stiegen über den Wall, konnten jedoch, waffenlos, wie sie waren, obgleich auf der Anhöhe, nichts ausrichten. Caesars Leute dagegen waren durch den Sieg so begeistert, daß sie nicht zögerten, trotz des ungünstigen Geländes die Anhöhe zu ersteigen und die feindlichen Befestigungen anzugreifen, deren sie sich rasch bemächtigten, obwohl es durch die Kohorten, die Pharnaces zum Schutz des Lagers zurückgelassen hatte, verteidigt wurde. Pharnaces selbst, dessen Streitkräfte entweder gefallen oder gefangen waren, entkam mit wenigen Reitern und würde lebendig in Caesars Hände geraten sein, hätte ihm nicht die Bestürmung des Lagers freiere Gelegenheit zur Flucht gegeben.

77. Caesar, der schon so oft Sieger war, wurde durch diese Art des Sieges mit unglaublicher Freude erfüllt, weil er einen Krieg von dieser großen Bedeutung mit solcher Schnelligkeit zu Ende gebracht hatte[81], und die Erinnerung an diese plötzliche Gefahr mußte ihn um so freudiger stimmen, als ein leichter Sieg sich aus einer schwierigen Lage entwickelt hatte. Pontus war nun gewonnen, die gesamte Beute wurde den Soldaten überlassen, und Caesar selbst brach am folgenden Tag mit leichten Reitern auf. Die 6. Legion mußte nach Italien zurückkehren, um dort für ihre Verdienste Belohnungen und Auszeichnungen zu erhalten, die Hilfsvölker des Deiotarus schickte er in ihre Heimat zurück, und zwei Legionen unter dem Befehl des Coelius Vinicianus ließ er in Pontus.

78. Durch Gallograecien und Bithynien zog er dann in die Provinz Asien, untersuchte Streitfragen und klärte sie; Tetrarchen, Königen und Städten wies er ihre Rechte zu.

Mithridates von Pergamum, von dessen glücklichen und rasch geführten Taten in Ägypten wir oben schon geschrieben haben, war von königlichem Geblüt und hatte auch eine königliche Erziehung genossen (Mithridates nämlich, der König von Asien, hatte ihn wegen seiner adligen Abkunft schon als kleinen Knaben von Pergamum mit sich weggeführt und ihn viele Jahre hindurch in seinem Lager bei sich behalten); ihn machte Caesar zum König des Bosporanischen Reiches[82], das unter der Herrschaft des Pharnaces gestanden hatte, und schützte so die Provinzen des römischen Volkes vor Übergriffen der barbarischen und feindseligen Könige, indem er zwischen sie einen ihm überaus freundlich gesinnten König stellte. Ebenso sprach er ihm kraft Rechtes seiner Abstammung und seiner Verwandtschaft eine Tetrarchie der Gallograecier zu, die wenige Jahre vorher Deiotarus besetzt und in seinen Besitz gebracht hatte. Doch blieb Caesar nirgends länger, als es die Unruhen in Rom zu erlauben schienen. Nachdem er alle Angelegenheiten glücklich und schnell zu Ende gebracht hatte, kam er schneller, als erwartet, nach Italien.

DER AFRIKANISCHE KRIEG

DER AFRIKANISCHE KRIEG

47—46 v. Chr.

1. Caesar gelangte in regelmäßigen Märschen, die er keinen Tag aussetzte, am 14. vor den Kalenden des Januar nach Lilybaeum[83] und gab sofort zu verstehen, daß er in See stechen wolle, obwohl er dort nur über eine Rekrutenlegion und kaum 600 Reiter verfügte. Sein Zelt hatte er dicht am Ufer aufgeschlagen, so daß fast die Wellen daranschlugen, damit sich niemand Hoffnung auf längeres Verbleiben machte, sondern alle jeden Tag und jede Stunde zur Abfahrt bereit seien. Zufällig hatte er jedoch in diesen Tagen keinen günstigen Wind; nichtsdestoweniger mußten Matrosen und Soldaten auf den Schiffen bleiben, damit keine Gelegenheit zur Abfahrt verpaßt werde. Er kannte keine Furcht und vertraute ganz auf seinen Mut und seine Hoffnung, obwohl die Einwohner dieser Provinz die Truppen der Feinde als ungemein stark beschrieben — man sprach von einer zahllosen Reiterei, vier königlichen Legionen[84], einer großen Menge Leichtbewaffneter, zehn Legionen Scipios, 120 Elefanten und mehreren Flottengeschwadern. Inzwischen vermehrte sich von Tag zu Tag bei Caesar die Zahl der Kriegsschiffe, mehrere Frachtschiffe liefen dort ein, vier Rekrutenlegionen, die 5. Veteranenlegion sowie etwa 2000 Reiter kamen dort zusammen.

2. Sowie eine Legion ankam, mußte sie sogleich die Kriegsschiffe besteigen, die Reiter brachte man auf Lastschiffe: im ganzen hatte Caesar sechs Legionen und 2000 Reiter. Auf seinen Befehl mußte nun der größere Teil der Schiffe voraussegeln und Kurs auf die Insel Aponiana[86] nehmen, die zehn Meilen von Lilybaeum entfernt liegt; er

selbst verweilte noch einige Tage dort, verkaufte von Staats wegen die Güter einiger Einwohner und erteilte dem Prätor Alienus[87], der Sizilien verwaltete, für alle Fälle die nötigen Anweisungen, wobei er ihm besonders die rasche Einschiffung der restlichen Truppen ans Herz legte. Nachdem der die Aufträge erteilt hatte, begab er sich selbst am 6. vor den Kalenden des Januar an Bord seines Schiffes und erreichte bald die übrigen Schiffe. So kam er bei günstigem Wind und auf einem schnellen Segler nach vier Tagen zusammen mit einigen Kriegsschiffen in Sichtweite von Afrika; die Lastschiffe aber wurden bis auf wenige durch den Wind abgetrieben und zerstreut und kamen schließlich auf Irrwegen an verschiedenen Punkten an. Caesar fuhr mit seinem Geschwader an Clupea[88] vorbei, ebenso an Neapolis[89]; außerdem ließ er auch mehrere ans Meer gebaute Castelle und Städte hinter sich zurück.

3. Nachdem er sich Hadrumetum[90] genähert hatte, wo eine feindliche Besatzung lag, die C. Considius[91] befehligte, und Cn. Piso, der von Clupea aus mit seiner Reiterei entlang der Küste nach Hadrumetum eilte, mit ungefähr 3000 maurischen Soldaten dort erschien, blieb Caesar gegenüber dem Hafen eine Weile vor Anker, bis die übrigen Schiffe zu ihm gestoßen waren, und setzte dann seine Truppen an Land, die sich zu diesem Zeitpunkt auf 3000 Fußsoldaten und 150 Reiter beliefen. Dann schlug er vor der Stadt ein Lager auf und ließ sich dort nieder, ohne irgend jemand ein Unrecht zuzufügen, und verbot allen seinen Leuten die Jagd auf Beute. Inzwischen besetzten die Einwohner der Stadt die Mauern mit Bewaffneten und stellten sich in großer Zahl vor dem Tor zur Verteidigung auf; ihre Stärke umfaßte die Zahl von zwei Legionen. Caesar ritt um die Stadt, verdeutlichte sich die Lage des Ortes und kehrte wieder ins Lager zurück. Man hat es ihm übrigens als Nachlässigkeit und Sorglosigkeit anrechnen wollen, daß er den Steuermännern und Schiffskapitänen keine genauen Anweisungen gegeben hatte, welche Orte in der Umgebung sie anlau-

fen sollten, und ihnen auch, wie er es, nach allgemeinem Brauch in früheren Zeiten, gerade zu seiner eigenen Gewohnheit gemacht hatte, keine versiegelten Briefe übergeben hatte, damit, wenn sie diese zu gegebener Zeit gelesen hätten, sie allesamt einen bestimmten Ort ansteuerten. Caesar aber hatte aus guten Gründen so gehandelt; denn er vermutete, daß jetzt kein Hafen auf afrikanischem Boden, in den eine Flotte einlaufen könnte, vor einer feindlichen Besatzung sicher sein werde, sondern wollte lieber eine zufällig sich bietende Gelegenheit zur Landung abwarten.

4. Inzwischen bat der Legat L. Plancus bei Caesar um die Erlaubnis, mit Considius zu verhandeln: vielleicht könne er ihn auf irgendeine Weise zur Vernunft bringen. Nachdem er die Erlaubnis erhalten hatte, schrieb Plancus deshalb einen Brief und gab ihn einem Gefangenen, damit er ihn zu Considius in die Stadt bringe. Sobald der Bote zu Considius gekommen war und dem erhaltenen Auftrag gemäß das Schreiben überreichen wollte, fragte dieser, ohne es auch nur in Empfang zu nehmen: »Von wem bringst du den Brief?« Der Gefangene antwortete: »Von Caesar, dem Imperator!« Darauf rief Considius: »Es gibt jetzt nur noch einen Imperator des römischen Volkes, das ist Scipio!«, und ließ vor seinen Augen den Boten niederhauen. Ohne den Brief gelesen zu haben, gab er ihn ungeöffnet einem zuverlässigen Menschen zur Überbringung an Scipio.

5. Man hatte in Caesars Lager eine Nacht und einen Tag vor Hadrumetum zugebracht, und noch immer stand eine Antwort von Considius aus; zudem trafen weder die restlichen Truppen zur Verstärkung bei ihm ein, noch war er mit Reitern gut gestellt. Außerdem verfügte er über keine ausreichenden Truppen — sie bestanden zudem aus Rekruten —, um die Stadt zu erstürmen, und wollte auch nicht sein Heer schon gleich nach der Ankunft schweren Verlusten aussetzen, zumal da die Stadt gut befestigt und eine Annäherung für den Belagerer sehr schwierig war; außerdem befanden sich, wie man berichtete, große berittene

Hilfstruppen für die Einwohner auf dem Anmarsch. Um zu verhindern, daß ihm die feindliche Reiterei in den Rücken falle, während er in der Belagerung begriffen wäre, hielt er es für ratsam, sich nicht länger damit aufzuhalten.

6. Als er deshalb sein Lager abbrechen wollte, machte die Menge plötzlich einen Ausfall aus der Stadt, und zufällig traf im selben Augenblick zu ihrer Unterstützung die Reiterei ein, die König Iuba geschickt hatte, um den Sold in Empfang zu nehmen. Sie besetzten das Lager, von dem Caesar gerade aufgebrochen war, und begannen die Nachhut zu verfolgen. Kaum hatte man sie bemerkt, als die Soldaten plötzlich anhielten und die Reiter, so schwach sie auch waren, stürmten mit kühnster Entschlossenheit dieser großen Menge entgegen. Nun geschah das Unglaubliche, daß weniger als 30 gallische Reiter 2000 maurische Reiter vertrieben und in die Stadt jagten. Als nun der Feind geschlagen und in seine Befestigungen zurückgeworfen war, beeilte sich Caesar, seinen Marsch fortzusetzen. Als sich dies wiederholte und die Feinde bald verfolgt, bald wieder von den Reitern in die Stadt zurückgetrieben wurden, mußten einige Veteranenkohorten, die Caesar mit sich führte, zusammen mit einem Teil der Reiterei die Nachhut bilden, so daß man mit den übrigen Truppen nur langsam vorankam. Je weiter man sich dann von der Stadt entfernte, desto schwächer wurde die Verfolgung durch die Numider. Inzwischen kamen auf seinem Marsch auch Gesandtschaften von den Städten und Castellen zu Caesar, die ihm Getreide versprachen und sich bereit erklärten, seinen Befehlen zu gehorchen. Deshalb schlug er an diesem Tag sein Lager bei der Stadt Ruspina[92] auf.

7. An den Kalenden des Januar brach er von dort auf und gelangte nach Leptis[93], einer freien und nicht tributpflichtigen Stadt, aus der ihm sogleich Gesandte entgegenkamen, die bereitwillig versprachen, alles zu tun, was er wolle. Deshalb stellte Caesar an den Toren der Stadt Centurionen und Wachen auf, damit kein Soldat die Stadt betrete und ir-

gendeinem Bewohner Unrecht zufüge; sein Lager schlug er nicht weit davon dicht am Strand auf. Durch Zufall gelangten dorthin auch einige Last- und Kriegsschiffe; die übrigen waren, wie ihm berichtet wurde, gesehen worden, wie sie in Unkenntnis der Gegenden ihren Kurs auf Utica nahmen. Caesar entfernte sich deshalb nicht vom Meer und unternahm wegen der Irrfahrten seiner Schiffe keine Vorstöße ins Landesinnere; alle seine Reiter mußten an Bord der Schiffe bleiben, um, wie ich glaube, zu verhindern, daß sie die Felder verwüsteten. Er ließ sogar den Soldaten das Wasser auf die Schiffe bringen. Inzwischen nämlich wurden Ruderer, die die Schiffe verlassen hatten, um Wasser zu holen, plötzlich von maurischen Reitern überrascht, wobei viele von den Wurfgeschossen verwundet, einige aber auch getötet wurden. Diese maurischen Reiter pflegen nämlich zwischen den Tälern versteckt in Hinterhalten zu lauern, um dann plötzlich hervorzubrechen; sie kämpfen nicht wie auf dem offenen Feld Mann gegen Mann.

8. Unterdessen erließ Caesar nach Sardinien und in die übrigen benachbarten Provinzen den Befehl, ihm sofort nach dem Empfang seiner Briefe Hilfstruppen und jede Art von Lebensmitteln zu schicken. Rabirius Postumus mußte mit einem Teil der Kriegsschiffe, die entladen wurden, nach Sicilien segeln, um ihm von dort eine zweite Nachschubsendung herüberzuführen. Zehn Kriegsschiffe schickte er unter dem Befehl des Vatinius[94] aus, um die übrigen Lastschiffe, die sich verirrt hatten, ausfindig zu machen und zugleich das Meer gegen die Feinde zu sichern. Ebenso befahl er dem Prätor C. Sallustius Crispus[95], mit einem Teil der Schiffe zu der Insel Cercina zu fahren, die in der Hand der Feinde war, weil er hörte, daß sich dort eine große Menge Getreide befände. Diese Befehle und Anweisungen erteilte er jedem einzelnen auf eine Art, daß sie ohne Entschuldigung, ohne Aufschub und ohne Verzögerung ausgeführt werden konnten. Er selbst erfuhr in der Zwischenzeit von Überläufern und Landesbewohnern die Be-

dingungen Scipios und derjenigen, die mit ihm zusammen Krieg gegen Caesar führten, und verwunderte sich über die Torheit von Menschen — Scipio versorgte nämlich die königliche Reiterei auf Kosten der Provinz Afrika —, die lieber Steuerpflichtige des Königs sein wollten, als sich unbeschadet unter ihren Mitbürgern im Vaterland der Genüsse ihres Vermögens zu erfreuen.

9. Am 4. vor den Nonen des Januar brach Caesar auf, ließ sechs Kohorten unter Saserna in Leptis zurück, richtete seinen Marsch nach Ruspina, von wo er Tags zuvor gekommen war, ließ dort das Gepäck des Heeres zurück und brach dann selbst mit einer Abteilung unbehinderter Soldaten zur Getreidebeschaffung nach den Gutshöfen der Umgebung auf und befahl den Städtern, ihm mit sämtlichen Fuhrwerken und Lasttieren zu folgen. Bald darauf kehrte er mit einem großen Vorrat an Getreide nach Ruspina zurück. Hierher zog er sich meiner Meinung nach deshalb zurück, um die Seestädte in seinem Rücken nicht ungedeckt zu lassen, und sie durch Besatzungen zu sichern und als Schlupfwinkel für die Flotte zu befestigen.

10. Er ließ also P. Saserna, Bruder des in dem benachbarten Leptis stehenden Befehlshabers, mit einer Legion in Ruspina zurück mit dem Befehl, soviel Holz wie nur möglich in die Stadt bringen zu lassen. Er selbst verließ an der Spitze von sieben Kohorten, die zu der Veteranenlegion gehörten und unter Sulpicius und Vatinius zur See gewesen waren, die Festung Ruspina, zog nach dem zwei Meilen entfernten Hafen und bestieg mit dieser Mannschaft gegen Abend die Schiffe. Niemand im Heer wußte, was dies bedeuten sollte, und alle fragten, erkundigten sich nach den Plänen des Feldherrn, wobei sie große Furcht und Traurigkeit erfüllte. Denn mit einer kleinen Schar nur, die dazuhin nur aus Rekruten bestand und nicht einmal vollständig ausgeschifft war, sahen sie sich nun in Afrika bedeutenden Streitkräften eines hinterhältigen Volkes und einer unzählbaren Reiterei preisgegeben; sie fanden keinen Trost in ih-

rer Lage und keine Hilfe in der Beratung mit ihren Kameraden, außer in der Miene ihres Feldherrn, in seiner Tatkraft
und in seiner bewundernswerten Heiterkeit; denn er zeigte
stets einen hohen und aufrechten Mut. Darin fanden seine
Leute ihre Ruhe wieder, und alle hofften, daß ihnen dank
seiner Klugheit und Einsicht alles leicht gelingen werde.

11. Gerade als Caesar, der eine Nacht auf den Schiffen zugebracht hatte, bei Morgengrauen absegeln wollte, fand
sich plötzlich jener Teil der Schiffe, um die er sich Sorgen
gemacht hatte, aus seiner Irrfahrt bei ihm ein. Daraufhin
ließ er rasch seine Soldaten aus den Schiffen an Land steigen und am Strand bewaffnet die Ankunft der übrigen Soldaten abwarten. Als daher die Schiffe ohne Verzögerung in
den Hafen einliefen und ihm neue Truppen, Fußvolk und
Reiter, brachten, kehrte er wieder zur Festung Ruspina zurück, schlug dort ein Lager auf und brach mit 30 leichtbewaffneten Kohorten zur Getreidebeschaffung auf. Daraus
konnte man Caesars Absicht erkennen, den umherirrenden
Lastschiffen mit seiner Flotte, unbemerkt von den Feinden, zu Hilfe kommen zu wollen, damit seine Schiffe nicht
zufällig aus Unwissenheit auf die feindliche Flotte träfen;
zugleich wollte er dies auch denjenigen Soldaten, die er als
Besatzungen zurückgelassen hatte, verheimlichen, damit
diese in Anbetracht ihrer eigenen geringen Zahl und der
großen Stärke der Feinde nicht ganz und gar mutlos würden.

12. Als Caesar mittlerweile etwa drei Meilen von seinem
Lager vorgerückt war, erhielt er durch Kundschafter und
einzeln vorausziehende Reiter die Nachricht, daß nicht
weit von ihm die Truppen der Feinde gesehen worden sei-
en. Und, beim Hercules, zugleich mit der Nachricht erblickte man auch schon eine ungeheure Staubwolke. Sofort
gab Caesar Befehl, die gesamte Reiterei, die zu diesem Zeitpunkt nicht sehr groß war, und die Bogenschützen, von denen eine kleine Anzahl das Lager verlassen hatte, herbeizuholen; den einzelnen Abteilungen befahl er, ihm langsam

und in geordneter Weise zu folgen. Er selbst zog mit wenigen Bewaffneten voraus. Als man den Feind schon von ferne erblicken konnte, ließ er seine Soldaten auf offenem Feld ihre Helme aufsetzen und sich zum Kampf bereit machen; ihre Zahl belief sich insgesamt auf 30 Kohorten mit 400 Reitern und 150 Bogenschützen.

13. Die Feinde, an deren Spitze Labienus[96] und die beiden Pacideius standen, entwickelten nun eine dichtgedrängte Schlachtreihe von staunenswerter Länge, die nicht aus Fußsoldaten, sondern aus Reitern bestand; zwischen diese hatten sie leichtbewaffnete Numider und Bogenschützen zu Fuß gestellt, und sie standen so dicht beieinander, daß Caesars Leute von Ferne meinten, daß es sich nur um Fußvolk handle; den rechten und den linken Flügel hatten sie mit zahlreicher Reiterei gesichert. Caesar stellte indessen auf seiner Seite eine einfache Linie auf, so gut es eben seine geringe Truppenstärke erlaubte; vor diese postierte er seine Bogenschützen, während er seine Reiter auf die Flügel stellte, und schärfte ihnen ein, sich vorzusehen, daß die feindliche Reiterei aufgrund ihrer Überzahl sie nicht von hinten umgehe: er glaubte nämlich, daß er mit einem aus Fußtruppen gebildeten Schlachtheer kämpfen werde.

14. Während man nun auf beiden Seiten abwartete und Caesar sich nicht von der Stelle bewegte, weil er sah, daß er mit seiner geringen Mannschaft gegen die massierte Gewalt der Feinde mehr durch Geschicklichkeit als durch bloße Kampfkraft die Entscheidung erzwingen müsse, begann sich plötzlich die Reiterei der Gegner auszudehnen, rückte in der ganzen Breite vor und suchte die Hügel zu umfassen, Caesars Reiterei auseinanderzuziehen und ihre Umgehung vorzubereiten. Die caesarianischen Reiter konnten der Menge nur mit Mühe standhalten. Als inzwischen auch noch in der Mitte die Schlachreihen aufeinander losstürmten, rückten plötzlich aus den dichtgestaffelten Schwadronen die leichtbewaffneten numidischen Fußsoldaten zusammen mit den Reitern vor und schleuderten massenwei-

se ihre Wurfspeere unter die zu Fuß kämpfenden Legionssoldaten. Sobald die Caesarianer den Angriff erwiderten,
floh die feindliche Reiterei zurück, das Fußvolk aber hielt
solange stand, bis die Reiter wieder heransprengten und
ihm zu Hilfe eilten.

15. Caesar, der sich hier mit einer neuen Kampfweise kon-
frontiert sah, bemerkte, daß seine Abteilungen beim Vorstürmen in Unordnung gerieten — denn jedesmal, wenn
die Fußsoldaten bei der Verfolgung der Reiter sich zu weit
von ihren Fahnen entfernten, entblößten sie ihre Flanke
und wurden durch die Wurfspieße der zunächst stehenden
Numider verwundet, während die gegnerischen Reiter der
Wurflanze eines Fußsoldaten durch einen schnellen Lauf
leicht ausweichen konnten —; er ließ daher den Befehl
durch die Reihen laufen, daß kein Soldat sich weiter als
vier Schritte von seiner Abteilung entfernen dürfe. In der
Zwischenzeit machte die Reiterei des Labienus im Vertrau-
en auf ihre Überzahl den Versuch, Caesars schwache Haufen zu umgehen: die wenigen iulianischen Reiter, erschöpft
durch die Menge der Feinde, mit verwundeten Pferden, wichen zurück: der Feind drängte mehr und mehr nach. So
wurden zur gleichen Zeit sämtliche Legionssoldaten von
der feindlichen Reiterei eingeschlossen, Caesars Truppen
in einem Kreis zusammengedrängt und alle innerhalb dieses engen Raumes Zusammengeschlossenen zum Kämpfen
gezwungen.

16. Labienus ritt mit entblößtem Haupt in der ersten
Schlachtreihe; zwischen anfeuernden Appellen an seine
Leute richtete er bisweilen seine Rufe auch an die Soldaten
Caesars: »Was, du kleiner Rekrut«, rief er, »bist du so
wild? Hat er euch auch mit seinen Reden betört? Beim Hercules, er hat euch mächtig in Gefahr gebracht. Ihr tut mir
leid!« Darauf der Soldat: »Ich bin kein kleiner Rekrut, Labienus, sondern Veteran von der 10. Legion.« Darauf wieder Labienus: »Ich sehe aber keine Fahnen von Zehnern.«
Darauf warf der Soldat mit den Worten: »Gleich wirst du

sehen, wer ich bin!« die Sturmhaube vom Kopf, um sich ihm zu erkennen zu geben, und schleuderte aus allen Leibeskräften seine Lanze gegen Labienus, den er jedoch nicht traf, dagegen aber dessen Pferd, das er schwer an der Brust verwundete, und rief: »Labienus, merk dir, ein Soldat der Zehnten war es, der auf dich gezielt hat.« Dennoch saß allen die Angst in den Gliedern, vor allem aber den Rekruten: jeder sah sich nach Caesar um und tat nichts anderes mehr, als den Geschossen der Feinde auszuweichen.

17. Inzwischen hatte Caesar die Absicht der Feinde durchschaut und befahl, die Schlachtreihe möglichst weit in die Breite zu ziehen; außerdem solle jede zweite Kohorte eine Umkehrung machen, so daß jeweils die eine hinter den Feldzeichen und die andere mit dem Gesicht zu den Feldzeichen kämpfte. Auf diese Weise teilte er mit seinem rechten und linken Flügel den Ring in der Mitte und griff den einen Teil, den er durch seine Reiter von dem anderen abgeschnitten hatte, von innen her mit seinem Fußvolk an und trieb ihn mit einem Hagel von Wurfgeschossen in die Flucht; aus Furcht vor einem Hinterhalt rückte er aber nicht weiter vor, sondern zog sich zu seinen Leuten zurück. Dasselbe tat der andere Teil von Caesars Reiterei und Fußvolk. Nach dieser gelungenen Tat, als die Feinde weit zurückgeschlagen und schwer verwundet waren, begann er sich genauso, wie er aufgestellt war, in seine Stellungen zurückzuziehen.

18. Inzwischen erschienen Marcus Petreius[97] und Cn. Piso mit 1600 ausgewählten numidischen Reitern und einer ziemlich großen Menge numidischen Fußvolks und eilten ihren Leuten geradewegs von ihrem Marsch aus zu Hilfe. Nun begannen die Feinde, die sich von ihrem Schrecken erholt und wieder neuen Mut gefaßt hatten, zusammen mit den zurückgekehrten Reitern die Nachhut anzugreifen und an ihrem Rückzug ins Lager zu hindern. Als Caesar dies bemerkte, ließ er die Abteilungen kehrtmachen und mitten auf dem Feld den Kampf wiederaufzunehmen. Die Feinde

kämpften wieder auf die gleiche Weise und ließen sich auf keinen Nahkampf ein; Caesars Reiter aber befanden sich insofern im Nachteil, als sie und ihre Tiere durch die jüngst erst überstandene Seekrankheit, durch Durst, Ermattung, zahlenmäßige Unterlegenheit im Kampf und durch die Wunden erschöpft waren; sie waren daher zu langsam, um den Feind beharrlich und ausdauernd verfolgen zu können; auch ging der Tag bereits zur Neige. Da ritt Caesar bei seinen Kohorten und Reitern herum, feuerte sie an, noch einmal zu einem großen Schlag gegen die Feinde auszuholen und dabei nicht nachzulassen, bis sie sie über den letzten Hügel getrieben und sich dieser Anhöhen bemächtigt hätten. Daraufhin gab er das Zeichen und schickte plötzlich seine Kohorten und Schwadronen gegen die Feinde, die im Werfen ihrer Geschosse schon schlaffer und nachlässiger geworden waren; innerhalb eines Augenblicks waren die Feinde mühelos aus der Ebene vertrieben und von der letzten Anhöhe hinuntergeworfen. Dort verweilten Caesars Soldaten eine kurze Zeit und zogen sich dann langsam und geordnet wieder in ihre Befestigungen zurück. Desgleichen begaben sich auch die Feinde, denen übel mitgespielt worden war, wieder in ihre Stellungen.

19. Nachdem die Schlacht geschlagen und der Kampf beendet war, fanden sich bei Caesar mehrere Überläufer verschiedenster Herkunft ein sowie eine Reihe von gefangengenommenen Reitern und Fußsoldaten. Von ihnen erfuhr man, daß die Feinde in der festen Absicht gekommen seien, durch diese neue und bisher völlig ungebräuchliche Kampfweise die jungen, unerfahrenen Soldaten und die wenigen altgedienten Legionäre zu verwirren und sie wie im Falle Curios[98] mit der Reiterei zu umzingeln und niederzuhauen. So habe sich Labienus vor einer Versammlung geäußert, er werde den Gegnern Caesars eine so große Menge von Hilfstruppen zuführen, daß sie, durch das viele Töten erschöpft, selbst in ihrem Sieg noch besiegt würden und von seinen Truppen überwunden würden. Freilich habe er

auch ohne diese Hilfstruppen für sich allein genug Zuversicht: erstens habe er nämlich gehört, daß in Rom die Veteranenlegionen meutern würden und nichts von einer Überfahrt nach Afrika wissen wollten; zweitens habe er in den drei Jahren ihres Aufenthaltes in Afrika seine Soldaten durch Angewöhnung ergeben gemacht; die größte Hilfe aber gewährten ihm die Reiter und Leichtbewaffneten der Numider und außerdem die gallischen und germanischen Reiter, die Labienus auf der Flucht aus der Schlacht des Pompeius von Buthrotum[99] mit sich herübergebracht hatte, dazu diejenigen, die er später dort aus den Reihen der Mischlinge, Freigelassenen und Sklaven ausgehoben, bewaffnet und im Umgang mit gezäunten Pferden unterrichtet hatte; außerdem noch die königlichen Hilfstruppen mit ihren 120 Elefanten und die unglaubliche Menge von Reitern, und schließlich die aus allen möglichen Völkern ausgehobenen Legionen mit mehr als 12 000 Soldaten. Voll Hoffnung und Vertrauen auf eine solch starke Macht, griff. Labienus Caesar mit 1600 gallischen und germanischen Reitern, mit 8000 numidischen Reitern ohne Sattel, außerdem mit den Hilfstruppen des Petreius, 1600 Reitern und viermal so viel Fußsoldaten und Leichtbewaffneten, mit Bogenschützen und Schleuderern sowie mehreren berittenen Bogenschützen am Vortag der Nonen des Januar[100] an, fünf Tage, nachdem Caesar die afrikanische Küste erreicht hatte; es wurde auf ganz ebenem und freiem Feld gekämpft, und zwar von der fünften Stunde des Tages bis zum Sonnenuntergang. In diesem Kampf wurde Petreius schwer verwundet und mußte sich aus dem Schlachtfeld zurückziehen.

20. Inzwischen ließ Caesar sein Lager sorgfältiger befestigen, verstärkte seine Stellungen durch zahlreichere Besatzung, zog einen Wall von der Stadt Ruspina bis ans Meer und einen zweiten vom Lager dorthin, um desto sicherer und gefahrlos von diesseits und jenseits Verpflegungsnachschub und Hilfsgüter herbeischaffen zu können. Waffen

und Geschütze wurden von den Schiffen ins Lager gebracht, ein Teil der Ruderer von den gallischen und rhodischen Geschwadern sowie ein Teil der Seesoldaten bewaffnet und ins Lager gerufen, um sie, wenn möglich, nach Art des Feindes als Leichtbewaffnete zwischen die Reiter zu stellen. Außerdem vermehrte er auch seine Truppen durch Bogenschützen, die er in großer Zahl von allen Schiffen, den ityreischen[101], syrischen und solchen anderer Nationen ins Lager geführt hatte. Er hatte nämlich gehört, daß Scipio zwei Tage nach der Schlacht angekommen sei und seine Truppen mit Labienus und Petreius vereinigt habe; diese Truppen umfaßten, wie es hieß, acht Legionen und 3000 Reiter. Caesar ließ also auch Schmieden einrichten, Pfeile und Wurfspieße in großer Zahl herstellen, Kugeln gießen und Palisaden aufrichten. Zugleich erging durch Briefe und Boten nach Sicilien der Befehl, Flechtwerk und Holz für Mauerbrecher, an denen in Afrika Mangel herrschte, zu sammeln und Eisen und Blei zu schicken. Auch sah er wohl, daß er sich nur von importiertem Getreide würde ernähren können: im Jahr zuvor nämlich war wegen der Truppenaushebungen der Feinde, und weil man die Pachtbauern zu Soldaten gemacht hatte, keine Ernte eingebracht worden. Außerdem hatten die Feinde aus ganz Afrika das Getreide nach wenigen gut befestigten Städten schaffen lassen, und so gab es in der ganzen Gegend von Afrika kein überzähliges Getreide mehr. Alle Städte bis auf die, die sich mit ihren Besatzungen selbst zu schützen wußten, waren zerstört und verlassen, und ihre Bewohner hatte man gezwungen, sich unter ihren Schutz zu begeben; die Äcker lagen verwüstet und verlassen.

21. Unter diesen schwierigen Umständen war Caesar gezwungen, sich durch freundliches Bitten und Zureden bei Privatleuten eine gewisse Menge Getreide von Privatleuten zu verschaffen und in seine Stützpunkte zu bringen; er mußte allerdings sehr sparsam damit umgehen. Inzwischen besichtigte er selbst jeden Tag die Schanzarbeiten

und verdoppelte wegen der Menge der Feinde die Anzahl der Kohorten, die dort auf Posten standen. Labienus, der sehr viele Verwundete hatte, ließ diese, nachdem sie verbunden waren, auf Wagen nach Hadrumetum bringen. Von Caesars Lastschiffen irrten immer noch einige in schwerster Bedrängnis umher, da sie die Gegend und sein Lager nicht kannten; sie wurden jeweils einzeln von mehreren feindlichen Booten angegriffen, in Brand gesteckt und erobert. Als Caesar dies gemeldet wurde, verteilte er seine Geschwader in der Nähe der Inseln und Häfen, um die Nachschub- und Verbindungswege sicherer zu machen.

22. Marcus Cato, der damals in Utica Befehlshaber war, erging sich unterdessen in unablässigen Vorwürfen gegen den jungen G. Pompeius. »Als dein Vater«, sagte er, »in deinem Alter war und sah, daß der Staat von ruchlosen und verbrecherischen Bürgern unterdrückt wurde und die Guten entweder getötet waren oder aber mit der Verbannung aus dem Vaterland und dem Verlust der Bürgerrechte bestraft wurden, da zeichnete er sich bereits durch Ruhmbegierde und Seelengröße aus, und brachte es fertig, als Privatmann und Jüngling mit den versammelten Resten des väterlichen Heeres, dem schon fast völlig darniederliegenden Italien und der ganz und gar zerstörten Stadt Rom die Freiheit wiederzugeben. Ebenso gelang es ihm, auf unglaublich schnelle Weise Sicilien, Afrika, Numidien und Mauretanien mit Waffengewalt zurückzugewinnen. Durch diese Taten erwarb er sich jenes Ansehen, das unter allen Völkern das leuchtendste und am meisten bekannte ist, und feierte bereits als junger Mann und römischer Ritter einen Triumph. Und er hatte keinen Vater, der so glänzende Taten vollbracht hatte, und keine Vorfahren, die schon ein so herausragendes Ansehen erworben hatten, und noch nicht so viele Klientelen und einen so berühmten Namen, als er sich den Staatsgeschäften zuwandte. Du hingegen, der du den Ruhm und das hohe Ansehen deines Vaters für dich hast, dabei auch noch selbst mit Seelengröße und ei-

nem umsichtigen Geist begabt bist, du solltest keine Anstrengungen unternehmen und nicht zu dem Anhang deines Vaters aufbrechen wollen, um sie als Hilfe aufzubieten
für dich, für den Staat und für alle Guten?«

23. Durch diese Worte eines so bedeutenden Mannes befeuert, brach der junge Mann mit 30 Schiffen verschiedenster Bauart, darunter auch einige mit Schiffsschnäbeln, von
Utica nach Mauretanien auf und fiel in das Königreich des
Bogus[102] ein und begann mit einem leichtbewaffneten Heer
von 2000 Sklaven und Freien, von denen ein Teil bewaffnet, der andere unbewaffnet war, gegen die Stadt Ascurum[103] vorzurücken. In dieser Stadt lag eine königliche Besatzung. Als Pompeius herannahte, ließen ihn die Städter
bis an die Tore und Stadtmauern herankommen, dann
machten sie plötzlich einen Ausfall und trieben die geschlagenen und völlig in Panik geratenen Pompeianer ans
Meer und auf die Schiffe zurück. Nach diesem Debakel
fuhr der junge Pompeius mit seinen Schiffen von dort weg
und nahm Kurs auf die Balearischen Inseln, ohne je wieder
die afrikanische Küste zu berühren.

24. Unterdessen brach Scipio mit den oben erwähnten
Streitkräften von Utica auf, wo er eine starke Besatzung
zurückließ, und schlug sein Lager zuerst bei Hadrumetum
auf. Nach einem Aufenthalt von wenigen Tagen marschierte er in der Nacht zu Petreius und Labienus, mit denen er
sich verband; vereint standen sie nun mit sämtlichen Truppen in einem einzigen Lager, das von Caesars Lager drei
Meilen entfernt lag. Inzwischen streifte die Reiterei um
Caesars Schanzen herum und nahm einige von denen, die
zum Futter- und Wasserholen das Lager verlassen hatten,
gefangen. Dadurch war Caesar eingeschlossen, und es entstand ein großer Getreidemangel in seinem Lager. Er hatte
nämlich bisher weder aus Sicilien noch aus Sardinien
Nachschub erhalten, und die Schiffe konnten sich wegen
der Jahreszeit noch nicht auf das Meer wagen. Von afrikanischem Boden hielten sie nicht mehr als sechs Meilen in je-

der Richtung besetzt und litten Mangel an Futter. In dieser Not sammelten seine erfahrenen Soldaten, die schon viele Land- und Seekriege mitgemacht und schon häufig solchen Mangel gelitten hatten, die Algen am Strand, wuschen sie mit süßem Wasser rein und retteten mit diesem Futter die hungrigen Tiere.

25. Als König Iuba von dieser schwierigen Lage Caesars und der geringen Stärke seiner Truppen Kenntnis erhielt, wollte er ihm keine Zeit zur Verstärkung und Vermehrung seiner Streitkräfte lassen; deshalb bot er zahlreiches Fußvolk und Reiterei auf und verließ in aller Eile sein Königreich, um seinen Bundesgenossen zu Hilfe zu kommen. Inzwischen hatte P. Sittius[104] seine Truppen mit denen des Königs Bocchus[105] vereinigt und führte sie, als er von dessen Abmarsch erfuhr, näher an dessen Reich heran; daraufhin griff er Cirta[106], die reichste Stadt dieses Königreiches, an, eroberte sie auch in wenigen Tagen und nahm außerdem noch zwei weitere Städte der Gaetuler.[107] Als man danach den Bewohnern die Bedingung stellte, den Ort zu verlassen und leer zu übergeben, diese sich jedoch weigerten, wurden sie sämtlich gefangengenommen und getötet. Von da rückte Sittius weiter vor und hörte nicht auf, die Felder und Städte zu verwüsten. Iuba war schon gar nicht mehr weit von Scipio und seinen Unterführern entfernt, als er von diesen Vorfällen Kenntnis erhielt; er hielt es deshalb für geratener, an sich und sein Reich zu denken, als Gefahr zu laufen, während er zur Unterstützung anderer aufbräche, selbst aus seinem Königreich vertrieben zu werden und vielleicht in beiden Fällen zu scheitern. Deshalb kehrte er wieder um und zog sogar seine Hilfstruppen von Scipio ab, weil er für sich und seine Sache fürchtete; dreißig Elefanten ließ er ihm zurück und brach dann auf, um seinem Land und seinen Städten Hilfe zu bringen.

26. Weil man in der Provinz Afrika immer noch an der wirklichen Ankunft Caesars zweifelte und niemand glaubte, er selbst sei da, sondern bloß ein Legat mit einer Trup-

penabteilung, schickte der Diktator überallhin Briefe, in denen er den Städten sein Kommen ankündigte. Mittlerweile flüchteten sich angesehene Leute aus ihren Städten zu ihm ins Lager und berichteten über die Grausamkeit und Härte seiner Feinde. Durch ihre Klagen und Tränen bewegt, beschloß Caesar, der zunächst entschlossen war, erst zu Beginn des Sommers seine Truppen und Hilfsvölker aus den Standlagern herbeizurufen und dann erst den Krieg mit seinen Feinden zu führen, schon im Winter in den Krieg zu ziehen. Schnell schickte er daher an Alienus und Rabirius Postumus[108] in Sicilien durch ein Spähschiff den schriftlichen Befehl, ihm ohne alle Verzögerung und Entschuldigung wegen des Winters oder der Stürme so schnell wie möglich das Heer zu schicken: die Provinz Afrika gehe zugrunde, würde von seinen Feinden völlig vernichtet; ihr Frevel und ihre Hinterlist werde nichts übriglassen als nur den Boden des Landes, nicht einmal ein Dach, unter dem sie sich schützen könnten. Dabei beherrschte ihn eine solche Ungeduld und Erwartung, daß er sich schon am folgenden Tag, nachdem die Briefe und der Bote abgegangen war, über das Ausbleiben der Flotte und des Heeres beklagte und Tag und Nacht hindurch die Gedanken und Augen nur auf das Meer gerichtet hielt. Dies war auch kein Wunder; denn er wußte, daß die Landhäuser niedergebrannt, die Felder verwüstet, die Herden geplündert und geschlachtet, die Städte und Castelle niedergerissen und verlassen, die Häupter in den Städten entweder ermordet oder in den Kerker geworfen und ihre Kinder als Geiseln in die Sklaverei geschleppt wurden. Wegen der geringen Zahl seiner Truppen konnte er aber diesem Elend kein Ende machen, sosehr man ihn auch um seinen Schutz anflehte. Caesars Soldaten arbeiteten indessen ohne Unterlaß an den Schanzen und an der Befestigung des Lagers, bauten Türme und Castelle und warfen Dämme im Meer auf.

27. Scipio dagegen suchte mittlerweile seine Elefanten auf folgende Weise abzurichten: Er stellte zwei Linien seiner

Leute auf; die eine, die aus Schleudern bestand, mußte den
Feind vorstellen und kleine Steinchen gegen die Stirn der
Elefanten schleudern; dann stellte er die Elefanten in einer
Reihe auf und hinter diese seine eigentliche Schlachtreihe,
welche die Elefanten, sobald diese in ihrem Schrecken über
den Steinregen des Feindes auf die eigenen Leute kehrtmachten, ebenfalls mit Steinen beschießen und wieder gegen den Feind treiben mußten. Die Sache ging jedoch nur
mühsam und langsam voran; denn wilde Elefanten, selbst
wenn sie über viele Jahre hinweg dressiert und abgerichtet
worden sind, sind dann doch nicht ausgebildet genug, um
in der Schlacht nicht für beide Seiten gleichermaßen eine
Gefahr zu bedeuten.

28. Während beide Feldherren auf diese Weise bei Ruspina
beschäftigt waren, bemerkte der ehemalige Prätor C. Vergilius, Befehlshaber in der Seestadt Thapsus[109], daß einzelne
mit Caesars Truppen beladene Schiffe in Unkenntnis der
Gegend und seines Lagers auf dem Meer umherirrten. Diese Gelegenheit wollte er nutzen, bemannte einen Schnellsegler, den er gerade zur Verfügung hatte, mit Soldaten, namentlich mit Bogenschützen, gab ihnen auch noch einige
Beiboote mit und begann, auf die zerstreuten Schiffe Caesars Jagd zu machen. Er wurde jedoch bei wiederholten Angriffen vertrieben und in die Flucht geschlagen. Nichtsdestoweniger setzte er seine Störmanöver fort und stieß dabei
zufällig auf ein Schiff, auf dem sich zwei junge Spanier, die
Brüder Titius, befanden, Tribunen aus der 5. Legion, deren
Vater Caesar zum Mitglied im Senat ernannt hatte. Bei ihnen war auch ein Centurio aus derselben Legion, namens
Titus Salienus, der den Legaten Marcus Messala in Messana belagert und nicht bloß aufrührerische Reden bei ihm
gehalten hatte[110], sondern auch die für Caesars Triumph
bestimmten Gelder und Kostbarkeiten zurückbehalten und
in Verwahrung genommen hatte. Dieser Mann hatte also
allen Grund, für sich besorgt zu sein. Im Bewußtsein seiner
Vergehen redete er deshalb den jungen Titiern zu, keinen

Widerstand zu leisten, sondern sich Vergilius zu übergeben. So wurden sie denn von Vergilius zu Scipio geführt,
den Wachen übergeben und drei Tage später hingerichtet.
Vor der Hinrichtung soll der ältere Titius die Centurionen
gebeten haben, ihn vor seinem Bruder zu töten, was ihm
auch gerne von ihnen gewährt wurde, und so seien sie dann
beide hingerichtet worden.

29. Inzwischen lieferten die Reiterschwadronen, die für
gewöhnlich von ihren Führern jeweils auf ihrer Seite vor
dem Wall postiert waren, täglich kleine Gefechte. Manchmal führten auch die germanischen und gallischen Reiter
des Labienus mit Caesars Reitern Gespräche, nachdem sie
sich gegenseitig das Stillhalteversprechen gegeben hatten.
Labienus selbst unternahm in der Zwischenzeit den Versuch, die Stadt Leptis, in der Saserna mit drei Kohorten in
Besatzung lag, zu erstürmen und mit Gewalt einzudringen;
wegen der hervorragenden Befestigung der Stadt und der
großen Menge an schweren Geschützen konnte sie jedoch
von den Verteidigern leicht und gefahrlos behauptet werden. Als aber seine Reiterei von den Angriffen immer noch
nicht ablassen wollte und einmal eine Schwadron zufällig
dichtgedrängt an einem Tor stand, durchbohrte ein genau
gezielter Pfeil von einem Skorpion ihren Decurio[111] und na-
gelte ihn auf seinem Pferd fest; die anderen flohen in heller
Panik in ihr Lager zurück. Dieses Erlebnis schreckte sie vor
weiteren Angriffen auf die Stadt zurück.

30. Scipio stellte inzwischen fast jeden Tag sein Heer etwa
300 Schritte von seinem Lager entfernt in Schlachtordnung
auf und zog sich, wenn der größere Teil des Tages vorüber
war, wieder in sein Lager zurück. Sooft er es auch tat, aus
Caesars Lager kam niemand heraus und näherte sich dessen Truppen. Da hatte er nur noch Verachtung übrig für
Caesars und seines Heeres Geduld; er führte nun seine ganzen Truppen heraus, stellte seine 30 mit Türmen versehenen Elefanten vor die Schlachtlinie, zog das Fußvolk und
die Reiterei möglichst weit auseinander, rückte in ein und

demselben Augenblick vor und stellte sich nicht weit von Caesars Lager entfernt auf freiem Feld auf.

31. Kaum hatte dies Caesar gesehen, als er den Befehl erteilte, daß alle Soldaten, die das Lager verlassen hatten, um Futter oder Holz zu holen oder am Wall zu arbeiten, sowie alle übrigen Leute, die man zu solchen Arbeiten benötigte, alle nach und nach ganz ruhig und ohne Aufregung und Panik hinter die Befestigungen zurückgehen und in den Schanzen Stellung beziehen sollten. Den Reitern aber, die auf Wache standen, befahl er, ihren Standort, den sie kurz zuvor bezogen hatten, solange zu behaupten, bis der Feind auf Schußweite herangekommen wäre; würde er noch näher herankommen, sollten sie sich möglichst ehrenvoll hinter die Befestigungen zurückziehen. Auch den übrigen Teil der Reiterei wies er an, daß sich jeder auf seinem Platz bereit und sich bewaffnet zur Verfügung halte. Diese Anordnungen erteilte er nicht etwa persönlich, indem er vom Wall herab die Lage überblickte, sondern dank seiner bewundernswerten Kriegserfahrenheit und Kenntnis befahl er, in seinem Feldherrnzelt sitzend, was zu geschehen habe. Er wußte nämlich wohl, daß er seine Feinde, sie mochten sich noch so sehr auf seine Stärke verlassen, dennoch öfters in die Flucht getrieben, geschlagen, in Furcht und Schrecken versetzt und ihnen dann dennoch ihr Leben geschenkt und ihnen ihr Vergehen verziehen hatte; deshalb und wegen ihrer Unfähigkeit und ihrem schlechten Gewissen würden sie niemals eine so große Siegeszuversicht hegen, daß sie einen Angriff auf sein Lager wagten. Außerdem minderte schon sein Name und sein großes Ansehen wenigstens zum Teil die Kühnheit des feindlichen Heeres, während zugleich die ganz hervorragende Verschanzung seines Lagers, die Höhe des Walles, die Tiefe der Gräben und die außerhalb des Walles auf bewundernswerte Weise eingerammten und verdeckten Pfähle auch ohne Verteidiger dem Feind den Zugang verwehrten: Geschosse für Skorpione, Schleudern sowie andere Wurfwaffen, wie man sie gewöhnlich

zur Verteidigung bereithält, hatte er in großer Menge. Diese Vorbereitungen hatte er wegen der augenblicklich geringen Zahl und der Unerfahrenheit seines Heeres getroffen. Es war also nicht Furcht vor der geballten Macht der Feinde, die ihn geduldig und, wie die Feinde meinten, furchtsam erscheinen ließ. Auch führte er seine Truppen, obgleich sie zahlenmäßig gering und noch unerfahren waren, keinesfalls deshalb nicht vor den Feind, weil er etwa an ihrem Sieg zweifelte, sondern weil er die Art des Sieges für ausschlaggebend erachtete. Er betrachtete es nämlich als einen Makel, wenn sich die Meinung bilden sollte, als habe er nach so großen Taten, nach der Überwindung so großer Heere und nach so großen und glanzvollen Siegen über die von der Flucht gesammelten Reste der feindlichen Armee ausgerechnet einen blutigen Sieg davongetragen. Deshalb hatte er beschlossen, ihr Prahlen und ihre Überheblichkeit geduldig zu ertragen, bis mit der nächsten Nachschubsendung ein weiterer Teil der Veteranenlegionen zu ihm stoßen würde.

32. Scipio verweilte übrigens einige Zeit in der erwähnten Stellung, um dadurch gleichsam seine Verachtung für Caesar an den Tag zu legen; dann führte er seine Truppen ins Lager zurück, wo er in einer Versammlung über den Schrecken, den er verbreitete, und über die Verzweiflung von Caesars Heer einige Reden schwang und seine Leute anfeuerte, indem er ihnen versprach, daß er sie in Kürze zu vollständigen Siegern machen werde. Caesar dagegen ließ seine Soldaten wieder an die Arbeit gehen und sorgte unter dem Vorwand von Befestigungsarbeiten unablässig dafür, daß seine Rekruten bis zur Erschöpfung tätig waren. Inzwischen flohen täglich Numider und Gaetuler aus Scipios Lager, die teils in ihre Heimat zurückkehrten, vielfach aber und in unaufhörlichen Scharen in Caesars Lager überliefen, weil sie und ihre Eltern von C. Marius, der, wie sie hörten, ein Verwandter von Caesar war[112], viel Gutes genossen hatten. Caesar wählte daher aus diesen die vornehmsten Gae-

tuler aus und gab ihnen Briefe an ihre Mitbürger mit, worin er sie aufforderte, sich und die Ihren mit der Waffe in der Hand zu verteidigen, um nicht ihren persönlichen Widersachern und Feinden gehorsam sein zu müssen.

33. Während dies bei Ruspina geschah, kamen aus der Stadt Acylla[113], einer freien und nicht tributpflichtigen Stadt, Gesandte zu Caesar mit der Erklärung, sie seien bereit, seinen Befehlen willig zu gehorchen, erflehten und erbaten von ihm, daß er ihnen eine Besatzung gebe, um seine Befehle sicherer und ohne Gefahr ausführen zu können; dann wollten sie ihm, um ihres gemeinsamen Wohlergehens willen, Getreide und alles, was er sonst noch von ihnen verlangte, liefern. Caesar willigte gerne ein und ließ C. Messius, der die Aedilität verwaltet hatte, mit seiner Besatzung nach Acylla aufbrechen. Kaum hatte Considius Longus davon Kenntnis erhalten — er lag mit zwei Legionen und 700 Reitern in Hadrumetum —, als er in aller Eile mit acht Kohorten nach Acylla zu gelangen suchte; die übrige Mannschaft ließ er dort als Besatzung zurück. Messius jedoch machte die Reise schneller und kam früher mit seinen Kohorten in Acylla an. Als Considius sich inzwischen mit seinen Truppen der Stadt näherte und bemerkte, daß Caesars Besatzung bereits in der Festung lag, wagte er nicht, seine Leute in Gefahr zu bringen, sondern zog sich trotz der Menge seiner Truppen unverrichteter Dinge wieder nach Hadrumetum zurück. Als jedoch einige Tage später Reitertruppen von Labienus zu ihm stießen, bezog er von neuem ein Lager vor Acylla und begann es einzuschließen.

34. Während dieser Zeit gelangte C. Sallustius Crispus, der, wie berichtet[114], wenige Tage zuvor von Caesar mit der Flotte abgeschickt worden war, nach Cercina. Bei dessen Ankunft bestieg der ehemalige Quästor C. Decimius, der dort mit einer Menge seiner eigenen Leute für den Schutz des Getreidenachschubs sorgte, ein kleines Schiff, das er gerade erwischen konnte, und machte sich auf die Flucht.

Der Prätor Sallustius wurde daraufhin von den Bewohnern
Cercinas aufgenommen, wo er einen großen Vorrat an Getreide fand, Lastschiffe, die sich dort in großer Zahl befanden, damit belud und sie zu Caesar schickte. Inzwischen
ließ auch der Prokonsul Allienus in Lilybaeum die 13. und
14. Legion zusammen mit 800 gallischen Reitern, 1000 Bogenschützen und Schleuderern an Bord der Transportschiffe gehen und schickte sie nebst einer zweiten Nachschublieferung ebenfalls zu Caesar nach Afrika. Da man guten
Wind hatte, gelangten sie nach drei Tagen unbeschadet im
Hafen bei Ruspina an, wo Caesar ein Lager errichtet hatte.
So hatte Caesar innerhalb eines Augenblicks einen doppelten Grund zur Freude: er sah sich mit Lebensmitteln versehen und durch Hilfstruppen verstärkt; seine Leute wurden
nun heiter, er hatte keine Sorgen mehr, vergönnte der an
Land gegangenen Mannschaft Erholung von der Seereise
und verlegte sie in die verschiedenen Castelle und Festungswerke.
35. Scipio und seine Begleiter wunderten sich über Caesars Verhalten und stellten Erkundigungen an; sie vermu-
teten, daß er, der sonst immer gewohnt war, selbst anzugreifen und die Feindseligkeiten zu beginnen, nicht ohne
einen bestimmten Plan sein Verhalten so plötzlich änderte.
Seine Geduld flößte ihnen nun doch große Furcht ein; deshalb schickten sie zwei Gaetuler, an deren entschiedener
Ergebenheit sie keinen Zweifel hatten und denen sie große
Belohnungen und Versprechungen in Aussicht stellten, in
Caesars Lager; sie sollten sich als Überläufer ausgeben und
dabei die Lage auskundschaften. Gleich nachdem sie Caesar vorgeführt wurden, baten sie um die Erlaubnis, sich frei
und ohne Gefahr vor ihm erklären zu dürfen; als ihnen dies
gestattet wurde, sprachen sie: »Oft schon, Imperator, haben wir Gaetuler, die wir ja alle Schutzbefohlene des C.
Marius sind, und beinahe alle römischen Bürger in der 4.
und 6. Legion die Absicht gehabt, zu dir und unter deinen
Schutz zu fliehen; nur die numidischen Reiterwachen hat-

ten uns daran gehindert, dies gefahrlos wagen zu können. Nun aber wurde uns dazu Gelegenheit gegeben; da Scipio uns als Späher schickte, sind wir nur allzu gern zu dir gekommen. Wir sollen nämlich herausfinden, ob etwa Gräben oder Fallen gegen die Elefanten vor dem Lager und den Toren des Walles angelegt worden seien; außerdem sollen wir eure weiteren Pläne und Maßnahmen gegen diese Tiere und eure Vorbereitungen zum Kampf in Erfahrung bringen und Scipio melden.« Caesar lobte beide und gab ihnen Belohnungen; dann führte man sie zu den anderen Überläufern. Schnell schon machte die Wahrheit die Probe auf ihre Rede: denn gleich am folgenden Tag liefen aus jenen Legionen, die von den Gaetulern genannt wurden, mehrere Legionssoldaten von Scipio in Caesars Lager über.

36. Während dieser Vorgänge vor Ruspina veranstaltete Marcus Cato, der in Utica stand, täglich Aushebungen unter den Freigelassenen, Afrikanern, Sklaven und jeder Art von Leuten, wenn sie nur das Alter hatten, um Waffen tragen zu können; er schickte sie dann jedesmal gleich zu Scipio in dessen Lager. Inzwischen kamen Gesandte aus der Stadt Thysdra[115] zu Caesar, wo die italischen Kaufleute und Landbesitzer einen Vorrat von 300 000 Scheffel Weizen angehäuft hatten; sie machten ihm davon Mitteilung und baten zugleich, er möge ihnen eine Besatzung schicken, damit sie das Getreide und ihren eigenen Besitz besser schützen könnten. Caesar dankte ihnen für den Augenblick und schickte sie mit der ermutigenden Versicherung, ihnen in Kürze eine Besatzung senden zu wollen, zu ihren Mitbürgern zurück. Währenddessen war P. Sittius mit seinen Truppen in Numidien eingefallen, wo er sich gewaltsam eines Castells bemächtigte, das auf einem Berg befestigt lag, und wohin Iuba für seine Kriegsführung Getreide und anderes Kriegsmaterial hatte bringen lassen.

37. Als nun Caesar durch die zweite Nachschublieferung sein Heer um zwei Veteranenlegionen, Reiterei und Leichtbewaffnete verstärkt sah, ließ er sofort die entladenen

Schiffe nach Lilybaeum auslaufen, um das restliche Heer herbeizuholen. Er selbst aber befahl am 6. vor den Kalenden des Februar ungefähr um die erste Nachtwache, daß sich alle seine Kundschafter und persönlichen Diener zu seiner Verfügung halten sollten. Um die dritte Nachtwache dann befahl er zu aller Überraschung, sämtliche Legionen aus dem Lager herauszuführen und ihm in Richtung auf die Stadt Ruspina zu folgen, wo er selbst eine Besatzung liegen hatte, nachdem diese Stadt als erste auf seine Seite getreten war. Von dort stieg er einen kleinen Abhang hinunter und führte das Heer auf der linken Seite einer Ebene in die Nähe des Meeres. Diese Ebene erstreckt sich in staunenswerter Weitflächigkeit über 15 Meilen hinweg; vom Meer her wird sie von einem Höhenrücken umschlossen, der nicht sehr hoch ist, und den Eindruck von einem Theater vermittelt. Auf diesem Bergrücken erheben sich einige wenige bedeutende Anhöhen, auf denen einzelne Türme und sehr alte Warten stehen, die letzte davon mit einer befestigten Stellung und einem Wachtposten Scipios.

38. Sobald Caesar den besagten Bergrücken erstiegen hatte, begann er, auf jedem Hügel einen Turm und ein Castell zu errichten; für diese Arbeiten benötigte er weniger als eine halbe Stunde. Als er dann schon nicht mehr weit von dem letzten Hügel und Turm entfernt war, der dem feindlichen Lager am nächsten lag, in dem eine numidische Besatzung und Wachmannschaft stand, und auf dem sich, wie gesagt, eine befestigte Stellung und eine numische Wachmannschaft befand, machte er eine Weile halt und verschaffte sich ein Bild von der Beschaffenheit des Geländes. Daraufhin stellte er Reiterposten auf und teilte den Legionen ihre Aufgabe zu: er befahl, auf halber Höhe von dem Ort aus, den er zuletzt erreicht hatte, eine Verbindungslinie zu ziehen bis zu dem Ort, von dem sie aufgebrochen waren, und diese zu befestigen. Kaum nahmen dies Scipio und Labienus wahr, so zogen sie mit der gesamten Reiterei aus dem Lager, stellten sie in Schlachtordnung auf, rückten

etwa 1000 Schritte von ihren Schanzen vor und stellten ihre Fußtruppen in einer zweiten Schlachtlinie weniger als 400 Schritte vom eigenen Lager entfernt auf.

39. Inzwischen trieb Cäsar seine Leute bei der Arbeit an und ließ sich durch die feindlichen Truppen nicht stören. Als er aber den Feind nur noch 1500 Schritt von seinen eigenen Schanzen entfernt sah und bemerkte, daß dieser immer näher rückte, um seine Leute an der Arbeit zu hindern und sie davonzujagen, war er genötigt, die Legionen von den Befestigungen abzuziehen; er befahl seinen spanischen Reiterschwadronen, schleunigst gegen den nächstgelegenen Hügel zu rücken, die dortigen Besatzungen zu vertreiben und den Platz einzunehmen; als Unterstützung mußte eine Schar Leichtbewaffneter mitziehen. Schnell griff man nun die Numider an, nahm sie teils gefangen, teils wurden sie auf der Flucht von den Reitern verwundet; so fiel der Platz in Caesars Hände. Als Labienus dies bemerkte, ließ er, um seinen Leuten schneller Hilfe bringen zu können, fast den gesamten rechten Flügel seiner Reiterei kehrtmachen und eilte seinen fliehenden Soldaten zu Hilfe. Sobald Caesar sah, daß Labienus sich schon ziemlich weit von seinen Truppen entfernt hatte, schickte er den linken Flügel seiner Reiterei vor, um die Feinde abzuschneiden.

40. Auf der Ebene, wo dies stattfand, befand sich ein sehr großes Landgut mit vier Türmen. Dieses versperrte Labienus die Sicht, so daß er nicht wahrnehmen konnte, wie er durch Caesars Reiterei abgeschnitten wurde. Deshalb sah er die iulianischen Schwadronen nicht eher, als bis er bemerkte, wie seine Leute von hinten her niedergeschlagen wurden. Dadurch geriet seine numidische Reiterei plötzlich in eine solche Panik, daß er auf dem schnellsten und direktesten Weg ins Lager zurückfloh. Seine Gallier und Germanen, die standhielten, wurden von der Höhe herab im Rücken umgangen und, während sie tapfer Widerstand leisteten, allesamt erschlagen. Kaum sahen dies die vor dem Lager in Stellung gegangenen Legionen des Scipio, als

sie vor Furcht und Schrecken die Besinnung verloren und zu allen Toren ins Lager stürzten. Caesar hatte somit Scipio und dessen ganze Streitmacht aus der Ebene und von den Hügeln verjagt und in ihr Lager zurückgetrieben; nun ließ er zum Rückzug blasen und nahm die gesamte Reiterei hinter seine Befestigungen zurück. Als man aber das Feld räumte, fand man die wundervollen Leiber jener Gallier und Germanen, die dem Labienus teils wegen seines Ansehens aus Gallien gefolgt waren, teils auch durch Belohnungen und Versprechungen dazu verleitet wurden, sich ihm anzuschließen; manche, denen er nach der Schlacht gegen Curio als Gefangene das Leben geschenkt hatte, hatten ihm ihre Dankbarkeit durch treue Anhänglichkeit beweisen wollen. Nun aber lagen die wunderschönen und herrlich anzuschauenden Körper dieser Menschen erschlagen und über das ganze Schlachtfeld verstreut umher.

41. Nach dieser Schlacht zog Caesar am folgenden Tag die Kohorten aus allen befestigten Stellungen heraus und stellte seine ganze Streitmacht auf der Ebene in Schlachtordnung auf. Scipio dagegen hielt sich wegen seines Verlustes an Toten und Verwundeten innerhalb seiner Verschanzungen auf. Caesar formierte nun seine Schlachtordnung und rückte entlang des Gebirgsfußes langsam näher an die feindlichen Schanzen heran. Schon waren auch die iulianischen Legionen nur noch 1000 Schritt von der Stadt Uzitta[116], die Scipio hielt, entfernt, als Scipio in der Furcht, die Stadt, die sein Heer mit Wasser und allen übrigen Dingen versorgte, zu verlieren, all seine Truppen herausführte und in vierfacher Schlachtordnung aufstellte; dabei ließ er entsprechend seiner Gewohnheit die schwadronenweise in gerader Linie ausgerichteten Reiter zusammen mit den dazwischen verteilten Turmelefanten die erste Reihe bilden; so eilte er der Stadt zu Hilfe. Als Caesar dies bemerkte, glaubte er, Scipio sei zum Kampf bereit und rücke entschlossen auf ihn zu. Scipio aber machte an jenem Punkt, den ich kurz zuvor erwähnt habe, vor der Stadt halt und

stellte sich so, daß seine mittlere Schlachtreihe von der Stadt gedeckt war; den rechten und linken Flügel, wo die Elefanten standen, stellte er offen gegen die Sicht der Feinde auf.

42. Caesar wartete in seiner Stellung bis gegen Sonnenuntergang, überzeugte sich aber, daß Scipio nicht näher gegen ihn heranrückte und sich eher auf seinem Platz verteidigen wollte, wenn es die Situation erfordere, als zu riskieren, sich auf offenem Feld in ein Handgemenge einzulassen. Er hielt es deshalb nicht für ratsam, noch am selben Tag weiter gegen die Stadt anzurücken, weil er wußte, daß eine bedeutende Besatzung von Numidern darin lag; die mittlere Schlachtlinie des Feindes sah er ohnehin durch die Stadt gedeckt, und er durchschaute auch die Schwierigkeit, gleichzeitig die Stadt anzugreifen und mit dem rechten und linken Flügel in einer ungünstigen Stellung eine Schlacht zu wagen, zumal seine Soldaten bereits seit dem frühen Morgen, ohne etwas gegessen zu haben, unter Waffen standen und deshalb ermüdet waren. Er zog daher sein Heer ins Lager zurück und begann am folgenden Tag die Ausdehnung seiner Befestigungslinie in Richtung gegen die Stellung des Feindes.

43. Considius, der mit acht Söldnerkohorten aus Numidien und Gaetulien die Stadt Acylla belagerte, wo Caius Messius mit einer Besatzung lag, hatte sich mittlerweile immer wieder Mühe gegeben und große Belagerungsmaschinen herangebracht, konnte jedoch nichts ausrichten, da die Bewohner sie jedesmal in Brand setzten. Als ihn plötzlich auch noch die Nachricht von dem unglücklichen Reitertreffen erreichte, zündete er seinen gesamten Getreidevorrat an, den er im Lager hatte, machte Wein, Öl und andere Lebensmittel ungenießbar, hob die Belagerung von Acylla auf, zog durch Iubas Königreich zu Scipio und trat diesem einen Teil seiner Truppen ab; er selbst zog sich nach Hadrumetum zurück.

44. Von der zweiten Sendung des Alienus aus Sicilien war

ein Schiff, auf dem sich Quintus Comminius und der römische Ritter Lucius Ticida befanden, vom übrigen Geschwader abgekommen und nach Thapsus verschlagen worden: dort griff es Vergilius mit Kähnen und kleinen Ruderschiffen auf und schickte es zu Scipio. Ebenso wurde noch ein anderes Schiff, ein Dreiruderer, das zur selben Flotte gehörte, sich aber verirrte und vom Sturm verschlagen wurde, bei Aegimurus[117] von den Flotte des Varus und M. Octavius aufgebracht. Die Veteranen nebst einem Centurio und einigen Rekruten, die sich darauf befanden, ließ Varus, ohne ihnen eine Schmach zuzufügen, in Gewahrsam nehmen und zu Scipio bringen. Als sie dann zu diesem kamen und vor seinem Tribunal standen, sprach er: »Ich weiß bestimmt, daß ihr nicht aus eigenem Antriebe eure Mitbürger und die wahren Freunde des Vaterlandes in so frevlerischer Weise verfolgt, sondern weil euer verbrecherischer Feldherr dies euch befohlen und dazu getrieben hat. Das Schicksal hat euch in meine Gewalt gebracht. Wenn ihr aber künftig, wie es eure Pflicht ist, das Vaterland und seine wahren Freunde verteidigen wollt, so ist es mein fester Vorsatz, euch das Leben zu schenken, und überdies noch Geld. Redet also, wie ihr darüber denkt.«

45. Scipio wollte sie nur deshalb sprechen lassen, weil er dachte, sie würden ihm sicherlich für seine Gnade danken. Allein der Centurio (er gehörte zur 14. Legion) erwiderte: »Für deine große Gnade, Scipio — denn Imperator nenne ich dich nicht —, danke ich dir, wenn du mir, einem Kriegsgefangenen, Leben und Schonung versprichst; ich würde vielleicht Gebrauch davon machen, wenn du mir nicht eben dadurch den größten Frevel zumuten würdest. Wie? Ich sollte gegen Caesar, meinen Imperator, die Waffen tragen, bei dem ich Führer einer Centurie war, und gegen das Heer desjenigen kämpfen, für dessen Ehre und Siegesruhm ich sechsunddreißig Jahre hindurch gefochten habe? Dies werde ich niemals tun. Dich aber beschwöre ich, stehe ab von deinem Vorhaben! Wenn du bisher nicht erfahren

hast, gegen wessen Leute du antrittst, so erfahre es jetzt. Wähle von deinen Kohorten die tapferste aus und lasse sie gegen mich antreten; ich dagegen will aus meinen Kampfgenossen, die nun in deiner Gewalt sind, zehn Männer auslesen: Du sollst sogleich aus unsrer Tapferkeit ermessen, was du von deinen Leuten zu hoffen hast.«

46. Kaum hatte der Centurio dies mutig und kraftvoll gesprochen, als Scipio, in seiner Erwartung getäuscht, von Zorn entbrannt und aufs Höchste erbittert, seinen Hauptleuten durch ein Kopfnicken bedeutete, was sie nach seinem Willen tun sollten: der Centurio wurde vor Scipios Füßen niedergehauen, die übrigen Veteranen trennte man von den Rekruten. »Führt sie ab«, rief Scipio, »die befleckt sind vom grauenhaften Frevel und gemästet mit dem Blut ihrer Mitbürger.« Man führte sie vor den Wall hinaus, wo sie auf martervolle Art getötet wurden. Die Rekruten wurden auf die Legionen verteilt, Cominius und Ticida aber durften ihm auf keinen Fall vorgeführt werden. Dieser Vorfall brachte Caesar so sehr auf, daß er diejenigen, die auf seinen Befehl bei Thapsus mit Kriegsschiffen Seewache hielten, um seine Transport- und Kriegsschiffe zu schützen, ihrer Nachlässigkeit wegen schimpflich aus dem Heere entließ, und dieses ohne Schonung durch einen öffentlichen Erlaß bekanntmachte.

47. Etwa um diese Zeit ereignete sich in Caesars Heer etwas Unglaubliches und noch nie Gehörtes. Denn obwohl das Siebengestirn bereits untergegangen war[118], erhob sich ungefähr um die zweite Nachtwache plötzlich ein ungeheurer Hagelsturm mit steingroßen Hagelkörnern. Dies war um so gefährlicher, als Caesar nicht, wie sonst, ein Winterquartier bezog, sondern fast jeden dritten oder vierten Tag vorrückte und sich dem Feind näherte, wobei er jedesmal ein neues Lager befestigte. Die Soldaten, die ununterbrochen Schanzen errichten mußten, hatten also keine Möglichkeit, an sich selbst zu denken. Hinzu kam, daß es Caesar bei der Überfahrt des Heeres nicht möglich gewesen

war, außer den Soldaten selbst und den Waffen auch noch das Gepäck oder Sklaven oder sonst irgend etwas, was Soldaten für gewöhnlich brauchen, auf die Schiffe zu verladen. In Afrika selbst hatten sie sich nicht bloß nichts erworben und angeschafft, sondern auch das wenige, was sie mitgebracht hatten, der großen Teuerung wegen bereits verzehrt und aufgebraucht. Bei diesen dürftigen Umständen schliefen nur ganz wenige unter Zelten oder Tierhäuten, die anderen hielten sich in kleinen, aus Kleidern gefertigten und mit Schilfmatten bedeckten Zelten auf. Durch den plötzlich einsetzenden Hagel- und Regensturm wurden diese Zelte von dem Gewicht und der Gewalt der Wassermassen erdrückt und weggerissen, die Lagerfeuer in dieser stürmischen Nacht gelöscht, sämtliche Lebensmittel verdorben, so daß die Soldaten völlig ziellos und verloren im Lager umherliefen und mit ihren Schilden versuchten, ihre Köpfe zu bedecken. In der gleichen Nacht leuchteten von selbst die Spitzen auf den Pilen der 5. Legion.[119]

48. Unterdessen hatte der König Iuba von Scipios Verlust im letzten Reitertreffen Nachricht erhalten und war von diesem schriftlich aufgefordert worden, zu ihm zu stoßen. Der König ließ also seinen General Sabura mit einem Teil seiner Streitmacht gegen Sittius[120] zurück, und brach zu Scipio auf, um ihm durch seine Gegenwart mehr Ansehen zu verschaffen und Caesars Heer Schrecken einzuflößen. Ihn begleiteten drei Legionen, 800 Reiter mit Zaumzeug, eine große Menge Numider ohne Zaumzeug und leichtes Fußvolk, sowie 30 Elefanten. Gleich bei seiner Ankunft bezog er mit den eben erwähnten Truppen nicht weit von Scipio ein eigenes, getrenntes Lager. In Caesars Lager hatte vorher eine große Unruhe geherrscht, und durch die Erwartung der königlichen Truppen wurde sein Heer vor der Ankunft Iubas in immer größere Spannung versetzt. Nachdem der König aber sein Lager ganz neben ihrem aufgeschlagen hatte, machte sich unter seinen Truppen nur Geringschätzung breit und legte sich die Furcht. Er hatte durch seine

Gegenwart die Bedeutung verloren, welche er in der Abwesenheit genoß. Übrigens zeigte es sich alsbald klar, daß Scipio durch Iubas Erscheinen mehr Mut und Zuversicht erhalten hatte; denn gleich am folgenden Tage stellte er sein und des Königs gesamtes Heer nebst sechzig Elefanten möglichst eindrucksvoll in Schlachtordnung, rückte von seinem Lager etwas vorwärts, zog sich jedoch bald darauf wieder hinter seine Verschanzung zurück.

49. Als Caesar sah, daß nun fast alle Hilfstruppen, die er erwartet hatte, bei Scipio eingetroffen waren und die Schlacht unmittelbar bevorstand, begann er mit seinen Truppen über den Kamm des Gebirges vorzurücken, verlängerte seine Linien, baute ein Castell nach dem andern und suchte, indem er immer näher an Scipio heranrückte, die Höhen zu nehmen und zu besetzen, damit die Feinde, im Vertrauen auf ihre Truppenstärke, nicht den nächsten Hügel nahmen und ihm so die Möglichkeit nahmen, selbst weiter vorzugehen. Labienus aber hatte ebenfalls den Plan gefaßt, diesen Hügel zu besetzen, und, da er näher stand, ihn auch schneller erreicht.

50. Caesar mußte, um zu dem Hügel zu kommen, den er im Auge hatte, vorher ein ziemlich breites und stark abschüssiges Tal durchqueren, das an vielen Stellen höhlenartig ausgewaschen war. Jenseits dieses Tales erstreckte sich ein alter Olivenhain mit dichtem Baumbestand. Labienus, der einsah, daß Caesar, um seine Absicht zu erreichen, notgedrungen durch das Tal und den Olivenhain marschieren mußte, stellte sich, mit der ganzen Örtlichkeit wohl bekannt, an der Spitze eines Teils der Reiterei und des leichten Fußvolkes in Hinterhalt. Außerdem hatte er noch hinter den Bergen und den Hügeln Reiter verborgen, die dann von der Anhöhe her zum Vorschein kommen sollten, wenn er selbst das Fußvolk Caesars unvermutet überfallen würde; denn so werde dessen Heer, durch zweifachen Angriff in Bestürzung gebracht, weder rückwärts noch vorwärts kommen können, sondern von allen Seiten

umzingelt und niedergehauen werden. Als Caesar, der seine Reiterei vorausgeschickt hatte, nichtsahnend am Ort des Hinterhaltes erschien, kamen Labienus' Leute, entweder, weil sie seine Anweisungen vergessen hatten, oder aus Furcht, in dem Talgraben von Reitern übermannt zu werden, hie und da vereinzelt hinter dem Felsen hervor und suchten die Spitze des Hügels zu erreichen. Da warfen sich Caesars Reiter auf sie und machten sie teils nieder, teils zu Gefangenen. Daraufhin stürmten sie den Hügel hinauf und besetzten ihn in aller Eile, nachdem die Besatzung des Labienus hinuntergeworfen worden war. Dieser rettete sich mit Müh' und Not durch die Flucht, und ebenso ein Teil seiner Reiterei.

51. Nach dieser glücklichen Tat seiner Reiter wies Caesar den Legionen Schanzarbeit an und befestigte auf dem soeben errungenen Hügel ein Lager. Dann aber ließ er von seinem größten Hauptlager mitten durch die Ebene, der Stadt Uzitta gegenüber, die zwischen seinem und Scipios Lager in der Mitte lag und von letzterem besetzt war, zwei Dämme aufwerfen, die in der Art fortliefen, daß sie sich an den rechten und linken Winkel dieser Stadt anlehnten. Er hatte dabei die Absicht, beim Anrücken gegen die Stadt und bei etwaigen Angriffen in den Flanken geschützt zu sein, um nicht von der Masse der feindlichen Reiterei umzingelt und von der Belagerung abgehalten zu werden; außerdem wollte er dadurch auch mögliche Gesprächskontakte erleichtern und es etwaigen Überläufern ermöglichen, das, was sie vorher oft nur unter großer Gefahr ausführen konnten, nun leicht und gefahrlos zu tun. Er wollte auch in Erfahrung bringen, ob die Feinde im Sinn hätten, zu kämpfen, wenn er erst einmal näher gerückt wäre. Zu den übrigen Gründen kam noch hinzu, daß das Gelände dort eine Senke aufwies und die Möglichkeit zur Grabung mehrerer Brunnen bestand; er hatte nämlich bisher wenig Wasser, das man noch dazu in der Ferne holen mußte. Während übrigens die eben erwähnten Werke durch die Le-

gionen aufgeführt wurden, Stand ein Teil der Truppen gegen den Feind in Schlachtordnung, wobei es immer wieder zu kleinen Scharmützeln und Handgemengen mit den Reitern und Leichtbewaffneten der Barbaren kam.

52. Als dann gegen Abend Caesar seine Truppen von der Arbeit ins Lager zurückführte, machten Iuba, Scipio und Labienus mit ihrer gesamten Reiterei und leichtbewaffneten Mannschaft einen heftigen Angriff auf die Legionssoldaten. Caesars Reiter wurden von der Gewalt der plötzlich vorstürmenden Menge zunächst zurückgeschlagen und mußten weichen; doch die Sache kam anders als gedacht; denn Caesar ließ mitten auf dem Weg seine Truppen kehrtmachen und eilte seinen Reitern zu Hilfe. Durch die Ankunft der Legionen faßten die Reiter neuen Mut, wandten ihre Pferde und griffen die hartnäckig verfolgenden, aber in Unordnung geratenen Numider an, brachten ihnen Verwundungen bei; trieben sie ins königliche Lager und töteten viele von ihnen. Wäre das Treffen nicht gerade in die Nacht gefallen, und hätte nicht eine durch den Wind entstandene Staubwolke den Blick in die Ferne gehindert, so wären Iuba und Labienus gefangen in Caesars Hände gekommen und ihre ganze Reiterei samt den Leichtbewaffneten bis zur gänzlichen Vernichtung aufgerieben worden. Mittlerweile entliefen ganze Scharen aus Scipios 4. und 6. Legion, teils in Caesars Lager, teils nach allen möglichen Richtungen hin; ebenso die Reiter des Curio[121], die zu Scipio und dessen Kriegsmacht alles Zutrauen verloren hatten.

53. Während dieser beiderseitigen Kämpfe um Uzitta erschienen die Transportschiffe, die Caesars 9. und 10. Legion aus Sicilien herüberbrachten, in der Nähe des Hafens dieser Stadt. Als sie jedoch Caesars bei Thapsus aufgestelltes Geschwader erblickten, hielten sie es für ein feindliches, welches ihnen dort auflauere. Um also nicht in die Hände des Feindes zu fallen, segelten sie in ihrer Täuschung wieder in die hohe See, wo sie lange hin und

her geschlagen wurden, bis sie endlich, von Hunger und Durst erschöpft, nach Verlauf vieler Tage zu Caesar gelangten.

54. Als diese Legionen an Land gegangen waren, griff Caesar, eingedenk der soldatischen Zügellosigkeit, wie sie sich längst schon in Italien gezeigt hatte, sowie der Raubsucht gewisser Menschen, einen ganz geringfügigen Vorfall auf, um dagegen anzutreten: weil nämlich der Militärtribun der 10. Legion, Gaius Avienus bei der letzten Sendung aus Sicilien nicht einen einzigen Soldaten mitgenommen, sondern ein ganzes Schiff nur mit seinem Gesinde und seinen Tieren beladen hatte, berief er am folgenden Tage die Tribunen und Centurionen aller Legionen zu sich und sprach zu ihnen vom Tribunal herab: »Ich hätte sehr gewünscht, gewisse Leute hätten ihrer Frechheit und übertriebenen Freiheit selbst ein Ende gemacht und meine Sanftmut, Zurückhaltung und Langmut nicht so mißbraucht. Weil sie jedoch selbst kein Ziel und kein Maß kennen, so will ich, um die übrigen zu andrer Handlungsweise zu bestimmen, nach Kriegssitte eine abschreckende Bestrafung vornehmen. Gaius Avienus, du hast in Italien die Soldaten des römischen Volkes gegen das Vaterland aufgehetzt und in den Landstädten geplündert; du warst mir und dem Staate unnütz und hast, statt Soldaten, nur dein Gesinde und deine Tiere an Bord genommen; durch deine Schuld entbehrt der Staat nun notwendig eine Anzahl Krieger: deshalb verweise ich dich hiermit zu deiner Schande von meinem Heere und befehle dir, noch heute Afrika zu verlassen und dich baldmöglichst zu entfernen. Ebenso entlasse ich auch dich, Aulus Fonteius, denn du warst ein aufrührerischer Tribun und ein schlechter Bürger. Da auch ihr, Titus Salienus, Marcus Tiro und Gaius Clusinas, durch meine Gnade, nicht durch eure Tapferkeit Centurionen geworden seid und euch so betragen habt, daß ihr weder tapfer im Krieg noch rechtschaffen und brauchbar im Frieden gewesen seid, und ihr nicht an Ehre und Mäßigung, sondern nur daran dachtet,

die Soldaten zur Empörung wider ihren Feldherrn zu reizen, so erkläre ich euch hiermit für unwürdig, meine Centurionen zu sein; ich entlasse euch, und befehle euch, so
schnell wie möglich aus Afrika zu verschwinden.« Hierauf
übergab er sie den Centurionen, gestattete jedem nicht
mehr als einen Sklaven und sorgte dafür, daß sie jeweils getrennt auf ein Schiff gebracht wurden.

55. Unterdessen kamen die zu Caesar übergelaufenen Gaetuler, denen Caesar bekanntlich[122] Briefe und Aufträge mitgegeben hatte, in ihre Heimat. Ihre Landsleute schenkten
ihnen Gehör, ließen sich durch Caesars Namen bestimmen, fielen von Iuba ab, griffen ohne Ausnahme rasch zu
den Waffen und begannen, ohne zu zögern, die Feindseligkeiten gegen den König. Bei der ersten Nachricht davon
schickte Iuba, der in einen dreifachen[123] Krieg verwickelt
und hart bedrängt war, sechs Kohorten der Truppen, mit
welchen er gegen Caesar gezogen war, zum Schutz gegen
die Gaetuler in sein Reich zurück.

56. Caesar hatte seine Linien vollendet und sie bis fast auf
Reichweite der Geschosse aus der Stadt vorgeschoben. Jetzt
schlug er eben dort ein Lager auf, stellte vor dem Lager gegen die Stadt viele Ballisten und Scorpione[124] auf und suchte ohne Unterlaß die Verteidiger der Mauer zu verjagen. In
dieses neue Lager führte er aus dem früheren fünf Legionen. Diese Gelegenheit benutzten einigermaßen angesehene und überall bekannte Männer, nach ihren Freunden und
Verwandten zu verlangen und sich mit ihnen zu unterhalten. Caesar wußte wohl, wie nützlich ihm dies sein werde.
In der Tat nämlich liefen mit Einbruch der Nacht, als
schon die Lampen angezündet waren, etwa 1000 vornehme
Gaetuler aus der königlichen Reiterei mitsamt ihren Pferden und Troßknechten in Caesars Lager über, das in der
Ebene, ganz nahe bei Uzitta, aufgeschlagen war. Es waren
darunter sogar Anführer dieser Reiterei, im allgemeinen
aber solche Leute, deren Väter unter Marius gedient und
von diesem Ländereien und Herrschaften erhalten hatten,

aber nach Sullas Sieg unter die Botmäßigkeit des Königs Hiempsal[125] gekommen waren.

57. Als dies Scipio und dessen Umgebung bemerkten, beunruhigte sie der Vorfall sehr. Scipio, der dann zufällig den M. Aquinius mit C. Saserna in einer Unterredung sah, ließ jenen sagen, es gehöre sich nicht, mit den Feinden zu sprechen. Nichtsdestoweniger gab Aquinius dem Boten die Antwort an Scipio mit, er habe noch einiges abzumachen. Als aber hierauf Iuba einen Diener schickte, der in Gegenwart des Saserna sagen mußte: »Der König verbietet dir diese Unterredung«, da entfernte sich Aquinius bestürzt und gehorchte dem Iuba auf der Stelle. So war also ein römischer Bürger, dem das Volk Ehren verliehen hatte, trotz der Unversehrtheit seines Vaterlandes und allen Eigentums, lieber einem ausländischen Könige gehorsam, als daß er dem Boten des Scipio Gehör gegeben oder sich entschlossen hätte, straflos heimzukehren, nachdem doch schon so viele Bürger seiner Partei den Tod gefunden hatten! Übrigens benahm sich Iuba gegenüber M. Aquinius, einen Emporkömmling und unbedeutenden Senator, keineswegs hochmütiger als gegenüber Scipio, der sich durch seine Familie, sein Ansehen und seine Ämter auszeichnete. Scipio hatte nämlich vor der Ankunft des Königs für gewöhnlich einen Purpurmantel getragen; Iuba aber soll ihm zu verstehen gegeben haben, es schicke sich nicht, daß jener dieselbe Kleidung trage wie er selbst. So geschah es, daß Scipio sein Gewand mit einem weißen vertauschte und Iuba, diesem überaus hochmütigen und abgeschmackten Menschen, gehorchte.

58. Den folgenden Tag führten sie sämtliche Truppen aus allen ihren Lagern, erreichten eine Anhöhe nicht weit von Caesars Lager und stellten sich in Schlachtordnung auf. Auch Caesar führte seine Streitmacht hervor, bildete rasch eine Schlachtlinie und stellte sich vor seinen Schanzen in der Ebene auf. Ohne Zweifel erwartete er, daß die Gegner, die über so zahlreiche Truppen und dazu noch über die

Hilfsvölker des Königs verfügten und ziemlich rasch vorgerückt waren, deshalb nun auch vor ihm den Kampf beginnen und früher angreifen würden. Er ritt deshalb die ganze Linie ab, ermutigte seine Legionen, gab die Parole aus und wartete nur auf den feindlichen Angriff. Denn aus guten Gründen wollte er sich von seinen Schanzen nicht entfernen, weil in der Festung Uzitta eine starke Besatzung Scipios lag und einer von seinen Flügeln zur Rechten an die Stadt stieß, so daß Caesar befürchten mußte, wenn er an der Stadt vorbeiziehen würde, könnten die Feinde von der Stadt her einen Ausfall machen und auf seiner Flanke angreifen und ihn damit in starke Bedrängnis bringen. Überdies hielt ihn auch noch der Umstand zurück, daß vor Scipios Schlachtlinie ein sehr schwieriges Terrain lag, von dem er für einen Angriff von seiner Seite Nachteile erwartete.

59. Ich glaube, nicht übergehen zu dürfen, wie die Heere auf beiden Seiten aufgestellt waren. Scipio hatte seine Schlachtlinie folgendermaßen gebildet: in der ersten Linie standen seine und des Königs Legionen; die Numider aber stellte er in den Rückhalt, und zwar in solch dünner und ausgedehnter Linie, daß die Mitte der Schlachtordnung aus der Ferne von den Legionssoldaten nur für einfach angesehen wurde; die Flügel dagegen schienen verdoppelt zu sein. Die Elefanten hatte er in gleichen Abständen auf dem rechten und linken Flügel mit aufgestellt; hinter die Elefanten die Leichtbewaffneten und numidischen Hilfsvölker. Die ganze bezäumte Reiterei stellte er auf seinen rechten Flügel; denn der linke Flügel lehnte sich an die Stadt Uzitta an, und es befand sich dort kein Raum, wo sich die Reiterei hätte ausbreiten können. Außerdem hatte er noch eine Menge Numider und Leichtbewaffnete auf der rechten Seite seiner Schlachtordnung aufgestellt, und zwar in einer Entfernung von nicht viel weniger als 1000 Schritt, und hatte sie mehr an den Fuß des Höhenrückens heranrücken lassen und über die feindlichen und seine eigenen Truppen

hinaus weiter vorgeschoben. Er verfolgte dabei die Absicht, beim Zusammenstoß der beiden Heere zu Beginn des Kampfes seine Reiterei etwas weiter ausholen zu lassen, das Kriegsheer Caesars unvermutet durch seine Truppenmenge einzuschließen, es in Panik zu versetzen und mit Wurfspießen niederzumachen. Dies waren Scipios Anstalten und Absichten für diesen Tag und diese Schlacht.

60. Caesar hatte seine Schlachtordnung folgendermaßen eingerichtet, wenn ich beim linken Flügel beginne und zum rechten fortgehe: Auf dem linken Flügel stand die 10. und 9. Legion, auf dem rechten die 30. und 29., in der Mitte die 13., 14., 28. und 26. Den rechten Flügel selbst hatte er einem Teil der Kohorten zugewiesen, zu ihnen kamen außerdem einige Rekrutenkohorten. Die dritte Schlachtreihe aber hatte er auf seinem linken Flügel in Stellung gebracht, die sich bis zu der die Mitte bildenden Legion seiner Schlachtordnung hinzog; er hatte sie so aufgestellt, daß sein linker Flügel eine dreifache Tiefe hatte. Dies hatte er aus der Überlegung heraus getan, daß seine rechte Flanke durch die Befestigungen unterstützt wurde, bei der linken Flanke aber war er in Sorge, daß man hier der Menge der feindlichen Reiterei nicht standhalten konnte. Dorthin hatte er auch seine ganze Reiterei gestellt und, weil er ihr eben nicht sehr vertraute, ihr zur Deckung die 5. Legion mitgegeben und Leichtbewaffnete zwischen den Reitern aufgestellt. Die Bogenschützen endlich standen hier und dort auf bestimmten Punkten, besonders aber auf den Flügeln.

61. In dieser Aufstellung blieben beide Heere von frühmorgens bis zur zehnten Tagesstunde stehen, ohne daß es zum Kampf kam, obgleich sie nicht mehr als 300 Schritt voneinander entfernt waren, ein Fall, der wohl früher nie vorgekommen war. Schon wollte Caesar mit dem Rückzug hinter seine Linien beginnen, als plötzlich zur Rechten die gesamte, etwas weiter entfernte Reiterei der Numider und Gaetuler, ohne Zäume, eine Bewegung machte und nach

jenem Lager Caesars, das auf der Höhe lag, vorzudringen suchte; die bezäumte Reiterei des Labienus blieb indessen an ihrem Orte ruhig stehen, um Caesars Legionen zu beschäftigen. Da rückte plötzlich ein Teil von Caesars Reiterei zusammen mit den Leichtbewaffneten blindlings und ohne Befehl gegen die Gaetuler zu weit vor und überquerte dabei einen Morast. Da sie zu wenige waren, konnten sie dem feindlichen Angriff nicht standhalten, ließen die Leichtbewaffneten im Stich und flohen geschlagen und verwundet zu ihren Linien zurück; viele Pferde wurden ebenfalls verwundet, und außer einem Reiter fanden noch siebenundzwanzig Leichtbewaffnete den Tod. Über dieses Glück erfreut, führte Scipio mit der Nacht sein Heer ins Lager. Fortuna aber pflegt den Kämpfenden keine dauernde Freude zu gewähren; denn als Caesar am folgenden Tag eine Abteilung Reiterei nach Leptis schickte, um dort Lebensmittel zu holen, traf diese von ungefähr auf einen Zug nach Beute ausgegangener numidischer und gaetulischer Reiter, von denen etwa hundert niedergemacht, die übrigen aber gefangen wurden. Inzwischen fuhr Caesar von Tag zu Tag fort, seine Legionen auf die Ebene herauszuführen und mit der Schanzarbeit zu beschäftigen; mitten durch die Ebene wurde ein Wall nebst Graben gebildet und den feindlichen Ausfällen der Weg abgeschnitten. Ebenso legte auch Scipio Befestigungen an und beeilte sich damit, um nicht durch Caesar vom Höhenzug abgeschnitten zu werden. So waren beide Feldherren zugleich mit ihrer Verschanzung beschäftigt, während nichtsdestoweniger jeden Tag kleine Reitergefechte ausgetragen wurden.

62. Varus, der die Ankunft der 7. und 8. Legion aus Sicilien erfahren hatte, führte indessen rasch sein in Utica liegendes Geschwader aus dem Winteraufenthalt, bemannte es mit gaetulischen Ruderern und Schiffssoldaten, brach von Utica zu einem Überraschungsangriff auf und gelangte mit 55 Schiffen nach Hadrumetum. Caesar, der davon nichts wußte, schickte damals gerade Lucius Cispius mit

27 Schiffen in Richtung Thapsus, um dort seinen Nachschub zu decken; ebenso mußte Quintus Aquila in der gleichen Absicht mit 13 Kriegsschiffen nach Hadrumetum segeln. Cispius kam auch schnell an den Ort seiner Bestimmung. Aquila dagegen hatte Sturm und konnte deshalb das Vorgebirge nicht umfahren, erreichte aber eine gegen den Sturm geschützte Bucht, wo er sich mit seinem Geschwader zu verbergen suchte. Die übrige Flotte Caesars lag bei Leptis vor Anker, und die Ruderknechte liefen überall auf dem Ufer umher; teils waren sie auch in die Stadt gegangen, um Nahrungsmittel zu kaufen. So war die Flotte selbst von Verteidigern entblößt. Dies erfuhr Varus durch einen Überläufer, benützte die Gelegenheit, verließ um die zweite Nachtwache den Hafen von Hadrumetum, erschien frühmorgens mit seiner gesamten Flotte vor Leptis und steckte alle Frachtschiffe, die etwas weiter vom Hafen vor Anker lagen, in Brand; zwei Fünfruderer, auf denen keine Verteidiger Widerstand leisteten, führte er mit sich fort.

63. Caesar, dessen Lager nur sechs Meilen von diesem Hafen entfernt war, erhielt davon Nachricht, als er eben seine Verschanzungen in Augenschein nahm. Er ließ alles andere stehen und ritt in vollem Galopp nach Leptis, wo er alle zur Verfolgung der Schiffe antrieb. Er selbst bestieg ein ganz kleines Fahrzeug, stieß während der Fahrt auf Aquila, dem die Menge der feindlichen Schiffe einen gehörigen Schrecken einjagte, und nahm die Verfolgung der feindlichen Flotte auf. Varus, durch Caesars Schnelligkeit und Kühnheit beunruhigt, änderte nun seinen Kurs und versuchte mit allen Kräften nach Hadrumetum zu fliehen. Doch Caesar fing ihn nach vier Meilen ab, eroberte einen Fünfruderer mitsamt allen Schiffssoldaten und 130 Mann feindlicher Bewachung zurück und nahm außerdem noch einen Dreiruderer mit der gesamten Besatzung an Ruderern und Schiffssoldaten, der bei dem Versuch, Widerstand zu leisten, zurückgeblieben war. Alle übrigen Schiffe des Varus gelangten über das Vorgebirge und retteten sich in den

Hafen von Hadrumetum. Caesar hatte keinen so günstigen Wind, so daß er das Vorgebirge nicht umfahren konnte, sondern während der Nacht auf See vor Anker gehen mußte und erst mit Tagesanbruch nach Hadrumetum gelangte. Dort setzte er alle Transportschiffe, die sich außerhalb des Hafenbeckens befanden, in Brand. Nachdem er eine Weile gewartet hatte, ob vielleicht die übrigen entweder ans Land oder in den Hafen gezogenen Schiffe Lust hätten, sich in ein Gefecht einzulassen, zog er sich wieder in sein Lager zurück.

64. Auf dem Schiffe, das Caesar den Feinden abgenommen hatte, befanden sich der römische Ritter Publius Vestrius und Publius Ligarius, der unter Afranius gedient hatte. Ligarius war in Spanien mit den übrigen von seiner Partei durch Caesar begnadigt worden und später wieder zu Pompeius gestoßen, dann aber nach der Schlacht bei Pharsalus zu Varus nach Afrika geflohen; ihn ließ Caesar seiner meineidigen Treulosigkeit wegen hinrichten. Dem Publius Vestrius verzieh er; denn sein Bruder hatte zu Rom die ihm auferlegte Summe entrichtet, und Vestrius selbst konnte den Beweis führen, daß er, von der Flotte des Nasidius[126] gefangengenommen und durch Varus in dem Augenblick, als er hingerichtet werden sollte, gerettet, später nie mehr die Möglichkeit gehabt hatte, überzugehen.

65. In Afrika herrscht die Gewohnheit, daß die Einwohner sowohl auf dem Feld als in den Gehöften, zur heimlichen Aufbewahrung ihres Getreides Höhlen unter der Erde haben, was besonders für Kriegsfälle und unerwartete Befeindungen berechnet ist. Dies erfuhr Caesar durch einen Verräter und schickte um die dritte Nachtwache zwei Legionen samt der Reiterei in eine zehn Meilen vom Lager entfernt gelegene Gegend; mit einer großen Menge Getreide beladen kehrten sie von dort ins Lager zurück. Kaum hatte Labienus davon Nachricht erhalten, als er sieben Meilen von seinem Lager entfernt über den Bergrücken und die Anhöhe vorrückte, über den tags zuvor Caesars Leute gegan-

gen waren; dort bezog er mit zwei Legionen ein Lager und
legte sich täglich mit zahlreicher Reiterei und den Leichtbewaffneten an günstigen Punkten in den Hinterhalt, weil
er erwartete, Caesar werde wiederholt auf diesem Weg
nach Proviant ausziehen.

66. Dieser aber hatte durch Überläufer von Labienus' Hinterhalt Nachricht bekommen, verhielt sich einige Tage ruhig, um die Feinde, die alle Tage hindurch immer wieder
das gleiche tun mußten, nachlässig zu machen. Plötzlich
brach er dann einmal frühmorgens durch das hintere Lagertor mit drei Veteranenlegionen und einem Teil der Reiter
aus dem Lager auf, schickte die Reiter voraus, überfiel ganz
unerwartet den sich in einem Tal versteckt haltenden
Feind, der nichts vermutete, und hieb etwa 500 Leichtbewaffnete nieder; die übrigen flohen schmählich. Labienus
kam indessen den Fliehenden mit seiner ganzen Reiterei zu
Hilfe, und Caesar, dessen schwache Reiterei der zahlreichen feindlichen nicht Widerstand leisten konnte, zeigte
nun seine schlagfertigen Legionen. Dieser Anblick schüch-
terte Labienus ein und ließ ihn zurückhalten, so daß Caesar seine Reiter ohne Verluste zurückziehen konnte. Der
König Iuba aber ließ tags darauf all jene ans Kreuz schlagen,
die ihre Stellung verlassen und sich ins Lager geflüchtet
hatten.

67. Caesar, der sehr unter dem Getreidemangel litt, zog inzwischen seine gesamten Truppen in seinem Lager zusammen. Nachdem er hierauf in Leptis, Ruspina und Acylla Besatzungen zurückgelassen hatte, übergab er Cispius und
Aquila die Flotte, von denen der eine Hadrumetum, der andere Thapsus von See her blockieren sollte; er selbst ließ
sein Lager in Brand stecken und verließ um die vierte
Nachtwache mit festgeschlossener Schlachtlinie (das Gepäck war auf dem linken Flügel) seine bisherige Stellung.
Dann kam er zur Festung Aggar[127], die sich durch ihre eigenen Kräfte gegen wiederholte Bestürmungen der Gaetuler
bisher verteidigt hatte. Dort bezog man auf der Ebene ein

gemeinsames Lager; er selbst brach mit einer Truppenab-
teilung auf, um von den Gehöften der Umgebung Getreide
zu beschaffen, wo er zwar wenig Weizen, aber desto mehr
Gerste, Öl, Wein und Feigen vorfand. Nachdem er seine
Mannschaft sich hatte stärken lassen, kehrte er wieder ins
Lager zurück. Kaum hatte jedoch unterdessen Scipio von
Caesars Aufbruch erfahren, als er ihm mit seinem ganzen
Heere über das Gebirge folgte und sechs Meilen weit von
ihm drei Lager bezog.

68. Zehn Meilen von Scipios Lager entfernt, aber in dessen
Richtung und im Einflußbereich seines Lagers lag die Stadt
Zeta; Caesars Lager war auf der entgegengesetzten Seite 18
Meilen entfernt. Nach diesem Ort schickte Scipio zwei Legionen auf Proviantsuche. Caesar erfuhr dies durch Überläufer und verlegte sein Lager von der Ebene auf die gesicherte Anhöhe, ließ dort eine Besatzung zurück, brach um
die vierte Nachtwache mit seinen übrigen Truppen auf, zog
am feindlichen Lager vorbei und bemächtigte sich der
Stadt. Als er dann die Legionen Scipios, die sich, um Getreide zu holen, weiter aufs Land entfernt hatten, aufstö-
bern wollte, bemerkte er, daß ihnen das ganze feindliche
Heer zu Hilfe kam. Er ließ deshalb von einem Angriff ab. In
Zeta hatte er den damaligen Befehlshaber der Festung, C.
Minucius Reginus, einen römischen Ritter und engen Vertrauten von Scipio, sowie P. Atrius, einen römischen Ritter
aus der Bürgergemeinde von Utica, in seine Hand bekommen; dort ließ er den Legaten Oppius mit einer Besatzung
zurück und trat seinen Rückzug ins Lager an, wobei er 22
Kamele des Königs mit sich führte.

69. Schon war er nahe beim Lager Scipios, an dem er
durchaus vorbeiziehen mußte, als ihn Labienus und Afranius mit der ganzen Reiterei und den Leichtbewaffneten
aus einem Hinterhalt bei den nächsten Hügeln angriffen
und sich auf seine Nachhut warfen. Sobald Caesar dies sah,
stellte er seine Reiter dem feindlichen Ansturm entgegen,
ließ seine Fußsoldaten das Gepäck auf einem Haufen zu-

sammentragen und befahl ihnen mit vollen Fahnen gegen die Feinde vorzustürmen. Kaum begonnen, wurde die feindliche Reiterei mitsamt den Leichtbewaffneten schon beim ersten Angriff mühelos geschlagen und von der Anhöhe heruntergeworfen. Als Caesar schon glaubte, von dem geschlagenen und verschreckten Feind keine weiteren Angriffe mehr erwarten zu müssen, und ruhig weiterzog, geschah plötzlich von den nächsten Hügeln her ein neuer Angriff seitens der Numider und Leichtbewaffneten, die es verstanden, mit einer erstaunlichen Schnelligkeit zwischen den Reitern zu kämpfen und entsprechend ihrer Gewohnheit zusammen mit ihnen anzugreifen und zu fliehen. Sie wiederholten ihre Angriffe öfter und verfolgten die Iulianer auf dem Marsch, flohen aber sofort, wenn diese haltmachten, wagten auch nicht, ihnen näher zu kommen, und bedienten sich einer ganz eigentümlichen Kampfweise und begnügten sich damit, sie aus der Ferne durch Geschosse zu verwunden. Aus alldem schloß Caesar, daß es offentsichtlich ihre einzige Absicht war, ihn zu zwingen, sein Lager an diesem wasserleeren Ort aufzuschlagen, so daß sein Heer, das nüchtern war, da es von der vierten Nachtwache bis zur zehnten Tagesstunde noch nichts zu sich genommen hatte, mitsamt den Tieren zugrunde gehen mußte.

70. Weil es nun schon gegen Abend ging und er in vier Stunden kaum hundert Schritt weitergekommen war, zog er die Reiterei wegen des Verlustes an Pferden vom Nachtrab ab und ließ die Legionen ihre Stelle einnehmen. Diese wußten die Angriffe des Feindes besser abzuhalten, und der Marsch ging ruhig und langsam weiter. Unterdessen sprengten die numidischen Reiter rechts und links über die Anhöhen voraus und schlossen aufgrund ihrer großen Zahl eine Art Ring um Caesars Truppen, während ein Teil von ihnen die Nachhut angriff. Sooft sich aber nur drei oder vier von Caesars Veteranen nach ihnen umwandten und ihre Pilen mit aller Kraft gegen die angreifenden Numider schleu-

derten, ergriffen mehr als 2000 wie ein Mann die Flucht, griffen dann aber wieder von neuem an vereinzelten Punkten mit ihren Pferden an, sammelten sich, folgten in einigem Abstand und warfen ihre Speere gegen die Soldaten. So ging es bald vorwärts, bald wurde haltgemacht; der Zug bewegte sich nur langsam: Dennoch führte Caesar, der nur zehn Verwundete hatte, um die erste Stunde der Nacht alle seine Truppen unversehrt ins Lager zurück. Labienus, der etwa 300 Mann verloren und viele Verwundete hatte, zog sich ebenfalls zur Hauptarmee zurück; seine Leute waren durch das unablässige Verfolgen ganz erschöpft. Scipio war in der Zwischenzeit mit den Legionen und Elefanten vor dem Lager in Schlachtordnung gestanden, um Caesars Leuten durch diesen Anblick Schrecken einzuflößen; auch er zog sich nun ins Lager zurück.

71. Unter diesen Verhältnissen mußte Caesar seine Leute nicht wie ein Feldherr ein bewährtes, siegreiches Heer, sondern wie ein Fechtmeister seine jungen Gladiatoren lehren, auf wieviel Schritte sie sich vom Gegner zurückziehen, wie sie sich dem Feind entgegenstellen und auf welchem Abstand sie ihm Widerstand leisten sollten: bald sollten sie vorstürmen, bald weichen und nur einen Angriff drohen; ja, fast lehrte er sie, in welcher Stellung und auf welche Weise geschossen werden müßte. Die feindlichen Leichtbewaffneten versetzten sein Heer nämlich in eine erstaunliche Angst und Aufregung: denn die Reiter wurden wegen des möglichen Verlustes ihrer Pferde, die diese mit ihren Speeren töteten, vom Kampf abgeschreckt, und den Legionssoldaten ermüdete die Schnelligkeit des Feindes, der ganz leichtfüßig und rasch der Gefahr entging, sobald sich ein Schwerbewaffneter, der von ihnen verfolgt wurde und haltmachte, zur Wehr setzte.

72. Dies bereitete Caesar viele Sorgen; denn noch in keinem Treffen war er der feindlichen Reiterei und dem leichten Fußvolke bloß mit seiner Reiterei, ohne die Legionen, gewachsen gewesen. Mit den feindlichen Legionen war er

noch gar nicht bekannt geworden, und er wußte nicht, wie er sich gegen die Reiterei und das leichte Fußvolk des Feindes werde verteidigen können, wenn dessen Legionen noch dazukämen. Überdies machte die Größe der Elefanten und die große Masse feindlicher Soldaten einen furchterregenden Eindruck auf seine Leute. Gegen das erstere half er sich folgendermaßen: er ließ Elefanten aus Italien kommen, damit sein Soldat mit der Gestalt und den Eigenschaften dieses Tieres bekannt würde und die Stellen des Körpers kennenlernte, wo das Tier überhaupt verwundet werden konnte und wo ein zum Kampf ausgerüsteter und gepanzerter Elefant ohne Schutz bleibe. Außerdem sollten auch die Pferde an den Geruch, das Geschrei und die Gestalt des Elefanten gewöhnt werden. Seine Bemühungen wurden auch reichlich belohnt: die Soldaten berührten die Tiere mit der Hand, lernten ihre Langsamkeit kennen, und die Reiter warfen mit stumpfen Speeren auf sie; auch die Pferde gewöhnten sich an das geduldige Tier.

73. Wegen der erwähnten Ursachen wurde Caesar besorgt, handelte langsamer und überlegter und war von der früher bei ihm gewohnten Schnelligkeit in der Kriegführung abgekommen. Dies war auch ganz natürlich. In Gallien waren seine Leute an den Kampf auf offenem Felde und gegen gerade, keineswegs heimtückische Leute gewöhnt, die den Kampf mit Tapferkeit und nicht mit Hinterlist führten; jetzt hatte er sich nur darum zu bemühen, wie er seine Soldaten daran gewöhnte, die Listen, Falten und Kniffe der Feinde zu durchschauen und zu lernen, was sie befolgen und was sie meiden müßten. Um ihnen desto schneller zu dieser Einsicht zu verhelfen, suchte er die Legionen nicht immer vereint beeinanderzuhalten, sondern unter dem Vorwand der Proviantierung bald hierhin, bald dorthin zu schicken; denn er war überzeugt, der Feind werde seiner Spur nachgehen. Nach drei Tagen führte er jedoch sein ganzes Heer in Schlachtordnung am feindlichen Lager vorbei und bot auf günstigem Terrain ein Treffen an. Der Feind

zeige keine Lust, und Caesar führte die Seinigen gegen Abend wieder ins Lager zurück.

74. Mittlerweile kamen Gesandte aus der Festung Vaga, die nicht weit von Zeta liegt, das Caesar bekanntlich eingenommen hatte. Die Leute baten dringend um eine Besatzung und versprachen dafür Unterstützung in manchen Kriegsbedürfnissen. Zu dieser Zeit erwies sich auch wieder einmal von neuem die Gnade und das Wohlwollen der Götter gegen Caesar. Ein Überläufer meldete nämlich diesen Gesandten, seinen Mitbürgern, daß der König Iuba mit seinen Truppen vor die Stadt gezogen sei, ehe noch Caesars Besatzung dorthin hätte gelangen können, und sie sofort mit seiner Streitmacht eingeschlossen und erobert habe; alle Einwohner seien niedergehauen und die Stadt selbst den Soldaten zur Plünderung und Zerstörung überlassen worden.

75. Caesar, der am 12. vor den Kalenden des April[128] Heerschau hielt, rückte tags darauf mit seiner ganzen Armee fünf Meilen vorwärts und stellte sich etwa zwei Meilen von Scipio in Schlachtordnung. Als er auch jetzt lange genug den Feind zur Schlacht eingeladen hatte, dieser aber keine Lust zeigte, führte er seine Streitmacht zurück. Am folgenden Tag wurde aufgebrochen und nach der Festung Sarsura[129] gezogen, wo Scipio eine numidische Besatzung und viel Getreide hatte. Kaum hatte Labienus dies wahrgenommen, als er mit seiner Reiterei und Leichtbewaffneten die Nachhut Caesars zu stören begann. Er nahm das Gepäck der Krämer und Marketender weg, die ihre Waren auf Wagen führten, und wagte sich, da ihm dadurch der Mut gewachsen war, näher gegen die Legionen in der Annahme, Caesars Leute würden, unter der Last der Waffen und des Gepäckes ermüdet, für den Kampf untauglich sein. Caesar, dem dies nicht entgangen war, hatte von jeder Legion 300 Mann ohne Gepäck marschieren lassen. Diese schickte er nun gegen die feindliche Reiterei seinen eigenen Reitern zu Hilfe. Da ließ Labienus, dem der Anblick der Feldzeichen

Schrecken einjagte, seine Pferde kehrtmachen und ergriff in schimpflichster Weise die Flucht. Viele von ihnen wurden niedergehauen, einige verwundet; die Legionssoldaten aber zogen sich wieder zu ihren Feldzeichen zurück und begannen, den angefangenen Weg fortzusetzen. Dabei hörte Labienus nicht auf, sie aus der Ferne über den Kamm der Hügelkette auf der rechten Seite zu verfolgen.

76. Caesar kam so zur Festung Sarsura; vor den Augen des Feindes, der den Seinigen nicht zu Hilfe zu kommen wagte, wurde die Besatzung Scipios niedergehauen; das gleiche Schicksal erlitt der Befehlshaber Publius Cornelius, den Scipio ausdrücklich zur Übernahme dieses Postens aufgefordert hatte.[130] Er wurde unter tapferer Gegenwehr von den Soldaten, die ihn zahlreich umzingelten, niedergehauen und daraufhin die Stadt genommen. Man versah sich dort mit Getreide und gelangte am folgenden Tag vor die Festung Thysdra, wo damals Considius mit einer starken Besatzung und einer Schar von Gladiatoren lag, die ihm selbst gehörte. Caesar, der die Lage des Ortes in Augenschein nahm, wollte sich doch wegen Mangels an Lebensmitteln in keine Belagerung einlassen und ging unmittelbar etwa vier Meilen weiter, bis er auf einen wasserreichen Ort traf. Dort schlug er sein Lager auf, verließ es aber am vierten Tage wieder und kehrte dann zum Lager bei Aggar zurück. Ebenso begab sich auch Scipio in sein altes Lager.

77. Die Bewohner von Thabena, Untertanen des Königs Iuba und an der äußersten Seegegend von dessen Reiche gelegen, hatten mittlerweile die königliche Besatzung ermordet und Gesandte zu Caesar geschickt. Mit der Anzeige ihrer Tat verbanden sie die Bitte um Unterstützung von seiten des römischen Volkes, in dessen Interesse sie gehandelt hätten. Caesor lobte ihre Absicht und schickte den Tribunen Marcus Crispus mit drei Kohorten und Bogenschützen nebst einer Anzahl schweren Geschützes nach Thabena. Zu derselben Zeit langten bei Caesar in einer einzigen Sendung etwa 4000 Mann aus allen Legionen an. Diese waren

früher durch Krankheit oder Urlaub verhindert gewesen, unmittelbar mit ihren Legionen selbst nach Afrika überzusetzen. Außer diesen befanden sich bei dem Transport auch noch 400 Reiter samt 1000 Schleuderern und Bogenschützen. Er führte daher diese Truppen und alle Legionen aus dem Lager und stellte sie in Schlachtordnung in der Ebene, acht Meilen vom eigenen Lager, aber nur zwei Meilen von dem Scipios entfernt, auf.

78. Unterhalb Scipios Lager war die Stadt Tegea[130a], wo dieser in der Regel eine Besatzung von 2000 Reitern hatte. Diese Reiterei dehnte er nun rechts und links von den Seiten der Festung aus, führte seine Legionen aus dem Lager, ging etwa 1000 Schritt vorwärts und stellte sich am untern Teil eines Hügels in Schlachtordnung. Als Scipio jedoch allzulange in seiner Stellung verweilte und so die Tageszeit unnütz verstrich, ließ Caesar von seinen Reiterschwadronen einen Angriff gegen dessen Reiterei, die bei der Stadt stand, unternehmen; zur Unterstützung schickte er noch Leichtbewaffnete, Bogenschützen und Schleuderer dorthin. Kaum war das geschehen und hatten die Iulianer in vollem Galopp den Angriff begonnen, als Pacideius auch schon anfing, die Front seiner Reiter in die Länge zu ziehen, um die iulianischen Schwadronen nicht bloß zu umringen, sondern auch aufs tapferste und heftigste zu kämpfen. Caesar, der dies bemerkte, ließ die 300 schlagfertigen Soldaten aus der in der Schlachtlinie dieses Treffens nächststehenden Legion (er hatte gewöhnlich bei jeder Legion eine solche Abteilung) der Reiterei zu Hilfe kommen. Labienus schickte unterdessen seinen Reitern eine Unterstützung und ließ die Verwundeten und Erschöpften durch frische und unverbrauchte Reiter ablösen. Als die 400 Reiter Caesars dem Sturm der etwa 4000 feindlichen Reiter nicht standhalten konnten und als sie von den leichtbewaffneten Numidern verwundet wurden und Schritt für Schritt zurückwichen, schickte Caesar den Bedrängten eilig eine weitere Reiterabteilung zu Hilfe; so wuchs ihr Mut,

man wagte einen gemeinsamen Sturm auf den Feind und schlug diesen in die Flucht, wobei viele umkamen und eine Anzahl verwundet wurde. Erst nachdem hierauf der Feind drei Meilen weit bis auf die Hügel verfolgt worden war, begann der Rückzug. Caesar blieb bis zur zehnten Stunde des Tages in Schlachtordnung stehen und zog sich dann ebenso, ohne allen Verlust, ins Lager zurück. Pacideius selbst wurde in diesem Treffen durch den Helm hindurch mit einem Pilum schwer verwundet; außerdem wurden mehrere Führer und hervorragend tapfere Leute des Feindes entweder verwundet oder getötet.

79. Der Feind ließ sich also auf keine Weise bewegen, in die Ebene herabzukommen und einen Kampf der Legionen zu versuchen. Caesar konnte aus Furcht vor Wassermangel dem feindlichen Lager ebenfalls nicht näher rücken; und er sah wohl, daß die Gegner sich nicht so sehr auf ihre Tapferkeit verließen als vielmehr ihn im Vertrauen auf seinen Wassermangel verachteten. Deshalb brach Caesar am Tag vor den Nonen des April[131] um die dritte Nachtwache von Aggar auf, zog noch in der Nacht 16 Meilen vorwärts und machte vor Thapsus[132] halt, wo Vergilius mit einer starken Besatzung lag. Die Festung wurde alsbald eingeschlossen und die vorteilhaftesten Punkte besetzt, damit der Feind nicht in das Innere von Caesars Stellung eindringen und dort festen Fuß fassen konnte. Scipio, dem Caesars Absichten klar wurden, sah sich nun zur Schlacht genötigt, wenn er nicht die Schande auf sich nehmen wollte, Vergilius samt den Bewohnern von Thapsus, die ihm doch so treu ergeben waren, preiszugeben. Er machte sich also sofort daran, Caesar über die Anhöhen weg zu verfolgen, und bezog acht Meilen von Thapsus entfernt in zwei Lagern Stellung.

80. Zwischen dem Meer und einem Salzsee befand sich ein Isthmus von höchstens 1500 Schritt Breite. Auf diese Landenge suchte Scipio vorzudringen, um Thapsus zu Hilfe zu kommen; Caesar rechnete darauf und hatte deshalb tags zuvor an jenem Punkte ein kleines Lager mit dreifacher Be-

satzung errichtet, während er selbst mit der ganzen übrigen Streitmacht in einem halbmondförmigen Lager vor Thapsus stehenblieb, das er immer fester einschloß. Scipio, dem der beabsichtigte Weg abgeschnitten war, machte nun in einem Tag und einer Nacht den Marsch um den Salzsee herum und kam mit der Morgendämmerung in der Nähe des ebenerwähnten kleinen Lagers von Caesar an; 1100 Schritt davon gegen die Meerseite hin machte er halt und schlug sein Lager auf. Kaum erhielt Caesar Nachricht davon, als er seine Leute von der Schanzarbeit an sich zog, den Prokonsul Asprenas[133] mit zwei Legionen im Lager ließ und mit seiner übrigen Streitmacht schlagfertig und rasch gegen Scipios Stellung vordrang. Einen Teil seiner Flotte ließ er ebenfalls vor Thapsus zurück, den übrigen Schiffen gab er Befehl, möglichst im Rücken des Feindes ans Land zu stoßen und auf sein Zeichen zu achten; sobald er das Zeichen gegeben hatte, sollten sie plötzlich unter heftigem Geschrei unvermutet den Feinden vom Rücken her Schrecken einjagen, so daß sie, verwirrt und erschreckt, gezwungen würden, auf das, was hinter ihnen geschah, achtzugeben.

81. Bei seiner Ankunft bemerkte Caesar vor Scipios Wall die bereits gebildete Schlachtlinie des Feindes mit den Elefanten auf dem rechten und linken Flügel, während inzwischen die übrigen Soldaten ganz emsig an den Schanzen des Lagers arbeiteten. Caesar selbst bildete nun eine dreifache Schlachtordnung: die 10. und 7. Legion stellte er auf den rechten Flügel, die 8. und 9. auf den linken; in einer vierten Schlachtreihe stellte er je fünf Kohorten aus der 5. Legion genau den Elefanten gegenüber auf; Bogenschützen und Schleuderer verteilte er auf beide Flügel, die Leichtbewaffneten schob er zwischen den Reitern ein. Er selbst ging zu Fuß bei seinen Soldaten herum, erinnerte die Veteranen an ihre Tapferkeit und an die früher bestandenen Schlachten, fand schmeichelnde Worte und feuerte ihren Mut an. Die Neulinge aber, die noch niemals in einer Schlachtreihe ge-

kämpft hatten, ermahnte er, der Tapferkeit der Veteranen nachzueifern und nur danach zu streben, durch einen Sieg Ruhm, Rang und Namen dieser alterprobten Krieger auch für sich zu erwerben.

82. Während Caesar so seine Schlachtlinie anfeuerte, bemerkte er am feindlichen Wall eine große Unruhe, indem die Feinde in Schrecken bald hierhin liefen, bald dorthin und sich bald durch die Tore ins Lager zurückzogen, bald ohne Ordnung und Ruhe wieder herauskamen. Dies bemerkten außer ihm auch noch andere. Die Legaten und Evocaten[134] drangen deshalb in ihn, ohne Zögern das Zeichen zur Schlacht zu geben; die unsterblichen Götter prophezeiten ihm ja den sicheren Sieg. Caesar zauderte, widersetzte sich ihrer Kampfbegier und Leidenschaft und rief laut, ihm gefalle es nicht, wie ein Belagerter zu kämpfen, der einen Ausbruch unternimmt. Während er noch auf diese Weise in seine Soldaten drang und die Schlachtreihe aufzuhalten versuchte, fing plötzlich ohne seinen Befehl auf dem rechten Flügel ein Trompeter, von den Soldaten genötigt, zu blasen an. Nun begannen alle Kohorten gegen die Feinde vorzurücken, mochten die Centurionen sich selbst mit der Brust entgegenstemmen und die Soldaten von einem Angriff gegen den Willen des Feldherrn abhalten; es fruchtete nichts.

83. Caesar, der nun sah, daß jeder Widerstand gegen die angefeuerten Gemüter der Soldaten vergeblich war, gab die Losung »Glück und Gelingen« aus und sprengte selbst in gestrecktem Galopp unter den ersten gegen den Feind. Inzwischen warfen auf dem rechten Flügel die Bogenschützen und Schleuderer jede Menge Geschosse gegen die Elefanten, die daraufhin durch das Schwirren der Schleudern und durch die Steinwürfe und Bleigeschosse in solche Panik gerieten, daß sie kehrtmachten, die dichtgedrängten Soldaten hinter ihnen niedertrampelten und durch die kaum halb fertigen Tore in das Lager einbrachen. Die maurischen Reiter, die auf demselben Flügel bei den Elefanten

aufgestellt waren, ergriffen, von ihrem Schutz verlassen, zuerst die Flucht. Schnell kam man nun um die Tiere herum, die Legionen bemächtigten sich des Lagerwalles, während die Feinde wie von Furien gehetzt in das Lager flohen, aus dem sie tags zuvor aufgebrochen waren; nur ganz wenige leisteten Widerstand und fielen.

84. Hier müssen wir besonders die Tapferkeit eines Soldaten der 5. Legion erwähnen. Auf dem linken Flügel war ein verwundeter, vor Schmerz wilder Elefant über einen unbewaffneten Troßknecht hergefallen, nahm ihn unter seine Füße, ließ sich dann mit dem Knie auf ihm nieder und drückte mit seiner Last den Unglücklichen zu Tode, während er den Rüssel unter großem Gebrüll in die Höhe hob und heftig hin und her bewegte. Dies konnte jener Soldat nicht länger mit ansehen und stürzte sich mit seinen Waffen auf das Tier. Kaum hatte der Elefant das bemerkt, als er den Toten liegenließ, den Soldaten mit seinem Rüssel umschlang und ihn in die Höhe hob. Der Mann verlor in dieser Gefahr seine Geistesgegenwart nicht, sondern hieb aus Leibeskräften ununterbrochen mit seinem Schwert auf den Rüssel ein, der ihn umschlang. Vor Schmerz ließ der Elefant den Soldaten fallen, machte unter großem Trompeten schleunigst kehrt und zog sich zu den übrigen Tieren zurück.

85. Die Besatzung von Thapsus machte indessen einen Ausfall durch das Tor, das nach der See lag, entweder um ihren Leuten Hilfe zu bringen oder durch Preisgabe der Festung sich selbst zu retten. Bis an den Nabel im Meer watend, suchten sie ans Land zu kommen, wurden jedoch von den Sklaven und Troßknechten aus dem [iulianischen] Lager mit Steinen und Speeren vom Lande zurückgetrieben und wieder zum Rückzug in die Stadt gezwungen. Da Scipios geschlagenes Heer inzwischen über die ganze Ebene hinweg floh, nahmen Caesars Legionen unverzüglich die Verfolgung auf und gaben dem Feinde keinen Augenblick Zeit, sich zu erholen. Als diese auf der Flucht zu dem Lager

gelangt waren, das sie hatten erreichen wollen, um neue
Kraft zu schöpfen, sich in dem Lager von neuem zu verteidigen und einen Anführer zu suchen, dem sie vertrauen
und unter dessen Autorität und Befehl sie kämpfen könnten, und wie sie nun sahen, daß sich im Lager keine Spur
von einer Besatzung fand, warfen sie die Waffen weg[135] und
flohen geradewegs in das Lager von König Iuba. Als sie dort
eintrafen, fanden sie aber auch dieses schon von Caesars
Leuten besetzt. Voll Verzweiflung stellten sie sich nun auf
eine Anhöhe, senkten ihre Waffen, und entboten auf militärische Weise ihren Gruß.[136] Doch dies half den Elenden
nichts. Denn in ihrem Zorn und Schmerz waren die Veteranen nicht nur nicht dazu zu bewegen, den Feind zu schonen, sondern töteten oder verwundeten sogar mehrere vornehme Männer aus Rom von ihrem eigenen Heer, die sie
als Urheber des Krieges bezeichneten. Darunter befanden
sich namentlich zwei: der ehemalige Quästor Tullius Rufus, den ein Soldat ganz absichtlich mit einem Pilum
durchbohrte, und Pompeius Rufus, der, am Arm mit einem
Säbel verwundet, nur dadurch sein Leben rettete, daß er
schnell zu Caesar floh. Dadurch erschreckt, entfernten
sich viele römische Ritter und Senatoren vom Kampfplatz,
um nicht ihr Leben durch diese Soldaten zu verlieren, die
sich infolge dieses glänzenden Sieges die Freiheit erlaubten, maßlos zu wüten in der Hoffnung, wegen ihrer großar-
tigen Taten ungestraft handeln zu dürfen. Scipios Leute,
sosehr sie auch um Caesars Schutz flehten, wurden deshalb
alle ohne Ausnahme vor dessen Augen niedergemacht, obwohl er noch eindringlich um Schonung für sie bat.
86. Caesar hatte die drei Lager des Feindes genommen, auf
dessen Seite 10000 Mann gefallen und eine Anzahl geflohen waren. Er selbst hatte nur 50 Soldaten verloren; wenige
waren verwundet worden. Er brach nun zu seinem eigenen
Lager auf, hielt aber sofort auf seinem Marsch bei Thapsus
an und erbeutete 64 Elefanten, die ausgerüstet und bewaffnet sowie mit Türmen und Zaumzeug versehen waren; die-

se ließ er vor der Stadt in Schlachtordnung aufstellen in der
Absicht, Vergilius samt allen Belagerten durch dieses offenbare Zeichen des Unglücks, das Scipio betroffen hatte,
von seiner Halsstarrigkeit abzubringen. Daraufhin wandte
er sich selbst an Vergilius und lud ihn zur Übergabe ein,
wobei er an seine Nachsicht und Milde erinnerte. Dieser
aber gab ihm keine Antwort. Caesar zog sich also von den
Mauern zurück, vollbrachte am folgenden Tag ein Opfer,
berief seine Soldaten in eine allgemeine Versammlung, verteilte vor den Augen der Belagerten an seine Veteranen ohne Ausnahme Geschenke und verlieh dann noch vom Tribunal herab den Tapfersten und Verdientesten besondere
Auszeichnungen. Dann ließ er den Proconsul Rebilus[137]
mit drei Legionen von Thapsus und den C. Domitius[137]
mit zweien bei Thysdra, wo Considius lag, um die Belagerung fortzusetzen. Er selbst zog nach Utica, wohin er Marcus Messalla mit der Reiterei vorausgeschickt hatte.
87. Scipios aus der Schlacht entkommene Reiter waren auf
ihrem Weg in Richtung Utica zu der Stadt Parada gelangt.
Als sie dort von den Bewohnern nicht eingelassen wurden,
weil ihnen die Kunde von Caesars Sieg vorausgeeilt war,
nahmen sie die Stadt mit Gewalt, trugen in der Mitte des
Marktplatzes Haufen Holz und alle möglichen Habseligkeiten der Einwohner zusammen, zündeten das Ganze an,
warfen alle Leute, ohne Unterschied des Geschlechts und
des Alters, lebendig und gebunden in die Flammen und
brachten sie so auf die schrecklichste Weise ums Leben.
Danach gelangten sie auf direktem Weg nach Utica. Vorher
schon hatte Marcus Cato, der geglaubt hatte, bei den Bewohnern von Utica wegen der Vorteile, die ihnen das Iuli-
sche Gesetz[138] gewährte, keine große Unterstützung für
seine Parteifreunde zu finden, das einfache Volk ohne Waffen aus der Stadt verjagt und ihm als Aufenthalt vor der
Porta Bellica[139] ein Lager mit kleinem Graben, das er bewachen ließ, angewiesen; die Mitglieder der Stadtregierung
ließ er in der Stadt bewachen. Scipios Reiter versuchten

nun ebendieses Lager zu nehmen, dessen Bevölkerung sie
auf Caesars Seite wußten, um durch deren Tötung und Verderben ihren eigenen Schmerz zu rächen. Die Leute, denen
Caesars Sieg Mut gemacht hatte, trieben jedoch den Feind
mit Steinen und Prügeln weg. Ohne also dieses Lager eingenommen zu haben, warfen sich die Reiter in die Festung
Utica selbst, wo sie viele Einwohner töteten, ihre Häuser
aber bestürmten und plünderten. Cato, der sie auf keine
Weise dazu bringen konnte, mit ihm zusammen die Stadt
zu verteidigen und von Mord und Raub abzulassen, wußte
wohl, was sie wollten, und gab, um ihre Rücksichtslosig-
keit zu bremsen, jedem einzelnen 100 Sesterzen. Dasselbe
tat aus eigenen Mitteln auch Sulla Faustus[140], verließ an ihrer Spitze Utica und eilte in das Reich Iubas.

88. Inzwischen waren zahlreiche Flüchtlinge in Utica angekommen. Sie alle berief Cato zu sich, dazu die 300, die
für Scipio Geld für seine Kriegführung aufgebracht hatten,
und forderte sie auf, ihre Sklaven freizulassen und die Stadt
zu verteidigen. Als er jedoch nur einige von ihnen einverstanden sah, die übrigen ihr Denken und Fühlen voll
Furcht nur auf die Flucht richteten, ließ er von weiterem
Zureden ab und wies ihnen sogar Schiffe an, damit sie fliehen könnten, wohin sie wollten. Er selbst ordnete seine eigenen Sachen mit der größten Sorgfalt, empfahl seine Kinder dem Lucius Caesar, der damals bei ihm Proquästor war,
begab sich, ohne daß ein Verdacht entstand, mit derselben
Miene und denselben Worten, die man von früher her bei
ihm gewohnt war, zur Ruhe, nahm jedoch heimlich ein
Schwert mit in sein Schlafgemach und durchbohrte sich
damit. Er fiel aber zur Erde, noch ehe er seinen Geist aufgegeben hatte. Man drang, etwas vermutend, ins Zimmer,
der Arzt und die Angehörigen verschlossen und verbanden
die Wunde, er aber riß sie unbarmherzig mit eigenen Händen wieder auf und starb so in voller Geistesgegenwart. Die
Bewohner von Utica, die diesen Mann um seiner Partei
willen haßten, achteten dennoch an ihm seine ausgezeich-

nete Uneigennützigkeit und bestatteten ihn feierlich: denn er hatte sich ganz anders benommen als die übrigen Führer derselben Partei und hatte Utica erstaunlich gut mit Schanzen und Türmen befestigt. Nach seinem Tod suchte Lucius Caesar[141] diesen Vorfall zu benützen, versammelte die Bewohner und schlug ihnen vor, Caesar die Tore zu öffnen, zu dessen Milde er das größte Zutrauen habe. Dies geschah; er ging dem Imperator aus Utica entgegen, wo Messalla ankam und alle Tore besetzen ließ.

89. Caesar kam indessen auf seinem Marsch von Thapsus aus nach Uzitta, wo Scipio einen großen Vorrat von Getreide, Waffen, Geschossen und andern Sachen nebst einer schwachen Besatzung liegen hatte. Er eroberte den Ort auf der Stelle und gelangte darauf nach Hadrumetum. Dort wurde er unverzüglich eingelassen, inspizierte die Waffen, das Getreide und die Kassen und schenkte dem Quintus Ligarius und dem jungen C. Considius das Leben. Noch am selben Tag verließ er Hadrumetum, wo Livineius Regulus mit einer Legion zurückblieb, und zog nach Utica. Lucius Caesar, der ihm entgegenkam, warf sich auf dem Wege zu seinen Füßen und bat bloß um sein Leben, was ihm Caesar nach seinem Grundsatze und seiner Gemütsart gerne gewährte; ebenso behandelte er nach seiner gewohnten Weise den Caecina, C. Ateius, P. Atrius, L. Cella, Vater und Sohn, M. Eppius, M. Aquinius, den Sohn Catos und die Kinder des Damasippus[142]. Nach Utica kam er bei Einbruch der Dunkelheit, als die Lichter angezündet wurden, an und blieb die Nacht vor der Stadt.

90. Am Morgen des folgenden Tages zog er in die Stadt hinein, ermutigte in einer Versammlung, die er berief, Uticas Bewohner und dankte ihnen für ihre Anhänglichkeit. Den römischen Bürgern und Handelsleuten sowie jenen von den 300, die für Varus und Scipio die Gelder besorgt hatten, machte er viele Vorwürfe, hielt über ihre Verbrechen eine lange Rede und hieß sie am Ende ohne Furcht vortreten: das Leben jedenfalls solle ihnen geschenkt sein;

ihre Güter wolle er verkaufen; wenn jedoch einer seine eigenen Güter selbst wieder kaufe, so wolle er den Güterverkauf aufheben und das Geld dafür als Strafe in Anrechnung bringen; so jemand könne seinen Besitz ungeschmälert behalten. Als ihnen, die vor Furcht zu Tode erblaßt waren und ihrer schlechten Dienste wegen bereits an ihrem Leben verzweifelten, plötzlich eine Rettung angeboten wurde, nahmen sie freudig und begierig diese Bedingung an und baten Caesar, er solle allen 300 gemeinsam die Geldsumme in einem Betrag abfordern. So befahl er ihnen die Zahlung von zwei Millionen Sesterzen, die dem römischen Volke innerhalb von drei Jahren in sechs Raten bezahlt werden mußten. Niemand von ihnen widersprach, vielmehr priesen sie ihn, an diesem Tag von ihm neu geboren zu sein, und dankten ihm voller Freude.

91. Inzwischen war König Iuba unmittelbar aus der Schlacht entflohen und in Gesellschaft des Petreius in sein Reich gekommen, indem er sich bei Tag in Gehöften verborgen hielt, während der Nacht hingegen seine Reise fortsetzte. Er gelangte nach Zama[143], wo er seine Residenz, seine Frauen und Kinder hatte; dorthin waren auch aus dem ganzen Reich seine Geldsummen und liebsten Sachen gebracht worden; die Feststellung selbst wurde zu Beginn des Krieges sehr verstärkt. Die Bewohner, die Caesars Sieg durch das willkommene Gerücht bereits vernommen hatten, ließen ihn aus folgendem Grunde nicht in die Stadt. Iuba hatte, als er gegen das römische Volk die Waffen ergriff, in Zama Holzmassen angehäuft und auf dem Markt den größten Holzstoß errichtet; er wollte, wenn er unterläge, alle Besitztümer dort aufhäufen, alle Bürger morden und darauf werfen, das Ganze anzünden, sich selbst darüber ermorden und sich samt Weibern, Kindern, Bürgern und allen königlichen Schätzen verbrennen. Jetzt stand er vor den Toren dieser Stadt und verhandelte lange und viel mit den Bewohnern zuerst unter Drohungen und mit dem Hinweis auf sein Herrschaftsrecht; als dies jedoch

nichts fruchtete, verlegte er sich auf Bitten und Flehen, ihm in seine Wohnung Einlaß zu gewähren; als er sie auch jetzt hartnäckig fand und weder Bitten noch Drohungen dazu führten, daß sie ihn aufnahmen, bat er zum drittenmal, ihm Frauen und Kinder zu geben, damit er sie mit sich nähme. Allein die Einwohner gaben ihm gar keine Antwort, und er mußte sich unverrichteter Dinge von Zama entfernen. Von Petreius und einigen Reitern begleitet, begab er sich auf eines seiner Landgüter.

92. Die Bewohner von Zama schickten unterdessen in dieser Angelegenheit Gesandte zu Caesar nach Utica und baten ihn um Hilfe, bevor Iuba Mannschaft sammeln und sie angreifen könne: sie seien aber bereit, sich und die Stadt ihr ganzes Leben lang treu zu erhalten. Caesar lobte die Gesandten und befahl ihnen, in ihre Heimat zurückzukehren und seine Ankunft zu verkünden. Gleich am folgenden Tag verließ er auch wirklich Utica und trat mit seiner Reiterei den Marsch nach Mauretanien an. Auf dem Weg schon kamen ihm viele Führer von Iubas Heere entgegen und baten ihn um Verzeihung. Er ließ ihnen diese angedeihen und kam nach Zama. Bald verbreitete sich das Gerücht von seiner Milde und Gnade, und fast alle königlichen Reiter stellten sich dort bei ihm ein, er aber befreite sie von aller Furcht und Gefahr.

93. Während dieser Entwicklung auf beiden Seiten hatte Considius, der mit seinen Sklaven, Gladiatoren und Gaetulern in Thysdra lag, die Niederlage Scipios erfahren und verließ, im Schrecken vor Domitius und dem Anrücken seiner Legionen, die Festung in voller Verzweiflung: von wenigen Gaetulern begleitet und schwer mit Geld beladen, entwich er heimlich und wollte nach Mauretanien fliehen. Allein die Gaetuler, seine Begleiter, bekamen selbst Lust nach dem Gold, hieben ihn nieder und zerstreuten sich mit der Beute nach allen Seiten. Inzwischen hatte C. Vergilius eingesehen, daß er, zu Wasser und zu Lande eingeschlossen, nichts ausrichten konnte: seine Leute waren tot oder

geflohen, M. Cato hatte in Utica selbst Hand an sich gelegt, der König, umherstreifend und von seinen Leuten im
Stich gelassen, wurde von allen verschmäht, Saburra und
seine Truppen waren von Sittius vernichtet worden, in Utica hatte Caesar sofort Aufnahme gefunden, und von dem
ganzen gewaltigen Heer war nichts mehr übriggeblieben;
so nahm er für sich und seine Kinder von dem Prokonsul
Caninius, der ihn belagerte, freies Geleit an und übergab
sich, seine ganze Habe und die Stadt dem Proconsul.

94. Der König, der von allen Gemeinden ausgeschlossen
wurde, gab inzwischen jede Hoffnung auf eine Rettung auf.
Nachdem er alles versucht hatte, kämpften er und Petreius
mit dem Schwert gegeneinander, damit es den Eindruck er-
wecke, als seien sie durch Tapferkeit getötet worden, und
der stärkere Petreius tötete leicht den schwächeren Iuba.
Als er dann mit eigener Hand seine Brust durchbohren
wollte, aber nicht konnte, so erhörte ein Sklave seine Bitte
und nahm ihm das Leben.

95. Publius Sittius, der Iubas General Saburra geschlagen
und getötet hatte, stieß auf seinem Marsche, als er durch
Mauretanien zu Caesar wollte, zufällig auf Faustus und
Afranius, die an der Spitze jener Mannschaft standen, mit
der sie Utica geplündert hatten, und nun nach Spanien
wollten: im ganzen waren es etwa 1000 Mann. Nachdem
noch in der Nacht ganz schnell ein Hinterhalt gestellt war,
fielen beim Angriff, der frühmorgens geschah, außer einigen flüchtig gewordenen Reitern des Vortrabs, alle übrigen
oder sie wurden gefangengenommen; Afranius und Faustus
kamen lebendig mit Weib und Kind in die Hände des Sittius. Beide fanden nach einigen Tagen bei einer Unruhe unter den Soldaten ihren Tod; Pompeia[144] und den Kindern
des Faustus ließ Caesar ihr Leben und alle ihre Güter.

96. Scipio, in Begleitung des Damasippus, Torquatus und
Plätorius Rustianus, wollte nach Spanien, irrte aber mit
seinen Kriegsschiffen lange umher, bis man endlich nach
Hippo Regius[145] verschlagen wurde, wo gerade das Ge-

schwader des Publius Sittius stand. Ihre wenigen Schiffe wurden von der größeren Zahl feindlicher Fahrzeuge versenkt, und Scipio nebst seinen ebengenannten Begleitern fand hier den Tod.

97. Caesar aber versteigerte indessen in Zama die Güter des Königs und derjenigen Einwohner, die, obgleich römische Bürger, dennoch gegen das römische Volk die Waffen getragen hatten; den übrigen, die zuerst den Plan der Ausschließung des Königs gefaßt hatten, erteilte er Belohnungen, die königlichen Auflagen und Zölle wurden abgeschafft, das Land in eine römische Provinz umgestaltet, deren Kriegsverwaltung der Proconsul Crispus Sallustius erhielt. Nach all diesem begab er sich dann wieder von Zama nach Utica, wo er ebenfalls die Güter derjenigen einzog, die unter Iuba und Petreius als Offiziere gedient hatten. Die Bewohner von Thapsus mußten zur Strafe zwei Millionen Sesterzien zahlen, ihr ganzer Bezirk drei Millionen, die Bürger von Hadrumetum drei Millionen, ihr ganzer Bezirk dagegen fünf Millionen; ihre Städte und ihr Eigentum schützte er dafür vor jeder Gewalt und Räuberei. Die Bürger von Leptis, die Iuba in den letzten Jahren ausgeplündert hatte, so daß der römische Senat, bei dem sie durch Gesandte Klagen führten, nach der Schätzung von Schiedsrichtern Entschädigung leistete, strafte er mit der jährlichen Auflage von drei Millionen Pfund Öl, und zwar deshalb, weil sie gleich zu Anfang bei einer Auseinandersetzung unter ihren vornehmen Bürgern ein Bündnis mit Iuba geschlossen und ihn mit Waffen, Soldaten und Geld unterstützt hatten. Die Bewohner von Thysdra strafte er wegen der Bedeutungslosigkeit ihrer Stadt nur mit einer bestimmten Menge Getreide.

98. Nach diesen Maßnahmen ging er an den Iden des Iuni[146] in Utica an Bord seiner Flotte und kam am dritten Tag nach Caralis[147] auf Sardinien an. Die Bewohner von Sulci, die den Nasidius aufgenommen und unterstützt hatten, strafte er mit zehn Millionen Sesterzen, befahl, daß sie

statt des zehnten den achten Teil der Landeserzeugnisse entrichten sollten, zog die Güter einiger Personen ein und ging am 4. Tag vor den Kalenden des Quintilis[148] wieder an Bord. Von Caralis schließlich fuhr er der Küste entlang und gelangte endlich am 28. Tag[149] nach Rom, nachdem er bis dahin von Stürmen vielfach in den Häfen zurückgehalten worden war.

DER SPANISCHE KRIEG

DER SPANISCHE KRIEG

46 — 45 v. Chr.

1. Pharnaces war besiegt, Afrika zurückerobert, und die Reste des geschlagenen Feindes flüchteten sich, so wie der junge Pompeius[151], nach Spanien, dessen jenseitigen Teil dieser in seine Macht bekam, während Caesar durch Spiele, die er abhielt, in Italien zurückgehalten wurde. Um sich Kräfte zum Widerstande zu verschaffen, ging Pompeius von einer Stadt zur andern; er suchte sich ihrer Treue zu versichern, brachte teils durch Bitten, teils durch Gewalt ein ansehnliches Heer zusammen und verheerte die Provinz.[152] Unter diesen Umständen stellten manche Städte aus freien Stücken Hilfsvölker, andere aber verschlossen ihm die Tore. Kam er dann mit Gewalt in den Besitz eines solchen Ortes, so legte man selbst solchen Leuten, die sich um Pompeius, den Vater, bestens verdient gemacht hatten, wenn sie bedeutend reich waren, irgend etwas zur Last, um sie auf diese Weise aus dem Weg zu räumen und mit ihrem Gelde die Räuber zu beschenken. Selbst geringer Vorteil ermunterte auf diese Weise den Feind, und sein Heer nahm täglich zu. Die spanischen Städte, die nicht zu Pompeius hielten, meldeten dies wiederholt nach Italien und baten um Hilfe.
2. Caesar der bereits dreimal Diktator und nun zum viertenmal designierter Diktator war, hatte noch vieles geregelt, bevor er in größter Eile nach Spanien kam, um dem Krieg ein Ende zu machen. Da kamen ihm Gesandte aus Corduba entgegen, die von Pompeius abgefallen waren, und meldeten, er könne die Stadt zur Nachtzeit leicht nehmen, weil Pompeius nur deshalb sich ihrer habe be-

mächtigen können, weil er die Feinde völlig unvermutet überrascht habe; zugleich auch, weil man alle die Boten aufgefangen habe, die Pompeius hin und wieder ausgeschickt hatte, um ihm von Caesars Anrücken Nachricht zu geben. Überdies bemerkten sie noch manches, was durchaus glaubhaft klang. Caesar gab also seinen Legaten Quintus Pedius und Quintus Fabius Maximus, die er vorher schon an die Spitze des Heeres gestellt hatte, Nachricht von seinem Erscheinen und verlangte von ihnen, daß ihm die Reiterei, die in der Provinz ausgehoben worden war, zu seinem Schutz bereitgestellt werde. Er kam jedoch schneller zu ihnen, als sie vermutet hatten, und sah sich in seinem Wunsch, Reiterei in Bereitschaft zu finden, getäuscht. 3. In Corduba stand gerade Sextus Pompeius, der Bruder, an der Spitze einer Besatzung; denn die Stadt galt für den Hauptpunkt dieser ganzen Provinz. Der junge Pompeius dagegen belagerte schon mehrere Monate die Festung Ulia[153]. Kaum hatten die Einwohner von Caesars Ankunft gehört, als, unbemerkt von den Wachtposten des Pompeius, Gesandte zu ihm kamen und baten, er möge ihnen in der allernächsten Zeit Hilfe schicken. Da diese Stadt sich zu allen Zeiten in bester Weise um das römische Volk verdient gemacht hatte, ließ Caesar um die zweite Nachtwache sechs Kohorten und eine angemessene Zahl Reiter aufbrechen, Lucius Iunius Paciaecus an der Spitze, einen in dem Lande wohlbekannten und gutunterrichteten Mann. Als dieser bei den Posten der Belagerer ankam, traf es sich gerade, daß ein böses Wetter und ein heftiger Sturm hereinbrachen, wobei man vor Dunkelheit kaum seinen Nachbar erkannte. Doch war dies für ihn nur vorteilhaft. Denn bei seiner Ankunft ließ Iunius je zwei Reiter gerade durch die feindlichen Posten hindurch nach der Stadt zu reiten. Als diese nun mitten unter den Belagerern waren, antwortete einer von ihnen beim Anrufen des Feindes: »Still, wir versuchen einen Angriff gegen die Mauer, um die Stadt zu nehmen.« Einesteils waren die Wachen durch den starken

Sturm behindert und konnten nicht sorgfältig genug acht-
geben, andernteils wurden sie durch diese Antwort auch
eingeschüchtert. Beim Tor angekommen, wurden dann die
Caesarianer von den Belagerten auf ein gegebenes Zeichen
hin eingelassen; die Fußsoldaten wurden auf die Stadtviertel verteilt und blieben dort, während die Reiter unter
Kriegsgeschrei einen Ausfall gegen das Lager der Feinde
machten. Da das für die Pompeianer völlig überraschend
kam, hielt sich ein großer Teil von denen, die sich im Lager
aufhielten, schon fast für gefangen.

4. Caesar hatte diesen Versuch gegen Ulia nur machen lassen, um die Belagerung des Pompeius aufzuheben; er selbst
eilte nach Corduba, wohin er gepanzerte[154] tapfere Männer
mit der Reiterei vorausschickte. Sobald sie in
Sichtweite der Stadt kamen, schwangen sie sich auf ihre
Pferde, was die Leute in Corduba unmöglich bemerken
konnten. Als hierauf, je näher man kam, eine Menge Volk
aus der Festung strömte, um diese Reiterei Caesars niederzuhauen, so stiegen die erwähnten Panzerreiter von den
Pferden und richteten ein solches Blutbad an, daß von allen
zusammen nur wenige nach Corduba zurückkamen. Sextus Pompeius schickte ganz bestürzt seinem Bruder einen
Brief, worin er um schleunige Hilfe bat, damit nicht noch
vor dessen Ankunft Caesar Corduba nähme. Obwohl Pompeius Ulia nun fast erobert hatte, wurde er durch den Brief
seines Bruders so unruhig, daß er mit seinen Truppen nach
Corduba aufbrach.

5. Als Caesar an den Fluß Baetis[155] kam und wegen dessen
Tiefe nicht hinübersetzen konnte, versenkte er mit Steinen
angefüllte Schanzkörbe in das Bett des Flusses, errichtete
darauf eine Schiffbrücke und führte seine Truppen in drei
Abteilungen hinüber zu dem Lager, das sich von der Umgebung der Brücke gegen die Stadt hin in drei Abschnitten erstreckte. Als auch Pompeius mit seinem Kriegsvolk dort
ankam, schlug er sein Lager ebenso wie Caesar diesem gerade gegenüber auf. Um ihn von der Festung und der Zu-

fuhr abzuschneiden, führte deshalb Caesar eine Linie gegen
die Brücke. Ebenso auch Pompeius. Nun entstand zwischen beiden Führern ein Wettkampf, wer zuerst Herr über
die Brücke würde; dabei kam es täglich zu kleinen Gefechten, in denen bald diese, bald jene Seite die Oberhand behielt. Indessen kam es zu einer immer größeren Schlacht;
beide Seiten kämpften Mann gegen Mann, während sie bemüht waren, ihren Platz zu behaupten, und verknäulten
sich dabei immer mehr in der Nähe der Brücke, wobei diejenigen, die dem Ufer zu nahe kamen, in dem dichten Gedränge in den Fluß gestürzt wurden. Auf diese Weise häufte
man von beiden Seiten Tod auf Tod und türmte die Leichen
Haufen auf Haufen. Nachdem auf diese Weise mehrere Tage verstrichen waren, hatte Caesar den Wunsch, die Feinde, wenn möglich, an einen günstigen Ort zu locken und
bei erstbester Gelegenheit den Krieg zu entscheiden.
6. Um den Feind auf ein solches Terrain zu verleiten; hatte
er ihn von seiner Richtung abzubringen gesucht, bemerkte
aber bald dessen Abneigung gegen eine Schlacht. Nun führte
er seine Truppen wieder über den Fluß, ließ zur Nachtzeit
große Feuer anzünden und zog gegen Ategua[156], die stärkste
Stellung des Pompeius. Als dieser von Überläufern davon
unterrichtet wurde, brach er noch am gleichen Tag auf,
ließ die Berge und Schluchten hinter sich und zog sich mit
Wagen und beladenen Maultieren nach Corduba zurück.
Cäsar dagegen begann eine Belagerung Ateguas und führte
Linien um diese Festung. Als ihm über Pompeius gemeldet
wurde, daß er an diesem Tag aufbreche, hatte Caesar in Erwartung seiner Ankunft und um sich zu schützen, mehrere
Kastelle besetzt, wo teils die Reiterei, teils das Fußvolk
durch Vorposten und Wachen sein Lager decken konnte.
Zufällig entstand bei des Pompeius Anrücken in der Frühe
der dichteste Nebel. Durch diese Sichtbehinderung geschützt, umzingelten einige Kohorten und Reiterschwadronen Caesars Reiter und hieben dergestalt auf sie ein, daß
nur wenige diesem Gemetzel durch die Flucht entkamen.

7. In der folgenden Nacht zündete Pompeius sein Lager an und schlug auf einem Berg oberhalb des Flusses Salsum[157], der durch eine Talgegend fließt, zwischen den Städten Ategua und Ucubis ein neues Lager auf. Indessen fuhr Caesar mit allen Anstalten fort, welche zu einer Belagerung nötig waren; namentlich arbeitete man an einem Wall und an Sturmdächern. Die Gegend ist gebirgig und eben dadurch für Kriegsoperationen ungeeignet; der Fluß Salsum teilt die Ebene, doch kam der Fluß dabei Ategua sehr nahe. Ungefähr zwei Meilen von der Gegend dieser Stadt entfernt hatte Pompeius in den Bergen sein Lager in Sichtweite beider Städte aufgeschlagen, wagte aber nicht, seinen Leuten zu Hilfe zu kommen. Er verfügte über Adler und Feldzeichen von dreizehn Legionen; unter denen aber, die er für eine echte Stütze hielt, waren nur die beiden einheimischen Legionen[158], die von Trebonius übergelaufen waren; eine, die aus Kolonisten dieser Gegend bestand; eine vierte, die früher unter Afranius gedient und die er von Afrika herübergebracht hatte; alle übrigen bestanden aus entlaufenen Sklaven und Hilfsvölkern; denn was die Leichtbewaffneten und Reiter betraf, so war Caesar an Zahl und Tüchtigkeit weit überlegen.

8. Überdies konnte Pompeius den Krieg leicht in die Länge ziehen, weil die Gegend gebirgig und für Verschanzungen sehr vorteilhaft ist. Dagegen sind nämlich die Landschaften der jenseitigen Provinz Spanien wegen ihrer Fruchtbarkeit und des Überflusses an Wasser für Belagerungen schwierig und ungünstig. Auch werden hier wegen der häufigen Raubzüge der Barbaren alle von den Städten entfernter gelegenen Plätze, wie in Afrika, von Türmen und Befestigungsanlagen behauptet; jedoch sind sie nicht mit Ziegeln, sondern mit Mörtel gedeckt. Diese benützen sie zugleich als Wachttürme, von denen sie wegen ihrer Höhe das Land weit und breit überschauen können. Ebenso ist ein großer Teil der Städte in dieser Provinz durch die Berge fast vollkommen gesichert und auf Plätzen erbaut, die

durch ihre natürliche Lage alle anderen überragen: es ist schwer, sich ihnen zu nähern. Eine Belagerung solcher spanischen Städte ist also durch das Terrain sehr erschwert, sie werden daher nicht leicht vom Feind eingenommen. Auch dieser Krieg bewies es. Damals nämlich, als Pompeius sein Lager zwischen den obenerwähnten Städten Ategua und Ucubis[159] in deren Sichtweite aufgeschlagen hatte, befand sich ungefähr vier Meilen von seinem Lager entfernt eine Erhebung, die Castra Postumiana genannt wird; dort hatte Caesar zu seinem Schutz ein Kastell errichtet.

9. Pompeius, der durch die natürliche Beschaffenheit ebendieses Gebirges gedeckt und einigermaßen weit von Caesars Lager entfernt war, dachte eben wegen der örtlichen Schwierigkeiten, daß Caesar, der durch den Salsum getrennt war, es nicht wagen würde, aufgrund dieser Situation seinen Leuten zu Hilfe zu eilen. In dieser festen Meinung brach er zur Zeit der dritten Nachtwache auf und begann einen Angriff auf das Kastell. Kaum war er aber in die Nähe gekommen, als Caesars Leute unter plötzlichem Geschrei den Feind mit einer solchen Masse von Geschoßen empfingen, daß ein großer Teil der Angreifenden verwundet wurde. Die Verteidigung aus dem Kastell dauerte fort, und Caesar erhielt Nachricht von der Sache im größeren Lager. Sofort brach er mit drei Legionen auf, um den tapfer Kämpfenden zu helfen. Sobald er sich aber den Feinden genähert hatte, ergriffen diese in ihrer Panik die Flucht, wobei viele getötet und mehrere gefangengenommen wurden, unter ihnen auch zwei Centurionen; viele flohen, nachdem sie ihre Waffen weggeworfen hatten; 80 ihrer Schilde wurden eingesammelt.

10. Den folgenden Morgen kam Arguetius aus Italien mit Reiterei und brachte fünf Feldzeichen mit, die er den Bewohnern von Sagunt abgenommen hatte. Schon früher waren zu Caesar noch andere Reiter aus Italien unter Asprenas[160] gekommen. In der Nacht steckte Pompeius sein Lager in Brand und zog gegen Corduba. Ein König namens In-

do, der an der Spitze seiner Reiterei seine Truppen mitgebracht hatte, wurde von einheimischen Legionssoldaten abgeschnitten und getötet, als er den Heerzug der Feinde allzu eifrig verfolgte.

11. Tags darauf dehnten Caesars Reiter die Verfolgung derjenigen, die aus Corduba Lebensmittel in das Lager des Pompeius brachten, weiter gegen die Stadt hin aus. Fünfzig dieser Leute wurden aufgefangen und samt ihren Tieren in Caesars Lager gebracht. Am selben Tag ging ein Militärtribun des Pompeius, Quintus Marcius, zu Caesar über, und um die dritte Nachtwache kam es in der Stadt zu einem heftigen Kampf; viele Feuerbrände wurden geworfen, wie überhaupt alle Arten von Geschossen verwendet wurden, die man zum Werfen von Feuerbränden zu benutzen pflegt. Gleich darauf ging der römische Ritter Gaius Fundanius aus dem Lager des Feindes ebenfalls zu Caesar über.

12. Am folgenden Tag nahmen Caesars Reiter zwei Soldaten gefangen, die zur Legion der Einheimischen gehörten und sich für Sklaven ausgaben. Als sie kamen, wurden sie jedoch gleich von jenen Soldaten erkannt, die früher unter Fabius und Pedius gestanden und von Trebonius[161] abgefallen waren. Es war unmöglich, ihnen Verzeihung zu erwirken; sie wurden niedergehauen. Um diese Zeit fing man auch Briefboten auf, die von Corduba an Pompeius geschickt waren und sich in Caesars Lager verirrt hatten; man entließ sie mit abgehauenen Händen. Um die zweite Nachtwache fing man aus der Stadt, wie gewöhnlich, wieder an, Feuerbrände und eine große Menge von Geschossen zu werfen; dies dauerte sehr lange, und eine Anzahl Leute wurde verwundet. Als die Nacht vorüber war, machten die Feinde einen Ausfall auf die 6. Legion, die durch die Schanzarbeiten auseinandergezogen war, worauf ein erbitterter Kampf entbrannte; Caesars Leute konnten den Angriff abschlagen, obwohl die Städte von oben her unterstützt wurden. Als die Feinde den Ausfall zu machen begannen, wurden sie dennoch durch die Tapferkeit von Cae-

sars Soldaten zurückgeschlagen, obwohl sie durch ihre tiefer gelegene Stellung in Bedrängnis gerieten; die Feinde trugen sehr viele Wunden davon und zogen sich wieder in die Stadt zurück.

13. Mit dem folgenden Tage begann Pompeius eine Linie von seinem Lager gegen den Salsum zu ziehen; einige Reiter, von einer größeren Anzahl Feinde überrascht, wurden von ihrem Wachtposten verjagt, und drei verloren ihr Leben. Am selben Tag ließ A. Valgius, der Sohn eines Senators, dessen Bruder im Lager des Pompeius stand, all seine Habe im Stich, bestieg ein Pferd und floh. Ein Späher aus Pompeius' zweiter Legion wurde aufgefangen und umgebracht. Zu derselben Zeit kam eine Kugel aus der Stadt geflogen mit der Inschrift: man werde einen Schild als Zeichen aufstellen, wann Caesar die Stadt angreifen solle. In dieser Hoffnung, ohne Gefahr die Mauer ersteigen und die Stadt einnehmen zu können, machten sich am darauffolgenden Tag einige Soldaten daran, die Belagerungsarbeiten gegen die Mauer vorzutreiben, so daß ein guter Teil der vorderen Mauer einstürzte... Danach schenkten ihnen die Städter das Leben, als ob sie ihrer eigenen Partei angehörten...[162] Sie baten, sie sollten die gepanzerten Soldaten, die von Pompeius mit dem Schutz der Stadt betraut worden waren, freilassen. Ihnen antwortete Caesar, er sei gewöhnt, Bedingungen zu stellen und nicht anzunehmen. Kaum hatten die Belagerten diese Antwort erhalten, als sie unter heftigem Geschrei mit allen nur erdenklichen Geschossen den Kampf von der Mauer herab eröffneten. Ein großer Teil der Mannschaft in Caesars Lager erwartete deshalb ganz sicher einen Ausfall an diesem Tag. Man bildete also einen Ring um die Stadt, und eine Zeitlang wurde äußerst heftig gekämpft; zugleich brachte auch ein Geschoß einer Wurfmaschine einen Turm zum Einsturz, wobei der Sklave, der die Wurfmaschine zu beobachten pflegte, sein Leben verlor und ebenso fünf Feinde, die sich auf dem Turm befunden hatten.

14. Hierauf errichtete Pompeius jenseits des Salsum ein Kastell, wobei ihm Caesars Leute nicht in den Weg traten, so daß er sich, in eine falsche Meinung versetzt, rühmte, fast schon auf Caesars Boden Fuß gefaßt zu haben. Am folgenden Tag machte er einen wiederholten Versuch und drang bis dahin vor, wo einige Reiter und die Leichtbewaffneten Caesars auf dem Posten standen. Diese wurden beim ersten Sturm geworfen, indem Reiter und Leichtbewaffnete ihrer geringen Zahl wegen zwischen den Schwadronen der feindlichen Reiterei niedergeritten wurden. Dies ging vor den Augen beider Lager vor sich und die Pompeianer jubelten um so mehr, weil Caesars Leute immer weiter zurückwichen, sie aber nachsetzten. Als sie auf günstigem Gelände von Caesars Truppen aufgefangen wurden und dabei, wie üblich, aus gleicher Tapferkeit ihr Kriegsgeschrei erhoben, wichen sie einem Kampf aus.

15. Man kann in fast allen Heeren bei Reiterkämpfen immer wieder die Erfahrung machen, daß ein Reiter, der vom Pferde steigt und nun einen Kampf mit einem Fußsoldaten beginnt, diesem nicht gewachsen ist. Das zeigte sich auch jetzt. Als leicht bewaffnete, auserlesene Fußsoldaten, ohne daß dies Caesars Reiter ahnten, in den Kampf mit eingriffen und dies erst während des Gefechtes erkannt wurde, stiegen einige Reiter von ihren Pferden. So stand also nach kurzer Zeit der Reiter im Gefecht zu Fuß, der Fußsoldat aber im Reitertreffen, bis das Morden schließlich den Wall erreichte. Auf seiten des Feindes fielen 123 Mann, eine Anzahl verlor die Waffen, und viele wurden verwundet ins Lager zurückgetrieben. Bei Caesar fielen drei Leute; zwölf Fußsoldaten und fünf Reiter wurden verwundet. Während des übrigen Tages begann dann wieder der übliche Kampf um die Mauer. Nachdem die Belagerten eine bedeutende Masse Feuerbälle und Geschosse auf die Belagerer geschleudert hatten, die sich tapfer dagegen wehrten, begingen sie eine ganz unerhörte und grausame Tat, indem sie vor Caesars Augen ihre eigenen Gastgeber in der Stadt er-

würgten und über die Mauer hinabwarfen; eine wahre Barbarei, wie man nie eine ähnliche erlebt hat.

16. Am Ende dieses Tages schickten die Pompeianer heimlich einen Botschafter nach der Stadt mit dem Befehl, die Belagerten sollten in dieser Nacht Türme und Wall anzünden und um die dritte Nachtwache einen Ausfall machen. Es wurde also wieder eine Menge von Feuerbällen und Geschossen geschleudert und ein guter Teil der Mauer zerstört: dann öffnete sich das Tor, das in Richtung und Sichtweite vom Lager des Pompeius lag, und die gesamte Besatzung machte einen Ausfall. Dabei brachten sie Faschinen mit, um die Gräben auszufüllen, und Hacken, um die Strohhütten niederzureißen und in Brand zu stecken, die sich Caesars Leute gegen den Winter gebaut hatten. Überdies hatten sie sich auch mit Silber und Gewändern versehen, um den Feind, während er durch die Beute abgelenkt wurde, niederzumachen und sich so den Rückzug in das Lager des Pompeius zu bahnen: denn dieser stand in der Erwartung, daß der Plan gelingen werde, die ganze Nacht unter den Waffen jenseits des Flusses. Caesars Leute, die von der ganzen Sache nichts wußten, waren allerdings überrascht, trieben aber durch ihre Tapferkeit den Feind zurück, verwundeten viele und trieben sie wieder in die Stadt. Man hatte eine ansehnliche Beute an Waffen und anderen Dingen und nahm einige Feinde gefangen, die tags darauf umgebracht wurden. Ein Überläufer, der sich zur selben Zeit einstellte, erzählte, ein gewisser Iunius, der sich in einem unterirdischen Gang befunden hatte, habe bei der Ermordung der Stadtbewohner ausgerufen, man habe eine unerhörte Schandtat begangen; denn diese Menschen hätten eine solche Bestrafung durch nichts verdient, da sie ihnen bei ihren Altären und Herden freundlich Aufnahme gewährt hätten; die Heiligkeit der Gastfreundschaft sei durch ein Verbrechen besudelt worden; er habe noch vieles mehr gesagt; diese Worte hätten sie so erschüttert, daß sie von weiteren Morden abließen.

17. Am folgenden Tag erschien ein Gesandter, Tullius, mit einem Lusitanier, Cato, vor Caesar und sprach also: »Ach hätten doch die unsterblichen Götter mich lieber zu deinem Soldaten als zu dem des Pompeius gemacht und könnte ich meine durch nichts zu erschütternde Tapferkeit in deinem Sieg statt bei dessen unheilvollem Treiben beweisen. Seine verhängnisvollen Verdienste haben sein Ansehen so tief sinken lassen, daß wir — römische Bürger! — nun ausgerechnet des Schutzes bedürfen und wegen der unheilvollen Katastrophe für das Vaterland Gefahr laufen, zu den Staatsfeinden gerechnet zu werden; dabei haben uns weder seine erfolgreichen Schlachten glücklich gemacht, noch haben wir uns nach seinen Niederlagen als Sieger gefühlt. Schon so vielen Anfällen der Legionen haben wir widerstanden, schon so oft waren wir bei täglichen und nächtlichen Anstrengungen beständig dem Schwerte und den Geschossen des Feindes ausgesetzt; vergeblich! denn wir sehen uns nun von Pompeius übergangen und im Stich gelassen. Durch deine Tapferkeit besiegt, fordern wir nun von deiner Milde unser Heil und bitten dich, daß. . .« Caesar antwortete kurz: »Wie ich mich gegen fremde Völker bezeigt habe, ebenso will ich bei der Unterwerfung der Mitbürger erscheinen.«

18. Die Gesandten wurden entlassen, und als sie zum Tor kamen, gingen Tiberius Tullius und Cato hinein. Als dieser aber sah, daß Antonius nicht unmittelbar folgte, ging er zum Tor zurück und packte den Menschen. Als Tiberius merkte, was da geschah, zog er sofort seinen Dolch und verwundete Cato an der Hand. So flohen sie zu Caesar zurück.[163] Zur gleichen Zeit ging auch ein Fahnenträger der ersten Legion zu ihm über und erzählte, am Tage des Reitertreffens hätten 35 Soldaten seiner Umgebung den Tod gefunden, es sei aber verboten, dies im Lager des Pompeius zu sagen oder überhaupt nur davon zu sprechen, daß jemand gefallen sei. Ein Sklave ermordete damals seinen Herrn, der sich in Caesars Lager aufhielt und seine Frau

nebst einem Sohne in der Stadt zurückgelassen hatte; dann
entwich er heimlich aus Caesars Stellungen in das Lager
des Pompeius. . . Und er schickte eine auf ein Schleuderblei geschriebene Nachricht, wodurch Caesar erfuhr, welche Vorbereitungen in der Stadt zur Verteidigung unternommen wurden. Als Caesar den Brief erhalten hatte und
der Mann, der das beschriebene Schleuderblei zu schicken
pflegte, in die Stadt zurückgekehrt war. . . In der darauffolgenden Zeit liefen zwei lusitanische Brüder zu ihm über
und meldeten, daß Pompeius eine Versammlung abgehalten hatte: da er ja der Stadt nun nicht zu Hilfe kommen
könne, sollten sie sich bei Nacht aus der Sicht der Feinde
wegschleichen und sich nach dem Meer hin zurückziehen.
Da habe einer geantwortet, man solle es doch lieber zum
Kampf kommen lassen, als Anzeichen von Flucht zu verraten; er habe aber seine Freimütigkeit mit dem Tode gebüßt.
Zur selben Zeit wurden Boten von Pompeius aufgegriffen,
die auf dem Weg zur Stadt waren; Caesar warf ihre Briefe
den Städtern vor die Füße und befahl, wer von ihnen für
sein Leben bitten wolle, müsse den hölzernen Turm der
Belagerten anzünden; dann wolle er ihm jede Bitte gewähren: die Sache war nämlich schwer auszuführen, und nur
mit großer Gefahr konnte der Turm angezündet werden.
Sobald einer näher herankam, wurde er mit einem Strick
um die Beine am Turm aufgehängt und von den Stadtbe-
wohnern getötet. In derselben Nacht meldete ein Überläufer noch weiter, daß Pompeius und Labienus über die Ermordung der Stadtbewohner sehr entrüstet gewesen seien.
19. Um die zweite Nachtwache wurde einer von Caesars
hölzernen Türmen von den vielen Geschossen von unten
bis zum zweiten und dritten Stockwerk beschädigt. Zur
selben Zeit fand ein äußerst heftiger Kampf von der Mauer
aus statt, wobei ein anderer Turm Caesars, wie der vorige,
durch die Belagerten in Brand gesteckt wurde; dabei war ihnen der Wind günstig. Gegen Morgen ließ sich eine Mutter
an der Mauer hinab und meldete, sie habe mit ihrer ganzen

Familie zu Caesar flüchten wollen; ihre Angehörigen seien aber ergriffen und ermordet worden. Überdies wurde in dieser Zeit auch ein Schreiben von der Mauer herabgeworfen, in welchem es hieß: »Lucius Munatius an Caesar. Wenn Du mir das Leben schenkst, will ich Dir, wo ich nun schon von Pompeius im Stich gelassen worden bin, künftig die gleiche Tapferkeit und Standhaftigkeit beweisen, wie ich sie jenem erwiesen habe.« Auch erschienen bei Caesar Gesandte von den Einwohnern, die schon vorher herausgekommen waren, und erklärten, man werde ihm mit dem nächsten Morgen die Festung übergeben, wenn er ihnen das Leben schenke. Er gab ihnen zur Antwort: »Ich bin Caesar und halte mein Wort.« Also nahm er am Tag vor den 11. Kalenden des März[164] die Stadt und wurde als Imperator begrüßt.

20. Als jetzt Pompeius durch Überläufer die Einnahme der Festung erfuhr, brach er gegen Ucubis auf, wo er an verschiedenen Punkten der Umgegend Kastelle errichtete und innerhalb seiner Schanzen stehenblieb. Ihm rückte Caesar nach, und schlug sein Lager ganz in seiner Nähe auf. Zur selben Zeit lief frühmorgens ein gepanzerter Soldat aus der Legion der Einheimischen zu ihm über und brachte die Nachricht, Pompeius habe die Einwohner von Ucubis versammelt und ihnen befohlen, sorgfältig nachzuforschen, wer in der Stadt zu ihm halte und wer den Sieg der Gegner wünsche. Später fand man in der eroberten Stadt in einem unterirdischen Stollen jenen Sklaven, der, wie oben berichtet, seinen Herrn ermordet hatte; er wurde lebendig verbrannt. Zur gleichen Zeit gingen auch acht bepanzerte Centurionen aus der Legion der Einheimischen zu Caesar über; es fand auch ein Reitertreffen statt, und einige Leichtbewaffnete erlagen ihren Verwundungen. In der folgenden Nacht ertappte man drei Sklaven und einen Soldaten aus der einheimischen Legion, die auskundschaften wollten; die Knechte wurden gekreuzigt, der Soldat enthauptet.

21. Am nächsten Tag gingen Reiter und Leichtbewaffnete

aus dem feindlichen Lager zu Caesar über. Zu dieser Zeit wurden seine Leute, die nach Wasser gingen, von elf feindlichen Reitern angegriffen, die einige töteten, andere lebendig gefangennahmen; acht Reiter wurden ergriffen. Am folgenden Tag ließ Pompeius 74 Leute mit dem Beile hinrichten, die für Anhänger Caesars galten; die übrigen ließ er in die Stadt führen; 120 von ihnen entflohen aber und kamen zu Caesar.

22. Danach brachen Gesandte aus Bursavo, die in der Stadt Ategua gefangengenommen worden waren, in Begleitung von Caesars Leuten in ihre Heimat auf, um den Bewohnern von Bursavo von dem zu berichten, was geschehen war, und ihnen zu zeigen, was sie von Pompeius zu hoffen hätten, wenn sie sähen, daß selbst die gastfreundlichen Einwohner ermordet und außerdem noch viele andere Frevel verübt würden. Als man nun bei Bursavo angekommen war, wagten es die Begleiter aus Caesars Heer, römische Ritter und Senatoren, nicht, die Stadt zu betreten; nur die Leute aus Bursavo selbst getrauten sich. Nach wechselseitigen Verhandlungen und Gesprächen begaben sie sich dann wieder zu Caesars Leuten, die vor der Festung stehengeblieben waren. Allein man setzte ihnen mit Mannschaft nach und ermordete die Gesandten hinterrücks. Nur zwei entkamen und brachten Caesar die Nachricht von diesem Vorfall. . . und sie schickten Kundschafter nach der Stadt Ategua. Als die Bewohner von Bursava mit Gewißheit erfahren hatten, daß die von den Gesandten berichteten Vorfälle genauso stattgefunden hatten, stürmten sie auf den Urheber des Mordes der Gesandten los; sie wollten ihn steinigen und Hand an ihn legen, denn er habe sie ins Verderben gestürzt. Kaum der drohenden Gefahr entronnen, verlangte er von ihnen die Erlaubnis, als Gesandter zu Caesar zu gehen: vor diesem wolle er sich rechtfertigen. Man gab ihm die Erlaubnis; er aber ging weg, brachte eine Mannschaft zusammen und verschaffte sich, als er eine ausreichend große Schar beisammen hatte, zu nächtlicher

Zeit durch List Aufnahme in der Stadt. Dort richtete er ein großes Blutbad an, mordete namentlich die Vornehmen, die ihm feindlich gesinnt waren, und brachte die Stadt in seine Gewalt. Bald darauf meldeten übergelaufene Sklaven, daß er die Güter der Einwohner verkaufe und niemand die Schanzen verlassen dürfe, es sei denn ungegürtet, weil seit der Übergabe von Ategua die Furcht so allgemein sei, daß die Leute zahlreich nach Baeturien fliehen würden und alle Hoffnung auf einen Sieg verlorengäben: wenn einer aus Caesars Heer zu ihm übergehe, so werde er unter die Leichtbewaffneten gereiht und erhalte nicht mehr als sieben Denare.

23. Darauf näherte Caesar sein Lager dem feindlichen und fing an, eine Linie zum Fluß Salsum zu ziehen. Seine Leute waren gerade mitten in der Arbeit, als eine Anzahl Feinde von der Höhe herab angriff und mehrere von den Leuten, die ihre Arbeit dennoch nicht unterbrachen, mit vielen Geschossen verwundete. Indessen traf hier ein, was Ennius[165] sagt: »Die Unsrigen wichen ein wenig.« Kaum bemerkte man dies in Caesars Heer, das an ähnliches nicht gewöhnt war, als zwei Centurionen der 5. Legion über den Fluß gingen und das Treffen wiederherstellten. Als sie zu mehreren erbittert und außerordentlich tapfer kämpften, wurde der eine von den beiden Centurionen von der Menge der von oben herabgeworfenen Geschosse erschlagen. Als sich dann der andere Centurio, in der Absicht, den Kampf zu halten, von allen Seiten abgeschnitten sah, strauchelte er beim Auftreten. Gerade als mehrere der Feinde über die Auszeichnungen dieses tapferen Mannes in Wetteifer gerieten, kamen Caesars Reiter herüber und begannen die Feinde von unten her gegen den Wall zu drängen. Während sie so im Innern des Lagers in ihrem allzu großen Eifer ein Blutbad anrichten wollten, schnitt ihnen die pompeianische Reiterei samt den Leichtbewaffneten den Weg ab. Wären daher die Caesarianer nicht so ungemein tapfer gewesen, so hätte sie der Feind lebendig in seine Hände bekom-

men; denn auch durch die Schanzen waren sie so beengt, daß sich der Reiter schon durch den begrenzten Raum kaum zur Wehr setzen konnte. In beiden Angriffen gab es eine Anzahl Verwundete, unter ihnen auch Clodius Arquitius; obwohl der Kampf Mann gegen Mann geführt worden war, hatten die Unseren keinen Verlust, außer den der zwei Centurionen, welche sich aus Ruhmbegierde allzuweit vorgewagt hatten.

24. Am folgenden Tage stießen beide Heere bei Soricaria aufeinander. Caesar ließ befestigte Linien ziehen. Als aber Pompeius sah, daß er vom Kastell Aspavia abgeschnitten wurde, das fünf Meilen von Ucubis liegt, so nötigte ihn dieser Umstand eigentlich zum Kampfe; dennoch fand er keine Gelegenheit dazu auf ebenen Gelände, sondern. . . Sie wollten eine größere Erhebung besetzen, um ihn dadurch zu zwingen, sich auf ungünstiges Terrain zu begeben. Als deshalb beide Heere zugleich den stattlichen Hügel zu gewinnen suchten, wurden die Pompeianer daran gehindert und in die Ebene zurückgeworfen. Dieser Umstand war für Caesar sehr vorteilhaft; denn in dem nun folgenden Treffen wich der Feind überall, und Caesars Heer richtete ein großes Blutbad an. Nicht ihre Tapferkeit rettete sie, sondern die Berghöhe: wäre es nicht dunkel geworden, so wären sie durch unsre Leute, die an Zahl geringer waren, auch dieser Hilfe beraubt worden. An Leichtbewaffneten verloren sie 323 Mann und überdies noch 138 Legionssoldaten, ohne die zu rechnen, deren Waffen erbeutet wurden. Der Tod jener zwei Centurionen am vorigen Tage wurde also durch diese Bestrafung des Feindes glücklich gerächt.

25. Am folgenden Tag kam die Mannschaft des Pompeius, wie sie es gewohnt war, zu demselben Platz und bediente sich wieder ihrer früheren Übung; denn außer mit ihren Pferden wagten sie sich nicht in einen Kampf einzulassen. Als dann unsre Leute wieder mit der Arbeit an den Schanzen beschäftigt waren, machte die feindliche Reiterei einen Angriff, und auch die Fußsoldaten der Legionen erhoben

zugleich ein Geschrei, als wenn sie sich eine Gelegenheit und einen Ort wünschten, ihrer Kampfbegier folgen zu können. Caesars Truppen rückten also aus einem niedrigen Tal ein ziemliches Stück weit hervor und stellten sich auf der Ebene an einem etwas ungünstigen Orte auf. Offenbar trauten sich aber jene nicht, zum Kampfe auf die Ebene herabzukommen, ausgenommen den Antistius Turpio, der sich zu sehr auf seine Kräfte verließ und glaubte, keiner von den Gegnern werde es mit ihm aufnehmen. Es wiederholte sich nun gewissermaßen die Szene zwischen Achilles und Memnon[166]. Es stellte sich ihm nämlich von seiten der Caesarianer ein römischer Ritter aus Italien, Quintus Pompeius Niger, entgegen. Weil aber die Wildheit des Antistius alle Aufmerksamkeit auf sich zog, stand man von der Arbeit ab, und beide Heere richteten geordnet ihren Blick auf diesen Kampf. Denn ungewiß zwischen beiden Helden schwebte der Sieg, und fast schien es, als entscheide dieser einzelne Kampf den Sieg der Heere selbst. Jede Partei war auf den Ausgang begierig und wünschte ihrem Kämpfer Glück. Als die Kämpfer nun voll tapferer Entschlossenheit die Ebene zum Kampf betraten und ihrer Schilde glanzvolles, gemeißeltes Bildwerk, des Lobes Auszeichnungen, einander entgegenstellten, so wäre der Kampf beinahe entschieden worden, wenn er nicht wegen des obenerwähnten Angriffs abgebrochen worden wäre. . . die leichten Truppen stellte er zur Unterstützung nicht weit von den Befestigungslinien nahe dem Lager auf. Während Caesars Reiter beim Rückzug in das Lager zurückkehrten, verfolgten die Feinde sie allzu hitzig, so daß alle auf einmal das Kriegsgeschrei erhoben und einen Angriff machten. In großer Furcht und Bestürzung zogen sich nun die Pompeianer unter großen Verlusten in ihr Lager zurück.

26. Cäsar belohnte die Schwadron des Cassius wegen ihrer Tapferkeit mit 3 000 Denaren, ihren Anführer mit fünf goldenen Halsketten und die Leichtbewaffneten mit 2 000 Denaren. Noch an demselben Tag gingen die römischen Ritter

Aulus Baebius, Caius Flavius und Aulus Trebellius aus Hasta mit ihren ganz von Silber bedeckten Pferden zu Caesar über und brachten die Nachricht, alle im Lager des Pompeius stehenden römischen Ritter hätten sich verschworen gehabt überzulaufen; auf die Anzeige eines Sklaven hin seien sie jedoch alle in Gewahrsam genommen worden; sie allein hätten Gelegenheit gefunden zu entrinnen. Auch einen Brief fing man an diesem Tage auf, den Pompeius nach Ursao[167] schickte. Derselbe lautete also: »Ich grüße Euch von Herzen und befinde mich wohl. Zwar haben wir, so wollte es unser Glücksstern, bisher noch immer den Feind zurückgeschlagen; doch hätte ich den Krieg schon schneller beendet, als Ihr denkt, wenn sich Gelegenheit geboten hätte, auf günstigem Gelände an sie heranzukommen. Aber sie haben nicht den Mut, ihr junges Heer in die Ebene hinabzuführen; vielmehr ziehen sie den Krieg in die Länge und vertrauen dabei auf die festen Plätze, die früher uns gehörten. Denn einzelne Städte haben sie bereits eingeschlossen, von wo sie sich mit Nachschub versorgen. Deshalb werde ich die Städte, die auf unserer Seite stehen, retten und den Krieg zum erstmöglichen Zeitpunkt beenden. Ich habe im Sinn, Euch. . . Kohorten zu schicken. Ist der Feind erst einmal des Vorteils beraubt, sich unserer Versorgungsquellen zu bedienen, wird er es notgedrungen zum Kampf kommen lassen müssen.«

27. In der nächsten Zeit wurden, da Caesars Soldaten mit den Arbeiten an den Schanzen beschäftigt waren, einige Reiter in einem Olivenwald, wo sie Holz holten, ermordet. Es gingen auch Sklaven über, meldeten, daß seit dem Tag des Gefechts bei Soricaria[168] den Feind eine große Furcht befallen habe, so daß Attius Varus die Linien und Kastelle bewache. Noch am selben Tag brach Pompeius auf und setzte sich, Spalis gegenüber, auf einem Oelberg fest. Ehe noch Caesar selbst dorthin aufbrach, konnte man um die sechste Stunde den Mond sehen. Pompeius hatte zugleich bei seinem Aufbruch einer Truppenabteilung, die er zu-

rückließ, den Befehl gegeben, Ucubis in Brand zu stecken und sich nach der völligen Zerstörung der Stadt in das Hauptlager zurückzuziehen. In der folgenden Zeit begann Caesar die Belagerung der Stadt Ventipo und marschierte nach ihrer Übergabe in Richtung auf Carruca, wo er gegenüber Pompeius ein Lager aufschlug. Pompeius ließ die Stadt anzünden, weil sie ihre Tore vor seinen Truppen verschlossen hatte; ein Soldat, der seinen Bruder im Lager ermordet hatte, wurde von den Caesarianern ergriffen und mit Stöcken erschlagen. Von hier brach man wieder auf, kam in die Ebene von Munda[169], und Caesar lagerte sich dem Pompeius gegenüber.

28. Am folgenden Tag, als Caesar schon wieder mit seinem Heer weiterwollte, wurde von Kundschaftern gemeldet, Pompeius stehe seit der dritten Nachtwache in Schlachtordnung. Bei dieser Nachricht ließ er die rote Feldherrnfahne aufstecken. Pompeius aber hatte seine Truppen herausgeführt, weil ihm die Stadt günstig war; auch hatte er vorher schon einen Brief dorthin geschickt, worin er schrieb, Caesar wolle nicht ins Tal herab, weil der größere Teil seines Heeres aus Neulingen bestehe. Dieser Brief festigte auch wirklich die Einwohner in ihrer Gesinnung. Im Vertrauen darauf glaubte er, ohne Gefahr folgendermaßen vorzugehen: Dort, wo er sein Lager errichtet hatte, wurde er nämlich sowohl durch die natürliche Lage des Ortes als auch durch die Festungsanlage der Stadt selbst geschützt. Wie wir nämlich schon früher bemerkten, wurde dieses Hochland von Hügeln eingefaßt, zwischen denen sich eine Ebene hinzog; gerade so war es auch damals.

29. Zwischen beiden Lagern dehnte sich eine Ebene von etwa fünf Meilen, so daß die Truppen des Pompeius durch zweierlei Dinge geschützt wurden, durch die Stadt und durch die erhabene Lage des Platzes. Von hier verlief die Ebene gleichmäßig weiter, bis sie an der Stelle, wo sie sich abwärts neigte, auf einen Bach stieß, der für den, der sich ihnen nähern wollte, die größten Geländeprobleme auf-

warf, denn zur Rechten war der Boden sumpfig und voller Morastlöcher. Cäsar, der die Linie des Feindes gerade aufgestellt erblickte, zweifelte nicht, daß ihm dieser mitten auf der Ebene ein Treffen anbieten werde. Der Ort lag frei vor aller Augen. Dazu kam noch, daß das Terrain für die Reiterei sehr günstig und die Witterung so hell und klar war, daß selbst die Götter diesen Tag zu einer Schlacht bestimmt zu haben schienen. Die meisten in Caesars Heer waren voller Freude, einige aber auch voll Furcht, daß nun die Sache und das Schicksal aller auf einem Punkt hingebracht wurde, der ungewiß ließ, was der Zufall nach einer Stunde bescheren würde. Und so rückten Caesars Leute vor in der Meinung, die Feinde würden dasselbe tun. Diese wagten jedoch nicht, weiter von den Befestigungen der Stadt aus vorzugehen; vielmehr blieben die Feinde in der Nähe der Stadtmauer stehen. Deshalb rückten nun Caesars Truppen vor. Bisweilen forderte die Ebenheit des Geländes die Feinde nachgerade dazu auf, unter solch günstigen Bedingungen dem Sieg entgegenzueilen. Als Caesars Leute sich Schritt für Schritt dem Bach näherten, gaben die Feinde immer noch nicht den Schutz des für Caesars ungünstigen Geländes auf.

30. Die Gegner hatten 13 Legionen, die auf den Flügeln von der Reiterei und den leichten Truppen gedeckt wurden. Diese beliefen sich auf 6 000 Mann, und dazu kamen noch fast ebensoviel Hilfstruppen. Caesars Streitmacht betrug 80 Korhorten Fußvolk und 8 000 Reiter. Als er am äußersten Ende der Ebene an jenem ungünstigen Punkt anlangte, zeigte sich weiter oben der Feind kampfbereit, so daß man nur mit großer Gefahr hätte weiter bergauf rücken können. Als Caesar dies bemerkte, begann er den Ort genau zu bestimmen und abzugrenzen, um jede leichtsinnige Nachlässigkeit seiner Leute auszuschließen. Kaum hörten es aber seine Leute, so wurden sie höchst empfindlich und verdrießlich darüber, daß man sie nun von der entscheidenden Schlacht zurückhielt. Bei den Feinden aber bewirkte diese

Verzögerung, daß sie noch mutiger wurden; sie glaubten nämlich, daß nur Furcht es sei, die Caesars Truppen davon abhalte, die Schlacht zu beginnen. Das machte sie überheblich; und sie boten den Kampf, obgleich auf ungünstigem Gelände, an, doch so, daß eine Annäherung an sie dennoch mit großer Gefahr verbunden sein mußte. Hier standen die Zehner auf ihrem gewohnten Platz, nämlich auf dem rechten Flügel, auf dem linken die 3. und 5. Legion nebst der Reiterei und den Hilfstruppen. Die Schlacht wurde mit Kriegsgeschrei eröffnet.

31. Unsre Truppen waren allerdings an Tapferkeit überlegen, allein der Feind verteidigte sich von der Höhe herab auf erbittertste Weise; auf beiden Seiten erhob sich ein solches Kriegsgeschrei und ging ein solcher Hagel von Geschossen nieder, daß man auf Caesars Seite fast am Sieg verzweifelte. Der Ansturm und das Geschrei, wodurch vor allem die Bestürzung des Feindes bewirkt zu werden pflegt, war beim Anfang auf beiden Seiten fast gleich stark. Nachdem aber beide Truppengattungen, Fußvolk und Reiterei, sich mit gleichem Mut in die Schlacht stürzten, wurde der Feind scharenweise von den Wurfwaffen durchbohrt und in Haufen zu Boden gestreckt. Wie schon bemerkt wurde, stand die 10. Legion auf dem rechten Flügel. Zwar war ihre Zahl nicht groß; durch ihre Tapferkeit aber versetzten sie doch den Feind in großen Schrecken. Denn sie bedrängten die Gegner so sehr, daß diese, um sich gegen einen Angriff von der Flanke zu sichern, eine Legion als Unterstützung nach dem rechten Flügel schickten. Kaum hatte sich aber diese in Bewegung gesetzt, als Caesars Reiterei den linken Flügel in einer Weise zu bestürmen begann, wie nur Leute von ausgezeichneter Tapferkeit sich zu schlagen imstande sind. Es wurde also dem Feinde die Möglichkeit einer solchen Unterstützung entrissen. Als so das Geschrei, vermischt mit dem Stöhnen und Klirren der Schwerter, an die Ohren drang, erstarrten die Gemüter der Unerfahrenen vor Furcht. Wie Ennius sagt, »drängte Fuß hier den Fuß, rieb

Waffe die Waffe«, und Caesars Leute begannen, die verzweifelt kämpfenden Feinde zurückzutreiben; nur die Stadt gewährte ihnen Schutz. So wäre schon am Fest des Liber[170] niemand von den geschlagenen und zurückfliehenden Pompeianern am Leben geblieben, hätten sie sich nicht an eben den Ort geflüchtet, von dem sie hergekommen waren. Es fielen in dieser Schlacht etwa 30 000 Menschen, wenn nicht mehr, namentlich auch Labienus, Attius Varus — beide wurden ehrenvoll bestattet — nebst etwa 300 römischen Rittern, die teils aus Rom, teils aus der Provinz selbst stammten. In Caesars Heer vermißte man an die 1 000 Mann, teils Fußvolk, teils Reiterei; ungefähr 500 waren verwundet. Dreizehn feindliche Adler und andere Feldzeichen sowie Fascen wurden erbeutet. . . außerdem. . . Diese behandelte er [als Feinde]. Siebzehn Anführer wurden gefangen. Dies war der Ausgang der Sache.

32. Als die Feinde auf dieser Flucht in der Stadt Munda Schutz suchten, sah sich Caesar gezwungen, sie dort einzuschließen. Von den Waffen der Feinde benutzten sie die Schilde und Speere für den Bau der Palisaden, und anstelle des Walles häuften sie die Leichen auf; überdies steckten sie die abgeschlagenen Köpfe auf die Spitzen der Schwerter und stellten sie gegen die Stadt hin auf. Damit sollte den Feinden Furcht eingejagt werden, wenn sie diese Zeichen von Tapferkeit erblickten und zugleich mit einem Wall eingeschlossen wurden. So begannen die Gallier die Stadt, die von lauter Leichen der Feinde eingeschlossen war, mit Tragulen und Speeren zu belagern. Aus diesem Treffen floh der junge Valerius mit einigen Reitern nach Corduba und berichtete die ganze Sache dem Sextus Pompeius, der dort befehligte. Bei dieser Nachricht verteilte dieser all sein Geld an die Reiter, die er bei sich hatte, und sagte den Einwohnern, er wolle um des Friedens willen zu Caesar aufbrechen, und verließ um die zweite Nachtwache die Stadt. Pompeius dagegen flüchtete mit etwas Reiterei und Fußvolk zu seinem Flottenstützpunkt nach Carteia[171], das von

Corduba 170 Meilen entfernt ist. Als er sich bis zum achten Meilenstein genähert hatte, schickte ihm P. Cancilius, der früher den Befehl über das Lager des Pompeius geführt hatte, in dessen Namen einen Boten in die Stadt mit dem Verlangen, seinem Herrn, der sich nicht wohl befände, eine Sänfte zu schicken, worin er zur Stadt gebracht werden könne. Auf diesen Brief hin wurde Pompeius in die Stadt gebracht. Die Leute seiner Partei versammelten sich sogleich bei ihm in jenem Haus, in das man ihn gebracht hatte — sie glaubten nämlich, seine Ankunft sei geheim —, um sich nach seinen weiteren Kriegsplänen zu erkundigen. Als aber eine Menge Volk zusammenlief, flüchtete er sich aus der Sänfte in ihren Schutz.

33. Nachdem Caesar nach der Schlacht die Stadt Munda mit einer Befestigungsanlage umgeben hatte, kam er nach Corduba. Die sich aus dem Blutbad dorthin geflüchtet hatten, besetzten die Brücke. Als sie dort angekommen waren, begannen sie zu schimpfen: »Wie wenig sind wir doch nur, die aus der Schlacht überlebten. Wohin sollen wir nun fliehen?« So begannen sie um die Brücke zu kämpfen. Caesar ging über den Fluß und schlug dort sein Lager auf. Scapula, das Haupt dieser Feindseligkeit und Anführer der Sklaven und Freigelassenen, hatte sich kaum aus diesem Kampf nach Corduba geflüchtet, als er all seine Angehörigen und Freigelassenen zusammenrief, sich einen Scheiterhaufen errichtete, ein prächtiges Mahl bereiten und auf den Polstern die kostbarsten Gewänder ausbreiten ließ. Geld und Silber teilte er unter die Seinen aus. Er speiste zur üblichen Zeit und salbte sich zu wiederholten Malen mit Harz und Nardenöl. Nach geendigtem Mahle befahl er einem Sklaven, ihn zu töten, einem Freigelassenen aber, der bei ihm zu schlafen pflegte, den Scheiterhaufen anzuzünden.

34. Sobald Cäsar sein Lager der Stadt gegenüber aufgeschlagen hatte, brach unter den Einwohnern eine solche Zwietracht aus, daß das Geschrei zwischen den Anhängern des Pompeius und Caesar bis ins Lager herausdrang. Es standen

hier zwei Legionen, die aus Überläufen gebildet worden waren, zum Teil auch die Sklaven der Einwohner, denen Sextus Pompeius die Freiheit geschenkt hatte. Diese begannen bei Caesars Ankunft, die Waffen zu ergreifen. Die 13. Legion begann ihrerseits, die Stadt zu verteidigen; während die Soldaten der 9. Legion bereits in vollem Kampfe standen, besetzten ihre Gegner einen Teil der Türme und die Mauer. Man schickte also von neuem Gesandte an Caesar, er möge ihnen Legionen in die Stadt zu Hilfe schicken. Als die entlaufenen Sklaven dies bemerkten, wollten sie sich gerade daran machen, die Stadt in Brand zu setzen, als sie von Caesars Leuten überwältigt wurden. 22 000 Menschen wurden getötet, außer denen, die außerhalb der Stadtmauer umkamen. So brachte Caesar die Stadt in seine Hand. Während er aber hier zurückgehalten wurde, machten die in Munda, welche seit der Schlacht eingeschlossen waren, einen Ausfall, wurden jedoch unter großem Verluste zurückgetrieben.

35. Als Caesar gegen Hispalis zog, kamen ihm Gesandte entgegen und baten um Verzeihung. Er versicherte sie seines Schutzes und legte in die Stadt eine Besatzung unter Caninius; er selbst lagerte sich vor der Stadt. Es war aber in Hispalis ein bedeutender Anhang des Pompeius, der sehr unzufrieden war, weil man Caesars Besatzung eingelassen hatte, ohne daß ein gewisser Philo etwas davon wußte, jener heftigste Verteidiger der Sache des Pompeius, der in ganz Lusitanien landauf, landab sehr bekannt war. Dieser reiste nun, ohne daß die Besatzung etwas davon erfuhr, nach Lusitanien[172], wo er bei Lennium mit Caecilius Niger, einem Barbaren, zusammentraf, der eine recht große Mannschaft von Lusitaniern bei sich hatte. Er kehrte nach Hispalis zurück, wo man ihn nachts über die Mauer einließ, mordete die Besatzung und die Wachen Caesars, schloß die Tore, nahm von neuem den Kampf wieder auf.

36. Unterdessen berichteten Gesandte aus Carteia, daß sie Pompeius in ihrer Gewalt hätten. Weil sie früher vor Cae-

sar die Tore geschlossen hatten, glaubten sie, aus dieser Gefälligkeit für ihr früheres Fehlverhalten Nutzen zu ziehen. In Hispalis kämpften die Lusitanier ohne Unterlaß. Caesar sah dies wohl, fürchtete aber, daß diese verzweifelten Leute die Stadt anzünden und die Mauern niederreißen würden, wenn er sie mit Gewalt einnehmen wollte. Er hielt einen Kriegsrat ab, aufgrund dessen er einen nächtlichen Ausfall der Lusitanier gestattete; diese glaubten nicht, daß dies mit einer bestimmten Absicht geschehe. So unternahmen sie einen Ausfall und setzten die Schiffe in Brand, die am Ufer des Baetis lagen. Während Caesars Leute durch das Feuer abgehalten wurden, flohen jene und wurden von den Reitern erschlagen. Nachdem Caesar dadurch die Stadt wiedererobert hatte, machte er sich auf den Weg nach Hasta[173]; von dieser Gemeinde kamen Gesandte zu ihm, um die Stadt zu übergeben. Die Bewohner von Munda, die aus der Schlacht in die Stadt geflüchtet waren, erklärten sich recht zahlreich zur Übergabe bereit, nachdem sich ihre Belagerung länger hinzog. Als sie dann aber auf die Legionen verteilt wurden, verschwörten sie sich untereinander, dahingehend, daß diejenigen, die in der Stadt lagen, auf ein nächtliches Zeichen hin einen Ausfall machen, sie selbst im Lager aber ein Blutbad anrichten sollten. Die Verschwörung wurde jedoch entdeckt, und in der folgenden Nacht um die dritte Nachtwache wurden die Meuterer nach bestimmter Losung außerhalb des Walles zusammengehauen.

37. Während Caesar auf seinem Zug eine Stadt nach der andern nahm, entstand unter denen zu Carteia Zwietracht wegen Pompeius. Ein Teil hatte jene Gesandte an Caesar geschickt, ein andrer Teil hielt zu Pompeius. Es kam zu einem Aufstand, und die Tore wurden besetzt; das Blutvergießen war groß; Pompeius selbst wurde verwundet, brachte aber 20 Kriegsschiffe in seine Hand und floh. Didius, der Befehlshaber der Flotte zu Gades, nahm bei der ersten Nachricht sofort die Verfolgung auf; desgleichen machten

sich auch in Carteia Fußsoldaten und Reiterei rasch auf den Weg, um sich an der Verfolgung zu beteiligen. Am vierten Tag ihrer Seefahrt mußten die Pompeianer an Land gehen, weil sie unvorbereitet von Carteia aufgebrochen und ohne Wasser waren. In der Zwischenzeit, da man Wasser einnehmen wollte, erschien Didius mit seinem Geschwader, nahm einige Schiffe weg, die andern wurden in Brand gesteckt.

38. Pompeius selbst entkam mit einigen Wenigen, und besetzte einen von Natur aus befestigten Platz. Die Reiter und Kohorten, die zur Verfolgung ausgeschickt waren, wurden darüber von vorausgesandten Spähern benachrichtigt; sie marschierten Tag und Nacht. Pompeius war an der Schulter und am linken Unterschenkel schwer verwundet. Hinzu kam noch, daß er sich den Fuß verrenkt hatte, was ihn ganz besonders behinderte. Als ihm daraufhin von einem Turm eine Sänfte gebracht wurde, trugen ihn die Lusitanier gemäß militärischer Sitte. Als Caesars Leute ihn erblickten, wurde er rasch von der Reiterei und den Kohorten umzingelt. Der Angriff gegen die Stellung des Feindes war schwer. Denn Pompeius, der sich durch den Anblick seiner eigenen Leute der Gegener entdeckt wußte, hatte schnell auf einem von Natur festen Punkt Fuß gefaßt, den eine kleine Anzahl Leute von oben herab leicht verteidigen konnten. Die Caesarianer wollten gleich bei ihrem Erscheinen hinansteigen, wurden aber von den feindlichen Geschossen zurückgeworfen. Da sie wichen, setzten ihnen die Feinde leidenschaftlicher nach und hinderten einen sofortigen neuen Angriff. Nachdem dies öfter geschah, wurde klar, daß dies für Caesars Leute sehr gefährlich werden konnte. Sie begannen, rundherum Schanzen zu errichten. Mit gleicher Eile wurden aber auch gegen die Höhe Schanzen gerichtet, um mit dem Feinde in gleicher Stellung kämpfen zu können. Kaum wurde dies Pompeius gewahr, als er mit den Seinigen die Flucht ergriff.

39. Wie wir oben gezeigt haben, war Pompeius durch seine

Verwundung und seinen verrenkten Knöchel bei der Flucht
behindert; ebenso konnte er sich wegen der Schwierigkeit
des Geländes weder zu Pferde noch auf einem Wagen in Sicherheit bringen. Wo man hinschaute, sah man Caesars
Leute nur Morden. Aus seiner Verschanzung ausgeschlossen und von seinen Truppen verlassen, wollte er sich in einer Höhle, die in einem zerklüfteten Tal lag, verbergen, wo
er hoffen konnte, nicht leicht entdeckt zu werden, wenn
ihn nicht Gefangene verraten hätten. Dort wurde er niedergehauen. Sein Kopf wurde, als Caesar zu Gades war, am
Vortag der Iden des April[174] nach Hispalis gebracht und dem
Volk gezeigt.

40. Nach dem Tod des jungen Pompeius zog sich der früher
erwähnte Didius voll Freude in das nächste Castell zurück
und ließ einige Schiffe ans Land bringen, die ausgebessert
werden wollten; um Gefahren, die etwa durch die
Lusitaner drohten, abzuwehren, begann er auf beiden Seiten Befestigungslinien bis ans Meer zu bauen. Die aus dem
Treffen entkommenen Lusitanier sammelten sich aber von
neuem und rückten in ziemlicher Stärke gegen Didius. Er
hatte zwar für die Bewachung der Schiffe noch besonders
gesorgt, wurde aber durch die häufigen Streifzüge der Feinde dennoch manchmal aus seinem Castell herausgelockt;
und so legten sie im Verlauf der fast täglichen Kämpfe einen Hinterhalt und teilten sich in drei Abteilungen auf. Einige machten sich bereit, die Schiffe anzuzünden, andere
hatten die Aufgabe, die dem Feuer zu Hilfe Eilenden zurückzutreiben; diese waren so verteilt, daß sie von niemanden gesehen werden konnten; die übrigen eilten vor aller
Augen zum Kampf. Als Didius so wieder einmal mit seinen
Truppen aus dem Castell hervorrückte, um die Feinde zu
verjagen, gaben die Lusitaner das verabredete Zeichen,
setzten die Schiffe in Brand. Wie nun Didius diese ebenfalls auf ein bestimmtes Zeichen zurückfliehenden Räuber
verfolgen wollte, fiel ihm unter Schlachtlärm der Hinterhalt in den Rücken. Tapfer kämpfend fand er da mit dem

größeren Teil seiner Leute den Tod; einige seiner Leute flüchteten sich auf die Kähne am Ufer, andere retteten sich schwimmend auf Schiffe, die weiter draußen im Meer vor Anker lagen. Man lichtete die Anker und suchte durch Rudern das Weite zu gewinnen; das rettete ihnen das Leben. Die Lusitanier bemächtigten sich der Beute. Caesar eilte von Gades wieder nach Hispalis.

41. Fabius Maximus, den Caesar bei Munda zurückgelassen hatte, um die Besatzung in die Enge zu treiben, beschäftigte sich bei Tag und Nacht ununterbrochen mit der Belagerung der Stadt. Die Abgeschnittenen fingen an, sich gegenseitig zu bekämpfen, und machten nach einem ziemlich großen Blutvergießen einen Ausfall. Die Belagerer benützten diese Gelegenheit, die Stadt zu gewinnen, nahmen die ganze übrige Bevölkerung, etwa 1 400 Menschen, gefangen und zogen dann gegen Ursao[175], eine Stadt, die sowohl durch ihre Festungswerke als auch durch die natürliche Beschaffenheit des Ortes den Feind von einer Erstürmung abhielt. Dazu kamen noch andere Schwierigkeiten. Fürs erste fand man, mit Ausnahme der Brunnen in der Stadt, in der ganzen Umgegend auf acht Meilen im Umkreis kein Wasser, ein Umstand, der den Belagerten sehr zustatten kam. Zweitens traf man sechs Meilen in der Umgegend weder Materialien zum Dammbau, noch Bauholz für Türme. Um die Festung desto mehr zu sichern, hatte Pompeius alle Bäume in der Umgebung abhauen und in die Festung zusammenbringen lassen. Caesars Heer sah sich also genötigt, von der eben erst eingenommenen Stadt Munda Holz herbeiführen zu lassen.

42. Während dieser Vorgänge bei Munda und Ursao hatte sich Caesar selbst von Gades nach Hispalis begeben und hielt tags darauf eine Versammlung ab, in der er erklärte: Gleich zu Beginn seiner Quästur[176] habe er sein vorzügliches Augenmerk vor allen übrigen Provinzen auf dieses Land gerichtet und so viele Wohltaten erwiesen, als nur immer möglich gewesen sei. Als Prätor[177] sei er, nun im Be-

sitz eines höheren Staatsamtes, im Senat vorstellig geworden und habe die Provinz von diesen Geldzahlungen befreit. Zugleich habe er als Vertreter Spaniens nicht bloß
viele Gesandtschaften in den Senat eingeführt und durch
die Besorgung von Rechtssachen von Privatpersonen und
Gemeinden zahlreiche Feindschaften auf sich gezogen,
sondern auch, namentlich während seines Consulates, in
seiner Abwesenheit den Vorteil des Landes nach besten
Kräften gefördert. Daß die Bevölkerung an all das nicht
mehr denke und gegen ihn, wie gegen das römische Volk,
undankbar sei, das habe sich in diesem Krieg und in der
letzten Zeit deutlich gezeigt. »Obwohl ihr das Völkerrecht
und die Einrichtungen der römischen Bürger kanntet, habt
ihr nach Art der Barbaren einmal und öfter Hand an die un-
verletzlichen Beamten des römischen Volkes gelegt und
habt am hellichten Tag Cassius mitten auf dem Forum auf
ruchlose Weise töten wollen.[178] Ihr habt den Frieden immer
so gehaßt, daß das römische Volk zu keiner Zeit darauf verzichten konnte, in dieser Provinz Legionen zu unterhalten.
Bei euch werden Wohltaten für Unrecht und Unrecht für
Wohltaten gehalten. So konntet ihr weder jemals im Frieden eure Eintracht noch im Krieg eure Tapferkeit beweisen. Der junge Pompeius, den ihr auf seiner Flucht als Privatmann aufgenommen habt, hat hier die Fascen und den
Oberbefehl an sich gerissen, hat nach der Ermordung von
vielen Bürgern Truppen gegen das römische Volk gesammelt und hat auf eure Veranlassung viele Landstriche,
ja die ganze Provinz verwüstet. Auf welcher Seite wolltet
ihr denn als Sieger stehen? Habt ihr denn nicht bedacht,
daß auch nach meiner Vernichtung das römische Volk
zehn Legionen haben würde, die nicht bloß euch widerstehen, sondern selbst den Himmel einreißen können? Durch
ihren Ruhm und ihre Tapferkeit. . .«

FRAGMENTE
AUS BRIEFEN UND REDEN

Fragmente aus Caesars Briefen

Der Imperator Caesar an den Imperator Cicero (i. J. 49)

Obwohl ich unseren Furnius nur eben sah und ihn nicht, wie es mir eigentlich lieb gewesen wäre, sprechen und hören konnte, und da ich mich in Eile befand und schon auf dem Weg war, nachdem ich die Legionen vorausgeschickt hatte, habe ich trotzdem nicht umhin können, Dir zu schreiben, jenem einen Brief an Dich mitzugeben und Dir zu danken, auch wenn ich dies schon oft getan habe und auch in Zukunft zu tun gedenke: so verdient machst Du Dich um mich. Ganz besonders bitte ich Dich, da ich schon beabsichtige, bald selbst nach Rom zu kommen, Dich dort zu sehen, um mich Deines Rates, Deiner Freundschaft, Deines Ansehens und Deiner Mitarbeit in jeder Beziehung bedienen zu können. Doch kehre ich nun zu meinen Geschäften zurück; verzeihe meine Eile und die Kürze des Briefes. Das übrige wirst Du von Furnius erfahren.

Der Imperator Caesar an den Imperator Cicero (i. J. 49)

Ganz richtig deutest Du die Zeichen über mich — denn Du kennst mich genau —, daß nichts mir ferner liegt als Grausamkeit; und zwar macht mich das zum einen wegen der Sache selbst vergnügt, zum anderen freue ich mich königlich darüber, daß Du meine Handlungsweise lobst. Es kümmert mich nicht, wenn es von denen, die ich entlassen habe, heißt, sie hätten sich entfernt, um mich von neuem wieder zu bekriegen. Denn nichts will ich lieber, als daß ich mir treu bleibe und jene sich. Ich möchte, daß Du mir in Rom zur Seite stehst, damit ich mich, wie ich es gewohnt bin, bei allen Dingen Deiner Ratschläge und Deiner Möglichkeiten bedienen kann. Wisse auch, daß mir niemand lieber ist als Dein Dolabella; diesem weiß ich besonderen Dank, denn er wird unmöglich anders gegen mich handeln können: so groß ist sein Anstand, seine Feinfühligkeit und seine freundschaftliche Gesinnung gegen mich.

Der Imperator Caesar an den Imperator Cicero
(i. J. 49)

Zwar dachte ich stets, Du würdest nie unbesonnen oder unklug handeln; das Gerede der Leute veranlaßt mich jedoch nun, an Dich zu schreiben und Dich bei unserm wechselseitigen Wohlwollen zu bitten, Du mögest doch jetzt, da die Entscheidung bereits gefallen ist, einen Schritt vermeiden, den Du, als noch nichts entschieden war, immer glaubtest, vermeiden zu müssen. Du würdest dadurch unsere Freundschaft desto schwerer verletzen und Dein eigenes Interesse nicht genug berücksichtigen. Da nämlich auf meiner Seite ganz das Glück, auf der Seite der anderen ganz das Unglück steht, so würdest Du nicht den Schein für Dich haben, Dich dem Schicksal zu fügen, noch auch den, durch die Sache selbst bestimmt worden zu sein; denn diese ist jetzt noch die gleiche wie damals, als Du meintest, den Beratungen der anderen fernbleiben zu sollen. Es bliebe also nur der Anschein übrig, Du habest über meine Handlungsweise den Stab gebrochen, was mich am empfindlichsten berühren würde. Tue es also nicht; ich bitte Dich bei dem Recht unserer Freundschaft. Was endlich schmückt einen Patrioten, einen ruhigen und guten Bürger besser, als den bürgerlichen Unruhen fernzubleiben? Manche haben zwar diesen Weg, den sie billigten, bloß deshalb nicht eingeschlagen, weil Gefahr damit verbunden war. Du aber kennst das Zeugnis meines Lebens und das Urteil meiner Freundschaft und wirst nichts sicherer und ehrenvoller finden, als allem Zwiste fernzubleiben. Am 15. vor den Kalenden des Mai, auf der Reise.

Caesar an Oppius und Cornelius (i. J. 49)

Ich freue mich, beim Hercules, Euren Briefen zu entnehmen, wie sehr ihr das für gut heißt, was bei Corfinium ***) geschehen ist. Ich werde gerne Euerm Rat folgen, und zwar desto lieber, weil ich schon bei mir die Absicht hatte, so mild als möglich aufzutreten und alles aufzubieten, um mich mit Pompeius auszusöhnen. So wollen wir es denn versuchen, ob wir die allgemeine Zuneigung wiedergewinnen und uns eines dauerhaften Friedens erfreuen können; denn die übrigen haben sich durch ihre Grausamkeit verhaßt gemacht und sind deshalb nicht lange Sieger geblieben; einzig Lucius Sulla abgerechnet, in dessen Fußstapfen ich jedoch nicht treten will. Dies soll eine neue Art des Sieges sein, indem wir uns hinter Mitleid und Freundlichkeit verschanzen werden. Wie dies geschehen könne, darüber habe ich bereits einige Ansichten, und viele andere werden sich noch finden lassen. Ich bitte Euch, denkt selbst noch einmal über diesen Gedanken nach. N. Magius, einen Präfekten des Pompeius, fiel in meine Hände: ich bin natürlich meiner bisherigen Praxis gefolgt und habe ihn sofort wieder laufenlassen. Auch zwei Pionierkommandanten des Pompeius sind schon in meine Gewalt geraten, und ich habe sie wieder freigelassen. Wollen sie dankbar sein, so werden sie dem Pompeius raten müssen, er solle die Freundschaft mit mir dem Bündnis mit jenen vorziehen, die stets gegen mich und ihn erbitterte Feinde waren und durch ihre Ränke bewirkt haben, daß sich das Vaterland in seiner derzeitigen Lage befindet.

Caesar an Oppius und Cornelius (etwa Mitte März 49)

Am 7. vor den Iden des März bin ich nach Brundisium gekommen und habe an der Stadtmauer mein Lager aufgeschlagen. Pompeius ist in Brundisium: er hat N. Magius
wegen Friedensverhandlungen zu mir geschickt; ich habe
ihm darauf geantwortet, was ich für richtig hielt. Ich wollte Euch dies sofort wissen lassen: Sobald sich Hoffnung zu
einer möglichen Beilegung zeigt, sollt ihr es auf der Stelle
erfahren.

Caesar an Quintus Pedius (April 49)

Pompeius behauptet sich in der Stadt; wir aber haben unser
Lager vor den Toren. Wir unternehmen wegen der Tiefe des
Meeres ein großes Belagerungswerk von vielen Tagen. Wir
können aber trotzdem nichts Besseres tun: wir werfen an
beiden Enden des Hafens Dämme auf, um ihn zu zwingen,
bei erstbester Gelegenheit, mit den Truppen, die er in
Brundisium hat, überzusetzen oder ihn am Auszug zu hindern.

Fragmente aus Caesars Reden

Aus der Leichenrede auf Iulia, die Schwester seines Vaters

Die Abstammung meiner Tante Iulia führt sich mütterli-
cherseits auf die Könige zurück, väterlicherseits hängt sie
mit den unsterblichen Göttern zusammen. Denn von An-
cus Marcius stammen die Marcier, die den Beinamen Könige tragen, ab, wovon die Mutter ihren Namen hat; die Iu-
lier aber stammen von der Venus ab, zu deren Geschlecht
unsere Familie gehört. In ihrer Abkunft sind also vereinigt
die Hoheit der Könige, welche unter den Menschen das

618

meiste vermögen, und die Heiligkeit der Götter, unter deren Macht selbst die Könige stehen.

Aus der Rede für die Bithynier

Sei es wegen der Gastfreundschaft des Königs Nicomedis, sei es aus der Notlage derer, über deren Sache hier verhandelt wird — ich konnte mich, Marcus Iuncus, dieser Aufgabe nicht entziehen. Denn weder darf das Andenken an einen Menschen durch dessen Tod so verwischt werden, daß es nicht wenigstens von den nächsten Verwandten aufrechterhalten wird, noch können die Schutzbefohlenen ohne größte Schande preisgegeben werden; wir beabsichtigen deshalb, diesen auch seitens unserer Verwandten beizustehen.

Aus einer Rede an die versammelten Soldaten

Wißt, daß in den allernächsten Tagen der König mit zehn Legionen, 30 000 Reitern, 100 000 Leichtbewaffneten und 300 Elefanten hier erscheinen wird. Deshalb sollen gewisse Leute aufhören, weiterzufragen oder ihre Meinungen darüber kundzutun, sondern sollen mir, der ich dies ganz sicher weiß, glauben. Sonst werde ich sie auf das morscheste Schiff bringen lassen, damit sie vom erstbesten Wind, egal wohin, verschlagen werden.

An der Rede für die Rubrik

Soll es wegen der Ostertagen ... der König ... sei eigene der Herausgeber über dem Abend ... geschrieben ... die nicht im eigenen ... das Andenken an ... zum Messstand durch das ... so verworben werden, daß es mehr verstreut von den Sachsen ... Verworfen ... Verschiedenheit wird, nach Kämmen der Schirrbschofen ... die politischen ... Leben darin ... zu beschäftigen, daraus ... diesen Auftrag ... verwenden dürfte, über ...

An einen Rede an die Versammlung beständigen

... und in der Hüllu ... von Tagen der wohl ... zu dem beginnen, ... 10000 Reform, 100'000 ... bewähren an ... 300 Bücher in ihrer ... Deshalb sollen etwas Leute ... wohl führten ... oder ihr ... denn bei größten bestätigen ... sollen mit ... der dort sie ... wären, glauben, sodass ... sich sie auf das moralische ... sie Schiff bringen da her darum ... und ... zu Wirt, ... zu schließen werden.

ANHANG

Anmerkungen

Anmerkungen zum Gallischen Krieg

1 Gallien im weitesten Sinne zerfiel zu Caesars Zeit in zwei Hauptteile: 1. das diesseitige oder cisalpinische Gallien, die oberitalische Poebene, und 2. das jenseitige oder transalpinische Gallien, schlechthin »Gallien« genannt, das den größten Teil der Schweiz, das heutige Frankreich, den westlich vom Rhein liegenden Teil Deutschlands und die Niederlande umfaßte. Caesar versteht hier unter »Gallien in seiner Gesamtheit« nur das transalpinische Gallien mit Ausnahme der schon früher unterworfenen »römischen Provinz«.

2 Unter »Provinz« versteht Caesar die bereits 121 v. Chr. von den Römern eroberte, von Kelten und Ligurern bewohnte »römische Provinz« (die heutige Provence) im südöstlichen Gallien. Später hieß sie nach der Hauptstadt Narbo Provincia Narbonensis. In ihr lag die bedeutende Handelsstadt Massilia (Marseille).

3 Alle diese Lagebestimmungen gibt Caesar vom Standpunkt der Provinz aus.

4 Die Silbe -rix, auf die viele keltische Namen endigen, soll »Herr« oder »Häuptling« bedeuten.

5 61 v. Chr.

6 Die Sequaner wohnten zwischen dem Arar (der Saône) und dem Juragebirge auf dem rechten Rhône-Ufer; ihr Hauptort war Besontio (Besançon).

7 Hier wie im folgenden sind unter Meilen immer römische Meilen verstanden. 1 röm. Meile = 1000 (Doppel-)Schritt =» 1,5 km — Das Land der Helvetier würde sich also nach Caesars Angabe 360 km in die Länge und 270 km in die Breite erstreckt

623

haben, welche Zahlen jedenfalls zu hoch gegriffen sind.

8 D. h. auf das Jahr 59 v. Chr., Caesars Konsulatsjahr.

9 Eine erbliche Königswürde gab es in Gallien nicht, sondern mächtige Häuptlinge maßten sich oft unumschränkte Gewalt an. Andererseits konnten Männer ohne obrigkeitliches Amt durch vornehme Geburt, Reichtum und persönliche Tüchtigkeit den größten Einfluß in ihrem Staat erlangen, so z. B. Dumnorix.

10 Die Häduer wohnten in der Mitte von Gallien zwischen der Loire und Saône und erstreckten sich südlich bis Lyon. .

11 Bei den Römern war eine Untersuchungshaft nicht üblich.

12 Die Darstellung des Sachverhaltes hat etwas Unwahrscheinliches an sich. Vielleicht hat sich Caesar des Orgetorix, wie später des Dumnorix, zu entledigen gewußt und dann dem Volk glauben gemacht, er habe sich selbst den Tod gegeben.

13 Um Lebensmittel für 368 000 Menschen (so groß war die Zahl der Helvetier nach Kap. 29) auf drei Monate mitzuführen, waren nach der Berechnung Napoleons etwa 6 000 Wagen und 24 000 Zugtiere erforderlich.

14 Die Rauricer wohnten vom Bodensee westlich bis zur Biegung des Rheines nach Norden; ihr Hauptort war Augusta Rauricorum, das heutige Augst bei Basel. Östlich von ihnen saßen die Tulinger. Die Latovicer wohnten im südlichen Baden.

15 Die Bojer wohnten anfangs in Oberitalien. 191 v. Chr. wurden sie von Publius Scipio Nasica besiegt und fast ganz aufgerieben; der Rest ließ sich in Noricum nieder.

16 Noricum umfaßte das heutige Steiermark, Kärnten und Österreich. Die Hauptstadt von Noricum, Noreja, lag wahrscheinlich an der Stelle des heutigen Neumarkt in Steiermark.

17 Die Allobroger, ein keltischer Volksstamm zwischen Rhône und Isère, wohnten in der heutigen Dauphiné und in Savoyen; ihre Hauptstadt war Vienna (Bienne). Sie waren zwei Jahre vor der Auswanderung der Helvetier, 60 v. Chr., unterworfen worden. Vgl. Anm. 87.

18 58 v. Chr.; der 28. März nach dem unberichtigten Kalender ist der 16. April nach dem Julianischen.

19 Nämlich die 10., die wegen ihrer Tapferkeit und Treue berühmt war.

20 107 v. Chr. im Cimbernkrieg; s. Kap. 12.

21 Das Joch bestand aus zwei senkrechten, in die Erde gesteckten

Lanzen, an die oben eine dritte Lanze querüber angebunden war. Die Besiegten mußten nach Ablegung ihrer Waffen durch das Joch hindurchgehen.

22 Der normale Bestand einer Legion zu Caesars Zeit war 6 000 Mann. Die Legion zerfiel in 10 Kohorten, jede Kohorte in 3 Manipeln (Kompanien), jeder Manipel in 2 Centurien (Züge). Die Legionssoldaten waren römische Bürger. Ihre Bewaffnung bestand aus Schuß- und Angriffswaffen; die ersteren waren der eiserne Helm, der Panzer und der schwere Schild, die letzteren zwei schwere Wurfspieße (Pilen) und das Schwert.

23 Der Wall erstreckte sich auf dem linken Rhône-Ufer von Genf bis zu der Stelle, wo heute Fort de l'Ecluse liegt und das Juragebirge bis an den Fluß herantritt. Übrigens ist an eine fortlaufende Verschanzung nicht zu denken, da an manchen Stellen das steile Ufer genügenden Schutz bot.

24 Ein Volksstamm im westlichen Gallien zwischen Loire und Garonne.

25 Die Tolosaten wohnten auf der Grenze von Aquitanien und der römischen Provinz; ihr Hauptort war Tolosa (Toulouse).

26 Die 11. und 12. Legion.

27 Die 7., 8. und 9. Legion; die 10. stand in der Provinz. Diese vier Legionen waren ihm vom Senat und Volk verliehen worden. Mit den zwei neuen Legionen hatte also Caesar im ersten Kriegsjahr im ganzen sechs Legionen.

28 Eine blühende, feste Stadt in Oberitalien, 1/2 Stunde von der Küste des Adriatischen Meeres entfernt, an der Mündung des Timavus gelegen. Unter dem Kaiser Marc-Aurel war Aquileia die erste Festung des Reiches. Nach der Zerstörung der Stadt durch die Horden des Attila (452 n. Chr.) flüchteten die Bewohner in die Lagunen und legten den Grund zum heutigen Venedig. Noch jetzt bewahrt ein Dorf Aquileia im Görzer Kreis den alten Namen.

29 Auf der Straße über den Mont Genève. Caesar hatte im ganzen einen Weg von 600 km zurückzulegen, wozu er ungefähr vier Wochen brauchen konnte.

30 Alpenvölker im heutigen Savoyen und in der Provence.

31 Über die Lage von Ocelum sind die Geographen nicht einig. Die einen halten es für Exilles, andere für Oulx oder für Usseau.

32 Ein Volksstamm östlich von der Rhône im südlichen Gallien.

33 Die Segusiaver wohnten zwischen Rhône, Saône und Loire; ihr
   Hauptort war Lugdunum (Lyon).

34 Der Name Ambarrer bezeichnet die um den Arar (die Saône)
   Wohnenden; ihre Hauptorte waren Bibracte und Noviodunum
   (Nevers).

35 Der Arar (die Saône) entspringt in den Vogesen und mündet bei
   Lugdunum (Lyon) in die Rhône.

36 Der Punkt, wo die Helvetier über die Saône gingen, scheint,
   nach Ausgrabungen zu schließen, bei Trévoux in der Nähe von
   Lyon gewesen zu sein.

37 Die Römer rechneten den Tag von Sonnenaufgang bis Sonnenuntergang und die Nacht von Sonnenuntergang bis Sonnenaufgang.
   Tag wie Nacht wurden in je 12 Stunden eingeteilt, die also nach
   der Jahreszeit bald länger, bald kürzer waren. Je 3 Nachtstunden
   machten eine Nachwache aus (so lange hatte nämlich ein Soldat
   auf Posten zu stehen), so daß die ganze Nacht aus 4 Nachtwachen bestand. Zur Zeit der Tag- und Nachtgleiche dauerte also
   die 1. Nachtwache von 6—9 Uhr abends, die 2. von da bis Mitternacht, die 3. von da bis 3 Uhr morgens und die 4. von 3—6 Uhr
   morgens. — Caesar brach also bald nach Mitternacht auf.

38 Die Tiguriner wohnten in den jetzigen Kantonen Waadt, Freiburg und Bern; ihre Hauptstadt war Aventicum (jetzt Avenches
   od. Wiflisburg).

39 Die Befehlshaber der Legion außer dem Feldherrn zerfallen in die
   niederen Offiziere (Centurionen), die aus der Truppe selbst hervorgehen, und in die höheren Offiziere, die dem Ritter- oder Senatorenstand angehören und nie als gemeine Soldaten gedient
   haben. Die letzteren sind die Kriegstribunen (Obersten), die Legaten und der Quästor.
   Die Legaten (Unterfeldherren, Generaladjutanten) gehören dem
   Senatorenstand an und werden auf Vorschlag des Feldherrn vom
   Senat gewählt. Bei einem consularischen Heer befinden sich in
   der Regel drei, oft auch mehrere Legaten. Unter Caesar, der ihrer
   zehn hatte, sind sie die ständigen Anführer einzelner Legionen
   unter seinem Oberbefehl; gelegentlich erhalten sie auch ein selbständiges Kommando.

40 Divico mußte daher damals wenigstens 80 Jahre alt sein.

41 Die Reiterei bestand zu Caesars Zeit nicht mehr aus römischen
   Rittern, ja überhaupt nicht mehr aus Römern, sondern wurde

teils von den verbündeten Völkern gestellt (im gallischen Krieg meist von den Häduern), teils in Spanien und Germanien geworben. Ihre Befehlshaber waren nur zum Teil Römer.

42 In diesem Jahr mußte die Winterkälte länger angehalten haben. Der Feldzug fiel wahrscheinlich in den Juni, und zwar die Niederlage der Tiguriner auf den 10., Caesars Übergang über die Saône auf den 12., die Schlacht bei Bibracte auf den 29.

43 Wahrscheinlich zogen die Helvetier nach ihrem Übergang die Saône entlang aufwärts bis Matisco (Màcon) und wandten sich dann nach Westen.

44 Jeder Mann erhielt alle 16—17 Tage eine Fruchtration von 2 Modien Weizen (12—15 Kilogr.). Das Getreide wurde von den Soldaten auf Handmühlen gemahlen und das so gewonnene Mehl zu Brot gebacken oder zu einem Brei gekocht, der bei den Römern lange die Stelle des Brotes vertrat. Außer dem Getreide wurde den Soldaten auch Fleisch geliefert.

45 Ein keltisches Wort, das als »Richter« oder »Gerichtsvollstrecker« erklärt wird. Noch bis zur französischen Revolution führte der Bürgermeister von Autun den Titel Verg oder Vierg.

46 Ein Sohn des Triumvirators Marcus Licinius Crassus; er begleitete Caesar als Quästor und verwaltete später das cisalpinische Gallien.

47 Bibracte lag, wie schon Napoleon annimmt, auf dem Mont Beuvray. Später siedelten die Bewohner in das weiter östlich gelegene Augustodunum (Autun).

48 Die einer Legion beigegebene Reiterei betrug in der Regel 300 Mann. Sie zerfiel in 10 Turmen, jede Turme in 3 Decurien. An der Spitze einer jeden Decurie stand ein Decurio. Größere Abteilungen wurden von Präfekten befehligt. Vgl. auch Anm. 41.

49 Caesar pflegte die zehn Kohorten einer Legion gewöhnlich in drei Treffen aufzustellen, so daß die vier ersten das Vordertreffen und je drei das Mittel- und Hintertreffen bildeten.

50 Die Hilfstruppen, die in den Provinzen ausgehoben oder von befreundeten Völkern gestellt wurden oder Mietsoldaten waren, dienten als Leichtbewaffnete. Ihre Anführer (Präfekten) waren nur zum Teil Römer. Ihre Bewaffnung bestand in einem kleinen Rundschild, einem Lederhelm, einem Schwert und mehreren leichten Wurfspeeren. Zu ihnen gehörten auch die Schleuderer und Bogenschützen, die ihre besonderen Waffen hatten. Die

Leichtbewaffneten gebrauchte man besonders zur Verfolgung des geschlagenen Feindes.

51 Das Gepäck eines römischen Soldaten (bestehend aus Lebensmitteln auf 1/2 Monat, Schanzpfählen, allerlei kleineren Kriegsund Kochgeräten) belief sich auf 30 kg und wurde seit Marius mittels einer gabelförmigen Stange auf dem Rücken getragen. Vor der Aufstellung in Schlachtordnung legte man es ab und ließ es im Lager zurück. Das schwere Gepäck (Zelte, Kriegsmaschinen, Brücken- und Waffenvorräte, Handmühlen u. dgl.) wurde nicht getragen, sondern auf Wagen und Lasttieren fortgeschafft. Zur Besorgung des Gepäcks zogen Troßknechte mit.

52 Die Gallier und Germanen kämpften meist in ununterbrochener Schlachtordnung; hierbei wurden die Schilde des ersten Gliedes mit den Rändern übereinander gelegt.

53 Nämlich die der höheren Offiziere.

54 Die hier erwähnte schwere Wurfwaffe, das sogenannte Pilum (i. Anm. 22), war etwa 2 m lang und bestand aus einem hölzernen Schaft mit einer starken Eisenspitze.

55 Es ist die rechte, vom Schild nicht gedeckte Seite gemeint.

56 Etwa 1 Uhr Nachmittag; vgl. Anm. 37.

57 Wie die Germanen bedienten sich auch die Gallier ihrer ineinander geschobenen Karren als Schanzen. Die von den Helvetiern in dieser Wagenburg zurückgelassenen Frauen und Kinder wurden, wie uns Plutarch berichtet, während der Schlacht niedergemetzelt.

58 Die Lingonen wohnten nordwestlich von den Sequanern; ihr Hauptort war Andematunnum (Langres).

59 Napoleon sucht den Ort der Entscheidungsschlacht westlich von Bibracte zwischen Luzy und Chideš, den Ort der Übergabe bei Tonnerre. Die Zeit der Schlacht setzt er zwischen den 1. und 15. Mai.

60 Da Caesar drei Tage brauchte, um sich zu erholen, und von der sofortigen Verfolgung der Feinde abstehen mußte, kann der Sieg nicht gar so groß gewesen sein.

61 Der Verbigenergau lag zwischen Aar, Rhein und Bodensee, von Solothurn bis Luzern.

62 Daß die Verzeichnisse auch in griechischer Sprache geschrieben waren, ist nicht gesagt. Die griechische Schrift wurde schon 600 v. Chr. durch die Einwohner der phocäensischen, also griechi-

schen Kolonie Massilia nach Gallien gebracht. Nach Buch VI,
Kap. 14 bedienten sich ihrer die Druiden. Vielleicht war ein keltisches Alphabet überhaupt nicht vorhanden.

63 Die Zahl der Helvetier ist, wie die Berichte anderer Schriftsteller
zeigen, von Caesar zu hoch angegeben. Auch war ja sicher nicht
das ganze Volk ausgewandert, da durch den Auszug nur der Über-
völkerung des Landes abgeholfen werden sollte.

64 Die Arverner, eine der mächtigsten Völkerschaften Galliens,
wohnten in der heutigen Auvergne, nördlich von der römischen
Provinz; ihre Hauptstadt war Gergovia, auf dem Bergplateau
südlich von Clermont.

65 Der Name Germanen wird von den Gelehrten in verschiedener
Weise erklärt. Einige halten ihn für gallischen Ursprungs und er-
klären ihn entweder als »Rufer im Streit« (so J. Grimm), oder als
»Grenznachbarn«. Andere leiten ihn her von der Wurzel ger =
Berg, also »Bergbewohner«, wieder andere, wie es scheint mit
Recht, von gêr = Speer, also »Speermänner«.

66 Ariovist (der Name wird abgeleitet von Aar und virst = Horst, also »Adlerhorst«) gilt gewöhnlich für einen König der Sueben, der
seinen Sitz wahrscheinlich am Oberrhein hatte.

67 Die Haruder, welche ursprünglich in Nordjütland wohnten, waren mit den Cimbern ausgezogen und wahrscheinlich am Rhein
in der Gegend der Neckarmündung zurückgeblieben.

68 Admagetobriga (»Magetobriga« = »großer Berg«) war eine gallische Stadt, wahrscheinlich das jetzige La Moigte de Broie in der
Nähe der Saône. Die erwähnte Schlacht fand 72 v. Chr. statt.

69 Ariovist hatte nämlich vom Senat die Titel »König« und »Freund
des römischen Volkes« verliehen bekommen.

70 Die Cimbern und Teutonen wohnten ursprünglich in Jütland
und an den Küsten der Ostsee. 113 v. Chr. wanderten sie, vielleicht durch die Sueben gedrängt, aus und zogen nach Italien. Sie
wurden jedoch vernichtet, die Teutonen von Marius bei Aquae
Sextiae (102 v. Chr.), die Cimbern von Marius und Catulus auf
der raudischen Ebene von Vercellae (101 v. Chr.).

71 59 v. Chr.

72 61 v. Chr.

73 Ariovist war 72 v. Chr. über den Rhein gegangen.

74 Ein Stamm germanischen Ursprungs zu beiden Seiten der Mosel;
ihr Hauptort war Augusta Treverorum, das heutige Trier.

629

75 Sueben hieß eine Masse germanischer Völkerschaften, die diesen Gemeinnamen von ihrem umherschweifenden Leben erhalten haben sollen. Sie waren den Römern schon früh als die kriegerischsten unter den Germanen bekannt. Ihre Wohnsitze werden verschieden angegeben. Nach Tacitus wohnten sie von den Karpathen bis zur Ostsee, nach Caesar in dem heutigen Württemberg, Bayern und den thüringischen Fürstentümern. Über ihre Sitten und Gebräuche vgl. Tacitus' »Germania« und Caesar, »Gallischer Krieg«, Buch IV Anf.

76 Wahrscheinlich zwischen Oppenheim und Mainz.

77 Ein gewöhnlicher Marsch betrug 6—7, ein Eilmarsch 8—9 Stunden.

78 Vesontio war ein fester Hauptort der Sequaner am Dubisfluß, heutzutage Besançon am Doubs, einem Nebenfluß der Saône, der auf dem Jura entspringt.

79 Die Kriegstribunen (Oberste), früher von den Consuln und vom Volk gewählt, wurden am Ende der Republik meist vom Feldherrn selbst ernannt. Es waren gewöhnlich junge Leute aus dem Ritterstand, die mit diesem Posten nach einem oder zwei Dienstjahren in der Leibgarde des Feldherrn ihre politische Laufbahn begannen. Es gehörten sechs zu jeder Legion, die im Dienst abwechselten, so daß jeder zwei Monate fungierte. Sie wurden von Caesar meist nur zur Erledigung unbedeutender Aufträge verwendet.

80 Die Präfekten waren Offiziere von ritterlichem Stand wie die Tribunen. Sie wurden vom Feldherrn ernannt und zu sehr verschiedenen Kommandos (über die Bundesgenossen, über die Reiterei) wie zu anderen Geschäften verwendet.

81 Die Zelte der Römer hatten die Gestalt von Baracken; im Sommer waren sie mit Fellen oder grober Leinwand, im Winter mit Stroh bedeckt; sie faßten 8—10 Mann.

82 Die Centurionen (Hauptleute) waren die Anführer der einzelnen Centurien (s. Anm. 22). Sie gingen aus der Truppe selbst hervor (vgl. Anm. 39), der weitere Aufstieg blieb ihnen jedoch verschlossen. Die 60 Centurionen einer Legion wurden vom Feldherrn ernannt und befördert. Sie hatten nach Alter und Tüchtigkeit verschiedenen Rang und Namen. Als der erste galt der Führer der ersten Centurie der Legion (der sogenannte primipilus), der das Recht hatte, am Kriegsrat teilzunehmen.

83 59 v. Chr.

84 73—71 v. Chr. Die Sklaven, an deren Spitze Spartacus stand, waren meist Gallier und Germanen. Der Aufstand wurde durch Marcus Licinius Crassus unterdrückt.

85 Die Leucer wohnten im südlichen Belgien, im Quellgebiet der Maas und der Mosel; ihr Hauptort war Tullium (Toul).

86 Die Leibgarde aus einer Schar auserlesener Soldaten und junger Leute aus vornehmer Familie, welche die Person des Feldherrn umgaben.

87 Die Allobroger (s. Anm. 17) waren 121 v. Chr. von Quintus Fabius Maximus besiegt worden. Da sie sich 62 und 61 v. Chr. wieder empörten, wurden sie bald darauf durch den Prätor Pomptinus neuerdings unterworfen.

88 Die Schlacht wurde 121 v. Chr. am Zusammenschluß der Isère und der Rhône geschlagen. — Die Rutener wohnten zum Teil in der Provinz, zum Teil in Aquitanien; ihre Hauptstadt war Segodunum, heute Rhodez.

89 Er war 83 v. Chr. Statthalter der römischen Provinz gewesen.

90 Die hier geschilderte Kampfweise wird auch von Tacitus (Germania, Kap. 6) als eine den Germanen eigentümliche erwähnt.

91 Über die Losorakel sagt Tacitus in seiner Germania (Kap. 10) folgendes: »Das Verfahren beim Losen ist einfach. Sie schneiden einen von einem Fruchtbaum abgehauenen Zweig in kleine Stücke und werfen diese mit gewissen Zeichen versehen aufs Geratewohl über ein weißes Tuch hin. Dann spricht bei einer öffentlichen Beratung der Priester, bei einer Privatangelegenheit der Familienvater selbst ein Gebet zu den Göttern, blickt zum Himmel empor, hebt drei Reiser nacheinander auf und deutet sie nach den vorher eingeschnittenen Zeichen.«

92 Die Germanen legten den Prophezeiungen der Frauen hohen Wert bei. Besonders sollen die Gabe der Weissagung gewisse heilige Frauen besessen haben, die man Alrunen, d. h. Allwissende, nannte.

93 Die Marcomannen (Mark oder Grenzmänner) wohnten ursprünglich zwischen Neckar, Main und Donau, später am Fichtelgebirge und Böhmerwald, die Vangionen und Nemeter auf dem linken Rheinufer in der bayrischen und hessischen Pfalz, die Tribocer im Elsaß, die Sedusier in Baden.

94 Die Quästoren gehörten dem Senatorenstand an und wurden

vom Volk gewählt. Ihre Zahl betrug seit Sulla zwanzig. Zwei verwalteten die Staatskasse in Rom, die übrigen gingen in die Provinz. Jedem Statthalter wurde als eine Art Generalintendant oder Schatzmeister in der Regel ein Quästor beigegeben, der die finanziellen Geschäfte erledigen mußte, zuweilen aber auch ein selbständiges Kommando erhielt.

95 Das Signal zum Anmarsch gegen den Feind wurde mit der Trompete (tuba) gegeben. War man näher gekommen, so wurde die Feldherrnfahne geschwungen zum Zeichen, daß das Angriffssignal mit allen Blasinstrumenten (Hörnern und Trompeten) zugleich gegeben werden solle. Hierauf erhob sich der Schlachtruf, und man stürzte auf den Feind.

96 Ein Sohn des Triumvirators Crassus; später fiel er mit seinem Vater im Krieg gegen die Parther.

97 Wahrscheinlich suchten die Germanen auf ihrer Flucht zwischen Ensisheim und Mühlhausen über den gallischen Rhein (einen Rheinarm im jetzigen Gebiet der Ill) zu kommen, der vom Schlachtfeld bei Cernay 2 1/4 Stunden entfernt ist.

98 Auch nach Dio Cassius soll Ariovist mit seiner Reiterei aufs rechte Rheinufer entkommen sein.

99 Über die ehelichen Verhältnisse bei den Germanen berichtet Tacitus (Germania, Kap. 18): »Die Germanen sind fast die einzigen unter den Barbaren, die sich mit einem Weibe begnügen; nur äußerst wenige machen eine Ausnahme, und diese nicht aus Sinnenlust, sondern weil sie um ihres Adels willen vielfach umworben werden.«

100 Caesar war zugleich Statthalter im Cisalpinischen Gallien (Oberitalien). In dieser Funktion war er nicht nur Militärgouverneur, sondern beaufsichtigte auch die Verwaltung. Die römischen Provinzen waren zu diesem Zweck in eine bestimmte Anzahl von Verwaltungsbezirken eingeteilt, die man *Conventus* nannte. *In jedem dieser Bezirke bekleideten etwa 20 Provinzialen das Amt der Gerichtsassessoren und bereiteten besonders wichtige Prozesse zur Aburteilung durch den Statthalter selbst vor.*

101 Die 13. und 14. Legion. Caesars Heer bestand somit aus 8 Legionen, den Hilfstruppen zu Fuß, der Reiterei und einem Korps Häduer unter Divitiacus, im ganzen etwa 60 000 Mann.

102 Wahrscheinlich über den großen St. Bernhard.

103 Die Senonen wohnten zu beiden Seiten der Sequana; ihr Hauptort war Agedincum (Sens an der Yonne).

104 Die Remer wohnten in den Ardennen zwischen Maas und Marne; ihre Hauptstadt war Durocortorum (Rheims); sie galten
nebst den Leucern als die besten Schützen mit dem Wurfspieß.

105 Vgl. Tacitus' Germania, Kap. 28: »Die Treverer und Nervier be-
anspruchten sogar eifrig die Ehre germanischer Abstammung, als
ob sie dieser Adel des Blutes von aller Ähnlichkeit mit den
schlaffen Galliern sonderte.« Nach neueren Forschungen sind
die Belgier wahrscheinlich aus Germanien eingewandert, haben
aber Sitten und Sprache der von ihnen unterworfenen Gallier angenommen, wie schon die echt gallischen Endungen ihrer Städtenamen (-dunum, -briva, -magus) zeigen.

106 Die Bellovacer wohnten an der unteren Seine, Somme und Oise.
In ihrem Gebiete lag die feste Stadt Bratuspantium.

107 Die Suessionen wohnten zwischen Marne und Isère; ihre Hauptstadt war Noviodunum, das heutige Noyon bei Soissons.

108 Die Nervier, ein Volksstamm germanischer Abkunft, wohnten
zwischen Somme, Schelde und Rhein; ihr Hauptort war Baga-
cum (Bavay).

109 Die Ambianer wohnten um die Somme (Hauptort Sumarobriva,
das heutige Amiens), die Atrebaten östlich von ihnen, die Moriner an der gallischen Meerenge (Pas de Calais), die Menapier am
Niederrhein, der Maas und der Schelde, die Caleten an der unteren Seine, die Veliocasser auf dem rechten Seineufer, die Viromanduer nördlich von der Isère, die Aduatucer auf dem linken
Maasufer in der Gegend von Namur.

110 Wahrscheinlich bei Berry au Bac, 2 3/4 Stunden östlich von
Beaurieux; das ganze Lager zwischen der Axona (Aisne) und dem
in dieselbe mündenden Flüßchen Miette ist auf Napoleons Befehl ausgegraben und wiederhergestellt worden.

111 Bibrax lag entweder auf dem Berg Vieux Laon oder wahrscheinlich an der Stelle des heutigen Baurieux.

112 Ein solches Schilddach (testudo, eigentlich »Schildkröte«) wurde gebildet, indem die Soldaten ihre Schilde über den Köpfen zu-
sammenhielten. Nur die äußersten Glieder deckten sich mit ihren Schilden nach außen. Das Schilddach war so fest, daß sich
noch ein zweites daraufstellen konnte. Gebraucht wurde es als
Angriffstellung gegen höhere, vom Feind besetzte Punkte.

113 Numidier befanden sich damals unter den leichten römischen Fußtruppen.

114 Die Schleuder war ein in der Mitte breiter Riemen meist aus gedrehter Wolle. Mit ihr wurden Steine und bleierne Kugeln (die sogenannten »Eicheln«) geschleudert. Die Wirkung der Schleuderbleie kam fast unseren Feuerwaffen gleich, da die Geschwindigkeit so groß war, daß das Blei glühend wurde. Die meisten Schleuderer stammten von den balearischen Inseln.

115 Napoleon ließ auf der Höhe von Mauchamp östlich von Berry au Bac das Lager bloßlegen.

116 Die schweren Geschütze, deren man sich zur Verteidigung fester Plätze wie zum Angriff auf sie bediente, zerfielen in die Katapulten und in die Ballisten. Jene schleuderten die Geschosse in fast horizontaler Richtung, diese unter einem Winkel von 45°. Das Gewicht der ersteren betrug bis 300, das der letzteren bis 10 000 kg. Als Geschosse verwendete man Pfeile, Balken mit Eisenspitzen, große Steine, auch Leichen zur Verpestung der Luft.

117 Der Weg betrug 45 km = 14 Marschstunden.

118 Wahrscheinlich das heutige Noyon bei Soissons.

119 Ein römisches Heer verbrachte jede Nacht in einem Lager. Da die Römer nur aus dem Lager in die Schlacht rückten, das im Fall einer Niederlage als Zufluchtsstätte dienen mußte, wurde es immer sorgfältig mit Wall und Graben umgeben, bei längerem Aufenthalt auch noch durch Kastelle befestigt.

120 Die Sturmlauben (vineae, eigentlich »Weinlauben«), deren mehrere zu einem Laufgang aneinander gereiht wurden, waren leichtgebaute hölzerne Gerüste mit flacher Bedeckung und Seitenwänden. Sie waren 2 1/2 m hoch, ebenso breit und 5 m lang. Frische Häute schützten sie gegen Geschosse und Feuer. Man bediente sich ihrer zum Minieren und Ausfüllen der Stadtgräben.

121 Der Belagerungsdamm wurde in größerer Entfernung von dem belagerten Platz begonnen und allmählich bis an die Mauer herangeführt. Er bestand aus Erde, Flechtwerk u. dgl., war durch Holzgerüste zusammengehalten und erreichte gewöhnlich die Höhe der Stadtmauer.

122 Die Belagerungs- oder Wandeltürme konnten auf oder neben dem Damm durch Rollen und Walzen bis an die Mauer gebracht werden. Sie waren aus Holz erbaut, erreichten die Höhe der Stadtmauer und hatten drei bis zehn Stockwerke mit Galerien.

Die oberen Stockwerke waren gewöhnlich mit Geschützen besetzt, oft auch mit Fallbrücken versehen, während sich in dem untersten der Mauerbrecher befand.

123 Nach v. Göler Montdidier, nach Napoleon Bréteuil.

124 Die heutige Sambre, die sich bei Namur in die Maas ergießt.

125 Vielleicht auf den Höhen von Neufmesnil.

126 Die Marschordnung eines römischen Heeres war entweder so, daß jede Legion ihr Gepäck bei sich hatte (wie hier) oder daß das ganze Gepäck im hinteren Teile des Zuges vereinigt war.

127 Man kann beobachten, daß sich in der Nähe des Schlachtfeldes an der Sambre die Liebhaberei für solche Pflanzungen bis auf den heutigen Tag erhalten hat. Noch im Mittelalter waren die Dörfer der Rheinebene, z. B. im Wormsgau, durch dichte Ulmengehege wie durch Mauern geschützt.

128 Der Lagerplatz wurde durch eine kleine Truppenabteilung unter Anführung eines Tribunen und mehrerer Centurionen abgesteckt.

129 Wenn die große, rote Fahne (vexillum) auf dem Feldherrnzelt aufgesteckt wurde, mußten die Soldaten unter die Waffen treten.

130 Die römische Trompete (tuba) war ein metallenes Blasinstrument von gerader Form.

131 Das römische Lager hatte meist die Gestalt eines Quadrates, das durch mehrere sich rechtwinklig kreuzende Wege durchschnitten war. Jede Lagerstraße und jedes Tor hatte seinen eigenen Namen. Am meisten genannt werden das vordere Tor (porta praetoria) und das Hintertor (porta decumana). In der Mitte des Lagers stand auf freiem Platz das Feldherrnzelt (praetorium), daneben die Rednerbühne.

132 Die Feldzeichen der Manipeln (das des ersten Manipels diente wohl als Kohortenzeichen) bestanden zu Caesars Zeit meist aus Stangen mit einer ausgestreckten Hand an der Spitze und mehreren Metallschildern darunter. Ursprünglich soll ein Bündel Heu an einer Stange als Feldzeichen gedient haben. — Das Feldzeichen der ganzen Legion war ein auf einer Stange befestigter Adler, den der aquilifer (Adlerträger) trug; es galt als heilig.

133 Der Ort der Vernichtungsschlacht gegen die Nervier lag bei Hautmont an der Sambre.

134 Vielleicht meint Caesar Pfahlbauten, Wasserburgen.

135 Nach der ganzen Darstellung scheint die Schlacht für die Römer

nicht gar so günstig ausgefallen zu sein. Daß von dem ganzen Volk der Nervier kaum 500 übriggeblieben sein sollen, ist durch spätere Angaben Caesars (Buch V, Kap. 42, und Buch VII, Kap. 75) widerlegt.

136 Nach der folgenden Beschreibung hat v. Göler die feste Stadt der Aduatucer auf dem Berg Falhize auf dem linken Ufer der Maas, gegenüber Huy, gesucht, Napoleon vermutet sie auf der Stelle der jetzigen Zitadelle von Namur.

137 Gestützt auf diese Stelle, erklärt v. Göler den mehrfach vorkommenden Städtenamen Aduatuca als Odwacca, d. h. Gutswache, was in der Sprache der Germanen eine Burg, ein Kastell bedeutet haben soll.

138 Städte, die belagert werden sollten, wurden zunächst mit Wall und Graben (der Kontravallationslinie) umzogen, um feindliche Ausfälle abwehren und die Zufuhr abschneiden zu können. — Bisweilen wurde in noch größerer Entfernung eine zweite ebensolche Befestigungslinie (die Cirkumvallationslinie) als Schutz gegen ein etwaiges Entsatzheer angelegt.

139 Die Feuersignale wurden mittels Fackeln auf eigens hierzu errichteten Türmchen gegeben. Die Feuertelegraphie war schon bei den Persern und Griechen gebräuchlich.

140 Die Stelle enthält einen Widerspruch mit Buch V, Kap. 39, wo die Aduatucer unter den Stämmen erwähnt sind, die mit großer Macht das Lager Ciceros stürmen.

141 Die Veneter wohnten in der westlichen Bretagne um die Halbinsel Quiberon, die Veneller in der Normandie, die Osismer an der Nordwestküste der Bretagne, die Coriosoliten, von denen das heutige Corseult seinen Namen hat, zwischen Normandie und Bretagne, die Esubier um Alençon, die Aulercer um Argentan, die Redoner um Rennes.

142 Die Carnuten wohnten auf beiden Seiten der Loire (Hauptort Cenabum, jetzt Orléans), die Anden oder Andecaven im heutigen Anjou (Hauptort Juliomagus, jetzt Angers sur Mayenne), die Turonen in der heutigen Touraine (Hauptort Caesarodunum, jetzt Tours).

143 Ein solches öffentliches Dankfest, verbunden mit Dankopfern, feierlichen Aufzügen, oft auch einem öffentlichen Mahl, wurde dem siegreichen Feldherrn vom Senat zuerkannt. Anfangs dauerte es einen Tag, später auch länger; das längste vor Caesar war

dem Pompeius nach seinem Siege über Mithridates zuerkannt worden, und zwar hatte jenes Dankfest zehn Tage gedauert.

144 Die Nantuaten wohnten im heutigen Wallis und Savoyen, die Veragrer im westlichen Wallis, die Seduner in Freiburg und Wallis um Sion (Sitten).

145 Über den Großen St. Bernhard.

146 Südlich von der Rhône auf dem rechten Ufer der Dranse, wo jetzt Martinach (Martigny) liegt.

147 S. Buch II, Kap. 25.

148 Diese Zahl ist jedenfalls zu hoch angegeben, da der kleine Stamm nicht so viele Krieger ins Feld stellen konnte.

149 Illyrien, das zu Caesars Provinz gehörte, umfaßte die ganze Küste des Adriatischen Meeres von Istrien bis Epirus.

150 Nach Strabo suchten die Veneter den Krieg mit Caesar, weil sie fürchteten, er würde nach Britannien übersetzen und sie hierdurch in ihrem Handel mit dieser Insel beeinträchtigen.

151 Die römischen Kriegsschiffe waren, wie schon ihr Name: naves longae »die langen Schiffe«, zeigt, länglich gebaut und zugespitzt, so daß sie schnell segeln konnten.

152 Wahrscheinlich an der Mündung des Auray-Flusses in die Bucht von Quiberon.

153 Die Lexovier waren eine aremorische Völkerschaft mit dem Hauptort Noviomagus (Lisieux), die Namneten wohnten am rechten Ufer der unteren Loire (Hauptort Condivincum, jetzt Nantes), die Ambiliaten auf dem linken Ufer der Loire um Lambelles, die Diablinten nördlich von der Loire um Jubleins, östlich von Mayenne.

154 Derselbe war später in die Verschwörung gegen Caesar verwickelt und wurde nachher auf Veranlassung des Antonius ermordet.

155 Die Pictonen wohnten südlich von der Loire im heutigen Poitou (Hauptort Limonum, jetzt Poitiers), die Santonen nördlich von der Garonnemündung (Hauptort Mediolanum, jetzt Saintes).

156 Die auf den Kriegsschiffen zuweilen errichteten Türme dienten dazu, die feindlichen Schiffe leichter beschießen zu können.

157 Sichelförmige eiserne Haken, mit denen man die Mauern einer belagerten Stadt einzureißen suchte.

158 Das Landheer stand auf den Höhen von St. Gildas, von wo aus Caesar jedenfalls die Schlacht beobachtete.

159 Etwa von 10 Uhr morgens an.

160 Die Kriegsgefangenen wurden mit einem Kranz auf dem Haupt (sub corona) durch den Quästor verkauft.

161 Es stand auf den Höhen nördlich von der Straße von Avrenches nach Mortain, wo sich noch jetzt Spuren eines Lagers finden.

162 Dasselbe Urteil über die Gallier finden wir auch bei anderen Schriftstellern, so bei Livius und Dio Cassius.

163 Diese Vorfälle gehören dem Krieg gegen Sertorius (80—72 v. Chr.) an.

164 Die Sontiaten waren eine der mächtigsten aquitanischen Völker-schaften.

165 Den Namen »Soldurier« leitet J. Grimm ab von »sollen«, also »Verpflichtete«. Ähnliche Verhältnisse fanden sich bei den Celt-iberiern und den Germanen.

166 Die Vokaten waren ein aquitanischer Stamm südlich von der Ga-ronne. Südlich von ihnen wohnten die Tarusaten, von welchen das heutige Tartas am Adour seinen Namen hat.

167 Das diesseitige Spanien (»diesseitig« ist von Gallien aus gesagt) liegt zwischen den Pyrenäen und dem Ebro.

168 Quintus Sertorius, geboren zu Nursia im Sabinerland, ursprüng-lich Rechtsgelehrter und Redner, widmete sich später dem Kriegsdienst; die ersten Lorbeeren erwarb er sich im Cimbern-krieg. Als Anhänger des Marius ging er 82 v. Chr. in die ihm schon früher bestimmte Provinz Spanien, sammelte ein Heer und begann gegen Rom jenen verderblichen Krieg (80—72 v. Chr.), der erst mit seiner Ermordung beendigt wurde.

169 Crassus stellte seine Truppen ihrer Schwäche wegen nicht wie gewöhnlich in drei, sondern in zwei Linien auf. Die Hilfstruppen standen sonst auf den Flügeln, hier wurden sie in das Zentrum, wahrscheinlich der zweiten Schlachtreihe, genommen.

170 Die Cantabrer wohnten im heutigen Biscaya, in der nordöstli-chen Ecke von Spanien. Sie waren Verbündete der iberischen Aquitanier. Erst unter dem Kaiser Augustus wurden sie völlig unterworfen (22—19 v. Chr.).

171 Die Namen dieser Völkerschaften haben sich noch zum Teil er-halten. So erinnert an die Bigerrionen Bigorre am oberen Adour, an die Elusaten Euse (das alte Elusa), an die Auscer Auch (das al-te Climberrum) und an die Sibuzaten Sobousse zwischen Bayon-ne und Dax.

172 Die Römer machten nicht leicht Winterfeldzüge, sondern bezogen mit Beginn des Herbstes Winterquartiere. In diesen hatte
man statt der ledernen Zelte mit Stroh bedeckte Baracken.

173 Die Usipeter und Tencterer wohnten ursprünglich im jetzigen
Königreich Sachsen und in den reußischen Landen; von den Sueben gedrängt, wanderten sie aus und ließen sich (im Winter 56
auf 55 v. Chr.) nach Vertreibung der Menapier am Niederrhein
von der Lippe bis Nimwegen nieder.

174 Nach Napoleon zwischen Kleve und Xanten (im Menapierland).

175 Nach Tacitus (Germania, Kap. 39) waren nur die Semnonen,
nicht der ganze Suebenstamm, in hundert Gaue geteilt.

176 Nach Galen tauchten die Germanen neugeborene Kinder in den
Fluß, um ihre Gesundheit zu prüfen. — Hingegen berichtet Taci-
tus (Germania, Kap. 22), daß die Germanen Freunde der bei den
Römern beliebten warmen Bäder gewesen seien.

177 Ganz anders war es zur Zeit des Tacitus, der schreibt (Germania,
Kap. 23): »Wer den Germanen bei seiner schwachen Seite faßt
und ihm zu trinken gibt, soviel er begehrt, der wird ihn ebenso-
sehr durch das Laster wie durch Waffengewalt bezwingen.«

178 Wahrscheinlich gegen Osten; die Zahl 600 ist übertrieben.

179 Die Ubier (Uferanwohner) wohnten vom Westerwald an rhein-
aufwärts bis zum Breisgau. Von den Sueben gedrängt, gingen sie
38 v. Chr. aufs linke Rheinufer und gründeten die »Stadt der
Ubier« (Oppidum Ubiorum), bis 51 n. Chr. eine römische Kolonie dahin geschickt und zu Ehren der Gemahlin des Kaisers
Claudius Colonia Agrippina genannt wurde (das heutige Köln).

180 Wahrscheinlich bei Emmerich.

181 Die Eburonen, ein belgisches Volk, wohnten auf dem rechten
Ufer der Maas zwischen Lüttich und Aachen. Die Condrusen
wohnten im Gebiete von Namur und Lüttich, wo noch ein Dorf
(Condroz) an sie erinnert.

182 Die Germanen standen auf dem rechten Maasufer in der Gegend
von Epoissum.

183 Belgischer Stamm zwischen Marienburg und Givet; an sie erinnert noch Hièrges-Ambrive bei Givet.

184 Der jetzige Wasgau, Wasgenwald oder die Vogesen, franz. Vos-
ges, nördlich vom Jura.

185 Bei Gorkum; es ist dies der linke Hauptarm des Rheines.

186 Umschlossen von der Waal, dem nördlichen Rheinarm, und der

Nordsee, jetzt Bétuve oder Bétau, in der Provinz Geldern.

187 Belgischer Volksstamm südlich von den Treverern, an der Mosel und am Rhein; ihr Hauptort war Divodurum, später Mettis, jetzt Metz.

188 Germanischer Volksstamm auf dem linken Rheinufer bei Straßburg.

189 Die germanische Reiterei war nach Caesars wiederholten Angaben der gallischen weit überlegen. Auch Tacitus rühmt die germanischen Reiter, besonders die Tencterer.

190 Das Verfahren Caesars gegen die Germanen fand heftigen Tadel. Wie uns Plutarch und Sueton berichten, verlangte Cato in Rom, man solle Caesar wegen der Verletzung des Völkerrechtes an die Germanen ausliefern. Der Angriff der Germanen fiel nicht in die Zeit eines Waffenstillstandes, da sie einen solchen zwar verlangt, aber offenbar nicht erhalten hatten (s. Kap. 11).

191 Nach Napoleon und der Mehrzahl der Erklärer fand die Schlacht am Zusammenfluß der Maas und des Rheines statt (s. Kap. 10); v. Göler sucht das Schlachtfeld bei Mayenfeld in der Nähe von Koblenz und will statt der überlieferten Lesart Mosa (Maas) Mosella (Mosel) einsetzen.

192 Daß die Römer in einem Kampfe mit 430 000 (!) Germanen auch nicht einen Mann verloren haben sollten, ist ganz und gar unglaubwürdig.

193 Die Sugambrer, die nördlichen Nachbarn der Ubier, wohnten von der Sieg (in der sich ihr Name erhalten hat) rheinabwärts bis zur Lippe.

194 Die Rheinübergänge Caesars fanden zweifellos zwischen Andernach und Koblenz statt. Genau läßt sich die Stelle des ersten Überganges schwer angeben; die meisten neueren Forscher suchen sie zwischen Andernach und Engers, wo die Übergangspunkte taktisch sehr günstig sind.

195 Dieser Ort lag wahrscheinlich in der Gegend des heutigen Nürnberg.

196 Ein Transportschiff faßte etwa 150 Fußsoldaten und 30 Pferde, also einen Manipel und eine Turme.

197 Vielleicht segelte Caesar mit seiner Flotte vom Hafen von Boulogne (Portus Itius) aus. Ist diese Annahme richtig, so lagen bis 18 Lastschiffe 2 3/4 Stunden weiter nördlich im Hafen von Ambleteuse.

198 Caesar näherte sich Britannien an der Küste von Cantium (der jetzigen Grafschaft Kent), wo auf den Hügeln um die Bucht von Dover die Feinde standen. Da er dort nicht landen konnte, umschiffte er das Kap Southforeland und landete zwischen Walmer und Deal.

199 Für den Rekognoszierungs- und Depeschendienst zur See hatte man kleine, schnell segelnde Kriegsschiffe (mit modernem Ausdruck »Avisos«). Sie waren blaugrün bemalt, und auch die Schiffsmannschaft war in Stoff von gleicher Farbe gekleidet, um auf dem Meer den Feinden nicht aufzufallen.

200 Nämlich gegen die Südwestspitze der Insel.

201 Der Vollmond fiel nach astronomischer Berechnung auf die Nacht vom 30. auf den 31. August, so daß Caesar in der Nacht vom 25. auf den 26. absegelte und am 27. an der britannischen Küste landete.

202 Im Mittelmeer tritt nämlich Flut und Ebbe nicht so stark auf.

203 Die Streitwagen der Britannier müssen vorne offen gewesen sein und viereckige oder oben platte Deichseln gehabt haben, so daß die Wagenkämpfer auf diesen hin und her laufen konnten. Ein Wagen faßte sechs Mann.

204 Es ist hier die Herbsttag- und Nachtgleiche gemeint.

205 Der Abzug Caesars gleicht einer Flucht und wurde auch von den nationalen Überlieferungen der Britannier als eine solche betrachtet.

206 Ein Karree (orbis) hatte die Gestalt eines Quadrates oder Rechteckes. Kleinere Truppenmassen wurden auch kreisförmig aufgestellt.

207 Diese Angabe scheint übertrieben, da noch unter Augustus zweimal über die Moriner triumphiert wurde.

208 54 v. Chr.

209 Eigentlich hat die geringe Höhe der Wellen ihren Grund nicht im Wechsel der Meeresströmung, sondern in der geringen Tiefe des Kanals.

210 So brauchte man Metall für die Anker und Klammern, ferner Pfriemengras für die Schiffstaue.

211 Ein Alpenvolk südlich von Noricum.

212 Als Portus Itius nimmt Napoleon wohl mit Recht den Hafen von Boulogne an.

213 S. Buch III, Kap. 11.

214 Die Melder wohnten zwischen der Sequana und der Matrona.

215 S. Buch I, Kap. 16—20.

216 Der Westnordwestwind.

217 Der Ort der Landung war wie früher (Buch IV, Kap. 23) Walmer, die Zeit wahrscheinlich der 21. Juli, die Rückfahrt fiel auf den 21. September. — Der Umschlag der Stromrichtung erfolgt im Kanal von sechs zu sechs Stunden, weil die vom Atlantischen Ozean kommende Strömung sich an der Südwestspitze von England bricht und zum Teil von Südwesten, zum Teil um England und Schottland herum von Nordosten in den Kanal eintritt. Die Flotte, die anfangs nordwestlich ging, wurde durch den Umschlag der Strömung nach Nordosten getrieben, so daß sie Britannien (Northforeland) links hinter sich erblickte. Am Morgen änderte sich die Stromrichtung wieder in eine südwestliche, so daß die Landung bei Walmer erfolgte.

218 Caesars Lager scheint auf der Höhe vor der Stadt Canterbury gelegen zu haben.

219 Die Arbeits-(Genie-)Truppen, die Zimmerleute, Schmiede, Bäcker und andere Gewerke, aber auch Ingenieure umfaßten, standen unter dem praefectus fabrum, unter dessen Leitung sie Belagerungsmaschinen, Türme, Schiffe, Brücken und schwere Geschütze erbauten.

220 Goldmünzen waren schon vor Caesars Zeit in Britannien bekannt, Silber- und Kupfermünzen kommen erst später vor.

221 Schon in den ältesten Zeiten holten die Phönizier Zinn aus England, besonders von den heutigen Scillyinseln, die davon Kassiteriden (Zinninseln) hießen.

222 Die obige, ziemlich irrige Beschreibung Britanniens wurde veranlaßt durch Pytheas von Massilia, einen Zeitgenossen Alexanders des Großen, der zwei Entdeckungsreisen in den Nordwesten Europas unternahm. Auf der ersten kam er bis zur Insel Thule, auf der zweiten bis zum Baltischen Meer, wo er den Bernstein fand. Seine Wahrheitsliebe wurde schon von den Alten angezweifelt.

223 Livius vergleicht die Gestalt des Landes mit einer Raute oder Doppelaxt. Vgl. übrigens die Beschreibung Britanniens, welche Tacitus im »Leben des Agricola«, Kap. 10—12, gibt.

224 In der Irischen See lagen zwei Inseln mit dem Namen Mona. Hier ist die Insel Man gemeint. Die andere heißt jetzt Anglesey.

225 Dies ist unmöglich, da die Breite, unter der diese Inseln liegen, zu niedrig ist.

226 Die Wasseruhren (clepsydrae), die bei den Römern um 160 v. Chr. eingeführt wurden, waren ähnlich konstruiert wie die Sanduhren. In einer Stunde rannen vier Wasseruhren ab.

227 Nach Caesar war es also ein bloßes Färben der Haut, während ein anderer Schriftsteller von einem Tätowieren berichtet, indem er sagt, daß die Britannier ihre Körper mit Zeichnungen von Tiergestalten punktierten.

228 Nördlich von der Themse im heutigen Middlesex und Buckinghamshire.

229 Nach v. Göler bei Kingston, nach Napoleon oberhalb Taddington, wo die Themse nur eine sehr geringe Tiefe hat.

230 Die Trinobanten wohnten im heutigen Essex und Suffolk; ihre Hauptstadt war Camalodunum (Colchester).

231 Wahrscheinlich das heutige St. Albans.

232 Caesar erwähnt nichts Näheres über diesen Tribut. Gewiß ist, daß er von den Britanniern nie gezahlt wurde und sie nachher ebenso unabhängig lebten wie früher.

233 Samarobriva (briva ist ein keltisches Wort und heißt »Brücke«, also »Brücke über die Samara«), das heutige Amiens, war die Hauptstadt der Ambianer.

234 Der Bruder des berühmten Redners Marcus Tullius Cicero; er war 54—52 Legat bei Caesar. Im Bürgerkriege schloß er sich der Partei des Pompeius an und fiel 43 als Opfer der Proscriptionen.

235 Caesars Hauptquartier befand sich nach Kap. 46, 47 und 53 in Samarobriva. Über die Dislokation der einzelnen Legionen sind viele Ansichten vorgebracht worden, doch läßt sich nicht viel mehr feststellen, als was Caesar hierüber selbst sagt.

236 Das Lager des Titurius war von dem des Cicero nur zwölf Stunden, also zwei Tagesmärsche, entfernt.

237 Die Vernichtung dieser 15 Kohorten war für Caesar einer der empfindlichsten Schläge im ganzen Gallischen Krieg. Sueton (»Leben Caesars«, Kap. 67) berichtet: »So sehr liebte er seine Soldaten, daß er sich nach der Kunde von der Niederlage des Titurius Bart und Haare wachsen und die erst wieder scheren ließ, nachdem er jene gerächt hatte.«

238 Belgische Völkerschaften unter der Herrschaft der Nervier in Westflandern.

239 Nach einigen bei Namur oder Berlaimont, nach Napoleon bei Charleroi.

240 Mit Unrecht hat man an der Zahl der Türme Anstoß genommen. Es waren eigentlich nur Aufsätze auf dem Wall von geringer Höhe und Grundfläche, auch war das Holz schon geschlagen und zurechtgehauen.

241 Die Mauerspeere, viel größer als die gewöhnlichen, mit der Hand geschleuderten Speere, wurden mittels der schweren Geschütze abgeschossen.

242 Der Kriegsmantel (sagum) wurde über der Rüstung getragen und war über der Brust mittels einer Spange befestigt. Seine Farbe war bei den römischen Legionssoldaten die der natürlichen Wolle, der des Feldherrn war purpurn, zuweilen goldgestickt.

243 Zu einer solchen staunenswerten Arbeitsleistung war jedenfalls eine sehr große Truppenzahl erforderlich. Hierdurch ist die frühere Angabe Caesars (Buch II, Kap. 28), daß in der Schlacht an der Sambre der Stamm der Nervier fast ganz ausgerottet worden und von 60 000 nur 500 Mann übriggeblieben seien, widerlegt. Auch Buch VII, Kap. 75 stellen die Nervier noch 5000 Mann zur Armee des Vercingetorix.

244 Vielleicht mit Pech, Schwefel u. dgl. durchknetet. — In der Gegend von Namur gibt es noch jetzt reiche Tonlager und befinden sich dort heutzutage große Fayencefabriken.

245 Nämlich mit der bereits schlagfertig gemachten Legion des Trebonius, an deren Stelle Crassus mit seiner Legion Samarobriva besetzte.

246 An den kleineren Speeren war ein Riemen befestigt, mittels dessen sie weiter geschleudert werden konnten.

247 Das sind die Legionen des Trebonius, Cicero und Crassus.

248 Die aremorischen Stämme (ar = an, mor = Meer, also »Meeranwohner«) bewohnten den Küstenstrich zwischen Loire und Seine, etwa die heutige Bretagne und Normandie.

249 Diese Ursachen waren der ungeheure Tribut, die Einquartierung der römischen Legionen, die Schmälerung der Einkünfte und des Ansehens der Häuptlinge, endlich Caesars maßlose Raubsucht. Sueton berichtet uns, daß Caesar die meisten Städte nur der Beute wegen zerstörte, alle Weihgeschenke raubte und so viel Gold erbeutete, daß es dadurch an Wert verlor.

250 Nämlich wegen der Ermordung des Tasgetius durch die Carnu-

ten (s. Kap. 25) und der Vertreibung des Cavarinus durch die Senonen (Kap. 54).

251 Die Gallier pflegten bewaffnet zu den Versammlungen zu kommen.

252 S. oben, Kap. 3 und 4.

253 Pompejus hatte 55 v. Chr. mit Marcus Licinius Crassus das Consulat bekleidet und dann das Proconsulat (die Statthalterschaft)
in Spanien auf fünf Jahre erhalten. Er ging aber nicht in seine Provinz, sondern ließ sie durch seine Legaten Afranius und Petreius
verwalten, während er selbst angeblich aus Staatsrücksichten
(57 war ihm die Fürsorge für die Lebensmittelzufuhr nach Rom
übertragen worden) in der Nähe der Stadt blieb. Rom selbst durfte er als »Militärbefehlshaber« nicht betreten. Als Konsul des
Jahres 55 hatte er infolge der ihm erteilten Vollmacht, sein Heer
beliebig vermehren zu dürfen, auch im cisalpinischen Gallien,
der Provinz Caesars, Truppen ausgehoben, die nun dieser von
ihm verlangt.

254 Den Fahneneid (sacramentum) mußten die Soldaten schwören,
ehe sie noch den Legionen zugeteilt waren; er lautete auf die Person des Feldherrn, später auf die des Kaisers. Bei schnell eintre-
tender Kriegsgefahr leisteten alle auf einmal den Eid.

255 Diese Äußerung, verglichen mit der ähnlichen (Buch VII,
Kap. 6), beweist, daß die sieben ersten Bücher der Commentarien publiziert wurden, ehe es zwischen Caesar und Pompejus
zum offenen Bruch gekommen war, also wahrscheinlich im
Frühling 51.

256 Aus den von Pompejus gesendeten Mannschaften wurde eine Legion gebildet, die dieser vor dem Ausbruch des Bürgerkriegs zu-
rückforderte; s. Buch VIII, Kap. 54.

257 Nämlich die drei um Samarobriva und die des Fabius, welche bei
den Morinern stand.

258 Die Parisier waren eine keltische Völkerschaft an der Sequana;
ihr Hauptort war Lutetia Parisiorum auf der Sequana-Insel, wo
noch jetzt die Altstadt von Paris (la cité) liegt.

259 Der Weg betrug etwa 38 Stunden = 5 Tagmärsche.

260 Die Untersuchung hierüber stellte er dann später nach dem Ende
des Krieges zu Durocortorum an; s. Kap. 44.

261 Labienus hatte sein Lager im Gebiet der Segner, an der Grenze
der Treverer und Remer.

262 Wahrscheinlich in der Nähe von Luxemburg.

263 Etwas weiter südlich als beim ersten Übergang. Nach vielen erfolglosen Baggerungen im Neuwieder Becken hat man erst 1886 am sogenannten Thurmer Werth, einer Insel oberhalb Neuwied, an beiden Flußufern Holzreste gefunden und 700 m weiter stromaufwärts auf dem linken Ufer ein Kastell ausgegraben. Danach vermutet Isphording, der die Baggerungen leitete, daß an dieser Stelle Caesars zweiter Rheinübergang stattgefunden habe. Dafür spräche auch die Angabe Caesars im 29. Kapitel, daß er einen Teil der Brücke (also den über den rechten Stromarm führenden) habe abbrechen lassen, während der andere unter dem Schutz eines Turmes und des obenerwähnten Kastells stehengeblieben sei. Jedenfalls gewährte dann das vor dem Thurmer Werth gelegene Kiesbecken einen Stützpunkt für die Brücke. Wenn wir nun diese Übergangsstelle für die zweite Brücke annehmen, so muß die erste bei oder unterhalb Neuwied angelegt gewesen sein.

264 Der (nur von Caesar erwähnte) Bacenis-Wald umfaßte den Thüringer und Frankenwald, das Fichtelgebirge, das Erzgebirge und Riesengebirge bis zu den Karpaten.

265 Die Cherusker wohnten zwischen Elbe und Weser.

266 Am Westende des Waldes, vielleicht bei Meiningen.

267 So sagt auch Tacitus (Agricola, Kap. 12) von den Britanniern: »Einst gehorchten sie Königen; jetzt werden sie durch die Großen in Fraktionen und Parteiungen hin und her gezogen, und nichts ist gegen so kraftvolle Völker für uns ersprießlicher, als daß sie nicht zusammenhalten.«

268 Damals (im Jahre 61) machte auch Cicero, wie er in Buch I, Kap. 41, »Von der Weissagung«, erzählt, Bekanntschaft mit Divitiacus.

269 Den Namen »Druiden« leiten die einen ab vom keltischen drev (»Eiche«), wegen ihrer priesterlichen Tätigkeit in Eichenhainen, andere vom altbritischen dryod (»weiser Mann«).

270 Vielleicht lag dieser Ort bei Dreux, nordwestlich von Orléans.

271 Ihre drei Hauptlehren sollen gewesen sein: 1. den Geboten Gottes zu gehorchen, 2. zum Wohle der Mitmenschen beizutragen und 3. in keiner Lage des Lebens den Mut zu verlieren.

272 Die Wissenschaft der Druiden war eine Geheimlehre, die auf sinnbildliche Weise vorgetragen wurde. Außer dem ganzen reli-

giösen Wissen fiel auch die Ethik, Rechtskunde, Mathematik und Heilkunde in ihren Bereich. Ausgangspunkt der Druidenlehre war die Insel Mona (s. Buch V, Kap. 13). Mit der Romanisierung des Landes schwand der Einfluß der Priesterkaste. Kaiser Claudius verbot die Religion der Druiden, und von nun an wirkten sie nur noch im geheimen durch Mantik und Zauberei auf das Volk bis in die nachchristliche Zeit hinein.

273 Den Druiden als weltlicher Adel gegenübergestellt.

274 Die Ambacten (ein keltisches oder germanisches Wort, d. h. Vasall, Knappe) folgten ihrem Patron aus freier Entschließung und durften ihn nie verlassen; vgl. Buch VII, Kap. 40.

275 Menschenopfer kommen vereinzelt sogar in der römischen Geschichte vor. Tacitus (Germania, Kap. 9) erwähnt Menschenopfer bei den Germanen, die vor und nach einer Schlacht, zur Erfüllung von Gelübden wie auch regelmäßig an bestimmten Tagen, besonders dem Merkur (Wodan) dargebracht wurden. Bei den heidnisch gebliebenen Sachsen und Friesen kamen Menschenopfer bis ins 9. nachchristliche Jahrhundert vor.

276 Diese Namen gab es in Gallien natürlich nicht, sondern sie wurden nach römischer Sitte auf gallische Götter übertragen. Die Hauptgötter der Gallier hießen (nach Lucan): Teutates, d. h. Merkur, Hesus, d. h. Mars, Taranius (taran, keltisch, der Donner), d. h. Jupiter, Belon (Belenus), d. h. Apollo, Belisana, eine Mondgöttin (ähnlich der Isis oder Minerva).

277 Da Dis (Pluto) der Gott der Unterwelt ist, nahmen die Gallier an, aus dem finsteren Schoß der Erde als Ureingeborene hervorgegangen zu sein.

278 Diese Sitte hat sich wie bei den Indern, den Griechen und den Germanen (Tacitus, Germania, Kap. 11) wohl auch bei den Britanniern gefunden, wo sie sich bis auf den heutigen Tag erhalten hat. So heißt in England ein Zeitraum von 14 Tagen fortnight (fourteen nights, d. h. 14 Nächte), im Fürstentum Wales ein Zeitraum von 8 Tagen eight nights (8 Nächte). Vgl. ferner unser »Fastnacht« und »Weihnachten«. Der Brauch, nach Nächten zu rechnen, hängt übrigens nicht mit der obenerwähnten Druidentradition, sondern mit der den meisten Völkern des Altertums gemeinsamen Zeitrechnung nach dem Mondlauf zusammen.

279 Ein ähnlicher Brauch war in Rom die Schenkung, die der Mann vor der Hochzeit der Braut als Sicherungsmittel wegen ihrer Mit-

gift verschrieb. — Bei den Germanen (Tacitus, Germania, Kap. 18) brachte der Mann allein die Ausstattung in die Ehe.

280 Dieser Ausdruck läßt auf Polygamie wenigstens bei den reichen Adeligen schließen; vgl. Tacitus, Germania, Kap. 18.

281 Um von den Sklaven Geständnisse zu erpressen, wurde auch in Rom die Folter angewendet.

282 Unsere Hauptquelle für die Kenntnis des alten Deutschland ist die »Germania« des Geschichtschreibers Cornelius Tacitus (54 n. Chr.? bis 117 n. Chr?) oder »Das Buch über Lage, Sitten und Völkerschaften Deutschlands«.

283 D. h., der Stand der Druiden fehlte bei ihnen, während sie wahrscheinlich schon zu Caesars Zeit Priester und Priesterinnen zur Besorgung des Gottesdienstes hatten.

284 Dem steht der Bericht des Tacitus (Germania, Kap. 9) gegenüber, wonach die Germanen vorzugsweise den Merkur (Wodan), Herkules (Donar) und Mars (Tiu), einige auch die Isis (Frigga?) verehrten. Weitere Götter der Germanen waren Tuisto, den sie als den Stammvater ihres Volkes feierten, sein Sohn Man (Mannus) u. a.

285 Dasselbe berichtet Tacitus (Germania, Kap. 20).

286 S: Buch IV, Kap. 3.

287 Vgl. Tacitus, Germania, Kap. 21: »Irgendwem, wer immer es auch sein mag, seine Türe zu verschließen, gilt für ein Unrecht.«

288 So berichtet Livius, daß der Keltenkönig Ambigatus zur Zeit des Tarquinius Priscus seinen Neffen mit Kolonisten in den hercynischen Wald geschickt habe.

289 Die Volker, ein mächtiges Volk, das schon frühzeitig Wanderzüge nach Germanien und Griechenland unternahm, zerfielen in zwei Stämme: 1. Die tectosagischen Volker, die später nach Asien auswanderten, von den Pyrenäen bis zum Fluß Oltis mit der Hauptstadt Tolosa (Toulouse) an der Garonne; 2. die arekomischen Volker, östlich davon mit der Hauptstadt Namausus oder Nemausus (Nîmes) und der Handelsstadt Narbo (Narbonne). Beide Stämme waren zu Caesars Zeit längst von den Römern unterworfen.

290 Hercynischer Wald (vom kelt. erchynn, d. h. hoch, erhaben) war nach Kap. 27 der Gesamtname für alle deutschen Gebirgszüge vom Schwarzwald bis zu den Karpaten.

291 Eratosthenes aus Cyrene (in Afrika), 275—196 v. Chr., der be-

rühmte Sprachforscher, Astronom, Geograph, Mathematiker und Dichter, war lange Jahre unter dem König Euergetes Vorsteher der großen Bibliothek in Alexandria und starb dort in seinem 80. Lebensjahr freiwillig den Hungertod. Er ist der Schöpfer der wissenschaftlichen Geographie. Von seinen drei Büchern über Geographie sind uns noch Fragmente bei Strabo erhalten.

292 Ein thrakischer Volksstamm in Siebenbürgen, Ungarn, Galizien, der Moldau und der Walachei. Die Anarten wohnten an der Theiß in Ungarn. Beide Völkerschaften kamen unter Trajan unter die römische Herrschaft.

293 Man hat in dieser fabelhaften Beschreibung mit Recht das Rentier erkannt. Die Angabe, daß es ein Horn auf der Stirne hat, ist vielleicht dadurch verursacht, daß die beiden Hörner des Rentieres von der Seite gesehen den Anblick eines einzigen darbieten konnten. Durch Funde in Pfahlbauten ist bewiesen, daß das Rentier in den ältesten Zeiten bis nach Helvetien herab vorkam. Zu Caesars Zeit dürfte es des milderen Klimas wegen nur noch in den Ostseeprovinzen gesehen worden sein.

294 Die Elentiere (Elche) finden sich jetzt noch in Nordeuropa, kamen aber vor 2000 Jahren auch im südlichen Deutschland vor. Die Ansicht, daß ihre Beine gelenklos sind, dürfte vielleicht durch die Art, wie sie diese beim schnellen Lauf bewegen, entstanden sein. In betreff der Art, wie sie gefangen werden sollen, huldigt übrigens noch Shakespeare der fabelhaften Angabe Caesars.

295 Dio Cassius hingegen berichtet, Caesar habe sich aus Furcht vor den Sueben zurückgezogen, ohne etwas anderes erreicht zu haben als den Ruhm, ein zweitesmal über den Rhein gegangen zu sein.

296 Die heutigen Ardennen. Auf deutschem Sprachgebiet führt das Gebirge den Namen Eisling.

297 Über die weiteren Schicksale des Ambiorix ist nichts Genaues bekannt. Nach Florus soll er jenseits des Rheins in Verborgenheit gelebt haben.

298 Der Taxus- oder Eibenbaum war früher in den deutschen, französischen und spanischen Wäldern sehr häufig. Seine roten, beerenartigen Früchte sind giftig.

299 Die Segner wohnten in der Gegend des heutigen Spaa, wo noch die Orte Dessegne und Songnez an sie erinnern.

300 Dieses Aduatuca (s. Buch II, Kap. 29) ist nach Napoleon das heutige Tongern, nach v. Göler lag es auf der Stelle des jetzigen Kastells von Limburg.

301 Da sich die Schelde nicht in die Maas, sondern unmittelbar in die Nordsee ergießt, muß man entweder annehmen, daß sie ihr Bett verändert hat, oder es ist statt Scaldis (Schelde) Sabis (Sambre) zu lesen. Daß sich Caesar geirrt haben sollte, wie einige annehmen, ist weniger wahrscheinlich.

302 S. oben Kap. 31.

303 S. Buch IV, Kap. 16.

304 Nach Napoleon setzten die Sugambrer über den Rhein am Einfluß der Wupper. Der Übergang über die Maas erfolgte bei Maastricht.

305 Man hatte bei der Anlage des Lagers einen strategischen Fehler begangen, indem nach der taktischen Regel der Römer das Lager einen Bach oder eine Quelle, nicht aber einen Wald in der Nähe haben soll.

306 S. Buch II, Kap. 25, und Buch III, Kap. 5.

306a D. h. nach altrömischer Weise. Bei einer solchen Hinrichtung wurde der Verurteilte mit dem Kopf in ein gabelförmiges Instrument, die Furca, gesteckt und zu Tode geprügelt, worauf erst die Enthauptung erfolgte. So ließ Caesar später den Gutruatus hinrichten (Buch VIII, Kap. 38).

307 Publius Clodius, der nach den abenteuerlichsten Schicksalen im Jahre 59 Volkstribun geworden war, und sein Amtsgenosse Titus Annius Milo waren schon seit Jahren miteinander verfeindet und bekämpften sich an der Spitze ihrer bewaffneten Banden. Diese anarchischen Zustände in Rom erreichten ihren Höhepunkt im Jahre 53, als sich Milo um das Consulat bewarb. Da auch durch die Ermordung des Clodius am 20. Januar 52 die Straßenkämpfe zwischen beiden Parteien kein Ende fanden, übertrug der Senat dem Pompejus, der als Proconsul von Spanien vor Rom stand (s. Buch VI, Kap. 1), die unumschränkte Vollmacht, in ganz Italien Truppen auszuheben. Pompeius, der am 5. Februar zum alleinigen Consul gewählt wurde, stellte durch strenge Gesetze, Verbannungen u. dgl. die Ruhe wieder her, s. unten, Kap. 6.

308 Die Stadt hieß später Civitas Aureliana, das heutige Orléans.

309 Es waren dies die Großhändler (Bankiers), die in den Provinzen Kapitalien zu hohen Zinsen ausliehen, die Kornlieferungen be-

sorgten, die Zölle und Abgaben pachteten u. dgl. Sie gehörten meist dem Ritterstand an oder waren reiche Plebeier.

310 S. Kap. 36.

311 Eine keltische Völkerschaft in dem heutigen Quercy; ihre Hauptstadt war Divona, das heutige Cahors am Lot.

312 Ebenfalls eine keltische Völkerschaft, westlich von den Arvernern; ihr Hauptort war Augustoritum, jetzt Limoges.

313 Die Bituriger wohnten im heutigen Berry, Bourbonnais und Touraine; ihre Hauptstadt war Avaricum (Bourges). Ein anderer Stamm dieses Volkes wohnte im heutigen Médoc mit dem Hauptort Burdigala (Bordeaux).

314 Ein aquitanisches Volk am Oltis mit der Hauptstadt Aginnum (Agen an der Garonne).

315 Ein keltisches Volk in den Cevennen.

316 Narbo (s. Buch I, Kap. 1, und Buch VI, Kap. 24), am Atax gelegen, war seit 118 v. Chr. eine römische Kolonialstadt.

317 Ein Völkchen im heutigen Languedoc; ihr Hauptort Alba Augusta ist das jetzige Aps bei Viviers.

318 In der Gegend von Langres.

319 Zu Agedincum, wo nach Buch IV, Kap. 44, sechs Legionen in den Winterquartieren standen.

320 Gorgobina (der Name wird abgeleitet von dem keltischen guerg, d. h. »fest« und obin, d. h. »Zufluchtsstätte«) lag jedenfalls südöstlich von Avaricum (Bourges) auf dem linken Loire-Ufer.

321 S. Buch I, Kap. 28.

322 Vellaunodunum wird gewöhnlich für Château Landon gehalten.

323 Avaricum, das spätere Biturigae, ist das heutige Bourges.

324 Bourges liegt am Zusammenfluß des von Süden kommenden Auron und der von Osten kommenden Yèvre, in welch letztere noch der Langis und der Moulon münden. Der »enge Zugang« , an dem Cäsar sein (von Napoleon gefundenes) Lager aufschlug (s. unten Kap. 17), liegt südöstlich von der Stadt zwischen Auron und Yèvre.

325 Dieselbe Sitte herrschte bei den Germanen. Vgl. Tacitus, »Germania« , Kap. 11: »Mißfällt ein Antrag, so verwerfen sie ihn mit Gemurr, gefällt er, so rasseln sie mit den Speeren.«

326 Im Innern des Angriffsdammes ließ man offene Gänge (cuniculi, »Kaninchen«), die man tunnelartig gegen die Stadtmauer führte, um diese einbrechen oder untergraben zu können.

327 Die beiden Zahlenangaben scheinen verdorben zu sein.

328 Die »Skorpionen« waren kleinere Geschütze, mittels deren man Pfeile abschießen konnte.

329 Wer zuerst die Mauer einer belagerten Stadt erstieg, erhielt als Belohnung eine Mauerkrone (corana muralis) aus Gold mit zinnenartigen Verzierungen.

330 Das heutige Decize auf einer Loire-Insel gegenüber der Einmündung des Avron.

331 Dieses Beispiel zeigt die die große Macht der Druiden, von denen im Buch VI, Kap. 13 die Rede war.

332 Ein Nebenfluß des Liger, jetzt Allier.

333 Als Übergangspunkt wird gewöhnlich Varennes oder Créchy, unterhalb Vichy, angenommen.

334 Gergovia (nach Fischer bedeutet der Name soviel wie Gergau — Wehrplatz), im Gebiet der Arverner (in der jetzigen Auvergne), lag auf einem Basaltberg, 1 1/2 Stunden südlich von Clermont-Ferrand, dem alten Augustonemetum. Der Gipfel des Berges liegt 744 m über dem Meer, 380 m über der Ebene und bildet ein Plateau von 5 000 m Länge und 500 m Breite. Der nördliche und östliche Abhang ist sehr steil, der südliche terrassenförmig; im Südwesten hängt der Berg durch ein schmales Defilee (les Goules) mit den Höhen von Risolles zusammen, die selbst wieder durch ein zweites Defilee beim Dorf Opme sich an den Puy Giroux anschließen. Dem Südabhang gegenüber steigt ein steiler Kalkfelsen auf, die Roche blanche, auf der Caesar sein kleines Lager aufschlug. Zwei Bäche, der Auzon und Artières, strömen südlich und nördlich von Gergovia dem Allier zu. Vgl. die Monographie von M. A. Fischer, Gergovia, Leipz. 1855. — Die beiden Lager Caesars sind durch Napoleon bloßgelegt.

335 Die Roche blanche.

336 Das größere Lager Caesars wird von Fischer südlich von der Roche blanche, auf der Höhe le Crest, von v. Göler und Napoleon nordöstlich von der Roche blanche zwischen Pérignat und Orcet angenommen.

337 S. Buch III, Kap. 22, und Buch IV, Kap. 15.

338 Es war dies wohl einer der forciertesten Märsche, die Caesar je gemacht hat, da er in etwa 25 Stunden 74 km zurücklegte.

339 Vgl. Buch III, Kap. 8, und Buch IV, Kap. 5.

340 Eine große Häduerstadt am Arar, jetzt Châlon sur Saône.

341 Es war dies einer der zu ausgedehnten Plateaus anwachsenden Abhänge des Gergoviaberges, und zwar ein Abhang auf der Südseite, nördlich vom kleineren Lager.

342 Dies war auf dem vielfach eingeschnittenen und mit kleineren Hügeln besäten Plateau von Jussac, in welches der erwähnte Rücken übergeht, leicht möglich.

343 Diese Lager standen nördlich oder nordöstlich von der Roche blanche, südlich von Gergovia.

344 Eine auf dem Gergoviaberge gefundene Münze mit dem Namen des Arvernerhäuptlings Epaduactus zeigt auf der Rückseite einen völlig bewaffneten Krieger in ganzer Figur, das Haupt und eine Schulter entblößt.

345 Da von den sechs Legionen, die Caesar vor Gergovia vereinigt hatte, wahrscheinlich nur drei zum Sturm verwendet wurden, die also zusammen 360 Centurionen hatten, so blieb jeder 7. oder 8. Centurio auf dem Platze. Es wird erzählt, daß bei dem Sturm auf Gergovia Caesar selbst beinahe gefangen wurde und sein Schwert verlor. Als er es nachher in einem Tempel der Arverner erblickte, habe er darüber gelacht, aber das Schwert als ein Heiligtum nicht wieder zu sich nehmen wollen.

346 Nach Sueton hatte Caesar vor Gergovia eine entschiedene Niederlage erlitten und war eine Legion fast ganz aufgerieben worden. Außerdem hatte er seinen Vorrat an Lebensmitteln, das Gepäck, die Kriegskasse und die Remontepferde eingebüßt, was ihn zu seinem eiligen Rückzug veranlaßte.

347 Wahrscheinlich bei Vichy.

348 Dieses Noviodunum (nicht zu verwechseln mit anderen Städten gleichen Namens), später Nervirnum, ist das jetzige Nervers am rechten Loireufer. Es war als Hauptetappenort zwischen Gergovia und Agedincum in taktischer und strategischer Beziehung ebenso wichtig wie Decetia zwischen Gergovia und Bibracte.

349 S. Kap. 34.

350 Bekanntlich die heutige Altstadt von Paris (la cité); vgl. Buch VI, Kap. 3.

351 Das ist wahrscheinlich der Talgrund der Essonne, die sich bei Corbeil in die Seine ergießt. Labienus war von Agedincum (Sens) am linken Ufer der Yonne, dann der Seine abwärts marschiert.

352 Der spätere Name Melodunum (jetzt Melun), der in einem Teil der Handschriften steht, kam vielleicht ursprünglich nur der auf

dem rechten Ufer gegenüber von Motiosedum entstandenen An-
siedelung zu und wurde dann auf das Ganze übertragen.

353 Wahrscheinlich dort, wo sich jetzt Pont Notre-Dame und Pont
d'Arcole befinden.

354 Nämlich von der Stadt Agedincum, seinem Marschobjekt.

355 Von Norden.

356 Da Labienus auf dem rechten Seine-Ufer stand, so ist dieser Fluß
die Marne.

357 In der Gegend des heutigen Issy.

358 In ähnlicher Weise täuschte Napoleon I. die Russen durch
Scheinmanöver bei seinem Übergang über die Beresina.

359 Die Vereinigung beider Heere erfolgte zwischen Sens und Nevers.

360 Die Allobroger, die schon lange von den Römern unterworfen
waren, sollten auf diese Weise in den allgemeinen Aufstand mit-
verwickelt werden.

361 Ein Verwandter Caesars, er war 64 v. Chr. Konsul gewesen.

362 Gediente Soldaten wurden oft vom Feldherrn aufgefordert, gegen
Belohnungen und mannigfache Vorrechte wieder in Dienst zu
treten. Die »Ausgedienten« (evocati) standen im Rang, wahrscheinlich auch im Sold, den Centurionen gleich. Sie fochten
entweder in der Legion zerstreut oder als geschlossene Truppe
unter einem besonderen Kommandanten.

363 Nicht identisch mit dem oben (Kap. 54) erwähnten Eporedorix.

364 Alesia lag auf dem heutigen Mont Auxios, der im Norden von der
Oze, im Süden vom Ozerain eingerahmt wird. Beide Flüßchen
vereinigen sich westlich vom Mont Auxios mit der von Südosten
kommenden Brenne. Auf dem westlichen Abhang des Berges
liegt jetzt das Dorf Alise Ste. Reine in Burgund. Im Westen brei-
tet sich die Ebene von Laumes 4 1/2 km weit aus. Das Bergplateau, das von der alten Stadt fast ganz eingenommen wurde, hat
eine Länge von 2 100 m und eine Breite von 700-800 m.

365 Es sind die Höhen von Réa und Bussy im Norden, von Pennevelle
im Osten und von Flavigny im Süden. Zwischen Réa und Bussy
fließt der Rabutinbach in die Oze, zwischen Bussy und Pennevelle die Oze, zwischen Pennevelle und Flavigny der Ozerain.

366 Daß eine so große Menschenmenge in Alesia Platz gehabt haben
sollte, ist kaum glaublich. Entweder übertreibt Caesar, oder die
Zahl ist schlecht überliefert.

367 Die Pfähle ragten aus den nach unten spitz zulaufenden Wolfsgruben hervor wie der Griffel aus dem Kelche einer Lilie.

368 Alle diese Annäherungshindernisse lagen vor Caesars Kontravallationslinie.

369 Die Cirkumvallationslinie.

370 Die Vellavier wohnten in der Gegend des heutigen Velay in den
Cevennen.

371 Ein Volksstamm auf dem rechten Ufer der Garonne mit dem
Hauptort Vesuna (Perigueux).

372 Ein Stamm auf dem rechten Ufer der Seine; ihr Hauptort war Ro-
tomagus (Rouen).

373 S. Buch IV, Kap. 21.

374 Es sind die Beile in den Rutenbündeln der Liktoren (Diener der
höchsten römischen Magistrate) gemeint.

375 Nach Dio Cassius gingen die Unglücklichen zwischen der Stadt
und dem Lager elend zugrunde.

376 Dieser Ausfall fand jedenfalls auf der Westseite von Alesia in der
Richtung auf die Ebene statt.

377 Solche Schleudersteine wurden in großer Zahl in den Gräben vor
Alesia gefunden.

378 Es sind dies die sogenannten »Eicheln« (glandes); s. Buch II,
Kap. 7, Anm.

379 Antonius bildete im Jahre 43 v. Chr. mit Octavianus und Lepidus das zweite Triumvirat.

380 Das sind die Lager auf den Hügeln Lombard im Süden und Réa
im Norden.

381 Vielleicht der Hügel zwischen Rue de Château und Darcey im
Nordosten.

382 Das ist der Berg nordöstlich von dem früher erwähnten Hügel.

383 Die Minierhütten (musculi, »Mäuschen«) waren Schutzdächer,
unter denen die Belagerer arbeiteten, besonders die Mineure ihre
Minen trieben. Hier wurde unter ihnen das Material zum Ausfüllen der Gräben herbeigeschafft.

384 Wahrscheinlich auf dem Hügel Lombard, südlich von Alesia.

385 Den Abhang des Hügels Réa.

386 Nämlich seines purpurroten Feldherrnmantels.

387 Nach Plutarch (»Leben Caesars«, Kap. 30) sahen die Belagerten,
wie die römischen Soldaten eine große Menge Schilde, Panzer
und Gefäße in ihre Lagerplätze schleppten.

388 Nach dem Berichte des Dio Cassius (Buch XL, Kap. 41) ergab
sich Vercingetorix in der Hoffnung, von Caesar, mit dem er einst
in freundschaftlichen Beziehungen gestanden, Verzeihung erhalten zu können. Caesar ließ ihn sechs Jahre in Rom im Gefängnis
schmachten, dann im Triumph durch die Stadt führen und als
Hochverräter am römischen Volk mit dem Beil hinrichten. —
Die Eroberung von Alesia wurde in Rom als eine der glänzend-
sten Waffentaten Caesars gepriesen.

389 Die Ambivareten waren Klienten der Häduer; noch heute erinnern zwei kleine Städtchen, namens Ambilly, an sie.

390 Durch die Nachgrabungen, die Napoleon in den Jahren 1862 bis
1865 um Alesia anstellen ließ, wurden fast alle römischen Verschanzungen bloßgelegt. Von den vier Infanterielagern standen
zwei auf der Höhe von Flavigny (das eine ist fast vollständig erhalten), das dritte auf der Höhe von Bussy und das vierte am Berg
Réa; in dem letzteren fand man sehr viele römische und gallischen Münzen und Waffen. Die vier Kavallerielager (drei in der
Ebene von Laumes, eines im Tal des Rabutinbaches) sowie die
fünf bedeutendsten Kastelle (von den 23) wurden gleichfalls aufgedeckt. Auch die Gräben, eine große Zahl Wolfsgruben und
Spuren der alten Stadtmauer hat man vorgefunden. — Später haben die Franzosen dem Vercingetorix in Alise ein großes Denk-
mal errichtet.

391 Aulus Hirtius, der Verfasser des 8. Buches des »Gallischen Krieges«, stammte aus einer plebejischen Familie. Als persönlicher
Freund Caesars begleitete er ihn auf seinen Feldzügen in Gallien
und folgte ihm später nach Rom, nach Ägypten und nach Asien
(47). Im Jahr 46 bekleidete er die Prätur und verwaltete das Jahr
darauf die Provinz Gallien. Nach Caesars Ermordung (44) schloß
er sich, da er dem Antonius nicht folgen wollte, den Resten der
pompejanischen Partei an. Im Jahre 43 wurde er Konsul mit Gajus Vibius Pansa und fiel mit diesem im Kampf gegen Antonius
bei Mutina (43).

392 Lucius Cornelius Balbus stammte aus Spanien, wahrscheinlich
aus Gades. Zuerst diente er unter Quintus Metellus und Pompeius im Krieg gegen Sertorius; dann begleitete er Caesar, der ihm
das Bürgerrecht verlieh, nach Spanien. Er stand mit den angesehensten Männern seiner Zeit, namentlich mit Cicero, in Verbindung (eine Rede, die dieser für ihn gehalten hat, ist uns noch er-

halten) und war vor allem bemüht, die Interessen seines Gönners Caesar in jeder Weise zu wahren. Nach Caesars Tod schloß er sich Octavian an und wurde 43 zum Konsul gewählt.

393 Nämlich den Denkwürdigkeiten vom Gallischen und vom Bürgerkrieg. Hirtius hat die Lücke zwischen beiden durch die Schilderung der Jahre 51 und 50 ausgefüllt.

394 Das ist bekanntlich nicht geschehen, da Hirtius schon im April des Jahres 43 vor Mutina fiel.

395 In ähnlicher Weise spricht sich Cicero im »Brutus« (»von den« berühmten Rednern«), Kap. 75 über die Commentarien Caesars aus: »Er hat aber auch eine Art Tagebücher von seinen Taten geschrieben, die allen Beifall verdienen. Denn sie sind voll nackter Natürlichkeit und Anmut und von allem Redeschmuck gleichsam entkleidet. Indem er aber künftigen Geschichtsschreibern nur Stoff für eine Geschichte bieten wollte, hat er vielleicht den Toren einen Gefallen getan, die da ihre Schnörkeleien werden anbringen wollen; vernünftige Menschen hat er jedenfalls vom Schreiben abgeschreckt; denn nichts ist in der Geschichtsschreibung erwünschter als die ungeschminkte und klar verständliche Kürze.«

396 Diesen Krieg führte Caesar gegen die Reste der pompeianischen Partei unter Cato und Scipio Metellus, dem Schwiegervater des Pompeius. Caesar siegte in der Schlacht bei Thapsus.

397 D. h. seit dem Sommer des Jahres 53.

398 Dort hatte Caesar zu überwintern beschlossen; s. Buch VII, Kap. 90.

399 Diese stand unter Caninius Rebilus bei den Rutenen.

400 Das Beutegeld der Centurionen ist wahrscheinlich nicht richtig angegeben, da diese gewöhnlich nur das Doppelte der Gemeinen zu erhalten pflegten.

401 Kap. 90.

402 S. Buch VII, Kap. 15.

403 S. Buch II, Kap. 12 und Buch VI, Kap. 12.

404 Dieser stand nach Buch VII, Kap. 90 bei den Remern.

405 v. Göler und nach ihm Napoleon setzen dieses erste Lager der Bellovaker auf die Anhöhe von St. Marc, die an dem südöstlichen Ausgang des Waldes von Compiègne zwischen Pierrefonds und Rétheuil liegt und auf drei Seiten von der sumpfigen Talnie-

derung des nach Norden in die Aisne fließenden Bernebaches umgeben ist. Caesars stark befestigtes Lager wurde von Napoleon auf dem Mont St. Pierre aufgefunden. Dort wurden auch zwei Gräben bloßgelegt.

406 Aus dem Umstand, daß die im ersten Kriegsjahre geworbenen Legionen trotz ihrer acht Dienstjahre im Vergleich mit den Veteranenlegionen als Neulinge angesehen werden, läßt sich erkennen, was in damaliger Zeit zu einem tüchtigen Soldaten gehören mußte.

407 Auf dem Mont St. Pierre, einem Hügel, der durch den Talgrund des Bernebaches von der Stellung der Gallier getrennt wurde.

408 S. oben, Kap. 7. Es ist derselbe Commius, der von Caesar (nach Buch IV, Kap. 21) zum König der Atrebaten eingesetzt worden war und nachher bei Alesia gegen die Römer gekämpft hatte.

409 Außer der 13. Legion sollte Trebonius noch die zwei Legionen, die er bei Cenabum befehligte (die 14. und die 6.), herbeiziehen.

410 S. Buch I, Kap. 48, Buch VII, Kap. 65.

411 Es ist die Höhe von Collet, die der Höhe von St. Marc, auf der die Bellovaker lagerten, gegenüber liegt.

412 Nach v. Göler und Napoleon lag das zweite Lager der Bellovacer auf dem Mont Ganelon, nordöstlich von Compiègne. Der nach allen Seiten ziemlich steil abfallende Berg, der noch heutzutage Camp de César heißt, wird im Osten von der Oise und im Westen von dem Flüßchen Aronde bespült. Beide fließen am Südfuß des Berges zusammen, um dann noch oberhalb Compiègne die von Südosten kommende Aisne aufzunehmen.

413 Dieser Fluß kann nach dem Zusammenhang nur die Axona (Aisne) sein, auf deren rechtem Ufer Caesar gegen den Berg Ganelon vorrückte.

414 Caesar selbst schreibt (Buch IV, Kap. 76) den Abfall des Commius lediglich der patriotischen Begeisterung zu; dies hat er wohl getan, um seinen Parteigänger Labienus zu schonen, der allerdings später mit dem Ausbruch des Bürgerkrieges von ihm abfiel.

415 Caninius, der nach Buch VII, Kap. 90 mit einer Legion bei den Rutenen im südlichen Gallien stand, hatte die zehnte Legion, wahrscheinlich von Bibracte, natürlich mit Zurücklassung einer starken Bewachung, an sich gezogen.

416 Die Einwohner der wichtigen Handelsstadt Tergeste, des heutigen Triest.

417 Was aus Ambiorix geworden ist, ist unbekannt; s. Buch VI, Kap. 29.

418 Man setzt die Brücke in die Gegend des heutigen Saumur oder Angers. Dumnacus war dahin von Poitiers in nördlicher Richtung marschiert, während Fabius etwa von Tours her in westlicher Richtung heranrückte.

419 S. Buch VII, Kap. 5 und 7.

420 Nach Buch VI, Kap. 4, hatten jedoch die Carnuten Gesandte und Geiseln nach Lutetia geschickt.

421 S. Buch V, Kap. 53, und Buch VII, Kap. 75.

422 Über die Lage von Uxellodunum, einer festen Bergstadt der Cadurcer, gibt es zwei Ansichten. Nach v. Göler lag die Stadt auf dem Berg, der südlich von Luzech, etwa drei Stunden westlich von Cahors sich erhebt und auf drei Seiten vom Lot (dem alten Oltis), in ähnlicher Weise wie Besançon vom Doubs umflossen wird. Die Örtlichkeit stimmt genau zur Beschreibung des Hirtius. — Andere halten, so auch Napoeon, Uxellodunum für das an der Dordogne zwischen St.-Denis und Vayrac gelegene Puy d'Issolu, das gleichfalls auf drei Seiten vom Wasser umflossen ist, nämlich von dem Fluß Dordogne und den Bächen Tourmente und Sourdoire, und schon in einer Urkunde des zehnten Jahrhunderts für das von Caesar belagerte Uxellodunum gehalten wird. Doch ist die Lage von Puy d'Issolu mit der von Hirtius gegebenen Beschreibung nicht recht vereinbar.
Die Endung — dunum (in Uxellodunum, Vellaunodunum u. a.) bedeutet »Hügel«. Bei dieser Gelegenheit seien auch die übrigen in zusammengesetzten gallischen Ortsnamen am häufigsten vorkommenden keltischen Wörter angeführt (nach Diessenbach und Glück): bŏne = Grenze, brĝa = Berg, briĩa = Brücke, dûrum = Burg, măgus = Feld, nemĕtum = Heiligtum, rĭgum = Graben und rĭtum = Furt.

423 Lucterius war wohl bei der Abteilung, welche die Cadurcer zum Entsatz Alesias geschickt hatten.

424 S. Buch VII, Kap. 2 und 3.

425 S. die Anmerkung 3069 über die Hinrichtung Accos, Buch VI, Kap. 44.

426 Da dem Caesar die Statthalterschaft bis zum 1. März 49 übertragen war, wäre der letzte Sommer seiner Verwaltung, den die Gallier noch zu fürchten gehabt hätten, der des Jahres 50 gewesen.

427 Am Westabhang des Puy d'Issolu, zwischen diesem und dem Tourmentebach, 50 m über der Dordogne, entspringt die Quelle von Loulié, die man mit der von Hirtius erwähnten Quelle identifiziert hat. In der Nähe der Quelle von Loulié hat man eine im Zickzack geführte unterirdische Galerie, außerdem viele gallische Töpferwaren und vermeintliche Reste eines Brandes aufgefunden und alles dies mit der obigen Beschreibung in Einklang bringen wollen.

428 Dieser Entschluß übertrifft an Grausamkeit alle anderen Willkürlichkeiten, die sich Caesar im gallischen Kriege erlaubte, sein Verfahren gegen die Aduatucer (Buch II, Kap. 33), die Veneter (Buch III, Kap. 16), den Dumnorix (Buch V, Kap. 7), die Bewohner von Avaricum (Buch VII, Kap. 28), gegen die Eburonen (Buch VI, Kap. 34, und Buch VIII, Kap. 24) und sogar seine Treulosigkeit gegen die Usipeter und Tencterer (Buch IV, Kap. 11—15). Napoleon I. bemerkte zu dieser Stelle folgendes: »Caesars Entschluß, allen Bewaffneten die Hand abhauen zu lassen, war wirklich gräßlich. Im Bürgerkrieg war er mild gegen seine Landsleute, gegen die Gallier hingegen grausam, ja oft barbarisch.« Auch Napoleon III. nennt das Vorgehen Caesars »eine unverzeihliche Grausamkeit, selbst wenn sie notwendig erschienen wäre«.

429 S. Buch III, Kap. 20—27.

430 Nemetocenna erhielt später den Namen Caesaromagus und ist das heutige Beauvais (nach v. Göler). Napoleon identifiziert Nemetocenna mit Nemetacum, der Hauptstadt der Atrebaten, dem heutigen Arras.

431 S. oben Kap. 23.

432 50 v. Chr.

433 Mit diesem Kapitel beginnt die ebenso oberflächliche wie parteiische Erzählung der Vorbereitungen zum Bürgerkrieg, welche die Lücke zwischen den früheren und späteren Schriften Caesars ausfüllen soll; s. die Vorrede des Hirtius.

434 Die definitive Einrichtung war Sache des Senats. Caesar bestimmte für viele gallische Stämme ein »Bündnisverhältnis« zu Rom. Die auferlegte jährliche Abgabe betrug 40 Millionen Sestertien. Viele wurden mit dem römischen Bürgerrecht beschenkt.

435 Kolonien (Colonia) sind Bildungen von Gemeinden aus römischen Bürgern durch die römische Regierung mit vollem Stimm-

recht. Landstädte (Municipium) haben das römische Bürgerrecht ohne Stimmrecht, und zwar die letzteren nördlich vom Po. Die südlich dieses Flusses gelegenen Landstädte der Cisalpina hatten seit dem Bundesgenossenkrieg das aktive Vollbürgerrecht und unterschieden sich in der Ausübung ihrer politischen Rechte damals nicht mehr von den Kolonien. Die Ausdrücke betreffen die Entstehungsweise des Ortes.

436 Das Priesteramt ist das Augurat (s. u.). Das Priesterkollegium der Auguren holte durch Himmelsbeobachtung (Vogelflug kündet Jupiters Willen) das Urteil der Götter ein über die makellose Abhaltung staatlicher Versammlungen, die günstige Abreise der Beamten in die Provinz, den Amtsantritt der Konsuln usw., worüber an den Senat ein Gutachten erstattet wurde. Die Mitgliedschaft war lebenslänglich. Ein Mitglied, Hortensius, war im Jahre 50 gestorben; für diese Stelle bewarb sich Antonius gegen den Mitbewerber des Senats Lucius Domitius Ahenobarbus.

437 Es ist der Dienst gemeint, den man einem Kandidaten erweist, indem man bei den Comitien erscheint und für ihn stimmt.

438 Für das Jahr 49. — Caesar war 59 mit Bibulus Consul gewesen und wollte sich für das Jahr 48 wieder um das Consulat bewerben.

439 Reiche Leute pflegten bei freudigen Anlässen Gastmähler für die ganze Gemeinde zu rüsten; die Tische hierzu wurden in den Tempelhallen oder auf den öffentlichen Plätzen aufgestellt. So bewirtete Caesar bei seinem Triumph im Jahre 46 die ganze Bürgerschaft von Rom an 22 000 Tischen mit den kostbarsten Speisen und Weinen.

440 Bei einer solchen Musterung (lustratio) wurden ein Schwein, ein Widder und ein Stier geopfert (das sind die sogenannten Suovetaurilien).

441 Schon damals schien Labienus in seinen Gesinnungen gegen Caesar wankend geworden zu sein; ein Jahr darauf stand er bereits auf der Seite des Pompeius.

442 Gaius Scribonius Curio, Volkstribun im Jahre 51, war früher ein Anhänger des Pompeius gewesen, doch hatte ihn Caesar durch Bezahlung seiner Schulden auf seine Seite gebracht.

443 Pompeius hatte nämlich, als der Prozeß gegen Milo geführt wurde (s. Buch VII, Kap. 1), das Forum mit Bewaffneten umstellen lassen.

444 Bei der Abstimmung im Senat traten die Abstimmenden auf die eine oder die andere Seite, wo die Antragsteller ihre Plätze eingenommen hatten (itio in partes).

445 Im Jahre 55 war Caesar auf Antrag der damaligen Konsuln Pompeius und Crassus durch einen Volksbeschluß die Statthalterschaft in Gallien auf fünf Jahre verlängert worden. Aber noch vor Ablauf dieser Zeit hatte Marcellus im Senat den Antrag gestellt, Caesar einen Nachfolger zu geben.

446 Ein Jahr zuvor hatten der Quästor Gaius Cassius die Parther in Syrien geschlagen und die Provinz dem Marcus Bibulus übergeben. Da dieser neue Angriffe erwartete, sollten Pompeius und Caesar je eine Legion an ihn abgeben.

447 Nämlich in Capua.

448 Caesar hoffte, diese zwei Legionen durch reiche Geschenke, die er ihnen beim Abzug mitgab, auf seiner Seite zu halten, doch standen sie ihm später gegenüber; s. »Bürgerkrieg«, Buch III, Kap. 88.

449 Der lateinische Text ist unvollständig. Um einen geeigneten Abschluß und einen passenden Übergang zum ersten Buche des »Bürgerkrieges« zu haben, ergänzt man gewöhnlich folgendermaßen: Er suchte [vom Senat durch ein Schreiben] zu erreichen, [daß Pompeius den Oberbefehl über seine Truppen niederlege; er werde dann das gleiche tun. Im anderen Falle könne er nicht einmal sein Heer entlassen, sondern werde anrücken und den ihm und dem Staate angetanen Schimpf rächen. Diesen Brief übergab er Curio, der zu ihm nach Ravenna gekommen war, mit der Weisung, ihn den Konsuln auszuhändigen. Jener eilte nach Rom zurück und übergab das Schreiben den Konsuln Lucius Lentulus und Gaius Marcellus, als sie am 1. Januar das Rathaus betraten].

Anmerkungen zum Bürgerkrieg

Unserer Ausgabe wurde der Text des Bellum Civile von A. Klotz, Leipzig (Teubner) 1950 zugrunde gelegt.

1 Caecilius Metellus Pius Scipio Nascia war der Schwiegervater des Pompeius. Pompeius' erste Frau Julia, Caesars Tochter, war i. J. 54 gestorben, i. J. 52 hatte er Cornelia, die Tochter Scipios, geheiratet.

2 Römischen Feldherren, denen eine Provinz zugeteilt war, wurde es nicht gestattet, Rom zu betreten oder sich länger darin aufzuhalten. Pompeius befand sich in dieser Lage als Proconsul von Spanien und Afrika, konnte also an der Senatssitzung nicht selbst teilnehmen; er stand aber in engster Verbindung zu seinen Anhängern unter den Senatoren.

3 Gemeint sind Spanien und Afrika.

4 Es handelt sich um das Interzessionsrecht der Tribunen: fast jede Handlung eines Magistrats oder fast jeder Senatsbeschluß konnte durch Einspruch verboten werden; es wird auch Vetorecht genannt und diente zum Schutz der Plebs, der ansonsten rechtlosen Bevölkerung.

5 Der später berühmt gewordene Marcus Antonius (82—30), römischer Triumvirator i. J. 43, der nach der Ermordung Caesars dessen Mörder verfolgte und nach der Niederlage bei Actium (31) Selbstmord beging.

5a Sogenannte Evocati, d. h. Aufgerufene. Es waren Soldaten, die ihre Dienstzeit bereits hinter sich hatten, sich aber als Freiwillige weiterverpflichteten.

6 Lucius Calpurnius Piso (Consul i. J. 58) war Caesars Schwiegervater. Caesar hielt sich damals in Ravenna auf.

7 Nach einem Senatsbeschluß hatten sowohl Pompeius als auch Caesar eine Legion aus ihren Heeren zu einem Krieg mit den Parthern abgeben sollen. Pompeius bestimmte aber als seinen Anteil eine bereits Caesar zugeschickte Legion. Caesar selbst mußte dann noch eine eigene Legion abgeben. Er verlor dadurch zwei Legionen. Diese wurden nicht zum Krieg mit den Parthern benützt, sondern Pompeius behielt sie für sich und setzte sie später gegen Caesar ein.

8 Sulla hatte zwar als Dictator (82—79) den Volkstribunen viele Rechte genommen (Ausschluß von der Ämterlaufbahn, Einbrin-

gen von Gesetzesanträgen), ihnen jedoch das Interzessionsrecht mit Einschränkungen gelassen.

9 Gemeint sind die Volkstribunen Tiberius Sempronius Gracchus (133), sein Bruder Gaius Sempronius Gracchus (123—122) und Lucius Appuleius Saturninus (100).

10 Die Consuln und die Volkstribunen traten ihr Amt zu unterschiedlichen Zeiten an. Die Volkstribunen konnten von den neugewählten Consuln zur Rechenschaft über ihre Amtsführung gezogen werden.

11 Damit war Caesars letztes Verhandlungsangebot (Brief Caesars vom 1. 1. 49, vergl. Kap. 1) gescheitert, und es erging das Senatus consultum ultimum, das den Notstand verkündete und Pompeius den Oberbefehl gegen Caesar übertrug. Die tribunizische Interzession war erfolglos.

12 Der offizielle Kalender wich damals vom Julianischen um etwa anderthalb Monate ab. In der Übersetzung werden die offiziellen lateinischen Datumsbezeichnungen angegeben. Der Anfang des Januar entspricht also 49 etwa Mitte November 50 unserer Zeitrechnung.

13 Sitzungsort war der Tempel der Bellona außerhalb der Stadt, damit Pompeius teilnehmen konnte.

14 Davon standen nur die zwei Caesar abgenommenen Legionen in Italien.

15 Iuba, König von Numidien, Pompeius' Freund und Feind Curios.

16 Die Verwaltung der römischen Provinzen wurde verfassungsgemäß nur gewesenen Consuln oder Prätoren übertragen, frühestens fünf Jahre nach Ablauf ihrer Amtszeit (seit 52). Es gab consularische und prätorische Provinzen, wobei die consularischen die wichtigeren waren. Die Kriegsgewalt mußte den Proconsuln bzw. Proprätoren laut Verfassung vom Volk erteilt werden (Feldherrnwürde, Gelübde). Ein Statthalter vor Antritt seines Amtes galt also juristisch als Privatperson.

17 Die Consuln durften sich in Friedenszeiten nicht einmal eine Nacht von Rom entfernen.

18 Das Recht, Lictoren zu halten, hatte nur der höhere Magistrat. Sie dienten teils als Ehrenbegleitung, teils als Vollstrecker der Befehle. Mit Rutenbündeln auf dem Rücken gingen sie vor den Consuln usw. einher und machten die Vorbeigehenden auf die passende Ehrfurchtsbezeugung aufmerksam.

19 Caesar hielt diese Rede erst später in Ariminum, nach Überschreitung des Rubicon.

20 Ariminum, heute Rimini. Um dorthin zu gelangen, überschritt Caesar den Grenzfluß Rubico, der Gallia Cisalpina von Italien trennte.

21 Aretium, heute Arezzo in der Toscana.

22 Fanum, heute Fano; Ancona, heute Pesaro.

23 Iguium, heute Gubbio.

24 Die Legion hatte ungefähr 6 000 Mann. Sie gliederte sich in 10 Kohorten, 30 Manipel, 60 Centurien. Centurien, Manipel und Kohorten wurden von Centurionen geführt. Die Mannschaften waren gegliedert nach Altersklassen in Hastaten (erstes Glied), Principes (zweites Glied) und Triarier (drittes Glied). Jede Kohorte umfaßte also je ein Manipel Hastaten, Principes und Triarier. Ranghöchster Centurio der Legion war der Primipilus, d. h. der Centurio prior des ersten Manipels der Triarier.

25 Auximum, heute Osimo.

26 Attius Varus, unversöhnlicher Gegner Caesars, der in Afrika Curios Gegner war und über diesen siegte.

27 Siehe Anm. 24.

28 Aerarium, die Schatzkammer, in die alle Einkünfte flossen. Deren Vorsteher waren die Quästoren. Die Schatzkammer befand sich im Tempel des Saturnus, wo sich auch das Staatsarchiv befand; sie gliederte sich in zwei Abteilungen, die eine für die laufenden Ausgaben, die andere für besondere Fälle. Diese letztere Abteilung ist hier gemeint.

29 Caesar hatte während seines ersten Consulates i. J. 59 durch ein Gesetz die Landschaft Campanien, deren Hauptstadt Capua war, an 20 000 Bürger verteilt. Diese sind die hier erwähnten Kolonisten.

30 Gladiatoren galten als nicht würdig, Heeresdienst zu leisten. Die Vereinigungen römischer Bürger in fremder Umgebung, vor allem den Provinzen, hießen: Conventus Civium Romanorum.

31 Landschaft in Mittelitalien, an der Adria gelegen.

32 Präfekturen waren Gemeinden ohne Selbstverwaltung. Die Bezeichnung blieb erhalten, obwohl alle Italiker nach dem Bundesgenossenkrieg (91—89) das römische Bürgerrecht erhielten.

33 Cingulum, heute Cinguli, in der Landschaft von Ancona.

34 Asculum, heute Ascoli, in der Landschaft von Ancona.

35 Camerinum, heute Camerino, in Umbrien am Fuß des Apennin; Corfinium, Hauptstadt der Paeligner im Sabinerland, heute St. Pelino.

35a Lucius Domitius Ahenobarbus, Consul i. J. 54, einer der führenden Häupter des Senats und unversöhnlicher Gegner Caesars. Der obenerwähnte Titus Labienus, bewährter Legat Caesars im Gallischen Krieg, lief im Bürgerkrieg zu Pompeius über und kämpfte gegen Caesar bis zu seinem Tod in der Schlacht bei Munda i. J. 45; vgl. Span. Krieg 31.

37 Sulmo, heute Sulmona, Stadt der Paeligner in Samnium.

38 Noricum, Königreich in den Ostalpen.

39 Bei jeder Legion gab es sechs Militärtribunen und eine Anzahl von Präfekten. Sie wurden fallweise eingesetzt, als Anführer der Reiterei, als Lagerkommandanten usw. Legionskommandeur war der Legat.

40 Die Oberpriester, Pontifices, stammten schon aus Numas Zeiten; unter Caesar waren es 16. Sie hatten die Aufsicht über den ganzen religiösen Kultus und entschieden bei Rechtsstreitigkeiten, die mit der Staatsreligion in Verbindung standen. Außerdem ordneten sie das Kalenderwesen. Der Vorsteher dieses Kollegiums hieß Pontifex maximus.

41 Das leitende Verwaltungsgremium in den italischen Städten.

42 Marruciner, Küstenbewohner von Latium; Frenater, ein samnitisches Volk an der Ostküste Italiens; Larinaten, Bewohner von Larinum, heute Lavino an der apulischen Grenze.

43 Luceria, heute Lucera; Canusium, heute Canosa in Apulien; Brundisium, heute Brindisi.

44 Tarracina, heute Terracina im Lande der Volsker, in Latium, nicht weit von der Küste.

45 Dyrrachium, früher Epidamnus in Illyrien, heute Durazzo bzw. Durrës in Albanien.

46 Das römische Spanien bestand aus zwei Provinzen: Hispania Citerior (Ostspanien) und Hispania Ulterior (Südspanien). Pompeius war Proconsul in beiden Provinzen. Er hatte drei Verwalter eingesetzt: Afranius für Hispania Citerior, Petreius für Lusitania (Portugal) und Varro für Baetica (Andalusien).

47 Marcus Porcius Cato, genannt Cato Uticensis, bis zu seinem Freitod in Utica im Jahre 46 (vgl. Afr. Krieg 88) Caesars erbittertster und konsequentester Gegner.

48 Caralis, Hauptstadt von Sardinien, heute Cagliari.

49 Bruttium, heute Calabrien. Lucanien liegt unmittelbar südlich von Campanien.

50 Seit dem Ständekampf (494—300) waren es zehn Volkstribunen, die die Interessen der Plebs vertraten. Wenn sie einig waren, wie in diesem Fall, konnten sie großen Einfluß auf die Staatslenkung ausüben.

51 Jeder Senator hatte das Recht zu ausführlicher Rede. Da die Senatssitzung bei Sonnenuntergang abgebrochen werden mußte, war dieses Recht ein gutes taktisches Mittel, um Beschlüsse hinauszuzögern. Vor allem Cato beherrschte diese Kunst.

52 Cosa, Insel und Stadt an der etrurischen Küste.

53 Massilia, heute Marseille. Es wurde 600 v. Chr. als griechische Kolonie gegründet und war eine der bedeutendsten Handelsstädte des Mittelalters.

54 Die Sallyer oder Saluvier wohnten zwischen der Rhône und dem Var.

55 Arelate, heute Arles in der Provence.

56 Narbo, heute Narbonne, Hauptort der Provinz Gallia Narbonensis.

57 Die Sierra Morena.

58 Der Anas, heute der Guadiana.

59 Die Celtiberer, Bergstamm südwestlich des Ebro; die Cantabrer, Stamm an der Nordküste Spaniens im heutigen Baskenland.

60 Ilerda, heute Lerida nördlich des Ebro.

61 Mauretanien, das nordwestlichste Land von Nordafrika, das an Numidien grenzte.

62 Sicoris, heute Segre, linker Nebenfluß des Ebro.

63 Caesars Heer umfaßte in diesem Feldzug sechs Legionen; vgl. auch I, 39.

64 Antesignanen waren Soldaten, die »vor den Feldzeichen«, zum Beispiel vor dem Legionsadler, kämpften, besonders tapfere und mutige Leute. Es werden auch die ersten Glieder der vier Kohorten der ersten Schlachtreihe so genannt.

65 S. Anm. 24.

66 Cinga, heute Cinca; der Fluß entspringt in den Pyrenäen und mündet in den Segre.

67 Die Rutener, ein gallischer Volksstamm mit dem Hauptsitz Segodunum, heute Rhodez.

68 Die Soldaten mußten ihren Proviant selber bezahlen. Dieser Preis war besonders hoch, denn in Italien kostete der Scheffel nur 3 Denare.

69 Die gewöhnlichen Schiffe hatten nur das Vorder- und Hinterteil verdeckt. Diese Schiffe hatten jedoch ein vollständiges Verdeck zum Schutz gegen die feindlichen Geschosse.

70 Vgl. I, 34.

71 Osca, heute Huesca; Calagurris, heute Loarre, westlich von Huesca.

72 Tarraconer, Einwohner des heutigen Tarragona.

73 Die Jacetaner und die Ausetaner waren Stämme im heutigen Katalonien. Die Illurgavonen siedelten südwestlich vom Ebro in Richtung Valencia.

74 Hiberus, heute der Ebro.

75 Siehe Anm. 62.

76 Siehe Anm. 59.

77 Quintus Sertorius aus Nursia hatte sich schon gegen die Cimbern, Marser und Spanier ausgezeichnet und den Ruhm der Tapferkeit, Klugheit und Menschenfreundlichkeit erworben. Als erklärter Gegner Sullas zog er sich jahrelang auf seine Statthalterschaft der spanischen Provinzen zurück, in denen er sehr beliebt war. Von 80 bis 72 führte er Krieg gegen Sullas Feldherrn, bis Pompeius gegen ihn geschickt wurde und er durch Verrat fiel.

78 Octogesa, heute Mequinenza an der Mündung des Segre in den Ebro.

79 Plateau südwestlich von Mayals.

80 Der Maneau, 491 m hoch.

81 Das heißt, er hatte diese Soldaten von allen schwereren Kriegsdiensten befreit.

82 Ritter, Angehörige der oberen Censusklasse, dienten im allgemeinen als Militärtribunen.

83 Varus, heute Var, der in der Nähe von Nizza in das Mittelmeer mündet, damals die östliche Grenze von Gallia Transalpina.

84 Der Rhodanus, heute Rhône, mündet westlich von Massilia ins Meer.

85 Der Volkstribun Gaius Scribonius Curio war Caesar sehr ergeben. Er war damals Statthalter in Sizilien und fand in Afrika seinen Tod; vgl. II, 48.

86 Eine Abbildung dieses Baus findet man in A. Kärchers, Hand-

zeichnungen zur Archäologie, 2. Heft, Tafel 14, Figur 4—6.

87 Eine Konstruktion, die Mauerwerkzeuge unbeschädigt an die Mauer heranbringen sollte.

88 Abbildung bei Kärcher a.a.O. Figur 9.

89 Vgl. Anm. 46.

90 Gaditaner, Bewohner von Gades, heute Cadiz.

91 Hispalis, heute Sevilla in Andalusien.

92 Das antike Gades lag auf einer Insel, die seitdem Festland geworden ist.

93 Corduba, heute Córdoba, am Guadalquivir.

94 Carmona, heute Carmone, nordöstlich von Sevilla.

95 Legionen, die man aus römischen Kolonialstädten eingezogen hatte, eine Praxis des Bürgerkrieges.

96 Italica, heute Sevilla la Vieja, Ruinen von Itálica.

97 In der Regel sprach aufgrund eines Senatsbeschlusses der Consul die Ernennung zum Dictator aus. Da die Consuln Rom verlassen hatten, wurde der Prätor dazu ermächtigt. Dies war Caesars erste Dictatur im Jahre 49.

98 Anquillaria wird sonst nirgends bei den Alten erwähnt. Es lag der Beschreibung nach unweit des heutigen Cap Bon, damals Promontorium Mercurii. Das andere Vorgebirge war das Promontorium Apollinis.

99 Clupea, heute Kelibia, auf der Ostseite der mit dem Cap Bon endenden Landspitze.

100 Hadrumetum, heute Sousse, an der tunesischen Ostküste; in der Antike bedeutende Hafenstadt, von den Phöniziern erbaut; Utica, bedeutende Hafenstadt nördlich Karthago.

101 Der Bagradas fließt von Südwesten nach Nordosten und mündet zwischen Karthago und Utica ins Meer; heute Medjerda.

102 Anhöhe nach dem Meer zu, zwischen Utica und dem Bagradas, »Cornelisches Lager« genannt, nach P. Cornelius Scipio.

102a Imperator = Ehrentitel, der von den Soldaten auf dem Schlachtfeld verliehen und vom Senat bestätigt wurde.

103 Vgl. I, 20.

104 Vgl. I, 23.

105 Die folgende Stelle des lateinischen Textes ist so verstümmelt, daß hier auf eine Wiedergabe verzichtet wurde. Sie enthält nähere Angaben über die Gründe, die zu der unzufriedenen Stimmung unter Curios Soldaten führten.

106 Die Fasces waren das Zeichen der Militärgewalt eines Feldherrn. Die Fascen preisgeben heißt praktisch den Oberbefehl niederlegen.

107 Vgl. II, 27.

108 Vgl. I, 23.

109 In den römischen Lagern gab der Buccinator mit der Buccina, einem hornförmigen Blasinstrument, beim Anfang jeder Wachstunde das Zeichen. Es wurde also vorgetäuscht, das Lager sei besetzt.

110 Leptis, zwischen Hadrumetum und Thapsus an der tunesischen Küste.

111 Caesar knüpft hier an II, 22 an. Er wollte sich nach seiner Ernennung zum Dictator seine Wahl zum Consul sichern.

112 Offizielle Ausdrucksweise; normalerweise wurde noch das Jahr hinter dem Namen zitiert.

113 Caesar war 59 zum ersten Mal Consul gewesen. Nach einem Intervall von zehn Jahren konnte er sich wieder um dasselbe Amt bewerben.

114 Schiedsrichter wurden im Gegensatz zu den Richtern entweder von den streitenden Parteien selbst gewählt oder vom Prätor ernannt.

115 Pompeius hatte 52 ein Gesetz erlassen, nach dem ein strengeres Verfahren gegen die unrechtmäßige Bewerbung um Ämter eingeführt wurde.

116 Diese Feier stammte aus der Zeit der Könige und dauerte zuerst nur einen Tag, den 27. April, später drei und vier Tage. Sie galt dem Jupiter Latinus als ein Fest des Friedens und der Eintracht der Römer und der zum lateinischen Bund gehörenden 41 Völkerstämme, deren Abgesandte jedesmal bei dem Fest erschienen. Das Opfer fand auf dem Albanerberg statt. Bevor die Consuln ins Feld zogen, nahmen sie in der Regel diese Feier vor.

117 In den Comitien (vgl. Anm. 111) wurden nicht nur die Consuln gewählt, sondern alle öffentlichen Beamten der oberen Ränge.

118 Caesar hatte bisher rasch gehandelt. Im Januar ging er über den Rubicon, im April war er Herr über Italien, im Oktober waren Spanien und Massilia erobert, im Dezember war er Dictator in Rom; am 22. Dezember war er in Brundisium.

119 Es handelt sich hier um die Provinz Asia (nicht Asien oder Kleinasien); zu dieser gehörte nicht Pontus (Landschaft, die an das

Schwarze Meer grenzt), Bithynien (westlich von Pontus, an das Schwarze Meer grenzend), Cilicien (im südöstlichen Teil Kleinasiens) und Cappadocien (nördlich von Cilicien). — Corcyra, das heutige Korfu.

120 Tetrarchen, eigentlich Dynasten in Ländern, die die Römer unter vier Herrscher aufgeteilt hatten, z. B. in Galatien und Palästina (41 v.—31 n. Chr.). Später auch im allgemeinen für abhängige Kleinkönige verwendet.

121 So nannten die Römer das von ihnen unterworfene Griechenland.

122 Spanien und Afrika.

123 Gaius Antonius, ein Legat Caesars, hatte vor den Pompeianern in Illyricum kapitulieren müssen. Seine Leute mußten dann auf Pompeius' Fahnen schwören. Der Bericht über diese Niederlage fehlt im überlieferten Text des Bellum Civile.

124 Deiotarus war Tetrarch des östlichen Teils von Galatien.

125 A. Gabinius, Consul im Jahre 58, hatte 55 eine Expedition nach Ägypten unternommen.

126 Königreich am Taurusgebirge und am oberen Euphrat.

127 Völkerstämme auf dem Balkan.

128 Dyrrachium, früher Epidamnus, heute Durazzo bzw. Durrës.

129 Apollonia, ca. 70 km südlich von Durazzo.

130 Bibulus war Mitconsul Caesars im Jahr 59 und dessen unversöhnlicher Feind.

131 Palaeste, eine Gegend in der Landschaft Chaonia, die den Ceraunischen Bergen vorgelagert ist.

132 Oricum, Hafenstadt in Epirus, nördlich von Korfu.

133 Heute Korfu; es könnte sich auch um die Corcyra Nigra genannte nördliche Insel handeln, von der aus die Ankerplätze zwischen Salona und Oricum gut zu kontrollieren waren.

134 Salona, an der Küste von Dalmatien, beim heutigen Split.

135 Issa, heute Lissa, der dalmatischen Küste vorgelagerte Insel.

136 Vgl. I, 23, 34, 38, 86.

137 Candavien, rauhe und waldige Gebirgsgegend in Illyrica Graeca, südöstlich von Dyrrachium.

138 Volksstamm in der Gegend von Dyrrachium.

139 Caesar als Consul repräsentierte die Hoheit des römischen Volkes.

140 Epirus umfaßte etwa das südliche Albanien und nordwestliche

Griechenland; Byllis, südlich von Dyrrachium; Amantia, am Fluß Aons (Voiussa), heute Ruinen von Avostina.

141 Der Apsus, heute Crevasta.

142 Buthrotum in Albanien, an der Meerenge von Korfu.

143 Bibulus war mit Caesar zusammen auch Aedil und Prätor gewesen.

144 Lucius Lucceius hatte sich 59 mit Caesar bei den Consulatswahlen beworben.

145 Theophanes von Mytilene, Historiograph von Pompeius.

146 Publius Vatinius hatte Caesar im Jahre 59 als Volkstribun die Verwaltung der Provinz Gallia Cisalpina verschafft.

147 Pompeius war im Seeräuberkrieg und im Sertoriuskrieg sehr großzügig gewesen.

148 Vgl. II, 43; Rufus trennte sich von Caesar, weil dieser ihm Gaius Trebonius vorgezogen und jenen zum städtischen Prätor ernannt hatte.

149 Das Tribunal war eine erhöhte Bühne, auf die der Richterstuhl des Prätors gestellt wurde.

150 Publius Servilius Vatia Isaurieus war mit Caesar Consul bis zur zweiten Dictatur Caesars im Jahre 47. Bei Caesars Abwesenheit stand er an der Spitze der Administration.

151 Thurii, Stadt in Bruttium, früher Sybaris, später Copia genannt, am Golf von Tarent.

152 Casilinum, Stadt in Campanien, bei Capua.

153 Marcus Antonius, den Caesar noch in diesem Jahr als Dictator zu seinem Magister equitum ernannte.

154 Völkerschaft in der Gegend des heutigen Skutari am Drin

155 Lissus, heute Lesch am Drin, kurz vor dessen Mündung ins Meer.

156 Gebirgszug in Syrien, wo Scipio Proconsul war.

157 Bei Carrhae im Jahre 53.

158 Vgl. Anm. 139.

159 Calydon, am Fluß Evenus in Ätolien, heute Aydin.

160 Naupactus in Ätolien, an der Nordküste des korinthischen Meerbusens, jetzt Lepanto.

161 Ambracia in Epirus, jetzt Arta.

162 Hier ist wieder ein größeres Stück Text nicht erhalten.

163 Vgl. Anm. 24; er wurde zum Primipilus ernannt.

164 Vgl. Kap. 34—36.

165 Vgl. Anm. 24.

166 Ein mit eisernen Spitzen versehener Balken.

167 Caesar nennt auch bei den Galliern ein hohes staatliches Gremium »Senat«.

168 Vgl. Anm. 35a.

169 Caesar erinnert hier an eine kritische Situation im gallischen Krieg im Jahr 52, als er Gergovia erfolglos belagerte.

170 Vgl. Anm. 64.

171 Domitius war in Macedonien; vgl. Kap. 36.

172 Gebiet im südlichen Epirus in Richtung Thessalien.

173 Candavien, Gebirgslandschaft zwischen Durazzo und dem Ohridsee in Albanien.

174 Aegininium, festes Bergkastell nordwestlich von Gomphi.

175 Gomphi, Stadt in Thessalia Hestiaiotis, nicht weit von der Quelle des Flusses Kuralios.

176 Heute Larissa in Thessalia Pelasgiotis, am Peneios gelegen.

177 Metropolis, südöstlich von Gomphi, zwischen Gomphi und Pharsalus.

178 Lucius Domitius Ahenobarbus, Anhänger des Pompeius (vgl. Anm. 35a), zu unterscheiden von Caesars Legat Cn. Domitius Calvinus, der hier mehrfach erwähnt wurde; vgl. III, 78 ff.

179 Caesar war seit 63 Pontifex maximus.

180 Vgl. Anm. 1.

181 In der Volksversammlung wie in den Gerichten geschah bei den Römern die Abstimmung durch Täfelchen, deren Farbe und Bezeichnung den Sinn des Stimmenden erläuterte. In früheren Zeiten hatte man laut abgestimmt.

182 Vgl. Kap. 59 f.

183 Kolonien sind italische Städte, deren Bewohner aus Kolonisten bestanden, die entweder aus Rom oder anderen Städten Italiens dort angesiedelt worden waren. Sie standen in ihrer Bedeutung hinter den Municipien. Padus, der Po, teilte das cisalpinische Gallien in zwei Teile, den cispadinischen und den transpadinischen.

184 Der Fluß Enipeus.

185 Der Ort Pharsalus im südlichen Thessalien, nach dem die Schlacht des Jahres 48 benannt wurde, wird hier nicht erwähnt, vgl. aber Alex. Krieg 42, 48.

186 Amphipolis, Stadt in Macedonien, am östlichen Ufer des Strymon, nahe an dessen Mündung.

187 Mytilene, Stadt auf der Insel Lesbos.
188 Gemeint ist Lentulus Spinther; vgl. III, 83.
189 Pelusium, ägyptische Grenzfestung am östlichen Arm des Nils.
190 Ptolemaeus XIII oder Dionysos.
191 Ptolemaeus Auletes.
192 Ptolemais, heute Akka in Israel.
193 Tralles, reiche Stadt in der Provinz Asia.
194 Ägypten wurde erst unter Augustus römische Provinz.
195 Im Aerarium (Schatzkammer) befand sich auch das Staatsarchiv. Die im Testament ausgeschlossenen Kinder waren Tolemaeus Neoteros und Arsinoë.
196 Der berühmte Leuchtturm und die Insel.
197 Arsinoë.

Anmerkungen zum Alexandrinischen, Afrikanischen und Spanischen Krieg

DER ALEXANDRINISCHE KRIEG

1 Damit beginnt das sogenannte Corpus Caesarianum, das den Alexandrinischen, Afrikanischen und Spanischen Krieg umfaßt. Es gilt inzwischen als unbestritten, daß Caesar nicht selbst der Verfasser dieser drei Berichte war. Für den Bellum Alexandrinum, den qualitätsvollsten der drei Bella, wird Aulus Hirtius als Verfasser angenommen, der auch das 8. Buch des Bellum Gallicum verfaßt hatte; vgl. dazu Helga Gesche, Caesar (Erträge der Forschung, Bd. 51), Darmstadt 1976. Für die Revision der Baumstarkschen Übersetzung aus dem Jahr 1840, die sich trotz erheblicher Mängel wegen ihres bis heute anerkannten Bemühens um eine systematische wissenschaftliche Erschließung des Corpus Caesarianum für eine Neubearbeitung anbot, haben uns hilfreich die lateinische Textausgabe von A. Klotz, Bellum Alexandrinum — Bellum Africanum — Bellum Hispaniense, Stuttgart 1966, sowie die deutsche Übersetzung des Bürgerkrieges von Helmut Simon, Bremen 1964, zur Seite gestanden.
2 Königreich im Osten und Südosten Palästinas, Hauptstadt Petra.
3 Vgl. Bürgerkrieg, Anm. 87.

4 Der Mareotis-See, umgeben vom sumpfigem Gelände.

5 Vgl. Bürgerkrieg, Anm. 125.

6 Vgl. Bürgerkrieg III, 112.

7 Ein aus dem canopischen Nil (westlicher Arm) dorthin geleiteter Kanal.

8 Die Römer hielten nicht den Stadtteil Rhacotis und auch nicht den Stadtteil, durch den der Nilkanal lief, der in den Eunostos-Hafen mündet, besetzt. Ebensowenig war der Stadtteil beim Heptastadium und gegen das canopische Tor in Caesars Gewalt. Caesar stand lediglich im östlichen Teil Alexandrias, wo der königliche Palast und der große Hafen war. Vgl. dazu die Darstellung bei Kromeyer-Veith, Schlachtenatlas.

9 Unmittelbar westlich von Alexandria, Stadt und Hafen.

10 Die Insel Pharus war mit Alexandria durch einen Damm verbunden, dem Heptastadium, der die Trennung zwischen dem Eunostos-Hafen und dem großen Hafen bildete.

11 Domitius Calvinus, Caesars Legat, vgl. Bürgerkrieg III, 78 und 89.

12 Chersonesus, Halbinsel zwischen Alexandria und Paraetonium.

13 Hier ist der Text lückenhaft.

14 Vgl. Bürgerkrieg, Anm. 119.

15 Der Feind stand im Eunostos-Hafen, Caesar bezog vor dem Hafen Stellung.

16 Als Grenze zwischen Asien und Afrika galt bei den antiken Geographen entweder die Landzunge von Suez oder der Nil. Hier wird offenbar letztere Auffassung vertreten.

17 Die Schlacht fand im Eunostos-Hafen statt.

18 Aus Kap. 17 geht hervor, daß sich die Alexandriner wohl auch in die Ortschaft auf der Insel Pharus flüchteten, nicht nur in die Stadt Alexandria.

19 Durch das Heptastadium gingen zwei Öffnungen, die überbrückt waren, die eine bei Pharus, die andere Bei Alexandria.

20 D. h. auf den Damm, das Heptastadium.

21 Der lateinische Text ist hier unvollständig.

22 Der Herrschaft der Arsinoë, vgl. Kap. 4.

23 Der König war dreizehn Jahre alt, aber bereits mündig.

24 Canopus, Stadt an der westlichen Nilmündung.

25 Tiberius Claudius Nero, Vater des späteren Kaisers Tiberius.

26 Ein natürlicher Sohn des pontischen Königs Mithridates VI

(113—63), der in den mithridatischen Kriegen (88—64) gegen die Römer kämpfte.

27 Pelusium an der Mündung des östlichen Nilarmes, des pelusischen Nils.

28 Auf dem canopischen Nil.

29 Vgl. Anm. 16.

30 Er fuhr an Alexandria vorbei nach Westen, landete seine Truppen bei Chernosesus, zog um den Mareotis-See herum und traf südlich davon auf Mithridates.

31 D. h. ein Kanal, der den Mareotis-See mit dem canopischen Nil verband.

32 Vgl. Kap. 28.

33 Decimus Carfulenus, von Marcus Antonius aus dem Senat vertrieben, fiel in der Schlacht von Mutina im Jahre 43.

34 In Wirklichkeit wurde Cleopatra Alleinherrscherin, da ihr Bruder Ptolemaeus XIII noch unmündig war.

35 Vgl. Bürgerkrieg III, 4. Deiotarus war Tetrarch von Galatien und durch den Senat mit Kleinarmenien beschenkt worden.

36 Siehe Anm. 11.

37 Ariobarzanes, König von Cappadocien, vgl. Bürgerkrieg III, 4.

38 Pharnaces, Sohn von Mithridates VI, glaubte den Bürgerkrieg ausnützen zu können, um eine eigene Expansionspolitik im Sinne seines Vaters wiederaufzunehmen.

39 Publius Sextius oder Sestius, für den Cicero eine uns erhaltene Rede hielt.

40 Gaius Plaetorius, zu unterscheiden von dem Pompeianer Plaetorius Rusticanus.

41 Comana, Stadt in Pontus, zu unterscheiden von Comana in Cappadocien.

42 Nicopolis, Stadt in Klein-Armenien, nordöstlich von Comana.

43 Cornificius wurde so Militärgouverneur von Illyricum. Später wurde er Gouverneur von Afrika.

44 Vgl. Bürgerkrieg III, 5 und 9.

45 Jader, Hafenstadt im nördlichen Dalmatien, gegenüber der Insel Portunata.

46 Vgl. Bürgerkrieg III, 103 und 110.

47 Die in diesem Kapitel beschriebenen Ereignisse in Illyricum schließen unmittelbar an die Schlacht bei Pharsalus an. Caesar verfolgte Pompeius nach Ägypten.

48 Vgl. Bürgerkrieg III, 8, Anm. 134.
49 Vgl. Bürgerkrieg III, 7, 55, und I, 87.
50 Stadt in Dalmatien, heute Dubrovnik.
51 Tauris, heute Corčula.
52 Issa, heute Lissa.
53 Vgl. Bürgerkrieg II, 21.
54 Medobrega, Stadt in Portugal, heute Armenna; das herminische Gebirge, heute Sierra da Estrêla; Durius, heute Douro (Duero).
55 Corduba, heute Córdoba.
56 Vgl. Bürgerkrieg I, 6 und II, 25 und 36. König Iuba von Numidien, Sohn des Königs Hiempsal aus dem Stamm Massinissas; er fand sein Ende nach seiner Niederlage im afrikanischen Krieg.
57 Italica, heute Sevilla la Vieja.
58 Spanischer Volksstamm im nördlichen Celtiberien.
59 Hispalis, heute Sevilla.
60 Vgl. Bürgerkrieg, Anm. 95.
61 Leptis oder Ilipa, heute Alcala del Rio am Guadalquivir oberhalb von Sevilla.
62 Die Meerenge von Gibraltar.
63 Heute Villaverde oberhalb von Alcala am Guadalquivir.
64 Vgl. Bürgerkrieg, Anm. 94.
65 Obucula, heute Palmar.
66 Es kann sich nicht um Segovia nördlich von Madrid handeln, sondern nur um einen Ort in der Nähe von Gades am Fluß Silicis (andere Lesart: Singilis).
67 Vgl. Bürgerkrieg II, 17ff.
68 Baetis, heute Guadalquivir.
69 König Bogud oder Bogus herrschte über den westlichen Teil Mauretaniens. Er stand auf Caesars Seite.
70 Ulia, heute Montemayor, südlich von Córdoba.
71 Trebonius, früher Legat Caesars und Prätor in Rom; vgl. Bürgerkrieg I, 36 und III, 20.
72 Malaca, heute Malaga.
73 Hier knüpft der Text wieder an Kapitel 33 an.
74 Über die geographische Aufteilung Kleinasiens vgl. Bürgerkrieg, Anm. 119.
75 Vgl. Bürgerkrieg II, 20.
76 Mazaca, später Caesarea, heute Kayseri, Hauptort Cappadociens.

77 Bellona war die Göttin des Krieges.

78 Ariobarzanes III. regierte Cappadocien von 51 bis 43; sein Bruder Ariarathes von 43 bis 34.

79 Galatien, südlich von Bithynien.

80 Lucius Valerius Triarius, Legat des Lucullus im Krieg gegen Mithridates, wurde im Jahre 67 durch diesen besiegt.

81 Dieser Sieg bei Zela im August 47 veranlaßte Caesar zu dem berühmten Ausspruch: »Veni, vidi, vici!« (Sueton 37,2).

82 Mithridates von Pergamum fiel im Kampf gegen Asander, den Schwiegersohn des Pharnaces, gegen den bereits Pharnaces selbst bald nach der Schlacht von Zela sein Leben verloren hatte.

DER AFRIKANISCHE KRIEG

Für den Afrikanischen Krieg kann ebensowenig wie für den Alexandrinischen Caesar als Autor angenommen werden. Gelegentlich wird Hirtius (vgl. Alex. Krieg, Anm. 1) auch als Autor des Bellum Africanum vermutet, doch ist man heute eher der Ansicht (vgl. Otto Seel, Hirtius, in: Clio, Beiheft 35, 1935, Nachdruck 1963), daß es sich um einen literarisch nicht weiter gebildeten, aber militärisch kompetenten Verfasser (Soldat Caesars?) handelte. Weiterführende Literatur dazu bei Helga Gesche, Cäsar, Darmstadt 1976.

83 Lilybaeum, Vorgebirge und Stadt an der westlichen Küste Siziliens, heute Marsala.

84 Es handelt sich um die Legionen König Iubas von Numidien.

85 Metellus Scipio übernahm den Oberbefehl über die Gegner Caesars nach dem Tod des Pompeius.

86 Aponiana, eine der Inseln der Aegaten, die der Westküste Siziliens vorgelagert sind.

87 Aulus Alienus, früher Legat Ciceros in Asien, später Proconsul in Sizilien.

88 Clupea, vgl. Bürgerkrieg, Anm. 99.

89 Neapolis, südlich von Clupea am Golf von Hammamet.

90 Hadrumetum, heute Sousse.

91 Vgl. Bürgerkrieg II, 23. Gaius Considius Longus war schon im Jahre 49 Kommandant von Hadrumetum gewesen.

92 Ruspina, südlich von Hadrumetum, heute Monastir.

93 Leptis minor, südlich von Ruspina, nördlich von Thapsus.

94 Vgl. Bürgerkrieg III, 19.

95 Der Geschichtsschreiber Sallust, der, nachdem er Quästor und Volkstribun gewesen war, zum Prätor über Afrika ernannt wurde. Nach dem Sieg über König Iuba und dessen Tod wurde er Proconsul von Afrika. Er war überzeugter Anhänger Caesars.

96 Vgl. Bürgerkrieg, Anm. 35a.

97 Petreius (vgl. Bürgerkrieg, Anm. 46) hatte sich nach seiner Kapitulation nach Afrika in das Lager der Caesargegner begeben. Vgl. auch Kap. 94, Bericht von seinem tragischen Tod.

98 Vgl. Bürgerkrieg II, 40—43.

99 Buthrotum, Hafen an der Küste von Epirus gegenüber von Korfu.

100 Am 4. Januar 46.

101 D. h. von dem arabischen Volksstamm der Ityreer (Ituraeer) jenseits des Jordan.

102 Vgl. Anm. 69.

103 Ascurum, Hafen in Mauretanien.

104 Publius Sittius, italischer Abenteurer; er hatte in Mauretanien andere Verbannte gesammelt und führte mit seinen durch Bocchus verstärkten Truppen gegen Iuba Krieg; dadurch kam er indirekt Caesar zu Hilfe.

105 König Bocchus, Bruder von Bogud, beherrschte den östlichen Teil Mauretaniens.

106 Cirta, heute Constantine.

107 Die Gaetuler waren die Bewohner des Atlas-Gebirges.

108 Vgl. Kap. 2 und 8.

109 Thapsus, Küstenstadt südlich Leptis minor.

110 Die Truppen Caesars in Messina hatten sich geweigert, nach Afrika überzusetzen.

111 Decurionen waren die unteren Offiziere in der Reiterei.

112 Die Schwester von Caesars Vater, Julia, war mit Marius verheiratet.

113 Acylla, ca. 30 km südlich von Thapsus.

114 Vgl. Kap. 8.

115 Thysdra, ca. 50 km südwestlich von Ruspina im Landesinneren.

116 Uzitta, ca. 10 km südwestlich im Landesinneren.

117 Aegimurus, Insel im Golf von Tunis.

118 D. h., der Winter hatte bereits begonnen.

119 Eine elektrische Erscheinung, auch unter dem Begriff Elmsfeuer bekannt; es handelt sich dabei um eine Büschel- oder Glimmentladung, die sich bei Gewitterlage an Kanten und Spitzen von

Blitzableitern, Masten und Türmen oder, wie in diesem Fall, an den Eisenspitzen der Pilen zeigt. Sie wurde in der Antike des öfteren beschrieben.

120 Vgl. Kap. 25.

121 Vgl. Kap. 40.

122 Vgl. Kap. 32.

123 Der eine Krieg gegen Publius Sittius, der andere gegen Caesar, der dritte jetzt gegen die Gaetuler.

124 Scorpione waren Pfeilkatapulte.

125 Hiempsal II., Iubas Vater.

126 Vgl. Bürgerkrieg II, 2.

127 Aggar, 4 km von Leptis minor.

128 Am 21. März.

129 Sarsura, etwa eine Tagesreise von Thysdra gelegen.

130 P. Cornelius war Evocat, d. h., er hatte sich über seine Dienstzeit hinaus freiwillig verpflichtet.

130a Tegea, südwestlich von Thapsus im Landesinneren.

131 Am 4. April.

132 Damit war der Ort der Entscheidungsschlacht erreicht.

133 Nonius Asprenas, wahrscheinlich nur Proprätor, vgl. Span. Krieg, Kap. 10.

134 Vgl. Anm. 130.

135 Es kann sich nur um große Waffen, z. B. den Schild, handeln.

136 D. h., sie unterwarfen sich Caesar.

137 Der mehrfach erwähnte Gnaeus Domitius Calvinus; zu Gaius Caninius Rebilius vgl. Bürgerkrieg I, 26 und II, 24, Afr. Krieg, Kap. 93 und Span. Krieg, Kap. 35.

138 Durch dieses Gesetz Caesars wurde die Freiheit der »freien Städte« in den Provinzen gesichert (keine Tributpflicht).

139 Auch Porta Belica; Utica war eine phönizische Gründung, das Tor wurde wahrscheinlich nach dem Gott Baal oder Bel benannt, vgl. Bürgerkrieg II, 25.

140 Sohn des Lucius Cornelius Sulla und Schwiegersohn des Pompeius.

141 Vgl. Bürgerkrieg I, 8 und II, 23.

142 Über Damasippus vgl. Bürgerkrieg II, 44.

143 Zama im Inneren der Provinz Afrika südlich des Bagradas, bekannt aus den Punischen Kriegen (Entscheidungsschlacht 202 v. Chr.).

144 Pompeia, Tochter des Pompeius.
145 Hippo Regius, heute Bône oder Annaba.
146 Am 13. Juni.
147 Caralis, heute Cagliari; Sulci beim heutigen Parigniano auf Sardinien.
148 Am 27. Juni.
149 Am 25. Juli.

DER SPANISCHE BÜRGERKRIEG

150 Bei dem zum Corpus Caesarianum gehörenden Bellum Hispaniense handelt es sich eigentlich um eine Zusammenstellung verschiedenartigster Eindrücke eines Augenzeugen, um eine Art Kriegstagebuch. Man vermutet am ehesten einen Soldaten Caesars als Autor dieser Schrift, zumal sie ein sehr niedriges literarisches Niveau besitzt. Die Lücken im Text wurden nicht durchgehend gekennzeichnet, wenn sich ein logischer Zusammenhang ergab.
151 Ältester Sohn des Pompeius, vgl. Bürgerkrieg III, 4, 5, 40. Er hatte sich noch vor der Niederlage in Afrika nach den Balearen abgesetzt (Afr. Krieg 22, 23) und dort Truppen ausgehoben. In Spanien wurde er bereitwillig empfangen. Mit ihm waren nach Spanien geflohen: sein Bruder Sextus Pompeius, Labienus und Attius Varus (vgl. Bürgerkrieg, Anm. 35a).
152 Hispania ulterior.
153 Vgl. Anm. 70.
154 D. h. schwerbewaffnete Soldaten aus dem Fußvolk.
155 Baetis, heute Guadalquivir.
156 Ategua, heute Loma de Teba in der Nähe von Córdoba.
157 Nebenfluß des Guadalquivir.
158 Vgl. Bürgerkrieg, Anm. 95.
159 Ucubis, heute Espejo.
160 Vgl. Afr. Krieg 80.
161 Vgl. Kap. 7 und Anm. 71; zu Fabius und Pedius vgl. Kap. 2.
162 Der Text ist sehr unvollständig.
163 Der unvollständige Text wurde sinngemäß rekonstruiert.
164 Am 19. Februar.

165 Ennius, römischer Schriftsteller, 239—169 v. Chr.; sein Haupt-
werk sind die Annales, ein Epos in 18 Büchern, das nur noch in
Bruchstücken erhalten ist.

166 Memnon, Sohn des Thitonus und der Aurora, Bundesgenosse der
Trojaner, erlag schließlich der Tapferkeit des Achilles.

167 Ursao, heute Osuna, zwischen Corduba und Gibraltar; bei Carteia (vgl. Kap. 32) lag die pompeianische Flotte, deshalb wichtiger Stützpunkt.

168 Vgl. Kap. 24.

169 Munda, heute Montilla, ca. 45 km südlich von Córdoba.

170 Am 17. März, dem Tag des Bacchusfestes.

171 Carteia in der Nähe von Gibraltar, vgl. Anm. 167.

172 Lusitanien, südlicher Teil des heutigen Portugal.

173 Hasta, zwischen Sevilla und Cadiz gelegen.

174 Am 12. April 45.

175 Vgl. Anm. 167.

176 Caesar hatte als Quästor in Hispania ulterior i. J. 69 amtiert.

177 Caesar war zwar Proprätor von Spanien, ging aber nicht dorthin.

178 Vgl. Alex. Krieg 52.

Bibliographie

I. Textausgaben und Kommentare

Bellum Gallicum, A. KLOTZ, Leipzig (Teubner) 1952
Bellum Gallicum, O. SEEL, Leipzig (Teubner) 1968[2]
Bellum Civile, A. KLOTZ, Leipzig (Teubner) 1950
Bellum Civile, A. KLOTZ u. W. TRILLITZSCH, Leipzig (Teubner) 1969[2]
Bellum Alexandrinum — Bellum Africanum — Bellum Hispaniense, A. KLOTZ, Stuttgart 1966
Kommentar zum Bellum Gallicum, F. KRANER, W. DITTENBERGER u. H. MEUSEL, 3 Bände, Zürich 1975[23], 1972[23], 1966[20]
Kommentar zum Bellum Civile, F. KRANER, H. MEUSEL u. F. HOFFMANN, Zürich 1968[14]

II. Sekundärliteratur

HINNERK BRUHNS, Caesar und die römische Oberschicht in den Jahren 49—44 v. Chr. (Hypomnemata 53), Göttigen 1978
Caesar und seine Zeit. Text v. GIANCARLO BUZZI; hrsg. v. ENZO ORLANDI, Wiesbaden 1970
MATTHIAS GELZER, Caesar. 6. neu bearb. u. erw. Aufl., Wiesbaden 1960
HELGA GESCHE, Caesar. (Erträge der Forschung Bd. 51), Darmstadt 1976
MICHAEL GRANT, Julius Caesar. München 1976
ALFRED HEUSS, Das Zeitalter der Revolution. Propyläen-Weltgeschichte Bd. IV, Berlin 1963, S. 175—316
GUSTAF LANDGRAF, Untersuchungen zu Caesar und seinen Fortsetzern, insbesondere über Autorschaft und Komposition des Bellum Alexandrinum und Africanum. Nachdruck der Ausgabe von 1888, Hildesheim 1972
CHRISTIAN MEIER, Caesar. Berlin 1982

BIBLIOGRAPHIE

CHRISTIAN MEIER, Die Ohnmacht des allmächtigen Diktators Caesar. Drei Abhandlungen. Frankfurt/Main 1980

EDUARD MEYER, Caesars Monarchie und das Principat des Pompeius. Nachdruck der Ausgabe von 1922[3], Darmstadt 1978

HANS OPPERMANN, Caesar. Wegbereiter Europas. Hrsg. v. GÜNTHER FRANZ; (Persönlichkeit u. Gesch. Biogr. Reihe 10), Göttigen 1977[3]

HANS OPPERMANN, Julius Caesar in Selbstzeugnissen und Bilddokumenten. Hamburg 1968

HANS M. OTTMER, Die Rubikon-Legende. Untersuchungen zu Caesars und Pompeius' Strategie vor und nach Ausbruch des Bürgerkrieges. (Militärgesch. Studien 26), Boppard 1979

DETLEF RASMUSSEN (Hrsg.), Caesar. (Wege der Forschung Bd. 43), Darmstadt 1980[3]

WILL RICHTER, Caesar als Darsteller seiner Taten. Eine Einführung. (Bibl. d. klass. Altertumswiss. NF 261), Heidelberg 1977

HERMANN STRASBURGER, Caesar im Urteil seiner Zeitgenossen. (Libelli 158), Darmstadt 1968

RONALD SYME, Die römische Revolution. Stuttgart 1957

Zeittafel

60	1. Triumvirat des Pompeius, Crassus und Caesar (private Abmachung zur gegenseitigen politischen Unterstützung)
59	1. Consulat Caesars, Bibulus Mitconsul; Caesar erhält die Provinzen Gallia citerior, Gallia ulterior und Illyricum für 5 Jahre; Heirat mit Calpurnia; Pompeius heiratet Julia, die Tochter Caesars
56	Konferenz von Lucca; Erneuerung des Triumvirats
55	Consulat des Pompeius und Crassus; Caesar erhält Gallien auf weitere 5 Jahre, Pompeius Spanien, Crassus Syrien
53	Niederlage des Crassus gegen die Parther bei Carrhae; Tod des Crassus
58—51	Eroberung Galliens durch Caesar
58	Krieg gegen die Helvetier und Sueben (Ariovist); Sieg bei Bibracte und bei Mühlhausen im Elsaß
57	Unternehmungen gegen die Belger und besonders gegen die Nervier
56	Feldzüge in der Bretagne; Sieg über die Aquitanier
55	Die germanischen Stämme der Usipeter und Tencterer werden zurückgetrieben
55	1. Rheinübergang und Überfahrt nach Britannien
54	2. Überfahrt nach Britannien und Kämpfe mit einem britischen Heer unter Cassivelaunus
54	Erhebung der Eburonen unter Ambiorix, der Nervier und Treverer, Carnuten und Menapier
53	2. Rheinübergang und Niederschlagung der Erhebung
52	Aufstand der Gallier unter Führung des Vercingetorix; Eroberung von Cenabum, Avaricum und Lutetia Parisiorum; erfolglose Belagerung von Gergovia; Einnahme von Alesia; Vercingetorix ergibt sich
51	Abschluß der Unterwerfung Galliens
52	Wegen der in Rom herrschenden Anarchie wird Pompeius zum Consul sine collega gewählt. Nachdem der Vorschlag Caesars auf gleichzeitige Entlassung der Heere vom Senat verworfen wird, fordert der Senat von Caesar die Auflösung des Heeres und Niederlegung des Amtes und erläßt einen
7. 1. 49	ultimativen Senatsbeschluß (Senatus consultum ulti-

	mum); Beauftragung des Pompeius mit der Verteidigung der Republik gegen Caesar
10. 1. 49	Caesar überschreitet den Rubicon; somit Ausbruch
49—45	des Bürgerkrieges gegen Pompeius
	Caesar erobert Rom und Italien; Pompeius und ein Teil des Senates fliehen nach Griechenland. Caesar erobert Spanien; Sieg bei Ilerda; Caesar setzt nach Epirus über
48	Niederlegung der Dictatur; 2. Consulat; Niederlage bei Dyrrachium
9. 8. 48	Sieg Caesars bei Pharsalus; 20 000 Pompeianer ergeben sich; Pompeius flieht nach Ägypten und wird dort ermordet; Einmarsch Caesars in Ägypten; Beginn des Alexandrinischen Krieges
47	Caesar setzt Cleopatra als Königin ein; Sieg über Pharnakes bei Zela; Rückkehr nach Italien und Ernennung zum Dictator für 1 Jahr; Überfahrt nach Afrika
46	3. Consulat; Sieg Caesars bei Thapsus; Selbstmord Catos in Utica; Caesar feiert in Rom Triumphe und wird zum Dictator auf 10 Jahre ernannt; Neuordnung des Staates; Beginn des Krieges in Spanien gegen die Söhne des Pompeius
45	4. Consulat; Sieg Caesars bei Munda; Caesar wird Dictator auf Lebenszeit, Oberbefehlshaber des Heeres, Pontifex maximus und Träger tribunizischer Gewalt
15. 2. 44	Antonius bietet Caesar das Königsdiadem an, das Caesar zurückweist. Durch Senatsverschwörung unter C. Cassius und M. Junius Brutus
15. 3. 44	Iden des März: Ermordung Caesars

KARTENWERKE

I. Das Imperium Romanum zur Zeit des Gallischen Krieges und des
Bürgerkrieges

IMPERIUM ROMANUM
ZUR ZEIT VON
GAIUS JULIUS CAESAR
100–44 v. Chr.

...CUM

Tisia

...rarus

Savus

ILLYRICUM

Dalmatae

Lissus

Danuvius

PONTUS EUXINUS

Dyrrhachium

dis?um

Apollonia

MACEDONIA

THRAKIA

Amisus

Comana Pontí

PONTOS

zela

ARMENIA

MINOR

Corcyra

Epirus

Thessalia

Pharsalus

Athen?

Lesbus

Pergamum

ASIA

BITHYNIA

GALATIA

Halys

Mazaca

KAPPADOKIA

Comana

Euphrates

...ILIA

spartao

Ephesus

CILICIA

Tarsus

Antiochia

SYRIA

CYPRUS

CRETA

Tyrus

Phoenicia

MARE INTERNUM

...agna

Cyrene

Alexandria

Pelusium

CYRENE

AEGYPTUS

Memphis

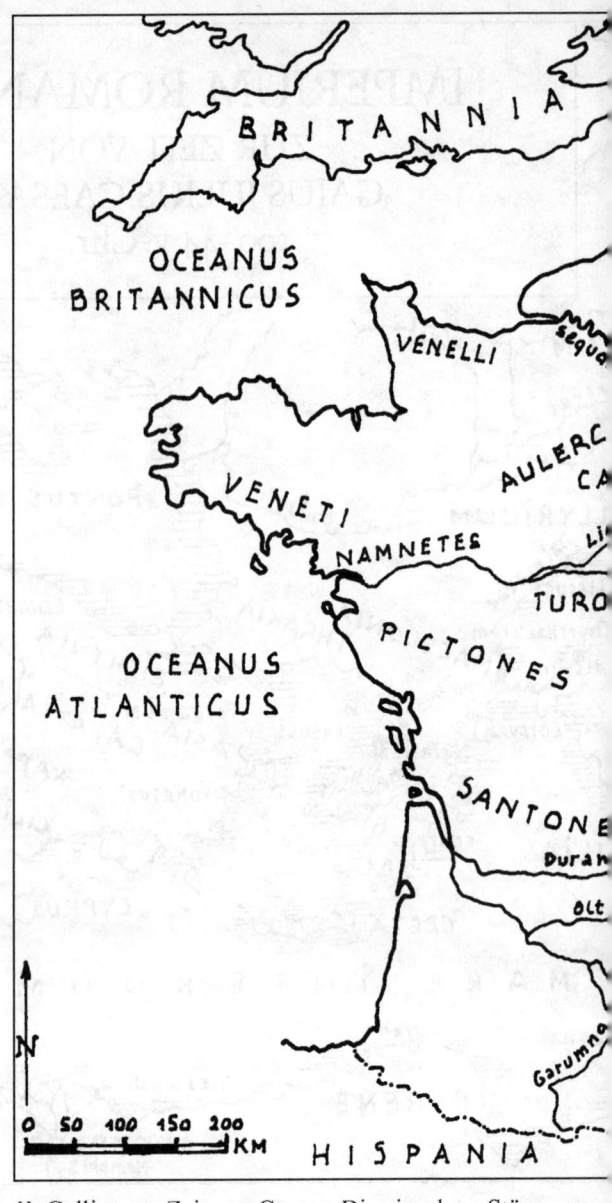

II. Gallien zur Zeit von Caesar: Die einzelnen Stämme und ihre Gebiete

GERMANIA

MENAPII
USIPETES
NERVII
EBURONES
RINI
AATENCTERI
UBII
BATES
Sabis
AATUATUCIA
ACI
Mosa
REMI
Axona
Mosella
VANGIONES
TREVERI
NEMETES
UESSIONES
Matrona
LEUCI
TRIBOCI
ENONES
Rhenus
S
LINGONES
Arar
Dubis
SEQUANI
HELVETII
RIGES
Elaver
HAEDUI
Liger
ARVERNI
ALLOBROGES
Isara
GALLIA CISALPINA
Rhodanus
arnis
LCAE
Druentia
Massilia

MARE INTERNUM

CORSICA

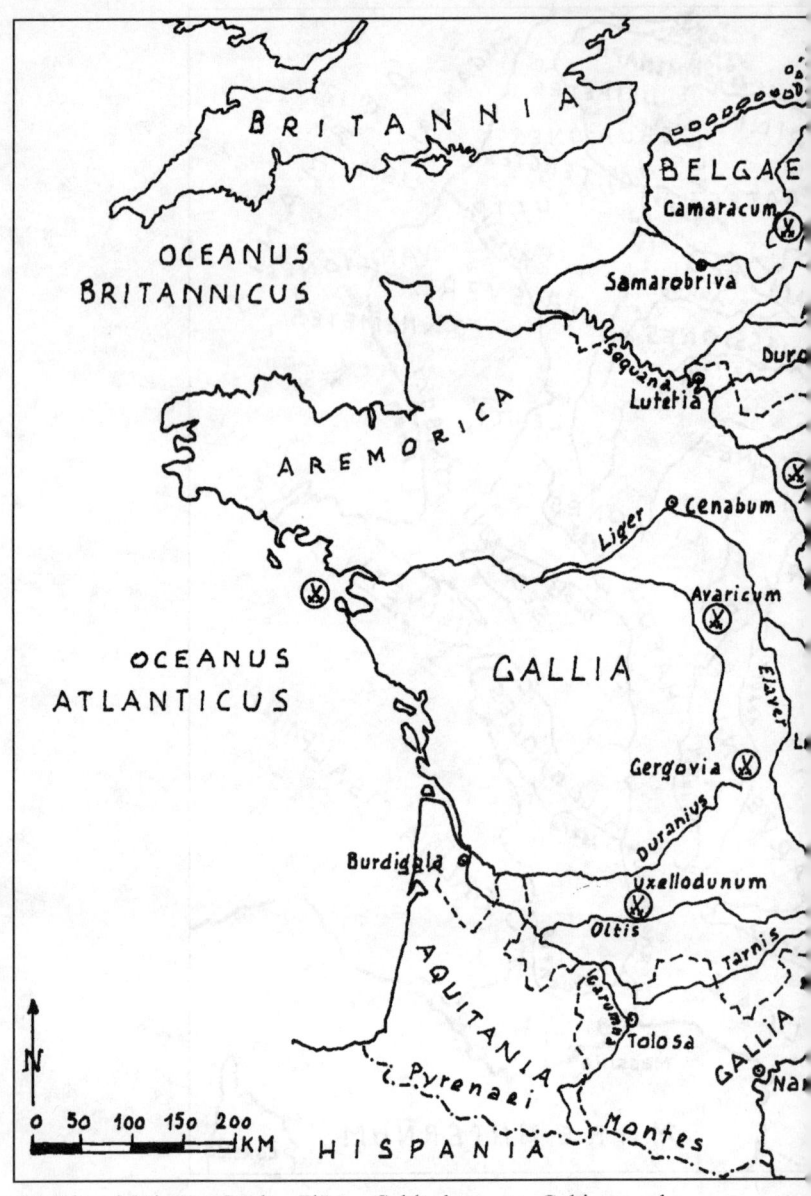

III. Die wichtigsten Städte, Flüsse, Schlachtenorte, Gebirge und Provinzen Galliens unter Caesar

Übersicht über die heutigen
Namen der lateinisch aufgeführ
Orte und Flüsse, soweit sie
bekannt sind:

Agedincum = Sens
Alesia = Les Laumes
Arausio = Orange
Arelate = Arles
Avaricum = Bourges
Avennio = Avignon
Bibracte = Le Mont-Beuvray
(Nièvre)
Burdigala = Bordeaux
Cenabum = Gien
Durocorturum = Reims
Lugdunum = Lyon
Lutetia = Paris
Massilia = Marseille
Narbo = Narbonne
Nemausus = Nîmes
Nicaea = Nizza
Samarobriva = Amiens
Tolosa = Toulouse
Uxellodunum = Luzech
(bei Cahors)
Vesontio = Besançon
Vienna = Vienne

Arar = Saône
Axona = Aisne
Durentia = Durance
Duranius = Dordogne
Elaver = Allier
Garumna = Garonne
Isara = Isère
Liger = Loire
Mosa = Maas
Mosella = Mosel
Oltis = Lot
Rhenus = Rhein
Rhodanus = Rhône
Sabis = Sambre
Sequana = Seine
Tarnis = Tarn

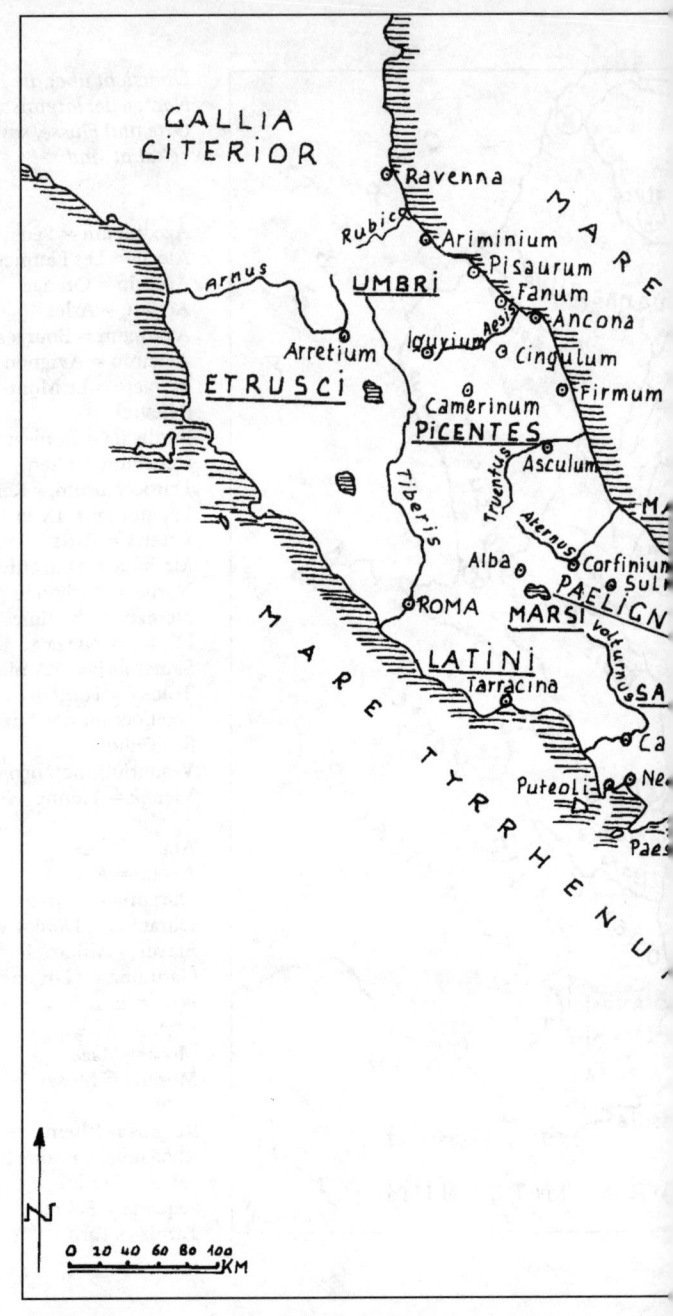

IV. Italien mit den wichtigsten Städten, Flüssen und

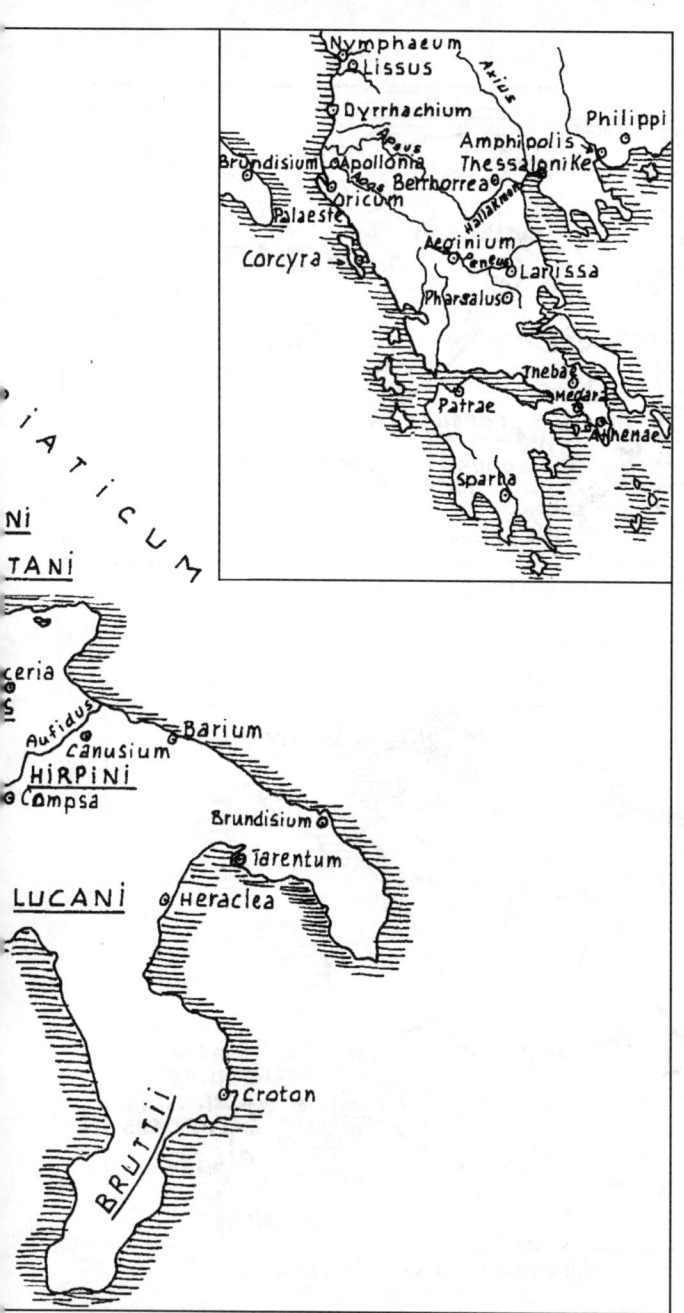

Stammesgebieten nebst einer Übersichtskarte von Griechenland

V. Spanien zur Zeit des Bürgerkrieges

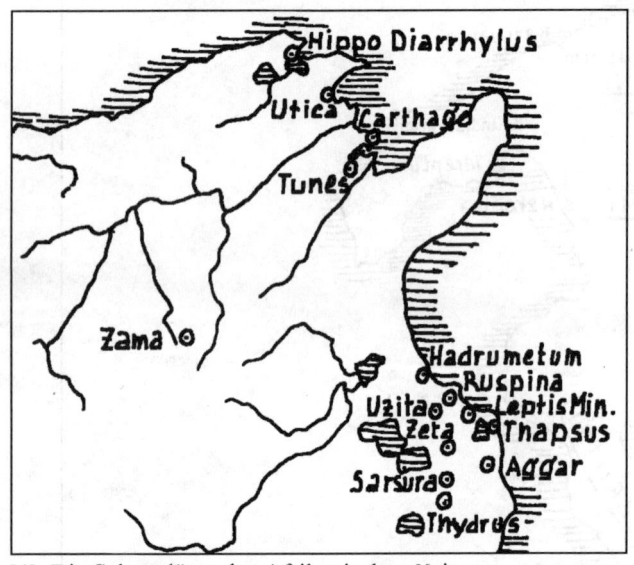

VI. Die Schauplätze des Afrikanischen Krieges

Inhalt

Inhalt